みんなが欲しかった!

宅建士の12年過去問題集

滝澤ななみ

★法改正情報は「サイバーブックストア」で!!★

宅建士本試験は、例年４月１日現在施行されている法令等に基づいて出題されます。本書刊行後に施行が判明した法改正情報は、TAC出版ウェブページ「サイバーブックストア」内「法改正情報」ページにてPDFを公開いたします(2024年７月下旬予定)。

また、法改正情報・最新統計データ等を網羅して、TAC宅建士講座が作成した『法律改正点レジュメ』を2024年７月より、TAC出版ウェブページ「サイバーブックストア」内で無料公開いたします(パスワードの入力が必要です)。

【『法律改正点レジュメ』ご確認方法】

・TAC　出版 で検索し、TAC出版ウェブページ「サイバーブックストア」へアクセス！
・「各種サービス」より「書籍連動ダウンロードサービス」を選択し、「宅地建物取引士　法律改正点レジュメ」に進み、パスワードを入力してください。

パスワード：241010861
公開期限：2024年度宅建士本試験終了まで

簡単アクセスはこちらから →

本書は、宅地建物取引士資格試験（以下、宅建士試験）に合格することを目的とした受験対策用の過去問題集（総合問題集）です。同シリーズの**『宅建士の教科書』『宅建士の問題集』（ともに別売り）**とあわせて、本書をご使用ください。

宅建士試験に限らず、資格試験では過去に出題された問題が、似たような形で、または表現を少し変えて、繰り返し出題されることが多いので、なるべく多くの過去問を、「きっちり」やっておくことが合格への近道となります。

特徴❶☞ そこで、本書は**過去12年分（最新過去問1年分＋11年分）、合計14回分の試験問題を収載**しました。

本書の掲載順

合格基準点		
36点	最新問題	令和5年度
38点	No.1	令和2年度（10月試験）
37点	No.2	平成30年度
36点	No.3	令和4年度
	No.4	令和2年度（12月試験）
35点	No.5	令和元年度
	No.6	平成29年度
	No.7	平成28年度
34点	No.8	令和3年度（12月試験）
	No.9	令和3年度（10月試験）
33点	No.10	平成25年度
	No.11	平成24年度
32点	No.12	平成26年度
31点	No.13	平成27年度

↓合格基準点の高い順に掲載

また、宅建士試験では毎年、合格基準点が異なります。難しめの出題であった年は合格基準点が低く（31点とか32点とか…）、平易な出題が多かった年は合格基準点が高く（38点とか37点とか…）なります。

勉強をするとき、いきなり難しい問題から解いてしまったら（そして、全く歯が立たなかったら）やる気をなくしますよね？

やはり、平易な問題から解き、だんだん難しい問題にチャレンジしていくのが、勉強しやすいと思います。

特徴❷☞ そこで、本書は**合格基準点が高い（＝やさしい）年度から順番に問題を掲載**しました（合格基準点が同じ年度の場合は新しい年度が先になるようにしています）。なお、令和2年施行の民法改正に伴い問題が削除されている年もありますので、令和元年度以前の合格点は、参考として目標にしていただきたいと思います。

特徴❸☞ さらに、**問題文の各選択肢に復習の目安（☆、★、△、☒）を付したり**、解説に
特徴❹☞ はパッと見てすぐに選択肢の誤り箇所が明らかになるよう、**一行解説**を付けるなど、**勉強しやすい、そして復習しやすい工夫**をほどこしています。

どうぞ本書をご活用いただき、ラクに、確実に宅建士試験に合格されてください。

2023年12月　滝澤ななみ

本書の効果的な使い方

STEP0　No.1の問題から解く

巻頭の最新問題（令和5年度）はちょっとおいといて…。

No.1の問題から（合格基準点の高い＝やさしい年度の問題から）順番にチャレンジしましょう。
令和5年度 （2023年度）
本試験問題

この年の合格基準点は36点でした

これはあとで…

No. 01
令和2年度（10月試験） （2020年度）
本試験問題

この年の合格基準点は38点でした

No.01から
スタート！

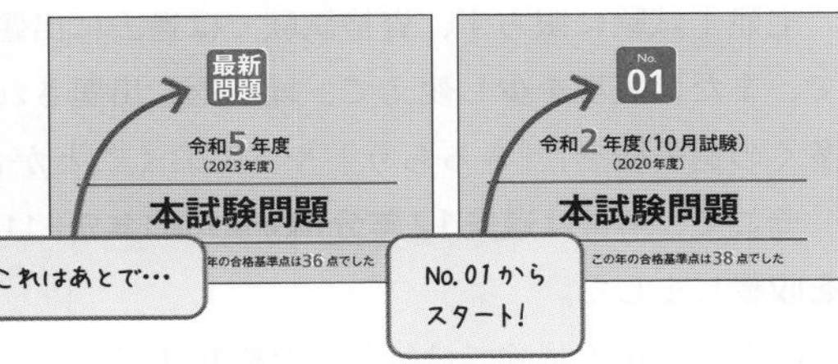

STEP1　本試験と同じ2時間で解く

❶1年分の問題を、本試験と同じ2時間で解きます。
❷解答用紙はxii、xiiiページにあります。切り取ってコピーしてご使用ください。

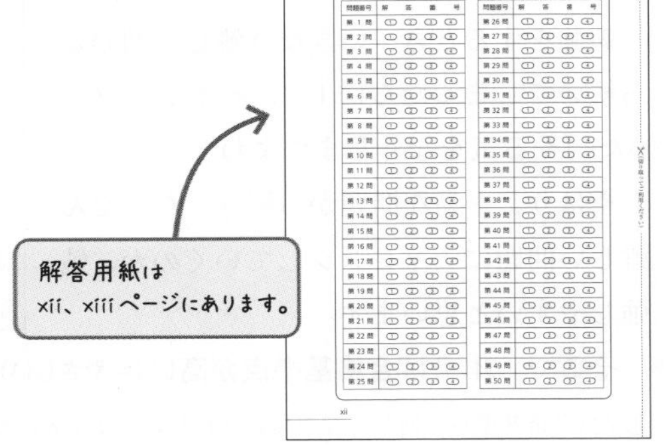

❸問題の選択肢番号についているマーク（☆、★、△、✕）は復習の目安（下記STEP4参照）です。問題を解くときには無視してください。

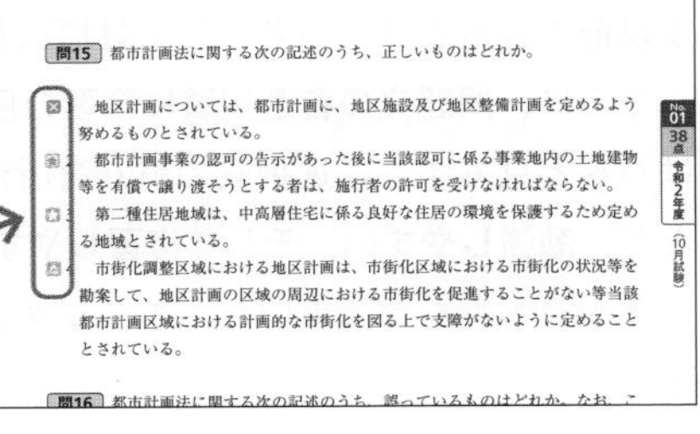

STEP2 答え合わせをする

❶第2分冊・解答解説編で答え合わせをしましょう。
❷あなたの得点と合格基準点を比べて、いまの実力を知っておきましょう。合格基準点よりかなり低くても大丈夫。しっかり復習すればよいだけです。

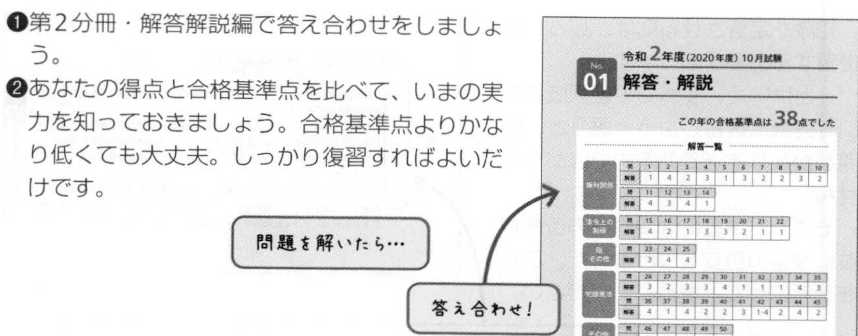

問題を解いたら…
答え合わせ！

No. 01 令和2年度(2020年度) 10月試験
解答・解説

この年の合格基準点は38点でした

解答一覧

分野	問	1	2	3	4	5	6	7	8	9	10
権利関係	解答	1	4	2	3	1	3	2	2	3	2
	問	11	12	13	14						
	解答	4	3	4	1						
法令上の制限	問	15	16	17	18	19	20	21	22		
	解答	4	2	1	3	3	2	1	1		
税・その他	問	23	24	25							
	解答	3	4	4							
宅建業法	問	26	27	28	29	30	31	32	33	34	35
	解答	3	2	3	3	4	1	1	1	4	3
	問	36	37	38	39	40	41	42	43	44	45
	解答	4	1	4	2	2	3	1·4	2	4	2
その他	問	46	47	48	49	50					
	解答	2	1	−	4	3					

※問42は正解が2つありました。

日付 ／ あなたの得点 点

STEP3 解説を読む

❶解けた問題も、解けなかった問題も、解説をきちんと読んでおきましょう。
❷理解が不十分な箇所は、解説にマークをつけるとともに、『宅建士の教科書』(別売)に戻って確認しておいてください。
❸誤りの選択肢には、「どこが誤っているのか」を簡潔にまとめた**1行解説**をつけています。復習にも役立つので、定期的に目を通しておきましょう。

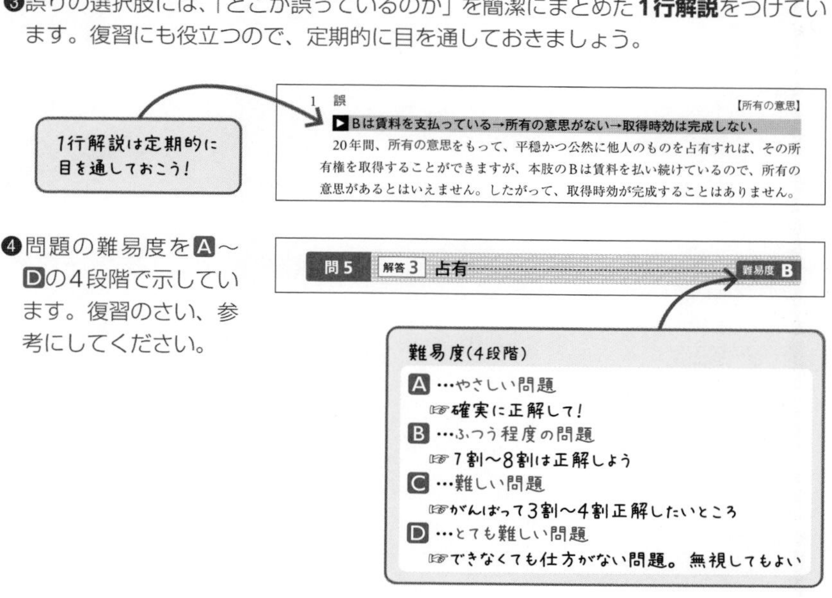

1行解説は定期的に目を通しておこう！

1 誤 【所有の意思】
▶Bは賃料を支払っている→所有の意思がない→取得時効は完成しない。
20年間、所有の意思をもって、平穏かつ公然に他人のものを占有すれば、その所有権を取得することができますが、本肢のBは賃料を払い続けているので、所有の意思があるとはいえません。したがって、取得時効が完成することはありません。

❹問題の難易度をA～Dの4段階で示しています。復習のさい、参考にしてください。

問5 解答3 占有 難易度B

難易度(4段階)
A …やさしい問題
☞確実に正解して！
B …ふつう程度の問題
☞7割～8割は正解しよう
C …難しい問題
☞がんばって3割～4割正解したいところ
D …とても難しい問題
☞できなくても仕方がない問題。無視してもよい

STEP4 復習をしっかりと！

知識を定着させるには、しっかり復習する必要があります。

…とはいえ、すべての選択肢について完璧に復習しようと思うと、時間がかかりすぎて効率的ではありません。

そこで、本書には問題編の各選択肢に復習の目安をつけました。これを参考にして、復習してください。

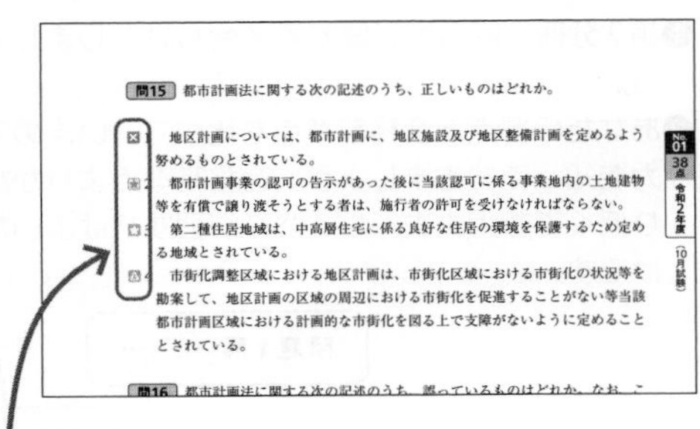

問15 都市計画法に関する次の記述のうち、正しいものはどれか。

1 地区計画については、都市計画に、地区施設及び地区整備計画を定めるよう努めるものとされている。

2 都市計画事業の認可の告示があった後に当該認可に係る事業地内の土地建物等を有償で譲り渡そうとする者は、施行者の許可を受けなければならない。

3 第二種住居地域は、中高層住宅に係る良好な住居の環境を保護するため定める地域とされている。

4 市街化調整区域における地区計画は、市街化区域における市街化の状況等を勘案して、地区計画の区域の周辺における市街化を促進することがない等当該都市計画区域における計画的な市街化を図る上で支障がないように定めることとされている。

復習の目安

- ☆…即答できなかったらちょっとマズイ（復習推奨）
- ★…いま間違えてもいいけど、必ず解説を読んでできるようにしておこう（復習推奨）
- △…確実に合格を目指すなら、マスターしておきたい（直前期に余裕があれば、再チェック）
- ×…できなくても問題ナシ（復習の必要性は乏しい）

STEP5 途中で最新問題を解こう

試験2、3週間前になったら、最新問題（令和5年度）を解いて力だめししてみましょう。

STEP6 「最新★統計資料・練習問題」をチェック

本書では、統計問題(問48)については掲載していません。

最新の統計データが確定した時点で、統計データのまとめと練習問題(解答解説含む)を、TAC出版WEBサイト「サイバーブックストア」で公開(**2024年夏以降**)しますので、こちらで学習してください。

＊下記**「最新★統計資料・練習問題ページ」へのアクセス方法**をご確認ください。

問48 統計問題につき、問題省略
(最新の統計データで学習してください)

統計問題は最新のデータでなければ意味がないので、本書では問題を省略しています。
最新統計データ(まとめ)と練習問題はwebサイトでご確認ください。

「最新★統計資料・練習問題ページ」 へのアクセス方法

2024年夏以降公開

TAC出版

TAC出版書籍販売サイト CyberBookStore
読者様限定 書籍連動ダウンロードサービス

ページへのアクセスには下記のパスワードが必要です。

パスワード241010865

ダウンロードサービスへの
簡単アクセス方法

簡単アクセスは
こちらから

無料！ 重要数字暗記対策用アプリが利用できる！

本書のシリーズ本となる『宅建士の教科書』を使った学習をより効果的なものにするために、場所を選ばず学習できるスマートフォンアプリを活用しましょう。いつでもどこでも、スマホがあれば学習できます。

スマートフォンアプリへのアクセス方法

詳細は下記サイトでご確認ください。

https://tatesuta.jp/tactks

簡単アクセスは
こちらから

スマートフォンアプリの特徴

『宅建士の教科書』に連動した無料の数字暗記対策用アプリのほか、スキマ時間に学習できるコンテンツがあります（アプリ内課金あり）。

無料コンテンツ	**［フラッシュカード］** 試験に必要な重要数字の暗記対策をカードアプリ化。テキストに連動した無料コンテンツですので気軽に利用できます。
有料コンテンツ（アプリ内課金）	**［テキスト縦読み機能］** 『宅建士の教科書』がスマートフォンで学習できます。 **［問題演習機能］** 『宅建士の問題集』がスマートフォンで学習できます。 **［過去問演習機能］（2024年２月下旬予定）** 『宅建士の12年過去問題集』がスマートフォンで学習できます。 **［目標設定機能］** 目標達成予定日に着目したスケジュール管理機能です。

宅建士試験の概要

日時、出題形式

日　　時	10月の第3日曜日　13時～15時（登録講習修了者は13時10分～15時）
出題形式	4肢択一式50問 ※登録講習*修了者は下記の科目（計5問）が免除される 住宅金融支援機構法 景品表示法 土地・建物 統計 ＊登録講習…国土交通大臣の登録を受けた機関が宅建業の従事者に対して行う講習

受験資格、試験地

受験資格	なし
試験地	47都道府県　会場は申込み受付時に指定

申込方法、申込受付期間、受験手数料、合格発表

申込方法	インターネットまたは郵送により行う
申込受付期間	郵送：7月上旬～7月中旬頃 インターネット：7月上旬～7月下旬頃
受験手数料	8,200円（2023年）
合格発表	例年、試験後の11月下旬

試験実施団体

一般財団法人不動産適正取引推進機構
https://www.retio.or.jp/

※上記は出版時の参考データです。詳細は試験実施団体にお問い合わせください。

宅建士試験の状況

過去12年間の受験者数等

		申込者数	受験者数	合格者数	合格点	合格率
令和5年	2023	**289,096人**	**233,276人**	**40,025人**	**36点**	**17.2%**
令和4年	2022	283,856人	226,048人	38,525人	36点	17.0%
令和3年（12月試験）	2021	39,814人	24,965人	3,892人	34点	15.6%
令和3年（10月試験）	2021	256,704人	209,749人	37,579人	34点	17.9%
令和2年（12月試験）	2020	55,121人	35,261人	4,610人	36点	13.1%
令和2年（10月試験）	2020	204,163人	168,989人	29,728人	38点	17.6%
令和元年	2019	276,019人	220,797人	37,481人	35点	17.0%
平成30年	2018	265,444人	213,993人	33,360人	37点	15.6%
平成29年	2017	258,511人	209,354人	32,644人	35点	15.6%
平成28年	2016	245,742人	198,463人	30,589人	35点	15.4%
平成27年	2015	243,199人	194,926人	30,028人	31点	15.4%
平成26年	2014	238,343人	192,029人	33,670人	32点	17.5%
平成25年	2013	234,586人	186,304人	28,470人	33点	15.3%
平成24年	2012	236,350人	191,169人	32,000人	33点	16.7%

※合格基準の決まりはなく、毎年異なりますが、おおよそ31点（問題が難しい年）から38点（問題がやさしい年）となっています。

科目別出題数

※出題数（問題番号）は平成21年度以降のものです。

<table>
<tr><th colspan="2">科　目</th><th>出題数</th><th>目標点</th></tr>
<tr><td colspan="2">宅建業法</td><td>20問
（第26問～第45問）</td><td>18点</td></tr>
<tr><td colspan="2">権利関係</td><td>14問
（第1問～第14問）</td><td>8～10点</td></tr>
<tr><td colspan="2">法令上の制限</td><td>8問
（第15問～第22問）</td><td>5点</td></tr>
<tr><td rowspan="2">税・その他</td><td>不動産に関する税金
不動産鑑定評価基準
地価公示法</td><td>3問
（第23問～第25問）</td><td>2点</td></tr>
<tr><td>住宅金融支援機構法
景品表示法
統計
土地・建物</td><td>5問
（第46問～第50問）</td><td>3点</td></tr>
</table>

目 contents 次

第1分冊　問題編

第2分冊　解答・解説編

第□回　解答用紙

解　答　欄

得点	/50

問題番号	解　答　番　号	問題番号	解　答　番　号
第 1 問	1　2　3　4	第 26 問	1　2　3　4
第 2 問	1　2　3　4	第 27 問	1　2　3　4
第 3 問	1　2　3　4	第 28 問	1　2　3　4
第 4 問	1　2　3　4	第 29 問	1　2　3　4
第 5 問	1　2　3　4	第 30 問	1　2　3　4
第 6 問	1　2　3　4	第 31 問	1　2　3　4
第 7 問	1　2　3　4	第 32 問	1　2　3　4
第 8 問	1　2　3　4	第 33 問	1　2　3　4
第 9 問	1　2　3　4	第 34 問	1　2　3　4
第 10 問	1　2　3　4	第 35 問	1　2　3　4
第 11 問	1　2　3　4	第 36 問	1　2　3　4
第 12 問	1　2　3　4	第 37 問	1　2　3　4
第 13 問	1　2　3　4	第 38 問	1　2　3　4
第 14 問	1　2　3　4	第 39 問	1　2　3　4
第 15 問	1　2　3　4	第 40 問	1　2　3　4
第 16 問	1　2　3　4	第 41 問	1　2　3　4
第 17 問	1　2　3　4	第 42 問	1　2　3　4
第 18 問	1　2　3　4	第 43 問	1　2　3　4
第 19 問	1　2　3　4	第 44 問	1　2　3　4
第 20 問	1　2　3　4	第 45 問	1　2　3　4
第 21 問	1　2　3　4	第 46 問	1　2　3　4
第 22 問	1　2　3　4	第 47 問	1　2　3　4
第 23 問	1　2　3　4	第 48 問	1　2　3　4
第 24 問	1　2　3　4	第 49 問	1　2　3　4
第 25 問	1　2　3　4	第 50 問	1　2　3　4

（切り取ってご利用ください）

第□回　解答用紙

解　答　欄

得点　／50

問題番号	解	答	番	号
第 1 問	1	2	3	4
第 2 問	1	2	3	4
第 3 問	1	2	3	4
第 4 問	1	2	3	4
第 5 問	1	2	3	4
第 6 問	1	2	3	4
第 7 問	1	2	3	4
第 8 問	1	2	3	4
第 9 問	1	2	3	4
第 10 問	1	2	3	4
第 11 問	1	2	3	4
第 12 問	1	2	3	4
第 13 問	1	2	3	4
第 14 問	1	2	3	4
第 15 問	1	2	3	4
第 16 問	1	2	3	4
第 17 問	1	2	3	4
第 18 問	1	2	3	4
第 19 問	1	2	3	4
第 20 問	1	2	3	4
第 21 問	1	2	3	4
第 22 問	1	2	3	4
第 23 問	1	2	3	4
第 24 問	1	2	3	4
第 25 問	1	2	3	4

問題番号	解	答	番	号
第 26 問	1	2	3	4
第 27 問	1	2	3	4
第 28 問	1	2	3	4
第 29 問	1	2	3	4
第 30 問	1	2	3	4
第 31 問	1	2	3	4
第 32 問	1	2	3	4
第 33 問	1	2	3	4
第 34 問	1	2	3	4
第 35 問	1	2	3	4
第 36 問	1	2	3	4
第 37 問	1	2	3	4
第 38 問	1	2	3	4
第 39 問	1	2	3	4
第 40 問	1	2	3	4
第 41 問	1	2	3	4
第 42 問	1	2	3	4
第 43 問	1	2	3	4
第 44 問	1	2	3	4
第 45 問	1	2	3	4
第 46 問	1	2	3	4
第 47 問	1	2	3	4
第 48 問	1	2	3	4
第 49 問	1	2	3	4
第 50 問	1	2	3	4

（切り取ってご利用ください）

問題と解答・解説の２分冊の使い方

下記の手順に沿って本を分解してご利用ください。

本の分け方

色紙を残して、各冊子を取り外します。

※色紙と各冊子が、のりで接着されています。乱暴に扱いますと、破損する危険性がありますので、丁寧に取り外すようにしてください。

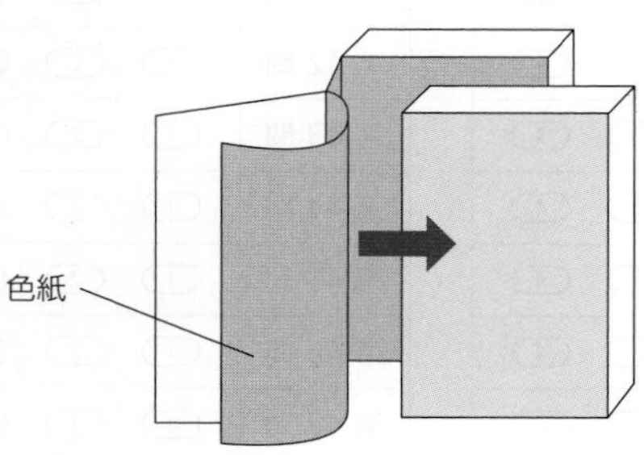

※抜き取るさいの損傷についてのお取替えはご遠慮願います。

【著　者】

滝澤ななみ（たきざわ・ななみ）

簿記、ＦＰなど多くの資格書を執筆している。本書の姉妹書『みんなが欲しかった！宅建士の教科書』および『問題集』は、刊行以来９年連続売上№１[※1]を記録。本書『みんなが欲しかった！宅建士の12年過去問題集』も、刊行以来８年連続売上№１[※2]を記録。その他の主な著作は『スッキリわかる日商簿記』１～３級（14年連続全国チェーン売上№１[※3]）、『みんなが欲しかった！ＦＰの教科書』２～３級（９年連続売上№１[※4]）など。

※１　紀伊國屋書店　2015年度版～2023年度版（毎年度10月～９月で集計）
※２　紀伊國屋書店　2016年度版～2023年度版（毎年度10月～９月で集計）
※３　紀伊國屋書店／くまざわ書店／三省堂書店／丸善ジュンク堂書店／未来屋書店
　　　2009年１月～2022年12月（各社調べ、50音順）
※４　紀伊國屋書店　2014年１月～2022年12月で集計

<ホームページ>『滝澤ななみのすすめ！』
URL: https://takizawananami-susume.jp/

・装丁：Nakaguro Graph（黒瀬章夫）
・装画：matsu（マツモト　ナオコ）
・本文イラスト：napocon

みんなが欲しかった！　宅建士シリーズ

2024年度版
みんなが欲しかった！　宅建士の12年過去問題集

（2016年度版　2016年２月25日　初　版　第１刷発行）
2024年１月25日　初　版　第１刷発行
2024年６月15日　　　　　第２刷発行

著　　者　滝　澤　な　な　み
発 行 者　多　田　敏　男
発 行 所　TAC株式会社　出版事業部
（TAC出版）

〒101-8383
東京都千代田区神田三崎町3-2-18
電 話 03(5276)9492（営業）
FAX 03(5276)9674
https://shuppan.tac-school.co.jp

組　　版　朝日メディアインターナショナル株式会社
印　　刷　株式会社　光　邦
製　　本　東京美術紙工協業組合

ISBN 978-4-300-10865-9
N.D.C. 673

宅地建物取引士

2024年度版 宅地建物取引士への道

宅地建物取引士証を手に入れるには、試験に合格し、宅地建物取引士登録を経て、宅地建物取引士証の交付申請という手続

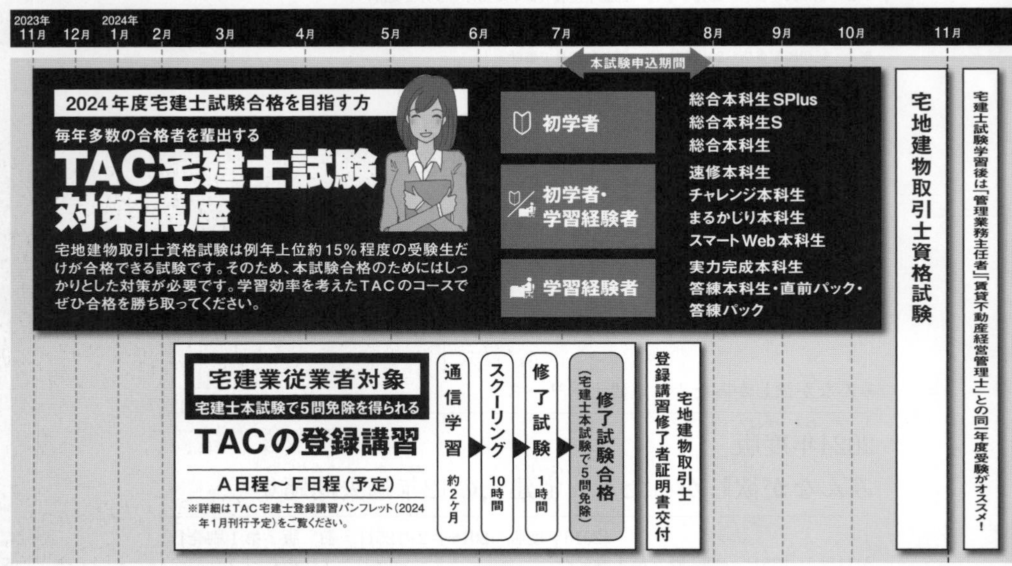

"実務の世界で活躍する皆さまを応援したい"そんな思いから、TACでは試験合格のみならず宅建業で活躍されている方、活躍したい方を「登録講習」「登録実務講習」実施機関として国土交通大臣の登録を受け、サポートしております。

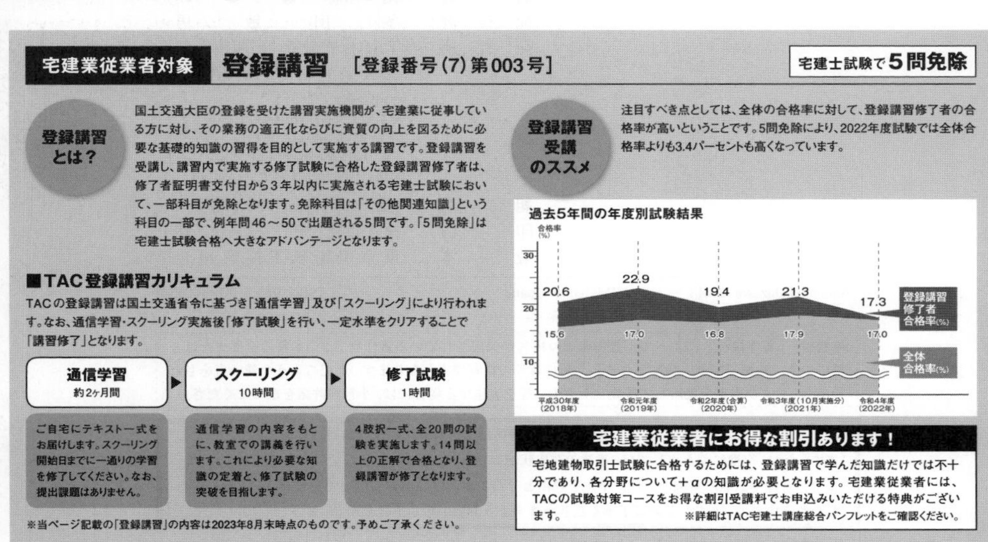

宅建業従業者対象 登録講習 ［登録番号(7)第003号］

宅建士試験で**5問免除**

登録講習とは？

国土交通大臣の登録を受けた講習実施機関が、宅建業に従事している方に対し、その業務の適正化ならびに資質の向上を図るために必要な基礎的知識の習得を目的として実施する講習です。登録講習を受講し、講習内で実施する修了試験に合格した登録講習修了者は、修了者証明書交付日から3年以内に実施される宅建士試験において、一部科目が免除となります。免除科目は「その他関連知識」という科目の一部で、例年問46〜50で出題される5問です。「5問免除」は宅建士試験合格へ大きなアドバンテージとなります。

■TAC登録講習カリキュラム

TACの登録講習は国土交通省令に基づき「通信学習」及び「スクーリング」により行われます。なお、通信学習・スクーリング実施後「修了試験」を行い、一定水準をクリアすることで「講習修了」となります。

通信学習 約2ケ月間	スクーリング 10時間	修了試験 1時間
ご自宅にテキスト一式をお届けします。スクーリング開始日までに一通りの学習を修了してください。なお、提出課題はありません。	通信学習の内容をもとに、教室での講義を行います。これにより必要な知識の定着と、修了試験の突破を目指します。	4肢択一式、全20問の試験を実施します。14問以上の正解で合格となり、登録講習が修了となります。

※当ページ記載の「登録講習」の内容は2023年8月末時点のものです。予めご了承ください。

登録講習受講のススメ

注目すべき点としては、全体の合格率に対して、登録講習修了者の合格率が高いということです。5問免除により、2022年度試験では全体合格率よりも3.4パーセントも高くなっています。

過去5年間の年度別試験結果

宅建業従業者にお得な割引あります！

宅地建物取引士試験に合格するためには、登録講習で学んだ知識だけでは不十分であり、各分野について＋αの知識が必要となります。宅建業従業者には、TACの試験対策コースをお得な割引受講料でお申込みいただける特典がございます。

※詳細はTAC宅建士講座総合パンフレットをご確認ください。

きが必要です。

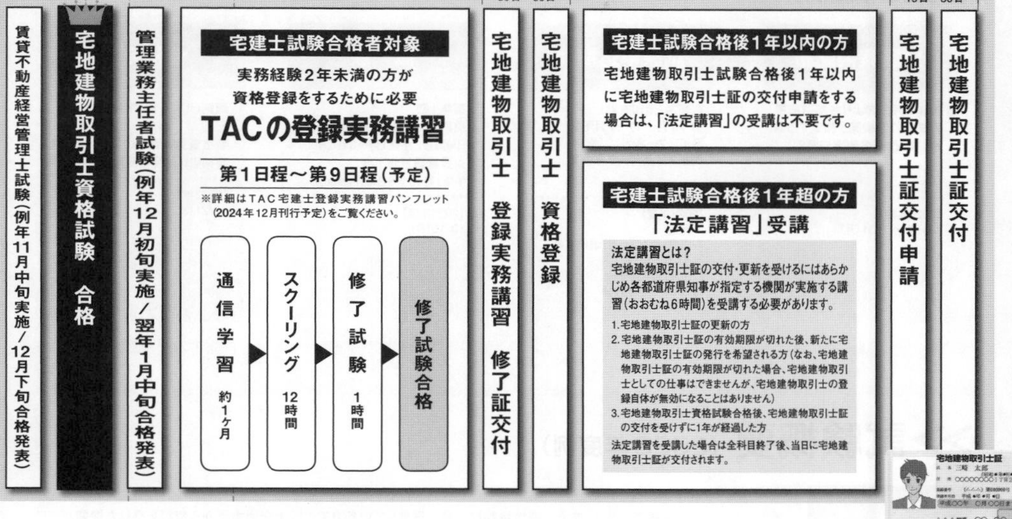

宅建士試験合格者で実務経験2年未満の方対象 **登録実務講習** [登録番号(6)第4号] **合格後**の宅建士資格登録に必要

登録実務講習とは?

登録実務講習は、宅建士試験合格者で宅建業の実務経験が2年に満たない方が資格登録をする場合、この講習を受講・修了することにより「2年以上の実務経験を有する者と同等以上の能力を有する者」と認められ、宅地建物取引業法第18条第1項に規定する宅地建物取引士資格の登録要件を満たすことができる、というものです。登録実務講習では、設定事例に基づき、不動産取引実務に必要な知識を契約締結・決済・引渡しに至るまでの流れに沿って学習していきます。特にスクーリング(演習)では、重要事項説明、契約書作成等の事例をもとに演習していきます。

宅地建物取引士証交付手続きのススメ

登録の消除を受けない限り、宅地建物取引士登録は一生有効です。しかし、宅地建物取引士証の交付を受ける際に、試験合格後1年を経過した場合には「法定講習」を受講する必要があるため、合格してから1年以内に宅地建物取引士証交付の手続きをするのがオススメです。

■TAC登録実務講習カリキュラム

TACの登録実務講習は国土交通省令に基づき「通信学習」及び「スクーリング(演習)」により行います。なお、通信学習・スクーリング(演習)実施後「修了試験」を行い、一定水準をクリアすることで「講習修了」となります。

通信学習 約1ヶ月間	スクーリング(演習) 12時間	修了試験 1時間
ご自宅にテキスト等をお届けします。スクーリング開始日までに一通りの学習を修了してください。なお、提出課題はありません。	実務上必要な重要事項説明・契約書の作成等の事例をもとに、教室にて演習します。	一問一答式及び記述式の試験を実施します。一問一答式及び記述式試験の各々で8割以上の得点を取ると合格となり、登録実務講習が修了となります。

※当ページ記載の「登録実務講習」の内容は2024年8月末時点のものです。予めご了承ください。

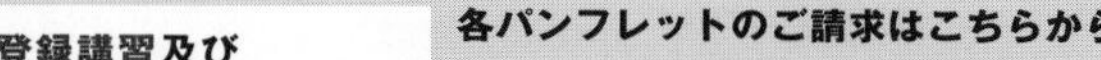

登録講習及び登録実務講習の詳細は専用パンフレットをご覧ください。
(2023年12月〜2024年1月刊行予定)

各パンフレットのご請求はこちらから

[資料請求バーコード]

通話無料 **0120-509-117** 受付時間 月〜金 10:00〜17:00 土・日・祝 10:00〜17:00

TACホームページ
https://www.tac-school.co.jp/ TAC 宅建士 検索

試験ガイド

>> 試験実施日程
(2023年度例)

試験案内配布	試験申込期間	試　験	合格発表
例年7月上旬より各都道府県の試験協力機関が指定する場所にて配布(各都道府県別)	■郵送(消印有効) 例年7月上旬～7月下旬 ■インターネット 例年7月上旬～7月中旬	毎年1回 原則として例年10月第3日曜 日時間帯／午後1時～3時(2時間) ※登録講習修了者 午後1時10分～3時(1時間50分)	原則として11月下旬 合格者受験番号の掲示および合格者には合格証書を送付
【2023年度】 7/3(月)～7/31(月)	【2023年度】 ■郵送 7/3(月)～7/31(月)消印有効 ■インターネット 7/3(月)9時30分～ 7/19(水)21時59分	【2023年度】 10/15(日)	【2023年度】 11/21(火)

>> 試験概要 (2023年度例)

受験資格	原則として誰でも受験できます。また、宅地建物取引業に従事している方で、国土交通大臣から登録を受けた機関が実施する講習を受け、修了した人に対して試験科目の一部(例年5問)を免除する「登録講習」制度があります。
受験地	試験は、各都道府県別で実施されるため、受験申込時に本人が住所を有する都道府県での受験が原則となります。
受験料	8,200円
試験方法・出題数	方法:4肢択一式の筆記試験(マークシート方式)　出題数:50問(登録講習修了者は45問)
試験内容	法令では、試験内容を7項目に分類していますが、TACでは法令をもとに下記の4科目に分類しています。

科　目	出題数
民法等	14問
宅建業法	20問
法令上の制限	8問
その他関連知識	8問

※登録講習修了者は例年問46～問50の5問が免除となっています。

試験実施機関

(一財)不動産適正取引推進機構
〒105-0001
東京都港区虎ノ門3-8-21　第33森ビル3階
03-3435-8111　http://www.retio.or.jp/

注意 受験資格または願書の配布時期及び申込受付期間等については、必ず各自で事前にご確認ください。
願書の取り寄せ及び申込手続も必ず各自で忘れずに行ってください。

第1分冊

問題編

最新問題

令和５年度
（2023年度）

本試験問題

この年の合格基準点は36点でした

インフォメーション

選択肢番号についているマークの意味は次のとおりです。
復習のさいにお役立てください。

☆…即答できなかったらちょっとマズイ（復習推奨）
★…いま間違えてもいいけど、必ず解説を読んでできるようにしておこう（復習推奨）
△…確実に合格を目指すなら、マスターしておきたい（直前期に余裕があれば、再チェック）
×…できなくても問題ナシ（復習の必要性は乏しい）

解き終わったあと、☆と★の問題については必ず復習をしておきましょう。

問1 次の1から4までの記述のうち、民法の規定、判例及び下記判決文によれば、誤っているものはどれか。

（判決文）

遺産は、相続人が数人あるときは、相続開始から遺産分割までの間、共同相続人の共有に属するものであるから、この間に遺産である賃貸不動産を使用管理した結果生ずる金銭債権たる賃料債権は、遺産とは別個の財産というべきであって、各共同相続人がその相続分に応じて分割単独債権として確定的に取得するものと解するのが相当である。

△1　遺産である不動産から、相続開始から遺産分割までの間に生じた賃料債権は、遺産である不動産が遺産分割によって複数の相続人のうちの一人に帰属することとなった場合、当該不動産が帰属することになった相続人が相続開始時にさかのぼって取得する。

☆2　相続人が数人あるときは、相続財産は、その共有に属し、各共同相続人は、その相続分に応じて被相続人の権利義務を承継する。

★3　遺産分割の効力は、相続開始の時にさかのぼって生ずる。ただし、第三者の権利を害することはできない。

△4　遺産である不動産が遺産分割によって複数の相続人のうちの一人に帰属することとなった場合、当該不動産から遺産分割後に生じた賃料債権は、遺産分割によって当該不動産が帰属した相続人が取得する。

問2 相隣関係に関する次の記述のうち、民法の規定によれば、正しいものはどれか。

△1　土地の所有者は、境界標の調査又は境界に関する測量等の一定の目的のために必要な範囲内で隣地を使用することができる場合であっても、住家については、その家の居住者の承諾がなければ、当該住家に立ち入ることはできない。

★2　土地の所有者は、隣地の竹木の枝が境界線を越える場合、その竹木の所有者にその枝を切除させることができるが、その枝を切除するよう催告したにもかかわらず相当の期間内に切除しなかったときであっても、自らその枝を切り取ることはできない。

☒3　相隣者の一人は、相隣者間で共有する障壁の高さを増すときは、他方の相隣者の承諾を得なければならない。

★4　他の土地に囲まれて公道に通じない土地の所有者は、公道に出るためにその土地を囲んでいる他の土地を自由に選んで通行することができる。

問3 Aを注文者、Bを請負人として、A所有の建物に対して独立性を有さずその構成部分となる増築部分の工事請負契約を締結し、Bは3か月間で増築工事を終了させた。この場合に関する次の記述のうち、民法の規定及び判例によれば、誤っているものはどれか。なお、この問において「契約不適合」とは品質に関して契約の内容に適合しないことをいい、当該請負契約には契約不適合責任に関する特約は定められていなかったものとする。

☒1　AがBに請負代金を支払っていなくても、Aは増築部分の所有権を取得する。

★2　Bが材料を提供して増築した部分に契約不適合がある場合、Aは工事が終了した日から1年以内にその旨をBに通知しなければ、契約不適合を理由とした修補をBに対して請求することはできない。

★3　Bが材料を提供して増築した部分に契約不適合があり、Bは不適合があることを知りながらそのことをAに告げずに工事を終了し、Aが工事終了日から3年後に契約不適合を知った場合、AはBに対して、消滅時効が完成するまでは契約不適合を理由とした修補を請求することができる。

★4　増築した部分にAが提供した材料の性質によって契約不適合が生じ、Bが材料が不適当であることを知らずに工事を終了した場合、AはBに対して、Aが提供した材料によって生じた契約不適合を理由とした修補を請求することはできない。

問4 AがBに対して貸金債権である甲債権を、BがAに対して貸金債権である乙債権をそれぞれ有している場合において、民法の規定及び判例によれば、次のアからエまでの記述のうち、Aが一方的な意思表示により甲債権と乙債権とを対当額にて相殺できないものを全て掲げたものは、次の1から4のうちどれか。なお、いずれの債権も相殺を禁止し又は制限する旨の意思表示はされていないものとする。

★ア　弁済期の定めのない甲債権と、弁済期到来前に、AがBに対して期限の利益を放棄する旨の意思表示をした乙債権

★イ　弁済期が到来している甲債権と、弁済期の定めのない乙債権

★ウ　弁済期の定めのない甲債権と、弁済期が到来している乙債権

★エ　弁済期が到来していない甲債権と、弁済期が到来している乙債権

1 ア、イ、ウ
2 イ、ウ
3 ウ、エ
4 エ

問5 従来の住所又は居所を去った者(以下この問において「不在者」という。)の財産の管理に関する次の記述のうち、民法の規定及び判例によれば、正しいものはどれか。なお、この問において「管理人」とは、不在者の財産の管理人をいうものとする。

△1 不在者が管理人を置かなかったときは、当該不在者の生死が7年間明らかでない場合に限り、家庭裁判所は、利害関係人又は検察官の請求により、その財産の管理について必要な処分を命ずることができる。
×2 不在者が管理人を置いた場合において、その不在者の生死が明らかでないときは、家庭裁判所は、利害関係人又は検察官から請求があったとしても管理人を改任することはできない。
×3 家庭裁判所により選任された管理人は、不在者を被告とする建物収去土地明渡請求を認容した第一審判決に対して控訴を提起するには、家庭裁判所の許可が必要である。
△4 家庭裁判所により選任された管理人は、保存行為として不在者の自宅を修理することができるほか、家庭裁判所の許可を得てこれを売却することができる。

問6 A所有の甲土地について、Bが所有の意思をもって平穏にかつ公然と時効取得に必要な期間占有を継続した場合に関する次の記述のうち、民法の規定及び判例によれば、正しいものはいくつあるか。

☆ア AがCに対して甲土地を売却し、Cが所有権移転登記を備えた後にBの取得時効が完成した場合には、Bは登記を備えていなくても、甲土地の所有権の時効取得をCに対抗することができる。
☆イ Bの取得時効が完成した後に、AがDに対して甲土地を売却しDが所有権移転登記を備え、Bが、Dの登記の日から所有の意思をもって平穏にかつ公然と時効取得に必要な期間占有を継続した場合、所有権移転登記を備えていなくても、甲土地の所有権の時効取得をDに対抗することができる。
★ウ Bの取得時効完成後、Bへの所有権移転登記がなされないままEがAを債務者として甲土地にAから抵当権の設定を受けて抵当権設定登記をした場合において、Bがその後引き続き所有の意思をもって平穏にかつ公然と時効取得に必要な期間占有を継続した場合、特段の事情がない限り、再度の時効取得により、Bは甲土地の所有権を取得し、Eの抵当権は消滅する。

1　一つ
2　二つ
3　三つ
4　なし

問7 甲建物を所有するAが死亡し、Aの配偶者Bが甲建物の配偶者居住権を、Aの子Cが甲建物の所有権をそれぞれ取得する旨の遺産分割協議が成立した場合に関する次の記述のうち、民法の規定によれば、正しいものはどれか。

★1　遺産分割協議において、Bの配偶者居住権の存続期間が定められなかった場合、配偶者居住権の存続期間は20年となる。
★2　Bが高齢となり、バリアフリーのマンションに転居するための資金が必要になった場合、Bは、Cの承諾を得ずに甲建物を第三者Dに賃貸することができる。
★3　Cには、Bに対し、配偶者居住権の設定の登記を備えさせる義務がある。
△4　Cは、甲建物の通常の必要費を負担しなければならない。

問8 未成年者Aが、法定代理人Bの同意を得ずに、Cから甲建物を買い受ける契約(以下この問において「本件売買契約」という。)を締結した場合における次の記述のうち、民法の規定によれば、正しいものはどれか。なお、Aに処分を許された財産はなく、Aは、営業を許されてはいないものとする。

☆1　AがBの同意を得ずに制限行為能力を理由として本件売買契約を取り消した場合、Bは、自己が本件売買契約の取消しに同意していないことを理由に、Aの当該取消しの意思表示を取り消すことができる。
☆2　本件売買契約締結時にAが未成年者であることにつきCが善意無過失であった場合、Bは、Aの制限行為能力を理由として、本件売買契約を取り消すことはできない。
★3　本件売買契約につき、取消しがなされないままAが成年に達した場合、本件売買契約についてBが反対していたとしても、自らが取消権を有すると知った

Aは、本件売買契約を追認することができ、追認後は本件売買契約を取り消すことはできなくなる。

△4　本件売買契約につき、Bが追認しないまま、Aが成年に達する前にBの同意を得ずに甲建物をDに売却した場合、BがDへの売却について追認していないときでも、Aは制限行為能力を理由として、本件売買契約を取り消すことはできなくなる。

問9　Aを貸主、Bを借主として甲建物の賃貸借契約が締結された場合の甲建物の修繕に関する次の記述のうち、民法の規定によれば、誤っているものはどれか。

［改題］

☆1　甲建物の修繕が必要であることを、Aが知ったにもかかわらず、Aが相当の期間内に必要な修繕をしないときは、Bは甲建物の修繕をすることができる。

☆2　甲建物の修繕が必要である場合において、BがAに修繕が必要である旨を通知したにもかかわらず、Aが必要な修繕を直ちにしないときは、Bは甲建物の修繕をすることができる。

☆3　Bの責めに帰すべき事由によって甲建物の修繕が必要となった場合は、Aは甲建物を修繕する義務を負わない。

☆4　甲建物の修繕が必要である場合において、急迫の事情があるときは、Bは甲建物の修繕をすることができる。

問10　債務者Aが所有する甲土地には、債権者Bが一番抵当権(債権額1,000万円)、債権者Cが二番抵当権(債権額1,200万円)、債権者Dが三番抵当権(債権額2,000万円)をそれぞれ有しているが、BがDの利益のため、Aの承諾を得て抵当権の順位を放棄した。甲土地の競売に基づく売却代金が2,400万円であった場合、Bの受ける配当額として、民法の規定によれば、正しいものはどれか。

☒1　0円

☒2　200万円

☒3　400万円

☒4　800万円

問11　AがBとの間で、A所有の甲土地につき建物所有目的で期間を50年とする賃貸借契約(以下この問において「本件契約」という。)を締結する場合に関する次の記述のうち、借地借家法の規定及び判例によれば、正しいものはどれか。

☆1　本件契約に、当初の10年間は地代を減額しない旨の特約を定めた場合、その期間内は、BはAに対して地代の減額請求をすることはできない。

☆2　本件契約が甲土地上で専ら賃貸アパート事業用の建物を所有する目的である場合、契約の更新や建物の築造による存続期間の延長がない旨を定めるためには、公正証書で合意しなければならない。

☆3　本件契約に建物買取請求権を排除する旨の特約が定められていない場合、本件契約が終了したときは、その終了事由のいかんにかかわらず、BはAに対してBが甲土地上に所有している建物を時価で買い取るべきことを請求することができる。

☆4　本件契約がBの居住のための建物を所有する目的であり契約の更新がない旨を定めていない契約であって、期間満了する場合において甲土地上に建物があり、Bが契約の更新を請求したとしても、Aが遅滞なく異議を述べ、その異議に更新を拒絶する正当な事由があると認められる場合は、本件契約は更新されない。

問12 建物の賃貸借契約(定期建物賃貸借契約及び一時使用目的の建物の賃貸借契約を除く。)に関する次の記述のうち、民法及び借地借家法の規定並びに判例によれば、正しいものはどれか。　［改題］

☆1　期間を1年未満とする建物の賃貸借契約は、期間を1年とするものとみなされる。

☆2　当事者間において、一定の期間は建物の賃料を減額しない旨の特約がある場合、現行賃料が不相当になったなどの事情が生じたとしても、この特約は有効である。

☆3　賃借人が建物の引渡しを受けている場合において、当該建物の賃貸人が当該建物を譲渡するに当たり、当該建物の譲渡人及び譲受人が、賃貸人たる地位を譲渡人に留保する旨及び当該建物の譲受人が譲渡人に賃貸する旨の合意をしたときは、賃貸人たる地位は譲受人に移転しない。

★4　現行賃料が定められた時から一定の期間が経過していなければ、賃料増額請求は、認められない。

問13 建物の区分所有等に関する法律(以下この問において「法」という。)に関する次の記述のうち、誤っているものはどれか。

★1　集会においては、法で集会の決議につき特別の定数が定められている事項を除き、規約で別段の定めをすれば、あらかじめ通知した事項以外についても決議することができる。

☆2　集会は、区分所有者の4分の3以上の同意があるときは、招集の手続を経ないで開くことができる。

☆3　共用部分の保存行為は、規約に別段の定めがある場合を除いて、各共有者がすることができるため集会の決議を必要としない。

★4　一部共用部分に関する事項で区分所有者全員の利害に関係しないものについての区分所有者全員の規約は、当該一部共用部分を共用すべき区分所有者が8人である場合、3人が反対したときは変更することができない。

問14 不動産の登記に関する次の記述のうち、不動産登記法の規定によれば、誤っているものはどれか。

★1　建物が滅失したときは、表題部所有者又は所有権の登記名義人は、その滅失の日から1か月以内に、当該建物の滅失の登記を申請しなければならない。

★2　何人も、理由の有無にかかわらず、登記官に対し、手数料を納付して、登記簿の附属書類である申請書を閲覧することができる。

△3　共有物分割禁止の定めに係る権利の変更の登記の申請は、当該権利の共有者である全ての登記名義人が共同してしなければならない。

★4　区分建物の所有権の保存の登記は、表題部所有者から所有権を取得した者も、申請することができる。

問15 都市計画法に関する次の記述のうち、正しいものはどれか。

☆1　市街化調整区域は、土地利用を整序し、又は環境を保全するための措置を講ずることなく放置すれば、将来における一体の都市としての整備に支障が生じるおそれがある区域とされている。

☆2　高度利用地区は、土地の合理的かつ健全な高度利用と都市機能の更新とを図るため、都市計画に、建築物の高さの最低限度を定める地区とされている。

☆3　特定用途制限地域は、用途地域が定められている土地の区域内において、都市計画に、制限すべき特定の建築物等の用途の概要を定める地域とされている。

☆4　地区計画は、用途地域が定められている土地の区域のほか、一定の場合には、用途地域が定められていない土地の区域にも定めることができる。

問16　都市計画法に関する次の記述のうち、正しいものはどれか。ただし、この問において条例による特別の定めはないものとし、「都道府県知事」とは、地方自治法に基づく指定都市、中核市及び施行時特例市にあってはその長をいうものとする。

★1　開発許可を申請しようとする者は、あらかじめ、開発行為に関係がある公共施設の管理者と協議し、その同意を得なければならない。

☆2　開発許可を受けた者は、当該許可を受ける際に申請書に記載した事項を変更しようとする場合においては、都道府県知事に届け出なければならないが、当該変更が国土交通省令で定める軽微な変更に当たるときは、届け出なくてよい。

☆3　開発許可を受けた者は、当該開発行為に関する工事が完了し、都道府県知事から検査済証を交付されたときは、遅滞なく、当該工事が完了した旨を公告しなければならない。

★4　市街化調整区域のうち開発許可を受けた開発区域以外の区域内において、自己の居住用の住宅を新築しようとする全ての者は、当該建築が開発行為を伴わない場合であれば、都道府県知事の許可を受けなくてよい。

問17　建築基準法に関する次の記述のうち、誤っているものはどれか。

★1　地方公共団体は、条例で、津波、高潮、出水等による危険の著しい区域を災害危険区域として指定し、当該区域内における住居の用に供する建築物の建築を禁止することができる。

△2　3階建て以上の建築物の避難階以外の階を、床面積の合計が1,500㎡を超える物品販売業の店舗の売場とする場合には、当該階から避難階又は地上に通ずる2以上の直通階段を設けなければならない。

☆3　建築物が防火地域及び準防火地域にわたる場合、その全部について準防火地域内の建築物に関する規定を適用する。

★4　石綿等をあらかじめ添加した建築材料は、石綿等を飛散又は発散させるおそれがないものとして国土交通大臣が定めたもの又は国土交通大臣の認定を受けたものを除き、使用してはならない。

問18　次の記述のうち、建築基準法（以下この問において「法」という。）の規定によれば、正しいものはどれか。

☆1　法第53条第１項及び第２項の建蔽率制限に係る規定の適用については、準防火地域内にある準耐火建築物であり、かつ、街区の角にある敷地又はこれに準ずる敷地で特定行政庁が指定するものの内にある建築物にあっては同条第１項各号に定める数値に10分の2を加えたものをもって当該各号に定める数値とする。

☆2　建築物又は敷地を造成するための擁壁は、道路内に、又は道路に突き出して建築し、又は築造してはならず、地盤面下に設ける建築物においても同様である。

★3　地方公共団体は、その敷地が袋路状道路にのみ接する建築物であって、延べ面積が150㎡を超えるものについては、一戸建ての住宅であっても、条例で、その敷地が接しなければならない道路の幅員、その敷地が道路に接する部分の長さその他その敷地又は建築物と道路との関係に関して必要な制限を付加することができる。

★4　冬至日において、法第56条の２第１項の規定による日影規制の対象区域内の土地に日影を生じさせるものであっても、対象区域外にある建築物であれば一律に、同項の規定は適用されない。

問19　宅地造成及び特定盛土等規制法に関する次の記述のうち、誤っているものはどれか。なお、この問において「都道府県知事」とは、地方自治法に基づく指定都市、中核市及び施行時特例市にあってはその長をいうものとする。　［改題］

☆1　都道府県知事は、基本方針に基づき、かつ、基礎調査の結果を踏まえ、必要があると認めるときは、関係市町村長の意見を聴いて、宅地造成等工事規制区域内で、宅地造成又は特定盛土等(宅地において行うものに限る。)に伴う災害で相当数の居住者等に危害を生ずるものの発生のおそれが大きい一団の造成宅地(これに附帯する道路その他の土地を含む。)の区域であって、一定の基準に該当するものを、造成宅地防災区域として指定することができる。

△2　都道府県知事は、その地方の気候、風土又は地勢の特殊性により、宅地造成及び特定盛土等規制法の規定のみによっては宅地造成、特定盛土等又は土石の堆積に伴う崖崩れ又は土砂の流出の防止の目的を達し難いと認める場合は、都道府県(地方自治法に基づく指定都市、中核市又は施行時特例市の区域にあっては、それぞれ指定都市、中核市又は施行時特例市)の規則で、宅地造成等工事

規制区域内において行われる宅地造成等に関する工事の技術的基準を強化し、又は付加することができる。

☆3　都道府県知事は、宅地造成等工事規制区域内の土地について、宅地造成等に伴う災害を防止するために必要があると認める場合には、その土地の所有者に対して、擁壁等の設置等の措置をとることを勧告することができる。

★4　宅地造成等工事規制区域内の土地(公共施設用地を除く。)において、雨水その他の地表水又は地下水を排除するための排水施設の除却工事を行おうとする場合は、一定の場合を除き、都道府県知事への届出が必要となる。

問20 土地区画整理法に関する次の記述のうち、誤っているものはどれか。

☆1　換地計画において定められた清算金は、換地処分の公告があった日の翌日において確定する。

△2　現に施行されている土地区画整理事業の施行地区となっている区域については、その施行者の同意を得なければ、その施行者以外の者は、土地区画整理事業を施行することができない。

★3　施行者は、換地処分の公告があった場合において、施行地区内の土地及び建物について土地区画整理事業の施行により変動があったときは、遅滞なく、その変動に係る登記を申請し、又は嘱託しなければならない。

★4　土地区画整理組合は、仮換地を指定しようとする場合においては、あらかじめ、その指定について、土地区画整理審議会の同意を得なければならない。

問21 農地に関する次の記述のうち、農地法(以下この問において「法」という。)の規定によれば、誤っているものはどれか。

△1　相続により農地を取得する場合は、法第3条第1項の許可を要しないが、相続人に該当しない者が特定遺贈により農地を取得する場合は、同項の許可を受ける必要がある。

☆2　自己の所有する面積4アールの農地を農作物の育成又は養畜の事業のための農業用施設に転用する場合は、法第4条第1項の許可を受ける必要はない。

☆3　法第3条第1項又は法第5条第1項の許可が必要な農地の売買について、これらの許可を受けずに売買契約を締結しても、その所有権の移転の効力は生じない。

☒4　社会福祉事業を行うことを目的として設立された法人(社会福祉法人)が、農地をその目的に係る業務の運営に必要な施設の用に供すると認められる場合、農地所有適格法人でなくても、農業委員会の許可を得て、農地の所有権を取得することができる。

問22 土地を取得する場合における届出に関する次の記述のうち、正しいものはどれか。なお、この問において「事後届出」とは、国土利用計画法第23条の届出をいい、「重要土地等調査法」とは、重要施設周辺及び国境離島等における土地等の利用状況の調査及び利用の規制等に関する法律をいうものとする。

☆1　都市計画区域外において、国から一団の土地である6,000㎡と5,000㎡の土地を購入した者は、事後届出を行う必要はない。

☆2　市街化区域を除く都市計画区域内において、Aが所有する7,000㎡の土地をBが相続により取得した場合、Bは事後届出を行う必要がある。

☆3　市街化区域において、Cが所有する3,000㎡の土地をDが購入する契約を締結した場合、C及びDは事後届出を行わなければならない。

☒4　重要土地等調査法の規定による特別注視区域内にある100㎡の規模の土地に関する所有権又はその取得を目的とする権利の移転をする契約を締結する場合には、当事者は、一定の事項を、あらかじめ、内閣総理大臣に届け出なければならない。

問23 印紙税に関する次の記述のうち、正しいものはどれか。なお、以下の契約書はいずれも書面により作成されたものとする。

☆1　売主Aと買主Bが土地の譲渡契約書を3通作成し、A、B及び仲介人Cがそれぞれ1通ずつ保存する場合、当該契約書3通には印紙税が課される。

☆2　一の契約書に土地の譲渡契約（譲渡金額5,000万円）と建物の建築請負契約（請負金額6,000万円）をそれぞれ区分して記載した場合、印紙税の課税標準となる当該契約書の記載金額は1億1,000万円である。

☆3　「Dの所有する甲土地（時価2,000万円）をEに贈与する」旨を記載した贈与契約書を作成した場合、印紙税の課税標準となる当該契約書の記載金額は、2,000万円である。

★4　当初作成の「土地を1億円で譲渡する」旨を記載した土地譲渡契約書の契約金額を変更するために作成する契約書で、「当初の契約書の契約金額を1,000万円減額し、9,000万円とする」旨を記載した変更契約書について、印紙税の課税標準となる当該変更契約書の記載金額は、1,000万円である。

問24 不動産取得税に関する次の記述のうち、正しいものはどれか。

1　不動産取得税の徴収については、特別徴収の方法によることができる。
2　不動産取得税は、目的税である。
3　不動産取得税は、不動産の取得に対し、当該不動産所在の市町村及び特別区において、当該不動産の取得者に課する。
4　不動産取得税は、市町村及び特別区に対して、課することができない。

問25 不動産の鑑定評価に関する次の記述のうち、不動産鑑定評価基準によれば、正しいものはどれか。

1　原価法は、価格時点における対象不動産の収益価格を求め、この収益価格について減価修正を行って対象不動産の比準価格を求める手法である。
2　原価法は、対象不動産が建物又は建物及びその敷地である場合には適用することができるが、対象不動産が土地のみである場合においては、いかなる場合も適用することができない。
3　取引事例比較法における取引事例が、特殊事情のある事例である場合、その具体的な状況が判明し、事情補正できるものであっても採用することは許されない。
4　取引事例比較法は、近隣地域若しくは同一需給圏内の類似地域等において対象不動産と類似の不動産の取引が行われている場合又は同一需給圏内の代替競争不動産の取引が行われている場合に有効である。

問26 宅地建物取引業法第37条の規定により交付すべき書面に記載すべき事項を電磁的方法により提供すること（以下この問において「37条書面の電磁的方法による提供」という。）に関する次の記述のうち、正しいものはいくつあるか。

ア　宅地建物取引業者が自ら売主として締結する売買契約において、当該契約の相手方から宅地建物取引業法施行令第3条の4第1項に規定する承諾を得なければ、37条書面の電磁的方法による提供をすることができない。
イ　宅地建物取引業者が媒介業者として関与する売買契約について、宅地建物取引業法施行令第3条の4第1項に規定する承諾を取得するための通知の中に宅地建物取引士を明示しておけば、37条書面の電磁的方法による提供において提供に係る宅地建物取引士を明示する必要はない。

ウ　宅地建物取引業者が自ら売主として締結する売買契約において、37条書面の電磁的方法による提供を行う場合、当該提供されたファイルへの記録を取引の相手方が出力することにより書面を作成できるものでなければならない。

エ　宅地建物取引業者が媒介業者として関与する建物賃貸借契約について、37条書面の電磁的方法による提供を行う場合、当該提供するファイルに記録された記載事項について、改変が行われていないかどうかを確認することができる措置を講じなければならない。

1　一つ
2　二つ
3　三つ
4　四つ

問27　宅地建物取引業法第34条の2第1項第4号に規定する建物状況調査(以下この問において「建物状況調査」という。)に関する次の記述のうち、誤っているものはどれか。

1　建物状況調査とは、建物の構造耐力上主要な部分又は雨水の浸入を防止する部分として国土交通省令で定めるものの状況の調査であって、経年変化その他の建物に生じる事象に関する知識及び能力を有する者として国土交通省令で定める者が実施するものをいう。

2　宅地建物取引業者が建物状況調査を実施する者のあっせんを行う場合、建物状況調査を実施する者は建築士法第2条第1項に規定する建築士であって国土交通大臣が定める講習を修了した者でなければならない。

3　既存住宅の売買の媒介を行う宅地建物取引業者が売主に対して建物状況調査を実施する者のあっせんを行った場合、宅地建物取引業者は売主から報酬とは別にあっせんに係る料金を受領することはできない。

4　既存住宅の貸借の媒介を行う宅地建物取引業者は、宅地建物取引業法第37条の規定により交付すべき書面に建物の構造耐力上主要な部分等の状況について当事者の双方が確認した事項を記載しなければならない。

問28　宅地建物取引業者Aの業務に関する次の記述のうち、宅地建物取引業法(以下この問において「法」という。)の規定に違反するものはいくつあるか。

☆ア　Aの従業員Bが、Cが所有する戸建住宅の買取りを目的とした訪問勧誘をCに対して行ったところ、Cから「契約の意思がないので今後勧誘に来ないでほしい」と言われたことから、後日、Aは、別の従業員Dに同じ目的で訪問勧誘を行わせて、当該勧誘を継続した。

☆イ　Aの従業員Eは、Fが所有する戸建住宅の買取りを目的とした電話勧誘をFに対して行った際に、不実のことと認識しながら「今後5年以内にこの一帯は再開発されるので、急いで売却した方がよい。」と説明した。

☆ウ　Aの従業員Gは、Hが所有する戸建住宅の買取りを目的とした電話勧誘をHに対して行おうと考え、23時頃にHの自宅に電話をかけ、勧誘を行い、Hの私生活の平穏を害し、Hを困惑させた。

☆エ　Aは、Jとの間でJが所有する戸建住宅を買い取る売買契約を締結し、法第37条の規定に基づく書面をJに交付したが、Aの宅地建物取引士に、当該書面に記名のみさせ、押印させることを省略した。

1　一つ
2　二つ
3　三つ
4　四つ

問29　宅地建物取引業の免許(以下この問において「免許」という。)に関する次の記述のうち、宅地建物取引業法の規定によれば、正しいものはどれか。

☆1　宅地建物取引業者A社の使用人であって、A社の宅地建物取引業を行う支店の代表者であるものが、道路交通法の規定に違反したことにより懲役の刑に処せられたとしても、A社の免許は取り消されることはない。

☆2　宅地建物取引業者B社の取締役が、所得税法の規定に違反したことにより罰金の刑に処せられたとしても、B社の免許は取り消されることはない。

☆3　宅地建物取引業者である個人Cが、宅地建物取引業法の規定に違反したことにより罰金の刑に処せられたとしても、Cの免許は取り消されることはない。

☆4　宅地建物取引業者D社の非常勤の取締役が、刑法第222条(脅迫)の罪を犯したことにより罰金の刑に処せられたとしても、D社の免許は取り消されることはない。

問30　宅地建物取引業者A(甲県知事免許)の営業保証金に関する次の記述のうち、宅地建物取引業法の規定によれば、正しいものはいくつあるか。なお、Aは宅地建物取引業保証協会の社員ではないものとする。

☆ア　Aが免許を受けた日から6か月以内に甲県知事に営業保証金を供託した旨の届出を行わないとき、甲県知事はその届出をすべき旨の催告をしなければならず、当該催告が到達した日から1か月以内にAが届出を行わないときは、その免許を取り消すことができる。

☆イ　Aは、営業保証金を供託したときは、その供託物受入れの記載のある供託書の写しを添付して、その旨を甲県知事に届け出なければならず、当該届出をした後でなければ、その事業を開始することができない。

☆ウ　Aは、営業保証金が還付され、甲県知事から営業保証金が政令で定める額に不足が生じた旨の通知を受け、その不足額を供託したときは、30日以内に甲県知事にその旨を届け出なければならない。

☆エ　Aが免許失効に伴い営業保証金を取り戻す際、供託した営業保証金につき還付を受ける権利を有する者に対し、3か月を下らない一定期間内に申し出るべき旨を公告し、期間内にその申出がなかった場合でなければ、取り戻すことができない。

1　一つ

2　二つ

3　三つ

4　四つ

問31　宅地建物取引業者がその業務に関して行う広告に関する次の記述のうち、宅地建物取引業法(以下この問において「法」という。)の規定によれば、正しいものはどれか。なお、この問において「建築確認」とは、建築基準法第6条第1項の確認をいうものとする。

☆1　宅地又は建物の売買に関する注文を受けたときは、遅滞なくその注文をした者に対して取引態様の別を明らかにしなければならないが、当該注文者が事前に取引態様の別を明示した広告を見てから注文してきた場合においては、取引態様の別を遅滞なく明らかにする必要はない。

△2　既存の住宅に関する広告を行うときは、法第34条の2第1項第4号に規定する建物状況調査を実施しているかどうかを明示しなければならない。

☆3　これから建築工事を行う予定である建築確認申請中の建物については、当該建物の売買の媒介に関する広告をしてはならないが、貸借の媒介に関する広告はすることができる。

★4　販売する宅地又は建物の広告に関し、著しく事実に相違する表示をした場合、監督処分の対象となるだけでなく、懲役若しくは罰金に処せられ、又はこれを併科されることもある。

問32 宅地建物取引業者が行う届出に関する次の記述のうち、宅地建物取引業法の規定によれば、誤っているものはどれか。

☆1　宅地建物取引業者A（甲県知事免許）が、新たに宅地建物取引業を営む支店を甲県内に設置した場合、Aはその日から30日以内にその旨を甲県知事に届け出なければならない。

☆2　宅地建物取引業者B（乙県知事免許）が、宅地建物取引業者ではないCとの合併により消滅した場合、Bを代表する役員であった者は、その日から30日以内にその旨を乙県知事に届け出なければならない。

☆3　宅地建物取引業者D（丙県知事免許）が、本店における専任の宅地建物取引士Eの退職に伴い、新たに専任の宅地建物取引士Fを本店に置いた場合、Dはその日から30日以内にその旨を丙県知事に届け出なければならない。

☆4　宅地建物取引業者G（丁県知事免許）が、その業務に関し展示会を丁県内で実施する場合、展示会を実施する場所において売買契約の締結（予約を含む。）又は売買契約の申込みの受付を行うときは、Gは展示会での業務を開始する日の5日前までに展示会を実施する場所について丁県知事に届け出なければならない。

問33 宅地建物取引業法第35条に規定する重要事項の説明に関する次の記述のうち、正しいものはどれか。

☆1　甲宅地を所有する宅地建物取引業者Aが、乙宅地を所有する宅地建物取引業者ではない個人Bと、甲宅地と乙宅地の交換契約を締結するに当たって、Bに対して、甲宅地に関する重要事項の説明を行う義務はあるが、乙宅地に関する重要事項の説明を行う義務はない。

☆2　宅地の売買における当該宅地の引渡しの時期について、重要事項説明において説明しなければならない。

△3　宅地建物取引業者が売主となる宅地の売買に関し、売主が買主から受領しようとする金銭のうち、買主への所有権移転の登記以後に受領するものに対して、

宅地建物取引業法施行規則第16条の4に定める保全措置を講ずるかどうかについて、重要事項説明書に記載する必要がある。

△4　重要事項説明書の電磁的方法による提供については、重要事項説明を受ける者から電磁的方法でよいと口頭で依頼があった場合、改めて電磁的方法で提供することについて承諾を得る必要はない。

問34　宅地建物取引業者A（消費税課税事業者）は貸主Bから建物の貸借の媒介の依頼を受け、宅地建物取引業者C（消費税課税事業者）は借主Dから建物の貸借の媒介の依頼を受け、BとDとの間で、1か月分の借賃を12万円（消費税等相当額を含まない。）とする賃貸借契約（以下この問において「本件契約」という。）を成立させた場合における次の記述のうち、宅地建物取引業法の規定に違反するものはいくつあるか。

☆ア　本件契約が建物を住居として貸借する契約である場合に、Cは、媒介の依頼を受けるに当たってDから承諾を得ないまま、132,000円の報酬を受領した。

☆イ　AはBから事前に特別な広告の依頼があったので、依頼に基づく大手新聞掲載広告料金に相当する額をBに請求し、受領した。

☆ウ　CはDに対し、賃貸借契約書の作成費を、Dから限度額まで受領した媒介報酬の他に請求して受領した。

☆エ　本件契約が建物を事務所として貸借する契約である場合に、報酬として、AはBから132,000円を、CはDから132,000円をそれぞれ受領した。

1　一つ
2　二つ
3　三つ
4　四つ

問35　宅地建物取引業者Aが、自ら売主として、宅地建物取引業者ではない買主Bから宅地の買受けの申込みを受けた場合における宅地建物取引業法第37条の2の規定に基づくいわゆるクーリング・オフに関する次の記述のうち、正しいものはどれか。

☆1　Aは、仮設テント張りの案内所でBから買受けの申込みを受けた際、以後の取引について、その取引に係る書類に関してBから電磁的方法で提供をすることについての承諾を得た場合、クーリング・オフについて電磁的方法で告げることができる。

☆2　Aが、仮設テント張りの案内所でBから買受けの申込みを受けた場合、Bは、クーリング・オフについて告げられた日から8日以内に電磁的方法により当該申込みの撤回を申し出れば、申込みの撤回を行うことができる。

☆3　Aが、Aの事務所でBから買受けの申込みを受けた場合、Bは、申込みの日から8日以内に電磁的方法により当該申込みの撤回を申し出れば、申込みの撤回を行うことができる。

☆4　Aが、売却の媒介を依頼している宅地建物取引業者Cの事務所でBから買受けの申込みを受けた場合、Bは、申込みの日から8日以内に書面により当該申込みの撤回を申し出ても、申込みの撤回を行うことができない。

問36 次の記述のうち、宅地建物取引業者Aが行う業務に関して宅地建物取引業法の規定に違反するものはいくつあるか。

☆ア　建物の貸借の媒介に際して、賃借の申込みをした者がその撤回を申し出たので、Aはかかった諸費用を差し引いて預り金を返還した。

☆イ　Aは、売主としてマンションの売買契約を締結するに際して、買主が手付として必要な額を今すぐには用意できないと申し出たので、手付金の分割払いを買主に提案した。

☆ウ　Aは取引のあったつど、その年月日やその取引に係る宅地又は建物の所在及び面積その他必要な記載事項を帳簿に漏らさず記載し、必要に応じて紙面にその内容を表示できる状態で、電子媒体により帳簿の保存を行っている。

☆エ　Aはアンケート調査を装ってその目的がマンションの売買の勧誘であることを告げずに個人宅を訪問し、マンションの売買の勧誘をした。

1　一つ
2　二つ
3　三つ
4　四つ

問37 次の記述のうち、宅地建物取引業法の規定によれば、正しいものはどれか。

☆1　宅地建物取引業者は、非常勤役員には従業者であることを証する証明書を携帯させる必要はない。

☆2　宅地建物取引業者は、その事務所ごとに従業者名簿を備えなければならないが、取引の関係者から閲覧の請求があった場合であっても、宅地建物取引業法第45条に規定する秘密を守る義務を理由に、閲覧を拒むことができる。

3　宅地建物取引業者の従業者は、宅地の買受けの申込みをした者から請求があった場合には、その者が宅地建物取引業者であっても、その者に従業者であることを証する証明書を提示する必要がある。

4　宅地建物取引業者は、従業者名簿を最終の記載をした日から5年間保存しなければならない。

問38　次の記述のうち、宅地建物取引業法の規定によれば、正しいものはいくつあるか。

ア　宅地建物取引業者Aが、自ら所有する複数の建物について、複数人に対し、反復継続して賃貸する行為は、宅地建物取引業に該当しない。

イ　宅地建物取引士とは、宅地建物取引士資格試験に合格し、都道府県知事の登録を受けた者をいう。

ウ　建設業者Bが、建築請負工事の受注を目的として、業として宅地の売買の媒介を行う行為は、宅地建物取引業に該当しない。

エ　宅地建物取引士は、宅地又は建物の取引に係る事務に必要な知識及び能力の維持向上に努めなければならない。

1　一つ
2　二つ
3　三つ
4　四つ

問39　宅地建物取引業者Aが、自ら売主として、宅地建物取引業者ではない個人Bとの間で宅地の売買契約を締結する場合における手付金の保全措置に関する次の記述のうち、宅地建物取引業法の規定によれば、正しいものはどれか。なお、当該契約に係る手付金は保全措置が必要なものとする。

1　Aは、Bから手付金を受領した後に、速やかに手付金の保全措置を講じなければならない。

2　Aは、手付金の保全措置を保証保険契約を締結することにより講ずる場合、保険期間は保証保険契約が成立した時から宅地建物取引業者が受領した手付金に係る宅地の引渡しまでの期間とすればよい。

★3　Aは、手付金の保全措置を保証保険契約を締結することにより講ずる場合、保険事業者との間において保証保険契約を締結すればよく、保険証券をBに交付する必要はない。

★4　Aは、手付金の保全措置を保証委託契約を締結することにより講ずるときは、保証委託契約に基づいて銀行等が手付金の返還債務を連帯して保証することを約する書面のBへの交付に代えて、Bの承諾を得ることなく電磁的方法により講ずることができる。

問40　宅地建物取引業者Aが、BからB所有の中古住宅の売却の依頼を受け、専任媒介契約（専属専任媒介契約ではないものとする。）を締結した場合に関する次の記述のうち、宅地建物取引業法（以下この問において「法」という。）の規定によれば、正しいものはどれか。

★1　Aは、当該中古住宅について購入の申込みがあったときは、遅滞なく、その旨をBに報告しなければならないが、Bの希望条件を満たさない申込みだとAが判断した場合については報告する必要はない。

☆2　Aは、法第34条の2第1項の規定に基づく書面の交付後、速やかに、Bに対し、法第34条の2第1項第4号に規定する建物状況調査を実施する者のあっせんの有無について確認しなければならない。

☆3　Aは、当該中古住宅について法で規定されている事項を、契約締結の日から休業日数を含め7日以内に指定流通機構へ登録する義務がある。

☆4　Aは、Bが他の宅地建物取引業者の媒介又は代理によって売買の契約を成立させたときの措置を法第34条の2第1項の規定に基づく書面に記載しなければならない。

問41　次の記述のうち、宅地建物取引業法の規定によれば、正しいものはどれか。

★1　甲県知事は、宅地建物取引士に対して必要な報告を求めることができるが、その対象は、甲県知事登録の宅地建物取引士であって、適正な事務の遂行を確保するために必要な場合に限られる。

★2　宅地建物取引業者A（甲県知事免許）で専任の宅地建物取引士として従事しているB（甲県知事登録）が、勤務実態のない宅地建物取引業者C（乙県知事免許）において、自らが専任の宅地建物取引士である旨の表示がされていることを許した場合には、乙県知事は、Bに対し、必要な指示をすることができる。

★3　宅地建物取引士が不正の手段により宅地建物取引士証の交付を受けた場合においては、その登録をしている都道府県知事は、情状が特に重いときは、当該宅地建物取引士の登録を消除することができる。

★4　都道府県知事は、宅地建物取引士に対して登録消除処分を行ったときは、適切な方法で公告しなければならない。

問42　宅地建物取引業法第35条に規定する重要事項の説明に関する次の記述のうち、誤っているものはいくつあるか。

☆ア　宅地建物取引士は、重要事項説明をする場合、取引の相手方から請求されなければ、宅地建物取引士証を相手方に提示する必要はない。

☆イ　売主及び買主が宅地建物取引業者ではない場合、当該取引の媒介業者は、売主及び買主に重要事項説明書を交付し、説明を行わなければならない。

☆ウ　宅地の売買について売主となる宅地建物取引業者は、買主が宅地建物取引業者である場合、重要事項説明書を交付しなければならないが、説明を省略することはできる。

☆エ　宅地建物取引業者である売主は、宅地建物取引業者ではない買主に対して、重要事項として代金並びにその支払時期及び方法を説明しなければならない。

1　一つ
2　二つ
3　三つ
4　四つ

問43　宅地建物取引業者Aが媒介により宅地の売買契約を成立させた場合における宅地建物取引業法第37条の規定により交付すべき書面(以下この問において「37条書面」という。)に関する次の記述のうち、正しいものはどれか。

☆1　Aは、買主が宅地建物取引業者であるときは、37条書面に移転登記の申請時期を記載しなくてもよい。

☆2　Aは、37条書面を売買契約成立前に、各当事者に交付しなければならない。

☆3　Aは、37条書面を作成したときは、専任の宅地建物取引士をして37条書面に記名させる必要がある。

☆4　Aは、天災その他不可抗力による損害の負担に関する定めがあるときは、その内容を37条書面に記載しなければならない。

問44 宅地建物取引業保証協会（以下この問において「保証協会」という。）に関する次の記述のうち、宅地建物取引業法の規定によれば、正しいものはどれか。

★1　保証協会の社員は、自らが取り扱った宅地建物取引業に係る取引の相手方から当該取引に関する苦情について解決の申出が保証協会にあり、保証協会から関係する資料の提出を求められたときは、正当な理由がある場合でなければ、これを拒んではならない。

☆2　保証協会は、社員がその一部の事務所を廃止したことに伴って弁済業務保証金分担金を当該社員に返還しようとするときは、弁済業務保証金の還付請求権者に対し、一定期間内に認証を受けるため申し出るべき旨の公告を行わなければならない。

☆3　保証協会は、宅地建物取引業者の相手方から、社員である宅地建物取引業者の取り扱った宅地建物取引業に係る取引に関する損害の還付請求を受けたときは、直ちに弁済業務保証金から返還しなければならない。

★4　保証協会は、手付金等保管事業について国土交通大臣の承認を受けた場合、社員が自ら売主となって行う宅地又は建物の売買で、宅地の造成又は建築に関する工事の完了前における買主からの手付金等の受領について、当該事業の対象とすることができる。

問45 宅地建物取引業者Aが、自ら売主として、宅地建物取引業者ではない買主Bに新築住宅を販売する場合に関する次の記述のうち、特定住宅瑕疵担保責任の履行の確保等に関する法律の規定によれば、正しいものはどれか。

★1　Aが信託会社又は金融機関の信託業務の兼営等に関する法律第1条第1項の認可を受けた金融機関であって、宅地建物取引業を営むものである場合、住宅販売瑕疵担保保証金の供託又は住宅販売瑕疵担保責任保険契約の締結を行う義務を負わない。

☆2　Aは、住宅販売瑕疵担保保証金の供託をする場合、当該住宅の売買契約を締結するまでに、Bに対し供託所の所在地等について、必ず書面を交付して説明しなければならず、買主の承諾を得ても書面の交付に代えて電磁的方法により提供することはできない。

☆3　Aは、住宅販売瑕疵担保保証金の供託をする場合、当該住宅の最寄りの供託所へ住宅販売瑕疵担保保証金の供託をしなければならない。

☆4　AB間の売買契約において、当該住宅の構造耐力上主要な部分に瑕疵があってもAが瑕疵担保責任を負わない旨の特約があった場合においても、Aは住宅販売瑕疵担保保証金の供託又は住宅販売瑕疵担保責任保険契約の締結を行う義務を負う。

問46 独立行政法人住宅金融支援機構(以下この問において「機構」という。)に関する次の記述のうち、誤っているものはどれか。

☆1　機構は、子どもを育成する家庭又は高齢者の家庭(単身の世帯を含む。)に適した良好な居住性能及び居住環境を有する賃貸住宅の建設に必要な資金の貸付けを業務として行っている。

☆2　機構は、証券化支援事業(買取型)において、新築住宅に対する貸付債権のみを買取りの対象としている。

☆3　機構は、証券化支援事業(買取型)において、ZEH(ネット・ゼロ・エネルギーハウス)及び省エネルギー性、耐震性、バリアフリー性、耐久性・可変性に優れた住宅を取得する場合に、貸付金の利率を一定期間引き下げる制度を実施している。

☆4　機構は、マンション管理組合や区分所有者に対するマンション共用部分の改良に必要な資金の貸付けを業務として行っている。

問47 宅地建物取引業者が行う広告に関する次の記述のうち、不当景品類及び不当表示防止法(不動産の表示に関する公正競争規約を含む。)の規定によれば、正しいものはどれか。

☆1　実際には取引する意思がない物件であっても実在するものであれば、当該物件を広告に掲載しても不当表示に問われることはない。

△2　直線距離で50m以内に街道が存在する場合、物件名に当該街道の名称を用いることができる。

☆3　物件の近隣に所在するスーパーマーケットを表示する場合は、物件からの自転車による所要時間を明示しておくことで、徒歩による所要時間を明示する必要がなくなる。

△4　一棟リノベーションマンションについては、一般消費者に対し、初めて購入の申込みの勧誘を行う場合であっても、「新発売」との表示を行うことはできない。

問48 統計問題につき、問題省略
（最新の統計データで学習してください）

問49 土地に関する次の記述のうち、最も不適当なものはどれか。

☆1 自然堤防の後背湿地側の縁は、砂が緩く堆積していて、地下水位も浅いため、地震時に液状化被害が生じやすい地盤である。

★2 谷底低地に軟弱層が厚く堆積している所では、地震動が凝縮されて、震動が小さくなる。

☒3 1923年の関東地震の際には、東京の谷底低地で多くの水道管や建物が被害を受けた。

△4 大都市の近郊の丘陵地では、丘を削り谷部に盛土し造成宅地が造られたが、盛土造成に際しては、地下水位を下げるため排水施設を設け、締め固める等の必要がある。

問50 建物の構造と材料に関する次の記述のうち、最も不適当なものはどれか。

☆1 鉄筋コンクリート構造は、地震や風の力を受けても、躯体の変形は比較的小さく、耐火性にも富んでいる。

☆2 鉄筋コンクリート構造は、躯体の断面が大きく、材料の質量が大きいので、建物の自重が大きくなる。

△3 鉄筋コンクリート構造では、鉄筋とコンクリートを一体化するには、断面が円形の棒鋼である丸鋼の方が表面に突起をつけた棒鋼である異形棒鋼より、優れている。

☆4 鉄筋コンクリート構造は、コンクリートが固まって所定の強度が得られるまでに日数がかかり、現場での施工も多いので、工事期間が長くなる。

No.
01

令和2年度(10月試験)
(2020年度)

本試験問題

この年の合格基準点は38点でした

インフォメーション

選択肢番号についているマークの意味は次のとおりです。
復習のさいにお役立てください。

☆…即答できなかったらちょっとマズイ(復習推奨)
★…いま間違えてもいいけど、必ず解説を読んでできるようにしておこう(復習推奨)
△…確実に合格を目指すなら、マスターしておきたい(直前期に余裕があれば、再チェック)
×…できなくても問題ナシ(復習の必要性は乏しい)

解き終わったあと、☆と★の問題については必ず復習をしておきましょう。

問1 Aが購入した甲土地が他の土地に囲まれて公道に通じない土地であった場合に関する次の記述のうち、民法の規定及び判例によれば、正しいものはどれか。

★1　甲土地が共有物の分割によって公道に通じない土地となっていた場合には、Aは公道に至るために他の分割者の所有地を、償金を支払うことなく通行することができる。

△2　Aは公道に至るため甲土地を囲んでいる土地を通行する権利を有するところ、Aが自動車を所有していても、自動車による通行権が認められることはない。

★3　Aが、甲土地を囲んでいる土地の一部である乙土地を公道に出るための通路にする目的で賃借した後、甲土地をBに売却した場合には、乙土地の賃借権は甲土地の所有権に従たるものとして甲土地の所有権とともにBに移転する。

△4　Cが甲土地を囲む土地の所有権を時効により取得した場合には、AはCが時効取得した土地を公道に至るために通行することができなくなる。

問2 下記ケース①及びケース②の保証契約を締結した場合に関する次の1から4までの記述のうち、民法の規定によれば、正しいものはどれか。〔改題〕

(ケース①)　個人Aが金融機関Bから事業資金として1,000万円を借り入れ、CがBとの間で当該債務に係る保証契約を締結した場合

(ケース②)　個人Aが建物所有者Dと居住目的の建物賃貸借契約を締結し、EがDとの間で当該賃貸借契約に基づくAの一切の債務に係る保証契約を締結した場合

☆1　ケース①の保証契約は、口頭による合意でも有効であるが、ケース②の保証契約は、書面でしなければ効力を生じない。

△2　ケース①の保証契約は、Cが個人でも法人でも極度額を定める必要はないが、ケース②の保証契約は、Eが個人でも法人でも極度額を定めなければ効力を生じない。

☆3　ケース①及びケース②の保証契約がいずれも連帯保証契約である場合、BがCに債務の履行を請求したときはCは催告の抗弁を主張することができるが、DがEに債務の履行を請求したときはEは催告の抗弁を主張することができない。

△4　保証人が保証契約締結の日前1箇月以内に公正証書で保証債務を履行する意思を表示していない場合、ケース①のCがAの事業に関与しない個人であるときはケース①の保証契約は効力を生じないが、ケース②の保証契約は有効であ

る。

問3 次の1から4までの契約に関する記述のうち、民法の規定及び下記判決文によれば、誤っているものはどれか。
［改題］

（判決文）
法律が債務の不履行による契約の解除を認める趣意は、契約の要素をなす債務の履行がないために、該契約をなした目的を達することができない場合を救済するためであり、当事者が契約をなした主たる目的の達成に必須的でない附随的義務の履行を怠ったに過ぎないような場合には、特段の事情の存しない限り、相手方は当該契約を解除することができないものと解するのが相当である。

☆1 土地の売買契約において、売主が負担した当該土地の税金相当額を買主が償還する付随的義務が定められ、買主が売買代金を支払っただけで税金相当額を償還しなかった場合、特段の事情がない限り、売主は当該売買契約の解除をすることができない。

☆2 債務者が債務を履行しない場合であっても、債務不履行について債務者の責めに帰すべき事由がないときは付随的義務の不履行となり、特段の事情がない限り、債権者は契約の解除をすることができない。

☆3 債務不履行に対して債権者が相当の期間を定めて履行を催告してその期間内に履行がなされない場合であっても、催告期間が経過した時における債務不履行がその契約及び取引上の社会通念に照らして軽微であるときは、債権者は契約の解除をすることができない。

☆4 債務者が債務を履行しない場合であって、債務者がその債務の全部の履行を拒絶する意思を明確に表示したときは、債権者は、相当の期間を定めてその履行を催告することなく、直ちに契約の解除をすることができる。

問4 建物の賃貸借契約が期間満了により終了した場合における次の記述のうち、民法の規定によれば、正しいものはどれか。なお、原状回復義務について特段の合意はないものとする。
［改題］

☆1 賃借人は、賃借物を受け取った後にこれに生じた損傷がある場合、通常の使用及び収益によって生じた損耗も含めてその損傷を原状に復する義務を負う。

☆2 賃借人は、賃借物を受け取った後にこれに生じた損傷がある場合、賃借人の帰責事由の有無にかかわらず、その損傷を原状に復する義務を負う。

☆3　賃借人から敷金の返還請求を受けた賃貸人は、賃貸物の返還を受けるまでは、これを拒むことができる。

☆4　賃借人は、未払賃料債務がある場合、賃貸人に対し、敷金をその債務の弁済に充てるよう請求することができる。

問5　AとBとの間で締結された委任契約において、委任者Aが受任者Bに対して報酬を支払うこととされていた場合に関する次の記述のうち、民法の規定によれば、正しいものはどれか。　［改題］

★1　Aの責めに帰すべき事由によって履行の途中で委任が終了した場合、Bは報酬全額をAに対して請求することができるが、自己の債務を免れたことによって得た利益をAに償還しなければならない。

☆2　Bは、契約の本旨に従い、自己の財産に対するのと同一の注意をもって委任事務を処理しなければならない。

△3　Bの責めに帰すべき事由によって履行の途中で委任が終了した場合、BはAに対して報酬を請求することができない。

★4　Bが死亡した場合、Bの相続人は、急迫の事情の有無にかかわらず、受任者の地位を承継して委任事務を処理しなければならない。

問6　AとBとの間で締結された売買契約に関する次の記述のうち、民法の規定によれば、売買契約締結後、AがBに対し、錯誤による取消しができるものはどれか。　［改題］

★1　Aは、自己所有の自動車を100万円で売却するつもりであったが、重大な過失によりBに対し「10万円で売却する」と言ってしまい、Bが過失なく「Aは本当に10万円で売るつもりだ」と信じて購入を申し込み、AB間に売買契約が成立した場合

★2　Aは、自己所有の時価100万円の壺を10万円程度であると思い込み、Bに対し「手元にお金がないので、10万円で売却したい」と言ったところ、BはAの言葉を信じ「それなら10万円で購入する」と言って、AB間に売買契約が成立した場合

★3　Aは、自己所有の時価100万円の名匠の絵画を贋作だと思い込み、Bに対し「贋作であるので、10万円で売却する」と言ったところ、Bも同様に贋作だと

思い込み「贋作(がんさく)なら10万円で購入する」と言って、AB間に売買契約が成立した場合

★4　Aは、自己所有の腕時計を100万円で外国人Bに売却する際、当日の正しい為替レート(1ドル100円)を重大な過失により1ドル125円で計算して「8,000ドルで売却する」と言ってしまい、Aの錯誤について過失なく知らなかったBが「8,000ドルなら買いたい」と言って、AB間に売買契約が成立した場合

問7 保証に関する次の記述のうち、民法の規定及び判例によれば、誤っているものはどれか。

［改題］

★1　特定物売買における売主の保証人は、特に反対の意思表示がない限り、売主の債務不履行により契約が解除された場合には、原状回復義務である既払代金の返還義務についても保証する責任がある。

☆2　主たる債務の目的が保証契約の締結後に加重されたときは、保証人の負担も加重され、主たる債務者が時効の利益を放棄すれば、その効力は連帯保証人に及ぶ。

☆3　委託を受けた保証人が主たる債務の弁済期前に債務の弁済をしたが、主たる債務者が当該保証人からの求償に対して、当該弁済日以前に相殺の原因を有していたことを主張するときは、保証人は、債権者に対し、その相殺によって消滅すべきであった債務の履行を請求することができる。

★4　委託を受けた保証人は、履行の請求を受けた場合だけでなく、履行の請求を受けずに自発的に債務の消滅行為をする場合であっても、あらかじめ主たる債務者に通知をしなければ、同人に対する求償が制限されることがある。

問8 相続に関する次の記述のうち、民法の規定によれば、誤っているものはどれか。

［改題］

△1　相続回復の請求権は、相続人又はその法定代理人が相続権を侵害された事実を知った時から5年間行使しないときは、時効によって消滅する。

☆2　被相続人の子が相続開始以前に死亡したときは、その者の子がこれを代襲して相続人となるが、さらに代襲者も死亡していたときは、代襲者の子が相続人となることはない。

☆3　被相続人に相続人となる子及びその代襲相続人がおらず、被相続人の直系尊属が相続人となる場合には、被相続人の兄弟姉妹が相続人となることはない。

☆4　被相続人の兄弟姉妹が相続人となるべき場合であっても、相続開始以前に兄弟姉妹及びその子がいずれも死亡していたときは、その者の子（兄弟姉妹の孫）が相続人となることはない。

問9　Aがその所有する甲建物について、Bとの間で、①Aを売主、Bを買主とする売買契約を締結した場合と、②Aを贈与者、Bを受贈者とする負担付贈与契約を締結した場合に関する次の記述のうち、民法の規定及び判例によれば、正しいものはどれか。なお、これらの契約には、担保責任に関する特約はないものとする。

［改題］

☆1　①の契約において、Bが手付を交付し、履行期の到来後に代金支払の準備をしてAに履行の催告をした場合、Aは、手付の倍額を現実に提供して契約の解除をすることができる。

★2　②の契約が書面によらずになされた場合、Aは、甲建物の引渡し及び所有権移転登記の両方が終わるまでは、書面によらないことを理由に契約の解除をすることができる。

☆3　②の契約については、Aは、その負担の限度において、売主と同じく担保責任を負う。

☆4　①の契約については、Bの債務不履行を理由としてAに解除権が発生する場合があるが、②の契約については、Bの負担の不履行を理由としてAに解除権が発生することはない。

問10　Aが甲土地を所有している場合の時効に関する次の記述のうち、民法の規定及び判例によれば、誤っているものはどれか。

☆1　Bが甲土地を所有の意思をもって平穏かつ公然に17年間占有した後、CがBを相続し甲土地を所有の意思をもって平穏かつ公然に3年間占有した場合、Cは甲土地の所有権を時効取得することができる。

☆2　Dが、所有者と称するEから、Eが無権利者であることについて善意無過失で甲土地を買い受け、所有の意思をもって平穏かつ公然に3年間占有した後、甲土地がAの所有であることに気付いた場合、そのままさらに7年間甲土地の占有を継続したとしても、Dは、甲土地の所有権を時効取得することはできない。

☆3　Dが、所有者と称するEから、Eが無権利者であることについて善意無過失で甲土地を買い受け、所有の意思をもって平穏かつ公然に3年間占有した後、甲土地がAの所有であることを知っているFに売却し、Fが所有の意思をもって平穏かつ公然に甲土地を7年間占有した場合、Fは甲土地の所有権を時効取得することができる。

☆4　Aが甲土地を使用しないで20年以上放置していたとしても、Aの有する甲土地の所有権が消滅時効にかかることはない。

問11 A所有の甲土地につき、×2年7月1日にBとの間で居住の用に供する建物の所有を目的として存続期間30年の約定で賃貸借契約(以下この問において「本件契約」という。)が締結された場合に関する次の記述のうち、民法及び借地借家法の規定並びに判例によれば、正しいものはどれか。 ［改題］

☆1　Bは、借地権の登記をしていなくても、甲土地の引渡しを受けていれば、甲土地を同年7月2日に購入したCに対して借地権を主張することができる。

★2　本件契約で「一定期間は借賃の額の増減を行わない」旨を定めた場合には、甲土地の借賃が近傍類似の土地の借賃と比較して不相当となったときであっても、当該期間中は、AもBも借賃の増減を請求することができない。

☆3　本件契約で「Bの債務不履行により賃貸借契約が解除された場合には、BはAに対して建物買取請求権を行使することができない」旨を定めても、この合意は無効となる。

☆4　AとBとが期間満了に当たり本件契約を最初に更新する場合、更新後の存続期間を15年と定めても、20年となる。

問12 AとBとの間でA所有の甲建物をBに対して、居住の用を目的として、期間2年、賃料月額10万円で賃貸する旨の賃貸借契約(以下この問において「本件契約」という。)を締結し、Bが甲建物の引渡しを受けた場合に関する次の記述のうち、民法及び借地借家法の規定並びに判例によれば、誤っているものはどれか。

☆1　AがCに甲建物を売却した場合、Bは、それまでに契約期間中の賃料全額をAに前払いしていたことを、Cに対抗することができる。

☆2　本件契約が借地借家法第38条の定期建物賃貸借契約であって、賃料改定に関する特約がない場合、経済事情の変動により賃料が不相当となったときは、AはBに対し、賃料増額請求をすることができる。

☆3　本件契約が借地借家法第38条の定期建物賃貸借契約である場合、Aは、転勤、療養、親族の介護その他のやむを得ない事情があれば、Bに対し、解約を申し入れ、申入れの日から1月を経過することによって、本件契約を終了させることができる。

☆4　本件契約が借地借家法第38条の定期建物賃貸借契約であって、造作買取請求に関する特約がない場合、期間満了で本件契約が終了するときに、Bは、Aの同意を得て甲建物に付加した造作について買取請求をすることができる。

問13 建物の区分所有等に関する法律に関する次の記述のうち、正しいものはどれか。

☆1　共用部分の変更(その形状又は効用の著しい変更を伴わないものを除く。)は、区分所有者及び議決権の各4分の3以上の多数による集会の決議で決するが、この区分所有者の定数は、規約で2分の1以上の多数まで減ずることができる。

☆2　共用部分の管理に係る費用については、規約に別段の定めがない限り、共有者で等分する。

☆3　共用部分の保存行為をするには、規約に別段の定めがない限り、集会の決議で決する必要があり、各共有者ですることはできない。

☆4　一部共用部分は、これを共用すべき区分所有者の共有に属するが、規約で別段の定めをすることにより、区分所有者全員の共有に属するとすることもできる。

問14 不動産の登記に関する次の記述のうち、不動産登記法の規定によれば、正しいものはどれか。

☆1　敷地権付き区分建物の表題部所有者から所有権を取得した者は、当該敷地権の登記名義人の承諾を得なければ、当該区分建物に係る所有権の保存の登記を申請することができない。

☆2　所有権に関する仮登記に基づく本登記は、登記上の利害関係を有する第三者がある場合であっても、その承諾を得ることなく、申請することができる。

★3　債権者Aが債務者Bに代位して所有権の登記名義人CからBへの所有権の移転の登記を申請した場合において、当該登記を完了したときは、登記官は、Aに対し、当該登記に係る登記識別情報を通知しなければならない。

☆4　配偶者居住権は、登記することができる権利に含まれない。

問15 都市計画法に関する次の記述のうち、正しいものはどれか。

☒1　地区計画については、都市計画に、地区施設及び地区整備計画を定めるよう努めるものとされている。

★2　都市計画事業の認可の告示があった後に当該認可に係る事業地内の土地建物等を有償で譲り渡そうとする者は、施行者の許可を受けなければならない。

☆3　第二種住居地域は、中高層住宅に係る良好な住居の環境を保護するため定める地域とされている。

△4　市街化調整区域における地区計画は、市街化区域における市街化の状況等を勘案して、地区計画の区域の周辺における市街化を促進することがない等当該都市計画区域における計画的な市街化を図る上で支障がないように定めることとされている。

問16 都市計画法に関する次の記述のうち、誤っているものはどれか。なお、この問において「都道府県知事」とは、地方自治法に基づく指定都市、中核市及び施行時特例市にあってはその長をいうものとする。

☆1　開発許可を申請しようとする者は、あらかじめ、開発行為又は開発行為に関する工事により設置される公共施設を管理することとなる者と協議しなければならない。

★2　都市計画事業の施行として行う建築物の新築であっても、市街化調整区域のうち開発許可を受けた開発区域以外の区域内においては、都道府県知事の許可を受けなければ、建築物の新築をすることができない。

★3　開発許可を受けた開発行為により公共施設が設置されたときは、その公共施設は、工事完了の公告の日の翌日において、原則としてその公共施設の存する市町村の管理に属するものとされている。

☆4　開発許可を受けた者から当該開発区域内の土地の所有権を取得した者は、都道府県知事の承認を受けて、当該開発許可を受けた者が有していた当該開発許可に基づく地位を承継することができる。

問17 建築基準法に関する次の記述のうち、正しいものはどれか。

☆1　階数が2で延べ面積が200㎡の鉄骨造の共同住宅の大規模の修繕をしようとする場合、建築主は、当該工事に着手する前に、確認済証の交付を受けなければならない。

△2　居室の天井の高さは、一室で天井の高さの異なる部分がある場合、室の床面から天井の最も低い部分までの高さを2.1m以上としなければならない。

☆3　延べ面積が1,000㎡を超える準耐火建築物は、防火上有効な構造の防火壁又は防火床によって有効に区画し、かつ、各区画の床面積の合計をそれぞれ1,000㎡以内としなければならない。

☆4　高さ30mの建築物には、非常用の昇降機を設けなければならない。

問18 建築基準法に関する次の記述のうち、正しいものはどれか。

★1　公衆便所及び巡査派出所については、特定行政庁の許可を得ないで、道路に突き出して建築することができる。

☆2　近隣商業地域内において、客席の部分の床面積の合計が200㎡以上の映画館は建築することができない。

☆3　建築物の容積率の算定の基礎となる延べ面積には、老人ホームの共用の廊下又は階段の用に供する部分の床面積は、算入しないものとされている。

△4　日影による中高層の建築物の高さの制限に係る日影時間の測定は、夏至日の真太陽時の午前8時から午後4時までの間について行われる。

問19 宅地造成及び特定盛土等規制法に関する次の記述のうち、誤っているものはどれか。なお、この問において「都道府県知事」とは、地方自治法に基づく指定都市、中核市及び施行時特例市にあってはその長をいうものとする。［改題］

☆1　土地の占有者は、都道府県知事又はその命じた者若しくは委任した者が、基礎調査のために当該土地に立ち入って測量又は調査を行う場合、正当な理由がない限り、立入りを拒み、又は妨げてはならない。

2　法改正により削除

☆3　宅地造成等工事規制区域内において、公共施設用地を宅地又は農地等に転用する者は、宅地造成等に関する工事を行わない場合でも、都道府県知事の許可を受けなければならない。

☆4　宅地造成等に関する工事の許可を受けた者が、工事施行者を変更する場合には、遅滞なくその旨を都道府県知事に届け出ればよく、改めて許可を受ける必要はない。

問20 土地区画整理組合(以下この問において「組合」という。)に関する次の記述のうち、土地区画整理法の規定によれば、正しいものはどれか。

☒1　組合の設立認可を申請しようとする者は、施行地区となるべき区域内の宅地について借地権を有するすべての者の3分の2以上の同意を得なければならないが、未登記の借地権を有する者の同意を得る必要はない。

☒2　組合の総会の会議は、定款に特別な定めがある場合を除くほか、組合員の半数以上が出席しなければ開くことができない。

☒3　組合が賦課金を徴収する場合、賦課金の額は、組合員が施行地区内に有する宅地又は借地の地積等にかかわらず一律に定めなければならない。

☒4　組合の施行する土地区画整理事業に参加することを希望する者のうち、当該土地区画整理事業に参加するのに必要な資力及び信用を有する者であって定款で定められたものは、参加組合員として組合員となる。

問21 農地に関する次の記述のうち、農地法(以下この問において「法」という。)の規定によれば、正しいものはどれか。

☆1　法第3条第1項の許可が必要な農地の売買については、この許可を受けずに売買契約を締結しても所有権移転の効力は生じない。

☆2　市街化区域内の自己の農地を駐車場に転用する場合には、農地転用した後に農業委員会に届け出ればよい。

☆3　相続により農地を取得することとなった場合には、法第3条第1項の許可を受ける必要がある。

☆4　農地に抵当権を設定する場合には、法第3条第1項の許可を受ける必要がある。

問22 国土利用計画法第23条の届出(以下この問において「事後届出」という。)に関する次の記述のうち、正しいものはどれか。

☆1　Aが所有する市街化区域内の1,500㎡の土地をBが購入した場合には、Bは事後届出を行う必要はないが、Cが所有する市街化調整区域内の6,000㎡の土地についてDと売買に係る予約契約を締結した場合には、Dは事後届出を行う必要がある。

☆2　Eが所有する市街化区域内の2,000㎡の土地をFが購入した場合、Fは当該土地の所有権移転登記を完了した日から起算して2週間以内に事後届出を行う必要がある。

☆3　Gが所有する都市計画区域外の15,000㎡の土地をHに贈与した場合、Hは事後届出を行う必要がある。

☆4　Iが所有する都市計画区域外の10,000㎡の土地とJが所有する市街化調整区域内の10,000㎡の土地を交換した場合、I及びJは事後届出を行う必要はない。

問23 印紙税に関する次の記述のうち、正しいものはどれか。

☆1　「建物の電気工事に係る請負代金は1,100万円(うち消費税額及び地方消費税額100万円)とする」旨を記載した工事請負契約書について、印紙税の課税標準となる当該契約書の記載金額は1,100万円である。

☆2　「Aの所有する土地(価額5,000万円)とBの所有する土地(価額4,000万円)とを交換する」旨の土地交換契約書を作成した場合、印紙税の課税標準となる当該契約書の記載金額は4,000万円である。

☆3　国を売主、株式会社Cを買主とする土地の売買契約において、共同で売買契約書を2通作成し、国とC社がそれぞれ1通ずつ保存することとした場合、C社が保存する契約書には印紙税は課されない。

★4　「契約期間は10年間、賃料は月額10万円、権利金の額は100万円とする」旨が記載された土地の賃貸借契約書は、記載金額1,300万円の土地の賃借権の設定に関する契約書として印紙税が課される。

問24 不動産取得税に関する次の記述のうち、正しいものはどれか。　[改題]

★1　令和5年4月に個人が取得した住宅及び住宅用地に係る不動産取得税の税率は3%であるが、住宅用以外の土地に係る不動産取得税の税率は4%である。

☆2　一定の面積に満たない土地の取得に対しては、狭小な不動産の取得者に対する税負担の排除の観点から、不動産取得税を課することができない。

☆3　不動産取得税は、不動産の取得に対して課される税であるので、家屋を改築したことにより、当該家屋の価格が増加したとしても、不動産取得税は課されない。

★4　共有物の分割による不動産の取得については、当該不動産の取得者の分割前の当該共有物に係る持分の割合を超えない部分の取得であれば、不動産取得税は課されない。

問25 不動産の鑑定評価に関する次の記述のうち、不動産鑑定評価基準によれば、誤っているものはどれか。

★1　不動産の価格は、その不動産の効用が最高度に発揮される可能性に最も富む使用を前提として把握される価格を標準として形成されるが、不動産についての現実の使用方法は当該不動産が十分な効用を発揮していない場合があることに留意すべきである。

☆2　対象建築物に関する工事が完了していない場合でも、当該工事の完了を前提として鑑定評価を行うことがある。

☆3　特殊価格とは、一般的に市場性を有しない不動産について、その利用現況等を前提とした不動産の経済価値を適正に表示する価格をいい、例としては、文化財の指定を受けた建造物について、その保存等に主眼をおいた鑑定評価を行う場合において求められる価格があげられる。

★4　原価法は、対象不動産が建物及びその敷地である場合において、再調達原価の把握及び減価修正を適切に行うことができるときに有効な手法であるが、対象不動産が土地のみである場合には、この手法を適用することはできない。

問26 宅地建物取引業の免許(以下この問において「免許」という。)に関する次の記述のうち、宅地建物取引業法の規定によれば、正しいものはどれか。

☆1　宅地建物取引業者A社(甲県知事免許)が宅地建物取引業者ではないB社との合併により消滅した場合には、B社は、A社が消滅した日から30日以内にA社を合併した旨を甲県知事に届け出れば、A社が受けていた免許を承継することができる。

☆2　信託業法第3条の免許を受けた信託会社が宅地建物取引業を営もうとする場合には、国土交通大臣の免許を受けなければならない。

☆3　個人Cが、転売目的で競売により取得した宅地を多数の区画に分割し、宅地建物取引業者Dに販売代理を依頼して、不特定多数の者に分譲する事業を行おうとする場合には、免許を受けなければならない。

☆4　宅地建物取引業者E(乙県知事免許)は、乙県内に2以上の事務所を設置してその事業を営もうとする場合には、国土交通大臣に免許換えの申請をしなければならない。

問27 宅地建物取引業者がその業務に関して行う広告に関する次の記述のうち、

宅地建物取引業法の規定によれば、正しいものはいくつあるか。

☆ア　建物の売却について代理を依頼されて広告を行う場合、取引態様として、代理であることを明示しなければならないが、その後、当該物件の購入の注文を受けたときは、広告を行った時点と取引態様に変更がない場合を除き、遅滞なく、その注文者に対し取引態様を明らかにしなければならない。

☆イ　広告をするに当たり、実際のものよりも著しく優良又は有利であると人を誤認させるような表示をしてはならないが、誤認させる方法には限定がなく、宅地又は建物に係る現在又は将来の利用の制限の一部を表示しないことにより誤認させることも禁止されている。

☆ウ　複数の区画がある宅地の売買について、数回に分けて広告をする場合は、広告の都度取引態様の別を明示しなければならない。

☆エ　宅地の造成又は建物の建築に関する工事の完了前においては、当該工事に必要な都市計画法に基づく開発許可、建築基準法に基づく建築確認その他法令に基づく許可等の申請をした後でなければ、当該工事に係る宅地又は建物の売買その他の業務に関する広告をしてはならない。

1　一つ
2　二つ
3　三つ
4　四つ

問28　宅地建物取引士に関する次の記述のうち、宅地建物取引業法の規定によれば、正しいものはどれか。

☆1　宅地建物取引士資格試験に合格した者は、合格した日から10年以内に登録の申請をしなければ、その合格は無効となる。

☆2　宅地建物取引士証の有効期間の更新の申請は、有効期間満了の90日前から30日前までにする必要がある。

☆3　宅地建物取引士は、重要事項の説明をするときは説明の相手方からの請求の有無にかかわらず宅地建物取引士証を提示しなければならず、また、取引の関係者から請求があったときにも宅地建物取引士証を提示しなければならない。

☆4　甲県知事の登録を受けている宅地建物取引士が、乙県知事に登録の移転を申請するときは、乙県知事が指定する講習を受講しなければならない。

問29 宅地建物取引業者Aが、BからB所有の住宅の売却の媒介を依頼された場合における次の記述のうち、宅地建物取引業法(以下この問において「法」という。)の規定によれば、正しいものはいくつあるか。 [改題]

ア　Aは、Bとの間で専任媒介契約を締結し、所定の事項を指定流通機構に登録したときは、その登録を証する書面を遅滞なくBに引き渡すか、又は、政令で定めるところにより、Bの承諾を得て、登録を証する書面において証されるべき事項を電磁的方法であって国土交通省令で定めるものにより提供しなければならない。

イ　Aは、Bとの間で媒介契約を締結したときは、当該契約が国土交通大臣が定める標準媒介契約約款に基づくものであるか否かの別を、法第34条の2第1項の規定に基づき交付すべき書面に記載(政令で定めるところにより、Bの承諾を得て、当該書面に記載すべき事項を電磁的方法であって国土交通省令で定めるものにより提供する場合を含む。)しなければならない。

ウ　Aは、Bとの間で専任媒介契約を締結するときは、Bの要望に基づく場合を除き、当該契約の有効期間について、有効期間満了時に自動的に更新する旨の特約をすることはできない。

エ　Aは、Bとの間で専属専任媒介契約を締結したときは、Bに対し、当該契約に係る業務の処理状況を1週間に1回以上報告しなければならない。

1　一つ
2　二つ
3　三つ
4　四つ

問30 宅地建物取引業者A及び宅地建物取引業者B(ともに消費税課税事業者)が受領する報酬に関する次の記述のうち、宅地建物取引業法の規定によれば、正しいものはどれか。なお、借賃には消費税等相当額を含まないものとする。

1　Aは売主から代理の依頼を、Bは買主から媒介の依頼を、それぞれ受けて、代金5,000万円の宅地の売買契約を成立させた場合、Aは売主から343万2,000円、Bは買主から171万6,000円、合計で514万8,000円の報酬を受けることができる。

2　Aが単独で行う居住用建物の貸借の媒介に関して、Aが依頼者の一方から受けることができる報酬の上限額は、当該媒介の依頼者から報酬請求時までに承諾を得ている場合には、借賃の1.1か月分である。

★3　Aが単独で貸主と借主の双方から店舗用建物の貸借の媒介の依頼を受け、1か月の借賃25万円、権利金330万円(権利設定の対価として支払われるもので、返還されないものをいい、消費税等相当額を含む。)の賃貸借契約を成立させた場合、Aが依頼者の一方から受けることができる報酬の上限額は、30万8,000円である。

☆4　Aが単独で行う事務所用建物の貸借の媒介に関し、Aが受ける報酬の合計額が借賃の1.1か月分以内であれば、Aは依頼者の双方からどのような割合で報酬を受けてもよく、また、依頼者の一方のみから報酬を受けることもできる。

問31　宅地建物取引業者が行う宅地建物取引業法第35条に規定する重要事項の説明に関する次の記述のうち、正しいものはどれか。なお、説明の相手方は宅地建物取引業者ではないものとする。

☆1　建物の売買の媒介だけでなく建物の貸借の媒介を行う場合においても、損害賠償額の予定又は違約金に関する事項について、説明しなければならない。

☆2　建物の売買の媒介を行う場合、当該建物について、石綿の使用の有無の調査の結果が記録されているか照会を行ったにもかかわらず、その存在の有無が分からないときは、宅地建物取引業者自らが石綿の使用の有無の調査を実施し、その結果を説明しなければならない。

☆3　建物の売買の媒介を行う場合、当該建物が既存の住宅であるときは、建物状況調査を実施しているかどうかを説明しなければならないが、実施している場合その結果の概要を説明する必要はない。

☆4　区分所有建物の売買の媒介を行う場合、建物の区分所有等に関する法律第2条第3項に規定する専有部分の用途その他の利用の制限に関する規約の定めがあるときは、その内容を説明しなければならないが、区分所有建物の貸借の媒介を行う場合は、説明しなくてよい。

問32　宅地建物取引業者Aが、自ら売主として、宅地建物取引業者ではないBとの間で建物の売買契約を締結する場合における次の記述のうち、宅地建物取引業法(以下この問において「法」という。)の規定によれば、正しいものはどれか。

☆1　AB間の建物の売買契約において、Bが当該契約の履行に着手した後においては、Aは、契約の締結に際してBから受領した手付金の倍額をBに現実に提供したとしても、契約を解除することはできない。

☆2　AB間の建物の売買契約における「法第37条の2の規定に基づくクーリング・オフによる契約の解除の際に、当該契約の締結に際しAがBから受領した手付金は返還しない」旨の特約は有効である。

★3　AB間の建物の割賦販売の契約において、Bからの賦払金が当初設定していた支払期日までに支払われなかった場合、Aは直ちに賦払金の支払の遅滞を理由として当該契約を解除することができる。

☆4　AB間で工事の完了前に当該工事に係る建物(代金5,000万円)の売買契約を締結する場合、Aは、法第41条に定める手付金等の保全措置を講じた後でなければ、Bから200万円の手付金を受領してはならない。

問33 宅地建物取引業者Aが宅地建物取引業法第37条の規定により交付すべき書面(以下この問において「37条書面」という。)に関する次の記述のうち、正しいものはどれか。なお、この問において37条書面には、政令で定めるところにより、同条に定める者の承諾を得て、37条書面に記載すべき事項を電磁的方法であって国土交通省令で定めるものにより提供する場合を含むものとする。　[改題]

☆1　Aが媒介により建物の貸借の契約を成立させたときは、37条書面に借賃の額並びにその支払の時期及び方法を記載しなければならず、また、当該書面を契約の各当事者に交付又は電磁的方法により提供しなければならない。

☆2　Aが媒介により宅地の貸借の契約を成立させた場合において、当該宅地の引渡しの時期について重要事項説明書に記載して説明を行ったときは、その内容を37条書面に記載する必要はない。

☆3　Aが自ら売主として宅地建物取引業者である買主と建物の売買契約を締結した場合、37条書面に宅地建物取引士をして記名させる必要はない。

☆4　Aが自ら売主として宅地の売買契約を締結した場合、代金についての金銭の貸借のあっせんに関する定めがある場合における当該あっせんに係る金銭の貸借が成立しないときの措置については、37条書面に記載する必要はない。

問34 宅地建物取引士の登録(以下この問において「登録」という。)及び宅地建物取引士証に関する次の記述のうち、宅地建物取引業法の規定によれば、正しいものはどれか。

☆1　甲県で宅地建物取引士資格試験に合格した後1年以上登録の申請をしていな

かった者が宅地建物取引業者（乙県知事免許）に勤務することとなったときは、乙県知事あてに登録の申請をしなければならない。

☆2　登録を受けている者は、住所に変更があっても、登録を受けている都道府県知事に変更の登録を申請する必要はない。

★3　宅地建物取引士は、従事先として登録している宅地建物取引業者の事務所の所在地に変更があったときは、登録を受けている都道府県知事に変更の登録を申請しなければならない。

☆4　丙県知事の登録を受けている宅地建物取引士が、丁県知事への登録の移転の申請とともに宅地建物取引士証の交付の申請をした場合は、丁県知事から、移転前の宅地建物取引士証の有効期間が経過するまでの期間を有効期間とする新たな宅地建物取引士証が交付される。

問35　宅地建物取引業者Ａ（甲県知事免許）の営業保証金に関する次の記述のうち、宅地建物取引業法の規定によれば、正しいものはどれか。

☆1　Ａから建設工事を請け負った建設業者は、Ａに対する請負代金債権について、営業継続中のＡが供託している営業保証金から弁済を受ける権利を有する。

☆2　Ａが甲県内に新たに支店を設置したときは、本店の最寄りの供託所に政令で定める額の営業保証金を供託すれば、当該支店での事業を開始することができる。

☆3　Ａは、営業保証金の還付により、営業保証金の額が政令で定める額に不足することとなったときは、甲県知事から不足額を供託すべき旨の通知書の送付を受けた日から２週間以内にその不足額を供託しなければならない。

☆4　Ａが甲県内に本店及び２つの支店を設置して宅地建物取引業を営もうとする場合、供託すべき営業保証金の合計額は1,200万円である。

問36　宅地建物取引業保証協会（以下この問において「保証協会」という。）に関する次の記述のうち、宅地建物取引業法の規定によれば、正しいものはどれか。

☆1　保証協会の社員との宅地建物取引業に関する取引により生じた債権を有する者は、当該社員が納付した弁済業務保証金分担金の額に相当する額の範囲内で弁済を受ける権利を有する。

☆2　保証協会の社員と宅地建物取引業に関し取引をした者が、その取引により生じた債権に関し、弁済業務保証金について弁済を受ける権利を実行するときは、当該保証協会の認証を受けるとともに、当該保証協会に対し還付請求をしなければならない。

☆3　保証協会は、弁済業務保証金の還付があったときは、当該還付に係る社員又は社員であった者に対し、当該還付額に相当する額の還付充当金をその主たる事務所の最寄りの供託所に供託すべきことを通知しなければならない。

☆4　保証協会は、弁済業務保証金の還付があったときは、当該還付額に相当する額の弁済業務保証金を供託しなければならない。

問37　宅地建物取引業者Aが、自ら売主として宅地の売買契約を締結した場合に関する次の記述のうち、宅地建物取引業法の規定によれば、正しいものはいくつあるか。なお、この問において「37条書面」とは、同法第37条の規定に基づき交付すべき書面（第37条に定める者の承諾を得て、当該書面に記載すべき事項を電磁的方法であって国土交通省令で定めるものにより提供する場合を含む。）をいうものとする。　［改題］

☆ア　Aは、専任の宅地建物取引士をして、37条書面の内容を当該契約の買主に説明させなければならない。

☆イ　Aは、供託所等に関する事項を37条書面に記載しなければならない。

☆ウ　Aは、買主が宅地建物取引業者であっても、37条書面を遅滞なく交付又は電磁的方法により提供しなければならない。

☆エ　Aは、買主が宅地建物取引業者であるときは、当該宅地の引渡しの時期及び移転登記の申請の時期を37条書面に記載しなくてもよい。

1　一つ
2　二つ
3　三つ
4　なし

問38　宅地建物取引業者Aが、BからB所有の甲住宅の売却に係る媒介の依頼を受けて締結する一般媒介契約に関する次の記述のうち、宅地建物取引業法（以下この問において「法」という。）の規定によれば、正しいものはどれか。　［改題］

☆1　Aは、法第34条の2第1項の規定に基づき交付すべき書面には、宅地建物取引士をして記名押印させなければならない。

★2　Aは、甲住宅の価額について意見を述べる場合、Bに対してその根拠を口頭ではなく書面で明示しなければならない。

3　Aは、当該媒介契約を締結した場合、指定流通機構に甲住宅の所在等を登録しなければならない。

4　Aは、媒介契約の有効期間及び解除に関する事項を、法第34条の2第1項の規定に基づき交付すべき書面(電磁的方法により提供する場合を含む。)に記載しなければならない。

問39　次の記述のうち、宅地建物取引業法の規定によれば、正しいものはどれか。

1　宅地建物取引業者は、従業者名簿の閲覧の請求があったときは、取引の関係者か否かを問わず、請求した者の閲覧に供しなければならない。

2　宅地建物取引業者は、その業務に従事させる者に従業者証明書を携帯させなければならず、その者が宅地建物取引士であり、宅地建物取引士証を携帯していても、従業者証明書を携帯させなければならない。

3　宅地建物取引業者は、その事務所ごとに従業者名簿を備えなければならないが、退職した従業者に関する事項は、個人情報保護の観点から従業者名簿から消去しなければならない。

4　宅地建物取引業者は、その業務に従事させる者に従業者証明書を携帯させなければならないが、その者が非常勤の役員や単に一時的に事務の補助をする者である場合には携帯させなくてもよい。

問40　宅地建物取引業者Aが、自ら売主として、宅地建物取引業者ではないBとの間で宅地の売買契約を締結した場合における、宅地建物取引業法第37条の2の規定に基づくいわゆるクーリング・オフに関する次の記述のうち、Bがクーリング・オフにより契約の解除を行うことができるものはいくつあるか。

ア　Bが喫茶店で当該宅地の買受けの申込みをした場合において、Bが、Aからクーリング・オフについて書面で告げられた日の翌日から起算して8日目にクーリング・オフによる契約の解除の書面を発送し、10日目にAに到達したとき。

イ　Bが喫茶店で当該宅地の買受けの申込みをした場合において、クーリング・オフによる契約の解除ができる期間内に、Aが契約の履行に着手したとき。

ウ　Bが喫茶店で当該宅地の買受けの申込みをした場合において、AとBとの間でクーリング・オフによる契約の解除をしない旨の合意をしたとき。

エ　Aの事務所ではないがAが継続的に業務を行うことができる施設があり宅地

建物取引業法第31条の3第1項の規定により専任の宅地建物取引士が置かれている場所で、Bが買受けの申込みをし、2日後に喫茶店で売買契約を締結したとき。

1　一つ
2　二つ
3　三つ
4　四つ

問41 宅地建物取引業者が行う宅地建物取引業法第35条に規定する重要事項の説明に関する次の記述のうち、正しいものはどれか。［改題］

☆1　重要事項説明書には、代表者の記名があれば宅地建物取引士の記名は必要がない。

☆2　重要事項説明書に記名する宅地建物取引士は専任の宅地建物取引士でなければならないが、実際に重要事項の説明を行う者は専任の宅地建物取引士でなくてもよい。

☆3　宅地建物取引士証を亡失した宅地建物取引士は、その再交付を申請していても、宅地建物取引士証の再交付を受けるまでは重要事項の説明を行うことができない。

☆4　重要事項の説明は、宅地建物取引業者の事務所において行わなければならない。

問42 宅地建物取引業者Aが、自ら売主として締結する売買契約に関する次の記述のうち、宅地建物取引業法（以下この問において「法」という。）及び民法の規定によれば、誤っているものはどれか。

△1　Aが宅地建物取引業者ではないBとの間で締結する宅地の売買契約において、当該宅地の種類又は品質に関して契約の内容に適合しない場合におけるその不適合を担保すべき責任を負う期間をBがその不適合を知った時から2年とする特約を定めた場合、この特約は有効である。

☆2　Aが宅地建物取引業者ではないCとの間で建築工事の完了前に締結する建物（代金5,000万円）の売買契約においては、Aは、手付金200万円を受領した後、法第41条に定める手付金等の保全措置を講じなければ、当該建物の引渡し前に中間金300万円を受領することができない。

☆3 Aが宅地建物取引業者Dとの間で造成工事の完了後に締結する宅地(代金3,000万円)の売買契約においては、Aは、法第41条の2に定める手付金等の保全措置を講じないで、当該宅地の引渡し前に手付金800万円を受領することができる。

★4 Aが宅地建物取引業者ではないEとの間で締結する建物の売買契約において、Aは当該建物の種類又は品質に関して契約の内容に適合しない場合におけるその不適合を担保すべき責任を一切負わないとする特約を定めた場合、この特約は無効となり、Aが当該責任を負う期間は当該建物の引渡日から2年となる。

問43 宅地建物取引業の免許(以下この問において「免許」という。)に関する次の記述のうち、宅地建物取引業法の規定によれば、正しいものはどれか。

☆1 免許を受けようとするA社の取締役が刑法第204条(傷害)の罪により懲役1年執行猶予2年の刑に処せられた場合、刑の執行猶予の言渡しを取り消されることなく猶予期間を満了し、その日から5年を経過しなければ、A社は免許を受けることができない。

☆2 宅地建物取引業者である個人Bが死亡した場合、その相続人Cは、Bが締結した契約に基づく取引を結了する目的の範囲内において宅地建物取引業者とみなされ、Bが売主として締結していた売買契約の目的物を買主に引き渡すことができる。

☆3 宅地建物取引業者D社について破産手続開始の決定があった場合、D社を代表する役員は廃業を届け出なければならない。また、廃業が届け出られた日にかかわらず、破産手続開始の決定の日をもって免許の効力が失われる。

☆4 免許を受けようとするE社の取締役について、破産手続開始の決定があった場合、復権を得た日から5年を経過しなければ、E社は免許を受けることができない。

問44 宅地建物取引業者が行う宅地建物取引業法第35条に規定する重要事項の説明に関する次の記述のうち、誤っているものはどれか。なお、特に断りのない限り、説明の相手方は宅地建物取引業者ではないものとし、必要な承諾を得て、一定の事項を電磁的方法により提供する場合を考慮しないこととする。 [改題]

☆1 昭和55年に新築の工事に着手し完成した建物の売買の媒介を行う場合、当該建物が地方公共団体による耐震診断を受けたものであるときは、その内容を説明しなければならない。

2　貸借の媒介を行う場合、敷金その他いかなる名義をもって授受されるかを問わず、契約終了時において精算することとされている金銭の精算に関する事項を説明しなければならない。

3　自らを委託者とする宅地又は建物に係る信託の受益権の売主となる場合、取引の相手方が宅地建物取引業者であっても、重要事項説明書を交付して説明をしなければならない。

4　区分所有建物の売買の媒介を行う場合、一棟の建物の計画的な維持修繕のための費用の積立てを行う旨の規約の定めがあるときは、その内容を説明しなければならないが、既に積み立てられている額について説明する必要はない。

問45 宅地建物取引業者A（甲県知事免許）が、自ら売主として宅地建物取引業者ではない買主Bに新築住宅を販売する場合における次の記述のうち、特定住宅瑕疵担保責任の履行の確保等に関する法律の規定によれば、正しいものはどれか。

1　Aが媒介を依頼した宅地建物取引業者又はBが住宅販売瑕疵担保責任保険契約の締結をしていれば、Aは住宅販売瑕疵担保保証金の供託又は住宅販売瑕疵担保責任保険契約の締結を行う必要はない。

2　Aが住宅販売瑕疵担保保証金の供託をし、その額が、基準日において、販売新築住宅の合計戸数を基礎として算定する基準額を超えることとなった場合、甲県知事の承認を受けた上で、その超過額を取り戻すことができる。

3　新築住宅をBに引き渡したAは、基準日ごとに基準日から50日以内に、当該基準日に係る住宅販売瑕疵担保保証金の供託及び住宅販売瑕疵担保責任保険契約の締結の状況について、甲県知事に届け出なければならない。

4　Bが宅地建物取引業者である場合であっても、Aは、Bに引き渡した新築住宅について、住宅販売瑕疵担保保証金の供託又は住宅販売瑕疵担保責任保険契約の締結を行う義務を負う。

問46 独立行政法人住宅金融支援機構（以下この問において「機構」という。）に関する次の記述のうち、誤っているものはどれか。

1　機構は、証券化支援事業（買取型）において、金融機関から買い取った住宅ローン債権を担保としてMBS（資産担保証券）を発行している。

2　機構は、災害により住宅が滅失した場合におけるその住宅に代わるべき住宅の建設又は購入に係る貸付金については、元金据置期間を設けることができない。

3　機構は、証券化支援事業(買取型)において、賃貸住宅の建設又は購入に必要な資金の貸付けに係る金融機関の貸付債権については譲受けの対象としていない。

4　機構は、貸付けを受けた者とあらかじめ契約を締結して、その者が死亡した場合に支払われる生命保険の保険金を当該貸付けに係る債務の弁済に充当する団体信用生命保険を業務として行っている。

問47 宅地建物取引業者が行う広告に関する次の記述のうち、不当景品類及び不当表示防止法(不動産の表示に関する公正競争規約を含む。)の規定によれば、正しいものはどれか。

1　路地状部分(敷地延長部分)のみで道路に接する土地であって、その路地状部分の面積が当該土地面積のおおむね30%以上を占める場合には、路地状部分を含む旨及び路地状部分の割合又は面積を明示しなければならない。

2　新築住宅を販売するに当たり、当該物件から最寄駅まで実際に歩いたときの所要時間が15分であれば、物件から最寄駅までの道路距離にかかわらず、広告中に「最寄駅まで徒歩15分」と表示することができる。

3　新築分譲住宅を販売するに当たり、予告広告である旨及び契約又は予約の申込みには応じられない旨を明瞭に表示すれば、当該物件が建築確認を受けていなくても広告表示をすることができる。

4　新築分譲マンションを販売するに当たり、住戸により管理費の額が異なる場合であって、すべての住戸の管理費を示すことが広告スペースの関係で困難なときは、全住戸の管理費の平均額を表示すればよい。

問48 統計問題につき、問題省略
(最新の統計データで学習してください)

問49 土地に関する次の記述のうち、最も不適当なものはどれか。

1　都市の中小河川の氾濫の原因の一つは、急速な都市化、宅地化に伴い、降雨時に雨水が短時間に大量に流れ込むようになったことである。

2　中小河川に係る防災の観点から、宅地選定に当たっては、その地点だけでな

く、周辺の地形と防災施設に十分注意することが必要である。

★3　地盤の液状化については、宅地の地盤条件について調べるとともに、過去の地形についても古地図などで確認することが必要である。

★4　地形や地質的な条件については、宅地に適しているか調査する必要があるが、周辺住民の意見は聴かなくてよい。

問50 建築物の構造に関する次の記述のうち、最も不適当なものはどれか。

☒1　建物の構成は、大きく基礎構造と上部構造からなっており、基礎構造は地業と基礎盤から構成されている。

☒2　基礎の種類には、基礎の底面が建物を支持する地盤に直接接する直接基礎と、建物を支持する地盤が深い場合に使用する杭基礎(杭地業)がある。

☒3　直接基礎の種類には、形状により、柱の下に設ける独立基礎、壁体等の下に設けるべた基礎、建物の底部全体に設ける布基礎(連続基礎)等がある。

☒4　上部構造は、重力、風力、地震力等の荷重に耐える役目を負う主要構造と、屋根、壁、床等の仕上げ部分等から構成されている。

No.
02

平成30年度
（2018年度）

本試験問題

この年の合格基準点は**37**点でした

インフォメーション

選択肢番号についているマークの意味は次のとおりです。
復習のさいにお役立てください。

☆…即答できなかったらちょっとマズイ（復習推奨）
★…いま間違えてもいいけど、必ず解説を読んでできるようにしておこう（復習推奨）
△…確実に合格を目指すなら、マスターしておきたい（直前期に余裕があれば、再チェック）
×…できなくても問題ナシ（復習の必要性は乏しい）

解き終わったあと、☆と★の問題については必ず復習をしておきましょう。

問1 AがBに甲土地を売却した場合に関する次の記述のうち、民法の規定及び判例によれば、誤っているものはどれか。 〔改題〕

★1 甲土地につき売買代金の支払と登記の移転がなされた後、第三者の詐欺を理由に売買契約が取り消された場合、原状回復のため、BはAに登記を移転する義務を、AはBに代金を返還する義務を負い、各義務は同時履行の関係となる。

★2 Aが甲土地を売却した意思表示に錯誤があったとしても、Aに重大な過失があって取り消すことができない場合は、BもAの錯誤を理由として取り消すことはできない。

☆3 AB間の売買契約が仮装譲渡であり、その後BがCに甲土地を転売した場合、Cが仮装譲渡の事実を知らなければ、Aは、Cに虚偽表示による無効を対抗することができない。

★4 Aが第三者の詐欺によってBに甲土地を売却し、その後BがDに甲土地を転売した場合、Bが第三者の詐欺の事実を過失なく知らなかったとしても、Dが第三者の詐欺の事実を知っていれば、Aは詐欺を理由にAB間の売買契約を取り消すことができる。

問2 Aが、所有する甲土地の売却に関する代理権をBに授与し、BがCとの間で、Aを売主、Cを買主とする甲土地の売買契約(以下この問において「本件契約」という。)を締結した場合における次の記述のうち、民法の規定及び判例によれば、正しいものはどれか。 〔改題〕

△1 Bが売買代金を着服する意図で本件契約を締結し、Cが本件契約の締結時点でこのことを知っていた場合であっても、本件契約の効果はAに帰属する。

★2 AがBに代理権を授与するより前にBが補助開始の審判を受けていた場合、Bは有効に代理権を取得することができない。

☆3 BがCの代理人にもなって本件契約を成立させた場合、Aの許諾の有無にかかわらず、Bによる本件契約は無権代理人がした行為とみなされる。

★4 AがBに代理権を授与した後にBが後見開始の審判を受け、その後に本件契約が締結された場合、Bによる本件契約の締結は無権代理行為となる。

問3 AとBとの間で、5か月後に実施される試験(以下この問において「本件試験」という。)にBが合格したときにはA所有の甲建物をBに贈与する旨を書面で約した(以下この問において「本件約定」という。)。この場合における次の記述のうち、民法の規定及び判例によれば、誤っているものはどれか。

★1　本件約定は、停止条件付贈与契約である。

△2　本件約定の後、Aの放火により甲建物が滅失し、その後にBが本件試験に合格した場合、AはBに対して損害賠償責任を負う。

△3　Bは、本件試験に合格したときは、本件約定の時点にさかのぼって甲建物の所有権を取得する。

△4　本件約定の時点でAに意思能力がなかった場合、Bは、本件試験に合格しても、本件約定に基づき甲建物の所有権を取得することはできない。

問4　時効の援用に関する次の記述のうち、民法の規定及び判例によれば、誤っているものはどれか。

★1　消滅時効完成後に主たる債務者が時効の利益を放棄した場合であっても、保証人は時効を援用することができる。

△2　後順位抵当権者は、先順位抵当権の被担保債権の消滅時効を援用することができる。

×3　詐害行為の受益者は、債権者から詐害行為取消権を行使されている場合、当該債権者の有する被保全債権について、消滅時効を援用することができる。

★4　債務者が時効の完成の事実を知らずに債務の承認をした場合、その後、債務者はその完成した消滅時効を援用することはできない。

問5　Aは、隣人Bの留守中に台風が接近して、屋根の一部が壊れていたB宅に甚大な被害が生じる差し迫ったおそれがあったため、Bからの依頼なくB宅の屋根を修理した。この場合における次の記述のうち、民法の規定によれば、誤っているものはどれか。

×1　Aは、Bに対して、特段の事情がない限り、B宅の屋根を修理したことについて報酬を請求することができない。

×2　Aは、Bからの請求があったときには、いつでも、本件事務処理の状況をBに報告しなければならない。

×3　Aは、B宅の屋根を善良な管理者の注意をもって修理しなければならない。

△4　AによるB宅の屋根の修理が、Bの意思に反することなく行われた場合、AはBに対し、Aが支出した有益な費用全額の償還を請求することができる。

問6 Aが所有する甲土地上にBが乙建物を建築して所有権を登記していたところ、AがBから乙建物を買い取り、その後、Aが甲土地にCのために抵当権を設定し登記した。この場合の法定地上権に関する次の記述のうち、民法の規定及び判例によれば、誤っているものはどれか。

★1　Aが乙建物の登記をA名義に移転する前に甲土地に抵当権を設定登記していた場合、甲土地の抵当権が実行されたとしても、乙建物のために法定地上権は成立しない。

★2　Aが乙建物を取り壊して更地にしてから甲土地に抵当権を設定登記し、その後にAが甲土地上に丙建物を建築していた場合、甲土地の抵当権が実行されたとしても、丙建物のために法定地上権は成立しない。

△3　Aが甲土地に抵当権を設定登記するのと同時に乙建物にもCのために共同抵当権を設定登記した後、乙建物を取り壊して丙建物を建築し、丙建物にCのために抵当権を設定しないまま甲土地の抵当権が実行された場合、丙建物のために法定地上権は成立しない。

★4　Aが甲土地に抵当権を設定登記した後、乙建物をDに譲渡した場合、甲土地の抵当権が実行されると、乙建物のために法定地上権が成立する。

問7 債権譲渡に関する次の記述のうち、民法の規定及び判例によれば、誤っているものはどれか。なお、預金口座又は貯金口座に係る預金又は貯金に関する債権については考慮しないものとする。 ［改題］

→解答なし

☆1　譲渡制限特約のある債権の譲渡を受けた第三者が、その特約の存在を知らなかったとしても、知らなかったことにつき重大な過失があれば、債務者は、その債務の履行を拒むことができる。

2　法改正により削除

3　法改正により削除

△4　譲渡制限特約のある債権をもって質権の目的とした場合において、質権者がその特約の存在について悪意であったとしても、当該質権設定は有効となる。

問8 次の1から4までの記述のうち、民法の規定及び下記判決文によれば、誤っているものはどれか。

（判決文）

賃借人は、賃貸借契約が終了した場合には、賃借物件を原状に回復して賃貸人に返還する義務があるところ、賃貸借契約は、賃借人による賃借物件の使用とその対価としての賃料の支払を内容とするものであり、賃借物件の損耗の発生は、賃貸借という契約の本質上当然に予定されているものである。それゆえ、建物の賃貸借においては、賃借人が社会通念上通常の使用をした場合に生ずる賃借物件の劣化又は価値の減少を意味する通常損耗に係る投下資本の減価の回収は、通常、減価償却費や修繕費等の必要経費分を賃料の中に含ませてその支払を受けることにより行われている。そうすると、建物の賃借人にその賃貸借において生ずる通常損耗についての原状回復義務を負わせるのは、賃借人に予期しない特別の負担を課すことになるから、賃借人に同義務が認められるためには、（中略）その旨の特約（以下「通常損耗補修特約」という。）が明確に合意されていることが必要であると解するのが相当である。

☆1　賃借物件を賃借人がどのように使用しても、賃借物件に発生する損耗による減価の回収は、賃貸人が全て賃料に含ませてその支払を受けることにより行っている。

☆2　通常損耗とは、賃借人が社会通念上通常の使用をした場合に生ずる賃借物件の劣化又は価値の減少を意味する。

☆3　賃借人が負担する通常損耗の範囲が賃貸借契約書に明記されておらず口頭での説明等もない場合に賃借人に通常損耗についての原状回復義務を負わせるのは、賃借人に予期しない特別の負担を課すことになる。

☆4　賃貸借契約に賃借人が原状回復義務を負う旨が定められていても、それをもって、賃借人が賃料とは別に通常損耗の補修費を支払う義務があるとはいえない。

問9　Aは、×0年10月1日、A所有の甲土地につき、Bとの間で、代金1,000万円、支払期日を同年12月1日とする売買契約を締結した。この場合の相殺に関する次の記述のうち、民法の規定及び判例によれば、正しいものはどれか。　［改題］

☆1　BがAに対して同年12月31日を支払期日とする貸金債権を有している場合には、Bは同年12月1日に売買代金債務と当該貸金債権を対当額で相殺することができる。

★2　同年11月1日にAの売買代金債権がAの債権者Cにより差し押さえられても、

No.02 37点 平成30年度

Bは、同年11月2日から12月1日までの間にAに対する別の債権を取得した場合には、同年12月1日に売買代金債務と当該債権を対当額で相殺することができる。

★3　同年10月10日、BがAの自動車事故によって被害を受け、Aに対して不法行為に基づく損害賠償債権を取得した場合には、Bは売買代金債務と当該損害賠償債権を対当額で相殺することができる。

★4　BがAに対し同年9月30日に消滅時効の期限が到来する貸金債権を有していた場合には、Aが当該消滅時効を援用したとしても、Bは売買代金債務と当該貸金債権を対当額で相殺することができる。

問10　相続に関する次の記述のうち、民法の規定及び判例によれば、誤っているものはどれか。

☆1　無権代理人が本人に無断で本人の不動産を売却した後に、単独で本人を相続した場合、本人が自ら当該不動産を売却したのと同様な法律上の効果が生じる。

★2　相続財産に属する不動産について、遺産分割前に単独の所有権移転登記をした共同相続人から移転登記を受けた第三取得者に対し、他の共同相続人は、自己の持分を登記なくして対抗することができる。

☒3　連帯債務者の一人が死亡し、その相続人が数人ある場合、相続人らは被相続人の債務の分割されたものを承継し、各自その承継した範囲において、本来の債務者とともに連帯債務者となる。

★4　共同相続に基づく共有物の持分価格が過半数を超える相続人は、協議なくして単独で共有物を占有する他の相続人に対して、当然にその共有物の明渡しを請求することができる。

問11　AとBとの間で、A所有の甲土地につき建物所有目的で賃貸借契約（以下この問において「本件契約」という。）を締結する場合に関する次の記述のうち、民法及び借地借家法の規定並びに判例によれば、正しいものはどれか。

△1　本件契約が専ら事業の用に供する建物の所有を目的とする場合には、公正証書によらなければ無効となる。

☆2　本件契約が居住用の建物の所有を目的とする場合には、借地権の存続期間を20年とし、かつ、契約の更新請求をしない旨を定めても、これらの規定は無効となる。

☆3　本件契約において借地権の存続期間を60年と定めても、公正証書によらなければ、その期間は30年となる。

△4　Bは、甲土地につき借地権登記を備えなくても、Bと同姓でかつ同居している未成年の長男名義で保存登記をした建物を甲土地上に所有していれば、甲土地の所有者が替わっても、甲土地の新所有者に対し借地権を対抗することができる。

問12 AとBとの間で、Aが所有する甲建物をBが5年間賃借する旨の契約を締結した場合における次の記述のうち、民法及び借地借家法の規定によれば、正しいものはどれか(借地借家法第39条に定める取壊し予定の建物の賃貸借及び同法第40条に定める一時使用目的の建物の賃貸借は考慮しないものとする。)。

△1　AB間の賃貸借契約が借地借家法第38条の定期建物賃貸借で、契約の更新がない旨を定めた場合には、5年経過をもって当然に、AはBに対して、期間満了による終了を対抗することができる。

△2　AB間の賃貸借契約が借地借家法第38条の定期建物賃貸借で、契約の更新がない旨を定めた場合には、当該契約の期間中、Bから中途解約を申し入れることはできない。

☆3　AB間の賃貸借契約が借地借家法第38条の定期建物賃貸借でない場合、A及びBのいずれからも期間内に更新しない旨の通知又は条件変更しなければ更新しない旨の通知がなかったときは、当該賃貸借契約が更新され、その契約は期間の定めがないものとなる。

★4　CがBから甲建物を適法に賃貸された転借人で、期間満了によってAB間及びBC間の賃貸借契約が終了する場合、Aの同意を得て甲建物に付加した造作について、BはAに対する買取請求権を有するが、CはAに対する買取請求権を有しない。

問13 建物の区分所有等に関する法律に関する次の記述のうち、誤っているものはどれか。

★1　規約の設定、変更又は廃止を行う場合は、区分所有者の過半数による集会の決議によってなされなければならない。

★2　規約を保管する者は、利害関係人の請求があったときは、正当な理由がある場合を除いて、規約の閲覧を拒んではならず、閲覧を拒絶した場合は20万円以下の過料に処される。

3　規約の保管場所は、建物内の見やすい場所に掲示しなければならない。

4　占有者は、建物又はその敷地若しくは附属施設の使用方法につき、区分所有者が規約又は集会の決議に基づいて負う義務と同一の義務を負う。

問14 不動産の登記に関する次の記述のうち、誤っているものはどれか。

1　登記は、法令に別段の定めがある場合を除き、当事者の申請又は官庁若しくは公署の嘱託がなければ、することができない。

2　表示に関する登記は、登記官が、職権ですることができる。

3　所有権の登記名義人は、建物の床面積に変更があったときは、当該変更のあった日から1月以内に、変更の登記を申請しなければならない。

4　所有権の登記名義人は、その住所について変更があったときは、当該変更のあった日から1月以内に、変更の登記を申請しなければならない。

問15 国土利用計画法第23条の届出(以下この問において「事後届出」という。)に関する次の記述のうち、正しいものはどれか。

1　事後届出に係る土地の利用目的について、甲県知事から勧告を受けた宅地建物取引業者Aがその勧告に従わないときは、甲県知事は、その旨及びその勧告の内容を公表することができる。

2　乙県が所有する都市計画区域内の土地(面積6,000㎡)を買い受けた者は、売買契約を締結した日から起算して2週間以内に、事後届出を行わなければならない。

3　指定都市(地方自治法に基づく指定都市をいう。)の区域以外に所在する土地について、事後届出を行うに当たっては、市町村の長を経由しないで、直接都道府県知事に届け出なければならない。

4　宅地建物取引業者Bが所有する市街化区域内の土地(面積2,500㎡)について、宅地建物取引業者Cが購入する契約を締結した場合、Cは事後届出を行う必要はない。

問16 都市計画法に関する次の記述のうち、誤っているものはどれか。

1　田園住居地域内の農地の区域内において、土地の形質の変更を行おうとする者は、一定の場合を除き、市町村長の許可を受けなければならない。

☆2　風致地区内における建築物の建築については、一定の基準に従い、地方公共団体の条例で、都市の風致を維持するため必要な規制をすることができる。

☆3　市街化区域については、少なくとも用途地域を定めるものとし、市街化調整区域については、原則として用途地域を定めないものとする。

☆4　準都市計画区域については、無秩序な市街化を防止し、計画的な市街化を図るため、都市計画に市街化区域と市街化調整区域との区分を定めなければならない。

問17 都市計画法に関する次の記述のうち、誤っているものはどれか。ただし、許可を要する開発行為の面積については、条例による定めはないものとし、この問において「都道府県知事」とは、地方自治法に基づく指定都市、中核市及び施行時特例市にあってはその長をいうものとする。

☆1　非常災害のため必要な応急措置として開発行為をしようとする者は、当該開発行為が市街化調整区域内において行われるものであっても都道府県知事の許可を受けなくてよい。

☆2　用途地域等の定めがない土地のうち開発許可を受けた開発区域内においては、開発行為に関する工事完了の公告があった後は、都道府県知事の許可を受けなければ、当該開発許可に係る予定建築物以外の建築物を新築することができない。

☆3　都市計画区域及び準都市計画区域外の区域内において、8,000㎡の開発行為をしようとする者は、都道府県知事の許可を受けなくてよい。

☆4　準都市計画区域内において、農業を営む者の居住の用に供する建築物の建築を目的とした1,000㎡の土地の区画形質の変更を行おうとする者は、あらかじめ、都道府県知事の許可を受けなければならない。

問18 建築基準法に関する次の記述のうち、正しいものはどれか。

△1　建築物の高さ31m以下の部分にある全ての階には、非常用の進入口を設けなければならない。

★2　防火地域内にある3階建ての木造の建築物を増築する場合、その増築に係る部分の床面積の合計が10㎡以内であれば、その工事が完了した際に、建築主事等又は指定確認検査機関の完了検査を受ける必要はない。

★3　4階建ての事務所の用途に供する建築物の2階以上の階にあるバルコニーその他これに類するものの周囲には、安全上必要な高さが1.1m以上の手すり壁、さく又は金網を設けなければならない。

☆4　建築基準法の改正により、現に存する建築物が改正後の規定に適合しなくなった場合、当該建築物の所有者又は管理者は速やかに当該建築物を改正後の建築基準法の規定に適合させなければならない。

問19 建築基準法(以下この問において「法」という。)に関する次の記述のうち、誤っているものはどれか。

☆1　田園住居地域内においては、建築物の高さは、一定の場合を除き、10m又は12mのうち当該地域に関する都市計画において定められた建築物の高さの限度を超えてはならない。

☆2　一の敷地で、その敷地面積の40%が第二種低層住居専用地域に、60%が第一種中高層住居専用地域にある場合は、原則として、当該敷地内には大学を建築することができない。

☆3　都市計画区域の変更等によって法第3章の規定が適用されるに至った際現に建築物が立ち並んでいる幅員2mの道で、特定行政庁の指定したものは、同章の規定における道路とみなされる。

△4　容積率規制を適用するに当たっては、前面道路の境界線又はその反対側の境界線からそれぞれ後退して壁面線の指定がある場合において、特定行政庁が一定の基準に適合すると認めて許可した建築物については、当該前面道路の境界線又はその反対側の境界線は、それぞれ当該壁面線にあるものとみなす。

問20 宅地造成及び特定盛土等規制法に関する次の記述のうち、誤っているものはどれか。なお、この問において「都道府県知事」とは、地方自治法に基づく指定都市、中核市及び施行時特例市にあってはその長をいうものとする。　［改題］

☆1　宅地造成等工事規制区域内において、過去に宅地造成等に関する工事が行われ現在は工事主とは異なる者がその工事が行われた土地を所有している場合、当該土地の所有者は、宅地造成等に伴う災害が生じないよう、その土地を常時安全な状態に維持するように努めなければならない。

☆2　宅地造成等工事規制区域内において行われる宅地造成等に関する工事について許可をする都道府県知事は、当該許可に、工事の施行に伴う災害を防止するために必要な条件を付することができる。

3　法改正により削除

☆4　宅地造成等工事規制区域内において、切土であって、当該切土をする土地の面積が400㎡で、かつ、高さ1mの崖を生ずることとなるものに関する工事を行う場合には、一定の場合を除き、都道府県知事の許可を受けなければならない。

問21 土地区画整理法に関する次の記述のうち、正しいものはどれか。

☆1　土地区画整理事業とは、公共施設の整備改善及び宅地の利用の増進を図るため、土地区画整理法で定めるところに従って行われる、都市計画区域内及び都市計画区域外の土地の区画形質の変更に関する事業をいう。

★2　土地区画整理組合の設立の認可の公告があった日以後、換地処分の公告がある日までは、施行地区内において、土地区画整理事業の施行の障害となるおそれがある建築物その他の工作物の新築を行おうとする者は、都道府県知事及び市町村長の許可を受けなければならない。

★3　土地区画整理事業の施行者は、仮換地を指定した場合において、従前の宅地に存する建築物を移転し、又は除却することが必要となったときは、当該建築物を移転し、又は除却することができる。

☆4　土地区画整理事業の施行者は、仮換地を指定した場合において、当該仮換地について使用又は収益を開始することができる日を当該仮換地の効力発生の日と同一の日として定めなければならない。

問22 農地法(以下この問において「法」という。)に関する次の記述のうち、正しいものはどれか。

☆1　市街化区域内の農地を宅地とする目的で権利を取得する場合は、あらかじめ農業委員会に届出をすれば法第5条の許可は不要である。

☆2　遺産分割により農地を取得することとなった場合、法第3条第1項の許可を受ける必要がある。

☆3　法第2条第3項の農地所有適格法人の要件を満たしていない株式会社は、耕作目的で農地を借り入れることはできない。

☆4　雑種地を開墾し耕作している土地でも、登記簿上の地目が雑種地である場合は、法の適用を受ける農地に当たらない。

問23 住宅用家屋の所有権の移転登記に係る登録免許税の税率の軽減措置に関する次の記述のうち、正しいものはどれか。 ［改題］

△1　個人が他の個人と共有で住宅用の家屋を購入した場合、当該個人は、その住宅用の家屋の所有権の移転登記について、床面積に自己が有する共有持分の割合を乗じたものが50㎡以上でなければ、この税率の軽減措置の適用を受けることができない。

☆2　この税率の軽減措置は、登記の対象となる住宅用の家屋の取得原因を限定しており、交換を原因として取得した住宅用の家屋について受ける所有権の移転登記には適用されない。

★3　所有権の移転登記に係る住宅用家屋が昭和57年1月1日以降に建築された耐火建築物で築年数が25年を超えるものであった場合には、新耐震基準に適合していることが証明されないときは、この税率の軽減措置の適用を受けることができない。

☒4　この税率の軽減措置の適用を受けるためには、登記の申請書に、その家屋が一定の要件を満たす住宅用の家屋であることについての税務署長の証明書を添付しなければならない。

問24 不動産取得税に関する次の記述のうち、正しいものはどれか。

△1　不動産取得税は、不動産の取得があった日の翌日から起算して3月以内に当該不動産が所在する都道府県に申告納付しなければならない。

☆2　不動産取得税は不動産の取得に対して課される税であるので、家屋を改築したことにより当該家屋の価格が増加したとしても、新たな不動産の取得とはみなされないため、不動産取得税は課されない。

☆3　相続による不動産の取得については、不動産取得税は課されない。

☆4　一定の面積に満たない土地の取得については、不動産取得税は課されない。

問25 不動産の鑑定評価に関する次の記述のうち、不動産鑑定評価基準によれば、正しいものはどれか。

★1　不動産の価格は、その不動産の効用が最高度に発揮される可能性に最も富む使用を前提として把握される価格を標準として形成されるが、これを最有効使用の原則という。

☆2　収益還元法は、賃貸用不動産又は賃貸以外の事業の用に供する不動産の価格を求める場合に特に有効な手法であるが、事業の用に供さない自用の不動産の鑑定評価には適用すべきではない。

☆3　鑑定評価の基本的な手法は、原価法、取引事例比較法及び収益還元法に大別され、実際の鑑定評価に際しては、地域分析及び個別分析により把握した対象不動産に係る市場の特性等を適切に反映した手法をいずれか1つ選択して、適用すべきである。

☆4　限定価格とは、市場性を有する不動産について、法令等による社会的要請を背景とする鑑定評価目的の下で、正常価格の前提となる諸条件を満たさないことにより正常価格と同一の市場概念の下において形成されるであろう市場価値と乖離することとなる場合における不動産の経済価値を適正に表示する価格のことをいい、民事再生法に基づく鑑定評価目的の下で、早期売却を前提として求められる価格が例としてあげられる。

問26　宅地建物取引業者が行う広告に関する次の記述のうち、宅地建物取引業法（以下この問において「法」という。）の規定によれば、正しいものはどれか。

☆1　宅地の売買に関する広告をインターネットで行った場合において、当該宅地の売買契約成立後に継続して広告を掲載していたとしても、当該広告の掲載を始めた時点で当該宅地に関する売買契約が成立していなかったときは、法第32条に規定する誇大広告等の禁止に違反しない。

★2　販売する宅地又は建物の広告に著しく事実に相違する表示をした場合、監督処分の対象となるほか、6月以下の懲役及び100万円以下の罰金を併科されることがある。

☆3　建築基準法第6条第1項の確認を申請中の建物については、当該建物の売買の媒介に関する広告をしてはならないが、貸借の媒介に関する広告はすることができる。

☆4　宅地建物取引業者がその業務に関して広告をするときは、実際のものより著しく優良又は有利であると人を誤認させるような表示をしてはならないが、宅地又は建物に係る現在又は将来の利用の制限の一部を表示しないことによりそのような誤認をさせる場合は、法第32条に規定する誇大広告等の禁止に違反しない。

問27　宅地建物取引業者Aは、Bが所有し、居住している甲住宅の売却の媒介を、また、宅地建物取引業者Cは、Dから既存住宅の購入の媒介を依頼され、それぞれ媒介契約を締結した。その後、B及びDは、それぞれA及びCの媒介により、甲住宅の売買契約(以下この問において「本件契約」という。)を締結した。この場合における次の記述のうち、宅地建物取引業法(以下この問において「法」という。)の規定によれば、正しいものはどれか。なお、この問において「建物状況調査」とは、法第34条の2第1項第4号に規定する調査をいうものとする。 〔改題〕

☆1 Aは、甲住宅の売却の依頼を受けた媒介業者として、本件契約が成立するまでの間に、Dに対し、建物状況調査を実施する者のあっせんの有無について確認しなければならない。

☆2 A及びCは、本件契約が成立するまでの間に、Dに対し、甲住宅について、設計図書、点検記録その他の建物の建築及び維持保全の状況に関する書類で国土交通省令で定めるものの保存の状況及びそれぞれの書類に記載されている内容について説明しなければならない。

☆3 CがDとの間で媒介契約を締結する2年前に、甲住宅は既に建物状況調査を受けていた。この場合において、A及びCは、本件契約が成立するまでの間に、Dに対し、建物状況調査を実施している旨及びその結果の概要について説明しなければならない。

☆4 A及びCは、Dが宅地建物取引業者である場合であっても、法第37条に基づき交付すべき書面(第37条に定める者の承諾を得て、当該書面に記載すべき事項を電磁的方法であって国土交通省令で定めるものにより提供する場合を含む。)において、甲住宅の構造耐力上主要な部分等の状況について当事者の双方が確認した事項があるときにその記載を省略することはできない。

問28 次の記述のうち、宅地建物取引業法(以下この問において「法」という。)の規定によれば、正しいものはいくつあるか。 〔改題〕

☆ア 宅地建物取引業者が、買主として、造成工事完了前の宅地の売買契約を締結しようとする場合、売主が当該造成工事に関し必要な都市計画法第29条第1項の許可を申請中であっても、当該売買契約を締結することができる。

☆イ 宅地建物取引業者が、買主として、宅地建物取引業者との間で宅地の売買契約を締結した場合、法第37条の規定により交付すべき書面を交付又は相手方の承諾を得て電磁的方法により提供しなくてよい。

★ウ 営業保証金を供託している宅地建物取引業者が、売主として、宅地建物取引業者との間で宅地の売買契約を締結しようとする場合、営業保証金を供託した供託所及びその所在地について、買主に対し説明をしなければならない。

☆エ　宅地建物取引業者が、宅地の売却の依頼者と媒介契約を締結した場合、当該宅地の購入の申込みがあったときは、売却の依頼者が宅地建物取引業者であっても、遅滞なく、その旨を当該依頼者に報告しなければならない。

1　一つ
2　二つ
3　三つ
4　なし

問29　Aは、Bとの間で、Aが所有する建物を代金2,000万円で売却する売買契約(以下この問において「本件契約」という。)を締結した。この場合における次の記述のうち、宅地建物取引業法(以下この問において「法」という。)の規定に違反しないものはどれか。

［改題］

☆1　A及びBがともに宅地建物取引業者である場合において、Aは、本件契約の成立後、法第37条の規定により交付すべき書面を作成し、記名は宅地建物取引士ではない者が行い、これをBに交付した。

☆2　A及びBがともに宅地建物取引業者である場合において、当事者の債務の不履行を理由とする契約の解除があったときの損害賠償の額を600万円とする特約を定めた。

☆3　Aは宅地建物取引業者であるが、Bは宅地建物取引業者ではない場合において、Aは、本件契約の締結に際して、500万円の手付を受領した。

☆4　Aは宅地建物取引業者であるが、Bは宅地建物取引業者ではない場合において、本件契約の目的物である建物の種類又は品質に関して契約の内容に適合しない場合におけるその不適合を担保すべき責任に関し、契約の解除又は損害賠償の請求はBが目的物の引渡しの日から1年以内にその不適合の事実をAに通知したときに限りすることができるものとする旨の特約を定めた。

問30　宅地建物取引業者A（消費税課税事業者)は、Bが所有する建物について、B及びCから媒介の依頼を受け、Bを貸主、Cを借主とし、1か月分の借賃を10万円(消費税等相当額を含まない。)、CからBに支払われる権利金(権利設定の対価として支払われる金銭であって返還されないものであり、消費税等相当額を含まない。)を150万円とする定期建物賃貸借契約を成立させた。この場合における次の記

述のうち、宅地建物取引業法の規定によれば、正しいものはどれか。［改題］

1　建物が店舗用である場合、Aは、B及びCの承諾を得たときは、B及びCの双方からそれぞれ11万円の報酬を受けることができる。

2　建物が居住用である場合、Aが受け取ることができる報酬の額は、CからBに支払われる権利金の額を売買に係る代金の額とみなして算出される16万5,000円が上限となる。

3　建物が店舗用である場合、Aは、Bからの依頼に基づくことなく広告をした場合でも、その広告が賃貸借契約の成立に寄与したときは、報酬とは別に、その広告料金に相当する額をBに請求することができる。

4　定期建物賃貸借契約の契約期間が終了した直後にAが依頼を受けてBC間の定期建物賃貸借契約の再契約を成立させた場合、Aが受け取る報酬については、宅地建物取引業法の規定が適用される。

問31　宅地建物取引業者A（消費税課税事業者）が受け取ることのできる報酬の上限額に関する次の記述のうち、宅地建物取引業法の規定によれば、正しいものはどれか。［改題］

1　土地付中古住宅（代金500万円。消費税等相当額を含まない。）の売買について、Aが売主Bから媒介を依頼され、現地調査等の費用が通常の売買の媒介に比べ5万円（消費税等相当額を含まない。）多く要する場合、その旨をBに対し説明した上で、AがBから受け取ることができる報酬の上限額は286,000円である。

2　土地付中古住宅（代金300万円。消費税等相当額を含まない。）の売買について、Aが買主Cから媒介を依頼され、現地調査等の費用が通常の売買の媒介に比べ4万円（消費税等相当額を含まない。）多く要する場合、その旨をCに対し説明した上で、AがCから受け取ることができる報酬の上限額は198,000円である。

3　土地（代金350万円。消費税等相当額を含まない。）の売買について、Aが売主Dから媒介を依頼され、現地調査等の費用が通常の売買の媒介に比べ2万円（消費税等相当額を含まない。）多く要する場合、その旨をDに対し説明した上で、AがDから受け取ることができる報酬の上限額は198,000円である。

4　中古住宅（1か月分の借賃15万円。消費税等相当額を含まない。）の貸借について、Aが貸主Eから媒介を依頼され、現地調査等の費用が通常の貸借の媒介に比べ3万円(消費税等相当額を含まない。)多く要する場合、その旨をEに対し説明した上で、AがEから受け取ることができる報酬の上限額は198,000円である。

問32 次の記述のうち、宅地建物取引業法の規定によれば、正しいものはどれか。

★1 宅地建物取引士が都道府県知事から指示処分を受けた場合において、宅地建物取引業者(国土交通大臣免許)の責めに帰すべき理由があるときは、国土交通大臣は、当該宅地建物取引業者に対して指示処分をすることができる。

★2 宅地建物取引士が不正の手段により宅地建物取引士の登録を受けた場合、その登録をした都道府県知事は、宅地建物取引士資格試験の合格の決定を取り消さなければならない。

★3 国土交通大臣は、すべての宅地建物取引士に対して、購入者等の利益の保護を図るため必要な指導、助言及び勧告をすることができる。

☆4 甲県知事の登録を受けている宅地建物取引士が、乙県知事から事務の禁止の処分を受けた場合は、速やかに、宅地建物取引士証を乙県知事に提出しなければならない。

問33 宅地建物取引業者Aは、Bから、Bが所有し居住している甲住宅の売却について媒介の依頼を受けた。この場合における次の記述のうち、宅地建物取引業法(以下この問において「法」という。)の規定によれば、正しいものはどれか。[改題]

★1 Aが甲住宅について、法第34条の2第1項第4号に規定する建物状況調査の制度概要を紹介し、Bが同調査を実施する者のあっせんを希望しなかった場合、Aは、同項の規定に基づき交付すべき書面(同条第11項の規定に基づき電磁的方法により提供する場合を含む。)に同調査を実施する者のあっせんに関する事項を記載する必要はない。

☆2 Aは、Bとの間で専属専任媒介契約を締結した場合、当該媒介契約締結日から7日以内(休業日を含まない。)に、指定流通機構に甲住宅の所在等を登録しなければならない。

★3 Aは、甲住宅の評価額についての根拠を明らかにするため周辺の取引事例の調査をした場合、当該調査の実施についてBの承諾を得ていなくても、同調査に要した費用をBに請求することができる。

★4 AとBの間で専任媒介契約を締結した場合、Aは、法第34条の2第1項の規定に基づき交付すべき書面(同条第11項の規定に基づき電磁的方法により提供する場合を含む。)に、BがA以外の宅地建物取引業者の媒介又は代理によって売買又は交換の契約を成立させたときの措置について記載しなければならない。

問34 宅地建物取引業者が媒介により既存建物の貸借の契約を成立させた場合、宅地建物取引業法第37条の規定により、当該貸借の契約当事者に対して交付すべき書面(第37条に定める者の承諾を得て、当該書面に記載すべき事項を電磁的方法であって国土交通省令で定めるものにより提供する場合を含む。)に必ず記載しなければならない事項の組合せはどれか。 [改題]

☆ア 宅地又は建物の種類又は品質に関して契約の内容に適合しない場合におけるその不適合を担保すべき責任の内容

☆イ 当事者の氏名(法人にあっては、その名称)及び住所

☆ウ 建物の引渡しの時期

★エ 建物の構造耐力上主要な部分等の状況について当事者双方が確認した事項

1 ア、イ
2 イ、ウ
3 イ、エ
4 ウ、エ

問35 宅地建物取引業者間の取引における宅地建物取引業法第35条に規定する重要事項の説明及び重要事項を記載した書面(以下この問において「重要事項説明書」といい、同条の規定により、電磁的方法により提供する場合を含むものとする。)の交付に関する次の記述のうち、正しいものはどれか。 [改題]

☆1 建物の売買においては、売主は取引の対象となる建物(昭和56年6月1日以降に新築の工事に着手したものを除く。)について耐震診断を受けなければならず、また、その診断の結果を重要事項説明書に記載しなければならない。

☆2 建物の売買においては、その対象となる建物が未完成である場合は、重要事項説明書を交付した上で、宅地建物取引士をして説明させなければならない。

☆3 建物の売買においては、その建物の種類又は品質に関して契約の内容に適合しない場合におけるその不適合を担保すべき責任の履行に関し保証保険契約の締結などの措置を講ずるかどうか、また、講ずる場合はその概要を重要事項説明書に記載しなければならない。

★4　宅地の交換において交換契約に先立って交換差金の一部として30万円の預り金の授受がある場合、その預り金を受領しようとする者は、保全措置を講ずるかどうか、及びその措置を講ずる場合はその概要を重要事項説明書に記載しなければならない。

問36 宅地建物取引業の免許(以下この問において「免許」という。)に関する次の記述のうち、宅地建物取引業法の規定によれば、正しいものはどれか。

☆1　宅地建物取引業者Aが免許の更新の申請を行った場合において、免許の有効期間の満了の日までにその申請について処分がなされないときは、Aの従前の免許は、有効期間の満了によりその効力を失う。

☆2　甲県に事務所を設置する宅地建物取引業者B（甲県知事免許)が、乙県所在の宅地の売買の媒介をする場合、Bは国土交通大臣に免許換えの申請をしなければならない。

☆3　宅地建物取引業を営もうとする個人Cが、懲役の刑に処せられ、その刑の執行を終えた日から5年を経過しない場合、Cは免許を受けることができない。

☆4　いずれも宅地建物取引士ではないDとEが宅地建物取引業者F社の取締役に就任した。Dが常勤、Eが非常勤である場合、F社はDについてのみ役員の変更を免許権者に届け出る必要がある。

問37 宅地建物取引業者である売主Aが、宅地建物取引業者Bの媒介により宅地建物取引業者ではない買主Cと新築マンションの売買契約を締結した場合において、宅地建物取引業法第37条の2の規定に基づくいわゆるクーリング・オフに関する次の記述のうち、正しいものはいくつあるか。

☆ア　AとCの間で、クーリング・オフによる契約の解除に関し、Cは契約の解除の書面をクーリング・オフの告知の日から起算して8日以内にAに到達させなければ契約を解除することができない旨の特約を定めた場合、当該特約は無効である。

☆イ　Cは、Bの事務所で買受けの申込みを行い、その3日後に、Cの自宅近くの喫茶店で売買契約を締結した場合、クーリング・オフによる契約の解除はできない。

★ウ　Cは、Bからの提案によりCの自宅で買受けの申込みを行ったが、クーリング・オフについては告げられず、その10日後に、Aの事務所で売買契約を締結した場合、クーリング・オフによる契約の解除はできない。

△エ　クーリング・オフについて告げる書面には、Bの商号又は名称及び住所並びに免許証番号を記載しなければならない。

1　一つ
2　二つ
3　三つ
4　なし

問38　宅地建物取引業者である売主は、宅地建物取引業者ではない買主との間で、戸建住宅の売買契約(所有権の登記は当該住宅の引渡し時に行うものとする。)を締結した。この場合における宅地建物取引業法第41条又は第41条の2の規定に基づく手付金等の保全措置(以下この問において「保全措置」という。)に関する次の記述のうち、正しいものはどれか。

★1　当該住宅が建築工事の完了後で、売買代金が3,000万円であった場合、売主は、買主から手付金200万円を受領した後、当該住宅を引き渡す前に中間金300万円を受領するためには、手付金200万円と合わせて保全措置を講じた後でなければ、その中間金を受領することができない。

☆2　当該住宅が建築工事の完了前で、売買代金が2,500万円であった場合、売主は、当該住宅を引き渡す前に買主から保全措置を講じないで手付金150万円を受領することができる。

★3　当該住宅が建築工事の完了前で、売主が買主から保全措置が必要となる額の手付金を受領する場合、売主は、事前に、国土交通大臣が指定する指定保管機関と手付金等寄託契約を締結し、かつ、当該契約を証する書面を買主に交付した後でなければ、買主からその手付金を受領することができない。

★4　当該住宅が建築工事の完了前で、売主が買主から保全措置が必要となる額の手付金等を受領する場合において売主が銀行との間で締結する保証委託契約に基づく保証契約は、建築工事の完了までの間を保証期間とするものでなければならない。

問39　宅地建物取引業者が建物の貸借の媒介を行う場合における宅地建物取引業法(以下この問において「法」という。)第35条に規定する重要事項の説明に関する次の記述のうち、誤っているものはどれか。なお、特に断りのない限り、当該建物を借りようとする者は宅地建物取引業者ではないものとする。　［改題］

☆1　当該建物を借りようとする者が宅地建物取引業者であるときは、貸借の契約が成立するまでの間に重要事項を記載した書面を交付、又は、当該宅地建物取引業者の承諾を得て、電磁的方法により提供しなければならないが、その内容を宅地建物取引士に説明させる必要はない。

☆2　当該建物が既存の住宅であるときは、法第34条の2第1項第4号に規定する建物状況調査を実施しているかどうか、及びこれを実施している場合におけるその結果の概要を説明しなければならない。

☆3　台所、浴室、便所その他の当該建物の設備の整備の状況について説明しなければならない。

☆4　宅地建物取引士は、テレビ会議等のITを活用して重要事項の説明を行うときは、相手方の承諾があれば宅地建物取引士証の提示を省略することができる。

問40 宅地建物取引業者Aが行う業務に関する次の記述のうち、宅地建物取引業法の規定に違反するものはいくつあるか。

☆ア　Aは、自ら売主として、建物の売買契約を締結するに際し、買主が手付金を持ち合わせていなかったため手付金の分割払いを提案し、買主はこれに応じた。

☆イ　Aは、建物の販売に際し、勧誘の相手方から値引きの要求があったため、広告に表示した販売価格から100万円値引きすることを告げて勧誘し、売買契約を締結した。

★ウ　Aは、土地の売買の媒介に際し重要事項の説明の前に、宅地建物取引士ではないAの従業者をして媒介の相手方に対し、当該土地の交通等の利便の状況について説明させた。

☆エ　Aは、投資用マンションの販売に際し、電話で勧誘を行ったところ、勧誘の相手方から「購入の意思がないので二度と電話をかけないように」と言われたことから、電話での勧誘を諦め、当該相手方の自宅を訪問して勧誘した。

1　一つ
2　二つ
3　三つ
4　四つ

問41 次の記述のうち、宅地建物取引業の免許を要する業務が含まれるものはどれか。

☆1　A社は、所有する土地を10区画にほぼ均等に区分けしたうえで、それぞれの区画に戸建住宅を建築し、複数の者に貸し付けた。

☆2　B社は、所有するビルの一部にコンビニエンスストアや食堂など複数のテナントの出店を募集し、その募集広告を自社のホームページに掲載したほか、多数の事業者に案内を行った結果、出店事業者が決まった。

☆3　C社は賃貸マンションの管理業者であるが、複数の貸主から管理を委託されている物件について、入居者の募集、貸主を代理して行う賃貸借契約の締結、入居者からの苦情・要望の受付、入居者が退去した後の清掃などを行っている。

☆4　D社は、多数の顧客から、顧客が所有している土地に住宅や商業用ビルなどの建物を建設することを請け負って、その対価を得ている。

問42　次の記述のうち、宅地建物取引業法(以下この問において「法」という。)の規定によれば、正しいものはどれか。

☆1　宅地建物取引士が死亡した場合、その相続人は、死亡した日から30日以内に、その旨を当該宅地建物取引士の登録をしている都道府県知事に届け出なければならない。

☆2　甲県知事の登録を受けている宅地建物取引士は、乙県に所在する宅地建物取引業者の事務所の業務に従事しようとするときは、乙県知事に対し登録の移転の申請をし、乙県知事の登録を受けなければならない。

★3　宅地建物取引士は、事務禁止の処分を受けたときは宅地建物取引士証をその交付を受けた都道府県知事に提出しなくてよいが、登録消除の処分を受けたときは返納しなければならない。

★4　宅地建物取引士は、法第37条に規定する書面を交付する際、取引の関係者から請求があったときは、専任の宅地建物取引士であるか否かにかかわらず宅地建物取引士証を提示しなければならない。

問43　宅地建物取引業法に規定する営業保証金に関する次の記述のうち、正しいものはどれか。

☆1　宅地建物取引業者は、免許を受けた日から3月以内に営業保証金を供託した旨の届出を行わなかったことにより国土交通大臣又は都道府県知事の催告を受けた場合、当該催告が到達した日から1月以内に届出をしないときは、免許を取り消されることがある。

★2　宅地建物取引業者に委託している家賃収納代行業務により生じた債権を有する者は、宅地建物取引業者が供託した営業保証金について、その債権の弁済を受けることができる。

★3　宅地建物取引業者は、宅地建物取引業の開始後1週間以内に、供託物受入れの記載のある供託書の写しを添附して、営業保証金を供託した旨を免許を受けた国土交通大臣又は都道府県知事に届け出なければならない。

★4　宅地建物取引業者は、新たに事務所を2か所増設するための営業保証金の供託について国債証券と地方債証券を充てる場合、地方債証券の額面金額が800万円であるときは、額面金額が200万円の国債証券が必要となる。

問44　宅地建物取引業保証協会(以下この問において「保証協会」という。)の社員である宅地建物取引業者Aに関する次の記述のうち、宅地建物取引業法の規定によれば、正しいものはどれか。

★1　Aは、保証協会の社員の地位を失った場合、Aとの宅地建物取引業に関する取引により生じた債権に関し権利を有する者に対し、6月以内に申し出るべき旨の公告をしなければならない。

★2　保証協会は、Aの取引の相手方から宅地建物取引業に係る取引に関する苦情を受けた場合は、Aに対し、文書又は口頭による説明を求めることができる。

★3　Aは、保証協会の社員の地位を失った場合において、保証協会に弁済業務保証金分担金として150万円の納付をしていたときは、全ての事務所で営業を継続するためには、1週間以内に主たる事務所の最寄りの供託所に営業保証金として1,500万円を供託しなければならない。

★4　Aは、その一部の事務所を廃止したときは、保証協会が弁済業務保証金の還付請求権者に対し、一定期間内に申し出るべき旨の公告をした後でなければ、弁済業務保証金分担金の返還を受けることができない。

問45　特定住宅瑕疵担保責任の履行の確保等に関する法律に基づく住宅販売瑕疵担保保証金の供託又は住宅販売瑕疵担保責任保険契約の締結に関する次の記述のうち、正しいものはどれか。

☆1　宅地建物取引業者は、自ら売主として新築住宅を販売する場合及び新築住宅の売買の媒介をする場合において、住宅販売瑕疵担保保証金の供託又は住宅販売瑕疵担保責任保険契約の締結を行う義務を負う。

2　自ら売主として新築住宅を宅地建物取引業者でない買主に引き渡した宅地建物取引業者は、その住宅を引き渡した日から3週間以内に、住宅販売瑕疵(かし)担保保証金の供託又は住宅販売瑕疵(かし)担保責任保険契約の締結の状況について、宅地建物取引業の免許を受けた国土交通大臣又は都道府県知事に届け出なければならない。

3　自ら売主として新築住宅を宅地建物取引業者でない買主に引き渡した宅地建物取引業者は、基準日に係る住宅販売瑕疵(かし)担保保証金の供託及び住宅販売瑕疵(かし)担保責任保険契約の締結の状況について届出をしなければ、当該基準日の翌日から起算して50日を経過した日以後においては、新たに自ら売主となる新築住宅の売買契約を締結することができない。

4　住宅販売瑕疵(かし)担保責任保険契約を締結している宅地建物取引業者は、当該住宅を引き渡した時から10年間、住宅の構造耐力上主要な部分の瑕疵(かし)によって生じた損害についてのみ保険金を請求することができる。

問46　独立行政法人住宅金融支援機構(以下この問において「機構」という。)に関する次の記述のうち、誤っているものはどれか。

1　機構は、住宅の建設又は購入に必要な資金の貸付けに係る金融機関の貸付債権の譲受けを業務として行っているが、当該住宅の建設又は購入に付随する土地又は借地権の取得に必要な資金の貸付けに係る金融機関の貸付債権については、譲受けの対象としていない。

2　機構は、金融機関による住宅資金の供給を支援するため、金融機関が貸し付けた住宅ローンについて、住宅融資保険を引き受けている。

3　機構は、証券化支援事業(買取型)において、MBS(資産担保証券)を発行することにより、債券市場(投資家)から資金を調達している。

4　機構は、高齢者の家庭に適した良好な居住性能及び居住環境を有する住宅とすることを主たる目的とする住宅の改良(高齢者が自ら居住する住宅について行うものに限る。)に必要な資金の貸付けを業務として行っている。

問47　宅地建物取引業者が行う広告に関する次の記述のうち、不当景品類及び不当表示防止法(不動産の表示に関する公正競争規約を含む。)の規定によれば、正しいものはどれか。　[改題]

1　新築分譲住宅について、価格Aで販売を開始してから3か月以上経過したため、価格Aから価格Bに値下げをすることとし、価格Aと価格Bを併記して、値下げをした旨を表示する場合、値下げ金額が明確になっていれば、価格Aの公表日や値下げした日を表示する必要はない。

★2　土地上に古家が存在する場合に、当該古家が、住宅として使用することが可能な状態と認められる場合であっても、古家がある旨を表示すれば、売地と表示して販売しても不当表示に問われることはない。

☆3　新築分譲マンションの広告において、当該マンションの完成図を掲載する際に、敷地内にある電柱及び電線を消去する加工を施した場合であっても、当該マンションの外観を消費者に対し明確に示すためであれば、不当表示に問われることはない。

★4　複数の売買物件を1枚の広告に掲載するに当たり、取引態様が複数混在している場合には、広告の下部にまとめて表示すれば、どの物件がどの取引態様かを明示していなくても不当表示に問われることはない。

問48 統計問題につき、問題省略
（最新の統計データで学習してください）

問49 土地に関する次の記述のうち、最も不適当なものはどれか。

☆1　山麓の地形の中で、地すべりによってできた地形は一見なだらかで、水はけもよく、住宅地として好適のように見えるが、末端の急斜面部等は斜面崩壊の危険度が高い。

☆2　台地の上の浅い谷は、豪雨時には一時的に浸水することがあり、現地に入っても気付かないことが多いが、住宅地としては注意を要する。

☆3　大都市の大部分は低地に立地しているが、この数千年の間に形成され、かつては湿地や旧河道であった地域が多く、地震災害に対して脆弱で、また洪水、高潮、津波等の災害の危険度も高い。

☆4　低地の中で特に災害の危険度の高い所は、扇状地の中の微高地、自然堤防、廃川敷となった旧天井川等であり、比較的危険度の低い所が沿岸部の標高の低いデルタ地域、旧河道等である。

問50 建築物の構造に関する次の記述のうち、最も不適当なものはどれか。

☆1　木造建物を造る際には、強度や耐久性において、できるだけ乾燥している木

材を使用するのが好ましい。

☐2　集成木材構造は、集成木材で骨組を構成したもので、大規模な建物にも使用されている。

☐3　鉄骨構造は、不燃構造であり、耐火材料による耐火被覆がなくても耐火構造にすることができる。

☐4　鉄筋コンクリート構造は、耐久性を高めるためには、中性化の防止やコンクリートのひび割れ防止の注意が必要である。

No.
03

令和4年度
（2022年度）

本試験問題

この年の合格基準点は36点でした

インフォメーション

選択肢番号についているマークの意味は次のとおりです。
復習のさいにお役立てください。

☆…即答できなかったらちょっとマズイ（復習推奨）
★…いま間違えてもいいけど、必ず解説を読んでできるようにしておこう（復習推奨）
△…確実に合格を目指すなら、マスターしておきたい（直前期に余裕があれば、再チェック）
✕…できなくても問題ナシ（復習の必要性は乏しい）

解き終わったあと、☆と★の問題については必ず復習をしておきましょう。

問1 次の1から4までの記述のうち、民法の規定、判例及び下記判決文によれば、正しいものはどれか。

(判決文)

所有者甲から乙が不動産を買い受け、その登記が未了の間に、丙が当該不動産を甲から二重に買い受け、更に丙から転得者丁が買い受けて登記を完了した場合に、たとい丙が背信的悪意者に当たるとしても、丁は、乙に対する関係で丁自身が背信的悪意者と評価されるのでない限り、当該不動産の所有権取得をもって乙に対抗することができるものと解するのが相当である。

☆1 所有者AからBが不動産を買い受け、その登記が未了の間に、Cが当該不動産をAから二重に買い受けて登記を完了した場合、Cは、自らが背信的悪意者に該当するときであっても、当該不動産の所有権取得をもってBに対抗することができる。

☆2 所有者AからBが不動産を買い受け、その登記が未了の間に、背信的悪意者ではないCが当該不動産をAから二重に買い受けた場合、先に買い受けたBは登記が未了であっても当該不動産の所有権取得をもってCに対抗することができる。

☆3 所有者AからBが不動産を買い受け、その登記が未了の間に、背信的悪意者であるCが当該不動産をAから二重に買い受け、更にCから転得者Dが買い受けて登記を完了した場合、DもBに対する関係で背信的悪意者に該当するときには、Dは当該不動産の所有権取得をもってBに対抗することができない。

★4 所有者AからBが不動産を買い受け、その登記が未了の間に、Cが当該不動産をAから二重に買い受け登記を完了した場合、Cが背信的悪意者に該当しなくてもBが登記未了であることにつき悪意であるときには、Cは当該不動産の所有権取得をもってBに対抗することができない。

問2 相続に関する次の記述のうち、民法の規定によれば、誤っているものはどれか。

☆1 被相続人の生前においては、相続人は、家庭裁判所の許可を受けることにより、遺留分を放棄することができる。

☆2 家庭裁判所への相続放棄の申述は、被相続人の生前には行うことができない。

★3 相続人が遺留分の放棄について家庭裁判所の許可を受けると、当該相続人は、被相続人の遺産を相続する権利を失う。

☆4　相続人が被相続人の兄弟姉妹である場合、当該相続人には遺留分がない。

問3 制限行為能力者に関する次の記述のうち、民法の規定及び判例によれば、正しいものはどれか。 [改題]

△1　成年後見人は、後見監督人がいる場合には、後見監督人の同意を得なければ、成年被後見人の法律行為を取り消すことができない。

×2　相続の放棄は相手方のない単独行為であるから、成年後見人が成年被後見人に代わってこれを行っても、利益相反行為となることはない。

★3　成年後見人は成年被後見人の法定代理人である一方、保佐人は被保佐人の行為に対する同意権と取消権を有するが、代理権が付与されることはない。

★4　18歳の者は、年齢を理由とする後見人の欠格事由に該当しない。

問4 A所有の甲土地にBのCに対する債務を担保するためにCの抵当権(以下この問において「本件抵当権」という。)が設定され、その旨の登記がなされた場合に関する次の記述のうち、民法の規定によれば、正しいものはどれか。

☆1　Aから甲土地を買い受けたDが、Cの請求に応じてその代価を弁済したときは、本件抵当権はDのために消滅する。

★2　Cに対抗することができない賃貸借により甲土地を競売手続の開始前から使用するEは、甲土地の競売における買受人Fの買受けの時から6か月を経過するまでは、甲土地をFに引き渡すことを要しない。

☆3　本件抵当権設定登記後に、甲土地上に乙建物が築造された場合、Cが本件抵当権の実行として競売を申し立てるときには、甲土地とともに乙建物の競売も申し立てなければならない。

☆4　BがAから甲土地を買い受けた場合、Bは抵当不動産の第三取得者として、本件抵当権について、Cに対して抵当権消滅請求をすることができる。

問5 期間の計算に関する次の記述のうち、民法の規定によれば、正しいものはどれか。なお、明記された日付は、日曜日、国民の祝日に関する法律に規定する休日その他の休日には当たらないものとする。 [改題]

△1　×4年10月17日午前10時に、引渡日を契約締結日から1年後とする不動産

No. 03 36点 令和4年度

の売買契約を締結した場合、翌年10月16日が引渡日である。

△ 2　×4年8月31日午前10時に、弁済期限を契約締結日から1か月後とする金銭消費貸借契約を締結した場合、同年9月30日の終了をもって弁済期限となる。

△ 3　期間の末日が日曜日、国民の祝日に関する法律に規定する休日その他の休日に当たるときは、その日に取引をしない慣習がある場合に限り、期間はその前日に満了する。

☒ 4　×4年5月30日午前10時に、代金の支払期限を契約締結日から1か月後とする動産の売買契約を締結した場合、同年7月1日の終了をもって支払期限となる。

問6　Aを貸主、Bを借主として、A所有の甲土地につき、資材置場とする目的で期間を2年として、AB間で、①賃貸借契約を締結した場合と、②使用貸借契約を締結した場合に関する次の記述のうち、民法の規定によれば、正しいものはどれか。

△ 1　Aは、甲土地をBに引き渡す前であれば、①では口頭での契約の場合に限り自由に解除できるのに対し、②では書面で契約を締結している場合も自由に解除できる。

★ 2　Bは、①ではAの承諾がなければ甲土地を適法に転貸することはできないが、②ではAの承諾がなくても甲土地を適法に転貸することができる。

★ 3　Bは、①では期間内に解約する権利を留保しているときには期間内に解約の申入れをし解約することができ、②では期間内に解除する権利を留保していなくてもいつでも解除することができる。

△ 4　甲土地について契約の本旨に反するBの使用によって生じた損害がある場合に、Aが損害賠償を請求するときは、①では甲土地の返還を受けた時から5年以内に請求しなければならないのに対し、②では甲土地の返還を受けた時から1年以内に請求しなければならない。

問7　不在者Aが、家庭裁判所から失踪宣告を受けた。Aを単独相続したBは相続財産である甲土地をCに売却(以下この問において「本件売買契約」という。)して登記も移転したが、その後、生存していたAの請求によって当該失踪宣告が取り消された。本件売買契約当時に、Aの生存について、(ア) Bが善意でCが善意、(イ) Bが悪意でCが善意、(ウ) Bが善意でCが悪意、(エ) Bが悪意でCが悪意、の4つの場合があり得るが、これらのうち、民法の規定及び判例によれば、Cが本件売買契約に基づき取得した甲土地の所有権をAに対抗できる場合を全て掲げたものとして正しいものはどれか。

△1　(ア)、(イ)、(ウ)
△2　(ア)、(イ)
△3　(ア)、(ウ)
△4　(ア)

問8 AがB所有の甲土地を建物所有目的でなく利用するための権原が、①地上権である場合と②賃借権である場合に関する次の記述のうち、民法の規定及び判例によれば、正しいものはどれか。なお、AもBも対抗要件を備えているものとする。

△1　①でも②でも、特約がなくても、BはAに対して、甲土地の使用及び収益に必要な修繕をする義務を負う。
△2　CがBに無断でAから当該権原を譲り受け、甲土地を使用しているときは、①でも②でも、BはCに対して、甲土地の明渡しを請求することができる。
★3　①では、Aは当該権原を目的とする抵当権を設定することができるが、②では、Aは当該権原を目的とする抵当権を設定することはできない。
△4　Dが甲土地を不法占拠してAの土地利用を妨害している場合、①では、Aは当該権原に基づく妨害排除請求権を行使してDの妨害の排除を求めることができるが、②では、AはDの妨害の排除を求めることはできない。

問9 辞任に関する次の記述のうち、民法の規定によれば、正しいものはいくつあるか。

★ア　委任によって代理権を授与された者は、報酬を受ける約束をしている場合であっても、いつでも委任契約を解除して代理権を消滅させて、代理人を辞することができる。
×イ　親権者は、やむを得ない事由があるときは、法務局に届出を行うことによって、親権を辞することができる。
×ウ　後見人は、正当な事由があるときは、後見監督人の許可を得て、その任務を辞することができる。
×エ　遺言執行者は、正当な事由があるときは、相続人の許可を得て、その任務を辞することができる。

1　一つ

2　二つ
3　三つ
4　四つ

問10　AはBに対し、自己所有の甲土地を売却し、代金と引換えにBに甲土地を引き渡したが、その後にCに対しても甲土地を売却し、代金と引換えにCに甲土地の所有権登記を移転した。この場合におけるBによる甲土地の所有権の時効取得に関する次の記述のうち、民法の規定及び判例によれば、正しいものはどれか。

1　Bが甲土地をDに賃貸し、引き渡したときは、Bは甲土地の占有を失うので、甲土地の所有権を時効取得することはできない。

2　Bが、時効の完成前に甲土地の占有をEに奪われたとしても、Eに対して占有回収の訴えを提起して占有を回復した場合には、Eに占有を奪われていた期間も時効期間に算入される。

3　Bが、甲土地の引渡しを受けた時点で所有の意思を有していたとしても、AC間の売買及びCに対する登記の移転を知ったときは、その時点で所有の意思が認められなくなるので、Bは甲土地を時効により取得することはできない。

4　Bが甲土地の所有権を時効取得した場合、Bは登記を備えなければ、その所有権を時効完成時において所有者であったCに対抗することはできない。

問11　建物の所有を目的とする土地の賃貸借契約（定期借地権及び一時使用目的の借地権となる契約を除く。）に関する次の記述のうち、借地借家法の規定及び判例によれば、正しいものはどれか。

1　借地権の存続期間が満了する前に建物の滅失があった場合において、借地権者が借地権の残存期間を超えて存続すべき建物を築造したときは、その建物を築造することにつき借地権設定者の承諾がない場合でも、借地権の期間の延長の効果が生ずる。

2　転借地権が設定されている場合において、転借地上の建物が滅失したときは、転借地権は消滅し、転借地権者（転借人）は建物を再築することができない。

3　借地上の建物が滅失し、借地権設定者の承諾を得て借地権者が新たに建物を築造するに当たり、借地権設定者が存続期間満了の際における借地の返還確保の目的で、残存期間を超えて存続する建物を築造しない旨の特約を借地権者と結んだとしても、この特約は無効である。

☆4　借地上の建物所有者が借地権設定者に建物買取請求権を適法に行使した場合、買取代金の支払があるまでは建物の引渡しを拒み得るとともに、これに基づく敷地の占有についても、賃料相当額を支払う必要はない。

問12 Aは、B所有の甲建物(床面積100㎡)につき、居住を目的として、期間2年、賃料月額10万円と定めた賃貸借契約(以下この問において「本件契約」という。)をBと締結してその日に引渡しを受けた。この場合における次の記述のうち、民法及び借地借家法の規定並びに判例によれば、誤っているものはどれか。　［改題］

☆1　BはAに対して、本件契約締結前に、契約の更新がなく、期間の満了により賃貸借が終了する旨を記載した賃貸借契約書を交付して、又は政令で定めるところにより、Aの承諾を得て、電磁的方法により提供して説明すれば、本件契約を借地借家法第38条に規定する定期建物賃貸借契約として締結することができる。

☆2　本件契約が借地借家法第38条に規定する定期建物賃貸借契約であるか否かにかかわらず、Aは、甲建物の引渡しを受けてから1年後に甲建物をBから購入したCに対して、賃借人であることを主張できる。

☆3　本件契約が借地借家法第38条に規定する定期建物賃貸借契約である場合、Aの中途解約を禁止する特約があっても、やむを得ない事情によって甲建物を自己の生活の本拠として使用することが困難になったときは、Aは本件契約の解約の申入れをすることができる。

☆4　AがBに対して敷金を差し入れている場合、本件契約が期間満了で終了するに当たり、Bは甲建物の返還を受けるまでは、Aに対して敷金を返還する必要はない。

問13 建物の区分所有等に関する法律(以下この問において「法」という。)に関する次の記述のうち、誤っているものはどれか。

☆1　管理者は、規約により、その職務に関し、区分所有者のために、原告又は被告となったときは、その旨を各区分所有者に通知しなくてよい。

☆2　管理者がないときは、区分所有者の5分の1以上で議決権の5分の1以上を有するものは、集会を招集することができる。ただし、この定数は、規約で減ずることができる。

☆3　集会において、管理者の選任を行う場合、規約に別段の定めがない限り、区分所有者及び議決権の各過半数で決する。

4　管理組合（法第3条に規定する区分所有者の団体をいう。）は、区分所有者及び議決権の各4分の3以上の多数による集会の決議で法人となる旨並びにその名称及び事務所を定め、かつ、その主たる事務所の所在地において登記をすることによって法人となる。

問14 不動産の登記に関する次の記述のうち、誤っているものはどれか。

1　所有権の移転の登記の申請をする場合には、申請人は、法令に別段の定めがある場合を除き、その申請情報と併せて登記原因を証する情報を提供しなければならない。

2　所有権の移転の登記の申請をする場合において、当該申請を登記の申請の代理を業とすることができる代理人によってするときは、登記識別情報を提供することができないことにつき正当な理由があるとみなされるため、登記義務者の登記識別情報を提供することを要しない。

3　所有権の移転の登記の申請をする場合において、登記権利者が登記識別情報の通知を希望しない旨の申出をしたときは、当該登記に係る登記識別情報は通知されない。

4　所有権の移転の登記の申請をする場合において、その登記が完了した際に交付される登記完了証を送付の方法により交付することを求めるときは、その旨及び送付先の住所を申請情報の内容としなければならない。

問15 都市計画法に関する次の記述のうち、誤っているものはどれか。

1　市街化区域については、都市計画に、少なくとも用途地域を定めるものとされている。

2　準都市計画区域については、都市計画に、特別用途地区を定めることができる。

3　高度地区については、都市計画に、建築物の容積率の最高限度又は最低限度を定めるものとされている。

4　工業地域は、主として工業の利便を増進するため定める地域とされている。

問16 都市計画法に関する次の記述のうち、正しいものはどれか。ただし、この問において条例による特別の定めはないものとし、「都道府県知事」とは、地方自治法に基づく指定都市、中核市及び施行時特例市にあってはその長をいうものとする。

☆1　市街化区域内において、市街地再開発事業の施行として行う1haの開発行為を行おうとする者は、あらかじめ、都道府県知事の許可を受けなければならない。

★2　区域区分が定められていない都市計画区域内において、博物館法に規定する博物館の建築を目的とした8,000㎡の開発行為を行おうとする者は、都道府県知事の許可を受けなくてよい。

△3　自己の業務の用に供する施設の建築の用に供する目的で行う開発行為にあっては、開発区域内に土砂災害警戒区域等における土砂災害防止対策の推進に関する法律に規定する土砂災害警戒区域内の土地を含んではならない。

★4　市街化調整区域内における開発行為について、当該開発行為が開発区域の周辺における市街化を促進するおそれがあるかどうかにかかわらず、都道府県知事は、開発審査会の議を経て開発許可をすることができる。

問17 建築基準法(以下この問において「法」という。)に関する次の記述のうち、正しいものはどれか。

★1　法の改正により、現に存する建築物が改正後の法の規定に適合しなくなった場合には、当該建築物は違反建築物となり、速やかに改正後の法の規定に適合させなければならない。

☆2　延べ面積が500㎡を超える建築物について、大規模な修繕をしようとする場合、都市計画区域外であれば建築確認を受ける必要はない。

★3　地方公共団体は、条例で、建築物の敷地、構造又は建築設備に関して安全上、防火上又は衛生上必要な制限を附加することができる。

△4　地方公共団体が、条例で、津波、高潮、出水等による危険の著しい区域を災害危険区域として指定した場合には、災害危険区域内における住居の用に供する建築物の建築は一律に禁止されることとなる。

問18 次の記述のうち、建築基準法(以下この問において「法」という。)の規定によれば、正しいものはどれか。

☆1　第一種低層住居専用地域内においては、神社、寺院、教会を建築することはできない。

★2　その敷地内に一定の空地を有し、かつ、その敷地面積が一定規模以上である建築物で、特定行政庁が交通上、安全上、防火上及び衛生上支障がなく、かつ、その建蔽率、容積率及び各部分の高さについて総合的な配慮がなされていることにより市街地の環境の整備改善に資すると認めて許可したものの建蔽率、容積率又は各部分の高さは、その許可の範囲内において、関係規定による限度を超えるものとすることができる。

★3　法第3章の規定が適用されるに至った際、現に建築物が立ち並んでいる幅員1.8m未満の道で、あらかじめ、建築審査会の同意を得て特定行政庁が指定したものは、同章の規定における道路とみなされる。

☆4　第一種住居地域内においては、建築物の高さは、10m又は12mのうち当該地域に関する都市計画において定められた建築物の高さの限度を超えてはならない。

問19　宅地造成及び特定盛土等規制法に関する次の記述のうち、誤っているものはどれか。なお、この問において「都道府県知事」とは、地方自治法に基づく指定都市、中核市及び施行時特例市にあってはその長をいうものとする。　［改題］

★1　宅地造成等工事規制区域内の土地(公共施設用地を除く。)において、雨水その他の地表水又は地下水を排除するための排水施設の除却工事を行おうとする場合は、一定の場合を除き、都道府県知事への届出が必要となる。

☆2　宅地造成等工事規制区域内において、森林を宅地にするために行う切土であって、高さ3mの崖を生ずることとなるものに関する工事については、工事主は、宅地造成等に伴う災害の発生のおそれがないと認められるものとして政令で定める工事を除き、工事に着手する前に、都道府県知事の許可を受けなければならない。

☆3　宅地造成等工事規制区域内で過去に宅地造成等に関する工事が行われ、現在は工事主とは異なる者がその工事が行われた土地を所有している場合において、当該土地の所有者は宅地造成等に伴う災害が生じないよう、その土地を常時安全な状態に維持するよう努めなければならない。

△4　宅地造成等工事規制区域外に盛土によって造成された一団の造成宅地(これに附帯する道路その他の土地を含む。)の区域において、造成された盛土の高さが5m未満の場合は、都道府県知事は、当該区域を造成宅地防災区域として指定することができない。

問20 次の記述のうち、土地区画整理法の規定及び判例によれば、誤っているものはどれか。

★1　土地区画整理組合の設立の認可の公告があった日以後、換地処分の公告がある日までは、施行地区内において、土地区画整理事業の施行の障害となるおそれがある建築物の新築を行おうとする者は、土地区画整理組合の許可を受けなければならない。

★2　土地区画整理組合は、定款に別段の定めがある場合においては、換地計画に係る区域の全部について工事が完了する以前においても換地処分をすることができる。

☆3　仮換地を指定したことにより、使用し、又は収益することができる者のなくなった従前の宅地については、当該宅地を使用し、又は収益することができる者のなくなった時から換地処分の公告がある日までは、施行者が当該宅地を管理する。

△4　清算金の徴収又は交付に関する権利義務は、換地処分の公告によって換地についての所有権が確定することと併せて、施行者と換地処分時点の換地所有者との間に確定的に発生するものであり、換地処分後に行われた当該換地の所有権の移転に伴い当然に移転する性質を有するものではない。

問21 農地に関する次の記述のうち、農地法(以下この問において「法」という。)の規定によれば、正しいものはどれか。

△1　農地の賃貸借及び使用貸借は、その登記がなくても農地の引渡しがあったときは、これをもってその後にその農地について所有権を取得した第三者に対抗することができる。

★2　法第2条第3項の農地所有適格法人の要件を満たしていない株式会社は、耕作目的で農地を借り入れることはできない。

△3　法第4条第1項、第5条第1項の違反について原状回復等の措置に係る命令の対象となる者(違反転用者等)には、当該規定に違反した者又はその一般承継人は含まれるが、当該違反に係る土地について工事を請け負った者は含まれない。

☒4　法の適用については、土地の面積は、登記簿の地積によることとしているが、登記簿の地積が著しく事実と相違する場合及び登記簿の地積がない場合には、実測に基づき農業委員会が認定したところによる。

問22 国土利用計画法第23条の届出(以下この問において「事後届出」という。)に関する次の記述のうち、正しいものはどれか。なお、この問において「都道府県知事」とは、地方自治法に基づく指定都市にあってはその長をいうものとする。

1 都市計画区域外において、A市が所有する面積15,000㎡の土地を宅地建物取引業者Bが購入した場合、Bは事後届出を行わなければならない。

2 事後届出において、土地売買等の契約に係る土地の土地に関する権利の移転又は設定の対価の額については届出事項ではない。

3 市街化区域を除く都市計画区域内において、一団の土地である甲土地(C所有、面積3,500㎡)と乙土地(D所有、面積2,500㎡)を宅地建物取引業者Eが購入した場合、Eは事後届出を行わなければならない。

4 都道府県知事は、土地利用審査会の意見を聴いて、事後届出をした者に対し、当該事後届出に係る土地の利用目的について必要な変更をすべきことを勧告することができ、勧告を受けた者がその勧告に従わない場合、その勧告に反する土地売買等の契約を取り消すことができる。

問23 印紙税に関する次の記述のうち、正しいものはどれか。なお、以下の覚書又は契約書はいずれも書面により作成されたものとする。

1 土地を8,000万円で譲渡することを証した覚書を売主Aと買主Bが作成した場合、本契約書を後日作成することを文書上で明らかにしていれば、当該覚書には印紙税が課されない。

2 一の契約書に甲土地の譲渡契約(譲渡金額6,000万円)と、乙建物の譲渡契約(譲渡金額3,000万円)をそれぞれ区分して記載した場合、印紙税の課税標準となる当該契約書の記載金額は、6,000万円である。

3 当初作成した土地の賃貸借契約書において「契約期間は5年とする」旨の記載がされていた契約期間を変更するために、「契約期間は10年とする」旨を記載した覚書を貸主Cと借主Dが作成した場合、当該覚書には印紙税が課される。

4 駐車場経営者Eと車両所有者Fが、Fの所有する車両を駐車場としての設備のある土地の特定の区画に駐車させる旨の賃貸借契約書を作成した場合、土地の賃借権の設定に関する契約書として印紙税が課される。

問24 固定資産税に関する次の記述のうち、正しいものはどれか。

☆1　固定資産税の徴収については、特別徴収の方法によらなければならない。

★2　土地価格等縦覧帳簿及び家屋価格等縦覧帳簿の縦覧期間は、毎年4月1日から、4月20日又は当該年度の最初の納期限の日のいずれか遅い日以後の日までの間である。

☆3　固定資産税の賦課期日は、市町村の条例で定めることとされている。

☆4　固定資産税は、固定資産の所有者に課するのが原則であるが、固定資産が賃借されている場合は、当該固定資産の賃借権者に対して課される。

問25 地価公示法に関する次の記述のうち、誤っているものはどれか。

☆1　土地鑑定委員会は、標準地の正常な価格を判定したときは、標準地の単位面積当たりの価格のほか、当該標準地の地積及び形状についても官報で公示しなければならない。

☆2　正常な価格とは、土地について、自由な取引が行われるとした場合におけるその取引(一定の場合を除く。)において通常成立すると認められる価格をいい、当該土地に建物がある場合には、当該建物が存するものとして通常成立すると認められる価格をいう。

△3　公示区域内の土地について鑑定評価を行う場合において、当該土地の正常な価格を求めるときは、公示価格を規準とする必要があり、その際には、当該土地とこれに類似する利用価値を有すると認められる1又は2以上の標準地との位置、地積、環境等の土地の客観的価値に作用する諸要因についての比較を行い、その結果に基づき、当該標準地の公示価格と当該土地の価格との間に均衡を保たせる必要がある。

☆4　公示区域とは、都市計画法第4条第2項に規定する都市計画区域その他の土地取引が相当程度見込まれるものとして国土交通省令で定める区域のうち、国土利用計画法第12条第1項の規定により指定された規制区域を除いた区域をいう。

問26 宅地建物取引業法第3条第1項に規定する事務所(以下この問において「事務所」という。)に関する次の記述のうち、正しいものはどれか。

★1　事務所とは、契約締結権限を有する者を置き、継続的に業務を行うことができる施設を有する場所を指すものであるが、商業登記簿に登載されていない営業所又は支店は事務所には該当しない。

2　宅地建物取引業を営まず他の兼業業務のみを営んでいる支店は、事務所には該当しない。

3　宅地建物取引業者は、主たる事務所については、免許証、標識及び国土交通大臣が定めた報酬の額を掲げ、従業者名簿及び帳簿を備え付ける義務を負う。

4　宅地建物取引業者は、その事務所ごとに一定の数の成年者である専任の宅地建物取引士を置かなければならないが、既存の事務所がこれを満たさなくなった場合は、30日以内に必要な措置を執らなければならない。

問27　宅地建物取引業者A（消費税課税事業者）が受け取ることができる報酬についての次の記述のうち、宅地建物取引業法の規定によれば、正しいものはどれか。

1　Aが、Bから売買の媒介を依頼され、Bからの特別の依頼に基づき、遠隔地への現地調査を実施した。その際、当該調査に要する特別の費用について、Bが負担することを事前に承諾していたので、Aは媒介報酬とは別に、当該調査に要した特別の費用相当額を受領することができる。

2　Aが、居住用建物について、貸主Bから貸借の媒介を依頼され、この媒介が使用貸借に係るものである場合は、当該建物の通常の借賃をもとに報酬の限度額が定まるが、その算定に当たっては、不動産鑑定業者の鑑定評価を求めなければならない。

3　Aが居住用建物の貸主B及び借主Cの双方から媒介の依頼を受けるに当たって、依頼者の一方から受けることのできる報酬の額は、借賃の1か月分の0.55倍に相当する金額以内である。ただし、媒介の依頼を受けるに当たって、依頼者から承諾を得ている場合はこの限りではなく、双方から受けることのできる報酬の合計額は借賃の1か月分の1.1倍に相当する金額を超えてもよい。

4　Aは、土地付建物について、売主Bから媒介を依頼され、代金300万円（消費税等相当額を含み、土地代金は80万円である。）で契約を成立させた。現地調査等の費用については、通常の売買の媒介に比べ5万円（消費税等相当額を含まない。）多く要する旨、Bに対して説明し、合意の上、媒介契約を締結した。この場合、AがBから受領できる報酬の限度額は20万200円である。

問28　宅地建物取引業者が行う宅地建物取引業法第35条に規定する重要事項の説明に関する次の記述のうち、正しいものはどれか。　［改題］

1　宅地建物取引業者が、宅地建物取引業者ではない個人から媒介業者の仲介なしに土地付建物を購入する場合、買主である宅地建物取引業者は重要事項説明書を作成しなくても宅地建物取引業法違反とはならない。

★2　宅地建物取引業者が、重要事項説明書を作成する際、調査不足のため、重要事項説明書に記載された内容が事実と異なるものとなったが、意図的に事実と異なる内容を記載したものではないため、宅地建物取引業法違反とはならない。

☆3　宅地建物取引業者は、土地売買の媒介を行う場合、宅地建物取引業者ではない売主に対して契約が成立する前までの間に、宅地建物取引士をして重要事項説明書を交付し、又は当該売主の承諾を得て、電磁的方法により提供して説明をさせなければならない。

☆4　宅地又は建物の取引は権利関係や法令上の制限など取引条件に関する事項が複雑で多岐にわたるため、重要事項説明書は、宅地又は建物の取引の専門的知識を有する宅地建物取引士が作成しなければならない。

問29　宅地建物取引士に関する次の記述のうち、宅地建物取引業法の規定によれば、誤っているものはどれか。

☆1　宅地建物取引士は、禁錮以上の刑に処せられた場合、刑に処せられた日から30日以内に、その旨を宅地建物取引士の登録を受けた都道府県知事に届け出なければならない。

☆2　宅地建物取引士は、業務に関して事務禁止の処分を受けた場合、速やかに、宅地建物取引士証をその交付を受けた都道府県知事に提出しなければならず、これを怠った場合には罰則の適用を受けることがある。

☆3　宅地建物取引士は、有効期間の満了日が到来する宅地建物取引士証を更新する場合、国土交通大臣が指定する講習を受講しなければならず、また、当該宅地建物取引士証の有効期間は5年である。

★4　宅地建物取引士は、宅地建物取引士の信用を害するような行為をしてはならず、信用を害するような行為には、宅地建物取引士の職務に必ずしも直接関係しない行為や私的な行為も含まれる。

問30　次の記述のうち、宅地建物取引業法(以下この問において「法」という。)及び犯罪による収益の移転防止に関する法律の規定によれば、正しいものはいくつあるか。

△ア　法第35条第2項の規定による割賦販売とは、代金の全部又は一部について、

目的物の引渡し後6か月以上の期間にわたり、かつ、2回以上に分割して受領することを条件として販売することをいう。

☒イ　犯罪による収益の移転防止に関する法律において、宅地建物取引業のうち、宅地若しくは建物の売買契約の締結又はその代理若しくは媒介が特定取引として規定されている。

★ウ　宅地建物取引業者は、その従業者に対し、その業務を適正に実施させるため、必要な教育を行うよう努めなければならないと法に定められている。

★エ　宅地建物取引業者の使用人その他の従業者は、正当な理由がある場合でなければ、宅地建物取引業の業務を補助したことについて知り得た秘密を他に漏らしてはならないと法に定められている。

1　一つ
2　二つ
3　三つ
4　なし

問31　宅地建物取引業者Aが、BからB所有の土地付建物の売却について媒介の依頼を受けた場合における次の記述のうち、宅地建物取引業法(以下この問において「法」という。)の規定によれば、正しいものはどれか。　［改題］

☆1　Aが、Bと一般媒介契約を締結した場合、AがBに対し当該土地付建物の価額について意見を述べるために行った価額の査定に要した費用をBに請求することはできない。

☆2　Aは、Bとの間で締結した媒介契約が一般媒介契約である場合には、専任媒介契約の場合とは異なり、法第34条の2第1項の規定に基づく書面に、売買すべき価額を記載する必要はない。

☆3　Aが、Bとの間で締結した専任媒介契約については、Bからの申出により更新することができ、その後の有効期間については、更新の時から3か月を超える内容に定めることができる。

☆4　Aが、当該土地付建物の購入の媒介をCから依頼され、Cとの間で一般媒介契約を締結した場合、Aは、買主であるCに対しては、必ずしも法第34条の2第1項の規定に基づく書面を交付し、又は政令で定めるところにより、Cの承諾を得て、登録を証する書面において証されるべき事項を電磁的方法であって国土交通省令で定めるものにより提供しなくともよい。

問32 宅地建物取引業法第37条の規定により交付すべき書面(以下この問において「37条書面」といい、同条の規定により、電磁的方法により提供する場合を含むものとする。)に関する次の記述のうち、誤っているものはどれか。 [改題]

☆1 宅地建物取引業者である売主Aは、宅地建物取引業者であるBの媒介により、宅地建物取引業者ではないCと宅地の売買契約を締結した。AとBが共同で作成した37条書面にBの宅地建物取引士の記名がなされていれば、Aは37条書面にAの宅地建物取引士をして記名をさせる必要はない。

☆2 宅地建物取引士は、37条書面を交付又は電磁的方法により提供する際、買主から請求があったときは、宅地建物取引士証を提示しなければならない。

★3 宅地建物取引業者である売主Dと宅地建物取引業者ではないEとの建物の売買契約において、手付金の保全措置を講ずる場合、Dはその保全措置の概要を、重要事項説明書に記載し説明する必要があるが、37条書面には記載する必要はない。

☆4 宅地建物取引業者である売主と宅地建物取引業者ではない個人との建物の売買において、建物の品質に関して契約の内容に適合しない場合におけるその不適合を担保すべき責任について特約を定めたときは、37条書面にその内容を記載しなければならない。

問33 宅地建物取引士に関する次の記述のうち、宅地建物取引業法の規定によれば、正しいものはいくつあるか。

☆ア 宅地建物取引士資格試験は未成年者でも受験することができるが、宅地建物取引士の登録は成年に達するまでいかなる場合にも受けることができない。

☆イ 甲県知事登録の宅地建物取引士が、宅地建物取引業者(乙県知事免許)の専任の宅地建物取引士に就任するためには、宅地建物取引士の登録を乙県に移転しなければならない。

☆ウ 丙県知事登録の宅地建物取引士が、事務の禁止の処分を受けた場合、丁県に所在する宅地建物取引業者の事務所の業務に従事しようとするときでも、その禁止の期間が満了するまで、宅地建物取引士の登録の移転を丁県知事に申請することができない。

☆エ 戊県知事登録の宅地建物取引士が、己県へ登録の移転の申請とともに宅地建物取引士証の交付を申請した場合、己県知事が宅地建物取引士証を交付するときは、戊県で交付された宅地建物取引士証の有効期間が経過するまでの期間を有効期間とする宅地建物取引士証を交付しなければならない。

1 一つ
2 二つ
3 三つ
4 四つ

問34 宅地建物取引業者が建物の売買の媒介の際に行う宅地建物取引業法第35条に規定する重要事項の説明に関する次の記述のうち、誤っているものはどれか。なお、説明の相手方は宅地建物取引業者ではないものとする。 ［改題］

☆1 当該建物が既存の建物であるときは、宅地建物取引業法第34条の2第1項第4号に規定する建物状況調査を過去1年以内に実施しているかどうか、及びこれを実施している場合におけるその結果の概要を説明しなければならない。

☆2 当該建物が宅地造成及び特定盛土等規制法の規定により指定された造成宅地防災区域内にあるときは、その旨を説明しなければならない。

☆3 当該建物について、石綿の使用の有無の調査の結果が記録されているときは、その内容を説明しなければならない。

★4 当該建物(昭和56年5月31日以前に新築の工事に着手したもの)が指定確認検査機関、建築士、登録住宅性能評価機関又は地方公共団体による耐震診断を受けたものであるときは、その旨を説明しなければならない。

問35 次の記述のうち、宅地建物取引業法(以下この問において「法」という。)の規定によれば、正しいものはどれか。 ［改題］

☆1 宅地建物取引業者の従業者である宅地建物取引士は、取引の関係者から事務所で従業者証明書の提示を求められたときは、この証明書に代えて従業者名簿又は宅地建物取引士証を提示することで足りる。

☆2 宅地建物取引業者Aが所有する甲建物を法人Bに売却するに当たり、Bが宅地建物取引業者であるか否かにかかわらず、AはBに対し、宅地建物取引士をして、法第35条の規定に基づく書面を交付又は同条の規定に基づき電磁的方法により提供し、説明をさせなければならない。

☆3 法人Cが所有する乙建物の個人Dへの賃貸を宅地建物取引業者Eが媒介し、当該賃貸借契約が成立したときは、EはDに対し、宅地建物取引士をして、法第35条の規定に基づく書面を交付又は同条の規定に基づき電磁的方法により提供し、説明をさせなければならない。

☆4　宅地建物取引業者Fが所有する丙宅地を法人Gに売却する契約を締結したとき、Gが宅地建物取引業者であるか否かにかかわらず、FはGに対し、法第37条の規定に基づく書面を交付又は同条の規定に基づき電磁的方法により提供しなければならない。

問36　宅地建物取引業者が行う宅地建物取引業法第35条に規定する重要事項の説明に関する次の記述のうち、正しいものはどれか。なお、説明の相手方は宅地建物取引業者ではないものとする。

☆1　建物の売買の媒介を行う場合、当該建物が既存の住宅であるときは当該建物の検査済証(宅地建物取引業法施行規則第16条の2の3第2号に定めるもの)の保存の状況について説明しなければならず、当該検査済証が存在しない場合はその旨を説明しなければならない。

☆2　宅地の売買の媒介を行う場合、売買代金の額並びにその支払の時期及び方法について説明しなければならない。

★3　建物の貸借の媒介を行う場合、当該建物が、水防法施行規則第11条第1号の規定により市町村(特別区を含む。)の長が提供する図面にその位置が表示されている場合には、当該図面が存在していることを説明すれば足りる。

☆4　自ら売主となって建物の売買契約を締結する場合、当該建物の引渡しの時期について説明しなければならない。

問37　宅地建物取引業者Aがその業務に関して行う広告に関する次の記述のうち、宅地建物取引業法(以下この問において「法」という。)の規定によれば、正しいものはいくつあるか。

△ア　Aが未完成の建売住宅を販売する場合、建築基準法第6条第1項に基づく確認を受けた後、同項の変更の確認の申請書を提出している期間においては、変更の確認を受ける予定であることを表示し、かつ、当初の確認内容を合わせて表示すれば、変更の確認の内容を広告することができる。

☆イ　Aが新築住宅の売買に関する広告をインターネットで行った場合、実際のものより著しく優良又は有利であると人を誤認させるような表示を行ったが、当該広告について問合せや申込みがなかったときは、法第32条に定める誇大広告等の禁止の規定に違反しない。

☆ウ　Aが一団の宅地の販売について、数回に分けて広告をするときは、そのたびごとに広告へ取引態様の別を明示しなければならず、当該広告を見た者から売買に関する注文を受けたときも、改めて取引態様の別を明示しなければならない。

1　一つ
2　二つ
3　三つ
4　なし

問38　宅地建物取引業者が自ら売主となる宅地の売買契約について、買受けの申込みを喫茶店で行った場合における宅地建物取引業法第37条の2の規定に基づくいわゆるクーリング・オフに関する次の記述のうち、正しいものはどれか。

☆1　買受けの申込みをした者が、売買契約締結後、当該宅地の引渡しを受けた場合、クーリング・オフによる当該売買契約の解除を行うことができない。

☆2　買受けの申込みをした者が宅地建物取引業者であった場合、クーリング・オフについて告げられていなくても、申込みを行った日から起算して8日を経過するまでは、書面により買受けの申込みの撤回をすることができる。

☆3　売主業者の申出により、買受けの申込みをした者の勤務先で売買契約を行った場合、クーリング・オフによる当該売買契約の解除を行うことはできない。

☆4　クーリング・オフによる売買契約の解除がなされた場合において、宅地建物取引業者は、買受けの申込みをした者に対し、速やかに、当該売買契約の締結に際し受領した手付金その他の金銭を返還しなければならない。

問39　宅地建物取引業保証協会(以下この問において「保証協会」という。)に関する次の記述のうち、宅地建物取引業法の規定によれば、正しいものはどれか。

△1　保証協会は、弁済業務保証金について弁済を受ける権利を有する者から認証申出書の提出があり、認証に係る事務を処理する場合には、各月ごとに、認証申出書に記載された取引が成立した時期の順序に従ってしなければならない。

☆2　保証協会は、当該保証協会の社員から弁済業務保証金分担金の納付を受けたときは、その納付を受けた額に相当する額の弁済業務保証金を当該社員の主たる事務所の最寄りの供託所に供託しなければならない。

☆3　保証協会の社員が弁済業務保証金分担金を納付した後に、新たに事務所を設置したときは、その日から2週間以内に保証協会に納付すべき弁済業務保証金分担金について、国債証券をもって充てることができる。

☆4　宅地建物取引業者と宅地の売買契約を締結した買主(宅地建物取引業者ではない。)は、当該宅地建物取引業者が保証協会の社員となる前にその取引により生じた債権に関し、当該保証協会が供託した弁済業務保証金について弁済を受ける権利を有する。

問40 建物の貸借の媒介を行う宅地建物取引業者が、その取引の相手方(宅地建物取引業者を除く。)に対して、次のアからエの発言に続けて宅地建物取引業法第35条の規定に基づく重要事項の説明を行った場合のうち、宅地建物取引業法の規定に違反しないものはいくつあるか。　［改題］

★ア　本日は重要事項の説明を行うためにお電話しました。お客様はIT環境をお持ちでなく映像を見ることができないとのことですので、宅地建物取引士である私が記名した重要事項説明書は現在お住まいの住所に郵送いたしました。このお電話にて重要事項の説明をさせていただきますので、お手元でご覧いただきながらお聞き願います。

☆イ　建物の貸主が宅地建物取引業者で、代表者が宅地建物取引士であり建物の事情に詳しいことから、その代表者が作成し、記名した重要事項説明書がこちらになります。当社の宅地建物取引士は同席しますが、説明は貸主の代表者が担当します。

☆ウ　この物件の担当である弊社の宅地建物取引士が本日急用のため対応できなくなりましたが、せっかくお越しいただきましたので、重要事項説明書にある宅地建物取引士欄を訂正の上、宅地建物取引士である私が記名をし、代わりに説明をいたします。私の宅地建物取引士証をお見せします。

△エ　本日はお客様のご希望ですので、テレビ会議を用いて重要事項の説明を行います。当社の側の音声は聞こえていますでしょうか。十分に聞き取れたとのお返事、こちらにも聞こえました。では、説明を担当する私の宅地建物取引士証をお示ししますので、画面上でご確認をいただき、私の名前を読み上げていただけますでしょうか。そうです、読み方も間違いありません。それでは、双方音声・映像ともやりとりできる状況ですので、説明を始めます。事前にお送りした私が記名した重要事項説明書をお手元にご用意ください。

1　一つ

2　二つ

3　三つ
4　四つ

問41 営業保証金及び宅地建物取引業保証協会(以下この問において「保証協会」という。)に関する次の記述のうち、宅地建物取引業法の規定によれば、誤っているものはいくつあるか。

☆ア　宅地建物取引業者の代表者が、その業務に関し刑法第222条(脅迫)の罪により懲役の刑に処せられたことを理由に宅地建物取引業の免許を取り消された場合、当該宅地建物取引業者であった者は、当該刑の執行を終わった日から5年間は供託した営業保証金を取り戻すことができない。

☆イ　営業保証金の還付により、営業保証金が政令で定める額に不足することとなったため、国土交通大臣又は都道府県知事から不足額を供託すべき旨の通知書の送付を受けた宅地建物取引業者は、その送付を受けた日から2週間以内にその不足額を供託しなければならない。

☆ウ　保証協会の社員は、自らが取り扱った宅地建物取引業に係る取引の相手方から当該取引に関する苦情について解決の申出が保証協会にあり、保証協会から関係する資料の提出を求められたときは、正当な理由がある場合でなければ、これを拒んではならない。

☆エ　保証協会の社員と宅地建物取引業に関し取引をした者は、その取引により生じた債権に関し、当該社員が納付した弁済業務保証金の額に相当する額の範囲内において弁済を受ける権利を有する。

1　一つ
2　二つ
3　三つ
4　四つ

問42 宅地建物取引業者Aが、BからB所有の宅地の売却を依頼され、Bと専属専任媒介契約(以下この問において「本件媒介契約」という。)を締結した場合に関する次の記述のうち、宅地建物取引業法の規定によれば、正しいものはどれか。

☆1　AはBに対して、契約の相手方を探索するために行った措置など本件媒介契約に係る業務の処理状況を2週間に1回以上報告しなければならない。

☆2　AがBに対し当該宅地の価額又は評価額について意見を述べるときは、その根拠を明らかにしなければならないが、根拠の明示は口頭でも書面を用いてもどちらでもよい。

☆3　本件媒介契約の有効期間について、あらかじめBからの書面による申出があるときは、3か月を超える期間を定めることができる。

☆4　Aは所定の事項を指定流通機構に登録した場合、Bから引渡しの依頼がなければ、その登録を証する書面をBに引き渡さなくてもよい。

問43　宅地建物取引業者Aが、自ら売主として行う売買契約に関する次の記述のうち、宅地建物取引業法の規定によれば、誤っているものはどれか。なお、買主は宅地建物取引業者ではないものとする。

☆1　Aが、宅地又は建物の売買契約に際して手付を受領した場合、その手付がいかなる性質のものであっても、Aが契約の履行に着手するまでの間、買主はその手付を放棄して契約の解除をすることができる。

☆2　Aが、土地付建物の売買契約を締結する場合において、買主との間で、「売主は、売買物件の引渡しの日から1年間に限り当該物件の種類又は品質に関して契約の内容に適合しない場合におけるその不適合を担保する責任を負う」とする旨の特約を設けることができる。

☆3　販売代金2,500万円の宅地について、Aが売買契約の締結を行い、損害賠償の額の予定及び違約金の定めをする場合、その合計額を500万円と設定することができる。

△4　Aが建物の割賦販売を行った場合、当該建物を買主に引き渡し、かつ、代金の額の10分の3を超える額の支払を受けた後は、担保の目的で当該建物を譲り受けてはならない。

問44　宅地建物取引業法（以下この問において「法」という。）第37条の規定により交付すべき書面（以下この問において「37条書面」という。）に関する次の記述のうち、宅地建物取引業者Aが法の規定に違反するものはどれか。なお、この問において37条書面には、政令で定めるところにより、法第37条に定める者の承諾を得て、37条書面に記載すべき事項を電磁的方法であって国土交通省令で定めるものにより提供する場合を含むものとする。　［改題］

☆1　Aは、自ら売主として宅地建物取引業者ではないBとの間で宅地の売買契約を締結した。この際、当該買主の代理として宅地建物取引業者Cが関与していたことから、37条書面をBに加え、Cにも交付又は電磁的方法により提供した。

2　Aは、その媒介により建物の貸借の契約を成立させ、37条書面を借主に交付するに当たり、37条書面に記名した宅地建物取引士が不在であったことから、宅地建物取引士ではないAの従業員に書面を交付又は電磁的方法により提供させた。

3　Aは、その媒介により借主Dと建物の貸借の契約を成立させた。この際、借賃以外の金銭の授受に関する定めがあるので、その額や当該金銭の授受の時期だけでなく、当該金銭の授受の目的についても37条書面に記載し、Dに交付又は電磁的方法により提供した。

4　Aは、自ら売主として宅地建物取引業者Eの媒介により、宅地建物取引業者Fと宅地の売買契約を締結した。37条書面については、A、E、Fの三者で内容を確認した上で各自作成し、交付又は電磁的方法により提供せずにそれぞれ自ら作成した書類を保管した。

問45　特定住宅瑕疵担保責任の履行の確保等に関する法律に基づく住宅販売瑕疵担保保証金の供託又は住宅販売瑕疵担保責任保険契約の締結に関する次の記述のうち、正しいものはどれか。

1　宅地建物取引業者は、自ら売主として宅地建物取引業者である買主との間で新築住宅の売買契約を締結し、その住宅を引き渡す場合、住宅販売瑕疵担保保証金の供託又は住宅販売瑕疵担保責任保険契約の締結を行う義務を負う。

2　住宅販売瑕疵担保責任保険契約は、新築住宅の引渡し時から10年以上有効でなければならないが、当該新築住宅の買主の承諾があれば、当該保険契約に係る保険期間を5年間に短縮することができる。

3　自ら売主として新築住宅を販売する宅地建物取引業者は、基準日から3週間を経過する日までの間において、当該基準日前10年間に自ら売主となる売買契約に基づき宅地建物取引業者ではない買主に引き渡した新築住宅(住宅販売瑕疵担保責任保険契約に係る新築住宅を除く。)について、住宅販売瑕疵担保保証金の供託をしていなければならない。

4　宅地建物取引業者が住宅販売瑕疵担保保証金の供託をし、その額が、基準日において、販売新築住宅の合計戸数を基礎として算定する基準額を超えることとなった場合、宅地建物取引業法の免許を受けた国土交通大臣又は都道府県知事の承認がなくても、その超過額を取り戻すことができる。

問46 独立行政法人住宅金融支援機構(以下この問において「機構」という。)に関する次の記述のうち、誤っているものはどれか。

☆1　機構は、住宅の建設又は購入に必要な資金の貸付けに係る金融機関の貸付債権の譲受けを業務として行っているが、当該住宅の建設又は購入に付随する土地又は借地権の取得に必要な資金については、譲受けの対象としていない。

☆2　機構は、団体信用生命保険業務において、貸付けを受けた者が死亡した場合のみならず、重度障害となった場合においても、支払われる生命保険の保険金を当該貸付けに係る債務の弁済に充当することができる。

☆3　証券化支援事業(買取型)において、機構による譲受けの対象となる貸付債権の償還方法には、元利均等の方法であるものに加え、元金均等の方法であるものもある。

☆4　機構は、証券化支援事業(買取型)において、MBS（資産担保証券)を発行することにより、債券市場(投資家)から資金を調達している。

問47 宅地建物取引業者が行う広告に関する次の記述のうち、不当景品類及び不当表示防止法(不動産の表示に関する公正競争規約を含む。)の規定によれば、正しいものはどれか。

☆1　物件からスーパーマーケット等の商業施設までの徒歩所要時間は、道路距離80mにつき1分間を要するものとして算出し、1分未満の端数が生じたときは、端数を切り捨てて表示しなければならない。

☆2　インターネット上に掲載した賃貸物件の広告について、掲載直前に契約済みとなっていたとしても、消費者からの問合せに対して既に契約済みであり取引できない旨を説明すれば、不当表示に問われることはない。

☆3　マンションの管理費について、住戸により管理費の額が異なる場合において、その全ての住宅の管理費を示すことが困難であるときは、最高額のみを表示すればよい。

△4　建築条件付土地の取引の広告においては、当該条件の内容、当該条件が成就しなかったときの措置の内容だけでなく、そもそも当該取引の対象が土地であることも明らかにして表示しなければならない。

問48 統計問題につき、問題省略
(最新の統計データで学習してください)

問49 土地に関する次の記述のうち、最も不適当なものはどれか。

☆1　台地の上の浅い谷は、豪雨時には一時的に浸水することがあり、注意を要する。

☆2　低地は、一般に洪水や地震などに対して強く、防災的見地から住宅地として好ましい。

☆3　埋立地は、平均海面に対し4～5mの比高があり護岸が強固であれば、住宅地としても利用が可能である。

★4　国土交通省が運営するハザードマップポータルサイトでは、洪水、土砂災害、高潮、津波のリスク情報などを地図や写真に重ねて表示できる。

問50 建築物の構造に関する次の記述のうち、最も不適当なものはどれか。

★1　木構造は、主要構造を木質系材料で構成するものであり、在来軸組構法での主要構造は、一般に軸組、小屋組、床組からなる。

★2　在来軸組構法の軸組は、通常、水平材である土台、桁、胴差と、垂直材の柱及び耐力壁からなる。

△3　小屋組は、屋根の骨組であり、小屋梁(ばり)、小屋束(づか)、母屋(もや)、垂木(たるき)等の部材を組み合わせた和小屋と、陸梁(ろくばり)、束(つか)、方杖(づえ)等の部材で形成するトラス構造の洋小屋がある。

△4　軸組に仕上げを施した壁には、真壁と大壁があり、真壁のみで構成する洋風構造と、大壁のみで構成する和風構造があるが、これらを併用する場合はない。

No.
04

令和2年度（12月試験）
（2020年度）

本試験問題

この年の合格基準点は36点でした

インフォメーション

選択肢番号についているマークの意味は次のとおりです。
復習のさいにお役立てください。

☆…即答できなかったらちょっとマズイ（復習推奨）
★…いま間違えてもいいけど、必ず解説を読んでできるようにしておこう（復習推奨）
△…確実に合格を目指すなら、マスターしておきたい（直前期に余裕があれば、再チェック）
×…できなくても問題ナシ（復習の必要性は乏しい）

解き終わったあと、☆と★の問題については必ず復習をしておきましょう。

問1 不法行為に関する次の記述のうち、民法の規定及び判例によれば、誤っているものはどれか。 ［改題］

★1　建物の建築に携わる設計者や施工者は、建物としての基本的な安全性が欠ける建物を設計し又は建築した場合、設計契約や建築請負契約の当事者に対しても、また、契約関係にない当該建物の居住者に対しても損害賠償責任を負うことがある。

△2　被用者が使用者の事業の執行について第三者に損害を与え、第三者に対してその損害を賠償した場合には、被用者は、損害の公平な分担という見地から相当と認められる額について、使用者に対して求償することができる。

☒3　責任能力がない認知症患者が線路内に立ち入り、列車に衝突して旅客鉄道事業者に損害を与えた場合、当該責任無能力者と同居する配偶者は、法定の監督義務者として損害賠償責任を負う。

☆4　人の生命又は身体を害する不法行為による損害賠償請求権は、被害者又はその法定代理人が損害及び加害者を知った時から5年間行使しない場合、時効によって消滅する。

問2 AがBに対して、A所有の甲土地を売却する代理権を授与した場合に関する次の記述のうち、民法の規定及び判例によれば、正しいものはどれか。 ［改題］

☆1　Bが自己又は第三者の利益を図る目的で、Aの代理人として甲土地をDに売却した場合、Dがその目的を知り、又は知ることができたときは、Bの代理行為は無権代理とみなされる。

☆2　BがCの代理人も引き受け、AC双方の代理人として甲土地に係るAC間の売買契約を締結した場合、Aに損害が発生しなければ、Bの代理行為は無権代理とはみなされない。

☆3　AがBに授与した代理権が消滅した後、BがAの代理人と称して、甲土地をEに売却した場合、AがEに対して甲土地を引き渡す責任を負うことはない。

☆4　Bが、Aから代理権を授与されていないA所有の乙土地の売却につき、Aの代理人としてFと売買契約を締結した場合、AがFに対して追認の意思表示をすれば、Bの代理行為は追認の時からAに対して効力を生ずる。

問3 親族に関する次の記述のうち、民法の規定及び判例によれば、正しいものはどれか。

☒1　姻族関係は、離婚した場合及び夫婦の一方が死亡した場合、当然に終了する。

☒2　離婚に当たり、相手方に有責不法の行為がなければ、他の一方は、相手方に対して財産の分与を請求することができない。

☒3　未成年者に対して親権を行う者がないときは、家庭裁判所は、検察官の請求によって、親族の中から未成年後見人を選任する。

△4　夫婦間で婚姻の届出前に別段の契約をしなかった場合、夫婦のいずれに属するか明らかでない財産は、その共有に属するものと推定される。

問4　債務不履行に関する次の記述のうち、民法の規定及び判例によれば、誤っているものはどれか。
［改題］

☆1　債務の履行について不確定期限があるときは、債務者は、その期限が到来したことを知らなくても、期限到来後に履行の請求を受けた時から遅滞の責任を負う。

△2　債務の目的が特定物の引渡しである場合、債権者が目的物の引渡しを受けることを理由なく拒否したため、その後の履行の費用が増加したときは、その増加額について、債権者と債務者はそれぞれ半額ずつ負担しなければならない。

★3　債務者がその債務について遅滞の責任を負っている間に、当事者双方の責めに帰することができない事由によってその債務の履行が不能となったときは、その履行不能は債務者の責めに帰すべき事由によるものとみなされる。

☆4　契約に基づく債務の履行が契約の成立時に不能であったとしても、その不能が債務者の責めに帰することができない事由によるものでない限り、債権者は、履行不能によって生じた損害について、債務不履行による損害の賠償を請求することができる。

問5　時効に関する次の記述のうち、民法の規定及び判例によれば、誤っているものはどれか。
［改題］

☆1　消滅時効の援用権者である「当事者」とは、権利の消滅について正当な利益を有する者であり、債務者のほか、保証人、物上保証人、第三取得者も含まれる。

☆2　裁判上の請求をした場合、裁判が終了するまでの間は時効が完成しないが、当該請求を途中で取り下げて権利が確定することなく当該請求が終了した場合には、その終了した時から新たに時効の進行が始まる。

★3　権利の承認があったときは、その時から新たに時効の進行が始まるが、権利の承認をするには、相手方の権利についての処分につき行為能力の制限を受けていないことを要しない。

△4　夫婦の一方が他方に対して有する権利については、婚姻の解消の時から6箇月を経過するまでの間は、時効が完成しない。

問6　AはBにA所有の甲建物を賃貸し、BはAの承諾を得てCに適法に甲建物を転貸し、Cが甲建物に居住している場合における次の記述のうち、民法の規定及び判例によれば、誤っているものはどれか。〔改題〕

★1　Aは、Bとの間の賃貸借契約を合意解除した場合、解除の当時Bの債務不履行による解除権を有していたとしても、合意解除したことをもってCに対抗することはできない。

★2　Cの用法違反によって甲建物に損害が生じた場合、AはBに対して、甲建物の返還を受けた時から1年以内に損害賠償を請求しなければならない。

☆3　AがDに甲建物を売却した場合、AD間で特段の合意をしない限り、賃貸人の地位はDに移転する。

☆4　BがAに約定の賃料を支払わない場合、Cは、Bの債務の範囲を限度として、Aに対して転貸借に基づく債務を直接履行する義務を負い、Bに賃料を前払いしたことをもってAに対抗することはできない。

問7　Aを売主、Bを買主として、甲土地の売買契約(以下この問において「本件契約」という。)が締結された場合における次の記述のうち、民法の規定によれば、正しいものはどれか。〔改題〕

☆1　甲土地の実際の面積が本件契約の売買代金の基礎とした面積より少なかった場合、Bはそのことを知った時から2年以内にその旨をAに通知しなければ、代金の減額を請求することができない。

☆2　AがBに甲土地の引渡しをすることができなかった場合、その不履行がAの責めに帰することができない事由によるものであるときを除き、BはAに対して、損害賠償の請求をすることができる。

☆3　Bが売買契約で定めた売買代金の支払期日までに代金を支払わなかった場合、売買契約に特段の定めがない限り、AはBに対して、年5%の割合による遅延損害金を請求することができる。

☆4　本件契約が、Aの重大な過失による錯誤に基づくものであり、その錯誤が重要なものであるときは、Aは本件契約の無効を主張することができる。

問8 1億2,000万円の財産を有するAが死亡した場合の法定相続分についての次の記述のうち、民法の規定によれば、正しいものの組み合わせはどれか。

☆ア　Aの長男の子B及びC、Aの次男の子Dのみが相続人になる場合の法定相続分は、それぞれ4,000万円である。

☆イ　Aの長男の子B及びC、Aの次男の子Dのみが相続人になる場合の法定相続分は、B及びCがそれぞれ3,000万円、Dが6,000万円である。

★ウ　Aの父方の祖父母E及びF、Aの母方の祖母Gのみが相続人になる場合の法定相続分は、それぞれ4,000万円である。

★エ　Aの父方の祖父母E及びF、Aの母方の祖母Gのみが相続人になる場合の法定相続分は、E及びFがそれぞれ3,000万円、Gが6,000万円である。

1　ア、ウ
2　ア、エ
3　イ、ウ
4　イ、エ

問9 地役権に関する次の記述のうち、民法の規定及び判例によれば、誤っているものはどれか。

△1　地役権は、継続的に行使されるもの、又は外形上認識することができるものに限り、時効取得することができる。

★2　地役権者は、設定行為で定めた目的に従い、承役地を要役地の便益に供する権利を有する。

☒3　設定行為又は設定後の契約により、承役地の所有者が自己の費用で地役権の行使のために工作物を設け、又はその修繕をする義務を負担したときは、承役地の所有者の特定承継人もその義務を負担する。

△4　要役地の所有権とともに地役権を取得した者が、所有権の取得を承役地の所有者に対抗し得るときは、地役権の取得についても承役地の所有者に対抗することができる。

問10 不動産の共有に関する次の記述のうち、民法の規定によれば、誤っている

ものはどれか。 [改題]

1 共有物の各共有者の持分が不明な場合、持分は平等と推定される。

2 各共有者は、他の共有者の同意を得なければ、共有物に変更(その形状又は効用の著しい変更を伴わないものを除く。)を加えることができない。

3 共有物の保存行為については、各共有者が単独ですることができる。

4 共有者の一人が死亡して相続人がないときは、その持分は国庫に帰属する。

問11 次の記述のうち、借地借家法の規定及び判例によれば、正しいものはどれか。

1 借地権者が借地権の登記をしておらず、当該土地上に所有権の登記がされている建物を所有しているときは、これをもって借地権を第三者に対抗することができるが、建物の表示の登記によっては対抗することができない。

2 借地権者が登記ある建物を火災で滅失したとしても、建物が滅失した日から2年以内に新たな建物を築造すれば、2年を経過した後においても、これをもって借地権を第三者に対抗することができる。

3 土地の賃借人が登記ある建物を所有している場合であっても、その賃借人から当該土地建物を賃借した転借人が対抗力を備えていなければ、当該転借人は転借権を第三者に対抗することができない。

4 借地権者が所有する数棟の建物が一筆の土地上にある場合は、そのうちの一棟について登記があれば、借地権の対抗力が当該土地全部に及ぶ。

問12 賃貸人Aと賃借人Bとの間で締結した居住用建物の賃貸借契約に関する次の記述のうち、民法及び借地借家法の規定並びに判例によれば、誤っているものはどれか。 [改題]

1 当該建物の修繕が必要である場合において、BがAに修繕が必要である旨を通知したにもかかわらずAが相当の期間内に必要な修繕をしないときは、Bは自ら修繕をすることができる。

2 BがAに無断でCに当該建物を転貸した場合であっても、Aに対する背信行為と認めるに足りない特段の事情があるときは、Aは賃貸借契約を解除することができない。

3 賃貸借契約に期間を定め、賃貸借契約を書面によって行った場合には、Aが

Bに対しあらかじめ契約の更新がない旨を説明していれば、賃貸借契約は期間満了により終了する。

☆4　Bが相続人なしに死亡した場合、Bと婚姻の届出をしていないが事実上夫婦と同様の関係にあった同居者Dは、Bが相続人なしに死亡したことを知った後1月以内にAに反対の意思表示をしない限り、賃借人としてのBの権利義務を承継する。

問13 建物の区分所有等に関する法律に関する次の記述のうち、誤っているものはどれか。

☆1　規約の保管場所は、建物内の見やすい場所に掲示しなければならない。

☆2　管理者は、規約に特別の定めがあるときは、共用部分を所有することができる。

☆3　規約及び集会の決議は、区分所有者の特定承継人に対しては、その効力を生じない。

☆4　区分所有者は、規約に別段の定めがない限り集会の決議によって、管理者を解任することができる。

問14 不動産の登記に関する次の記述のうち、不動産登記法の規定によれば、誤っているものはどれか。 ［改題］

△1　表題部所有者が表示に関する登記の申請人となることができる場合において、当該表題部所有者について相続があったときは、その相続人は、当該表示に関する登記を申請することができる。

△2　所有権の登記以外の権利に関する登記がある土地については、分筆の登記をすることができない。

△3　区分建物が属する一棟の建物が新築された場合における当該区分建物についての表題登記の申請は、当該新築された一棟の建物についての表題登記の申請と併せてしなければならない。

★4　登記の申請書の閲覧を登記の申請をした者でない者がする場合、請求人は、正当な理由があるときに、正当な理由があると認められる部分に限り、することができる。

問15 都市計画法に関する次の記述のうち、正しいものはどれか。

1　市街化区域及び区域区分が定められていない都市計画区域については、少なくとも道路、病院及び下水道を定めるものとされている。

2　市街化調整区域内においては、都市計画に、市街地開発事業を定めることができないこととされている。

3　都市計画区域は、市町村が、市町村都市計画審議会の意見を聴くとともに、都道府県知事に協議し、その同意を得て指定する。

4　準都市計画区域については、都市計画に、高度地区を定めることができないこととされている。

問16　都市計画法に関する次の記述のうち、正しいものはどれか。ただし、許可を要する開発行為の面積については、条例による定めはないものとし、この問において「都道府県知事」とは、地方自治法に基づく指定都市、中核市及び施行時特例市にあってはその長をいうものとする。

1　市街化調整区域において、非常災害のため必要な応急措置として8,000㎡の土地の区画形質の変更を行おうとする者は、あらかじめ、都道府県知事の許可を受けなければならない。

2　市街化区域において、社会教育法に規定する公民館の建築の用に供する目的で行われる1,500㎡の土地の区画形質の変更を行おうとする者は、都道府県知事の許可を受けなくてよい。

3　区域区分が定められていない都市計画区域において、店舗の建築の用に供する目的で行われる2,000㎡の土地の区画形質の変更を行おうとする者は、あらかじめ、都道府県知事の許可を受けなければならない。

4　市街化調整区域において、自己の居住の用に供する住宅の建築の用に供する目的で行われる100㎡の土地の区画形質の変更を行おうとする者は、都道府県知事の許可を受けなくてよい。

問17　建築基準法に関する次の記述のうち、誤っているものはどれか。

1　建築物が防火地域及び準防火地域にわたる場合においては、その全部について、敷地の属する面積が大きい方の地域内の建築物に関する規定を適用する。

2　倉庫の用途に供する建築物で、その用途に供する3階以上の部分の床面積の合計が500㎡であるものは、耐火建築物としなければならない。

3　高さ25mの建築物には、周囲の状況によって安全上支障がない場合を除き、有効に避雷設備を設けなければならない。

△4　高さ1m以下の階段の部分には、手すりを設けなくてもよい。

問18 次の記述のうち、建築基準法(以下この問において「法」という。)の規定によれば、誤っているものはどれか。

△1　建築物の壁又はこれに代わる柱は、地盤面下の部分又は特定行政庁が建築審査会の同意を得て許可した歩廊の柱その他これに類するものを除き、壁面線を越えて建築してはならない。

△2　特別用途地区内においては、地方公共団体は、その地区の指定の目的のために必要と認める場合は、国土交通大臣の承認を得て、条例で、法第48条第1項から第13項までの規定による用途制限を緩和することができる。

★3　都市計画により建蔽率の限度が10分の8と定められている準工業地域においては、防火地域内にある耐火建築物については、法第53条第1項から第5項までの規定に基づく建蔽率に関する制限は適用されない。

☆4　田園住居地域内の建築物に対しては、法第56条第1項第3号の規定(北側斜線制限)は適用されない。

問19 宅地造成及び特定盛土等規制法(以下この問において「法」という。)に関する次の記述のうち、誤っているものはどれか。　[改題]

☆1　宅地造成等工事規制区域は、基本方針に基づき、かつ、基礎調査の結果を踏まえ、宅地造成、特定盛土等又は土石の堆積(以下この問において「宅地造成等」という。)に伴い災害が生ずるおそれが大きい市街地若しくは市街地となろうとする土地の区域又は集落の区域(これらの区域に隣接し、又は近接する土地の区域を含む。)であって、宅地造成等に関する工事につき規制を行う必要があるものについて、国土交通大臣が指定することができる。

☆2　宅地造成等工事規制区域内において宅地造成等に関する工事(宅地造成等に伴う災害の発生のおそれがないと認められるものとして政令で定める工事を除く。)を行う場合、宅地造成等に伴う災害を防止するために行う高さが5mを超える擁壁の設置に係る工事については、政令で定める資格を有する者の設計によらなければならない。

★3　都道府県(地方自治法に基づく指定都市、中核市又は施行時特例市の区域にあっては、それぞれ指定都市、中核市又は施行時特例市)は、基礎調査のために行う測量又は調査のため他人の占有する土地に立ち入ったことにより他人に損失を与えた場合においては、その損失を受けた者に対して、通常生ずべき損失を補償しなければならない。

☆4　法第12条第1項本文の許可を受けた宅地造成又は特定盛土等に関する工事が完了した場合、工事主は、都道府県知事(地方自治法に基づく指定都市、中核市及び施行時特例市にあってはその長)の検査を申請しなければならない。

問20 土地区画整理法に関する次の記述のうち、正しいものはどれか。

☒1　市町村が施行する土地区画整理事業の施行後の宅地の価額の総額が土地区画整理事業の施行前の宅地の価額の総額より減少した場合においては、その差額に相当する金額を、従前の宅地に存する建築物について賃借権を有する者に対して支払わなければならない。

☆2　施行者は、仮換地を指定した時に、清算金を徴収し、又は交付しなければならない。

☆3　換地計画において換地を定める場合においては、換地及び従前の宅地の位置、地積、土質、水利、利用状況、環境等が照応するように定めなければならない。

☒4　土地区画整理組合が施行する土地区画整理事業の換地計画においては、災害を防止し、及び衛生の向上を図るために宅地の地積の規模を適正にする特別な必要があると認められる場合は、その換地計画に係る区域内の地積が小である宅地について、過小宅地とならないように換地を定めることができる。

問21 農地に関する次の記述のうち、農地法(以下この問において「法」という。)の規定によれば、正しいものはどれか。

☆1　山林を開墾し、農地として耕作している土地であっても、土地登記簿上の地目が山林であれば、法の適用を受ける農地に該当しない。

☆2　親から子に対して、所有するすべての農地を一括して贈与する場合には、法第3条第1項の許可を受ける必要はない。

☆3　耕作を目的として農業者が競売により農地を取得する場合であっても、法第3条第1項の許可を受ける必要がある。

☆4　市街化区域以外の区域に存する4haを超える農地を転用する場合には、農林水産大臣の許可を受ける必要がある。

問22 国土利用計画法第23条の届出(以下この問において「事後届出」という。)に関する次の記述のうち、正しいものはどれか。なお、この問において「都道府県知事」とは、地方自治法に基づく指定都市にあってはその長をいうものとする。

☆1 都道府県知事は、事後届出に係る土地の利用目的及び対価の額について、届出をした宅地建物取引業者に対し勧告することができ、都道府県知事から勧告を受けた当該業者が勧告に従わなかった場合、その旨及びその勧告の内容を公表することができる。

★2 事後届出が必要な土地売買等の契約により権利取得者となった者が事後届出を行わなかった場合、都道府県知事から当該届出を行うよう勧告されるが、罰則の適用はない。

☆3 国が所有する市街化区域内の一団の土地である1,500㎡の土地と500㎡の土地を個人Aが購入する契約を締結した場合、Aは事後届出を行う必要がある。

☆4 個人Bが所有する都市計画区域外の11,000㎡の土地について、個人CがBとの間で対価を支払って地上権設定契約を締結した場合、Cは事後届出を行う必要がある。

問23 住宅用家屋の所有権の移転登記に係る登録免許税の税率の軽減措置に関する次の記述のうち、正しいものはどれか。

☆1 この税率の軽減措置の適用を受けるためには、やむを得ない事情がある場合を除き、その住宅用家屋の取得後1年以内に所有権の移転登記を受けなければならない。

☆2 この税率の軽減措置は、住宅用家屋を相続により取得した場合に受ける所有権の移転登記についても適用される。

☆3 この税率の軽減措置に係る登録免許税の課税標準となる不動産の価額は、売買契約書に記載されたその住宅用家屋の実際の取引価格である。

△4 過去にこの税率の軽減措置の適用を受けたことがある者は、再度この措置の適用を受けることはできない。

問24 固定資産税に関する次の記述のうち、正しいものはどれか。

☆1 固定資産税を既に全納した者が、年度の途中において土地の譲渡を行った場合には、その譲渡後の月数に応じて税額の還付を受けることができる。

☆2　固定資産税の税率は、1.7%を超えることができない。

★3　固定資産税の納期は、4月、7月、12月及び2月中において、当該市町村の条例で定めることとされているが、特別の事情がある場合においては、これと異なる納期を定めることができる。

☆4　200㎡以下の住宅用地に対して課する固定資産税の課税標準は、課税標準となるべき価格の2分の1の額とする特例措置が講じられている。

問25　地価公示法に関する次の記述のうち、正しいものはどれか。

☆1　土地鑑定委員会は、その土地に地上権が存する場合であっても、標準地として選定することができる。

△2　土地鑑定委員会は、標準地について、2人以上の不動産鑑定士の鑑定評価を求めるものとし、当該2人以上の不動産鑑定士は、土地鑑定委員会に対し、鑑定評価書を連名で提出しなければならない。

★3　土地鑑定委員会は、標準地の正常な価格を判定したときは、標準地の単位面積当たりの価格のほか、当該標準地の価格の総額についても官報で公示しなければならない。

☆4　土地収用法その他の法律によって土地を収用することができる事業を行う者は、標準地として選定されている土地を取得する場合において、当該土地の取得価格を定めるときは、公示価格と同額としなければならない。

問26　次の記述のうち、宅地建物取引業法の規定によれば、正しいものはどれか。

☆1　宅地建物取引業者は、建物の売買に際し、買主に対して売買代金の貸借のあっせんをすることにより、契約の締結を誘引してはならない。

★2　宅地建物取引士は、自ら役員を務める宅地建物取引業者が宅地建物取引業に関し不正な行為をし、情状が特に重いことにより免許を取り消された場合、宅地建物取引士の登録を消除されることとなる。

☆3　宅地建物取引業者は、建築工事完了前の賃貸住宅について、借主として貸借の契約を締結してはならない。

☆4　宅地建物取引業者は、10区画以上の一団の宅地の分譲を行う案内所を設置し、当該案内所において売買の契約の締結をし、又は契約の申込みを受ける場合は、当該案内所にその業務に関する帳簿を備え付けなければならない。

問27 宅地建物取引業者がその業務に関して行う広告に関する次の記述のうち、宅地建物取引業法の規定によれば、正しいものはどれか。

1 広告の表示が実際のものよりも著しく優良又は有利であると人を誤認させるようなものであっても、誤認による損害が実際に発生していなければ、監督処分の対象とならない。

2 宅地建物取引業者は、建築確認申請中の建物について、建築確認申請中である旨を表示すれば、自ら売主として当該建物を販売する旨の広告をすることができる。

3 宅地建物取引業者は、宅地の造成工事の完了前においては、当該造成工事に必要とされる許可等の処分があった後であれば、当該宅地の販売に関する広告をすることができる。

4 テレビやインターネットを利用して行う広告は、新聞の折込チラシや配布用のチラシと異なり、規制の対象とならない。

問28 宅地建物取引業者Aが、BからB所有の宅地の売却について媒介の依頼を受けた場合における次の記述のうち、宅地建物取引業法の規定によれば、正しいものはいくつあるか。なお、この問において「専任媒介契約」とは、専属専任媒介契約ではない専任媒介契約をいうものとする。 [改題]

ア AがBとの間で専任媒介契約を締結した場合、Bの要望により当該宅地を指定流通機構に登録しない旨の特約をしているときを除き、Aは、当該契約締結日から7日以内(Aの休業日を含まない。)に、当該宅地の所在等を指定流通機構に登録しなければならない。

イ AがBとの間で専任媒介契約を締結した場合、AはBに対して、当該契約に係る業務の処理状況を1週間に1回以上報告しなければならない。

ウ AがBとの間で一般媒介契約を締結し、当該契約において、Bが他の宅地建物取引業者に重ねて依頼するときは当該他の宅地建物取引業者を明示する義務がある旨を定める場合、Aは、Bが明示していない他の宅地建物取引業者の媒介又は代理によって売買の契約を成立させたときの措置を宅地建物取引業法第34条の2第1項の規定に基づき交付すべき書面(同条第11項の規定に基づき電磁的方法により提供する場合を含む。)に記載しなければならない。

エ AがBとの間で一般媒介契約を締結した場合、AがBに対し当該宅地の価額について意見を述べるときは、不動産鑑定士に評価を依頼して、その根拠を明らかにしなければならない。

1　一つ
2　二つ
3　三つ
4　四つ

問29 次の記述のうち、宅地建物取引業法の規定によれば、正しいものはどれか。

★1　宅地建物取引業者(甲県知事免許)が、乙県内に新たに事務所を設置して宅地建物取引業を営むため、国土交通大臣に免許換えの申請を行い、その免許を受けたときは、国土交通大臣から、免許換え前の免許(甲県知事)の有効期間が経過するまでの期間を有効期間とする免許証の交付を受けることとなる。

☆2　宅地建物取引士(甲県知事登録)が、乙県に所在する宅地建物取引業者の事務所の業務に従事することとなったため、乙県知事に登録の移転の申請とともに宅地建物取引士証の交付の申請をしたときは、乙県知事から、有効期間を5年とする宅地建物取引士証の交付を受けることとなる。

☆3　宅地建物取引士(甲県知事登録)が、乙県に所在する建物の売買に関する取引において宅地建物取引士として行う事務に関し不正な行為をし、乙県知事により事務禁止処分を受けたときは、宅地建物取引士証を甲県知事に提出しなければならない。

☆4　宅地建物取引業者(甲県知事免許)は、乙県内で一団の建物の分譲を行う案内所を設置し、当該案内所において建物の売買の契約を締結し、又は契約の申込みを受ける場合、国土交通大臣に免許換えの申請をしなければならない。

問30 宅地建物取引業保証協会(以下この問において「保証協会」という。)に関する次の記述のうち、宅地建物取引業法の規定によれば、正しいものはどれか。

☆1　本店と3つの支店を有する宅地建物取引業者が保証協会に加入しようとする場合、当該保証協会に、110万円の弁済業務保証金分担金を納付しなければならない。

☆2　保証協会の社員又は社員であった者が、当該保証協会から、弁済業務保証金の還付額に相当する還付充当金を当該保証協会に納付すべき旨の通知を受けたときは、その通知を受けた日から2週間以内に、その通知された額の還付充当金を当該保証協会に納付しなければならない。

☆3　保証協会に加入している宅地建物取引業者は、保証を手厚くするため、更に別の保証協会に加入することができる。

☆4　保証協会の社員（甲県知事免許）と宅地建物取引業に関し取引をした者が、その取引により生じた債権に関し、当該保証協会が供託した弁済業務保証金について弁済を受ける権利を実行しようとするときは、弁済を受けることができる額について甲県知事の認証を受ける必要がある。

問31　宅地建物取引業の免許に関する次の記述のうち、宅地建物取引業法の規定によれば、正しいものはどれか。

☆1　宅地建物取引業者が、免許を受けてから1年以内に事業を開始せず免許が取り消され、その後5年を経過していない場合は、免許を受けることができない。

☆2　免許を受けようとしている法人の政令で定める使用人が、破産手続開始の決定を受け、復権を得てから5年を経過していない場合、当該法人は免許を受けることができない。

★3　免許権者は、免許に条件を付することができ、免許の更新に当たっても条件を付することができる。

☆4　宅地建物取引業者の役員の住所に変更があったときは、30日以内に免許権者に変更を届け出なければならない。

問32　宅地建物取引業者が行う宅地建物取引業法第35条に規定する重要事項の説明に関する次の記述のうち、正しいものはいくつあるか。なお、説明の相手方は宅地建物取引業者ではないものとする。

△ア　宅地の売買の媒介を行う場合、当該宅地が急傾斜地の崩壊による災害の防止に関する法律第3条第1項により指定された急傾斜地崩壊危険区域にあるときは、同法第7条第1項に基づく制限の概要を説明しなければならない。

★イ　建物の貸借の媒介を行う場合、当該建物が土砂災害警戒区域等における土砂災害防止対策の推進に関する法律第7条第1項により指定された土砂災害警戒区域内にあるときは、その旨を説明しなければならない。

△ウ　宅地の貸借の媒介を行う場合、文化財保護法第46条第1項及び第5項の規定による重要文化財の譲渡に関する制限について、その概要を説明する必要はない。

★エ　宅地の売買の媒介を行う場合、当該宅地が津波防災地域づくりに関する法律

第21条第1項により指定された津波防護施設区域内にあるときは、同法第23条第1項に基づく制限の概要を説明しなければならない。

1 一つ
2 二つ
3 三つ
4 四つ

問33 宅地建物取引業法に規定する営業保証金に関する次の記述のうち、正しいものはどれか。

☆1 宅地建物取引業者は、事業の開始後、新たに従たる事務所を設置したときは、その従たる事務所の最寄りの供託所に政令で定める額の営業保証金を供託し、その旨を免許権者に届け出なければならない。

☆2 宅地建物取引業者は、主たる事務所を移転したためその最寄りの供託所が変更した場合、国債証券をもって営業保証金を供託しているときは、遅滞なく、従前の主たる事務所の最寄りの供託所に対し、営業保証金の保管替えを請求しなければならない。

☆3 宅地建物取引業者は、免許の有効期間満了に伴い営業保証金を取り戻す場合は、還付請求権者に対する公告をすることなく、営業保証金を取り戻すことができる。

☆4 免許権者は、宅地建物取引業者が宅地建物取引業の免許を受けた日から3月以内に営業保証金を供託した旨の届出をしないときは、その届出をすべき旨の催告をしなければならず、その催告が到達した日から1月以内に届出がないときは、当該宅地建物取引業者の免許を取り消すことができる。

問34 宅地建物取引業者(消費税課税事業者)が受けることができる報酬に関する次の記述のうち、宅地建物取引業法の規定によれば、誤っているものはどれか。

☆1 宅地建物取引業者が受けることのできる報酬は、依頼者が承諾していたとしても、国土交通大臣の定める報酬額の上限を超えてはならない。

☆2 宅地建物取引業者は、その業務に関し、相手方に不当に高額の報酬を要求した場合、たとえ受領していなくても宅地建物取引業法違反となる。

☆3 宅地建物取引業者が、事業用建物の貸借(権利金の授受はないものとする。)の媒介に関する報酬について、依頼者の双方から受けることのできる報酬の合計額は、借賃(消費税等相当額を含まない。)1か月分の1.1倍に相当する金額が上限であり、貸主と借主の負担の割合については特段の規制はない。

☆4　宅地建物取引業者は、依頼者の依頼によらない広告の料金に相当する額を報酬額に合算する場合は、代理又は媒介に係る報酬の限度額を超える額の報酬を依頼者から受けることができる。

問35 宅地建物取引業者Aが行う媒介業務に関する次の記述のうち、宅地建物取引業法の規定によれば、正しいものはいくつあるか。なお、この問において「37条書面」とは、同法第37条の規定により交付すべき書面をいうものとし、「電磁的方法により提供」とは、同条の規定に基づき、37条書面に記載すべき事項を電磁的方法であって国土交通省令で定めるものにより提供することをいうものとする。

［改題］

☆ア　Aが建物の売買契約を成立させた場合においては、37条書面(電磁的方法により提供する場合を含む。)を買主に交付するに当たり、37条書面に記名した宅地建物取引士ではないAの従業者が当該書面を交付又は電磁的方法により提供することができる。

☆イ　Aが建物の賃貸借契約を成立させた場合においては、契約の当事者が宅地建物取引業者であっても、37条書面(電磁的方法により提供する場合を含む。)には、引渡しの時期及び賃借権設定登記の申請の時期を記載しなければならない。

☆ウ　Aが建物の売買契約を成立させた場合において、天災その他不可抗力による損害の負担に関する定めがあるときは、重要事項説明書にその旨記載していたとしても、その内容を37条書面(電磁的方法により提供する場合を含む。)に記載しなければならない。

☆エ　Aが事業用宅地の定期賃貸借契約を公正証書によって成立させた場合においては、公正証書とは別に37条書面を作成し交付(電磁的方法により提供する場合を含む。)するに当たり、契約の当事者が宅地建物取引業者であっても、宅地建物取引士をして37条書面に記名させなければならない。

1　一つ
2　二つ
3　三つ
4　四つ

問36 宅地建物取引業者の守秘義務に関する次の記述のうち、宅地建物取引業法

(以下この問において「法」という。)の規定によれば、正しいものはどれか。

1　宅地建物取引業者は、依頼者本人の承諾があった場合でも、秘密を他に漏らしてはならない。

2　宅地建物取引業者が、宅地建物取引業を営まなくなった後は、その業務上取り扱ったことについて知り得た秘密を他に漏らしても、法に違反しない。

3　宅地建物取引業者は、裁判の証人として、その取り扱った宅地建物取引に関して証言を求められた場合、秘密に係る事項を証言することができる。

4　宅地建物取引業者は、調査の結果判明した法第35条第1項各号に掲げる事項であっても、売主が秘密にすることを希望した場合は、買主に対して説明しなくてもよい。

問37　宅地建物取引業法第37条の規定により交付すべき書面(以下この問において「37条書面」といい、第37条に定める者の承諾を得て、当該書面に記載すべき事項を電磁的方法であって国土交通省令で定めるものにより提供する場合を含むものとする。)に関する次の記述のうち、同法の規定によれば、正しいものはどれか。

［改題］

1　既存の建物の構造耐力上主要な部分等の状況について当事者の双方が確認した事項がない場合、確認した事項がない旨を37条書面に記載しなければならない。

2　代金又は交換差金についての金銭の貸借のあっせんに関する定めがない場合、定めがない旨を37条書面に記載しなければならない。

3　損害賠償額の予定又は違約金に関する定めがない場合、定めがない旨を37条書面に記載しなければならない。

4　宅地又は建物に係る租税その他の公課の負担に関する定めがない場合、定めがない旨を37条書面に記載しなければならない。

問38　宅地建物取引士に関する次の記述のうち、宅地建物取引業法及び民法の規定によれば、正しいものはいくつあるか。

ア　宅地建物取引業者は、事務所に置く唯一の専任の宅地建物取引士が退任した場合、その日から30日以内に新たな専任の宅地建物取引士を設置し、その設置の日から2週間以内に、専任の宅地建物取引士の変更があった旨を免許権者に届け出なければならない。

イ　未成年者も、法定代理人の同意があれば、宅地建物取引業者の事務所に置かれる専任の宅地建物取引士となることができる。

ウ　宅地建物取引士は、重要事項説明書を交付するに当たり、相手方が宅地建物取引業者である場合、相手方から宅地建物取引士証の提示を求められない限り、宅地建物取引士証を提示する必要はない。

エ　成年被後見人又は被保佐人は、宅地建物取引士として都道府県知事の登録を受けることができない。

1　一つ
2　二つ
3　三つ
4　なし

問39　宅地建物取引業者Aが、自ら売主として宅地建物取引業者ではない買主Bとの間で締結した宅地の売買契約について、Bが宅地建物取引業法第37条の2の規定に基づき、いわゆるクーリング・オフによる契約の解除をする場合における次の記述のうち、誤っているものはどれか。

1　Bは、Aの仮設テント張りの案内所で買受けの申込みをし、2日後、Aの事務所で契約を締結した上で代金全額を支払った。その5日後、Bが、宅地の引渡しを受ける前に当該契約について解除の書面を送付した場合、Aは代金全額が支払われていることを理由に契約の解除を拒むことができる。

2　Bは、自らの希望により自宅近くの喫茶店において買受けの申込みをし、売買契約を締結した。当該契約に係るクーリング・オフについては、その3日後にAから書面で告げられた場合、Bは、当該契約の締結日から10日後であっても契約の解除をすることができる。

3　Bは、Aの仮設テント張りの案内所で買受けの申込みをし、Aの事務所でクーリング・オフについて書面で告げられ、その日に契約を締結した。この書面の中で、クーリング・オフによる契約の解除ができる期間を14日間としていた場合、Bは、当該契約の締結日から10日後であっても契約の解除をすることができる。

4　Bは、売買契約締結後に速やかに建物建築工事請負契約を締結したいと考え、自ら指定した宅地建物取引業者であるハウスメーカー（Aから当該宅地の売却について代理又は媒介の依頼は受けていない。）の事務所で買受けの申込み及び売買契約の締結をし、その際、クーリング・オフについて書面で告げられた。その6日後、Bが当該契約について解除の書面を送付した場合、Aは契約の解除を拒むことができない。

問40 宅地建物取引業法(以下この問において「法」という。)に規定する業務に関する禁止事項についての次の記述のうち、正しいものはどれか。

☆1　宅地建物取引業者が、マンション販売の勧誘をするに際し、相手方から購入を希望しない旨の返事があった後に、当該勧誘を継続することは法に違反しない。

☆2　宅地建物取引業者は、契約の相手方に対して資金不足を理由に手付の貸付けを行ったが、契約締結後償還された場合は法に違反しない。

★3　宅地建物取引業者は、契約の締結の勧誘をするに際し、理由の如何を問わず、相手方に対して当該契約を締結するかどうかを判断するために必要な時間を与えることを拒んではならない。

☆4　宅地建物取引業者は、勧誘の相手方が金銭的に不安であることを述べたため、売買代金の額を引き下げて、契約の締結を勧誘したとしても、法に違反しない。

問41 宅地建物取引業法第49条に規定する帳簿に関する次の記述のうち、正しいものはどれか。

☆1　宅地建物取引業者は、本店と複数の支店がある場合、支店には帳簿を備え付けず、本店に支店の分もまとめて備え付けておけばよい。

☆2　宅地建物取引業者は、宅地建物取引業に関し取引のあったつど、その年月日、その取引に係る宅地又は建物の所在及び面積その他国土交通省令で定める事項を帳簿に記載しなければならない。

☆3　宅地建物取引業者は、帳簿を各事業年度の末日をもって閉鎖するものとし、閉鎖後5年間当該帳簿を保存しなければならないが、自ら売主となり、又は売買の媒介をする新築住宅に係るものにあっては10年間保存しなければならない。

☆4　宅地建物取引業者は、帳簿の記載事項を、事務所のパソコンのハードディスクに記録し、必要に応じ当該事務所においてパソコンやプリンターを用いて明確に紙面に表示する場合でも、当該記録をもって帳簿への記載に代えることができない。

問42 宅地建物取引業法第35条に規定する重要事項の説明に関する次の記述のうち、誤っているものはどれか。なお、説明の相手方は宅地建物取引業者ではないものとする。

★1 地域における歴史的風致の維持及び向上に関する法律第12条第1項により指定された歴史的風致形成建造物である建物の売買の媒介を行う場合、その増築をするときは市町村長への届出が必要である旨を説明しなくてもよい。

☆2 既存の建物の売買の媒介を行う場合、当該建物の建築確認済証がなくなっているときは、その旨を説明すればよい。

☆3 区分所有建物の売買の媒介を行う場合、一棟の建物の維持修繕の実施状況が記録されているときは、その内容を説明しなければならない。

☆4 建物の貸借の媒介を行う場合、台所、浴室、便所その他の当該建物の設備の整備の状況について、説明しなければならない。

問43 宅地建物取引業法に規定する宅地建物取引士及びその登録(以下この問において「登録」という。)に関する次の記述のうち、正しいものはどれか。

★1 登録を受けている者が精神の機能の障害により宅地建物取引士の事務を適正に行うに当たって必要な認知、判断及び意思疎通を適切に行うことができない者となった場合、本人がその旨を登録をしている都道府県知事に届け出ることはできない。

☆2 甲県知事の登録を受けている宅地建物取引士が乙県知事に登録の移転の申請を行うとともに宅地建物取引士証の交付の申請を行う場合、交付の申請前6月以内に行われる乙県知事が指定した講習を受講しなければならない。

☆3 宅地建物取引士が、事務禁止処分を受け、宅地建物取引士証をその交付を受けた都道府県知事に速やかに提出しなかったときは、50万円以下の罰金に処せられることがある。

☆4 宅地建物取引士が、刑法第222条(脅迫)の罪により、罰金の刑に処せられ、登録が消除された場合、刑の執行を終わり又は執行を受けることがなくなった日から5年を経過するまでは、新たな登録を受けることができない。

問44 宅地建物取引業法に関する次の記述のうち、正しいものはいくつあるか。

☆ア 宅地には、現に建物の敷地に供されている土地に限らず、将来的に建物の敷地に供する目的で取引の対象とされる土地も含まれる。

イ　農地は、都市計画法に規定する用途地域内に存するものであっても、宅地には該当しない。

ウ　建物の敷地に供せられる土地であれば、都市計画法に規定する用途地域外に存するものであっても、宅地に該当する。

エ　道路、公園、河川等の公共施設の用に供せられている土地は、都市計画法に規定する用途地域内に存するものであれば宅地に該当する。

1　一つ
2　二つ
3　三つ
4　四つ

問45　宅地建物取引業者Aが自ら売主として、宅地建物取引業者ではない買主Bに新築住宅を販売する場合における次の記述のうち、特定住宅瑕疵担保責任の履行の確保等に関する法律によれば、正しいものはどれか。

1　Aが、住宅販売瑕疵担保保証金を供託する場合、当該住宅の床面積が100㎡以下であるときは、新築住宅の合計戸数の算定に当たって、2戸をもって1戸と数えることになる。

2　Aは、住宅瑕疵担保責任保険法人と住宅販売瑕疵担保責任保険契約の締結をした場合、Bが住宅の引渡しを受けた時から10年以内に当該住宅を転売したときは、当該住宅瑕疵担保責任保険法人にその旨を申し出て、当該保険契約の解除をしなければならない。

3　Aは、住宅販売瑕疵担保責任保険契約の締結をした場合、当該住宅を引き渡した時から10年間、当該住宅の構造耐力上主要な部分、雨水の浸入を防止する部分、給水設備又はガス設備の隠れた瑕疵によって生じた損害について保険金の支払を受けることができる。

4　住宅販売瑕疵担保責任保険契約は、新築住宅を引き渡したAが住宅瑕疵担保責任保険法人と締結する必要があり、Bが保険料を支払うものではない。

問46　独立行政法人住宅金融支援機構（以下この問において「機構」という。）に関する次の記述のうち、誤っているものはどれか。

1　機構は、地震に対する安全性の向上を主たる目的とする住宅の改良に必要な資金の貸付けを業務として行っている。

☆2　証券化支援事業（買取型）における民間金融機関の住宅ローン金利は、金融機関によって異なる場合がある。

★3　機構は、高齢者が自ら居住する住宅に対して行うバリアフリー工事に係る貸付けについて、貸付金の償還を高齢者の死亡時に一括して行うという制度を設けている。

☆4　証券化支援業務（買取型）において、機構による譲受けの対象となる住宅の購入に必要な資金の貸付けに係る金融機関の貸付債権には、当該住宅の購入に付随する改良に必要な資金は含まれない。

問47 宅地建物取引業者が行う広告に関する次の記述のうち、不当景品類及び不当表示防止法（不動産の表示に関する公正競争規約を含む。）の規定によれば、正しいものはどれか。［改題］

★1　建築基準法第42条第2項の規定により道路とみなされる部分（セットバックを要する部分）を含む土地については、セットバックを要する旨及びその面積を必ず表示しなければならない。

☆2　取引態様については、「売主」、「貸主」、「代理」又は「媒介」（「仲介」）の別を表示しなければならず、これらの用語以外の「直販」、「委託」等の用語による表示は、取引態様の表示とは認められない。

☆3　インターネット上に掲載している賃貸物件について、掲載した後に契約済みとなり実際には取引できなくなっていたとしても、当該物件について消費者からの問合せがなく、故意に掲載を継続していたものでなければ、不当表示に問われることはない。

△4　新築分譲住宅を販売するに当たり、販売価格が確定していないため直ちに取引することができない場合、その取引開始時期をあらかじめ告知する予告広告を行うことはできない。

問48 統計問題につき、問題省略
（最新の統計データで学習してください）

問49 土地に関する次の記述のうち、最も不適当なものはどれか。

☆1　山地は、地形がかなり急峻で、大部分が森林となっている。

☆2　低地は、一般に洪水や地震などに対して弱く、防災的見地からは住宅地として好ましくない。

☆3　埋立地は、一般に海面に対して数mの比高を持ち、干拓地に比べ自然災害に対して危険度が高い。

☆4　台地は、一般に地盤が安定しており、低地に比べ自然災害に対して安全度が高い。

問50　建築物の構造に関する次の記述のうち、最も不適当なものはどれか。

★1　基礎は、硬質の支持地盤に設置するとともに、上部構造とも堅固に緊結する必要がある。

☆2　木造建物を耐震、耐風的な構造にするためには、できるだけ建物の形態を単純にすることが適切である。

☆3　鉄骨造は、不燃構造であり、靭(じん)性が大きいことから、鋼材の防錆(せい)処理を行う必要はない。

△4　近年、コンクリートと鉄筋の強度が向上しており、鉄筋コンクリート造の超高層共同住宅建物もみられる。

令和元年度
（2019年度）

本試験問題

この年の合格基準点は**35**点でした

インフォメーション

選択肢番号についているマークの意味は次のとおりです。
復習のさいにお役立てください。

☆…即答できなかったらちょっとマズイ（復習推奨）
★…いま間違えてもいいけど、必ず解説を読んでできるようにしておこう（復習推奨）
△…確実に合格を目指すなら、マスターしておきたい（直前期に余裕があれば、再チェック）
✕…できなくても問題ナシ（復習の必要性は乏しい）

解き終わったあと、☆と★の問題については必ず復習をしておきましょう。

問1 Aは、Aが所有している甲土地をBに売却した。この場合に関する次の記述のうち、民法の規定及び判例によれば、誤っているものはどれか。

☆1　甲土地を何らの権原なく不法占有しているCがいる場合、BがCに対して甲土地の所有権を主張して明渡請求をするには、甲土地の所有権移転登記を備えなければならない。

☆2　Bが甲土地の所有権移転登記を備えていない場合には、Aから建物所有目的で甲土地を賃借して甲土地上にD名義の登記ある建物を有するDに対して、Bは自らが甲土地の所有者であることを主張することができない。

△3　Bが甲土地の所有権移転登記を備えないまま甲土地をEに売却した場合、Eは、甲土地の所有権移転登記なくして、Aに対して甲土地の所有権を主張することができる。

☆4　Bが甲土地の所有権移転登記を備えた後に甲土地につき取得時効が完成したFは、甲土地の所有権移転登記を備えていなくても、Bに対して甲土地の所有権を主張することができる。

問2 AがBに甲土地を売却し、Bが所有権移転登記を備えた場合に関する次の記述のうち、民法の規定及び判例によれば、誤っているものはどれか。　［改題］

☆1　AがBとの売買契約をBの詐欺を理由に取り消した後、CがBから甲土地を買い受けて所有権移転登記を備えた場合、AC間の関係は対抗問題となり、Aは、いわゆる背信的悪意者ではないCに対して、登記なくして甲土地の返還を請求することができない。

☆2　AがBとの売買契約をBの詐欺を理由に取り消す前に、Bの詐欺について悪意のCが、Bから甲土地を買い受けて所有権移転登記を備えていた場合、AはCに対して、甲土地の返還を請求することができる。

☆3　Aの売却の意思表示に対応する意思を欠く錯誤があり、その錯誤が売買契約の目的及び取引上の社会通念に照らして重要なものである場合、Aに重大な過失がなければ、Aは、錯誤による当該意思表示を取り消し、その取消しをする前に、Bから甲土地を買い受けた悪意のCに対して、甲土地の返還を請求することができる。

☆4　Aの売却の意思表示に対応する意思を欠く錯誤があり、その錯誤が売買契約の目的及び取引上の社会通念に照らして重要なものである場合、Aに重大な過失があったとしても、AはBに対して、錯誤による当該意思表示の取消しを主張して、甲土地の返還を請求することができる。

問3 事業者ではないAが所有し居住している建物につきAB間で売買契約を締結し、引き渡した。当該契約において、Aは建物引渡しから3か月に限り建物が種類又は品質に関して契約の内容に適合しない場合におけるその不適合を担保すべき責任を負う旨の特約を付けたが、売買契約締結時点において当該建物の構造耐力上主要な部分に瑕疵(かし)が存在しており、当該瑕疵(かし)が契約の内容に適合しないものであったにもかかわらず、Aはそのことを知っていたがBに告げず、Bはそのことを知らなかった。この場合に関する次の記述のうち、民法の規定によれば、正しいものはどれか。なお、この問において「一定の担保責任」とは、当該建物が種類又は品質に関して契約の内容に適合しない場合におけるその不適合を担保すべき責任をいう。

［改題］

☆1 Bが当該不適合の存在を建物引渡しから1年が経過した時に知ったとしても、当該不適合の存在を知った時から1年経過した後に、BはAに対して一定の担保責任を追及することができる場合がある。

2 法改正により削除

☆3 Bが当該不適合を理由にAに対して損害賠償請求をすることができるのは、当該不適合を理由に売買契約を解除することができない場合に限られる。

☆4 AB間の売買をBと媒介契約を締結した宅地建物取引業者Cが媒介していた場合には、BはCに対して一定の担保責任を追及することができる。

問4 不法行為に関する次の記述のうち、民法の規定及び判例によれば、正しいものはどれか。

☒1 放火によって家屋が滅失し、火災保険契約の被保険者である家屋所有者が当該保険契約に基づく保険金請求権を取得した場合、当該家屋所有者は、加害者に対する損害賠償請求金額からこの保険金額を、いわゆる損益相殺として控除しなければならない。

△2 被害者は、不法行為によって損害を受けると同時に、同一の原因によって損害と同質性のある利益を既に受けた場合でも、その額を加害者の賠償すべき損害額から控除されることはない。

☒3 第三者が債務者を教唆して、その債務の全部又は一部の履行を不能にさせたとしても、当該第三者が当該債務の債権者に対して、不法行為責任を負うことはない。

☒4　名誉を違法に侵害された者は、損害賠償又は名誉回復のための処分を求めることができるほか、人格権としての名誉権に基づき、加害者に対し侵害行為の差止めを求めることができる。

問5　次の1から4までの記述のうち、民法の規定及び判例並びに下記判決文によれば、誤っているものはどれか。

（判決文）

本人が無権代理行為の追認を拒絶した場合には、その後に無権代理人が本人を相続したとしても、無権代理行為が有効になるものではないと解するのが相当である。けだし、無権代理人がした行為は、本人がその追認をしなければ本人に対してその効力を生ぜず（民法113条1項）、本人が追認を拒絶すれば無権代理行為の効力が本人に及ばないことが確定し、追認拒絶の後は本人であっても追認によって無権代理行為を有効とすることができず、右追認拒絶の後に無権代理人が本人を相続したとしても、右追認拒絶の効果に何ら影響を及ぼすものではないからである。

☆1　本人が無権代理行為の追認を拒絶した場合、その後は本人であっても無権代理行為を追認して有効な行為とすることはできない。

☆2　本人が追認拒絶をした後に無権代理人が本人を相続した場合と、本人が追認拒絶をする前に無権代理人が本人を相続した場合とで、法律効果は同じである。

☆3　無権代理行為の追認は、別段の意思表示がないときは、契約の時にさかのぼってその効力を生ずる。ただし、第三者の権利を害することはできない。

☆4　本人が無権代理人を相続した場合、当該無権代理行為は、その相続により当然には有効とならない。

問6　遺産分割に関する次の記述のうち、民法の規定及び判例によれば、正しいものはどれか。

△1　被相続人は、遺言によって遺産分割を禁止することはできず、共同相続人は、遺産分割協議によって遺産の全部又は一部の分割をすることができる。

☒2　共同相続人は、既に成立している遺産分割協議につき、その全部又は一部を全員の合意により解除した上、改めて遺産分割協議を成立させることができる。

★3　遺産に属する預貯金債権は、相続開始と同時に当然に相続分に応じて分割され、共同相続人は、その持分に応じて、単独で預貯金債権に関する権利を行使することができる。

☒4　遺産の分割は、共同相続人の遺産分割協議が成立した時から効力を生ずるが、第三者の権利を害することはできない。

問7 Aを売主、Bを買主として甲建物の売買契約が締結された場合におけるBのAに対する代金債務(以下「本件代金債務」という。)に関する次の記述のうち、民法の規定及び判例によれば、誤っているものはどれか。

★1　Bが、本件代金債務につき受領権限のないCに対して弁済した場合、Cに受領権限がないことを知らないことにつきBに過失があれば、Cが受領した代金をAに引き渡したとしても、Bの弁済は有効にならない。

☆2　Bが、Aの代理人と称するDに対して本件代金債務を弁済した場合、Dに受領権限がないことにつきBが善意かつ無過失であれば、Bの弁済は有効となる。

☆3　Bが、Aの相続人と称するEに対して本件代金債務を弁済した場合、Eに受領権限がないことにつきBが善意かつ無過失であれば、Bの弁済は有効となる。

★4　Bは、本件代金債務の履行期が過ぎた場合であっても、特段の事情がない限り、甲建物の引渡しに係る履行の提供を受けていないことを理由として、Aに対して代金の支払を拒むことができる。

問8 Aを注文者、Bを請負人とする請負契約(以下「本件契約」という。)が締結された場合における次の記述のうち、民法の規定及び判例によれば、誤っているものはいくつあるか。

［改題］

☆ア　本件契約の目的物たる建物にBの責めに帰すべき事由による契約の内容に適合しない重大な欠陥があるためこれを建て替えざるを得ない場合には、AはBに対して当該建物の建替えに要する費用相当額の損害賠償を請求することができる。

△イ　本件契約の目的が建物の増築である場合、Aの失火により当該建物が焼失し増築できなくなったときは、Bは本件契約に基づく未履行部分の仕事完成債務を免れる。

△ウ　Bが仕事を完成しない間は、AはいつでもBに対して損害を賠償して本件契約を解除することができる。

1　一つ

No. 05 35点 令和元年度

2　二つ
3　三つ
4　なし

問9　AがBに対して金銭の支払を求めて訴えを提起した場合の時効の更新に関する次の記述のうち、民法の規定及び判例によれば、誤っているものはどれか。

［改題］

★1　訴えの提起後に当該訴えが取り下げられた場合には、特段の事情がない限り、時効の更新の効力は生じない。

★2　訴えの提起後に当該訴えの却下の判決が確定した場合には、時効の更新の効力は生じない。

★3　訴えの提起後に請求棄却の判決が確定した場合には、時効の更新の効力は生じない。

△4　訴えの提起後に裁判上の和解が成立した場合には、時効の更新の効力は生じない。

問10　債務者Aが所有する甲土地には、債権者Bが一番抵当権(債権額2,000万円)、債権者Cが二番抵当権(債権額2,400万円)、債権者Dが三番抵当権(債権額3,000万円)をそれぞれ有しているが、BはDの利益のために抵当権の順位を譲渡した。甲土地の競売に基づく売却代金が6,000万円であった場合、Bの受ける配当額として、民法の規定によれば、正しいものはどれか。

△1　600万円
△2　1,000万円
△3　1,440万円
△4　1,600万円

問11　甲土地につき、期間を60年と定めて賃貸借契約を締結しようとする場合(以下「ケース①」という。)と、期間を15年と定めて賃貸借契約を締結しようとする場合(以下「ケース②」という。)に関する次の記述のうち、民法及び借地借家法の規定によれば、正しいものはどれか。

［改題］

☆1　賃貸借契約が建物を所有する目的ではなく、資材置場とする目的である場合、ケース①は期間の定めのない契約になり、ケース②では期間は15年となる。

☆2　賃貸借契約が建物の所有を目的とする場合、公正証書で契約を締結しなければ、ケース①の期間は30年となり、ケース②の期間は15年となる。

★3　賃貸借契約が居住の用に供する建物の所有を目的とする場合、ケース①では契約の更新がないことを書面で定めればその特約は有効であるが、ケース②では契約の更新がないことを書面で定めても無効であり、期間は30年となる。

★4　賃貸借契約が専ら工場の用に供する建物の所有を目的とする場合、ケース①では契約の更新がないことを公正証書で定めた場合に限りその特約は有効であるが、ケース②では契約の更新がないことを公正証書で定めても無効である。

問12　AがBに対し、A所有の甲建物を3年間賃貸する旨の契約をした場合における次の記述のうち、民法及び借地借家法の規定によれば、正しいものはどれか(借地借家法第39条に定める取壊し予定の建物の賃貸借及び同法第40条に定める一時使用目的の建物の賃貸借は考慮しないものとする。)。

★1　AB間の賃貸借契約について、契約の更新がない旨を定めるには、公正証書による等書面によって契約すれば足りる。

☆2　甲建物が居住の用に供する建物である場合には、契約の更新がない旨を定めることはできない。

☆3　AがBに対して、期間満了の3月前までに更新しない旨の通知をしなければ、従前の契約と同一の条件で契約を更新したものとみなされるが、その期間は定めがないものとなる。

☆4　Bが適法に甲建物をCに転貸していた場合、Aは、Bとの賃貸借契約が解約の申入れによって終了するときは、特段の事情がない限り、Cにその旨の通知をしなければ、賃貸借契約の終了をCに対抗することができない。

問13　建物の区分所有等に関する法律(以下この問において「法」という。)に関する次の記述のうち、正しいものはどれか。

☆1　専有部分が数人の共有に属するときは、共有者は、集会においてそれぞれ議決権を行使することができる。

☆2　区分所有者の承諾を得て専有部分を占有する者は、会議の目的たる事項につき利害関係を有する場合には、集会に出席して議決権を行使することができる。

☆3　集会においては、規約に別段の定めがある場合及び別段の決議をした場合を除いて、管理者又は集会を招集した区分所有者の１人が議長となる。

4　集会の議事は、法又は規約に別段の定めがない限り、区分所有者及び議決権の各4分の3以上の多数で決する。

問14 不動産の登記に関する次の記述のうち、不動産登記法の規定によれば、誤っているものはどれか。

1　登記の申請に係る不動産の所在地が当該申請を受けた登記所の管轄に属しないときは、登記官は、理由を付した決定で、当該申請を却下しなければならない。

2　所有権の登記名義人が相互に異なる土地の合筆の登記は、することができない。

3　登記官は、一筆の土地の一部が別の地目となったときであっても、職権で当該土地の分筆の登記をすることはできない。

4　登記の申請をする者の委任による代理人の権限は、本人の死亡によっては、消滅しない。

問15 都市計画法に関する次の記述のうち、誤っているものはどれか。

1　高度地区は、用途地域内において市街地の環境を維持し、又は土地利用の増進を図るため、建築物の高さの最高限度又は最低限度を定める地区とされている。

2　特定街区については、都市計画に、建築物の容積率並びに建築物の高さの最高限度及び壁面の位置の制限を定めるものとされている。

3　準住居地域は、道路の沿道としての地域の特性にふさわしい業務の利便の増進を図りつつ、これと調和した住居の環境を保護するため定める地域とされている。

4　特別用途地区は、用途地域が定められていない土地の区域(市街化調整区域を除く。)内において、その良好な環境の形成又は保持のため当該地域の特性に応じて合理的な土地利用が行われるよう、制限すべき特定の建築物等の用途の概要を定める地区とされている。

問16 都市計画法に関する次の記述のうち、正しいものはどれか。ただし、許可を要する開発行為の面積については、条例による定めはないものとし、この問において「都道府県知事」とは、地方自治法に基づく指定都市、中核市及び施行時特例市にあってはその長をいうものとする。

☆1 準都市計画区域において、店舗の建築を目的とした4,000㎡の土地の区画形質の変更を行おうとする者は、あらかじめ、都道府県知事の許可を受けなければならない。

☆2 市街化区域において、農業を営む者の居住の用に供する建築物の建築を目的とした1,500㎡の土地の区画形質の変更を行おうとする者は、都道府県知事の許可を受けなくてよい。

★3 市街化調整区域において、野球場の建設を目的とした8,000㎡の土地の区画形質の変更を行おうとする者は、あらかじめ、都道府県知事の許可を受けなければならない。

☆4 市街化調整区域において、医療法に規定する病院の建築を目的とした1,000㎡の土地の区画形質の変更を行おうとする者は、都道府県知事の許可を受けなくてよい。

No.05 35点 令和元年度

問17 建築基準法に関する次の記述のうち、誤っているものはどれか。

△1 特定行政庁は、緊急の必要がある場合においては、建築基準法の規定に違反した建築物の所有者等に対して、仮に、当該建築物の使用禁止又は使用制限の命令をすることができる。

△2 地方公共団体は、条例で、津波、高潮、出水等による危険の著しい区域を災害危険区域として指定することができ、当該区域内における住居の用に供する建築物の建築の禁止その他建築物の建築に関する制限で災害防止上必要なものは当該条例で定めることとされている。

☆3 防火地域内にある看板で建築物の屋上に設けるものは、その主要な部分を不燃材料で造り、又はおおわなければならない。

△4 共同住宅の住戸には、非常用の照明装置を設けなければならない。

問18 建築基準法に関する次の記述のうち、正しいものはどれか。 ［改題］

☒1 第一種低層住居専用地域内においては、延べ面積の合計が60㎡であって、居住の用に供する延べ面積が40㎡、クリーニング取次店の用に供する延べ面積が20㎡である兼用住宅は、建築してはならない。

△2　工業地域内においては、幼保連携型認定こども園を建築することができる。

☆3　都市計画において定められた建蔽率の限度が10分の8とされている地域外で、かつ、防火地域内にある準耐火建築物の建蔽率については、都市計画において定められた建蔽率の数値に10分の1を加えた数値が限度となる。

△4　地方公共団体は、その敷地が袋路状道路にのみ接する一戸建ての住宅について、条例で、その敷地が接しなければならない道路の幅員に関して必要な制限を付加することができる。

問19　宅地造成及び特定盛土等規制法に関する次の記述のうち、正しいものはどれか。なお、この問において「都道府県知事」とは、地方自治法に基づく指定都市、中核市及び施行時特例市にあってはその長をいうものとする。　［改題］

1　法改正により削除

☆2　宅地造成等工事規制区域内において行われる宅地造成等に関する工事の許可を受けた者は、主務省令で定める軽微な変更を除き、当該許可に係る工事の計画の変更をしようとするときは、遅滞なくその旨を都道府県知事に届け出なければならない。

★3　宅地造成等工事規制区域の指定の際に、当該宅地造成等工事規制区域内において宅地造成等に関する工事を行っている者は、当該工事について都道府県知事の許可を受ける必要はない。

★4　都道府県知事は、基本方針に基づき、かつ、基礎調査の結果を踏まえ、宅地造成、特定盛土等又は土石の堆積に伴い災害が生ずるおそれが大きい市街地若しくは市街地となろうとする土地の区域又は集落の区域(これらの区域に隣接し、又は近接する土地の区域を含む。)であって、宅地造成等に関する工事につき規制を行う必要があるものを、造成宅地防災区域として指定することができる。

問20　土地区画整理法に関する次の記述のうち、誤っているものはどれか。

☒1　仮換地の指定があった日後、土地区画整理事業の施行による施行地区内の土地及び建物の変動に係る登記がされるまでの間は、登記の申請人が確定日付のある書類によりその指定前に登記原因が生じたことを証明した場合を除き、施行地区内の土地及び建物に関しては他の登記をすることができない。

★2　施行者が個人施行者、土地区画整理組合、区画整理会社、市町村、独立行政

法人都市再生機構又は地方住宅供給公社であるときは、その換地計画について都道府県知事の認可を受けなければならない。

△3　個人施行者以外の施行者は、換地計画を定めようとする場合においては、その換地計画を２週間公衆の縦覧に供しなければならない。

☆4　換地処分の公告があった場合においては、換地計画において定められた換地は、その公告があった日の翌日から従前の宅地とみなされ、換地計画において換地を定めなかった従前の宅地について存する権利は、その公告があった日が終了した時において消滅する。

問21　農地に関する次の記述のうち、農地法(以下この問において「法」という。)の規定によれば、正しいものはどれか。

☆1　耕作目的で原野を農地に転用しようとする場合、法第４条第１項の許可は不要である。

☆2　金融機関からの資金借入れのために農地に抵当権を設定する場合、法第３条第１項の許可が必要である。

☆3　市街化区域内の農地を自家用駐車場に転用する場合、法第４条第１項の許可が必要である。

☆4　砂利採取法による認可を受けた採取計画に従って砂利採取のために農地を一時的に貸し付ける場合、法第５条第１項の許可は不要である。

問22　国土利用計画法第23条の届出(以下この問において「事後届出」という。)に関する次の記述のうち、正しいものはどれか。

☆1　宅地建物取引業者Aが、自己の所有する市街化区域内の2,000㎡の土地を、個人B、個人Cに1,000㎡ずつに分割して売却した場合、B、Cは事後届出を行わなければならない。

☆2　個人Dが所有する市街化区域内の3,000㎡の土地を、個人Eが相続により取得した場合、Eは事後届出を行わなければならない。

☆3　宅地建物取引業者Fが所有する市街化調整区域内の6,000㎡の一団の土地を、宅地建物取引業者Gが一定の計画に従って、3,000㎡ずつに分割して購入した場合、Gは事後届出を行わなければならない。

☆4　甲市が所有する市街化調整区域内の12,000㎡の土地を、宅地建物取引業者Hが購入した場合、Hは事後届出を行わなければならない。

問23 個人が令和6年中に令和6年1月1日において所有期間が10年を超える居住用財産を譲渡した場合のその譲渡に係る譲渡所得の課税に関する次の記述のうち、誤っているものはどれか。 〔改題〕

☆1 その譲渡について収用交換等の場合の譲渡所得等の5,000万円特別控除の適用を受ける場合であっても、その特別控除後の譲渡益について、居住用財産を譲渡した場合の軽減税率の特例の適用を受けることができる。

△2 居住用財産を譲渡した場合の軽減税率の特例は、その個人が令和4年において既にその特例の適用を受けている場合であっても、令和6年中の譲渡による譲渡益について適用を受けることができる。

★3 居住用財産の譲渡所得の3,000万円特別控除は、その個人がその個人と生計を一にしていない孫に譲渡した場合には、適用を受けることができない。

△4 その譲渡について収用等に伴い代替資産を取得した場合の課税の特例の適用を受ける場合には、その譲渡があったものとされる部分の譲渡益について、居住用財産を譲渡した場合の軽減税率の特例の適用を受けることができない。

問24 固定資産税に関する次の記述のうち、地方税法の規定によれば、正しいものはどれか。

★1 居住用超高層建築物(いわゆるタワーマンション)に対して課する固定資産税は、当該居住用超高層建築物に係る固定資産税額を、各専有部分の取引価格の当該居住用超高層建築物の全ての専有部分の取引価格の合計額に対する割合により按分した額を、各専有部分の所有者に対して課する。

☆2 住宅用地のうち、小規模住宅用地に対して課する固定資産税の課税標準は、当該小規模住宅用地に係る固定資産税の課税標準となるべき価格の3分の1の額とされている。

★3 固定資産税の納期は、他の税目の納期と重複しないようにとの配慮から、4月、7月、12月、2月と定められており、市町村はこれと異なる納期を定めることはできない。

☆4 固定資産税は、固定資産の所有者に対して課されるが、質権又は100年より永い存続期間の定めのある地上権が設定されている土地については、所有者ではなくその質権者又は地上権者が固定資産税の納税義務者となる。

問25 地価公示法に関する次の記述のうち、正しいものはどれか。

☆1　都市及びその周辺の地域等において、土地の取引を行う者は、取引の対象土地から最も近傍の標準地について公示された価格を指標として取引を行うよう努めなければならない。

★2　標準地は、都市計画区域外や国土利用計画法の規定により指定された規制区域内からは選定されない。

☆3　標準地の正常な価格とは、土地について、自由な取引が行われるとした場合におけるその取引(一定の場合を除く。)において通常成立すると認められる価格をいい、当該土地に関して地上権が存する場合は、この権利が存しないものとして通常成立すると認められる価格となる。

☆4　土地鑑定委員会は、自然的及び社会的条件からみて類似の利用価値を有すると認められる地域において、土地の利用状況、環境等が特に良好と認められる一団の土地について標準地を選定する。

問26 宅地建物取引業法に関する次の記述のうち、正しいものはどれか。

☆1　宅地建物取引業者は、自己の名義をもって、他人に、宅地建物取引業を営む旨の表示をさせてはならないが、宅地建物取引業を営む目的をもってする広告をさせることはできる。

☆2　宅地建物取引業とは、宅地又は建物の売買等をする行為で業として行うものをいうが、建物の一部の売買の代理を業として行う行為は、宅地建物取引業に当たらない。

☆3　宅地建物取引業の免許を受けていない者が営む宅地建物取引業の取引に、宅地建物取引業者が代理又は媒介として関与していれば、当該取引は無免許事業に当たらない。

☆4　宅地建物取引業者の従業者が、当該宅地建物取引業者とは別に自己のために免許なく宅地建物取引業を営むことは、無免許事業に当たる。

問27 宅地建物取引業法に関する次の記述のうち、正しいものはいくつあるか。なお、取引の相手方は宅地建物取引業者ではないものとする。　[改題]

☆ア　宅地建物取引業者は、自己の所有に属しない宅地又は建物についての自ら売主となる売買契約を締結してはならないが、当該売買契約の予約を行うことはできる。

☆イ　宅地建物取引業者は、自ら売主となる宅地又は建物の売買契約において、その目的物の種類又は品質に関して契約の内容に適合しない場合におけるその不適合を担保すべき責任に関し、取引の相手方が同意した場合に限り、損害賠償の請求期間を当該宅地又は建物の引渡しの日から1年とする特約を有効に定めることができる。

☆ウ　宅地建物取引業者は、いかなる理由があっても、その業務上取り扱ったことについて知り得た秘密を他に漏らしてはならない。

☆エ　宅地建物取引業者は、宅地建物取引業に係る契約の締結の勧誘をするに際し、その相手方に対し、利益を生ずることが確実であると誤解させるべき断定的判断を提供する行為をしてはならない。

1　一つ
2　二つ
3　三つ
4　なし

問28　宅地建物取引業者が建物の貸借の媒介を行う場合における宅地建物取引業法第35条に規定する重要事項の説明に関する次の記述のうち、正しいものはどれか。なお、説明の相手方は宅地建物取引業者ではないものとする。

☆1　当該建物が住宅の品質確保の促進等に関する法律第5条第1項に規定する住宅性能評価を受けた新築住宅であるときは、その旨を説明しなければならない。

★2　当該建物が既存の建物であるときは、既存住宅に係る住宅の品質確保の促進等に関する法律第6条第3項に規定する建設住宅性能評価書の保存の状況について説明しなければならない。

☆3　当該建物が既存の建物である場合、石綿使用の有無の調査結果の記録がないときは、石綿使用の有無の調査を自ら実施し、その結果について説明しなければならない。

☆4　当該建物が建物の区分所有等に関する法律第2条第1項に規定する区分所有権の目的であるものであって、同条第3項に規定する専有部分の用途その他の利用の制限に関する規約の定めがあるときは、その内容を説明しなければならない。

問29　宅地建物取引業法(以下この問において「法」という。)の規定に基づく監督処分及び罰則に関する次の記述のうち、正しいものはいくつあるか。

★ア　宅地建物取引業者A（国土交通大臣免許）が甲県内における業務に関し、法第37条に規定する書面を交付していなかったことを理由に、甲県知事がAに対して業務停止処分をしようとするときは、あらかじめ、内閣総理大臣に協議しなければならない。

★イ　乙県知事は、宅地建物取引業者B（乙県知事免許）に対して指示処分をしようとするときは、聴聞を行わなければならず、聴聞の期日における審理は、公開により行わなければならない。

★ウ　丙県知事は、宅地建物取引業者C（丙県知事免許）が免許を受けてから1年以内に事業を開始しないときは、免許を取り消さなければならない。

★エ　宅地建物取引業者D（丁県知事免許）は、法第72条第1項の規定に基づき、丁県知事から業務について必要な報告を求められたが、これを怠った。この場合、Dは50万円以下の罰金に処せられることがある。

1　一つ
2　二つ
3　三つ
4　四つ

問30　宅地建物取引業者が行う広告に関する次の記述のうち、宅地建物取引業法の規定に違反するものはいくつあるか。

☆ア　建築基準法第6条第1項に基づき必要とされる確認を受ける前において、建築工事着手前の賃貸住宅の貸主から当該住宅の貸借の媒介を依頼され、取引態様を媒介と明示して募集広告を行った。

☆イ　一団の宅地の売買について、数回に分けて広告する際に、最初に行った広告以外には取引態様の別を明示しなかった。

★ウ　建物の貸借の媒介において、依頼者の依頼によらない通常の広告を行い、国土交通大臣の定める報酬限度額の媒介報酬のほか、当該広告の料金に相当する額を受領した。

☆エ　建築工事着手前の分譲住宅の販売において、建築基準法第6条第1項に基づき必要とされる確認を受ける前に、取引態様を売主と明示して当該住宅の広告を行った。

1　一つ
2　二つ
3　三つ

4　四つ

問31　宅地建物取引業者Aが、BからB所有の既存のマンションの売却に係る媒介を依頼され、Bと専任媒介契約（専属専任媒介契約ではないものとする。）を締結した。この場合における次の記述のうち、宅地建物取引業法の規定によれば、正しいものはいくつあるか。

★ア　Aは、専任媒介契約の締結の日から7日以内に所定の事項を指定流通機構に登録しなければならないが、その期間の計算については、休業日数を算入しなければならない。

☆イ　AがBとの間で有効期間を6月とする専任媒介契約を締結した場合、その媒介契約は無効となる。

☆ウ　Bが宅地建物取引業者である場合、Aは、当該専任媒介契約に係る業務の処理状況の報告をする必要はない。

☆エ　AがBに対して建物状況調査を実施する者のあっせんを行う場合、建物状況調査を実施する者は建築士法第2条第1項に規定する建築士であって国土交通大臣が定める講習を修了した者でなければならない。

1　一つ
2　二つ
3　三つ
4　四つ

問32　宅地建物取引業者A（消費税課税事業者）が受け取ることのできる報酬額に関する次の記述のうち、宅地建物取引業法の規定によれば、誤っているものはどれか。なお、この問において報酬額に含まれる消費税等相当額は税率10%で計算するものとする。［改題］

★1　宅地（代金200万円。消費税等相当額を含まない。）の売買の代理について、通常の売買の代理と比較して現地調査等の費用が8万円（消費税等相当額を含まない。）多く要した場合、売主Bと合意していた場合には、AはBから308,000円を上限として報酬を受領することができる。

☆2　事務所（1か月の借賃110万円。消費税等相当額を含む。）の貸借の媒介について、Aは依頼者の双方から合計で110万円を上限として報酬を受領することができる。

☆3　既存住宅の売買の媒介について、Aが売主Cに対して建物状況調査を実施する者をあっせんした場合、AはCから報酬とは別にあっせんに係る料金を受領することはできない。

☆4　宅地（代金200万円。消費税等相当額を含まない。）の売買の媒介について、通常の売買の媒介と比較して現地調査等の費用を多く要しない場合でも、売主Dと合意していた場合には、AはDから198,000円を報酬として受領することができる。

問33　宅地建物取引業保証協会（以下この問において「保証協会」という。）に関する次の記述のうち、宅地建物取引業法の規定によれば、正しいものはどれか。

☆1　宅地建物取引業者で保証協会に加入した者は、その加入の日から2週間以内に、弁済業務保証金分担金を保証協会に納付しなければならない。

☆2　保証協会の社員となった宅地建物取引業者が、保証協会に加入する前に供託していた営業保証金を取り戻すときは、還付請求権者に対する公告をしなければならない。

☆3　保証協会の社員は、新たに事務所を設置したにもかかわらずその日から2週間以内に弁済業務保証金分担金を納付しなかったときは、保証協会の社員の地位を失う。

☆4　還付充当金の未納により保証協会の社員の地位を失った宅地建物取引業者は、その地位を失った日から2週間以内に弁済業務保証金を供託すれば、その地位を回復する。

問34　宅地建物取引業法（以下この問において「法」という。）第37条の規定により交付すべき書面（以下この問において「37条書面」といい、政令で定めるところにより、同条に定める者の承諾を得て、37条書面に記載すべき事項を電磁的方法であって国土交通省令で定めるものにより提供する場合を含むものとする。）に関する次の記述のうち、法の規定によれば、正しいものはどれか。　［改題］

☆1　宅地建物取引業者が自ら売主として建物の売買を行う場合、当事者の債務の不履行を理由とする契約の解除に伴う損害賠償の額として売買代金の額の10分の2を超えない額を予定するときは、37条書面にその内容を記載しなくてよい。

☆2　宅地建物取引業者が既存住宅の売買の媒介を行う場合、37条書面に当該建物の構造耐力上主要な部分等の状況について当事者の双方が確認した事項を記載しなければならない。

☆3　宅地建物取引業者は、その媒介により売買契約を成立させた場合、当該宅地又は建物に係る租税その他の公課の負担に関する定めについて、37条書面にその内容を記載する必要はない。

☆4　宅地建物取引業者は、その媒介により契約を成立させ、37条書面を作成したときは、法第35条に規定する書面に記名した宅地建物取引士をして、37条書面に記名させなければならない。

問35　宅地建物取引業者Aが行う業務に関する次の記述のうち、宅地建物取引業法の規定に違反しないものはどれか。〔改題〕

★1　Aは、宅地建物取引業者ではないBが所有する宅地について、Bとの間で確定測量図の交付を停止条件とする売買契約を締結した。その後、停止条件が成就する前に、Aは自ら売主として、宅地建物取引業者ではないCとの間で当該宅地の売買契約を締結した。

☆2　Aは、その主たる事務所に従事する唯一の専任の宅地建物取引士Dが×1年5月15日に退職したため、同年6月10日に新たな専任の宅地建物取引士Eを置いた。

☆3　Aは、宅地建物取引業者Fから宅地の売買に関する注文を受けた際、Fに対して取引態様の別を明示しなかった。

★4　Aは、宅地の貸借の媒介に際し、当該宅地が都市計画法第29条の許可の申請中であることを知りつつ、賃貸借契約を成立させた。

問36　宅地建物取引業者Aが宅地建物取引業法(以下この問において「法」という。)第37条の規定により交付すべき書面(以下この問において「37条書面」という。)に関する次の記述のうち、法の規定によれば、正しいものはいくつあるか。なお、この問において「電磁的方法による提供」とは、政令で定めるところにより、同条に定める者の承諾を得て、37条書面に記載すべき事項を電磁的方法であって国土交通省令で定めるものにより提供することをいうものとする。〔改題〕

☆ア　Aは、その媒介により建築工事完了前の建物の売買契約を成立させ、当該建物を特定するために必要な表示について37条書面で交付する際、法第35条の規定に基づく重要事項の説明において使用した図書の交付により行った。

☆イ　Aが自ら貸主として宅地の定期賃貸借契約を締結した場合において、借賃の支払方法についての定めがあるときは、Aは、その内容を37条書面（電磁的方法による提供をする場合を含む。）に記載しなければならず、借主が宅地建物取引業者であっても、当該書面を交付又は電磁的方法による提供をしなければならない。

☆ウ　土地付建物の売主Aは、買主が金融機関から住宅ローンの承認を得られなかったときは契約を無条件で解除できるという取決めをしたが、自ら住宅ローンのあっせんをする予定がなかったので、37条書面（電磁的方法による提供をする場合を含む。）にその取決めの内容を記載しなかった。

☆エ　Aがその媒介により契約を成立させた場合において、契約の解除に関する定めがあるときは、当該契約が売買、貸借のいずれに係るものであるかを問わず、37条書面（電磁的方法による提供をする場合を含む。）にその内容を記載しなければならない。

1　一つ
2　二つ
3　三つ
4　四つ

問37　宅地建物取引業者Aが、自ら売主として、宅地建物取引業者ではないBとの間で締結する建築工事完了前のマンション（代金3,000万円）の売買契約に関する次の記述のうち、宅地建物取引業法（以下この問において「法」という。）の規定によれば、正しいものはどれか。

［改題］

☆1　Aが手付金として200万円を受領しようとする場合、Aは、Bに対して書面で法第41条に定める手付金等の保全措置を講じないことを告げれば、当該手付金について保全措置を講じる必要はない。

☆2　Aが手付金を受領している場合、Bが契約の履行に着手する前であっても、Aは、契約を解除することについて正当な理由がなければ、手付金の倍額を現実に提供して契約を解除することができない。

☆3　Aが150万円を手付金として受領し、さらに建築工事完了前に中間金として50万円を受領しようとする場合、Aは、手付金と中間金の合計額200万円について法第41条に定める手付金等の保全措置を講じれば、当該中間金を受領することができる。

☆4　Aが150万円を手付金として受領し、さらに建築工事完了前に中間金として

500万円を受領しようとする場合、Aは、手付金と中間金の合計額650万円について法第41条に定める手付金等の保全措置を講じたとしても、当該中間金を受領することができない。

問38 宅地建物取引業者Aが、自ら売主として、宅地建物取引業者ではないBとの間で宅地の売買契約を締結した場合における、宅地建物取引業法第37条の2の規定に基づくいわゆるクーリング・オフに関する次の記述のうち、誤っているものはいくつあるか。

☆ア　Bがクーリング・オフにより売買契約を解除した場合、当該契約の解除に伴う違約金について定めがあるときは、Aは、Bに対して違約金の支払を請求することができる。

☆イ　Aは、Bの指定した喫茶店で買受けの申込みを受けたが、その際クーリング・オフについて何も告げず、その3日後に、クーリング・オフについて書面で告げたうえで売買契約を締結した。この契約において、クーリング・オフにより契約を解除できる期間について買受けの申込みをした日から起算して10日間とする旨の特約を定めた場合、当該特約は無効となる。

★ウ　Aが媒介を依頼した宅地建物取引業者Cの事務所でBが買受けの申込みをし、売買契約を締結した場合、Aからクーリング・オフについて何も告げられていなければ、当該契約を締結した日から起算して8日経過していてもクーリング・オフにより契約を解除することができる。

1　一つ
2　二つ
3　三つ
4　なし

問39 宅地建物取引業者が行う宅地建物取引業法第35条に規定する重要事項の説明に関する次の記述のうち、正しいものはどれか。なお、説明の相手方は宅地建物取引業者ではないものとする。

☆1　既存住宅の貸借の媒介を行う場合、建物の建築及び維持保全の状況に関する書類の保存状況について説明しなければならない。

☆2　宅地の売買の媒介を行う場合、登記された抵当権について、引渡しまでに抹消される場合は説明しなくてよい。

☆3　宅地の貸借の媒介を行う場合、借地権の存続期間を50年とする賃貸借契約において、契約終了時における当該宅地の上の建物の取壊しに関する事項を定めようとするときは、その内容を説明しなければならない。

☆4　建物の売買又は貸借の媒介を行う場合、当該建物が津波防災地域づくりに関する法律第53条第1項により指定された津波災害警戒区域内にあるときは、その旨を、売買の場合は説明しなければならないが、貸借の場合は説明しなくてよい。

問40　次の記述のうち、宅地建物取引業法の規定によれば、誤っているものはどれか。

☆1　宅地建物取引業者の従業者は、取引の関係者の請求があったときは、従業者証明書を提示しなければならないが、宅地建物取引士は、重要事項の説明をするときは、請求がなくても説明の相手方に対し、宅地建物取引士証を提示しなければならない。

☆2　宅地建物取引業者は、その業務に関する帳簿を、各取引の終了後5年間、当該宅地建物取引業者が自ら売主となる新築住宅に係るものにあっては10年間、保存しなければならない。

★3　宅地建物取引業者が、一団の宅地建物の分譲を案内所を設置して行う場合、その案内所が一時的かつ移動が容易な施設であるときは、当該案内所には、クーリング・オフ制度の適用がある旨等所定の事項を表示した標識を掲げなければならない。

☆4　宅地建物取引業者が、一団の宅地建物の分譲を案内所を設置して行う場合、その案内所が契約を締結し、又は契約の申込みを受ける場所であるときは、当該案内所には、専任の宅地建物取引士を置かなければならない。

問41　宅地建物取引業者が行う宅地建物取引業法第35条に規定する重要事項の説明(以下この問において「重要事項説明」という。)に関する次の記述のうち、正しいものはどれか。なお、説明の相手方は宅地建物取引業者ではないものとする。

☆1　建物管理が管理会社に委託されている建物の貸借の媒介をする宅地建物取引業者は、当該建物が区分所有建物であるか否かにかかわらず、その管理会社の商号及びその主たる事務所の所在地について、借主に説明しなければならない。

☆2　宅地建物取引業者である売主は、他の宅地建物取引業者に媒介を依頼して宅地の売買契約を締結する場合、重要事項説明の義務を負わない。

☆3　建物の貸借の媒介において、建築基準法に規定する建蔽率及び容積率に関する制限があるときは、その概要を説明しなければならない。

☆4　重要事項説明では、代金、交換差金又は借賃の額を説明しなければならないが、それ以外に授受される金銭の額については説明しなくてよい。

問42　宅地建物取引業法第2条第1号に規定する宅地に関する次の記述のうち、誤っているものはどれか。

☆1　建物の敷地に供せられる土地は、都市計画法に規定する用途地域の内外を問わず宅地であるが、道路、公園、河川等の公共施設の用に供せられている土地は、用途地域内であれば宅地とされる。

☆2　宅地とは、現に建物の敷地に供せられている土地に限らず、広く建物の敷地に供する目的で取引の対象とされた土地をいうものであり、その地目、現況の如何を問わない。

☆3　都市計画法に規定する市街化調整区域内において、建物の敷地に供せられる土地は宅地である。

★4　都市計画法に規定する準工業地域内において、建築資材置場の用に供せられている土地は宅地である。

問43　宅地建物取引業の免許(以下この問において「免許」という。)に関する次の記述のうち、宅地建物取引業法の規定によれば、正しいものはどれか。

☆1　免許を受けようとする法人の非常勤役員が、刑法第246条(詐欺)の罪により懲役1年の刑に処せられ、その刑の執行が終わった日から5年を経過していなくても、当該法人は免許を受けることができる。

☆2　免許を受けようとする法人の政令で定める使用人が、刑法第252条(横領)の罪により懲役1年執行猶予2年の刑に処せられ、その刑の執行猶予期間を満了している場合、その満了の日から5年を経過していなくても、当該法人は免許を受けることができる。

☆3　免許を受けようとする法人の事務所に置く専任の宅地建物取引士が、刑法第261条(器物損壊等)の罪により罰金の刑に処せられ、その刑の執行が終わった日から5年を経過していない場合、当該法人は免許を受けることができない。

☆4　免許を受けようとする法人の代表取締役が、刑法第231条(侮辱)の罪により拘留の刑に処せられ、その刑の執行が終わった日から5年を経過していない場合、当該法人は免許を受けることができない。

問44 宅地建物取引業法に規定する宅地建物取引士資格登録(以下この問において「登録」という。)に関する次の記述のうち、正しいものはどれか。

★1　業務停止の処分に違反したとして宅地建物取引業の免許の取消しを受けた法人の政令で定める使用人であった者は、当該免許取消しの日から5年を経過しなければ、登録を受けることができない。

★2　宅地建物取引業者Ａ（甲県知事免許）に勤務する宅地建物取引士(甲県知事登録)が、宅地建物取引業者Ｂ（乙県知事免許）に勤務先を変更した場合は、乙県知事に対して、遅滞なく勤務先の変更の登録を申請しなければならない。

☆3　甲県知事登録を受けている者が、甲県から乙県に住所を変更した場合は、宅地建物取引士証の交付を受けていなくても、甲県知事に対して、遅滞なく住所の変更の登録を申請しなければならない。

☆4　宅地建物取引士資格試験に合格した者は、宅地建物取引に関する実務の経験を有しない場合でも、合格した日から1年以内に登録を受けようとするときは、登録実務講習を受講する必要はない。

問45 特定住宅瑕疵担保責任の履行の確保等に関する法律に基づく住宅販売瑕疵担保保証金の供託又は住宅販売瑕疵担保責任保険契約の締結に関する次の記述のうち、誤っているものはどれか。 [改題]

☆1　宅地建物取引業者は、自ら売主として新築住宅を販売する場合だけでなく、新築住宅の売買の媒介をする場合においても、住宅販売瑕疵担保保証金の供託又は住宅販売瑕疵担保責任保険契約の締結を行う義務を負う。

☆2　自ら売主として新築住宅を販売する宅地建物取引業者は、住宅販売瑕疵担保保証金の供託をしている場合、当該住宅の売買契約を締結するまでに、当該住宅の宅地建物取引業者ではない買主に対し、供託所の所在地等について、それらの事項を記載した書面(買主の承諾を得て電磁的方法により提供する場合を含む)を交付して説明しなければならない。

☆3　自ら売主として新築住宅を宅地建物取引業者ではない買主に引き渡した宅地建物取引業者は、基準日ごとに基準日から3週間以内に、当該基準日に係る住宅販売瑕疵担保保証金の供託及び住宅販売瑕疵担保責任保険契約の締結の状況について、宅地建物取引業の免許を受けた国土交通大臣又は都道府県知事に届け出なければならない。

☆4　住宅販売瑕疵担保責任保険契約を締結している宅地建物取引業者は、当該保険に係る新築住宅に、構造耐力上主要な部分又は雨水の浸入を防止する部分の瑕疵（構造耐力又は雨水の浸入に影響のないものを除く。）がある場合に、特定住宅販売瑕疵担保責任の履行によって生じた損害について保険金を請求することができる。

問46　独立行政法人住宅金融支援機構（以下この問において「機構」という。）に関する次の記述のうち、誤っているものはどれか。

☆1　機構は、証券化支援事業（買取型）において、中古住宅を購入するための貸付債権を買取りの対象としていない。

★2　機構は、証券化支援事業（買取型）において、バリアフリー性、省エネルギー性、耐震性又は耐久性・可変性に優れた住宅を取得する場合に、貸付金の利率を一定期間引き下げる制度を実施している。

☆3　機構は、マンション管理組合や区分所有者に対するマンション共用部分の改良に必要な資金の貸付けを業務として行っている。

★4　機構は、災害により住宅が滅失した場合において、それに代わるべき建築物の建設又は購入に必要な資金の貸付けを業務として行っている。

問47　宅地建物取引業者が行う広告に関する次の記述のうち、不当景品類及び不当表示防止法（不動産の表示に関する公正競争規約を含む。）の規定によれば、正しいものはどれか。　［改題］

△1　土地を販売するに当たり、購入者に対し、購入後一定期間内に当該土地に建物を建築することを条件としていても、建物建築の発注先を購入者が自由に選定できることとなっていれば、当該土地の広告に「建築条件付土地」と表示する必要はない。

☆2　新聞折込チラシにおいて新築賃貸マンションの賃料を表示するに当たり、標準的な1住戸1か月当たりの賃料を表示すれば、不当表示に問われることはない。

★3　改築済みの中古住宅については、改築済みである旨を必ず表示しなければならない。

★4　分譲住宅について、住宅の購入者から買い取って再度販売する場合、当該住宅が建築工事完了後1年未満で居住の用に供されたことがないものであるときは、広告に「新築」と表示しても、不当表示に問われることはない。

問48 統計問題につき、問題省略
（最新の統計データで学習してください）

問49 土地に関する次の記述のうち、最も不適当なものはどれか。

☆1　台地、段丘は、農地として利用され、また都市的な土地利用も多く、地盤も安定している。

☆2　台地を刻む谷や台地上の池沼を埋め立てた所では、地盤の液状化が発生し得る。

☆3　台地、段丘は、水はけも良く、宅地として積極的に利用されているが、自然災害に対して安全度の低い所である。

☆4　旧河道や低湿地、海浜の埋立地では、地震による地盤の液状化対策が必要である。

問50 建築物の構造に関する次の記述のうち、最も不適当なものはどれか。

☆1　地震に対する建物の安全確保においては、耐震、制震、免震という考え方がある。

☆2　制震は制振ダンパーなどの制振装置を設置し、地震等の周期に建物が共振することで起きる大きな揺れを制御する技術である。

☆3　免震はゴムなどの免震装置を設置し、上部構造の揺れを減らす技術である。

☆4　耐震は、建物の強度や粘り強さで地震に耐える技術であるが、既存不適格建築物の地震に対する補強には利用されていない。

No.
06

平成29年度
（2017年度）

本試験問題

この年の合格基準点は35点でした

インフォメーション

選択肢番号についているマークの意味は次のとおりです。
復習のさいにお役立てください。

☆…即答できなかったらちょっとマズイ（復習推奨）
★…いま間違えてもいいけど、必ず解説を読んでできるようにしておこう（復習推奨）
△…確実に合格を目指すなら、マスターしておきたい（直前期に余裕があれば、再チェック）
×…できなくても問題ナシ（復習の必要性は乏しい）

解き終わったあと、☆と★の問題については必ず復習をしておきましょう。

問1 代理に関する次の記述のうち、民法の規定及び判例によれば、誤っているものはどれか。

☒1　売買契約を締結する権限を与えられた代理人は、特段の事情がない限り、相手方からその売買契約を取り消す旨の意思表示を受領する権限を有する。

☆2　委任による代理人は、本人の許諾を得たときのほか、やむを得ない事由があるときにも、復代理人を選任することができる。

☒3　復代理人が委任事務を処理するに当たり金銭を受領し、これを代理人に引き渡したときは、特段の事情がない限り、代理人に対する受領物引渡義務は消滅するが、本人に対する受領物引渡義務は消滅しない。

☒4　夫婦の一方は、個別に代理権の授権がなくとも、日常家事に関する事項について、他の一方を代理して法律行為をすることができる。

問2 所有権の移転又は取得に関する次の記述のうち、民法の規定及び判例によれば、正しいものはどれか。

△1　Aの所有する甲土地をBが時効取得した場合、Bが甲土地の所有権を取得するのは、取得時効の完成時である。

★2　Aを売主、Bを買主としてCの所有する乙建物の売買契約が締結された場合、BがAの無権利について善意無過失であれば、AB間で売買契約が成立した時点で、Bは乙建物の所有権を取得する。

△3　Aを売主、Bを買主として、丙土地の売買契約が締結され、代金の完済までは丙土地の所有権は移転しないとの特約が付された場合であっても、当該売買契約締結の時点で丙土地の所有権はBに移転する。

△4　AがBに丁土地を売却したが、AがBの強迫を理由に売買契約を取り消した場合、丁土地の所有権はAに復帰し、初めからBに移転しなかったことになる。

問3 次の1から4までの記述のうち、民法の規定及び下記判決文によれば、誤っているものはどれか。

(判決文)

共有者の一部の者から共有者の協議に基づかないで共有物を占有使用することを承認された第三者は、その者の占有使用を承認しなかった共有者に対して共有物を排他的に占有する権原を主張することはできないが、現にする占有がこれを承認した共有者の持分に基づくものと認められる限度で共有物を占有使用する権原を有するので、第三者の占有使用を承認しなかった共有者は右第三者に対して当然には共有物の明渡しを請求することはできないと解するのが相当である。

△1　共有者は、他の共有者との協議に基づかないで当然に共有物を排他的に占有する権原を有するものではない。

☆2　AとBが共有する建物につき、AB間で協議することなくAがCと使用貸借契約を締結した場合、Bは当然にはCに対して当該建物の明渡しを請求することはできない。

☆3　DとEが共有する建物につき、DE間で協議することなくDがFと使用貸借契約を締結した場合、Fは、使用貸借契約を承認しなかったEに対して当該建物全体を排他的に占有する権原を主張することができる。

☆4　GとHが共有する建物につき、Gがその持分を放棄した場合は、その持分はHに帰属する。

問4 次の記述のうち、平成29年4月1日現在施行されている民法の条文に規定されているものはどれか。

法改正により削除

問5 Aは、中古自動車を売却するため、Bに売買の媒介を依頼し、報酬として売買代金の3%を支払うことを約した。Bの媒介によりAは当該自動車をCに100万円で売却した。この場合に関する次の記述のうち、民法の規定及び判例によれば、正しいものはどれか。［改題］

☆1　Bが報酬を得て売買の媒介を行っているので、CはAから当該自動車の引渡しを受ける前に、100万円をAに支払わなければならない。

☆2　Cに引き渡した当該自動車が品質に関して売買契約の内容に適合しないものであった場合には、CはAに対しても、Bに対しても、担保責任を追及することができる。

☆3　売買契約が締結された際に、Cが解約手付として手付金10万円をAに支払っている場合には、Aはいつでも20万円を現実に提供して売買契約を解除することができる。

★4　売買契約締結時には当該自動車がAの所有物ではなく、Aの父親の所有物であったとしても、AC間の売買契約は有効に成立する。

問6 Aが死亡し、相続人がBとCの2名であった場合に関する次の記述のうち、民法の規定及び判例によれば、正しいものはどれか。

☆1 ①BがAの配偶者でCがAの子である場合と、②BとCがいずれもAの子である場合とでは、Bの法定相続分は①の方が大きい。

△2 Aの死亡後、いずれもAの子であるBとCとの間の遺産分割協議が成立しないうちにBが死亡したときは、Bに配偶者Dと子Eがいる場合であっても、Aの遺産分割についてはEが代襲相続人として分割協議を行う。

☒3 遺産分割協議が成立するまでの間に遺産である不動産から賃料債権が生じていて、BとCがその相続分に応じて当該賃料債権を分割単独債権として確定的に取得している場合、遺産分割協議で当該不動産をBが取得することになっても、Cが既に取得した賃料債権につき清算する必要はない。

★4 Bが自己のために相続の開始があったことを知った時から3か月以内に家庭裁判所に対して、相続によって得た財産の限度においてのみAの債務及び遺贈を弁済すべきことを留保して相続を承認する限定承認をする旨を申述すれば、Cも限定承認をする旨を申述したとみなされる。

問7 請負契約に関する次の記述のうち、民法の規定及び判例によれば、誤っているものはどれか。
［改題］

☒1 請負契約が請負人の責めに帰すべき事由によって中途で終了し、請負人が施工済みの部分に相当する報酬に限ってその支払を請求することができる場合、注文者が請負人に請求できるのは、注文者が残工事の施工に要した費用のうち、請負人の未施工部分に相当する請負代金額を超える額に限られる。

☒2 請負契約が注文者の責めに帰すべき事由によって中途で終了した場合、請負人は、残債務を免れるとともに、注文者に請負代金全額を請求できるが、自己の債務を免れたことによる利益を注文者に償還しなければならない。

△3 請負契約の目的物が品質に関して契約の内容に適合しないものである場合、注文者は、請負人から債務の履行に代わる損害の賠償を受けていなくとも、特別の事情がない限り、報酬全額を支払わなければならない。

☆4 請負人が担保責任を負わない旨の特約をしたときであっても、知りながら告げなかった事実については、その責任を免れることはできない。

問8 A、B、Cの3人がDに対して900万円の連帯債務を負っている場合に関する次の記述のうち、民法の規定及び判例によれば、正しいものはどれか。なお、A、B、Cの負担部分は等しいものとし、当事者間において、民法第441条ただし書きに規定する別段の意思表示はなされていないものとする。 ［改題］

★ 1　DがAに対して履行の請求をした場合、B及びCがそのことを知ったときは、B及びCに、その効力が及ぶ。

★ 2　Aが、Dに対する債務と、Dに対して有する200万円の債権を対当額で相殺する旨の意思表示をDにした場合、B及びCのDに対する連帯債務も200万円が消滅する。

△ 3　Bのために時効が完成した場合、A及びCのDに対する連帯債務も時効によって全部消滅する。

△ 4　CがDに対して100万円を弁済した場合は、Cの負担部分の範囲内であるから、Cは、A及びBに対して求償することはできない。

問9 1億2,000万円の財産を有するAが死亡した。Aには、配偶者はなく、子B、C、Dがおり、Bには子Eが、Cには子Fがいる。Bは相続を放棄した。また、Cは生前のAを強迫して遺言作成を妨害したため、相続人となることができない。この場合における法定相続分に関する次の記述のうち、民法の規定によれば、正しいものはどれか。

★ 1　Dが4,000万円、Eが4,000万円、Fが4,000万円となる。

★ 2　Dが1億2,000万円となる。

★ 3　Dが6,000万円、Fが6,000万円となる。

★ 4　Dが6,000万円、Eが6,000万円となる。

問10 ①不動産質権と②抵当権に関する次の記述のうち、民法の規定によれば、誤っているものはどれか。

★ 1　①では、被担保債権の利息のうち、満期となった最後の2年分についてのみ担保されるが、②では、設定行為に別段の定めがない限り、被担保債権の利息は担保されない。

△ 2　①は、10年を超える存続期間を定めたときであっても、その期間は10年となるのに対し、②は、存続期間に関する制限はない。

△3　①は、目的物の引渡しが効力の発生要件であるのに対し、②は、目的物の引渡しは効力の発生要件ではない。

△4　①も②も不動産に関する物権であり、登記を備えなければ第三者に対抗することができない。

問11 A所有の甲土地につき、×9年10月1日にBとの間で賃貸借契約(以下「本件契約」という。)が締結された場合に関する次の記述のうち、民法及び借地借家法の規定並びに判例によれば、正しいものはどれか。　［改題］

☆1　Aが甲土地につき、本件契約とは別に、×9年9月1日にCとの間で建物所有を目的として賃貸借契約を締結していた場合、本件契約が資材置場として更地で利用することを目的とするものであるときは、本件契約よりもCとの契約が優先する。

☆2　賃借権の存続期間を10年と定めた場合、本件契約が居住の用に供する建物を所有することを目的とするものであるときは存続期間が30年となるのに対し、本件契約が資材置場として更地で利用することを目的とするものであるときは存続期間は10年である。

△3　本件契約が建物所有を目的として存続期間60年とし、賃料につき3年ごとに1%ずつ増額する旨を公正証書で定めたものである場合、社会情勢の変化により賃料が不相当となったときであっても、AもBも期間満了まで賃料の増減額請求をすることができない。

△4　本件契約が建物所有を目的としている場合、契約の更新がなく、建物の買取りの請求をしないこととする旨を定めるには、AはあらかじめBに対してその旨を記載した書面を交付して説明しなければならない。

問12 Aが所有する甲建物をBに対して3年間賃貸する旨の契約をした場合における次の記述のうち、借地借家法の規定によれば、正しいものはどれか。　［改題］

★1　AがBに対し、甲建物の賃貸借契約の期間満了の1年前に更新をしない旨の通知をしていれば、AB間の賃貸借契約は期間満了によって当然に終了し、更新されない。

★2　Aが甲建物の賃貸借契約の解約の申入れをした場合には申入れ日から3月で賃貸借契約が終了する旨を定めた特約は、Bがあらかじめ同意していれば、有効となる。

☆3　Cが甲建物を適法に転借している場合、AB間の賃貸借契約が期間満了によって終了するときに、Cがその旨をBから聞かされていれば、AはCに対して、賃貸借契約の期間満了による終了を対抗することができる。

☆4　AB間の賃貸借契約が借地借家法第38条の定期建物賃貸借で、契約の更新がない旨を定めるものである場合、当該契約前にAがBに契約の更新がなく期間の満了により終了する旨を記載した書面を交付して(建物の賃借人の承諾を得て、電磁的方法により提供する場合を含む。)説明しなければ、契約の更新がない旨の約定は無効となる。

問13 建物の区分所有等に関する法律に関する次の記述のうち、誤っているものはどれか。

☆1　管理者は、少なくとも毎年1回集会を招集しなければならない。

☆2　区分所有者の5分の1以上で議決権の5分の1以上を有するものは、管理者に対し、会議の目的たる事項を示して、集会の招集を請求することができるが、この定数は規約で減ずることはできない。

☒3　集会の招集の通知は、区分所有者が管理者に対して通知を受け取る場所をあらかじめ通知した場合には、管理者はその場所にあてすれば足りる。

☆4　集会は、区分所有者全員の同意があれば、招集の手続を経ないで開くことができる。

問14 不動産の登記に関する次の記述のうち、不動産登記法の規定によれば、誤っているものはどれか。

☒1　建物の名称があるときは、その名称も当該建物の表示に関する登記の登記事項となる。

☒2　地上権の設定の登記をする場合において、地上権の存続期間の定めがあるときは、その定めも登記事項となる。

☒3　賃借権の設定の登記をする場合において、敷金があるときであっても、その旨は登記事項とならない。

☒4　事業用定期借地権として借地借家法第23条第1項の定めのある賃借権の設定の登記をする場合、その定めも登記事項となる。

問15 農地に関する次の記述のうち、農地法(以下この問において「法」という。)の規定によれば、正しいものはどれか。

☆1　市街化区域内の農地を耕作のために借り入れる場合、あらかじめ農業委員会に届出をすれば、法第3条第1項の許可を受ける必要はない。

☆2　市街化調整区域内の4ヘクタールを超える農地について、これを転用するために所有権を取得する場合、農林水産大臣の許可を受ける必要がある。

☆3　銀行から500万円を借り入れるために農地に抵当権を設定する場合、法第3条第1項又は第5条第1項の許可を受ける必要がある。

☆4　相続により農地の所有権を取得した者は、遅滞なく、その農地の存する市町村の農業委員会にその旨を届け出なければならない。

問16　都市計画法に関する次の記述のうち、正しいものの組合せはどれか。

☆ア　都市計画施設の区域又は市街地開発事業の施行区域内において建築物の建築をしようとする者は、一定の場合を除き、都道府県知事(市の区域内にあっては、当該市の長)の許可を受けなければならない。

☆イ　地区整備計画が定められている地区計画の区域内において、建築物の建築を行おうとする者は、都道府県知事(市の区域内にあっては、当該市の長)の許可を受けなければならない。

☆ウ　都市計画事業の認可の告示があった後、当該認可に係る事業地内において、当該都市計画事業の施行の障害となるおそれがある土地の形質の変更を行おうとする者は、都道府県知事(市の区域内にあっては、当該市の長)の許可を受けなければならない。

△エ　都市計画事業の認可の告示があった後、当該認可に係る事業地内の土地建物等を有償で譲り渡そうとする者は、当該事業の施行者の許可を受けなければならない。

1　ア、ウ
2　ア、エ
3　イ、ウ
4　イ、エ

問17　都市計画法に関する次の記述のうち、正しいものはどれか。ただし、許可を要する開発行為の面積について、条例による定めはないものとし、この問において「都道府県知事」とは、地方自治法に基づく指定都市、中核市及び施行時特例市にあってはその長をいうものとする。

☆1　準都市計画区域内において、工場の建築の用に供する目的で1,000㎡の土地の区画形質の変更を行おうとする者は、あらかじめ、都道府県知事の許可を受けなければならない。

☆2　市街化区域内において、農業を営む者の居住の用に供する建築物の建築の用に供する目的で1,000㎡の土地の区画形質の変更を行おうとする者は、あらかじめ、都道府県知事の許可を受けなければならない。

☆3　都市計画区域及び準都市計画区域外の区域内において、変電所の建築の用に供する目的で1,000㎡の土地の区画形質の変更を行おうとする者は、あらかじめ、都道府県知事の許可を受けなければならない。

★4　区域区分の定めのない都市計画区域内において、遊園地の建設の用に供する目的で3,000㎡の土地の区画形質の変更を行おうとする者は、あらかじめ、都道府県知事の許可を受けなければならない。

問18 建築基準法に関する次の記述のうち、誤っているものはどれか。

△1　鉄筋コンクリート造であって、階数が2の住宅を新築する場合において、特定行政庁が、安全上、防火上及び避難上支障がないと認めたときは、検査済証の交付を受ける前においても、仮に、当該建築物を使用することができる。

☒2　長屋の各戸の界壁は、小屋裏又は天井裏に達するものとしなければならない。

△3　下水道法に規定する処理区域内においては、便所は、汚水管が公共下水道に連結された水洗便所としなければならない。

△4　ホテルの用途に供する建築物を共同住宅(その用途に供する部分の床面積の合計が300㎡)に用途変更する場合、建築確認は不要である。

問19 建築基準法(以下この問において「法」という。)に関する次の記述のうち、正しいものはどれか。［改題］

★1　都市計画区域又は準都市計画区域内における用途地域の指定のない区域内の建築物の建蔽率の上限値は、原則として、法で定めた数値のうち、特定行政庁が土地利用の状況等を考慮し当該区域を区分して都道府県都市計画審議会の議を経て定めるものとなる。

☆2　第二種中高層住居専用地域内では、原則として、ホテル又は旅館を建築することができる。

△3　幅員4m以上であり、都市計画区域若しくは準都市計画区域の指定若しくは変更又は法第68条の9第1項の規定に基づく条例の制定若しくは改正により法第3章の規定が適用されるに至った時点で現に存在する道は、特定行政庁の指定がない限り、法上の道路とはならない。

☆4　建築物の前面道路の幅員により制限される容積率について、前面道路が2つ以上ある場合には、これらの前面道路の幅員の最小の数値(12m未満の場合に限る。)を用いて算定する。

問20　宅地造成及び特定盛土等規制法に関する次の記述のうち、誤っているものはどれか。なお、この問において「都道府県知事」とは、地方自治法に基づく指定都市、中核市及び施行時特例市にあってはその長をいうものとする。　[改題]

★1　都道府県知事は、宅地造成等工事規制区域内の土地で、宅地造成又は特定盛土等に伴う災害の防止のため必要な擁壁が設置されていないために、これを放置するときは、宅地造成等に伴う災害の発生のおそれが大きいと認められる場合、一定の限度のもとに、当該土地の所有者、管理者又は占有者に対して、擁壁の設置を命ずることができる。

△2　都道府県知事は、宅地造成等工事規制区域内の土地において行われている工事の状況について、その工事が宅地造成等に関する工事であるか否かにかかわらず、当該土地の所有者、管理者又は占有者に対して報告を求めることができる。

☒3　都道府県知事は、一定の場合には都道府県(指定都市、中核市又は施行時特例市の区域にあっては、それぞれ指定都市、中核市又は施行時特例市)の規則で、宅地造成等工事規制区域内において行われる宅地造成等に関する工事の技術的基準を強化することができる。

☒4　宅地造成等工事規制区域内において、政令で定める技術的基準を満たす地表水等を排除するための排水施設の除却工事を行おうとする場合は、一定の場合を除き、都道府県知事への届出が必要となるが、当該技術的基準を満たす必要のない地表水等を排除するための排水施設を除却する工事を行おうとする場合は、都道府県知事に届け出る必要はない。

問21　土地区画整理法に関する次の記述のうち、誤っているものはどれか。なお、この問において「組合」とは、土地区画整理組合をいう。

△1　組合は、事業の完成により解散しようとする場合においては、都道府県知事の認可を受けなければならない。

△2　施行地区内の宅地について組合員の有する所有権の全部又は一部を承継した者がある場合においては、その組合員がその所有権の全部又は一部について組合に対して有する権利義務は、その承継した者に移転する。

☆3　組合を設立しようとする者は、事業計画の決定に先立って組合を設立する必要があると認める場合においては、7人以上共同して、定款及び事業基本方針を定め、その組合の設立について都道府県知事の認可を受けることができる。

☆4　組合が施行する土地区画整理事業に係る施行地区内の宅地について借地権のみを有する者は、その組合の組合員とはならない。

問22　次の記述のうち、正しいものはどれか。

△1　津波防災地域づくりに関する法律によれば、津波防護施設区域内において土地の掘削をしようとする者は、一定の場合を除き、津波防護施設管理者の許可を受けなければならない。

★2　国土利用計画法によれば、市街化区域内の3,000㎡の土地を贈与により取得した者は、2週間以内に、都道府県知事(地方自治法に基づく指定都市にあっては、当該指定都市の長)に届け出なければならない。

☒3　景観法によれば、景観計画区域内において建築物の新築、増築、改築又は移転をした者は、工事着手後30日以内に、その旨を景観行政団体の長に届け出なければならない。

☒4　道路法によれば、道路の区域が決定された後道路の供用が開始されるまでの間であっても、道路管理者が当該区域についての土地に関する権原を取得する前であれば、道路管理者の許可を受けずに、当該区域内において工作物を新築することができる。

問23　所得税法に関する次の記述のうち、正しいものはどれか。

☒1　個人が台風により主として保養の用に供する目的で所有する別荘について受けた損失の金額(保険金等により補てんされる部分の金額を除く。)は、その損失を受けた日の属する年分又はその翌年分の譲渡所得の金額の計算上控除される。

☒2　建物の所有を目的とする土地の賃借権の設定の対価として支払を受ける権利

金の金額が、その土地の価額の10分の5に相当する金額を超えるときは、不動産所得として課税される。

☒3　譲渡所得とは資産の譲渡による所得をいうので、不動産業者である個人が営利を目的として継続的に行っている土地の譲渡による所得は、譲渡所得として課税される。

☒4　個人が相続(限定承認に係るものを除く。)により取得した譲渡所得の基因となる資産を譲渡した場合における譲渡所得の金額の計算については、その資産をその相続の時における価額に相当する金額により取得したものとして計算される。

問24　固定資産税に関する次の記述のうち、正しいものはどれか。　［改題］

☆1　固定資産税は、固定資産が賃借されている場合、所有者ではなく当該固定資産の賃借人に対して課税される。

☒2　家屋に対して課する固定資産税の納税者が、その納付すべき当該年度の固定資産税に係る家屋について家屋課税台帳等に登録された価格と当該家屋が所在する市町村内の他の家屋の価格とを比較することができるよう、当該納税者は、家屋価格等縦覧帳簿をいつでも縦覧することができる。

△3　固定資産税の納税者は、その納付すべき当該年度の固定資産課税に係る固定資産について、固定資産課税台帳に登録された価格について不服があるときは、一定の場合を除いて、文書をもって、固定資産評価審査委員会に審査の申出をすることができる。

☒4　令和6年1月1日現在において更地であっても住宅の建設が予定されている土地においては、市町村長が固定資産課税台帳に当該土地の価格を登録した旨の公示をするまでに当該住宅の敷地の用に供された場合には、当該土地に係る令和6年度の固定資産税について、住宅用地に対する課税標準の特例が適用される。

問25　地価公示法に関する次の記述のうち、正しいものはどれか。

△1　土地鑑定委員会は、標準地の単位面積当たりの価格及び当該標準地の前回の公示価格からの変化率等一定の事項を官報により公示しなければならないとされている。

☆2　土地鑑定委員会は、公示区域内の標準地について、毎年2回、2人以上の不動産鑑定士の鑑定評価を求め、その結果を審査し、必要な調整を行って、一定の基準日における当該標準地の単位面積当たりの正常な価格を判定し、これを公示するものとされている。

3　標準地は、土地鑑定委員会が、自然的及び社会的条件からみて類似の利用価値を有すると認められる地域において、土地の利用状況、環境等が通常であると認められる一団の土地について選定するものとされている。

4　土地の取引を行なう者は、取引の対象となる土地が標準地である場合には、当該標準地について公示された価格により取引を行なう義務を有する。

問26　宅地建物取引業者A（消費税課税事業者）は貸主Bから建物の貸借の媒介の依頼を受け、宅地建物取引業者C（消費税課税事業者）は借主Dから建物の貸借の媒介の依頼を受け、BとDの間での賃貸借契約を成立させた。この場合における次の記述のうち、宅地建物取引業法（以下この問において「法」という。）の規定によれば、正しいものはどれか。なお、1か月分の借賃は9万円（消費税等相当額を含まない。）である。　［改題］

1　建物を店舗として貸借する場合、当該賃貸借契約において200万円の権利金（権利設定の対価として支払われる金銭であって返還されないものをいい、消費税等相当額を含まない。）の授受があるときは、A及びCが受領できる報酬の限度額の合計は220,000円である。

2　AがBから49,500円の報酬を受領し、CがDから49,500円の報酬を受領した場合、AはBの依頼によって行った広告の料金に相当する額を別途受領することができない。

3　Cは、Dから報酬をその限度額まで受領できるほかに、法第35条の規定に基づく重要事項の説明を行った対価として、報酬を受領することができる。

4　建物を居住用として貸借する場合、当該賃貸借契約において100万円の保証金（Dの退去時にDに全額返還されるものとする。）の授受があるときは、A及びCが受領できる報酬の限度額の合計は110,000円である。

問27　宅地建物取引業者Aが、自ら売主として宅地建物取引業者でない買主Bとの間で締結した宅地の売買契約に関する次の記述のうち、宅地建物取引業法及び民法の規定によれば、正しいものはいくつあるか。なお、この問において「一定の担保責任」とは、当該宅地の種類又は品質に関して契約の内容に適合しない場合におけるその不適合を担保すべき責任をいうものとし、「不適合」とは、当該宅地が種類

又は品質に関して当該売買契約の内容に適合しない場合におけるその不適合をいうものとする。 [改題]

☆ア　売買契約において、一定の担保責任を負うのはBが引渡しの日から2年以内に不適合の事実をAに通知したときとする(ただし、Aが引渡しの時にその不適合を知り、又は重大な過失によって知らなかったときを除く。)特約を定めた場合、その特約は無効となる。

☆イ　売買契約において、売主の責めに帰すべき事由による不適合についてのみ引渡しの日から1年間一定の担保責任を負うという特約を定めた場合、その特約は無効となる。

☆ウ　Aが一定の担保責任を負う期間内においては、損害賠償の請求をすることはできるが、契約を解除することはできないとする特約を定めた場合、その特約は有効である。

1　一つ
2　二つ
3　三つ
4　なし

問28　宅地建物取引業者Aが行う業務に関する次の記述のうち、宅地建物取引業法(以下この問において「法」という。)の規定に違反しないものはいくつあるか。

★ア　Aは、法第49条に規定されている業務に関する帳簿について、業務上知り得た秘密が含まれているため、当該帳簿の閉鎖後、遅滞なく、専門業者に委託して廃棄した。

☆イ　Aは、宅地の売却を希望するBと専任代理契約を締結した。Aは、Bの要望を踏まえ、当該代理契約に指定流通機構に登録しない旨の特約を付したため、その登録をしなかった。

☆ウ　Aの従業者Cは、投資用マンションの販売において、勧誘に先立ちAの名称を告げず、自己の氏名及び契約締結の勧誘が目的であることを告げたうえで勧誘を行ったが、相手方から関心がない旨の意思表示があったので、勧誘の継続を断念した。

☆エ　Aは、自ら売主として新築マンションを分譲するに当たり、売買契約の締結に際して買主から手付を受領した。その後、当該契約の当事者の双方が契約の履行に着手する前に、Aは、手付を買主に返還して、契約を一方的に解除した。

1　一つ
2　二つ
3　三つ
4　なし

問29 次の記述のうち、宅地建物取引業法（以下この問において「法」という。）の規定によれば、正しいものはどれか。

☆1　宅地建物取引業者A（甲県知事免許）は、マンション管理業に関し、不正又は著しく不当な行為をしたとして、マンションの管理の適正化の推進に関する法律に基づき、国土交通大臣から業務の停止を命じられた。この場合、Aは、甲県知事から法に基づく指示処分を受けることがある。

☆2　国土交通大臣は、宅地建物取引業者B（乙県知事免許）の事務所の所在地を確知できない場合、その旨を官報及び乙県の公報で公告し、その公告の日から30日を経過してもBから申出がないときは、Bの免許を取り消すことができる。

★3　国土交通大臣は、宅地建物取引業者C（国土交通大臣免許）に対し、法第35条の規定に基づく重要事項の説明を行わなかったことを理由に業務停止を命じた場合は、遅滞なく、その旨を内閣総理大臣に通知しなければならない。

☆4　宅地建物取引業者D（丙県知事免許）は、法第72条第1項に基づく丙県職員による事務所への立入検査を拒んだ。この場合、Dは、50万円以下の罰金に処せられることがある。

問30 宅地建物取引業法（以下この問において「法」という。）の規定に関する次の記述のうち、誤っているものはどれか。なお、この問において「登録」とは、宅地建物取引士の登録をいうものとする。

☆1　宅地建物取引士A（甲県知事登録）が、甲県から乙県に住所を変更したときは、乙県知事に対し、登録の移転の申請をすることができる。

☆2　宅地建物取引業者B（甲県知事免許）が、乙県に所在する1棟のマンション（150戸）を分譲するため、現地に案内所を設置し契約の申込みを受けるときは、甲県知事及び乙県知事に、その業務を開始する日の10日前までに、法第50条第2項の規定に基づく届出をしなければならない。

☆3　宅地建物取引士資格試験合格後18月を経過したC（甲県知事登録）が、甲県知事から宅地建物取引士証の交付を受けようとする場合は、甲県知事が指定する講習を交付の申請前6月以内に受講しなければならない。

☆4　宅地建物取引業者D社(甲県知事免許)が、合併により消滅したときは、その日から30日以内に、D社を代表する役員であった者が、その旨を甲県知事に届け出なければならない。

問31　宅地建物取引業者Aが、自ら売主として、宅地建物取引業者でないBとの間でマンション(代金3,000万円)の売買契約を締結しようとする場合における次の記述のうち、宅地建物取引業法(以下この問において「法」という。)の規定によれば、正しいものはいくつあるか。

☆ア　Bは自ら指定した自宅においてマンションの買受けの申込みをした場合においても、法第37条の2の規定に基づき、書面により買受けの申込みの撤回を行うことができる。

☆イ　BがAに対し、法第37条の2の規定に基づき、書面により買受けの申込みの撤回を行った場合、その効力は、当該書面をAが受け取った時に生じることとなる。

☆ウ　Aは、Bとの間で、当事者の債務不履行を理由とする契約解除に伴う違約金について300万円とする特約を定めた場合、加えて、損害賠償の予定額を600万円とする特約を定めることができる。

1　一つ
2　二つ
3　三つ
4　なし

問32　宅地建物取引業法に規定する営業保証金に関する次の記述のうち、誤っているものはどれか。

☆1　宅地建物取引業者は、主たる事務所を移転したことにより、その最寄りの供託所が変更となった場合において、金銭のみをもって営業保証金を供託しているときは、従前の供託所から営業保証金を取り戻した後、移転後の最寄りの供託所に供託しなければならない。

☆2　宅地建物取引業者は、事業の開始後新たに事務所を設置するため営業保証金を供託したときは、供託物受入れの記載のある供託書の写しを添附して、その旨を免許を受けた国土交通大臣又は都道府県知事に届け出なければならない。

☆3　宅地建物取引業者は、一部の事務所を廃止し営業保証金を取り戻そうとする場合には、供託した営業保証金につき還付を請求する権利を有する者に対し、6月以上の期間を定めて申し出るべき旨の公告をしなければならない。

☆4　宅地建物取引業者は、営業保証金の還付があったために営業保証金に不足が生じたときは、国土交通大臣又は都道府県知事から不足額を供託すべき旨の通知書の送付を受けた日から2週間以内に、不足額を供託しなければならない。

問33 宅地建物取引業者が行う宅地建物取引業法第35条に規定する重要事項の説明に関する次の記述のうち、正しいものはどれか。なお、説明の相手方は宅地建物取引業者ではないものとする。
［改題］

☆1　宅地の売買の媒介を行う場合、売買の各当事者すなわち売主及び買主に対して、書面を交付又は承諾を得て、当該書面に記載すべき事項を電磁的方法であって国土交通省令で定めるものにより提供して説明しなければならない。

☆2　宅地の売買の媒介を行う場合、代金に関する金銭の貸借のあっせんの内容及び当該あっせんに係る金銭の貸借が成立しないときの措置について、説明しなければならない。

☆3　建物の貸借の媒介を行う場合、私道に関する負担について、説明しなければならない。

★4　建物の売買の媒介を行う場合、天災その他不可抗力による損害の負担に関する定めがあるときは、その内容について、説明しなければならない。

問34 次の記述のうち、宅地建物取引業法(以下この問において「法」という。)の規定によれば、誤っているものはどれか。

☆1　宅地建物取引業者が、自ら売主として、宅地及び建物の売買の契約を締結するに際し、手付金について、当初提示した金額を減額することにより、買主に対し売買契約の締結を誘引し、その契約を締結させることは、法に違反しない。

☆2　宅地建物取引業者が、アンケート調査をすることを装って電話をし、その目的がマンションの売買の勧誘であることを告げずに勧誘をする行為は、法に違反する。

☆3　宅地建物取引業者が、宅地及び建物の売買の媒介を行うに際し、媒介報酬について、買主の要望を受けて分割受領に応じることにより、契約の締結を誘引する行為は、法に違反する。

☆4　宅地建物取引業者が、手付金について信用の供与をすることにより、宅地及び建物の売買契約の締結を誘引する行為を行った場合、監督処分の対象となるほか、罰則の適用を受けることがある。

問35　次の記述のうち、宅地建物取引業法(以下この問において「法」という。)の規定によれば、正しいものはどれか。

☆1　宅地建物取引業者は、自ら貸主として締結した建物の賃貸借契約について、法第49条に規定されている業務に関する帳簿に、法及び国土交通省令で定められた事項を記載しなければならない。

☆2　宅地建物取引業者は、その業務に関する帳簿を、一括して主たる事務所に備えれば、従たる事務所に備えておく必要はない。

☆3　宅地建物取引業者は、その業務に関する帳簿に報酬の額を記載することが義務付けられており、違反した場合は指示処分の対象となる。

☆4　宅地建物取引業者は、その業務に従事する者であっても、一時的に事務の補助のために雇用した者については、従業者名簿に記載する必要がない。

問36　次の記述のうち、宅地建物取引業法の規定によれば、正しいものはどれか。なお、この問において「免許」とは、宅地建物取引業の免許をいう。

☆1　宅地建物取引業者Aは、免許の更新を申請したが、免許権者である甲県知事の申請に対する処分がなされないまま、免許の有効期間が満了した。この場合、Aは、当該処分がなされるまで、宅地建物取引業を営むことができない。

☆2　Bは、新たに宅地建物取引業を営むため免許の申請を行った。この場合、Bは、免許の申請から免許を受けるまでの間に、宅地建物取引業を営む旨の広告を行い、取引する物件及び顧客を募ることができる。

★3　宅地建物取引業者Cは、宅地又は建物の売買に関連し、兼業として、新たに不動産管理業を営むこととした。この場合、Cは兼業で不動産管理業を営む旨を、免許権者である国土交通大臣又は都道府県知事に届け出なければならない。

☆4　宅地建物取引業者である法人Dが、宅地建物取引業者でない法人Eに吸収合併されたことにより消滅した場合、一般承継人であるEは、Dが締結した宅地又は建物の契約に基づく取引を結了する目的の範囲内において宅地建物取引業者とみなされる。

問37 次の記述のうち、宅地建物取引業法(以下この問において「法」という。)の規定によれば、正しいものはどれか。

☆1 宅地建物取引士は、取引の関係者から請求があったときは、物件の買受けの申込みの前であっても宅地建物取引士証を提示しなければならないが、このときに提示した場合、後日、法第35条に規定する重要事項の説明をする際は、宅地建物取引士証を提示しなくてもよい。

★2 甲県知事の登録を受けている宅地建物取引士Aは、乙県に主たる事務所を置く宅地建物取引業者Bの専任の宅地建物取引士となる場合、乙県知事に登録を移転しなければならない。

☆3 宅地建物取引士の登録を受けるには、宅地建物取引士資格試験に合格した者で、2年以上の実務の経験を有するもの又は国土交通大臣がその実務の経験を有するものと同等以上の能力を有すると認めたものであり、法で定める事由に該当しないことが必要である。

☆4 宅地建物取引士は、取引の関係者から請求があったときは、従業者証明書を提示しなければならないが、法第35条に規定する重要事項の説明をする際は、宅地建物取引士証の提示が義務付けられているため、宅地建物取引士証の提示をもって、従業者証明書の提示に代えることができる。

問38 宅地建物取引業者Aが、宅地建物取引業法(以下この問において「法」という。)第37条の規定により交付すべき書面(以下この問において「37条書面」といい、政令で定めるところにより、同条に定める者の承諾を得て、37条書面に記載すべき事項を電磁的方法であって国土交通省令で定めるものにより提供する場合を含むものとする。)に関する次の記述のうち、法の規定に違反しないものはどれか。［改題］

☆1 Aは、売主を代理して宅地の売買契約を締結した際、買主にのみ37条書面を交付した。

★2 Aは、自ら売主となる宅地の売買契約において、手付金等を受領するにもかかわらず、37条書面に手付金等の保全措置の内容を記載しなかった。

☆3 Aは、媒介により宅地の売買契約を成立させた場合において、契約の解除に関する定めがあるにもかかわらず、37条書面にその内容を記載しなかった。

☆4 Aは、自ら売主となる宅地の売買契約において当該宅地の種類又は品質に関して契約の内容に適合しない場合におけるその不適合を担保すべき責任に関する特約を定めたが、買主が宅地建物取引業者であり、当該担保責任に関する特約を自由に定めることができるため、37条書面にその内容を記載しなかった。

問39 営業保証金を供託している宅地建物取引業者Aと宅地建物取引業保証協会(以下この問において「保証協会」という。)の社員である宅地建物取引業者Bに関する次の記述のうち、宅地建物取引業法の規定によれば、正しいものはいくつあるか。

［改題］

ア　A(国土交通大臣免許)は、甲県内にある主たる事務所とは別に、乙県内に新たに従たる事務所を設置したときは、営業保証金をその従たる事務所の最寄りの供託所に供託しなければならない。

イ　Aは、Bに手付金500万円を支払い、宅地の売買契約を締結した。宅地の引渡しの前にBが失踪し、宅地の引渡しを受けることができなくなったときは、Aは、手付金について、弁済業務保証金から弁済を受けることができる。

ウ　Bは、保証協会の社員の地位を失ったときは、その地位を失った日から1週間以内に、営業保証金を供託しなければならない。

エ　Bの取引に関して弁済業務保証金の還付があったときは、Bは、保証協会から当該還付額に相当する額の還付充当金を納付すべき旨の通知を受けた日から2週間以内に、還付充当金を保証協会に納付しなければならない。

1　一つ
2　二つ
3　三つ
4　四つ

問40 宅地建物取引業法(以下この問において「法」という。)第37条の規定により交付すべき書面(以下この問において「37条書面」という。)に関する次の記述のうち、法の規定に違反しないものはどれか。なお、この問においては、必要な承諾を得て、一定の事項を電磁的方法により提供する場合は考慮しないこととする。

［改題］

1　宅地建物取引業者Aは、中古マンションの売買の媒介において、当該マンションの代金の支払の時期及び引渡しの時期について、重要事項説明書に記載して説明を行ったので、37条書面には記載しなかった。

2　宅地建物取引業者である売主Bは、宅地建物取引業者Cの媒介により、宅地建物取引業者ではない買主Dと宅地の売買契約を締結した。Bは、Cと共同で作成した37条書面にCの宅地建物取引士の記名がなされていたため、その書面に、Bの宅地建物取引士をして記名をさせなかった。

★3　売主である宅地建物取引業者Eの宅地建物取引士Fは、宅地建物取引業者ではない買主Gに37条書面を交付する際、Gから求められなかったので、宅地建物取引士証をGに提示せずに当該書面を交付した。

☆4　宅地建物取引業者Hは、宅地建物取引業者ではない売主Iから中古住宅を購入する契約を締結したが、Iが売主であるためIに37条書面を交付しなかった。

問41　宅地建物取引業者が行う宅地建物取引業法第35条に規定する重要事項の説明に関する次の記述のうち、誤っているものはどれか。なお、説明の相手方は宅地建物取引業者ではないものとする。

☆1　区分所有建物の売買の媒介を行う場合、当該1棟の建物及びその敷地の管理が委託されているときは、その委託を受けている者の氏名(法人にあっては、その商号又は名称)及び住所(法人にあっては、その主たる事務所の所在地)を説明しなければならない。

☆2　土地の売買の媒介を行う場合、移転登記の申請の時期の定めがあるときは、その内容を説明しなければならない。

★3　住宅の売買の媒介を行う場合、宅地内のガス配管設備等に関して、当該住宅の売買後においても当該ガス配管設備等の所有権が家庭用プロパンガス販売業者にあるものとするときは、その旨を説明する必要がある。

☆4　中古マンションの売買の媒介を行う場合、当該マンションの計画的な維持修繕のための費用の積立てを行う旨の規約の定めがあるときは、その内容及び既に積み立てられている額について説明しなければならない。

問42　宅地建物取引業者が行う広告に関する次の記述のうち、宅地建物取引業法の規定によれば、正しいものはいくつあるか。

☆ア　宅地の販売広告において、宅地の将来の環境について、著しく事実に相違する表示をしてはならない。

☆イ　宅地又は建物に係る広告の表示項目の中に、取引物件に係る現在又は将来の利用の制限があるが、この制限には、都市計画法に基づく利用制限等の公法上の制限だけではなく、借地権の有無等の私法上の制限も含まれる。

☆ウ　顧客を集めるために売る意思のない条件の良い物件を広告することにより他

の物件を販売しようとした場合、取引の相手方が実際に誤認したか否か、あるいは損害を受けたか否かにかかわらず、監督処分の対象となる。

☆エ　建物の売却について代理を依頼されて広告を行う場合、取引態様として、代理であることを明示しなければならないが、その後、当該物件の購入の注文を受けたとき、広告を行った時点と取引態様に変更がない場合でも、遅滞なく、その注文者に対し取引態様を明らかにしなければならない。

1　一つ

2　二つ

3　三つ

4　四つ

問43　宅地建物取引業者Aが、BからB所有の中古マンションの売却の依頼を受け、Bと専任媒介契約(専属専任媒介契約ではない媒介契約)を締結した場合に関する次の記述のうち、宅地建物取引業法(以下この問において「法」という。)の規定によれば、正しいものはいくつあるか。

☆ア　Aは、2週間に1回以上当該専任媒介契約に係る業務の処理状況をBに報告しなければならないが、これに加え、当該中古マンションについて購入の申込みがあったときは、遅滞なく、その旨をBに報告しなければならない。

☆イ　当該専任媒介契約の有効期間は、3月を超えることができず、また、依頼者の更新しない旨の申出がなければ自動更新とする旨の特約も認められない。ただし、Bが宅地建物取引業者である場合は、AとBの合意により、自動更新とすることができる。

★ウ　Aは、当該専任媒介契約の締結の日から7日(ただし、Aの休業日は含まない。)以内に所定の事項を指定流通機構に登録しなければならず、また、法第50条の6に規定する登録を証する書面を遅滞なくBに提示しなければならない。

☆エ　当該専任媒介契約に係る通常の広告費用はAの負担であるが、指定流通機構への情報登録及びBがAに特別に依頼した広告に係る費用については、成約したか否かにかかわらず、国土交通大臣の定める報酬の限度額を超えてその費用をBに請求することができる。

1　一つ

2　二つ

3　三つ

4　四つ

問44 宅地建物取引業の免許(以下この問において「免許」という。)に関する次の記述のうち、宅地建物取引業法の規定によれば、正しいものはどれか。

1 宅地建物取引業者A社が免許を受けていないB社との合併により消滅する場合、存続会社であるB社はA社の免許を承継することができる。

2 個人である宅地建物取引業者Cがその事業を法人化するため、新たに株式会社Dを設立しその代表取締役に就任する場合、D社はCの免許を承継することができる。

3 個人である宅地建物取引業者E(甲県知事免許)が死亡した場合、その相続人は、Eの死亡を知った日から30日以内に、その旨を甲県知事に届け出なければならず、免許はその届出があった日に失効する。

4 宅地建物取引業者F社(乙県知事免許)が株主総会の決議により解散することとなった場合、その清算人は、当該解散の日から30日以内に、その旨を乙県知事に届け出なければならない。

問45 宅地建物取引業者Aが自ら売主として、宅地建物取引業者でない買主Bに新築住宅を販売する場合における次の記述のうち、特定住宅瑕疵担保責任の履行の確保等に関する法律の規定によれば、正しいものはどれか。 [改題]

1 Aは、住宅販売瑕疵担保保証金の供託をする場合、Bに対し、当該住宅を引き渡すまでに、供託所の所在地等について記載した書面を交付して(買主の承諾を得て電磁的方法により提供する場合を含む)説明しなければならない。

2 自ら売主として新築住宅をBに引き渡したAが、住宅販売瑕疵担保保証金を供託する場合、その住宅の床面積が55㎡以下であるときは、新築住宅の合計戸数の算定に当たって、床面積55㎡以下の住宅2戸をもって1戸と数えることになる。

3 Aは、基準日に係る住宅販売瑕疵担保保証金の供託及び住宅販売瑕疵担保責任保険契約の締結の状況についての届出をしなければ、当該基準日から1月を経過した日以後においては、新たに自ら売主となる新築住宅の売買契約を締結してはならない。

4 Aは、住宅販売瑕疵担保責任保険契約の締結をした場合、当該住宅を引き渡した時から10年間、当該住宅の給水設備又はガス設備の瑕疵によって生じた損害について保険金の支払を受けることができる。

問46 独立行政法人住宅金融支援機構（以下この問において「機構」という。）に関する次の記述のうち、誤っているものはどれか。

△1　機構は、団体信用生命保険業務として、貸付けを受けた者が死亡した場合のみならず、重度障害となった場合においても、支払われる生命保険の保険金を当該貸付けに係る債務の弁済に充当することができる。

☒2　機構は、直接融資業務において、高齢者の死亡時に一括償還をする方法により貸付金の償還を受けるときは、当該貸付金の貸付けのために設定された抵当権の効力の及ぶ範囲を超えて、弁済の請求をしないことができる。

☆3　証券化支援業務（買取型）に係る貸付金の利率は、貸付けに必要な資金の調達に係る金利その他の事情を勘案して機構が定めるため、どの金融機関においても同一の利率が適用される。

☆4　証券化支援業務（買取型）において、機構による譲受けの対象となる住宅の購入に必要な資金の貸付けに係る金融機関の貸付債権には、当該住宅の購入に付随する改良に必要な資金も含まれる。

問47 宅地建物取引業者がインターネット不動産情報サイトにおいて行った広告表示に関する次の記述のうち、不当景品類及び不当表示防止法（不動産の表示に関する公正競争規約を含む。）の規定によれば、正しいものはどれか。　［改題］

★1　物件の所有者に媒介を依頼された宅地建物取引業者Aから入手した当該物件に関する情報を、宅地建物取引業者Bが、そのままインターネット不動産情報サイトに表示し広告を行っていれば、仮に入手した物件に関する情報が間違っていたとしても不当表示に問われることはない。

△2　新築の建売住宅について、建築中で外装が完成していなかったため、当該建売住宅と構造、階数、仕様は同一ではないが同じ施工業者が他の地域で手掛けた建売住宅の外観写真を、施工例である旨を明記して掲載した。この広告表示が不当表示に問われることはない。

☆3　取引しようとする賃貸物件から最寄りの甲駅までの徒歩所要時間を表示するため、当該物件から甲駅までの道路距離を80mで除して算出したところ5.25分であったので、1分未満を四捨五入して「甲駅から5分」と表示した。この広告表示が不当表示に問われることはない。

△4　新築分譲マンションについて、パンフレットには当該マンションの全戸数の専有面積を表示したが、インターネット広告には当該マンションの全戸数の専

有面積のうち、最小面積及び最大面積のみを表示した。この広告表示が不当表示に問われることはない。

問48 統計問題につき、問題省略
（最新の統計データで学習してください）

問49 土地に関する次の記述のうち、最も不適当なものはどれか。

☆1　扇状地は、山地から河川により運ばれてきた砂礫等が堆積して形成された地盤である。

☆2　三角州は、河川の河口付近に見られる軟弱な地盤である。

☆3　台地は、一般に地盤が安定しており、低地に比べ、自然災害に対して安全度は高い。

☆4　埋立地は、一般に海面に対して比高を持ち、干拓地に比べ、水害に対して危険である。

問50 建物の構造と材料に関する次の記述のうち、最も不適当なものはどれか。

☆1　木材の強度は、含水率が小さい状態の方が低くなる。

★2　鉄筋は、炭素含有量が多いほど、引張強度が増大する傾向がある。

☆3　常温、常圧において、鉄筋と普通コンクリートを比較すると、熱膨張率はほぼ等しい。

☆4　鉄筋コンクリート構造は、耐火性、耐久性があり、耐震性、耐風性にも優れた構造である。

No.
07

平成28年度
（2016年度）

本試験問題

この年の合格基準点は35点でした

インフォメーション

選択肢番号についているマークの意味は次のとおりです。
復習のさいにお役立てください。

☆…即答できなかったらちょっとマズイ（復習推奨）
★…いま間違えてもいいけど、必ず解説を読んでできるようにしておこう（復習推奨）
△…確実に合格を目指すなら、マスターしておきたい（直前期に余裕があれば、再チェック）
×…できなくても問題ナシ（復習の必要性は乏しい）

解き終わったあと、☆と★の問題については必ず復習をしておきましょう。

問1 次の記述のうち、民法の条文に規定されているものはどれか。

法改正により削除

問2 制限行為能力者に関する次の記述のうち、民法の規定及び判例によれば、正しいものはどれか。

☆1　古着の仕入販売に関する営業を許された未成年者は、成年者と同一の行為能力を有するので、法定代理人の同意を得ないで、自己が居住するために建物を第三者から購入したとしても、その法定代理人は当該売買契約を取り消すことができない。

☆2　被保佐人が、不動産を売却する場合には、保佐人の同意が必要であるが、贈与の申し出を拒絶する場合には、保佐人の同意は不要である。

☆3　成年後見人が、成年被後見人に代わって、成年被後見人が居住している建物を売却する際、後見監督人がいる場合には、後見監督人の許可があれば足り、家庭裁判所の許可は不要である。

☆4　被補助人が、補助人の同意を得なければならない行為について、同意を得ていないにもかかわらず、詐術を用いて相手方に補助人の同意を得たと信じさせていたときは、被補助人は当該行為を取り消すことができない。

問3 AがA所有の甲土地をBに売却した場合に関する次の記述のうち、民法の規定及び判例によれば、正しいものはどれか。

☆1　Aが甲土地をBに売却する前にCにも売却していた場合、Cは所有権移転登記を備えていなくても、Bに対して甲土地の所有権を主張することができる。

☆2　AがBの詐欺を理由に甲土地の売却の意思表示を取り消しても、取消しより前にBが甲土地をDに売却し、Dが所有権移転登記を備えた場合には、DがBの詐欺の事実を知っていたか否かにかかわらず、AはDに対して甲土地の所有権を主張することができない。

★3　Aから甲土地を購入したBは、所有権移転登記を備えていなかった。Eがこれに乗じてBに高値で売りつけて利益を得る目的でAから甲土地を購入し所有権移転登記を備えた場合、EはBに対して甲土地の所有権を主張することができない。

☆4　AB間の売買契約が、Bの意思表示の動機に錯誤があって締結されたものである場合、Bが所有権移転登記を備えていても、AはBの錯誤を理由にAB間の売買契約を取り消すことができる。

問4 Aは、A所有の甲土地にBから借り入れた3,000万円の担保として抵当権を設定した。この場合における次の記述のうち、民法の規定及び判例によれば、誤っているものはどれか。

★1 Aが甲土地に抵当権を設定した当時、甲土地上にA所有の建物があり、当該建物をAがCに売却した後、Bの抵当権が実行されてDが甲土地を競落した場合、DはCに対して、甲土地の明渡しを求めることはできない。

★2 甲土地上の建物が火災によって焼失してしまったが、当該建物に火災保険が付されていた場合、Bは、甲土地の抵当権に基づき、この火災保険契約に基づく損害保険金を請求することができる。

★3 AがEから500万円を借り入れ、これを担保するために甲土地にEを抵当権者とする第2順位の抵当権を設定した場合、BとEが抵当権の順位を変更することに合意すれば、Aの同意がなくても、甲土地の抵当権の順位を変更することができる。

★4 Bの抵当権設定後、Aが第三者であるFに甲土地を売却した場合、FはBに対して、民法第383条所定の書面を送付して抵当権の消滅を請求することができる。

問5 Aが、Bに対する債権をCに譲渡した場合に関する次の記述のうち、民法の規定及び判例によれば、正しいものはどれか。なお、預金口座又は貯金口座に係る預金又は貯金に関する債権については考慮しないものとする。 ［改題］

1 法改正により削除

☆2 AがBに債権譲渡の通知を発送し、その通知がBに到達していなかった場合には、Bが承諾をしても、BはCに対して当該債権に係る債務の弁済を拒否することができる。

☆3 AのBに対する債権に譲渡制限の特約がなく、Cに譲渡された時点ではまだ発生していない将来の取引に関する債権であった場合、その取引の種類、金額、期間などにより当該債権が特定されていたときは、特段の事情がない限り、AからCへの債権譲渡は有効である。

★4 Aに対し弁済期が到来した貸金債権を有していたBは、当該債権取得後にA

から債権譲渡の通知を受けるまでに、承諾をせず、相殺の意思表示もしていなかった。その後、Bは、Cから支払請求を受けた際に、Aに対する貸金債権との相殺の意思表示をしたとしても、Cに対抗することはできない。

問6 Aを売主、Bを買主とする甲土地の売買契約(以下この問において「本件契約」という。)が締結された場合の売主の責任に関する次の記述のうち、民法の規定及び判例によれば、誤っているものはどれか。 ［改題］

☆1 Bが、甲土地がCの所有物であることを知りながら本件契約を締結した場合、Aが甲土地の所有権を取得してBに移転することがAの責めに帰すべき事由によりできないときは、BはAに対して、損害賠償を請求することができる。

☆2 Bが、甲土地がCの所有物であることを知りながら本件契約を締結した場合、Aが甲土地の所有権を取得してBに移転することができないときは、Bは、本件契約を解除することができる。

☆3 Bが、A所有の甲土地が抵当権の目的となっていることを知りながら本件契約を締結した場合、当該抵当権の実行によってBが甲土地の所有権を失い損害を受けたとしても、BはAに対して、損害賠償を請求することができない。

☆4 Bが、A所有の甲土地が抵当権の目的となっていることを知りながら本件契約を締結したが、甲土地が抵当権の目的となっていることが契約の内容に適合しないときは、Bは、本件契約を解除することができる場合がある。

問7 AがBから賃借する甲建物に、運送会社Cに雇用されているDが居眠り運転するトラックが突っ込んで甲建物の一部が損壊した場合(以下「本件事故」という。)に関する次の記述のうち、民法の規定及び判例によれば、正しいものはいくつあるか。なお、DはCの業務として運転をしていたものとする。 ［改題］

☆ア Aが Bに対して支払うべき賃料は、甲建物の滅失した部分の割合に応じて、当然に減額される。

☆イ Aは、甲建物の残りの部分だけでは賃借した目的を達することができない場合、Bとの賃貸借契約を解除することができる。

★ウ Cは、使用者責任に基づき、Bに対して本件事故から生じた損害を賠償した場合、Dに対して求償することができるが、その範囲が信義則上相当と認められる限度に制限される場合がある。

1 一つ

2　二つ
3　三つ
4　なし

問8 AがBに甲建物を月額10万円で賃貸し、BがAの承諾を得て甲建物をCに適法に月額15万円で転貸している場合における次の記述のうち、民法の規定及び判例によれば、誤っているものはどれか。

☆1　Aは、Bの賃料の不払いを理由に甲建物の賃貸借契約を解除するには、Cに対して、賃料支払の催告をして甲建物の賃料を支払う機会を与えなければならない。
☆2　BがAに対して甲建物の賃料を支払期日になっても支払わない場合、AはCに対して、賃料10万円をAに直接支払うよう請求することができる。
☆3　AがBの債務不履行を理由に甲建物の賃貸借契約を解除した場合、CのBに対する賃料の不払いがなくても、AはCに対して、甲建物の明渡しを求めることができる。
☆4　AがBとの間で甲建物の賃貸借契約を合意解除した場合、AはCに対して、Bとの合意解除に基づいて、当然には甲建物の明渡しを求めることができない。

問9 次の1から4までの記述のうち、民法の規定及び下記判決文によれば、誤っているものはどれか。 ［改題］

(判決文)
契約の一方当事者が、当該契約の締結に先立ち、信義則上の説明義務に違反して、当該契約を締結するか否かに関する判断に影響を及ぼすべき情報を相手方に提供しなかった場合には、上記一方当事者は、相手方が当該契約を締結したことにより被った損害につき、不法行為による賠償責任を負うことがあるのは格別、当該契約上の債務の不履行による賠償責任を負うことはないというべきである。(中略)上記のような場合の損害賠償請求権は不法行為により発生したものである(略)。

☆1　信義則上の説明義務に違反して、当該契約を締結するか否かに関する判断に影響を及ぼすべき情報を買主に提供しなかった売主に対する買主の損害賠償請求権は、買主が損害及び加害者を知った時から3年間(人の生命又は身体の侵害による損害賠償請求権の場合は、5年間)行使しないときは、時効により消滅する。

2　信義則上の説明義務に違反して、当該契約を締結するか否かに関する判断に影響を及ぼすべき情報を買主に提供しなかった売主に対する買主の損害賠償請求権は、損害を被っていることを買主が知らない場合でも、売買契約から10年間行使しないときは、時効により消滅する。

3　買主に対して債権を有している売主は、信義則上の説明義務に違反して、悪意をもって当該契約を締結するか否かに関する判断に影響を及ぼすべき情報を買主に提供しなかった売主に対する買主の損害賠償請求権を受働債権とする相殺をもって、買主に対抗することができない。

4　売主が信義則上の説明義務に違反して、当該契約を締結するか否かに関する判断に影響を及ぼすべき情報を買主に提供しなかった場合、買主は、売主に対して、この説明義務違反を理由に、売買契約上の債務不履行責任を追及することはできない。

問10　甲建物を所有するAが死亡し、相続人がそれぞれAの子であるB及びCの2名である場合に関する次の記述のうち、民法の規定及び判例によれば、誤っているものはどれか。

1　Bが甲建物を不法占拠するDに対し明渡しを求めたとしても、Bは単純承認をしたものとはみなされない。

2　Cが甲建物の賃借人Eに対し相続財産である未払賃料の支払いを求め、これを収受領得したときは、Cは単純承認をしたものとみなされる。

3　Cが単純承認をしたときは、Bは限定承認をすることができない。

4　Bが自己のために相続の開始があったことを知らない場合であっても、相続の開始から3か月が経過したときは、Bは単純承認をしたものとみなされる。

問11　Aが居住用の甲建物を所有する目的で、期間30年と定めてBから乙土地を賃借した場合に関する次の記述のうち、借地借家法の規定及び判例によれば、正しいものはどれか。なお、Aは借地権登記を備えていないものとする。

1　Aが甲建物を所有していても、建物保存登記をAの子C名義で備えている場合には、Bから乙土地を購入して所有権移転登記を備えたDに対して、Aは借地権を対抗することができない。

2　Aが甲建物を所有していても、登記上の建物の所在地番、床面積等が少しでも実際のものと相違している場合には、建物の同一性が否定されるようなものでなくても、Bから乙土地を購入して所有権移転登記を備えたEに対して、Aは借地権を対抗することができない。

★3　AB間の賃貸借契約を公正証書で行えば、当該契約の更新がなく期間満了により終了し、終了時にはAが甲建物を収去すべき旨を有効に規定することができる。

★4　Aが地代を支払わなかったことを理由としてBが乙土地の賃貸借契約を解除した場合、契約に特段の定めがないときは、Bは甲建物を時価で買い取らなければならない。

問12　AはBと、B所有の甲建物につき、居住を目的として、期間3年、賃料月額20万円と定めて賃貸借契約(以下この問において「本件契約」という。)を締結した。この場合における次の記述のうち、借地借家法の規定及び判例によれば、誤っているものはどれか。

★1　AもBも相手方に対し、本件契約の期間満了前に何らの通知もしなかった場合、従前の契約と同一の条件で契約を更新したものとみなされるが、その期間は定めがないものとなる。

☆2　BがAに対し、本件契約の解約を申し入れる場合、甲建物の明渡しの条件として、一定額以上の財産上の給付を申し出たときは、Bの解約の申入れに正当事由があるとみなされる。

★3　甲建物の適法な転借人であるCが、Bの同意を得て甲建物に造作を付加した場合、期間満了により本件契約が終了するときは、CはBに対してその造作を時価で買い取るよう請求することができる。

△4　本件契約が借地借家法第38条の定期建物賃貸借で、契約の更新がない旨を定めた場合でも、BはAに対し、同条所定の通知期間内に、期間満了により本件契約が終了する旨の通知をしなければ、期間3年での終了をAに対抗することができない。

問13　建物の区分所有等に関する法律に関する次の記述のうち、正しいものはどれか。

☆1　管理者は、集会において、毎年2回一定の時期に、その事務に関する報告をしなければならない。

☆2　管理者は、規約に特別の定めがあるときは、共用部分を所有することができる。

★3　管理者は、自然人であるか法人であるかを問わないが、区分所有者でなければならない。

☆4　各共有者の共用部分の持分は、規約で別段の定めをしない限り、共有者数で等分することとされている。

問14 不動産の登記に関する次の記述のうち、不動産登記法の規定によれば、誤っているものはどれか。

☆1　新築した建物又は区分建物以外の表題登記がない建物の所有権を取得した者は、その所有権の取得の日から1月以内に、所有権の保存の登記を申請しなければならない。

★2　登記することができる権利には、抵当権及び賃借権が含まれる。

★3　建物が滅失したときは、表題部所有者又は所有権の登記名義人は、その滅失の日から1月以内に、当該建物の滅失の登記を申請しなければならない。

★4　区分建物の所有権の保存の登記は、表題部所有者から所有権を取得した者も、申請することができる。

問15 国土利用計画法第23条に規定する届出(以下この問において「事後届出」という。)に関する次の記述のうち、正しいものはどれか。

☆1　市街化区域内の土地(面積2,500㎡)を購入する契約を締結した者は、その契約を締結した日から起算して3週間以内に事後届出を行わなければならない。

☆2　Aが所有する監視区域内の土地(面積10,000㎡)をBが購入する契約を締結した場合、A及びBは事後届出を行わなければならない。

☆3　都市計画区域外に所在し、一団の土地である甲土地(面積6,000㎡)と乙土地(面積5,000㎡)を購入する契約を締結した者は、事後届出を行わなければならない。

☆4　市街化区域内の甲土地(面積3,000㎡)を購入する契約を締結した者が、その契約締結の1月後に甲土地と一団の土地である乙土地(面積4,000㎡)を購入することとしている場合においては、甲土地の事後届出は、乙土地の契約締結後に乙土地の事後届出と併せて行うことができる。

問16 都市計画法に関する次の記述のうち、正しいものはどれか。［改題］

☆1　市街地開発事業等予定区域に係る市街地開発事業又は都市施設に関する都市計画には、施行予定者をも定めなければならない。

△2　準都市計画区域については、都市計画に準防火地域を定めることができる。

☆3　高度利用地区は、用途地域内において市街地の環境を維持し、又は土地利用の増進を図るため、建築物の高さの最高限度又は最低限度を定める地区である。

×4　地区計画については、都市計画に、地区計画の種類、名称、位置、区域及び面積並びに建築物の建蔽率及び容積率の最高限度を定めなければならない。

問17 都市計画法に関する次の記述のうち、正しいものはどれか。なお、この問において「都道府県知事」とは、地方自治法に基づく指定都市、中核市及び施行時特例市にあってはその長をいうものとする。

☆1　開発許可を受けた者は、開発行為に関する工事を廃止するときは、都道府県知事の許可を受けなければならない。

★2　二以上の都府県にまたがる開発行為は、国土交通大臣の許可を受けなければならない。

★3　開発許可を受けた者から当該開発区域内の土地の所有権を取得した者は、都道府県知事の承認を受けることなく、当該開発許可を受けた者が有していた当該開発許可に基づく地位を承継することができる。

★4　都道府県知事は、用途地域の定められていない土地の区域における開発行為について開発許可をする場合において必要があると認めるときは、当該開発区域内の土地について、建築物の敷地、構造及び設備に関する制限を定めることができる。

問18 建築基準法に関する次の記述のうち、正しいものはどれか。［改題］

★1　防火地域にある建築物で、外壁が耐火構造のものについては、その外壁を隣地境界線に接して設けることができる。

☆2　高さ30mの建築物には、原則として非常用の昇降機を設けなければならない。

☆3　準防火地域内においては、延べ面積が2,000㎡の共同住宅は準耐火建築物又はこれと同等以上の延焼防止性能が確保された建築物としなければならない。

☆4　延べ面積が1,000㎡を超える耐火建築物は、防火上有効な構造の防火壁又は防火床によって有効に区画し、かつ、各区画の床面積の合計をそれぞれ1,000㎡以内としなければならない。

問19 建築基準法に関する次の記述のうち、誤っているものはどれか。 ［改題］

△ 1 特定行政庁が許可した場合、第一種低層住居専用地域内においても飲食店を建築することができる。

☆ 2 前面道路の幅員による容積率制限は、前面道路の幅員が12m以上ある場合は適用されない。

☆ 3 公園内にある建築物で特定行政庁が安全上、防火上及び衛生上支障がないと認めて許可したものについては、建蔽率の制限は適用されない。

★ 4 第一種住居地域内における建築物の外壁又はこれに代わる柱の面から敷地境界線までの距離は、当該地域に関する都市計画においてその限度が定められた場合には、当該限度以上でなければならない。

問20 宅地造成及び特定盛土等規制法に関する次の記述のうち、誤っているものはどれか。なお、この問において「都道府県知事」とは、地方自治法に基づく指定都市、中核市及び施行時特例市にあってはその長をいうものとする。 ［改題］

△ 1 宅地造成等工事規制区域外に盛土によって造成された一団の造成宅地の区域において、造成された盛土の高さが5m未満の場合は、都道府県知事は、当該区域を造成宅地防災区域として指定することができない。

☆ 2 宅地造成等工事規制区域内において、盛土又は切土をする土地の面積が600㎡である場合、その土地における排水施設は、政令で定める資格を有する者によって設計される必要はない。

☆ 3 宅地造成等工事規制区域内の土地(公共施設用地を除く。)において、高さが2mを超える擁壁を除却する工事を行おうとする者は、一定の場合を除き、その工事に着手する日の14日前までにその旨を都道府県知事に届け出なければならない。

☆ 4 宅地造成等工事規制区域内において、公共施設用地を宅地又は農地等に転用した者は、一定の場合を除き、その転用した日から14日以内にその旨を都道府県知事に届け出なければならない。

問21 土地区画整理法に関する次の記述のうち、誤っているものはどれか。

☆1　施行者は、換地処分を行う前において、換地計画に基づき換地処分を行うため必要がある場合においては、施行地区内の宅地について仮換地を指定することができる。

☆2　仮換地が指定された場合においては、従前の宅地について権原に基づき使用し、又は収益することができる者は、仮換地の指定の効力発生の日から換地処分の公告がある日まで、仮換地について、従前の宅地について有する権利の内容である使用又は収益と同じ使用又は収益をすることができる。

★3　施行者は、仮換地を指定した場合において、特別の事情があるときは、その仮換地について使用又は収益を開始することができる日を仮換地の指定の効力発生日と別に定めることができる。

☆4　土地区画整理組合の設立の認可の公告があった日後、換地処分の公告がある日までは、施行地区内において、土地区画整理事業の施行の障害となるおそれがある土地の形質の変更を行おうとする者は、当該土地区画整理組合の許可を受けなければならない。

問22 農地に関する次の記述のうち、農地法(以下この問において「法」という。)の規定によれば、正しいものはどれか。

☆1　相続により農地を取得する場合は、法第3条第1項の許可を要しないが、相続人に該当しない者に対する特定遺贈により農地を取得する場合も、同項の許可を受ける必要はない。

★2　法第2条第3項の農地所有適格法人の要件を満たしていない株式会社は、耕作目的で農地を借り入れることはできない。

△3　法第3条第1項又は法第5条第1項の許可が必要な農地の売買について、これらの許可を受けずに売買契約を締結しても、その所有権の移転の効力は生じない。

☆4　農業者が、市街化調整区域内の耕作しておらず遊休化している自己の農地を、自己の住宅用地に転用する場合、あらかじめ農業委員会へ届出をすれば、法第4条第1項の許可を受ける必要がない。

問23 印紙税に関する次の記述のうち、正しいものはどれか。　［改題］

☆1　印紙税の課税文書である不動産譲渡契約書を作成したが、印紙税を納付せず、その事実が税務調査により判明した場合は、納付しなかった印紙税額と納付しなかった印紙税額の10%に相当する金額の合計額が過怠税として徴収される。

2　「Aの所有する甲土地（価額3,000万円）とBの所有する乙土地（価額3,500万円）を交換する」旨の土地交換契約書を作成した場合、印紙税の課税標準となる当該契約書の記載金額は3,500万円である。

3　「Aの所有する甲土地（価額3,000万円）をBに贈与する」旨の贈与契約書を作成した場合、印紙税の課税標準となる当該契約書の記載金額は、3,000万円である。

4　売上代金に係る金銭の受取書（領収書）は記載された受取金額が3万円未満の場合、印紙税が課されないことから、不動産売買の仲介手数料として、現金49,500円（消費税及び地方消費税を含む。）を受け取り、それを受領した旨の領収書を作成した場合、受取金額に応じた印紙税が課される。

問24 不動産取得税に関する次の記述のうち、正しいものはどれか。　［改題］

1　家屋が新築された日から3年を経過して、なお、当該家屋について最初の使用又は譲渡が行われない場合においては、当該家屋が新築された日から3年を経過した日において家屋の取得がなされたものとみなし、当該家屋の所有者を取得者とみなして、これに対して不動産取得税を課する。

2　不動産取得税は、不動産の取得に対して課される税であるので、法人の合併により不動産を取得した場合にも、不動産取得税は課される。

3　令和6年4月に取得した床面積240㎡である新築住宅に係る不動産取得税の課税標準の算定については、当該新築住宅の価格から1,200万円が控除される。

4　令和5年4月に個人が取得した住宅及び住宅用地に係る不動産取得税の税率は3%であるが、住宅用以外の家屋及びその土地に係る不動産取得税の税率は4%である。

問25 不動産の鑑定評価に関する次の記述のうち、不動産鑑定評価基準によれば、正しいものはどれか。

1　不動産の鑑定評価によって求める価格は、基本的には正常価格であるが、市場性を有しない不動産については、鑑定評価の依頼目的及び条件に応じて限定価格、特定価格又は特殊価格を求める場合がある。

2　同一需給圏とは、一般に対象不動産と代替関係が成立して、その価格の形成について相互に影響を及ぼすような関係にある他の不動産の存する圏域をいうが、不動産の種類、性格及び規模に応じた需要者の選好性によって、その地域的範囲は狭められる場合もあれば、広域的に形成される場合もある。

△3　鑑定評価の各手法の適用に当たって必要とされる取引事例等については、取引等の事情が正常なものと認められるものから選択すべきであり、売り急ぎ、買い進み等の特殊な事情が存在する事例を用いてはならない。

△4　収益還元法は、対象不動産が将来生み出すであろうと期待される純収益の現在価値の総和を求めることにより対象不動産の試算価格を求める手法であるが、市場における土地の取引価格の上昇が著しいときは、その価格と収益価格との乖離が増大するものであるため、この手法の適用は避けるべきである。

問26　宅地建物取引業者Ａ(甲県知事免許)に対する監督処分に関する次の記述のうち、宅地建物取引業法(以下この問において「法」という。)の規定によれば、正しいものはどれか。

［改題］

☆1　Ａは、自らが売主となった分譲マンションの売買において、買主が宅地建物取引業者でないにもかかわらず法第35条に規定する重要事項の説明を行わなかった。この場合、Ａは、甲県知事から業務停止を命じられることがある。

☆2　Ａは、乙県内で宅地建物取引業に関する業務において、著しく不当な行為を行った。この場合、乙県知事は、Ａに対し、業務停止を命ずることはできない。

☆3　Ａは、甲県知事から指示処分を受けたが、その指示処分に従わなかった。この場合、甲県知事は、Ａに対し、1年を超える期間を定めて、業務停止を命ずることができる。

☆4　Ａは、自ら所有している物件について、直接賃借人Ｂ（宅地建物取引業者ではない。)と賃貸借契約を締結するに当たり、法第35条に規定する重要事項の説明を行わなかった。この場合、Ａは、甲県知事から業務停止を命じられることがある。

問27　宅地建物取引業者Ａが、ＢからＢ所有の宅地の売却に係る媒介を依頼された場合における次の記述のうち、宅地建物取引業法(以下この問において「法」という。)の規定によれば、正しいものはどれか。なお、この問において一般媒介契約とは、専任媒介契約でない媒介契約をいう。

［改題］

☆1　ＡがＢと一般媒介契約を締結した場合、当該一般媒介契約が国土交通大臣が定める標準媒介契約約款に基づくものであるか否かの別を、法第34条の2第1

項に規定する書面(同条第1項の規定に基づき電磁的方法により提供する場合を含む。)に記載する必要はない。

2　AがBと専任媒介契約を締結した場合、当該宅地の売買契約が成立しても、当該宅地の引渡しが完了していなければ、売買契約が成立した旨を指定流通機構に通知する必要はない。

3　AがBと一般媒介契約を締結した場合、当該宅地の売買の媒介を担当するAの宅地建物取引士は、法第34条の2第1項に規定する書面(同条第1項の規定に基づき電磁的方法により提供する場合を含む。)に記名押印する必要はない。

4　Aは、Bとの間で締結した媒介契約が一般媒介契約であるか、専任媒介契約であるかを問わず、法第34条の2第1項に規定する書面(同条第1項の規定に基づき電磁的方法により提供する場合を含む。)に売買すべき価額を記載する必要はない。

問28　宅地建物取引業者Aが、自ら売主として、宅地建物取引業者でないBとの間でマンション(代金4,000万円)の売買契約を締結した場合に関する次の記述のうち、宅地建物取引業法(以下この問において「法」という。)の規定に違反するものの組合せはどれか。　[改題]

ア　Aは、建築工事完了前のマンションの売買契約を締結する際に、Bから手付金200万円を受領し、さらに建築工事中に200万円を中間金として受領した後、当該手付金と中間金について法第41条に定める保全措置を講じた。

イ　Aは、建築工事完了後のマンションの売買契約を締結する際に、法第41条の2に定める保全措置を講じることなくBから手付金400万円を受領した。

ウ　Aは、建築工事完了前のマンションの売買契約を締結する際に、Bから手付金500万円を受領したが、Bに当該手付金500万円を現実に提供して、契約を一方的に解除した。

エ　Aは、建築工事完了後のマンションの売買契約を締結する際に、当事者の債務の不履行を理由とする契約の解除に伴う損害賠償の予定額を1,000万円とする特約を定めた。

1　ア、ウ
2　イ、ウ
3　ア、イ、エ
4　ア、ウ、エ

問29 宅地建物取引業者Aの業務に関する次の記述のうち、宅地建物取引業法(以下この問において「法」という。)の規定に違反するものの組合せはどれか。

☆ア　Aは、マンションを分譲するに際して案内所を設置したが、売買契約の締結をせず、かつ、契約の申込みの受付も行わない案内所であったので、当該案内所に法第50条第1項に規定する標識を掲示しなかった。

☆イ　Aは、建物の売買の媒介に際し、買主に対して手付の貸付けを行う旨を告げて契約の締結を勧誘したが、売買は成立しなかった。

☆ウ　Aは、法第49条の規定によりその事務所ごとに備えるべきこととされている業務に関する帳簿について、取引関係者から閲覧の請求を受けたが、閲覧に供さなかった。

☆エ　Aは、自ら売主となるマンションの割賦販売の契約について、宅地建物取引業者でない買主から賦払金が支払期日までに支払われなかったので、直ちに賦払金の支払の遅延を理由として契約を解除した。

1　ア、イ

2　ア、ウ

3　ア、イ、エ

4　イ、ウ、エ

No.07 35点 平成28年度

問30 宅地建物取引業法第35条に規定する重要事項の説明及び同法第37条の規定により交付すべき書面(以下この問において「37条書面」という。)に関する次の記述のうち、正しいものはどれか。

［改題］

☆1　宅地建物取引業者は、宅地建物取引業者でない者を当事者とする建物の貸借の媒介における重要事項の説明において、借賃の額並びにその支払の時期及び方法について説明するとともに、37条書面に記載しなければならない。

☆2　宅地建物取引士は、宅地建物取引業者でない者に対して重要事項の説明をする際に、相手方から求められない場合は、宅地建物取引士証を提示しなくてもよい。

★3　宅地建物取引業者は、37条書面を交付する際に、相手方の承諾があった場合でも、書面の交付に代えて、電磁的方法により提供することはできない。

☆4　宅地建物取引業者は、宅地建物取引士をして37条書面に記名させなければならないが、当該書面の交付は宅地建物取引士でない従業者に行わせることができる。

問31 宅地建物取引業保証協会(以下この問において「保証協会」という。)の社員である宅地建物取引業者に関する次の記述のうち、宅地建物取引業法の規定によれば、正しいものはどれか。 ［改題］

☐1 保証協会に加入することは宅地建物取引業者の任意であり、一の保証協会の社員となった後に、宅地建物取引業に関し取引をした者の保護を目的として、重ねて他の保証協会の社員となることができる。

☐2 保証協会に加入している宅地建物取引業者(甲県知事免許)は、甲県の区域内に新たに支店を設置した場合、その設置した日から1月以内に当該保証協会に追加の弁済業務保証金分担金を納付しないときは、社員の地位を失う。

☐3 保証協会から還付充当金の納付の通知を受けた社員は、その通知を受けた日から2週間以内に、その通知された額の還付充当金を主たる事務所の最寄りの供託所に供託しなければならない。

☐4 150万円の弁済業務保証金分担金を保証協会に納付して当該保証協会の社員となった者と宅地建物取引業に関し取引をした者(宅地建物取引業者に該当する者を除く)は、その取引により生じた債権に関し、2,500万円を限度として、当該保証協会が供託した弁済業務保証金から弁済を受ける権利を有する。

問32 宅地建物取引業者A(甲県知事免許)がその業務に関して広告を行った場合における次の記述のうち、宅地建物取引業法の規定に違反しないものはどれか。

☐1 Aは、宅地の造成に当たり、工事に必要とされる許可等の処分があった宅地について、当該処分があったことを明示して、工事完了前に、当該宅地の販売に関する広告を行った。

☐2 Aは、自ら売主として新築マンションを分譲するに当たり、建築基準法第6条第1項の確認の申請中であったため、「建築確認申請済」と明示して、当該建物の販売に関する広告を行い、建築確認を受けた後に売買契約を締結した。

☐3 Aは、中古の建物の売買において、当該建物の所有者Bから媒介の依頼を受け、取引態様の別を明示せずに自社ホームページに広告を掲載したが、広告を見た者からの問い合わせはなく、契約成立には至らなかった。

☐4 Aは、甲県知事から業務の全部の停止を命じられ、その停止の期間中に未完成の土地付建物の販売に関する広告を行ったが、当該土地付建物の売買の契約は当該期間の経過後に締結した。

問33 宅地建物取引業者が売買等の媒介に関して受けることができる報酬についての次の記述のうち、宅地建物取引業法の規定によれば、誤っているものはいくつあるか。 ［改題］

ア　宅地建物取引業者が媒介する物件の売買について、売主があらかじめ受取額を定め、実際の売却額との差額を当該宅地建物取引業者が受け取る場合は、媒介に係る報酬の限度額の適用を受けない。

イ　宅地建物取引業者は、媒介に係る報酬の限度額の他に、依頼者の依頼によらない通常の広告の料金に相当する額を報酬に合算して、依頼者から受け取ることができる。

ウ　居住用の建物の貸借の媒介に係る報酬の額は、借賃の1月分の1.1倍に相当する額以内であるが、権利金の授受がある場合は、当該権利金の額を売買に係る代金の額とみなして算定することができる。

1　一つ
2　二つ
3　三つ
4　なし

問34 宅地建物取引業法(以下この問において「法」という。)第47条及び第47条の2に規定されている業務に関する禁止事項に関する次の記述のうち、誤っているものはどれか。なお、Aは宅地建物取引業者である。

1　Aが、賃貸アパートの媒介に当たり、入居申込者が無収入であることを知っており、入居申込書の収入欄に「年収700万円」とあるのは虚偽の記載であることを認識したまま、その事実を告げずに貸主に提出した行為は法に違反する。

2　Aが、分譲マンションの購入を勧誘するに際し、うわさをもとに「3年後には間違いなく徒歩5分の距離に新しく私鉄の駅ができる」と告げた場合、そのような計画はなかったとしても、故意にだましたわけではないので法には違反しない。

3　Aは、建売住宅の売買の相手方である買主から手付放棄による契約の解除の通知を受けたとしても、すでに所有権の移転登記を行い引渡しも済んでいる場合は、そのことを理由に当該契約の解除を拒むことができる。

4　Aが、宅地の売買契約締結の勧誘に当たり、相手方が手付金の手持ちがないため契約締結を迷っていることを知り、手付金の分割払いを持ちかけたことは、契約締結に至らなかったとしても法に違反する。

問35 宅地建物取引業の免許(以下この問において「免許」という。)に関する次の記述のうち、宅地建物取引業法の規定によれば、正しいものはどれか。

☆1 個人である宅地建物取引業者A(甲県知事免許)が、免許の更新の申請を怠り、その有効期間が満了した場合、Aは、遅滞なく、甲県知事に免許証を返納しなければならない。

☆2 法人である宅地建物取引業者B(乙県知事免許)が、乙県知事から業務の停止を命じられた場合、Bは、免許の更新の申請を行っても、その業務の停止の期間中は免許の更新を受けることができない。

☆3 法人である宅地建物取引業者C(国土交通大臣免許)について破産手続開始の決定があった場合、その日から30日以内に、Cを代表する役員Dは、その旨を主たる事務所の所在地を管轄する都道府県知事を経由して国土交通大臣に届け出なければならない。

★4 個人である宅地建物取引業者E(丙県知事免許)が死亡した場合、Eの一般承継人Fがその旨を丙県知事に届け出た後であっても、Fは、Eが生前締結した売買契約に基づく取引を結了する目的の範囲内においては、なお宅地建物取引業者とみなされる。

問36 宅地建物取引業者が宅地建物取引業法第35条に規定する重要事項の説明を行う場合における次の記述のうち、正しいものはいくつあるか。 [改題]

☆ア 区分所有権の目的である建物の売買の媒介を行う場合、当該建物が借地借家法第22条に規定する定期借地権の設定された土地の上に存するときは、当該定期借地権が登記されたものであるか否かにかかわらず、当該定期借地権の内容について説明しなければならない。

★イ 宅地の貸借の媒介を行う場合、当該宅地が流通業務市街地の整備に関する法律第4条に規定する流通業務地区にあるときは、同法第5条第1項の規定による制限の概要について説明しなければならない。

★ウ 建物の売買の媒介を行う場合、当該建物の売買代金の額並びにその支払の時期及び方法について説明する義務はないが、売買代金以外に授受される金銭があるときは、当該金銭の額及び授受の目的について説明しなければならない。

☆エ 建物の貸借の媒介を行う場合、当該建物が建築工事の完了前であるときは、必要に応じ当該建物に係る図面を交付した上で、当該建築工事の完了時における当該建物の主要構造部、内装及び外装の構造又は仕上げ並びに設備の設置及び構造について説明しなければならない。

1　一つ
2　二つ
3　三つ
4　四つ

問37 宅地建物取引業法(以下この問において「法」という。)の規定に関する次の記述のうち、正しいものはいくつあるか。

ア　宅地建物取引業者A(甲県知事免許)が乙県内に新たに支店を設置して宅地建物取引業を営んでいる場合において、免許換えの申請を怠っていることが判明したときは、Aは、甲県知事から業務停止の処分を受けることがある。

イ　宅地建物取引業者Bが自ら売主として宅地の売買契約を成立させた後、当該宅地の引渡しの前に免許の有効期間が満了したときは、Bは、当該契約に基づく取引を結了する目的の範囲内においては、宅地建物取引業者として当該取引に係る業務を行うことができる。

ウ　Cが免許の申請前5年以内に宅地建物取引業に関し不正又は著しく不当な行為をした場合には、その行為について刑に処せられていなかったとしても、Cは免許を受けることができない。

エ　宅地建物取引業者D(甲県知事免許)が乙県内に新たに支店を設置して宅地建物取引業を営むため、国土交通大臣に免許換えの申請を行っているときは、Dは、甲県知事免許業者として、取引の相手方等に対し、法第35条に規定する重要事項を記載した書面及び法第37条の規定により交付すべき書面を交付することができない。

1　一つ
2　二つ
3　三つ
4　四つ

問38 宅地建物取引士資格登録(以下この問において「登録」という。)又は宅地建物取引士に関する次の記述のうち、宅地建物取引業法の規定によれば、正しいものはいくつあるか。

☆ア　宅地建物取引士（甲県知事登録）が、乙県で宅地建物取引業に従事することとなったため乙県知事に登録の移転の申請をしたときは、移転後新たに5年を有効期間とする宅地建物取引士証の交付を受けることができる。

☆イ　宅地建物取引士は、取引の関係者から宅地建物取引士証の提示を求められたときは、宅地建物取引士証を提示しなければならないが、従業者証明書の提示を求められたときは、宅地建物取引業者の代表取締役である宅地建物取引士は、当該証明書がないので提示をしなくてよい。

☆ウ　宅地建物取引士が家庭裁判所から後見を開始する旨の審判を受けたときは、その後見人は、3月以内に、その旨を登録をしている都道府県知事に届け出なければならない。

☆エ　宅地建物取引士の氏名等が登載されている宅地建物取引士資格登録簿は一般の閲覧に供されることはないが、専任の宅地建物取引士は、その氏名が宅地建物取引業者名簿に登載され、当該名簿が一般の閲覧に供される。

1　一つ
2　二つ
3　三つ
4　なし

問39　宅地建物取引業者が媒介により区分所有建物の貸借の契約を成立させた場合に関する次の記述のうち、宅地建物取引業法（以下この問において「法」という。）の規定によれば、正しいものはどれか。なお、この問において「重要事項説明書」とは法第35条の規定により交付すべき書面をいい、「37条書面」とは法第37条の規定により交付すべき書面をいうものとする。

☆1　専有部分の用途その他の利用の制限に関する規約において、ペットの飼育が禁止されている場合は、重要事項説明書にその旨記載し内容を説明したときも、37条書面に記載しなければならない。

☆2　契約の解除について定めがある場合は、重要事項説明書にその旨記載し内容を説明したときも、37条書面に記載しなければならない。

☆3　借賃の支払方法が定められていても、貸主及び借主の承諾を得たときは、37条書面に記載しなくてよい。

☆4　天災その他不可抗力による損害の負担に関して定めなかった場合には、その旨を37条書面に記載しなければならない。

問40 宅地建物取引業者Ａ（甲県知事免許）は、甲県に本店と支店を設け、営業保証金として1,000万円の金銭と額面金額500万円の国債証券を供託し、営業している。この場合に関する次の記述のうち宅地建物取引業法の規定によれば、正しいものはどれか。

［改題］

☆1　Ａは、本店を移転したため、その最寄りの供託所が変更した場合は、遅滞なく、移転後の本店の最寄りの供託所に新たに営業保証金を供託しなければならない。

☆2　Ａは、営業保証金が還付され、営業保証金の不足額を供託したときは、供託書の写しを添附して、30日以内にその旨を甲県知事に届け出なければならない。

☆3　本店でＡと宅地建物取引業に関する取引をした者（宅地建物取引業者に該当する者を除く。）は、その取引により生じた債権に関し、1,000万円を限度としてＡからその債権の弁済を受ける権利を有する。

☆4　Ａは、本店を移転したため、その最寄りの供託所が変更した場合において、従前の営業保証金を取りもどすときは、営業保証金の還付を請求する権利を有する者に対し、一定期間内に申し出るべき旨の公告をしなければならない。

問41 宅地建物取引業者Ａが行う業務に関する次の記述のうち、宅地建物取引業法（以下この問において「法」という。）の規定によれば、正しいものはどれか。なお、この問において「電磁的方法による提供」とは、政令で定めるところにより、必要な承諾を得て、書面に記載すべき一定の事項を電磁的方法であって国土交通省令で定めるものにより提供することをいうものとする。

［改題］

☆1　Ａは、宅地建物取引業者Ｂから宅地の売却についての依頼を受けた場合、媒介契約を締結したときは媒介契約の内容を記載した書面を交付又は電磁的方法による提供をしなければならないが、代理契約を締結したときは代理契約の内容を記載した書面を交付又は電磁的方法による提供をする必要はない。

☆2　Ａは、自ら売主として宅地の売買契約を締結したときは、相手方に対して、遅滞なく、法第37条の規定による書面を交付又は電磁的方法による提供をするとともに、その内容について宅地建物取引士をして説明させなければならない。

☆3　Ａは、宅地建物取引業者でないＣが所有する宅地について、自らを売主、宅地建物取引業者Ｄを買主とする売買契約を締結することができる。

☆4　Ａは、宅地建物取引業者でないＥから宅地の売却についての依頼を受け、専属専任媒介契約を締結したときは、当該宅地について法で規定されている事項を、契約締結の日から休業日数を含め5日以内に指定流通機構へ登録する義務がある。

問42 宅地建物取引業法（以下この問において「法」という。）第37条の規定により交付すべき書面（以下この問において「37条書面」といい、政令で定めるところにより、同条に定める者の承諾を得て、37条書面に記載すべき事項を電磁的方法であって国土交通省令で定めるものにより提供する場合を含むものとする。）に関する次の記述のうち、正しいものはどれか。なお、Aは宅地建物取引業者（消費税課税事業者）である。［改題］

☆1　Aは、宅地建物取引業者Bと宅地建物取引業者Cの間で締結される宅地の売買契約の媒介においては、37条書面に引渡しの時期を記載しなくてもよい。

☆2　Aは、自ら売主として土地付建物の売買契約を締結したときは、37条書面に代金の額を記載しなければならないが、消費税等相当額については記載しなくてもよい。

☆3　Aは、自ら売主として、宅地建物取引業者Dの媒介により、宅地建物取引業者Eと宅地の売買契約を締結した。Dが宅地建物取引士をして37条書面に記名させている場合、Aは宅地建物取引士をして当該書面に記名させる必要はない。

☆4　Aは、貸主Fと借主Gの間で締結される建物賃貸借契約について、Fの代理として契約を成立させたときは、FとGに対して37条書面を交付又は電磁的方法により提供しなければならない。

問43 宅地建物取引業者Aが、自ら売主として、宅地建物取引業者でないBと建築工事完了前のマンション（代金3,000万円）の売買契約を締結した場合、宅地建物取引業法第41条の規定に基づく手付金等の保全措置（以下この問において「保全措置」という。）に関する次の記述のうち、正しいものはいくつあるか。

☆ア　Aが、Bから手付金600万円を受領する場合において、その手付金の保全措置を講じていないときは、Bは、この手付金の支払を拒否することができる。

☆イ　Aが、保全措置を講じて、Bから手付金300万円を受領した場合、Bから媒介を依頼されていた宅地建物取引業者Cは、Bから媒介報酬を受領するに当たり、Aと同様、あらかじめ保全措置を講じなければ媒介報酬を受領することができない。

ウ　Aは、Bから手付金150万円を保全措置を講じないで受領し、その後引渡し前に、中間金350万円を受領する場合は、すでに受領した手付金と中間金の合計額500万円について保全措置を講じなければならない。

エ　Aは、保全措置を講じないで、Bから手付金150万円を受領した場合、その後、建築工事が完了しBに引き渡す前に中間金150万円を受領するときは、建物についてBへの所有権移転の登記がなされるまで、保全措置を講じる必要がない。

1　一つ
2　二つ
3　三つ
4　四つ

問44　宅地建物取引業者Aが、自ら売主として、宅地建物取引業者でないBと宅地の売買契約を締結した場合、宅地建物取引業法第37条の2の規定に基づくいわゆるクーリング・オフについてAがBに告げるときに交付すべき書面の内容に関する次の記述のうち、誤っているものはどれか。

1　Aについては、その商号又は名称及び住所並びに免許証番号、Bについては、その氏名(法人の場合、その商号又は名称)及び住所が記載されていなければならない。

2　Bは、クーリング・オフについて告げられた日から起算して8日を経過するまでの間は、代金の全部を支払った場合を除き、書面によりクーリング・オフによる契約の解除を行うことができることが記載されていなければならない。

3　クーリング・オフによる契約の解除は、Bが当該契約の解除を行う旨を記載した書面を発した時にその効力を生ずることが記載されていなければならない。

4　Bがクーリング・オフによる契約の解除を行った場合、Aは、それに伴う損害賠償又は違約金の支払をBに請求することができないこと、また、売買契約の締結に際し、手付金その他の金銭が支払われているときは、遅滞なくその全額をBに返還することが記載されていなければならない。

問45　宅地建物取引業者Aが、自ら売主として、宅地建物取引業者でないBに新築住宅を販売する場合における次の記述のうち、特定住宅瑕疵担保責任の履行の確保等に関する法律の規定によれば、正しいものはどれか。　［改題］

1　Aは、住宅販売瑕疵担保保証金を供託する場合、当該住宅の床面積が100㎡以下であるときは、新築住宅の合計戸数の算定に当たって、2戸をもって1戸と数えることになる。

2　Aは、当該住宅をBに引き渡した日から3週間以内に、住宅販売瑕疵担保保証金の供託又は住宅販売瑕疵担保責任保険契約の締結の状況について、宅地建物取引業の免許を受けた国土交通大臣又は都道府県知事に届け出なければならない。

3　Aは、住宅販売瑕疵担保保証金の供託をする場合、Bに対し、当該住宅の売買契約を締結するまでに、供託所の所在地等について記載した書面(買主の承諾を得て電磁的方法により提供する場合を含む)を交付して説明しなければならない。

4　Aは、住宅瑕疵担保責任保険法人と住宅販売瑕疵担保責任保険契約の締結をした場合、Bが住宅の引渡しを受けた時から10年以内に当該住宅を転売したときは、住宅瑕疵担保責任保険法人にその旨を申し出て、当該保険契約の解除をしなければならない。

問46　独立行政法人住宅金融支援機構(以下この問において「機構」という。)に関する次の記述のうち、誤っているものはどれか。

1　機構は、子どもを育成する家庭又は高齢者の家庭に適した良好な居住性能及び居住環境を有する賃貸住宅の建設又は改良に必要な資金の貸付けを業務として行っている。

2　機構は、証券化支援事業(買取型)において、債務者又は債務者の親族が居住する住宅のみならず、賃貸住宅の建設又は購入に必要な資金の貸付けに係る金融機関の貸付債権についても譲受けの対象としている。

3　機構は、証券化支援事業(買取型)において、バリアフリー性、省エネルギー性、耐震性、耐久性・可変性に優れた住宅を取得する場合に、貸付金の利率を一定期間引き下げる制度を実施している。

4　機構は、マンション管理組合や区分所有者に対するマンション共用部分の改良に必要な資金の貸付けを業務として行っている。

問47　宅地建物取引業者が行う広告に関する次の記述のうち、不当景品類及び不当表示防止法(不動産の表示に関する公正競争規約を含む。)の規定によれば、正しいものはどれか。

☆1　インターネット上に掲載した賃貸物件の広告について、掲載直前に契約済みとなったとしても、消費者からの問合せに対し既に契約済みであり取引できない旨を説明すれば、その時点で消費者の誤認は払拭されるため、不当表示に問われることはない。

☆2　宅地の造成及び建物の建築が禁止されており、宅地の造成及び建物の建築が可能となる予定がない市街化調整区域内の土地を販売する際の新聞折込広告においては、当該土地が市街化調整区域内に所在する旨を16ポイント以上の大きさの文字で表示すれば、宅地の造成や建物の建築ができない旨まで表示する必要はない。

★3　半径300m以内に小学校及び市役所が所在している中古住宅の販売広告においては、当該住宅からの道路距離の表示を省略して、「小学校、市役所近し」と表示すればよい。

☆4　近くに新駅の設置が予定されている分譲住宅の販売広告を行うに当たり、当該鉄道事業者が新駅設置及びその予定時期を公表している場合、広告の中に新駅設置の予定時期を明示して表示してもよい。

No.07
35点
平成28年度

問48 統計問題につき、問題省略
(最新の統計データで学習してください)

問49 土地に関する次の記述のうち、最も不適当なものはどれか。

★1　豪雨による深層崩壊は、山体岩盤の深い所に亀裂が生じ、巨大な岩塊が滑落し、山間の集落などに甚大な被害を及ぼす。

☒2　花崗(こう)岩が風化してできた、まさ土地帯においては、近年発生した土石流災害によりその危険性が再認識された。

☆3　山麓や火山麓の地形の中で、土石流や土砂崩壊による堆積でできた地形は危険性が低く、住宅地として好適である。

△4　丘陵地や台地の縁辺部の崖崩れについては、山腹で傾斜角が25度を超えると急激に崩壊地が増加する。

問50 建築物の構造に関する次の記述のうち、最も不適当なものはどれか。

☆1　鉄骨造は、自重が大きく、靱(じん)性が小さいことから、大空間の建築や高層建築にはあまり使用されない。

△2　鉄筋コンクリート造においては、骨組の形式はラーメン式の構造が一般に用いられる。

★3　鉄骨鉄筋コンクリート造は、鉄筋コンクリート造にさらに強度と靱(じん)性を高めた構造である。

×4　ブロック造を耐震的な構造にするためには、鉄筋コンクリートの布基礎及び臥梁(がりょう)により壁体の底部と頂部を固めることが必要である。

No.
08

令和3年度（12月試験）
（2021年度）

本試験問題

この年の合格基準点は34点でした

インフォメーション

選択肢番号についているマークの意味は次のとおりです。
復習のさいにお役立てください。

- ☆…即答できなかったらちょっとマズイ（復習推奨）
- ★…いま間違えてもいいけど、必ず解説を読んでできるようにしておこう（復習推奨）
- △…確実に合格を目指すなら、マスターしておきたい（直前期に余裕があれば、再チェック）
- ×…できなくても問題ナシ（復習の必要性は乏しい）

解き終わったあと、☆と★の問題については必ず復習をしておきましょう。

問1 次の1から4までの記述のうち、民法の規定、判例及び下記判決文によれば、正しいものはどれか。

(判決文)

私力の行使は、原則として法の禁止するところであるが、法律に定める手続によつたのでは、権利に対する違法な侵害に対抗して現状を維持することが不可能又は著しく困難であると認められる緊急やむを得ない特別の事情が存する場合においてのみ、その必要の限度を超えない範囲内で、例外的に許されるものと解することを妨げない。

☆1　権利に対する違法な侵害に対抗して法律に定める手続によらずに自力救済することは、その必要の限度を超えない範囲内であれば、事情のいかんにかかわらず許される。

★2　建物賃貸借契約終了後に当該建物内に家財などの残置物がある場合には、賃貸人の権利に対する違法な侵害であり、賃貸人は賃借人の同意の有無にかかわらず、原則として裁判を行わずに当該残置物を建物内から撤去することができる。

☆3　建物賃貸借契約の賃借人が賃料を1年分以上滞納した場合には、賃貸人の権利を著しく侵害するため、原則として裁判を行わずに、賃貸人は賃借人の同意なく当該建物の鍵とシリンダーを交換して建物内に入れないようにすることができる。

☆4　裁判を行っていては権利に対する違法な侵害に対抗して現状を維持することが不可能又は著しく困難であると認められる緊急やむを得ない特別の事情が存する場合には、その必要の限度を超えない範囲内で例外的に私力の行使が許される。

問2 相隣関係に関する次の記述のうち、民法の規定によれば、誤っているものはどれか。

△1　土地の所有者は、隣地の所有者と共同の費用で、境界標を設けることができる。

△2　隣接する土地の境界線上に設けた障壁は、相隣者の共有に属するものと推定される。

×3　高地の所有者は、その高地が浸水した場合にこれを乾かすためであっても、公の水流又は下水道に至るまで、低地に水を通過させることはできない。

☒4　土地の所有者が直接に雨水を隣地に注ぐ構造の屋根を設けた場合、隣地所有者は、その所有権に基づいて妨害排除又は予防の請求をすることができる。

問3 成年後見人が、成年被後見人を代理して行う次に掲げる法律行為のうち、民法の規定によれば、家庭裁判所の許可を得なければ代理して行うことができないものはどれか。

★1　成年被後見人が所有する乗用車の第三者への売却

★2　成年被後見人が所有する成年被後見人の居住の用に供する建物への第三者の抵当権の設定

★3　成年被後見人が所有するオフィスビルへの第三者の抵当権の設定

★4　成年被後見人が所有する倉庫についての第三者との賃貸借契約の解除

問4 いずれも宅地建物取引業者ではない売主Aと買主Bとの間で締結した売買契約に関する次の記述のうち、民法の規定によれば、正しいものはどれか。

［改題］

☆1　BがAに対して手付を交付した場合、Aは、目的物を引き渡すまではいつでも、手付の倍額を現実に提供して売買契約を解除することができる。

△2　売買契約の締結と同時に、Aが目的物を買い戻すことができる旨の特約をする場合、買戻しについての期間の合意をしなければ、買戻しの特約自体が無効となる。

☆3　Bが購入した目的物が第三者Cの所有物であり、Aが売買契約締結時点でそのことを知らなかった場合には、Aは損害を賠償せずに売買契約を解除することができる。

☆4　目的物の引渡しの時点で目的物が品質に関して契約の内容に適合しないことをAが知っていた場合には、当該不適合に関する請求権が消滅時効にかかっていない限り、BはAの担保責任を追及することができる。

問5 AがBの代理人として行った行為に関する次の記述のうち、民法の規定及び判例によれば、正しいものはどれか。なお、いずれの行為もBの追認はないものとする。

［改題］

△1　AがBの代理人として第三者の利益を図る目的で代理権の範囲内の行為をした場合、相手方Cがその目的を知っていたとしても、AC間の法律行為の効果はBに帰属する。

☆2　BがAに代理権を与えていないにもかかわらず代理権を与えた旨をCに表示し、Aが当該代理権の範囲内の行為をした場合、CがAに代理権がないことを知っていたとしても、Bはその責任を負わなければならない。

☆3　AがBから何ら代理権を与えられていないにもかかわらずBの代理人と詐称してCとの間で法律行為をし、CがAにBの代理権があると信じた場合であっても、原則としてその法律行為の効果はBに帰属しない。

☆4　BがAに与えた代理権が消滅した後にAが行った代理権の範囲内の行為について、相手方Cが過失によって代理権消滅の事実を知らなかった場合でも、Bはその責任を負わなければならない。

問6　不動産に関する物権変動の対抗要件に関する次の記述のうち、民法の規定及び判例によれば、誤っているものはどれか。

△1　不動産の所有権がAからB、BからC、CからDと転々譲渡された場合、Aは、Dと対抗関係にある第三者に該当する。

☆2　土地の賃借人として当該土地上に登記ある建物を所有する者は、当該土地の所有権を新たに取得した者と対抗関係にある第三者に該当する。

☆3　第三者のなした登記後に時効が完成して不動産の所有権を取得した者は、当該第三者に対して、登記を備えなくても、時効取得をもって対抗することができる。

★4　共同相続財産につき、相続人の一人から相続財産に属する不動産につき所有権の全部の譲渡を受けて移転登記を備えた第三者に対して、他の共同相続人は、自己の持分を登記なくして対抗することができる。

問7　遺言に関する次の記述のうち、民法の規定によれば、誤っているものはどれか。
［改題］

★1　自筆証書によって遺言をする場合、遺言者は、その全文、日付及び氏名を自書して押印しなければならないが、これに添付する相続財産の目録については、遺言者が毎葉に署名押印すれば、自書でないものも認められる。

★2　公正証書遺言の作成には、証人2人以上の立会いが必要であるが、推定相続人は、未成年者でなくとも、証人となることができない。

☒3　船舶が遭難した場合、当該船舶中にいて死亡の危急に迫った者は、証人2人以上の立会いがあれば、口頭で遺言をすることができる。

☒4　遺贈義務者が、遺贈の義務を履行するため、受遺者に対し、相当の期間を定めて遺贈の承認をすべき旨の催告をした場合、受遺者がその期間内に意思表示をしないときは、遺贈を放棄したものとみなされる。

問8　AはBに対して、Aが所有する甲土地を1,000万円で売却したい旨の申込みを郵便で発信した(以下この問において「本件申込み」という。)が、本件申込みがBに到達する前にAが死亡した場合における次の記述のうち、民法の規定によれば、正しいものはどれか。

［改題］

★1　Bが承諾の通知を発する前に、BがAの死亡を知ったとしても、本件申込みは効力を失わない。

★2　Aが、本件申込みにおいて、自己が死亡した場合には申込みの効力を失う旨の意思表示をしていたときには、BがAの死亡を知らないとしても本件申込みは効力を失う。

△3　本件申込みが効力を失わない場合、本件申込みに承諾をなすべき期間及び撤回をする権利についての記載がなかったときは、Aの相続人は、本件申込みをいつでも撤回することができる。

★4　本件申込みが効力を失わない場合、Bが承諾の意思表示を発信した時点で甲土地の売買契約が成立する。

問9　AがBに対してA所有の甲建物を①売却した場合と②賃貸した場合についての次の記述のうち、民法の規定及び判例によれば、誤っているものはどれか。

［改題］

★1　①と②の契約が解除された場合、①ではBは甲建物を使用収益した利益をAに償還する必要があるのに対し、②では将来に向かって解除の効力が生じるのでAは解除までの期間の賃料をBに返還する必要はない。

☆2　①ではBはAの承諾を得ずにCに甲建物を賃貸することができ、②ではBはAの承諾を得なければ甲建物をCに転貸することはできない。

☆3　甲建物をDが不法占拠している場合、①ではBは甲建物の所有権移転登記を備えていなければ所有権をDに対抗できず、②ではBは甲建物につき賃借権の登記を備えていれば賃借権をDに対抗することができる。

4 ①と②の契約締結後、甲建物の引渡し前に、甲建物がEの放火で全焼した場合、①ではBはAに対する売買代金の支払を拒むことができ、②ではBとAとの間の賃貸借契約は終了する。

問10 Aは、Bからの借入金の担保として、A所有の甲建物に第一順位の抵当権（以下この問において「本件抵当権」という。）を設定し、その登記を行った。AC間にCを賃借人とする甲建物の一時使用目的ではない賃貸借契約がある場合に関する次の記述のうち、民法及び借地借家法の規定並びに判例によれば、正しいものはどれか。

1 本件抵当権設定登記後にAC間の賃貸借契約が締結され、AのBに対する借入金の返済が債務不履行となった場合、Bは抵当権に基づき、AがCに対して有している賃料債権を差し押さえることができる。

2 Cが本件抵当権設定登記より前に賃貸借契約に基づき甲建物の引渡しを受けていたとしても、AC間の賃貸借契約の期間を定めていない場合には、Cの賃借権は甲建物の競売による買受人に対抗することができない。

3 本件抵当権設定登記後にAC間で賃貸借契約を締結し、その後抵当権に基づく競売手続による買受けがなされた場合、買受けから賃貸借契約の期間満了までの期間が1年であったときは、Cは甲建物の競売における買受人に対し、期間満了までは甲建物を引き渡す必要はない。

4 Cが本件抵当権設定登記より前に賃貸借契約に基づき甲建物の引渡しを受けていたとしても、Cは、甲建物の競売による買受人に対し、買受人の買受けの時から1年を経過した時点で甲建物を買受人に引き渡さなければならない。

問11 次の記述のうち、借地借家法の規定及び判例によれば、正しいものはどれか。

1 借地権の存続期間を契約で30年と定めた場合には、当事者が借地契約を更新する際、その期間を更新の日から30年以下に定めることはできない。

2 借地権の存続期間が満了する場合、借地権者が契約の更新を請求したとき、その土地上に建物が存在する限り、借地権設定者は異議を述べることができない。

3 借地権者が借地上の建物にのみ登記をしている場合、当該借地権を第三者に対抗することができるのは、当該建物の敷地の表示として記載されている土地のみである。

☒4　借地権設定者は、弁済期の到来した最後の3年分の地代等について、借地権者がその土地において所有する建物の上に先取特権を有する。

問12 賃貸人Aと賃借人Bとの間で締結した一時使用目的ではない建物賃貸借契約(以下この問において「本件契約」という。)の終了に関する次の記述のうち、民法及び借地借家法の規定並びに判例によれば、正しいものはどれか。　［改題］

☆1　本件契約に期間を2年とする旨の定めがあり、AもBも更新拒絶の通知をしなかったために本件契約が借地借家法に基づき更新される場合、更新後の期間について特段の合意がなければ、更新後の契約期間は2年となる。

☆2　本件契約において期間の定めがない場合、借地借家法第28条に定める正当事由を備えてAが解約の申入れをしたときには、解約の申入れをした日から6月を経過した日に、本件契約は終了する。

☆3　建物の転貸借がされている場合において、本件契約がB（転貸人）の債務不履行によって解除されて終了するときは、Aが転借人に本件契約の終了を通知した日から6月を経過することによって、転貸借契約は終了する。

☆4　BがAの同意を得て建物に付加した造作がある場合であっても、本件契約終了時にAに対して借地借家法第33条の規定に基づく造作買取請求権を行使することはできない、という特約は無効である。

問13 建物の区分所有等に関する法律に関する次の記述のうち、誤っているものはどれか。

☆1　区分所有者以外の者であって区分所有者の承諾を得て専有部分を占有する者は、会議の目的たる事項につき利害関係を有する場合には、集会に出席して議決権を行使することはできないが、意見を述べることはできる。

☆2　最初に建物の専有部分の全部を所有する者は、公正証書により、共用部分(数個の専有部分に通ずる廊下又は階段室その他構造上区分所有者の全員又はその一部の共用に供されるべき建物の部分)の規約を設定することができる。

☆3　共用部分は、区分所有者全員の共有に属するが、規約に特別の定めがあるときは、管理者を共用部分の所有者と定めることもできる。

△4　管理組合法人を設立する場合は、理事を置かなければならず、理事が数人あ

る場合において、規約に別段の定めがないときは、管理組合法人の事務は、理事の過半数で決する。

問14 不動産の登記に関する次の記述のうち、不動産登記法の規定によれば、誤っているものはどれか。

☆1　表題登記がない土地の所有権を取得した者は、その所有権の取得の日から1月以内に、表題登記を申請しなければならない。

△2　共用部分である旨の登記がある建物について、合併の登記をすることができる。

★3　登記官は、表示に関する登記について申請があった場合において、必要があると認めるときは、当該不動産の表示に関する事項を調査することができる。

☆4　区分建物である建物を新築した場合において、その所有者について相続その他の一般承継があったときは、相続人その他の一般承継人も、被承継人を表題部所有者とする当該建物についての表題登記を申請することができる。

問15 都市計画法に関する次の記述のうち、正しいものはどれか。

☆1　近隣商業地域は、主として商業その他の業務の利便の増進を図りつつ、これと調和した住居の環境を保護するため定める地域とする。

☆2　準工業地域は、主として環境の悪化をもたらすおそれのない工業の利便の増進を図りつつ、これと調和した住居の環境を保護するため定める地域とする。

☆3　第一種低層住居専用地域については、都市計画に特定用途制限地域を定めることができる場合がある。

☆4　第一種住居地域については、都市計画に高層住居誘導地区を定めることができる場合がある。

問16 都市計画法に関する次の記述のうち、誤っているものはどれか。ただし、この問において「都道府県知事」とは、地方自治法に基づく指定都市、中核市及び施行時特例市にあってはその長をいうものとする。

△1　開発許可を受けようとする者は、開発行為に関する工事の請負人又は請負契約によらないで自らその工事を施行する者を記載した申請書を都道府県知事に提出しなければならない。

2　開発許可を受けた者は、開発行為に関する国土交通省令で定める軽微な変更をしたときは、遅滞なく、その旨を都道府県知事に届け出なければならない。

3　開発許可を受けた者は、開発行為に関する工事の廃止をしようとするときは、都道府県知事の許可を受けなければならない。

4　開発行為に同意していない土地の所有者は、当該開発行為に関する工事完了の公告前に、当該開発許可を受けた開発区域内において、その権利の行使として自己の土地に建築物を建築することができる。

問17　建築基準法に関する次の記述のうち、誤っているものはどれか。　［改題］

1　4階建ての建築物の避難階以外の階を劇場の用途に供し、当該階に客席を有する場合には、当該階から避難階又は地上に通ずる2以上の直通階段を設けなければならない。

2　床面積の合計が500㎡の映画館の用途に供する建築物を演芸場に用途変更する場合、建築主事等又は指定確認検査機関の確認を受ける必要はない。

3　換気設備を設けていない居室には、換気のための窓その他の開口部を設け、その換気に有効な部分の面積は、その居室の床面積に対して10分の1以上としなければならない。

4　延べ面積が800㎡の百貨店の階段の部分には、排煙設備を設けなくてもよい。

問18　次の記述のうち、建築基準法(以下この問において「法」という。)の規定によれば、正しいものはどれか。

1　法第68条の9第1項の規定に基づく条例の制定の際、現に建築物が立ち並んでいる道は、法上の道路とみなされる。

2　都市計画により、容積率の限度が10分の50とされている準工業地域内において、建築物の高さは、前面道路の反対側の境界線からの水平距離が35m以下の範囲内においては、当該部分から前面道路の反対側の境界線までの水平距離に、1.5を乗じて得た値以下でなければならない。

3　第一種住居地域においては、畜舎で、その用途に供する部分の床面積が4,000㎡のものを建築することができる。

4　建築物の敷地が、法第53条第1項の規定に基づく建築物の建蔽率に関する制限を受ける地域又は区域の二以上にわたる場合においては、当該建築物の敷地の過半の属する地域又は区域における建蔽率に関する制限が、当該建築物に対して適用される。

問19 宅地造成及び特定盛土等規制法に関する次の記述のうち、誤っているものはどれか。なお、この問において「都道府県知事」とは、地方自治法に基づく指定都市、中核市及び施行時特例市にあってはその長をいうものとする。［改題］

1　宅地造成等工事規制区域及び特定盛土等規制区域のいずれにも属さない区域において行われる宅地造成等に関する工事について、工事主は、工事に着手する前に都道府県知事に届け出なければならない。

2　都道府県知事は、宅地造成等工事規制区域内の土地の所有者、管理者又は占有者に対して、当該土地又は当該土地において行われている工事の状況について報告を求めることができる。

3　宅地造成等工事規制区域内において宅地造成等に関する工事（宅地造成等に伴う災害の発生のおそれがないと認められるものとして政令で定める工事を除く。）を行う場合、宅地造成等に伴う災害を防止するために行う高さ5mを超える擁壁の設置に係る工事については、政令で定める資格を有する者の設計によらなければならない。

4　都道府県知事は、偽りその他不正な手段によって宅地造成等工事規制区域内において行われる宅地造成等に関する工事の許可を受けた者に対して、その許可を取り消すことができる。

問20 土地区画整理法（以下この問において「法」という。）に関する次の記述のうち、誤っているものはどれか。

1　土地区画整理組合が施行する土地区画整理事業に係る施行地区内の宅地について借地権のみを有する者は、その土地区画整理組合の組合員とはならない。

2　法において、「公共施設」とは、道路、公園、広場、河川その他政令で定める公共の用に供する施設をいう。

3　施行者は、換地処分の公告があった場合においては、直ちに、その旨を換地計画に係る区域を管轄する登記所に通知しなければならない。

4　市町村が施行する土地区画整理事業では、事業ごとに、市町村に土地区画整理審議会が設置され、換地計画、仮換地の指定及び減価補償金の交付に関する事項について法に定める権限を行使する。

問21 農地に関する次の記述のうち、農地法(以下この問において「法」という。)の規定によれば、正しいものはどれか。

☆1 自己所有の農地に住宅を建設する資金を借り入れるため、当該農地に抵当権の設定をする場合には、法第3条第1項の許可を受ける必要がある。

☒2 農地の賃貸借の解除については、農地の所有者が、賃借人に対して一方的に解約の申入れを行う場合には、法第18条第1項の許可を受ける必要がない。

☆3 登記簿の地目が宅地となっている場合には、現況が農地であっても法の規制の対象とはならない。

☆4 市街化区域内の自己所有の農地を駐車場に転用するため、あらかじめ農業委員会に届け出た場合には、法第4条第1項の許可を受ける必要がない。

問22 国土利用計画法(以下この問において「法」という。)第23条の届出(以下この問において「事後届出」という。)及び法第29条の届出に関する次の記述のうち、正しいものはどれか。なお、この問において「都道府県知事」とは、地方自治法に基づく指定都市にあってはその長をいうものとする。

☆1 個人Aが所有する都市計画区域外の12,000㎡の土地に、個人Bが地上権の設定を受ける契約を締結した場合、Bは一定の場合を除き事後届出を行う必要がある。

☒2 法第28条に基づく遊休土地に係る通知を受けた者は、その通知があった日から起算して1月以内に、その通知に係る遊休土地の利用又は処分に関する計画を、都道府県知事に届け出なければならない。

☆3 市街化調整区域において、宅地建物取引業者Cが所有する面積5,000㎡の土地について、宅地建物取引業者Dが一定の計画に従って、2,000㎡と3,000㎡に分割して順次購入した場合、Dは事後届出を行う必要はない。

☆4 都道府県知事は、事後届出があった場合において、土地の利用目的に係る必要な勧告を行うことができ、その勧告を受けた者がその勧告に従わないときは、その旨及びその内容を公表しなければならない。

問23 住宅用家屋の所有権の移転登記に係る登録免許税の税率の軽減措置に関する次の記述のうち、正しいものはどれか。

☆1 この税率の軽減措置の適用対象となる住宅用家屋は、床面積が100㎡以上で、その住宅用家屋を取得した個人の居住の用に供されるものに限られる。

☆2　この税率の軽減措置の適用対象となる住宅用家屋は、売買又は競落により取得したものに限られる。

△3　この税率の軽減措置は、一定の要件を満たせばその住宅用家屋の敷地の用に供されている土地の所有権の移転登記についても適用される。

△4　この税率の軽減措置の適用を受けるためには、登記の申請書に、一定の要件を満たす住宅用家屋であることの都道府県知事の証明書を添付しなければならない。

問24　固定資産税に関する次の記述のうち、正しいものはどれか。

×1　市町村長は、固定資産課税台帳に登録された価格等に重大な錯誤があることを発見した場合においては、直ちに決定された価格等を修正して、これを固定資産課税台帳に登録しなければならない。

△2　固定資産税の納税義務者は、その納付すべき当該年度の固定資産課税に係る固定資産について、固定資産課税台帳に登録された価格について不服があるときは、公示の日から納税通知書の交付を受けた日後1月を経過するまでの間において、文書をもって、固定資産評価審査委員会に審査の申出をすることができる。

☆3　年度の途中において家屋の売買が行われた場合、売主と買主は、当該年度の固定資産税を、固定資産課税台帳に所有者として登録されている日数で按分して納付しなければならない。

☆4　住宅用地のうち小規模住宅用地に対して課する固定資産税の課税標準は、当該小規模住宅用地に係る固定資産税の課税標準となるべき価格の3分の1の額である。

問25　地価公示法に関する次の記述のうち、誤っているものはどれか。

△1　地価公示法の目的は、都市及びその周辺の地域等において、標準地を選定し、その正常な価格を公示することにより、一般の土地の取引価格に対して指標を与え、及び公共の利益となる事業の用に供する土地に対する適正な補償金の額の算定等に資し、もって適正な地価の形成に寄与することである。

☆2　不動産鑑定士は、公示区域内の土地について鑑定評価を行う場合において、当該土地の正常な価格を求めるときは、公示価格と実際の取引価格を規準としなければならない。

☆3　不動産鑑定士は、土地鑑定委員会の求めに応じて標準地の鑑定評価を行うに当たっては、近傍類地の取引価格から算定される推定の価格、近傍類地の地代等から算定される推定の価格及び同等の効用を有する土地の造成に要する推定の費用の額を勘案しなければならない。

★4　関係市町村の長は、土地鑑定委員会が公示した事項のうち、当該市町村が属する都道府県に存する標準地に係る部分を記載した書面等を、当該市町村の事務所において一般の閲覧に供しなければならない。

問26　宅地建物取引業者が宅地建物取引業法第37条の規定により交付すべき書面(以下この問において「37条書面」という。)に関する次の記述のうち、正しいものはどれか。なお、この問において37条書面には、政令で定めるところにより、同条に定める者の承諾を得て、37条書面に記載すべき事項を電磁的方法であって国土交通省令で定めるものにより提供する場合を含むものとする。　［改題］

☆1　宅地建物取引業者は、その媒介により建物の売買の契約を成立させた場合において、当該建物の引渡しの時期又は移転登記の申請の時期のいずれかを37条書面に記載し、当該契約の各当事者に交付又は電磁的方法により提供しなければならない。

★2　宅地建物取引業者は、その媒介により建物の貸借の契約を成立させた場合において、当該建物が既存の建物であるときは、建物の構造耐力上主要な部分等の状況について当事者の双方が確認した事項を37条書面に記載し、当該契約の各当事者に交付又は電磁的方法により提供しなければならない。

★3　宅地建物取引業者は、その媒介により建物の貸借の契約を成立させた場合において、借賃以外の金銭の授受に関する定めがあるときは、その額や当該金銭の授受の時期だけでなく、当該金銭の授受の目的についても37条書面に記載し、当該契約の各当事者に交付又は電磁的方法により提供しなければならない。

☆4　宅地建物取引業者は、37条書面を交付又は電磁的方法により提供するに当たり、宅地建物取引士をして、その書面に記名の上、その内容を説明させなければならない。

問27　宅地建物取引業者Aが、自ら売主として、宅地建物取引業者ではないBとの間で建物の売買契約を締結する場合における次の記述のうち、宅地建物取引業法の規定によれば、正しいものはどれか。

☆1　AB間で建物の売買契約を締結する場合において、当事者の債務の不履行を理由とする契約の解除に伴う損害賠償の額についての特約を、代金の額の10分の2を超えて定めた場合、当該特約は全体として無効となる。

★2　AB間で建築工事完了前の建物の売買契約を締結する場合において、AがBから保全措置が必要となる額の手付金を受領する場合、Aは、事前に、国土交通大臣が指定する指定保管機関と手付金等寄託契約を締結し、かつ、当該契約を証する書面を買主に交付した後でなければ、Bからその手付金を受領することができない。

☆3　AB間で建物の売買契約を締結する場合において、Aは、あらかじめBの承諾を書面で得た場合に限り、売買代金の額の10分の2を超える額の手付を受領することができる。

☆4　AB間で建築工事完了前の建物の売買契約を締結する場合において、売買代金の10分の2の額を手付金として定めた場合、Aが手付金の保全措置を講じていないときは、Bは手付金の支払を拒否することができる。

問28　宅地建物取引業者A（甲県知事免許）に関する監督処分及び罰則に関する次の記述のうち、宅地建物取引業法（以下この問において「法」という。）の規定によれば、正しいものはいくつあるか。

☆ア　Aが、不正の手段により甲県知事から免許を受けたとき、甲県知事はAに対して当該免許を取り消さなければならない。

△イ　Aが、法第3条の2第1項の規定により付された条件に違反したときは、甲県知事はAの免許を取り消さなければならない。

★ウ　Aが、事務所の公衆の見やすい場所に国土交通大臣が定めた報酬の額を掲示しなかった場合、Aは甲県知事から指示処分を受けることはあるが、罰則の適用を受けることはない。

△エ　Aの従業者名簿の作成に当たり、法第48条第3項の規定により記載しなければならない事項についてAの従業者Bが虚偽の記載をした場合、Bは罰則の適用を受けることはあるが、Aは罰則の適用を受けることはない。

1　一つ
2　二つ
3　三つ
4　四つ

問29 次の記述のうち、宅地建物取引業法の規定によれば、誤っているものはどれか。

1 宅地建物取引業の免許の有効期間は5年であり、免許の更新の申請は、有効期間満了の日の90日前から30日前までの間に行わなければならない。

2 宅地建物取引業者から免許の更新の申請があった場合において、有効期間の満了の日までにその申請について処分がなされないときは、従前の免許は、有効期間の満了後もその処分がなされるまでの間は、なお効力を有する。

3 個人である宅地建物取引業者A(甲県知事免許)が死亡した場合、Aの相続人は、Aの死亡の日から30日以内に、その旨を甲県知事に届け出なければならない。

4 法人である宅地建物取引業者B(乙県知事免許)が合併により消滅した場合、Bを代表する役員であった者は、その日から30日以内に、その旨を乙県知事に届け出なければならない。

問30 宅地建物取引業者Aがその業務に関して行う広告に関する次の記述のうち、宅地建物取引業法(以下この問において「法」という。)の規定によれば、正しいものはどれか。

1 Aは、中古の建物の売買において、当該建物の所有者から媒介の依頼を受け、取引態様の別を明示せずに広告を掲載したものの、広告を見た者からの問合せはなく、契約成立には至らなかった場合には、当該広告は法第34条の規定に違反するものではない。

2 Aは、自ら売主として、建築基準法第6条第1項の確認の申請中である新築の分譲マンションについて「建築確認申請済」と明示した上で広告を行った。当該広告は、建築確認を終えたものと誤認させるものではないため、法第33条の規定に違反するものではない。

3 Aは、顧客を集めるために売る意思のない条件の良い物件を広告し、実際は他の物件を販売しようとしたが注文がなく、売買が成立しなかった場合であっても、監督処分の対象となる。

4 Aは、免許を受けた都道府県知事から宅地建物取引業の免許の取消しを受けたものの、当該免許の取消し前に建物の売買の広告をしていた場合、当該建物の売買契約を締結する目的の範囲内においては、なお宅地建物取引業者とみなされる。

問31 宅地建物取引業者A（消費税課税事業者）が貸主Bから建物の貸借の代理の依頼を受け、宅地建物取引業者C（消費税課税事業者）が借主Dから媒介の依頼を受け、BとDとの間で賃貸借契約を成立させた場合における次の記述のうち、宅地建物取引業法の規定によれば、誤っているものはいくつあるか。なお、1か月分の借賃は8万円とし、借賃及び権利金（権利設定の対価として支払われる金銭であって返還されないものをいう。）には、消費税等相当額を含まないものとする。

☆ア　建物を住居として貸借する場合、Cは、媒介の依頼を受けるに当たってDから承諾を得ているときを除き、44,000円を超える報酬をDから受領することはできない。

☆イ　建物を店舗として貸借する場合、AがBから受領する報酬とCがDから受領する報酬の合計額は88,000円を超えてはならない。

☆ウ　建物を店舗として貸借する場合、200万円の権利金の授受があるときは、A及びCが受領できる報酬の額の合計は、110,000円を超えてはならない。

☆エ　Aは、Bから媒介報酬の限度額まで受領する他に、Bの依頼によらない通常の広告の料金に相当する額を別途受領することができる。

1　一つ
2　二つ
3　三つ
4　四つ

問32 宅地建物取引業法第35条の2に規定する供託所等に関する説明についての次の記述のうち、正しいものはどれか。なお、特に断りのない限り、宅地建物取引業者の相手方は宅地建物取引業者ではないものとする。

△1　宅地建物取引業者は、宅地建物取引業者の相手方に対して供託所等の説明を行う際に書面を交付することは要求されていないが、重要事項説明書に記載して説明することが望ましい。

☆2　宅地建物取引業者は、宅地建物取引業者が取引の相手方の場合においても、供託所等に係る説明をしなければならない。

☆3　宅地建物取引業者は、売買、交換又は貸借の契約に際し、契約成立後、速やかに供託所等に係る説明をしなければならない。

★4　宅地建物取引業者は、自らが宅地建物取引業保証協会の社員である場合、営業保証金を供託した主たる事務所の最寄りの供託所及び所在地の説明をしなければならない。

問33 宅地建物取引業者Aは、BからB所有の宅地の売却について媒介の依頼を受けた。この場合における次の記述のうち、宅地建物取引業法の規定によれば、正しいものはいくつあるか。なお、この問において「専任媒介契約」とは、専属専任媒介契約ではない専任媒介契約をいう。 ［改題］

ア　AがBとの間で専任媒介契約を締結した場合、AはBに対して、当該専任媒介契約に係る業務の処理状況を1週間に1回以上報告しなければならない。

イ　AがBとの間で専任媒介契約を締結した場合、Bの要望により当該宅地を指定流通機構に登録しない旨の特約をしているときを除き、Aは、当該専任媒介契約締結日から7日以内(休業日数を含まない。)に、指定流通機構に当該宅地の所在等を登録しなければならない。

ウ　AがBとの間で一般媒介契約を締結した場合、AはBに対して、遅滞なく、宅地建物取引業法第34条の2第1項の規定に基づく書面を交付するか、又は、Bの承諾を得て、書面に記載すべき事項を電磁的方法により提供しなければならない。

エ　AがBとの間で一般媒介契約を締結した場合、AがBに対し当該宅地の価額又は評価額について意見を述べるときは、その根拠を明らかにしなければならないが、根拠の明示は口頭でも書面を用いてもよい。

1　一つ
2　二つ
3　三つ
4　四つ

問34 宅地、建物に関する次の記述のうち、宅地建物取引業法の規定によれば、正しいものはどれか。

1　宅地とは、建物の敷地に供せられる土地をいい、道路、公園、河川、広場及び水路に供せられているものは宅地には当たらない。

2　建物の一部の売買の代理を業として行う行為は、宅地建物取引業に当たらない。

3　建物とは、土地に定着する工作物のうち、屋根及び柱若しくは壁を有するものをいうが、学校、病院、官公庁施設等の公共的な施設は建物には当たらない。

☆4　宅地とは、現に建物の敷地に供せられている土地をいい、その地目、現況によって宅地に当たるか否かを判断する。

問35 宅地建物取引業者が宅地及び建物の売買の媒介を行う場合における宅地建物取引業法第35条に規定する重要事項の説明及び重要事項説明書の交付(説明の相手方の承諾を得て、重要事項説明書に記載すべき事項を電磁的方法により提供する場合を含む。)に関する次の記述のうち、正しいものはどれか。［改題］

☆1　宅地建物取引士は、テレビ会議等のITを活用して重要事項の説明を行うときは、相手方の承諾があれば宅地建物取引士証の提示を省略することができる。

☆2　宅地建物取引業者は、その媒介により売買契約が成立したときは、当該契約の各当事者に、遅滞なく、重要事項説明書を交付しなければならない。

☆3　宅地建物取引業者は、重要事項説明書の交付に当たり、専任の宅地建物取引士をして当該書面に記名させるとともに、売買契約の各当事者にも当該書面に記名させなければならない。

☆4　宅地建物取引業者は、買主が宅地建物取引業者であっても、重要事項説明書を交付しなければならない。

問36 宅地建物取引業の免許(以下この問において「免許」という。)に関する次の記述のうち、宅地建物取引業法の規定によれば、正しいものはどれか。

☆1　法人である宅地建物取引業者A(甲県知事免許)について破産手続開始の決定があった場合、その日から30日以内に、Aを代表する役員Bは、その旨を、甲県知事に届け出なければならない。

★2　宅地建物取引業者C(乙県知事免許)が国土交通大臣に免許換えの申請を行っているときは、Cは、取引の相手方に対し、重要事項説明書及び宅地建物取引業法第37条の規定により交付すべき書面を交付することができない。

☆3　宅地建物取引業者D(丙県知事免許)が、免許の更新の申請を怠り、その有効期間が満了した場合、Dは、遅滞なく、丙県知事に免許証を返納しなければならない。

☆4　宅地建物取引業者E(丁県知事免許)が引き続いて1年以上事業を休止したときは、丁県知事は免許を取り消さなければならない。

問37 宅地建物取引士に関する次の記述のうち、宅地建物取引業法の規定によれば、正しいものはどれか。なお、この問において「登録」とは、宅地建物取引士の登録をいうものとする。

☆1　甲県知事の登録を受けている宅地建物取引士は、乙県に主たる事務所を置く宅地建物取引業者の専任の宅地建物取引士となる場合、乙県知事に登録の移転を申請しなければならない。

★2　宅地建物取引士の氏名等が登載されている宅地建物取引士資格登録簿は一般の閲覧に供されることとはされていないが、専任の宅地建物取引士は、その氏名が宅地建物取引業者名簿に登載され、当該名簿が一般の閲覧に供される。

☆3　宅地建物取引士が、刑法第204条(傷害)の罪により罰金の刑に処せられ、登録が消除された場合、当該登録が消除された日から5年を経過するまでは、新たな登録を受けることができない。

☆4　未成年者は、宅地建物取引業に係る営業に関し成年者と同一の行為能力を有していたとしても、成年に達するまでは登録を受けることができない。

問38　次の記述のうち、宅地建物取引業法の規定に違反しないものの組合せとして、正しいものはどれか。なお、この問において「建築確認」とは、建築基準法第6条第1項の確認をいうものとする。

☆ア　宅地建物取引業者Aは、建築確認の済んでいない建築工事完了前の賃貸住宅の貸主Bから当該住宅の貸借の媒介を依頼され、取引態様を媒介と明示して募集広告を行った。

★イ　宅地建物取引業者Cは、建築確認の済んでいない建築工事完了前の賃貸住宅の貸主Dから当該住宅の貸借の代理を依頼され、代理人として借主Eとの間で当該住宅の賃貸借契約を締結した。

☆ウ　宅地建物取引業者Fは、自己の所有に属しない宅地について、自ら売主として、宅地建物取引業者Gと売買契約の予約を締結した。

☆エ　宅地建物取引業者Hは、農地の所有者Iと建物の敷地に供するため農地法第5条の許可を条件とする売買契約を締結したので、自ら売主として宅地建物取引業者ではない個人JとI所有の農地の売買契約を締結した。

1　ア、イ
2　ア、エ
3　イ、ウ
4　ウ、エ

問39 宅地建物取引業保証協会(以下この問において「保証協会」という。)に関する次の記述のうち、宅地建物取引業法の規定によれば、誤っているものはどれか。

△1 保証協会は、その名称、住所又は事務所の所在地を変更しようとするときは、あらかじめ、その旨を国土交通大臣に届け出なければならない。

☆2 保証協会は、新たに社員が加入したときは、直ちに、その旨を当該社員である宅地建物取引業者が免許を受けた国土交通大臣又は都道府県知事に報告しなければならない。

☆3 宅地建物取引業者で保証協会に加入しようとする者は、その加入した日から1週間以内に、政令で定める額の弁済業務保証金分担金を当該保証協会に納付しなければならない。

☆4 保証協会の社員は、自らが取り扱った宅地建物取引業に係る取引の相手方から当該取引に関する苦情について解決の申出が保証協会にあり、保証協会から説明を求められたときは、正当な理由がある場合でなければ、これを拒んではならない。

問40 宅地建物取引業法第37条の規定により交付すべき書面(以下この問において「37条書面」といい、政令で定めるところにより、同条に定める者の承諾を得て、37条書面に記載すべき事項を電磁的方法であって国土交通省令で定めるものにより提供する場合を含むものとする。)についての宅地建物取引業者Aの義務に関する次の記述のうち、正しいものはどれか。 [改題]

☆1 Aは、自ら売主として、宅地建物取引業者Bの媒介により、Cと宅地の売買契約を締結した。Bが宅地建物取引士をして37条書面に記名させている場合、Aは宅地建物取引士をして当該書面に記名させる必要はない。

☆2 Aは、Dを売主としEを買主とする宅地の売買契約を媒介した。当該売買契約に、当該宅地が種類又は品質に関して契約の内容に適合しない場合においてその不適合を担保すべき責任に関する特約があるときは、Aは、当該特約について記載した37条書面をD及びEに交付又は電磁的方法により提供しなければならない。

☆3 Aは、自ら買主として、Fと宅地の売買契約を締結した。この場合、Fに対して37条書面を交付又は電磁的方法により提供する必要はない。

☆4 Aは、自ら貸主として、Gと事業用建物の定期賃貸借契約を締結した。この場合において、借賃の支払方法についての定めがあるときは、Aはその内容を

37条書面に記載しなければならず、Gに対して当該書面を交付又は電磁的方法により提供しなければならない。

問41 宅地建物取引士に関する次の記述のうち、宅地建物取引業法の規定によれば、誤っているものはどれか。 [改題]

1 宅地建物取引業者Aは、一団の宅地建物の分譲をするため設置した案内所には、契約を締結することなく、かつ、契約の申込みを受けることがないときでも、1名以上の専任の宅地建物取引士を置かなければならない。

2 宅地建物取引業者Bは、その主たる事務所に従事する唯一の専任の宅地建物取引士が退職したときは、2週間以内に、宅地建物取引業法第31条の3第1項の規定に適合させるため必要な措置を執らなければならない。

3 宅地建物取引業者Cが、20戸の一団の分譲建物の売買契約の申込みのみを受ける案内所甲を設置した場合、売買契約の締結は事務所乙で行うとしても、甲にも専任の宅地建物取引士を置かなければならない。

4 法人である宅地建物取引業者D社の従業者であり、宅地建物取引業に係る営業に関し成年者と同一の行為能力を有する未成年者の宅地建物取引士Eは、D社の役員であるときを除き、D社の専任の宅地建物取引士となることができない。

問42 宅地建物取引業者が媒介により既存建物の貸借の契約を成立させた場合に関する次の記述のうち、宅地建物取引業法第37条の規定により当該貸借の契約当事者に対して交付すべき書面(この問においては、政令で定めるところにより、同条に定める者の承諾を得て、当該書面に記載すべき事項を電磁的方法であって国土交通省令で定めるものにより提供する場合を含むものとする。)に記載しなければならない事項はいくつあるか。 [改題]

ア 借賃以外の金銭の授受に関する定めがあるときは、その額並びに当該金銭の授受の時期及び目的

イ 設計図書、点検記録その他の建物の建築及び維持保全の状況に関する書面で、国土交通省令で定めるものの保存の状況

ウ 契約の解除に関する定めがあるときは、その内容

エ 天災その他不可抗力による損害の負担に関する定めがあるときは、その内容

1 一つ

2　二つ

3　三つ

4　四つ

問43　宅地建物取引業者Aが、自ら売主として、宅地建物取引業者ではない法人B又は宅地建物取引業者ではない個人Cをそれぞれ買主とする土地付建物の売買契約を締結する場合において、宅地建物取引業法第37条の2の規定に基づくいわゆるクーリング・オフに関する次の記述のうち、誤っているものはどれか。なお、この問において、買主は本件売買契約に係る代金の全部を支払ってはおらず、かつ、土地付建物の引渡しを受けていないものとする。

☆1　Bは、Aの仮設テント張りの案内所で買受けの申込みをし、その8日後にAの事務所で契約を締結したが、その際クーリング・オフについて書面の交付を受けずに告げられた。この場合、クーリング・オフについて告げられた日から8日後には、Bはクーリング・オフによる契約の解除をすることができない。

☆2　Bは、Aの仮設テント張りの案内所で買受けの申込みをし、その3日後にAの事務所でクーリング・オフについて書面の交付を受け、告げられた上で契約を締結した。この書面の中で、クーリング・オフによる契約の解除ができる期間を14日間としていた場合、Bは、その書面を交付された日から12日後であっても契約の解除をすることができる。

☆3　Cは、Aの仮設テント張りの案内所で買受けの申込みをし、その3日後にAの事務所でクーリング・オフについて書面の交付を受け、告げられた上で契約を締結した。Cは、その書面を受け取った日から起算して8日目に、Aに対しクーリング・オフによる契約の解除を行う旨の文書を送付し、その2日後にAに到達した。この場合、Aは契約の解除を拒むことができない。

★4　Cは、Aの事務所で買受けの申込みをし、その翌日、喫茶店で契約を締結したが、Aはクーリング・オフについて告げる書面をCに交付しなかった。この場合、Cはクーリング・オフによる契約の解除をすることができない。

問44　宅地建物取引業者が行う宅地建物取引業法第35条に規定する重要事項の説明についての次の記述のうち、正しいものはいくつあるか。なお、説明の相手方は宅地建物取引業者ではないものとする。　［改題］

★ア　賃貸借契約において、取引対象となる宅地又は建物が、水防法施行規則第11

条第1号の規定により市町村（特別区を含む。）の長が提供する図面に当該宅地又は建物の位置が表示されている場合には、当該図面における当該宅地又は建物の所在地を説明しなければならない。

☆イ　賃貸借契約において、対象となる建物が既存の住宅であるときは、法第34条の2第1項第4号に規定する建物状況調査を実施しているかどうか、及びこれを実施している場合におけるその結果の概要を説明しなければならない。

☆ウ　建物の売買において、その建物の種類又は品質に関して契約の内容に適合しない場合におけるその不適合を担保すべき責任の履行に関し保証保険契約の締結などの措置を講ずるかどうか、また、講ずる場合はその措置の概要を説明しなければならない。

1　一つ
2　二つ
3　三つ
4　なし

問45　宅地建物取引業者Aが、自ら売主として宅地建物取引業者ではない買主Bに新築住宅を販売する場合における次の記述のうち、特定住宅瑕疵担保責任の履行の確保等に関する法律の規定によれば、正しいものはどれか。

☆1　Aは、Bの承諾を得た場合には、Bに引き渡した新築住宅について、住宅販売瑕疵担保保証金の供託又は住宅販売瑕疵担保責任保険契約の締結を行わなくてもよい。

★2　Aは、基準日に係る住宅販売瑕疵担保保証金の供託及び住宅販売瑕疵担保責任保険契約の締結の状況について届出をしなければ、当該基準日の翌日から起算して1月を経過した日以後においては、新たに自ら売主となる新築住宅の売買契約を締結することができない。

△3　Aが住宅販売瑕疵担保責任保険契約を締結する場合、保険金額は2,000万円以上でなければならないが、Bの承諾を得た場合には、保険金額を500万円以上の任意の額とすることができる。

△4　Aが住宅販売瑕疵担保責任保険契約を締結した場合、住宅の構造耐力上主要な部分又は雨水の浸入を防止する部分の瑕疵があり、Aが相当の期間を経過してもなお特定住宅販売瑕疵担保責任を履行しないときは、Bは住宅販売瑕疵担保責任保険契約の有効期間内であれば、その瑕疵によって生じた損害について保険金を請求することができる。

問46 独立行政法人住宅金融支援機構(以下この問において「機構」という。)に関する次の記述のうち、誤っているものはどれか。

1 機構は、子どもを育成する家庭又は高齢者の家庭に適した良好な居住性能及び居住環境を有する賃貸住宅の建設に必要な資金の貸付けを業務として行っていない。

2 機構は、災害により住宅が滅失した場合において、それに代わるべき建築物の建設又は購入に必要な資金の貸付けを業務として行っている。

3 機構が証券化支援事業(買取型)により譲り受ける貸付債権は、自ら居住する住宅又は自ら居住する住宅以外の親族の居住の用に供する住宅を建設し、又は購入する者に対する貸付けに係るものでなければならない。

4 機構は、マンション管理組合や区分所有者に対するマンション共用部分の改良に必要な資金の貸付けを業務として行っている。

問47 宅地建物取引業者が行う広告に関する次の記述のうち、不当景品類及び不当表示防止法(不動産の表示に関する公正競争規約を含む。)の規定によれば、正しいものはどれか。 [改題]

1 新築分譲マンションの販売広告において、近隣のデパート、スーパーマーケット、コンビニエンスストア、商店等の商業施設は、将来確実に利用できる施設であっても、現に利用できるものでなければ表示することができない。

2 有名な旧跡から直線距離で1,100mの地点に所在する新築分譲マンションの名称に当該旧跡の名称を用いることができる。

3 土地の販売価格については、1区画当たりの価格並びに1㎡当たりの価格及び1区画当たりの土地面積のいずれも表示しなければならない。

4 新築分譲マンションの修繕積立金が住戸により異なる場合、広告スペースの関係で全ての住戸の修繕積立金を示すことが困難であっても、修繕積立金について全住戸の平均額で表示することはできない。

問48 統計問題につき、問題省略
(最新の統計データで学習してください)

問49 土地に関する次の記述のうち、最も不適当なものはどれか。

☆1　沿岸地域における地震時の津波を免れるためには、巨大な防波堤が必要であるが、それには限度があり、完全に津波の襲来を防ぐことはできない。

☒2　一般に凝灰岩、頁岩、花崗岩（風化してマサ土化したもの）は、崩壊しにくい。

☆3　低地は、大部分が水田や宅地として利用され、大都市の大部分もここに立地している。

☆4　平地に乏しい都市の周辺では、住宅地が丘陵や山麓に広がり、土砂崩壊等の災害を引き起こす例も多い。

問50　建物の構造に関する次の記述のうち、最も不適当なものはどれか。

△1　組積式構造は、耐震性は劣るものの、熱、音などを遮断する性能が優れている。

△2　組積式構造を耐震的な構造にするためには、大きな開口部を造ることを避け、壁厚を大きくする必要がある。

△3　補強コンクリートブロック造は、壁式構造の一種であり、コンクリートブロック造を鉄筋コンクリートで耐震的に補強改良したものである。

△4　補強コンクリートブロック造は、壁量を多く必要とはせず、住宅等の小規模の建物には使用されていない。

No.
09

令和3年度（10月試験）
（2021年度）

本試験問題

この年の合格基準点は34点でした

インフォメーション

選択肢番号についているマークの意味は次のとおりです。
復習のさいにお役立てください。

☆…即答できなかったらちょっとマズイ（復習推奨）
★…いま間違えてもいいけど、必ず解説を読んでできるようにしておこう（復習推奨）
△…確実に合格を目指すなら、マスターしておきたい（直前期に余裕があれば、再チェック）
×…できなくても問題ナシ（復習の必要性は乏しい）

解き終わったあと、☆と★の問題については必ず復習をしておきましょう。

問1 次の1から4までの記述のうち、民法の規定、判例及び下記判決文によれば、正しいものはどれか。

(判決文)

賃貸人は、特別の約定のないかぎり、賃借人から家屋明渡を受けた後に前記の敷金残額を返還すれば足りるものと解すべく、したがつて、家屋明渡債務と敷金返還債務とは同時履行の関係にたつものではないと解するのが相当であり、このことは、賃貸借の終了原因が解除(解約)による場合であつても異なるところはないと解すべきである。

★1 賃借人の家屋明渡債務が賃貸人の敷金返還債務に対し先履行の関係に立つと解すべき場合、賃借人は賃貸人に対し敷金返還請求権をもって家屋につき留置権を取得する余地はない。

△2 賃貸借の終了に伴う賃借人の家屋明渡債務と賃貸人の敷金返還債務とは、1個の双務契約によって生じた対価的債務の関係にあるものといえる。

★3 賃貸借における敷金は、賃貸借の終了時点までに生じた債権を担保するものであって、賃貸人は、賃貸借終了後賃借人の家屋の明渡しまでに生じた債権を敷金から控除することはできない。

★4 賃貸借の終了に伴う賃借人の家屋明渡債務と賃貸人の敷金返還債務の間に同時履行の関係を肯定することは、家屋の明渡しまでに賃貸人が取得する一切の債権を担保することを目的とする敷金の性質にも適合する。

問2 債務者A、B、Cの3名が、内部的な負担部分の割合は等しいものとして合意した上で、債権者Dに対して300万円の連帯債務を負った場合に関する次の記述のうち、民法の規定によれば、誤っているものはどれか。 [改題]

★1 DがAに対して裁判上の請求を行ったとしても、特段の合意がなければ、BとCがDに対して負う債務の消滅時効の完成には影響しない。

★2 BがDに対して300万円の債権を有している場合、Bが相殺を援用しない間に300万円の支払の請求を受けたCは、BのDに対する債権で相殺する旨の意思表示をすることができる。

★3 DがCに対して債務を免除した場合でも、特段の合意がなければ、DはAに対してもBに対しても、弁済期が到来した300万円全額の支払を請求することができる。

★4　AとDとの間に更改があったときは、300万円の債権は、全ての連帯債務者の利益のために消滅する。

問3　個人として事業を営むAが死亡した場合に関する次の記述のうち、民法の規定によれば、誤っているものはいくつあるか。〔改題〕

★ア　AがBとの間でB所有建物の清掃に関する準委任契約を締結していた場合、Aの相続人は、Bとの間で特段の合意をしなくても、当該準委任契約に基づく清掃業務を行う義務を負う。

△イ　AがA所有の建物について賃借人Cとの間で賃貸借契約を締結している期間中にAが死亡した場合、Aの相続人は、Cに賃貸借契約を継続するか否かを相当の期間を定めて催告し、期間内に返答がなければ賃貸借契約をAの死亡を理由に解除することができる。

△ウ　AがA所有の土地について買主Dとの間で売買契約を締結し、当該土地の引渡しと残代金決済の前にAが死亡した場合、当該売買契約は原始的に履行が不能となって無効となる。

△エ　AがE所有の建物について貸主Eとの間で使用貸借契約を締結していた場合、Aの相続人は、Eとの間で特段の合意をしなくても、当該使用貸借契約の借主の地位を相続して当該建物を使用することができる。

1　一つ
2　二つ
3　三つ
4　四つ

問4　被相続人Aの配偶者Bが、A所有の建物に相続開始の時に居住していたため、遺産分割協議によって配偶者居住権を取得した場合に関する次の記述のうち、民法の規定によれば、正しいものはどれか。

☒1　遺産分割協議でBの配偶者居住権の存続期間を20年と定めた場合、存続期間が満了した時点で配偶者居住権は消滅し、配偶者居住権の延長や更新はできない。

△2　Bは、配偶者居住権の存続期間内であれば、居住している建物の所有者の承諾を得ることなく、第三者に当該建物を賃貸することができる。

△3　配偶者居住権の存続期間中にBが死亡した場合、Bの相続人CはBの有して

いた配偶者居住権を相続する。

△4　Bが配偶者居住権に基づいて居住している建物が第三者Dに売却された場合、Bは、配偶者居住権の登記がなくてもDに対抗することができる。

問5　次の記述のうち、民法の規定及び判例によれば、正しいものはどれか。

［改題］

★1　18歳の者は、携帯電話サービスの契約や不動産の賃貸借契約を1人で締結することができない。

☒2　養育費は、子供が未成熟であって経済的に自立することを期待することができない期間を対象として支払われるものであるから、子供が成年に達したときは、当然に養育費の支払義務が終了する。

△3　営業を許された未成年者が、その営業に関するか否かにかかわらず、第三者から法定代理人の同意なく負担付贈与を受けた場合には、法定代理人は当該行為を取り消すことができない。

△4　意思能力を有しないときに行った不動産の売買契約は、後見開始の審判を受けているか否かにかかわらず効力を有しない。

問6　売買代金債権(以下この問において「債権」という。)の譲渡に関する次の記述のうち、民法の規定によれば、誤っているものはどれか。　［改題］

△1　譲渡制限の意思表示がされた債権が譲渡された場合、当該債権譲渡の効力は妨げられないが、債務者は、その債権の全額に相当する金銭を供託することができる。

☆2　債権が譲渡された場合、その意思表示の時に債権が現に発生していないときは、譲受人は、その後に発生した債権を取得できない。

☆3　譲渡制限の意思表示がされた債権の譲受人が、その意思表示がされていたことを知っていたときは、債務者は、その債務の履行を拒むことができ、かつ、譲渡人に対する弁済その他の債務を消滅させる事由をもって譲受人に対抗することができる。

☆4　債権の譲渡は、譲渡人が債務者に通知し、又は債務者が承諾をしなければ、債務者その他の第三者に対抗することができず、その譲渡の通知又は承諾は、確定日付のある証書によってしなければ、債務者以外の第三者に対抗することができない。

問7 Aを売主、Bを買主として、A所有の甲自動車を50万円で売却する契約(以下この問において「本件契約」という。)が締結された場合に関する次の記述のうち、民法の規定によれば、誤っているものはどれか。 [改題]

1 Bが甲自動車の引渡しを受けたが、甲自動車のエンジンに契約の内容に適合しない欠陥があることが判明した場合、BはAに対して、甲自動車の修理を請求することができる。

2 Bが甲自動車の引渡しを受けたが、甲自動車に契約の内容に適合しない修理不能な損傷があることが判明した場合、BはAに対して、売買代金の減額を請求することができる。

3 Bが引渡しを受けた甲自動車が故障を起こしたときは、修理が可能か否かにかかわらず、BはAに対して、修理を請求することなく、本件契約の解除をすることができる。

4 甲自動車について、第三者CがA所有ではなくC所有の自動車であると主張しており、Bが所有権を取得できないおそれがある場合、Aが相当の担保を供したときを除き、BはAに対して、売買代金の支払を拒絶することができる。

問8 Aが1人で居住する甲建物の保存に瑕疵(かし)があったため、甲建物の壁が崩れて通行人Bがケガをした場合(以下この問において「本件事故」という。)における次の記述のうち、民法の規定によれば、誤っているものはどれか。 [改題]

1 Aが甲建物をCから賃借している場合、Aは甲建物の保存の瑕疵(かし)による損害の発生の防止に必要な注意をしなかったとしても、Bに対して不法行為責任を負わない。

2 Aが甲建物を所有している場合、Aは甲建物の保存の瑕疵(かし)による損害の発生の防止に必要な注意をしたとしても、Bに対して不法行為責任を負う。

3 本件事故について、AのBに対する不法行為責任が成立する場合、BのAに対する損害賠償請求権は、B又はBの法定代理人が損害又は加害者を知らないときでも、本件事故の時から20年間行使しないときには時効により消滅する。

4 本件事故について、AのBに対する不法行為責任が成立する場合、BのAに対する損害賠償請求権は、B又はBの法定代理人が損害及び加害者を知った時から5年間行使しないときには時効により消滅する。

問9 Aには死亡した夫Bとの間に子Cがおり、Dには離婚した前妻Eとの間に子F及び子Gがいる。Fの親権はEが有し、Gの親権はDが有している。AとDが婚姻した後にDが死亡した場合における法定相続分として、民法の規定によれば、正しいものはどれか。 ［改題］

- 1　Aが2分の1、Fが4分の1、Gが4分の1
- 2　Aが2分の1、Cが6分の1、Fが6分の1、Gが6分の1
- 3　Aが2分の1、Gが2分の1
- 4　Aが2分の1、Cが4分の1、Gが4分の1

問10　AとBとの間で、Aを売主、Bを買主とする、等価値の美術品甲又は乙のいずれか選択によって定められる美術品の売買契約（以下この問において「本件契約」という。）が締結された場合に関する次の記述のうち、民法の規定によれば、正しいものはどれか。 ［改題］

- 1　本件契約において、給付の目的を甲にするか乙にするかについて、第三者Cを選択権者とする合意がなされた場合、Cが選択をすることができないときは、選択権はBに移転する。
- 2　本件契約において、給付の目的を甲にするか乙にするかについて、Aを選択権者とする合意がなされた後に、Aの失火により甲が全焼したときは、給付の目的物は乙となる。
- 3　本件契約において、給付の目的を甲にするか乙にするかについての選択権に関する特段の合意がない場合、Bが選択権者となる。
- 4　本件契約において、給付の目的を甲にするか乙にするかについて、第三者Dを選択権者とする合意がなされた場合、Dが選択権を行使するときは、AとBの両者に対して意思表示をしなければならない。

問11　Aは、所有している甲土地につき、Bとの間で建物所有を目的とする賃貸借契約（以下この問において「借地契約」という。）を締結する予定であるが、期間が満了した時点で、確実に借地契約が終了するようにしたい。この場合に関する次の記述のうち、借地借家法の規定によれば、誤っているものはどれか。

- 1　事業の用に供する建物を所有する目的とし、期間を60年と定める場合には、契約の更新や建物の築造による存続期間の延長がない旨を書面で合意すれば、公正証書で合意しなくても、その旨を借地契約に定めることができる。

☆2　居住の用に供する建物を所有することを目的とする場合には、公正証書によって借地契約を締結するときであっても、期間を20年とし契約の更新や建物の築造による存続期間の延長がない旨を借地契約に定めることはできない。

★3　居住の用に供する建物を所有することを目的とする場合には、借地契約を書面で行えば、借地権を消滅させるため、借地権の設定から20年が経過した日に甲土地上の建物の所有権を相当の対価でBからAに移転する旨の特約を有効に定めることができる。

☆4　借地契約がBの臨時設備の設置その他一時使用のためになされることが明らかである場合には、期間を5年と定め、契約の更新や建物の築造による存続期間の延長がない旨を借地契約に定めることができる。

問12　Aを賃貸人、Bを賃借人とする甲建物の賃貸借契約(以下この問において「本件契約」という。)が締結された場合に関する次の記述のうち、民法及び借地借家法の規定並びに判例によれば、正しいものはどれか。 [改題]

☆1　本件契約について期間の定めをしなかった場合、AはBに対して、いつでも解約の申入れをすることができ、本件契約は、解約の申入れの日から3月を経過することによって終了する。

△2　甲建物がBに引き渡された後、甲建物の所有権がAからCに移転した場合、本件契約の敷金は、他に特段の合意がない限り、BのAに対する未払賃料債務に充当され、残額がCに承継される。

☆3　甲建物が適法にBからDに転貸されている場合、AがDに対して本件契約が期間満了によって終了する旨の通知をしたときは、建物の転貸借は、その通知がされた日から3月を経過することによって終了する。

★4　本件契約が借地借家法第38条の定期建物賃貸借契約で、期間を5年、契約の更新がない旨を定めた場合、Aは、期間満了の1年前から6月前までの間に、Bに対し賃貸借が終了する旨の通知をしなければ、従前の契約と同一条件で契約を更新したものとみなされる。

問13　建物の区分所有等に関する法律(以下この問において「法」という。)に関する次の記述のうち、誤っているものはどれか。

☆1　法又は規約により集会において決議をすべき場合において、区分所有者が1人でも反対するときは、集会を開催せずに書面によって決議をすることはできない。

☆2　形状又は効用の著しい変更を伴う共用部分の変更については、区分所有者及び議決権の各4分の3以上の多数による集会の決議で決するものであるが、規約でこの区分所有者の定数を過半数まで減ずることができる。

☆3　敷地利用権が数人で有する所有権その他の権利である場合には、規約に別段の定めがあるときを除いて、区分所有者は、その有する専有部分とその専有部分に係る敷地利用権とを分離して処分することができない。

☆4　各共有者の共用部分の持分は、規約に別段の定めがある場合を除いて、その有する専有部分の床面積の割合によるが、この床面積は壁その他の区画の中心線で囲まれた部分の水平投影面積である。

問14 不動産の登記に関する次の記述のうち、不動産登記法の規定によれば、正しいものはどれか。

☒1　所有権の登記の抹消は、所有権の移転の登記がある場合においても、所有権の登記名義人が単独で申請することができる。

△2　登記の申請をする者の委任による代理人の権限は、本人の死亡によって消滅する。

★3　法人の合併による権利の移転の登記は、登記権利者が単独で申請することができる。

☒4　信託の登記は、受託者が単独で申請することができない。

問15 都市計画法に関する次の記述のうち、誤っているものはどれか。

△1　地区計画については、都市計画に、当該地区計画の目標を定めるよう努めるものとされている。

☒2　地区計画については、都市計画に、区域の面積を定めるよう努めるものとされている。

△3　地区整備計画においては、市街化区域と市街化調整区域との区分の決定の有無を定めることができる。

△4　地区整備計画においては、建築物の建蔽率の最高限度を定めることができる。

問16 都市計画法に関する次の記述のうち、正しいものはどれか。ただし、許可を要する開発行為の面積については、条例による定めはないものとし、この問において「都道府県知事」とは、地方自治法に基づく指定都市、中核市及び施行時特例市にあってはその長をいうものとする。

★1　市街化区域において、都市公園法に規定する公園施設である建築物の建築を目的とした5,000㎡の土地の区画形質の変更を行おうとする者は、あらかじめ、都道府県知事の許可を受けなければならない。

★2　首都圏整備法に規定する既成市街地内にある市街化区域において、住宅の建築を目的とした800㎡の土地の区画形質の変更を行おうとする者は、あらかじめ、都道府県知事の許可を受けなければならない。

☆3　準都市計画区域において、商業施設の建築を目的とした2,000㎡の土地の区画形質の変更を行おうとする者は、あらかじめ、都道府県知事の許可を受けなければならない。

☆4　区域区分が定められていない都市計画区域において、土地区画整理事業の施行として行う8,000㎡の土地の区画形質の変更を行おうとする者は、あらかじめ、都道府県知事の許可を受けなければならない。

問17　建築基準法に関する次の記述のうち、正しいものはどれか。

☒1　居室の内装の仕上げには、ホルムアルデヒドを発散させる建築材料を使用することが認められていない。

☒2　4階建ての共同住宅の敷地内には、避難階に設けた屋外への出口から道又は公園、広場その他の空地に通ずる幅員が2m以上の通路を設けなければならない。

★3　防火地域又は準防火地域内にある建築物で、外壁が防火構造であるものについては、その外壁を隣地境界線に接して設けることができる。

△4　建築主は、3階建ての木造の共同住宅を新築する場合において、特定行政庁が、安全上、防火上及び避難上支障がないと認めたときは、検査済証の交付を受ける前においても、仮に、当該共同住宅を使用することができる。

問18　次の記述のうち、建築基準法の規定によれば、誤っているものはどれか。

☆1　都市計画により建蔽率の限度が10分の6と定められている近隣商業地域において、準防火地域内にある耐火建築物で、街区の角にある敷地又はこれに準ずる敷地で特定行政庁が指定するものの内にある建築物については、建蔽率の限度が10分の8となる。

☒2　市町村は、集落地区計画の区域において、用途地域における用途の制限を補完し、当該区域の特性にふさわしい土地利用の増進等の目的を達成するため必要と認める場合においては、国土交通大臣の承認を得て、当該区域における用途制限を緩和することができる。

☒3　居住環境向上用途誘導地区内においては、公益上必要な一定の建築物を除き、建築物の建蔽率は、居住環境向上用途誘導地区に関する都市計画において建築物の建蔽率の最高限度が定められたときは、当該最高限度以下でなければならない。

☒4　都市計画区域内のごみ焼却場の用途に供する建築物について、特定行政庁が建築基準法第51条に規定する都市計画審議会の議を経てその敷地の位置が都市計画上支障がないと認めて許可した場合においては、都市計画においてその敷地の位置が決定しているものでなくても、新築することができる。

問19 宅地造成及び特定盛土等規制法(以下この問において「法」という。)に関する次の記述のうち、誤っているものはどれか。なお、この問において「都道府県知事」とは、地方自治法に基づく指定都市、中核市及び施行時特例市にあってはその長をいうものとする。　［改題］

☆1　宅地造成等工事規制区域内において、宅地を造成するために切土をする土地の面積が500㎡であって盛土を生じない場合、切土をした部分に生じる崖の高さが1.5mであれば、都道府県知事の法第12条第1項本文の工事の許可は不要である。

☆2　都道府県知事は、法第12条第1項本文の工事の許可の申請があった場合においては、遅滞なく、許可又は不許可の処分をしなければならず、許可の処分をしたときは許可証を交付し、不許可の処分をしたときは文書をもってその旨を申請者に通知しなければならない。

☒3　都道府県知事は、一定の場合には都道府県(地方自治法に基づく指定都市、中核市又は施行時特例市の区域にあっては、それぞれ指定都市、中核市又は施行時特例市)の規則で、宅地造成等工事規制区域内において行われる宅地造成等に関する工事の技術的基準を強化し、又は付加することができる。

☆4　都道府県知事は、基本方針に基づき、かつ、基礎調査の結果を踏まえ、必要があると認めるときは、関係市町村長の意見を聴いて、宅地造成等工事規制区域内で、宅地造成又は特定盛土等(宅地において行うものに限る。)に伴う災害で相当数の居住者等に危害を生ずるものの発生のおそれが大きい一団の造成宅地(これに附帯する道路その他の土地を含む。)の区域であって一定の基準に該当するものを、造成宅地防災区域として指定することができる。

問20 土地区画整理法に関する次の記述のうち、誤っているものはどれか。

★1　換地計画において参加組合員に対して与えるべきものとして定められた宅地は、換地処分の公告があった日の翌日において、当該宅地の所有者となるべきものとして換地計画において定められた参加組合員が取得する。

☆2　換地計画において換地を定める場合においては、換地及び従前の宅地の位置、地積、土質、水利、利用状況、環境等が照応するように定めなければならない。

★3　土地区画整理組合の設立の認可の公告があった日後、換地処分の公告がある日までは、施行地区内において、土地区画整理事業の施行の障害となるおそれがある土地の形質の変更を行おうとする者は、当該土地区画整理組合の許可を受けなければならない。

☒4　土地区画整理組合の組合員は、組合員の3分の1以上の連署をもって、その代表者から理由を記載した書面を土地区画整理組合に提出して、理事又は監事の解任を請求することができる。

問21 農地に関する次の記述のうち、農地法(以下この問において「法」という。)の規定によれば、誤っているものはどれか。

☆1　遺産分割によって農地を取得する場合には、法第3条第1項の許可は不要であるが、農業委員会への届出が必要である。

☆2　法第3条第1項の許可を受けなければならない場合の売買については、その許可を受けずに農地の売買契約を締結しても、所有権移転の効力は生じない。

★3　砂利採取法第16条の認可を受けて市街化調整区域内の農地を砂利採取のために一時的に借り受ける場合には、法第5条第1項の許可は不要である。

△4　都道府県が市街化調整区域内の農地を取得して病院を建設する場合には、都道府県知事(法第4条第1項に規定する指定市町村の区域内にあってはその長)との協議が成立すれば、法第5条第1項の許可があったものとみなされる。

問22 国土利用計画法第23条の届出(以下この問において「事後届出」という。)に関する次の記述のうち、正しいものはどれか。なお、この問において「都道府県知事」とは、地方自治法に基づく指定都市にあってはその長をいうものとする。

☆1　土地売買等の契約を締結した場合には、当事者のうち当該契約による権利取得者は、その契約を締結した日の翌日から起算して3週間以内に、事後届出を行わなければならない。

★2　都道府県知事は、事後届出をした者に対し、その届出に係る土地に関する権利の移転若しくは設定後における土地の利用目的又は土地に関する権利の移転若しくは設定の対価の額について、当該土地を含む周辺の地域の適正かつ合理的な土地利用を図るために必要な助言をすることができる。

★3　事後届出が必要な土地売買等の契約を締結したにもかかわらず、所定の期間内に当該届出をしなかった者は、都道府県知事からの勧告を受けるが、罰則の適用はない。

☆4　宅地建物取引業者Aが所有する準都市計画区域内の20,000㎡の土地について、10,000㎡をB市に、10,000㎡を宅地建物取引業者Cに売却する契約を締結した場合、B市は事後届出を行う必要はないが、Cは一定の場合を除き事後届出を行う必要がある。

問23 所得税法に関する次の記述のうち、正しいものはどれか。

☒1　譲渡所得の特別控除額(50万円)は、譲渡益のうち、まず、資産の取得の日以後5年以内にされた譲渡による所得で政令で定めるものに該当しないものに係る部分の金額から控除し、なお控除しきれない特別控除額がある場合には、それ以外の譲渡による所得に係る部分の金額から控除する。

△2　譲渡所得の金額の計算上、資産の譲渡に係る総収入金額から控除する資産の取得費には、その資産の取得時に支出した購入代金や購入手数料の金額は含まれるが、その資産の取得後に支出した設備費及び改良費の額は含まれない。

☒3　建物の全部の所有を目的とする土地の賃借権の設定の対価として支払を受ける権利金の金額が、その土地の価額の10分の5に相当する金額を超えるときは、不動産所得として課税される。

☒4　居住者がその取得の日以後5年以内に固定資産を譲渡した場合には、譲渡益から譲渡所得の特別控除額(50万円)を控除した後の譲渡所得の金額の2分の1に相当する金額が課税標準とされる。

問24 不動産取得税に関する次の記述のうち、正しいものはどれか。

△1　平成29年に新築された既存住宅(床面積210㎡)を個人が自己の居住のために取得した場合、当該取得に係る不動産取得税の課税標準の算定については、当該住宅の価格から1,200万円が控除される。

☆2　家屋が新築された日から3年を経過して、なお、当該家屋について最初の使用又は譲渡が行われない場合においては、当該家屋が新築された日から3年を経過した日において家屋の取得がなされたものとみなし、当該家屋の所有者を取得者とみなして、これに対して不動産取得税を課する。

△3　不動産取得税は、不動産の取得があった日の翌日から起算して2か月以内に当該不動産の所在する都道府県に申告納付しなければならない。

×4　不動産取得税は、不動産を取得するという比較的担税力のある機会に相当の税負担を求める観点から創設されたものであるが、不動産取得税の税率は4%を超えることができない。

問25 不動産の鑑定評価に関する次の記述のうち、不動産鑑定評価基準によれば、誤っているものはどれか。

×1　不動産鑑定士の通常の調査の範囲では、対象不動産の価格への影響の程度を判断するための事実の確認が困難な特定の価格形成要因がある場合、鑑定評価書の利用者の利益を害するおそれがないと判断されるときに限り、当該価格形成要因について調査の範囲に係る条件を設定することができる。

×2　対象不動産を価格時点において再調達することを想定した場合において必要とされる適正な原価の総額を再調達原価というが、建設資材、工法等の変遷により、対象不動産の再調達原価を求めることが困難な場合には、対象不動産と同等の有用性を持つものに置き換えて求めた原価を再調達原価とみなすものとする。

★3　取引事例等に係る取引が特殊な事情を含み、これが当該取引事例等に係る価格等に影響を及ぼしている場合に、適切に補正することを時点修正という。

△4　不動産の鑑定評価によって求める賃料は、一般的には正常賃料又は継続賃料であるが、鑑定評価の依頼目的に対応した条件により限定賃料を求めることができる場合がある。

問26 宅地建物取引業者Aが、自ら売主として宅地建物取引業者ではない買主Bに対し建物の売却を行う場合における宅地建物取引業法第35条に規定する重要事項の説明に関する次の記述のうち、正しいものはどれか。

☆1　Aは、Bに対し、専任の宅地建物取引士をして説明をさせなければならない。

★2　Aは、Bに対し、代金以外に授受される金銭の額だけでなく、当該金銭の授受の目的についても説明しなければならない。

☆3　Aは、Bに対し、建物の上に存する登記された権利の種類及び内容だけでなく、移転登記の申請の時期についても説明しなければならない。

☆4　Aは、Bに対し、売買の対象となる建物の引渡しの時期について説明しなければならない。

問27　宅地建物取引業の免許(以下この問において「免許」という。)に関する次の記述のうち、宅地建物取引業法の規定によれば、正しいものはどれか。

☆1　個人Aが不正の手段により免許を受けた後、免許を取り消され、その取消しの日から5年を経過した場合、その間に免許を受けることができない事由に該当することがなかったとしても、Aは再び免許を受けることはできない。

☆2　免許を受けようとする個人Bが破産手続開始の決定を受けた後に復権を得た場合においても、Bは免許を受けることができない。

★3　免許を受けようとするC社の役員Dが刑法第211条(業務上過失致死傷等)の罪により地方裁判所で懲役1年の判決を言い渡された場合、当該判決に対してDが高等裁判所に控訴し裁判が係属中であっても、C社は免許を受けることができない。

☆4　免許を受けようとするE社の役員に、宅地建物取引業法の規定に違反したことにより罰金の刑に処せられた者がいる場合、その刑の執行が終わって5年を経過しなければ、E社は免許を受けることができない。

問28　宅地建物取引士の登録(以下この問において「登録」という。)に関する次の記述のうち、宅地建物取引業法の規定によれば、正しいものはどれか。

☆1　宅地建物取引士A（甲県知事登録)が、乙県に所在する宅地建物取引業者の事務所の業務に従事することとなったときは、Aは甲県知事を経由せずに、直接乙県知事に対して登録の移転を申請しなければならない。

☆2　甲県知事の登録を受けているが宅地建物取引士証の交付を受けていないBが、宅地建物取引士としてすべき事務を行った場合、情状のいかんを問わず、甲県知事はBの登録を消除しなければならない。

★3　宅地建物取引士C（甲県知事登録)は、宅地建物取引業者D社を退職し、宅地建物取引業者E社に再就職したが、CはD社及びE社のいずれにおいても専任の宅地建物取引士ではないので、勤務先の変更の登録を申請しなくてもよい。

☆4　甲県で宅地建物取引士資格試験を受け、合格したFは、乙県に転勤することとなったとしても、登録は甲県知事に申請しなければならない。

問29 次の記述のうち、宅地建物取引業法の規定によれば、正しいものはどれか。

☆1　宅地建物取引業者は、その事務所ごとに従業者の氏名、従業者証明書番号その他国土交通省令で定める事項を記載した従業者名簿を備えなければならず、当該名簿を最終の記載をした日から5年間保存しなければならない。

☆2　宅地建物取引業者は、一団の宅地の分譲を行う案内所において宅地の売買の契約の締結を行わない場合、その案内所には国土交通省令で定める標識を掲示しなくてもよい。

☆3　宅地建物取引業者が、一団の宅地の分譲を行う案内所において宅地の売買の契約の締結を行う場合、その案内所には国土交通大臣が定めた報酬の額を掲示しなければならない。

☆4　宅地建物取引業者は、事務所以外の継続的に業務を行うことができる施設を有する場所であっても、契約(予約を含む。)を締結せず、かつ、その申込みを受けない場合、当該場所に専任の宅地建物取引士を置く必要はない。

問30 宅地建物取引業者がその業務に関して行う広告に関する次の記述のうち、宅地建物取引業法の規定によれば、正しいものはいくつあるか。

☆ア　宅地の販売広告において、宅地に対する将来の利用の制限について、著しく事実に相違する表示をしてはならない。

☆イ　建物の貸借の媒介において広告を行った場合には、依頼者の依頼の有無にかかわらず、報酬の限度額を超えて、当該広告の料金に相当する額を受領することができる。

☆ウ　複数の区画がある宅地の売買について、数回に分けて広告するときは、最初に行う広告に取引態様の別を明示すれば足り、それ以降は明示する必要はない。

☆エ　賃貸マンションの貸借に係る媒介の依頼を受け、媒介契約を締結した場合であっても、当該賃貸マンションが建築確認申請中であるときは広告をすることができない。

1　一つ

2　二つ
3　三つ
4　四つ

問31　宅地建物取引業保証協会（以下この問において「保証協会」という。）に関する次の記述のうち、宅地建物取引業法の規定によれば、誤っているものはどれか。

△1　保証協会は、当該保証協会の社員である宅地建物取引業者が社員となる前に当該宅地建物取引業者と宅地建物取引業に関し取引をした者の有するその取引により生じた債権に関し弁済業務保証金の還付が行われることにより弁済業務の円滑な運営に支障を生ずるおそれがあると認めるときは、当該社員に対し、担保の提供を求めることができる。

★2　保証協会の社員である宅地建物取引業者は、取引の相手方から宅地建物取引業に係る取引に関する苦情について解決の申出が当該保証協会になされ、その解決のために当該保証協会から資料の提出の求めがあったときは、正当な理由がある場合でなければ、これを拒んではならない。

★3　保証協会の社員である宅地建物取引業者は、当該宅地建物取引業者と宅地建物取引業に関し取引をした者の有するその取引により生じた債権に関し弁済業務保証金の還付がなされたときは、その日から2週間以内に還付充当金を保証協会に納付しなければならない。

★4　還付充当金の未納により保証協会の社員がその地位を失ったときは、保証協会は、直ちにその旨を当該社員であった宅地建物取引業者が免許を受けた国土交通大臣又は都道府県知事に報告しなければならない。

問32　宅地建物取引業の免許（以下この問において「免許」という。）に関する次の記述のうち、宅地建物取引業法の規定によれば、正しいものはどれか。なお、いずれの場合も、その行為を業として営むものとする。

☆1　A社が、都市計画法に規定する用途地域外の土地であって、ソーラーパネルを設置するための土地の売買を媒介しようとする場合、免許は必要ない。

★2　B社が、土地区画整理事業の換地処分により取得した換地を住宅用地として分譲しようとする場合、免許は必要ない。

★3　農業協同組合Cが、組合員が所有する宅地の売却の代理をする場合、免許は必要ない。

★4　D社が、地方公共団体が定住促進策としてその所有する土地について住宅を建築しようとする個人に売却する取引の媒介をしようとする場合、免許は必要ない。

問33　宅地建物取引業法第35条に規定する重要事項の説明における水防法施行規則第11条第1号の規定により市町村(特別区を含む。以下この問において同じ。)の長が提供する図面(以下この問において「水害ハザードマップ」という。)に関する次の記述のうち、正しいものはどれか。なお、説明の相手方は宅地建物取引業者ではないものとし、相手方の承諾を得て、一定の事項を電磁的方法(電子情報処理組織を使用する方法その他の情報通信の技術を使用する方法をいう。)により提供する場合を考慮しないこととする。

［改題］

△1　宅地建物取引業者は、市町村が、取引の対象となる宅地又は建物の位置を含む水害ハザードマップを作成せず、又は印刷物の配布若しくはホームページ等への掲載等をしていないことを確認できた場合は、重要事項説明書にその旨記載し、重要事項説明の際に提示すべき水害ハザードマップが存在しない旨を説明すればよい。

☒2　宅地建物取引業者は、市町村が取引の対象となる宅地又は建物の位置を含む「洪水」、「雨水出水(内水)」、「高潮」の水害ハザードマップを作成している場合、重要事項説明の際にいずれか1種類の水害ハザードマップを提示すればよい。

☒3　宅地建物取引業者は、市町村が取引の対象となる宅地又は建物の位置を含む水害ハザードマップを作成している場合、売買又は交換の媒介のときは重要事項説明の際に水害ハザードマップを提示しなければならないが、貸借の媒介のときはその必要はない。

☒4　宅地建物取引業者は、市町村が取引の対象となる宅地又は建物の位置を含む水害ハザードマップを作成している場合、重要事項説明書に水害ハザードマップを添付すれば足りる。

問34　宅地建物取引業法の規定に基づく営業保証金に関する次の記述のうち、正しいものはどれか。

☆1　国土交通大臣から免許を受けた宅地建物取引業者が、営業保証金を主たる事務所のもよりの供託所に供託した場合、当該供託所から国土交通大臣にその旨が通知されるため、当該宅地建物取引業者は国土交通大臣にその旨を届け出る必要はない。

2 宅地建物取引業者と宅地建物取引業に関し取引をした者は、その取引により生じた債権に関し、当該宅地建物取引業者が供託した営業保証金について、その債権の弁済を受ける権利を有するが、取引をした者が宅地建物取引業者に該当する場合は、その権利を有しない。

3 営業保証金は、金銭による供託のほか、有価証券をもって供託することができるが、金銭と有価証券とを併用して供託することはできない。

4 有価証券を営業保証金に充てる場合における当該有価証券の価額は、国債証券の場合はその額面金額の100分の90、地方債証券の場合はその額面金額の100分の80である。

問35 宅地建物取引士の登録(以下この問において「登録」という。)及び宅地建物取引士証に関する次の記述のうち、正しいものはいくつあるか。

ア 宅地建物取引士(甲県知事登録)が事務禁止処分を受けた場合、宅地建物取引士証を甲県知事に速やかに提出しなければならず、速やかに提出しなかったときは10万円以下の過料に処せられることがある。

イ 宅地建物取引士(甲県知事登録)が宅地建物取引士としての事務禁止処分を受け、その禁止の期間中に本人の申請により登録が消除された場合は、その者が乙県で宅地建物取引士資格試験に合格したとしても、当該期間が満了していないときは、乙県知事の登録を受けることができない。

ウ 宅地建物取引士(甲県知事登録)が甲県から乙県に住所を変更したときは、乙県知事に対し、登録の移転の申請をすることができる。

エ 宅地建物取引士(甲県知事登録)が本籍を変更した場合、遅滞なく、甲県知事に変更の登録を申請しなければならない。

1 一つ
2 二つ
3 三つ
4 四つ

問36 宅地建物取引業者が行う宅地建物取引業法第35条に規定する重要事項の説明に関する次の記述のうち、同法の規定に少なくとも説明しなければならない事項として掲げられていないものはどれか。

★1　建物の貸借の媒介を行う場合における、「都市計画法第29条第1項の規定に基づく制限」

☆2　建物の貸借の媒介を行う場合における、「当該建物について、石綿の使用の有無の調査の結果が記録されているときは、その内容」

☆3　建物の貸借の媒介を行う場合における、「台所、浴室、便所その他の当該建物の設備の整備の状況」

☆4　宅地の貸借の媒介を行う場合における、「敷金その他いかなる名義をもって授受されるかを問わず、契約終了時において精算することとされている金銭の精算に関する事項」

問37　宅地建物取引業法第35条の規定に基づく重要事項の説明及び同法第37条の規定により交付すべき書面(以下この問において「37条書面」という。)に関する次の記述のうち、正しいものはどれか。なお、この問においては、必要な承諾を得て、一定の事項を電磁的方法(電子情報処理組織を使用する方法その他の情報通信の技術を使用する方法をいう。)により提供する場合を考慮しないこととする。

［改題］

★1　宅地建物取引業者は、媒介により区分所有建物の賃貸借契約を成立させた場合、専有部分の用途その他の利用の制限に関する規約においてペットの飼育が禁止されているときは、その旨を重要事項説明書に記載して説明し、37条書面にも記載しなければならない。

★2　宅地建物取引業者は、自ら売主となる土地付建物の売買契約において、宅地建物取引業者ではない買主から保全措置を講ずる必要のない金額の手付金を受領する場合、手付金の保全措置を講じないことを、重要事項説明書に記載して説明し、37条書面にも記載しなければならない。

★3　宅地建物取引業者は、媒介により建物の敷地に供せられる土地の売買契約を成立させた場合において、当該売買代金以外の金銭の授受に関する定めがあるときは、その額並びに当該金銭の授受の時期及び目的を37条書面に記載しなければならない。

☆4　宅地建物取引業者は、自ら売主となる土地付建物の売買契約及び自ら貸主となる土地付建物の賃貸借契約のいずれにおいても、37条書面を作成し、その取引の相手方に交付しなければならない。

問38　宅地建物取引業者Aが、宅地建物取引業者BからB所有の建物の売却を依頼され、Bと一般媒介契約(以下この問において「本件契約」という。)を締結した場合に関する次の記述のうち、宅地建物取引業法の規定に違反しないものはいくつあるか。

ア　本件契約を締結する際に、Bから有効期間を6か月としたい旨の申出があったが、AとBが協議して、有効期間を3か月とした。

イ　当該物件に係る買受けの申込みはなかったが、AはBに対し本件契約に係る業務の処理状況の報告を口頭により14日に1回以上の頻度で行った。

ウ　Aは本件契約を締結した後、所定の事項を遅滞なく指定流通機構に登録したが、その登録を証する書面を、登録してから14日後にBに交付した。

エ　本件契約締結後、1年を経過しても当該物件を売却できなかったため、Bは売却をあきらめ、当該物件を賃貸することにした。そこでBはAと当該物件の貸借に係る一般媒介契約を締結したが、当該契約の有効期間を定めなかった。

1　一つ
2　二つ
3　三つ
4　四つ

問39　宅地建物取引業者Aが、自ら売主として、宅地建物取引業者Bの媒介により、宅地建物取引業者ではないCを買主とするマンションの売買契約を締結した場合における宅地建物取引業法第37条の2の規定に基づくいわゆるクーリング・オフについて告げるときに交付すべき書面(以下この問において「告知書面」という。)に関する次の記述のうち、正しいものはどれか。

1　告知書面には、クーリング・オフによる買受けの申込みの撤回又は売買契約の解除があったときは、Aは、その買受けの申込みの撤回又は売買契約の解除に伴う損害賠償又は違約金の支払を請求することができないことを記載しなければならない。

2　告知書面には、クーリング・オフについて告げられた日から起算して8日を経過するまでの間は、Cが当該マンションの引渡しを受け又は代金の全部を支払った場合を除き、書面によりクーリング・オフによる買受けの申込みの撤回又は売買契約の解除を行うことができることを記載しなければならない。

3　告知書面には、Cがクーリング・オフによる売買契約の解除をするときは、その旨を記載した書面がAに到達した時点で、その効力が発生することを記載しなければならない。

△4　告知書面には、A及びBの商号又は名称及び住所並びに免許証番号を記載しなければならない。

問40　次の記述のうち、宅地建物取引業法の規定によれば、正しいものはどれか。

☆1　宅地建物取引業者は、その業務に関する帳簿を備え、取引のあったつど、その年月日、その取引に係る宅地又は建物の所在及び面積その他国土交通省令で定める事項を記載しなければならないが、支店及び案内所には備え付ける必要はない。

★2　成年である宅地建物取引業者は、宅地建物取引業の業務に関し行った行為について、行為能力の制限を理由に取り消すことができる。

☆3　宅地建物取引業者は、一団の宅地建物の分譲をする場合における当該宅地又は建物の所在する場所に国土交通省令で定める標識を掲示しなければならない。

☆4　宅地建物取引業者は、業務上取り扱ったことについて知り得た秘密に関し、税務署の職員から質問検査権の規定に基づき質問を受けたときであっても、回答してはならない。

問41　宅地建物取引業者Aが行う業務に関する次の記述のうち、宅地建物取引業法の規定によれば、正しいものはいくつあるか。なお、この問において「37条書面」とは、同法第37条の規定により交付すべき書面をいい、「電磁的方法による提供」とは、政令で定めるところにより、同条に定める者の承諾を得て、37条書面に記載すべき事項を電磁的方法であって国土交通省令で定めるものにより提供することをいうものとする。

［改題］

☆ア　Aが自ら売主として建物を売却する場合、宅地建物取引業者Bに当該売却の媒介を依頼したときに37条書面を書面で交付する際は、Bは宅地建物取引士をして37条書面に記名させなければならず、Aも宅地建物取引士をして37条書面に記名させなければならない。

★イ　Aが自ら売主として建物を売却する場合、当該売買契約に際し、買主から支払われる手付金の額が売買代金の5%未満であるときは、当該手付金の額の記載があれば、授受の時期については37条書面に記載しなくてもよい。

☆ウ　Aが売主を代理して建物を売却する場合、買主が宅地建物取引業者であるときは、37条書面を交付又は電磁的方法による提供をしなくてもよい。

★エ　Aが売主を代理して抵当権が設定されている建物を売却する場合、当該抵当権の内容について37条書面に記載しなければならない。

1　一つ

2　二つ

3　三つ

4　四つ

問42　宅地建物取引業者Aが、自ら売主として宅地建物取引業者ではないBを買主とする土地付建物の売買契約（代金3,200万円）を締結する場合に関する次の記述のうち、民法及び宅地建物取引業法の規定によれば、正しいものはどれか。

☆1　割賦販売の契約を締結し、当該土地付建物を引き渡した場合、Aは、Bから800万円の賦払金の支払を受けるまでに、当該土地付建物に係る所有権の移転登記をしなければならない。

☆2　当該土地付建物の工事の完了前に契約を締結した場合、Aは、宅地建物取引業法第41条に定める手付金等の保全措置を講じなくても手付金100万円、中間金60万円を受領することができる。

☆3　当事者の債務の不履行を理由とする契約の解除に伴う損害賠償の予定額を400万円とし、かつ、違約金の額を240万円とする特約を定めた場合、当該特約は無効となる。

△4　当事者の債務の不履行を理由とする契約の解除に伴う損害賠償の予定額を定めていない場合、債務の不履行による損害賠償の請求額は売買代金の額の10分の2を超えてはならない。

問43　宅地建物取引業者の業務に関する次の記述のうち、宅地建物取引業法の規定に違反するものはいくつあるか。

☆ア　マンションの販売に際して、買主が手付として必要な額を持ち合わせていなかったため、手付を分割受領することにより、契約の締結を誘引した。

☆イ　宅地の売買に際して、相手方が「契約の締結をするかどうか明日まで考えさせてほしい」と申し出たのに対し、事実を歪（ゆが）めて「明日では契約締結できなくなるので、今日しか待てない」と告げた。

☆ウ　マンション販売の勧誘を電話で行った際に、勧誘に先立って電話口で宅地建物取引業者の商号又は名称を名乗らずに勧誘を行った。

エ　建物の貸借の媒介に際して、賃貸借契約の申込みをした者がその撤回を申し出たが、物件案内等に経費がかかったため、預り金を返還しなかった。

1　一つ

2　二つ

3　三つ

4　四つ

問44　宅地建物取引業者A（消費税課税事業者）が受け取ることができる報酬額についての次の記述のうち、宅地建物取引業法の規定によれば、正しいものはどれか。

1　居住の用に供する建物（1か月の借賃20万円。消費税等相当額を含まない。）の貸借であって100万円の権利金の授受があるものの媒介をする場合、依頼者双方から受領する報酬の合計額は11万円を超えてはならない。

2　宅地（代金1,000万円。消費税等相当額を含まない。）の売買について、売主から代理の依頼を受け、買主から媒介の依頼を受け、売買契約を成立させて買主から303,000円の報酬を受領する場合、売主からは489,000円を上限として報酬を受領することができる。

3　宅地（代金300万円。消費税等相当額を含まない。）の売買の媒介について、通常の媒介と比較して現地調査等の費用が6万円（消費税等相当額を含まない。）多く要した場合、依頼者双方から合計で44万円を上限として報酬を受領することができる。

4　店舗兼住宅（1か月の借賃20万円。消費税等相当額を含まない。）の貸借の媒介をする場合、依頼者の一方から受領する報酬は11万円を超えてはならない。

問45　宅地建物取引業者Aが、自ら売主として宅地建物取引業者ではない買主Bに新築住宅を販売する場合における次の記述のうち、特定住宅瑕疵担保責任の履行の確保等に関する法律の規定によれば、正しいものはどれか。

1　Bが建設業者である場合、Aは、Bに引き渡した新築住宅について、住宅販売瑕疵担保保証金の供託又は住宅販売瑕疵担保責任保険契約の締結を行う義務を負わない。

2　Aが住宅販売瑕疵担保責任保険契約を締結する場合、当該契約は、BがAから当該新築住宅の引渡しを受けた時から2年以上の期間にわたって有効なものでなければならない。

△3　Aが住宅販売瑕疵担保責任保険契約を締結した場合、A及びBは、指定住宅紛争処理機関に特別住宅紛争処理の申請をすることにより、当該新築住宅の瑕疵に関するAとBとの間の紛争について、あっせん、調停又は仲裁を受けることができる。

★4　AB間の新築住宅の売買契約において、当該新築住宅の構造耐力上主要な部分に瑕疵があってもAが瑕疵担保責任を負わない旨の特約があった場合、住宅販売瑕疵担保保証金の供託又は住宅販売瑕疵担保責任保険契約の締結を行う義務はない。

問46　独立行政法人住宅金融支援機構(以下この問において「機構」という。)に関する次の記述のうち、誤っているものはどれか。

★1　機構は、証券化支援事業(買取型)において、賃貸住宅の購入に必要な資金の貸付けに係る金融機関の貸付債権を譲受けの対象としている。

△2　機構は、市街地の土地の合理的な利用に寄与する一定の建築物の建設に必要な資金の貸付けを業務として行っている。

★3　機構は、証券化支援事業(買取型)において、省エネルギー性に優れた住宅を取得する場合について、貸付金の利率を一定期間引き下げる制度を設けている。

△4　機構は、経済事情の変動に伴い、貸付けを受けた者の住宅ローンの元利金の支払が著しく困難になった場合に、償還期間の延長等の貸付条件の変更を行っている。

問47　宅地建物取引業者が行う広告に関する次の記述のうち、不当景品類及び不当表示防止法(不動産の表示に関する公正競争規約を含む。)の規定によれば、正しいものはどれか。

〔改題〕

☆1　住宅の居室の広さを畳数で表示する場合には、畳1枚当たりの広さにかかわらず、実際に当該居室に敷かれている畳の数を表示しなければならない。

★2　団地(一団の宅地又は建物をいう。)と駅との間の道路距離は、取引する区画のうち駅から最も近い区画(マンション及びアパートにあっては、駅から最も近い建物の出入口)を起点として算出した数値とともに、駅から最も遠い区画(マンション及びアパートにあっては、駅から最も遠い建物の出入口)を起点として算出した距離を表示しなければならない。

☆3　新築分譲マンションを完成予想図により表示する場合、完成予想図である旨を表示すれば、緑豊かな環境であることを訴求するために周囲に存在しない公園等を表示することができる。

★4　新築分譲住宅の販売に当たって行う二重価格表示は、実際に過去において販売価格として公表していた価格を比較対照価格として用いて行うのであれば、値下げの日から1年以内の期間は表示することができる。

問48 統計問題につき、問題省略

（最新の統計データで学習してください）

問49 土地に関する次の記述のうち、最も不適当なものはどれか。

☆1　森林は、木材資源としても重要で、水源涵（かん）養、洪水防止等の大きな役割を担っている。

☆2　活動度の高い火山の火山麓では、火山活動に伴う災害にも留意する必要がある。

★3　林相は良好でも、破砕帯や崖錐（すい）等の上の杉の植林地は、豪雨に際して崩壊することがある。

☆4　崖錐（すい）や小河川の出口で堆積物の多い所等は、土石流の危険が少ない。

問50 建物の構造に関する次の記述のうち、最も不適当なものはどれか。

☆1　鉄骨構造は、主要構造の構造形式にトラス、ラーメン、アーチ等が用いられ、高層建築の骨組に適している。

△2　鉄骨構造の床は既製気泡コンクリート板、プレキャストコンクリート板等でつくられる。

★3　鉄骨構造は、耐火被覆や鋼材の加工性の問題があり、現在は住宅、店舗等の建物には用いられていない。

☆4　鉄骨構造は、工場、体育館、倉庫等の単層で大空間の建物に利用されている。

No.
10

平成25年度
（2013年度）

本試験問題

この年の合格基準点は33点でした

インフォメーション

選択肢番号についているマークの意味は次のとおりです。
復習のさいにお役立てください。

☆…即答できなかったらちょっとマズイ（復習推奨）
★…いま間違えてもいいけど、必ず解説を読んでできるようにしておこう（復習推奨）
△…確実に合格を目指すなら、マスターしておきたい（直前期に余裕があれば、再チェック）
×…できなくても問題ナシ（復習の必要性は乏しい）

解き終わったあと、☆と★の問題については必ず復習をしておきましょう。

問1 次の記述のうち、民法の条文に規定されているものはどれか。

法改正により削除

問2 未成年者に関する次の記述のうち、民法の規定及び判例によれば、正しいものはどれか。［改題］

△1　父母とまだ意思疎通することができない乳児は、不動産を所有することができない。

★2　営業を許可された未成年者が、その営業のための商品を仕入れる売買契約を有効に締結するには、父母双方がいる場合、父母のどちらか一方の同意が必要である。

☒3　男は18歳に、女は16歳になれば婚姻することができるが、父母双方がいる場合には、必ず父母双方の同意が必要である。

☒4　Aが死亡し、Aの妻Bと嫡出でない未成年の子CとDが相続人となった場合に、CとDの親権者である母EがCとDを代理してBとの間で遺産分割協議を行っても、追認がない限り有効なものとはならない。

問3 甲土地の所有者Aが、他人が所有している土地を通行することに関する次の記述のうち、民法の規定及び判例によれば、誤っているものはどれか。

★1　甲土地が他の土地に囲まれて公道に通じない場合、Aは、公道に出るために甲土地を囲んでいる他の土地を自由に選んで通行できるわけではない。

★2　甲土地が共有物分割によって公道に通じなくなった場合、Aは、公道に出るために、通行のための償金を支払うことなく、他の分割者の土地を通行することができる。

△3　甲土地が公道に通じているか否かにかかわらず、他人が所有している土地を通行するために当該土地の所有者と賃貸借契約を締結した場合、Aは当該土地を通行することができる。

△4　甲土地の隣接地の所有者が自らが使用するために当該隣接地内に通路を開設し、Aもその通路を利用し続けると、甲土地が公道に通じていない場合には、Aは隣接地に関して時効によって通行地役権を取得することがある。

問4 留置権に関する次の記述のうち、民法の規定及び判例によれば、正しいものはどれか。

☒1　建物の賃借人が賃貸人の承諾を得て建物に付加した造作の買取請求をした場合、賃借人は、造作買取代金の支払を受けるまで、当該建物を留置することができる。

△2　不動産が二重に売買され、第2の買主が先に所有権移転登記を備えたため、第1の買主が所有権を取得できなくなった場合、第1の買主は、損害賠償を受けるまで当該不動産を留置することができる。

△3　建物の賃貸借契約が賃借人の債務不履行により解除された後に、賃借人が建物に関して有益費を支出した場合、賃借人は、有益費の償還を受けるまで当該建物を留置することができる。

☒4　建物の賃借人が建物に関して必要費を支出した場合、賃借人は、建物所有者ではない第三者が所有する敷地を留置することはできない。

問5 抵当権に関する次の記述のうち、民法の規定及び判例によれば、正しいものはどれか。

★1　債権者が抵当権の実行として担保不動産の競売手続をする場合には、被担保債権の弁済期が到来している必要があるが、対象不動産に関して発生した賃料債権に対して物上代位をしようとする場合には、被担保債権の弁済期が到来している必要はない。

★2　抵当権の対象不動産が借地上の建物であった場合、特段の事情がない限り、抵当権の効力は当該建物のみならず借地権についても及ぶ。

△3　対象不動産について第三者が不法に占有している場合、抵当権は、抵当権設定者から抵当権者に対して占有を移転させるものではないので、事情にかかわらず抵当権者が当該占有者に対して妨害排除請求をすることはできない。

☆4　抵当権について登記がされた後は、抵当権の順位を変更することはできない。

問6 A銀行のBに対する貸付債権1,500万円につき、CがBの委託を受けて全額について連帯保証をし、D及びEは物上保証人として自己の所有する不動産にそれぞれ抵当権を設定していた場合、次の記述のうち、民法の規定及び判例によれば、正しいものはどれか。　［改題］

☒1　CがA銀行に対して債権全額について保証債務を履行した場合、Cは、D及びEの各不動産に対する抵当権を実行して1,500万円を回収することができる。

☒2　A銀行がDの不動産の抵当権を実行して債権全額を回収した場合、DはCに対して、1,000万円を限度として求償することができる。

☒3　第三者がDの所有する担保不動産を買い受けた後、CがA銀行に対して債権全額を弁済した場合、Cは、当該第三者に対してA銀行に代位することができない。

☒4　Eの担保不動産を買い受けた第三者がA銀行に対して債権全額を弁済した場合、当該第三者は、Cに対して、弁済した額の一部を求償することができる。

問7　次の1から4までの記述のうち、民法の規定及び下記判決文によれば、誤っているものはどれか。

（判決文）

期間の定めのある建物の賃貸借において、賃借人のために保証人が賃貸人との間で保証契約を締結した場合には、反対の趣旨をうかがわせるような特段の事情のない限り、保証人が更新後の賃貸借から生ずる賃借人の債務についても保証の責めを負う趣旨で合意がされたものと解するのが相当であり、保証人は、賃貸人において保証債務の履行を請求することが信義則に反すると認められる場合を除き、更新後の賃貸借から生ずる賃借人の債務についても保証の責めを免れないというべきである。

☒1　保証人が期間の定めのある建物の賃貸借の賃借人のために保証契約を締結した場合は、賃貸借契約の更新の際に賃貸人から保証意思の確認がなされていなくても、反対の趣旨をうかがわせるような特段の事情がない限り、更新後の賃借人の債務について保証する旨を合意したものと解される。

☒2　期間の定めのある建物の賃貸借の賃借人のための保証人が更新後の賃借人の債務についても保証の責任を負う趣旨で合意した場合には、賃借人の未払賃料が1年分に及んだとしても、賃貸人が保証債務の履行を請求することが信義則に反すると認められる事情がなければ、保証人は当該金額の支払義務を負う。

☒3　期間の定めのある建物の賃貸借の賃借人のための保証人が更新後の賃借人の債務についても保証の責任を負う場合、更新後の未払賃料について保証人の責任は及ぶものの、更新後に賃借人が賃借している建物を故意又は過失によって損傷させた場合の損害賠償債務には保証人の責任は及ばない。

☒4　期間の定めのある建物の賃貸借の賃借人のための保証人が更新後の賃借人の

債務についても保証の責任を負う旨の合意をしたものと解される場合であって、賃貸人において保証債務の履行を請求することが信義則に反すると認められるときには、保証人は更新後の賃借人の債務について保証の責任を負わない。

問8 次の記述のうち、民法の規定及び判例によれば、正しいものはどれか。

［改題］

△1 倒壊しそうなA所有の建物や工作物について、Aが倒壊防止の措置をとらないため、Aの隣に住むBがAのために最小限度の緊急措置をとったとしても、Aの承諾がなければ、Bはその費用をAに請求することはできない。

★2 建物所有を目的とする借地人は、特段の事情がない限り、建物建築時に土地に石垣や擁壁の設置、盛土や杭(くい)打ち等の変形加工をするには、必ず賃貸人の承諾を得なければならない。

★3 賃借人の責めに帰すべき事由によらずに修繕が必要となったにもかかわらず、建物の賃貸人が必要な修繕義務を履行しない場合、賃借人は目的物の使用収益に関係なく賃料全額の支払を拒絶することができる。

★4 建物の賃貸人が賃貸物の保存に必要な修繕をする場合、賃借人は修繕工事のため使用収益に支障が生じても、これを拒むことはできない。

問9 Aに雇用されているBが、勤務中にA所有の乗用車を運転し、営業活動のため顧客Cを同乗させている途中で、Dが運転していたD所有の乗用車と正面衝突した(なお、事故についてはBとDに過失がある。)場合における次の記述のうち、民法の規定及び判例によれば、正しいものはどれか。

★1 Aは、Cに対して事故によって受けたCの損害の全額を賠償した。この場合、Aは、BとDの過失割合に従って、Dに対して求償権を行使することができる。

★2 Aは、Dに対して事故によって受けたDの損害の全額を賠償した。この場合、Aは、被用者であるBに対して求償権を行使することはできない。

★3 事故によって損害を受けたCは、AとBに対して損害賠償を請求することはできるが、Dに対して損害賠償を請求することはできない。

★4 事故によって損害を受けたDは、Aに対して損害賠償を請求することはできるが、Bに対して損害賠償を請求することはできない。

問10 婚姻中の夫婦AB間には嫡出子CとDがいて、Dは既に婚姻しており嫡出子Ｅがいたところ、Ｄは×５年10月１日に死亡した。他方、Ａには離婚歴があり、前の配偶者との間の嫡出子Ｆがいる。Ａが同年10月２日に死亡した場合に関する次の記述のうち、民法の規定及び判例によれば、正しいものはどれか。［改題］

☆1　Ａが死亡した場合の法定相続分は、Ｂが２分の１、Ｃが５分の１、Ｅが５分の１、Ｆが10分の１である。

△2　Ａが生前、Ａ所有の全財産のうち甲土地についてＣに相続させる旨の遺言をしていた場合には、特段の事情がない限り、遺産分割の方法が指定されたものとして、Ｃは甲土地の所有権を取得するのが原則である。

△3　Ａが生前、Ａ所有の全財産についてＤに相続させる旨の遺言をしていた場合には、特段の事情がない限り、Ｅは代襲相続により、Ａの全財産について相続するのが原則である。

△4　Ａが生前、Ａ所有の全財産のうち甲土地についてＦに遺贈する旨の意思表示をしていたとしても、Ｆは相続人であるので、当該遺贈は無効である。

問11　Ａは、Ａ所有の甲建物につき、Ｂとの間で期間を10年とする借地借家法第38条第１項の定期建物賃貸借契約を締結し、Ｂは甲建物をさらにＣに賃貸（転貸）した。この場合に関する次の記述のうち、民法及び借地借家法の規定並びに判例によれば、正しいものはどれか。

☆1　ＢがＡに無断で甲建物をＣに転貸した場合には、転貸の事情のいかんにかかわらず、ＡはAB間の賃貸借契約を解除することができる。

☆2　Ｂの債務不履行を理由にＡが賃貸借契約を解除したために当該賃貸借契約が終了した場合であっても、ＢがＡの承諾を得て甲建物をＣに転貸していたときには、ＡはＣに対して甲建物の明渡しを請求することができない。

☆3　AB間の賃貸借契約が期間満了で終了する場合であっても、ＢがＡの承諾を得て甲建物をＣに転貸しているときには、ＢのＣに対する解約の申入れについて正当な事由がない限り、ＡはＣに対して甲建物の明渡しを請求することができない。

☆4　AB間の賃貸借契約に賃料の改定について特約がある場合には、経済事情の変動によってＢのＡに対する賃料が不相当となっても、ＢはＡに対して借地借家法第32条第１項に基づく賃料の減額請求をすることはできない。

問12　賃貸借契約に関する次の記述のうち、民法及び借地借家法の規定並びに判例によれば、正しいものはどれか。

★1　ゴルフ場経営を目的とする土地賃貸借契約については、対象となる全ての土地について地代等の増減額請求に関する借地借家法第11条の規定が適用される。

☆2　借地権の存続期間が満了する際、借地権者の契約の更新請求に対し、借地権設定者が遅滞なく異議を述べた場合には、借地契約は当然に終了する。

☒3　二筆以上ある土地の借地権者が、そのうちの一筆の土地上に登記ある建物を所有し、登記ある建物がない他方の土地は庭として使用するために賃借しているにすぎない場合、登記ある建物がない土地には、借地借家法第10条第1項による対抗力は及ばない。

☆4　借地権の存続期間が満了する前に建物が滅失し、借地権者が残存期間を超えて存続すべき建物を建築した場合、借地権設定者が異議を述べない限り、借地権は建物が築造された日から当然に20年間存続する。

問13 建物の区分所有等に関する法律に関する次の記述のうち、誤っているものはどれか。

☆1　区分所有者の承諾を得て専有部分を占有する者は、会議の目的たる事項につき利害関係を有する場合には、集会に出席して議決権を行使することができる。

★2　区分所有者の請求によって管理者が集会を招集した際、規約に別段の定めがある場合及び別段の決議をした場合を除いて、管理者が集会の議長となる。

★3　管理者は、集会において、毎年一回一定の時期に、その事務に関する報告をしなければならない。

★4　一部共用部分は、区分所有者全員の共有に属するのではなく、これを共用すべき区分所有者の共有に属する。

問14 不動産の登記に関する次の記述のうち、誤っているものはどれか。

△1　所有権の登記名義人が表示に関する登記の申請人となることができる場合において、当該登記名義人について相続その他の一般承継があったときは、相続人その他の一般承継人は、当該表示に関する登記を申請することができる。

△2　共有物分割禁止の定めに係る権利の変更の登記の申請は、当該権利の共有者である全ての登記名義人が共同してしなければならない。

△3　敷地権付き区分建物の表題部所有者から所有権を取得した者は、当該敷地権の登記名義人の承諾を得ることなく、当該区分建物に係る所有権の保存の登記を申請することができる。

☆4　所有権に関する仮登記に基づく本登記は、登記上の利害関係を有する第三者がある場合には、当該第三者の承諾があるときに限り、申請することができる。

問15 都市計画法に関する次の記述のうち、誤っているものはどれか。

★1　都市計画施設の区域又は市街地開発事業の施行区域内において建築物の建築をしようとする者であっても、当該建築行為が都市計画事業の施行として行う行為である場合には都道府県知事(市の区域内にあっては、当該市の長)の許可は不要である。

☆2　用途地域の一つである特定用途制限地域は、良好な環境の形成又は保持のため当該地域の特性に応じて合理的な土地利用が行われるよう、制限すべき特定の建築物等の用途の概要を定める地域とする。

☆3　都市計画事業の認可の告示があった後においては、当該事業地内において、当該都市計画事業の施行の障害となるおそれがある土地の形質の変更又は建築物の建築その他工作物の建設を行おうとする者は、都道府県知事(市の区域内にあっては、当該市の長)の許可を受けなければならない。

△4　一定の条件に該当する土地の区域における地区計画については、劇場、店舗、飲食店その他これらに類する用途に供する大規模な建築物の整備による商業その他の業務の利便の増進を図るため、一体的かつ総合的な市街地の開発整備を実施すべき区域である開発整備促進区を都市計画に定めることができる。

問16 都市計画法に関する次の記述のうち、正しいものはどれか。

☆1　開発行為とは、主として建築物の建築の用に供する目的で行う土地の区画形質の変更を指し、特定工作物の建設の用に供する目的で行う土地の区画形質の変更は開発行為には該当しない。

☆2　市街化調整区域において行う開発行為で、その規模が300㎡であるものについては、常に開発許可は不要である。

☆3　市街化区域において行う開発行為で、市町村が設置する医療法に規定する診療所の建築の用に供する目的で行うものであって、当該開発行為の規模が1,500㎡であるものについては、開発許可は必要である。

☆4　非常災害のため必要な応急措置として行う開発行為であっても、当該開発行為が市街化調整区域において行われるものであって、当該開発行為の規模が3,000㎡以上である場合には、開発許可が必要である。

問17 建築基準法に関する次の記述のうち、誤っているものはいくつあるか。

☒ア　一室の居室で天井の高さが異なる部分がある場合、室の床面から天井の一番低い部分までの高さが2.1m以上でなければならない。

☒イ　3階建ての共同住宅の各階のバルコニーには、安全上必要な高さが1.1m以上の手すり壁、さく又は金網を設けなければならない。

☆ウ　石綿以外の物質で居室内において衛生上の支障を生ずるおそれがあるものとして政令で定める物質は、ホルムアルデヒドのみである。

☆エ　高さが20mを超える建築物には原則として非常用の昇降機を設けなければならない。

1　一つ
2　二つ
3　三つ
4　四つ

問18 建築基準法(以下この問において「法」という。)に関する次の記述のうち、誤っているものはどれか。
［改題］

☆1　地方公共団体は、延べ面積が1,000㎡を超える建築物の敷地が接しなければならない道路の幅員について、条例で、避難又は通行の安全の目的を達するために必要な制限を付加することができる。

☆2　建蔽率の限度が10分の8とされている地域内で、かつ、防火地域内にある耐火建築物又はこれと同等以上の延焼防止性能を有するものとして政令で定める建築物については、建蔽率の制限は適用されない。

△3　建築物が第二種中高層住居専用地域及び近隣商業地域にわたって存する場合で、当該建築物の過半が近隣商業地域に存する場合には、当該建築物に対して法第56条第1項第3号の規定(北側斜線制限)は適用されない。

△4　建築物の敷地が第一種低層住居専用地域及び準住居地域にわたる場合で、当該敷地の過半が準住居地域に存する場合には、作業場の床面積の合計が100㎡の自動車修理工場は建築可能である。

問19 宅地造成及び特定盛土等規制法に関する次の記述のうち、誤っているものはどれか。なお、この問において「都道府県知事」とは、地方自治法に基づく指定都市、中核市及び施行時特例市にあってはその長をいうものとする。 〔改題〕

☆1 宅地造成等工事規制区域内において宅地造成等に関する工事を行う場合、宅地造成等に伴う災害を防止するために行う高さ4mの擁壁の設置に係る工事については、政令で定める資格を有する者の設計によらなければならない。

☆2 宅地造成等工事規制区域内において行われる切土であって、当該切土をする土地の面積が600㎡で、かつ、高さ1.5mの崖を生ずることとなるものに関する工事については、宅地造成等に伴う災害の発生のおそれがないと認められるものとして政令で定める工事を除き、都道府県知事の許可が必要である。

☆3 宅地造成等工事規制区域内において行われる盛土であって、当該盛土をする土地の面積が300㎡で、かつ、高さ1.5mの崖を生ずることとなるものに関する工事については、宅地造成等に伴う災害の発生のおそれがないと認められるものとして政令で定める工事を除き、都道府県知事の許可が必要である。

☆4 都道府県知事は、宅地造成等工事規制区域内の土地について、宅地造成等に伴う災害の防止のため必要があると認める場合においては、その土地の所有者、管理者、占有者、工事主又は工事施行者に対し、擁壁の設置等の措置をとることを勧告することができる。

問20 土地区画整理法に関する次の記述のうち、正しいものはどれか。

★1 個人施行者は、規準又は規約に別段の定めがある場合においては、換地計画に係る区域の全部について土地区画整理事業の工事が完了する以前においても換地処分をすることができる。

★2 換地処分は、施行者が換地計画において定められた関係事項を公告して行うものとする。

△3 個人施行者は、換地計画において、保留地を定めようとする場合においては、土地区画整理審議会の同意を得なければならない。

★4 個人施行者は、仮換地を指定しようとする場合においては、あらかじめ、その指定について、従前の宅地の所有者の同意を得なければならないが、仮換地となるべき宅地の所有者の同意を得る必要はない。

問21 農地法（以下この問において「法」という。）に関する次の記述のうち、正し

いものはどれか。 ［改題］

△1 農地の賃貸借について法第3条第1項の許可を得て農地の引渡しを受けても、土地登記簿に登記をしなかった場合、その後、その農地について所有権を取得した第三者に対抗することができない。

☆2 雑種地を開墾し、現に畑として耕作されている土地であっても、土地登記簿上の地目が雑種地である限り、法の適用を受ける農地には当たらない。

△3 国又は都道府県等が市街化調整区域内の農地（1ヘクタール）を取得して学校を建設する場合、都道府県知事等との協議が成立しても法第5条第1項の許可を受ける必要がある。

☆4 農業者が相続により取得した市街化調整区域内の農地を自己の住宅用地として転用する場合でも、法第4条第1項の許可を受ける必要がある。

問22 次の記述のうち、正しいものはどれか。

☆1 地すべり等防止法によれば、地すべり防止区域内において、地表水を放流し、又は停滞させる行為をしようとする者は、一定の場合を除き、市町村長の許可を受けなければならない。

☆2 国土利用計画法によれば、甲県が所有する都市計画区域内の7,000㎡の土地を甲県から買い受けた者は、事後届出を行う必要はない。

△3 土壌汚染対策法によれば、形質変更時要届出区域内において土地の形質の変更をしようとする者は、非常災害のために必要な応急措置として行う行為であっても、都道府県知事に届け出なければならない。

☆4 河川法によれば、河川区域内の土地において工作物を新築し、改築し、又は除却しようとする者は、河川管理者と協議をしなければならない。

問23 印紙税に関する次の記述のうち、正しいものはどれか。 ［改題］

☆1 土地譲渡契約書に課税される印紙税を納付するため当該契約書に印紙をはり付けた場合には、課税文書と印紙の彩紋とにかけて判明に消印しなければならないが、契約当事者の従業者の印章又は署名で消印しても、消印したことにはならない。

☆2 土地の売買契約書（記載金額2,000万円）を3通作成し、売主A、買主B及び媒介した宅地建物取引業者Cがそれぞれ1通ずつ保存する場合、Cが保存する契約書には、印紙税は課されない。

☆3　一の契約書に土地の譲渡契約（譲渡金額4,000万円）と建物の建築請負契約（請負金額5,000万円）をそれぞれ区分して記載した場合、印紙税の課税標準となる当該契約書の記載金額は、5,000万円である。

☆4　「建物の電気工事に係る請負金額は2,200万円（うち消費税額及び地方消費税額が200万円）とする」旨を記載した工事請負契約書について、印紙税の課税標準となる当該契約書の記載金額は、2,200万円である。

問24 固定資産税に関する次の記述のうち、正しいものはどれか。

☒1　国会議員及び地方団体の議会の議員は、固定資産評価員を兼ねることができる。

☒2　登記所は、土地又は建物の表示に関する登記をしたときは、30日以内に、その旨を当該土地又は家屋の所在地の市町村長に通知しなければならない。

☆3　住宅用地のうち小規模住宅用地に対して課する固定資産税の課税標準は、当該小規模住宅用地に係る固定資産税の課税標準となるべき価格の3分の1の額である。

☒4　固定資産税に係る徴収金について滞納者が督促を受け、その督促状を発した日から起算して10日を経過した日までに、その督促に係る固定資産税の徴収金について完納しないときは、市町村の徴税吏員は、滞納者の財産を差し押さえなければならない。

問25 地価公示法に関する次の記述のうち、正しいものはどれか。

△1　地価公示法の目的は、都市及びその周辺の地域等において、標準地を選定し、その周辺の土地の取引価格に関する情報を公示することにより、適正な地価の形成に寄与することである。

△2　標準地は、土地鑑定委員会が、自然的及び社会的条件からみて類似の利用価値を有すると認められる地域において、土地の利用状況、環境等が通常と認められ、かつ、当該土地の使用又は収益を制限する権利が存しない一団の土地について選定する。

△3　公示価格を規準とするとは、対象土地の価格を求めるに際して、当該対象土地とこれに類似する利用価値を有すると認められる1又は2以上の標準地との位置、地積、環境等の土地の客観的価値に作用する諸要因についての比較を行

い、その結果に基づき、当該標準地の公示価格と当該対象土地の価格との間に均衡を保たせることをいう。

☆4　不動産鑑定士は、土地鑑定委員会の求めに応じて標準地の鑑定評価を行うに当たっては、近傍類地の取引価格から算定される推定の価格、近傍類地の地代等から算定される推定の価格又は同等の効用を有する土地の造成に要する推定の費用の額のいずれかを勘案してこれを行わなければならない。

問26 宅地建物取引業の免許(以下この問において「免許」という。)に関する次の記述のうち、宅地建物取引業法の規定によれば、正しいものはどれか。［改題］

☆1　宅地建物取引業者A社の代表取締役が、道路交通法違反により罰金の刑に処せられたとしても、A社の免許は取り消されることはない。

☆2　宅地建物取引業者B社の使用人であって、B社の宅地建物取引業を行う支店の代表者が、刑法第222条(脅迫)の罪により罰金の刑に処せられたとしても、B社の免許は取り消されることはない。

☆3　宅地建物取引業者C社の非常勤役員が、刑法第208条の2(凶器準備集合及び結集)の罪により罰金の刑に処せられたとしても、C社の免許は取り消されることはない。

☆4　宅地建物取引業者D社の代表取締役が、法人税法違反により懲役の刑に処せられたとしても、執行猶予が付されれば、D社の免許は取り消されることはない。

問27 宅地建物取引業者の営業保証金に関する次の記述のうち、宅地建物取引業法(以下この問において「法」という。)の規定によれば、正しいものはどれか。

☆1　宅地建物取引業者は、不正の手段により法第3条第1項の免許を受けたことを理由に免許を取り消された場合であっても、営業保証金を取り戻すことができる。

★2　信託業法第3条の免許を受けた信託会社で宅地建物取引業を営むものは、国土交通大臣の免許を受けた宅地建物取引業者とみなされるため、営業保証金を供託した旨の届出を国土交通大臣に行わない場合は、国土交通大臣から免許を取り消されることがある。

☆3　宅地建物取引業者は、本店を移転したためその最寄りの供託所が変更した場合、国債証券をもって営業保証金を供託しているときは、遅滞なく、従前の本店の最寄りの供託所に対し、営業保証金の保管替えを請求しなければならない。

☆4　宅地建物取引業者は、その免許を受けた国土交通大臣又は都道府県知事から、営業保証金の額が政令で定める額に不足することとなった旨の通知を受けたときは、供託額に不足を生じた日から2週間以内に、その不足額を供託しなければならない。

問28　宅地建物取引業者A社が、Bから自己所有の甲宅地の売却の媒介を依頼され、Bと媒介契約を締結した場合における次の記述のうち、宅地建物取引業法の規定によれば、正しいものはいくつあるか。

☆ア　A社が、Bとの間に専任媒介契約を締結し、甲宅地の売買契約を成立させたときは、A社は、遅滞なく、登録番号、取引価格、売買契約の成立した年月日、売主及び買主の氏名を指定流通機構に通知しなければならない。

☆イ　A社は、Bとの間に媒介契約を締結し、Bに対して甲宅地を売買すべき価格又はその評価額について意見を述べるときは、その根拠を明らかにしなければならない。

☆ウ　A社がBとの間に締結した専任媒介契約の有効期間は、Bからの申出により更新することができるが、更新の時から3月を超えることができない。

1　一つ
2　二つ
3　三つ
4　なし

問29　宅地建物取引業法(以下この問において「法」という。)に関する次の記述のうち、正しいものはどれか。　［改題］

☆1　宅地建物取引業者でない売主と宅地建物取引業者である買主が、媒介業者を介さず宅地の売買契約を締結する場合、法第35条の規定に基づく重要事項の説明義務を負うのは買主の宅地建物取引業者である。

☆2　宅地建物取引業者でない者を当事者として、建物の管理が管理会社に委託されている当該建物の賃貸借契約の媒介をする宅地建物取引業者は、当該建物が区分所有建物であるか否かにかかわらず、その管理会社の商号又は名称及びその主たる事務所の所在地を、借主に説明しなければならない。

★3　区分所有建物の売買において、売主が宅地建物取引業者である場合、当該売主は宅地建物取引業者でない買主に対し、当該一棟の建物に係る計画的な維持修繕のための修繕積立金積立総額及び売買の対象となる専有部分に係る修繕積立金額の説明をすれば、滞納があることについては説明をしなくてもよい。

☆4　区分所有建物の売買において、売主及び買主が宅地建物取引業者である場合であっても、当該売主は当該買主に対し、法第35条の2に規定する供託所等の説明をする必要がある。

問30 宅地建物取引業者が行う宅地建物取引業法第35条に規定する重要事項の説明(以下この問において「重要事項説明」という。)及び同条の規定により交付すべき書面(以下この問において「35条書面」といい、政令で定めるところにより、同条に定める者の承諾を得て、35条書面に記載すべき事項を電磁的方法であって国土交通省令で定めるものにより提供する場合を含むものとする。)に関する次の記述のうち、正しいものはどれか。 ［改題］

☆1　宅地建物取引業者は、宅地又は建物の売買について売主となる場合、買主が宅地建物取引業者であっても、重要事項説明は行わなければならないが、35条書面の交付又は電磁的方法による提供は省略してよい。

☆2　宅地建物取引業者が、宅地建物取引士をして宅地建物取引業者でない取引の相手方に対し重要事項説明をさせる場合、当該宅地建物取引士は、取引の相手方から請求がなくても、宅地建物取引士証を相手方に提示しなければならず、提示しなかったときは、20万円以下の罰金に処せられることがある。

☆3　宅地建物取引業者は、貸借の媒介の対象となる建物(昭和56年5月31日以前に新築)が、指定確認検査機関、建築士、登録住宅性能評価機関又は地方公共団体による耐震診断を受けたものであっても、宅地建物取引業者でない相手方に対してその内容を重要事項説明において説明しなくてもよい。

☆4　宅地建物取引業者は、重要事項説明において、取引の対象となる宅地又は建物が、津波防災地域づくりに関する法律の規定により指定された津波災害警戒区域内にあるときは、宅地建物取引業者でない相手方に対してその旨を説明しなければならない。

問31 宅地建物取引業者A社が宅地建物取引業法第37条の規定により交付すべき書面(以下この問において「37条書面」といい、政令で定めるところにより、同条に定める者の承諾を得て、37条書面に記載すべき事項を電磁的方法であって国土交通省令で定めるものにより提供する場合を含むものとする。)に関する次の記述のうち、宅地建物取引業法の規定によれば、正しいものの組合せはどれか。

［改題］

☆ア　A社は、建物の貸借に関し、自ら貸主として契約を締結した場合に、その相手方に37条書面を交付又は電磁的方法により提供しなければならない。

☆イ　A社は、建物の売買に関し、その媒介により契約が成立した場合に、当該売買契約の各当事者のいずれに対しても、37条書面を交付又は電磁的方法により提供しなければならない。

☆ウ　A社は、建物の売買に関し、その媒介により契約が成立した場合に、天災その他不可抗力による損害の負担に関する定めがあるときは、その内容を記載した37条書面を交付又は電磁的方法により提供しなければならない。

☆エ　A社は、建物の売買に関し、自ら売主として契約を締結した場合に、その相手方が宅地建物取引業者であれば、37条書面を交付又は電磁的方法により提供する必要はない。

1　ア、イ
2　イ、ウ
3　ウ、エ
4　ア、エ

問32　次の記述のうち、宅地建物取引業法の規定に違反しないものの組合せとして、正しいものはどれか。なお、この問において「建築確認」とは、建築基準法第6条第1項の確認をいうものとする。

☆ア　宅地建物取引業者A社は、建築確認の済んでいない建築工事完了前の賃貸住宅の貸主Bから当該住宅の貸借の媒介を依頼され、取引態様を媒介と明示して募集広告を行った。

☆イ　宅地建物取引業者C社は、建築確認の済んでいない建築工事完了前の賃貸住宅の貸主Dから当該住宅の貸借の代理を依頼され、代理人として借主Eとの間で当該住宅の賃貸借契約を締結した。

☆ウ　宅地建物取引業者F社は、建築確認の済んだ建築工事完了前の建売住宅の売主G社（宅地建物取引業者）との間で当該住宅の売却の専任媒介契約を締結し、媒介業務を行った。

☆エ　宅地建物取引業者H社は、建築確認の済んでいない建築工事完了前の建売住宅の売主I社（宅地建物取引業者）から当該住宅の売却の媒介を依頼され、取引態様を媒介と明示して当該住宅の販売広告を行った。

1　ア、イ

2　イ、ウ

3　ウ、エ

4　イ、ウ、エ

問33 宅地建物取引業法第35条に規定する重要事項の説明を宅地建物取引業者が行う場合における次の記述のうち、正しいものはどれか。［改題］

★1　宅地建物取引業者は、自ら売主として分譲マンションの売買を行う場合、管理組合の総会の議決権に関する事項について、管理規約を添付して説明しなければならない。

☆2　宅地建物取引業者は、分譲マンションの売買の媒介を行う場合、建物の区分所有等に関する法律第2条第4項に規定する共用部分に関する規約の定めが案の段階であっても、その案の内容を説明しなければならない。

☆3　宅地建物取引業者は、マンションの1戸の貸借の媒介を行う場合、建築基準法に規定する容積率及び建蔽率に関する制限があるときは、その制限内容を説明しなければならない。

☆4　宅地建物取引業者は、マンションの1戸の貸借の媒介を行う場合、借賃以外に授受される金銭の定めがあるときは、その金銭の額、授受の目的及び保管方法を説明しなければならない。

問34 宅地建物取引業者A社が、自ら売主として宅地建物取引業者でない買主Bとの間で締結した宅地の売買契約について、Bが宅地建物取引業法第37条の2の規定に基づき、いわゆるクーリング・オフによる契約の解除をする場合における次の記述のうち、正しいものはどれか。

☆1　Bは、自ら指定した喫茶店において買受けの申込みをし、契約を締結した。Bが翌日に売買契約の解除を申し出た場合、A社は、既に支払われている手付金及び中間金の全額の返還を拒むことができる。

☆2　Bは、月曜日にホテルのロビーにおいて買受けの申込みをし、その際にクーリング・オフについて書面で告げられ、契約を締結した。Bは、翌週の火曜日までであれば、契約の解除をすることができる。

☆3　Bは、宅地の売買契約締結後に速やかに建物請負契約を締結したいと考え、自ら指定した宅地建物取引業者であるハウスメーカー（A社より当該宅地の売却について代理又は媒介の依頼は受けていない。）の事務所において買受けの申込みをし、A社と売買契約を締結した。その際、クーリング・オフについてBは書面で告げられた。その6日後、Bが契約の解除の書面をA社に発送した場合、Bは売買契約を解除することができる。

☆4　Bは、10区画の宅地を販売するテント張りの案内所において、買受けの申込みをし、2日後、A社の事務所で契約を締結した上で代金全額を支払った。その5日後、Bが、宅地の引渡しを受ける前に契約の解除の書面を送付した場合、A社は代金全額が支払われていることを理由に契約の解除を拒むことができる。

問35　宅地建物取引業者が媒介により建物の貸借の契約を成立させた場合、宅地建物取引業法第37条の規定により当該貸借の契約当事者に対して交付すべき書面（政令で定めるところにより、同条に定める者の承諾を得て、当該書面に記載すべき事項を電磁的方法であって国土交通省令で定めるものにより提供する場合を含むものとする。）に必ず記載しなければならない事項の組合せとして、正しいものはどれか。［改題］

☆ア　保証人の氏名及び住所
☆イ　建物の引渡しの時期
☆ウ　借賃の額並びにその支払の時期及び方法
☆エ　媒介に関する報酬の額
☆オ　借賃以外の金銭の授受の方法

1　ア、イ
2　イ、ウ
3　ウ、エ、オ
4　ア、エ、オ

問36　宅地建物取引業者A社が行う業務に関する次の記述のうち、宅地建物取引業法（以下この問において「法」という。）の規定に違反しないものはどれか。なお、この問において「37条書面」とは、法第37条の規定により交付すべき書面をいうものとし、同条の規定により電磁的方法により提供する場合は考慮しないこととする。［改題］

☆1　A社は、宅地建物取引業者でない者を当事者とする宅地の売買の媒介に際して、売買契約締結の直前に、当該宅地の一部に私道に関する負担があることに気付いた。既に買主に重要事項説明を行った後だったので、A社は、私道の負担に関する追加の重要事項説明は行わず、37条書面にその旨記載し、売主及び買主の双方に交付した。

☆2 A社は、営業保証金を供託している供託所及びその所在地を説明しないままに、自らが所有する宅地の売買契約が成立したので、買主（宅地建物取引業者ではない。）に対し、その供託所等を37条書面に記載の上、説明した。

☆3 A社は、媒介により建物の貸借の契約を成立させ、37条書面を借主に交付するに当たり、37条書面に記名をした宅地建物取引士が不在であったことから、宅地建物取引士ではない従業員に37条書面を交付させた。

☆4 A社は、宅地建物取引業者間での宅地の売買の媒介に際し、当該売買契約に宅地の種類又は品質に関して契約の内容に適合しない場合におけるその不適合を担保すべき責任に関する特約はあったが、宅地建物取引業者間の取引であったため、当該特約の内容について37条書面への記載を省略した。

問37 宅地建物取引業者A社（消費税課税事業者）は売主Bから土地付建物の売却の代理の依頼を受け、宅地建物取引業者C社（消費税課税事業者）は買主Dから戸建住宅の購入の媒介の依頼を受け、BとDの間で売買契約を成立させた。この場合における次の記述のうち、宅地建物取引業法の規定に違反しないものはいくつあるか。なお、土地付建物の代金は5,400万円（うち、土地代金は2,100万円）で、消費税額及び地方消費税額を含むものとする。 ［改題］

☆ア A社はBから3,500,000円の報酬を受領し、C社はDから1,750,000円の報酬を受領した。

☆イ A社はBから2,500,000円の報酬を受領し、C社はA社及びDの了承を得た上でDから1,500,000円の報酬を受領した。

☆ウ A社はBから1,740,000円の報酬を受領し、C社はDから1,749,000円を報酬として受領したほか、Dの特別の依頼に基づき行った遠隔地への現地調査に要した特別の費用について、Dが事前に負担を承諾していたので、50,000円を受領した。

1 一つ
2 二つ
3 三つ
4 なし

問38 宅地建物取引業者A社が、自ら売主として宅地建物取引業者でない買主Bとの間で締結した売買契約に関する次の記述のうち、宅地建物取引業法の規定によれば、誤っているものはいくつあるか。 ［改題］

ア　A社は、Bとの間で締結した中古住宅の売買契約において、引渡後2年以内に発見された雨漏り、シロアリの害、建物の構造耐力上主要な部分の瑕疵(かし)についてのみ責任を負うとする特約を定めることができる。

イ　A社は、Bとの間における新築分譲マンションの売買契約（代金3,500万円）の締結に際して、当事者の債務の不履行を理由とする契約の解除に伴う損害賠償の予定額と違約金の合計額を700万円とする特約を定めることができる。

ウ　A社は、Bとの間における土地付建物の売買契約の締結に当たり、手付金100万円及び中間金200万円を受領する旨の約定を設けた際、当事者の一方が契約の履行に着手するまでは、売主は買主に受領済みの手付金及び中間金の倍額を現実に提供し、また、買主は売主に支払済みの手付金及び中間金を放棄して、契約を解除できる旨の特約を定めた。この特約は有効である。

1　一つ
2　二つ
3　三つ
4　なし

問39 宅地建物取引業保証協会（以下この問において「保証協会」という。）に関する次の記述のうち、宅地建物取引業法の規定によれば、正しいものはどれか。

1　保証協会は、社員の取り扱った宅地建物取引業に係る取引に関する苦情について、宅地建物取引業者の相手方等からの解決の申出及びその解決の結果を社員に周知させなければならない。

2　保証協会に加入した宅地建物取引業者は、直ちに、その旨を免許を受けた国土交通大臣又は都道府県知事に報告しなければならない。

3　保証協会は、弁済業務保証金の還付があったときは、当該還付に係る社員又は社員であった者に対し、当該還付額に相当する額の還付充当金をその主たる事務所の最寄りの供託所に供託すべきことを通知しなければならない。

4　宅地建物取引業者で保証協会に加入しようとする者は、その加入の日から2週間以内に、弁済業務保証金分担金を保証協会に納付しなければならない。

問40 宅地建物取引業者Aが、自ら売主として買主との間で締結する売買契約に関する次の記述のうち、宅地建物取引業法(以下この問において「法」という。)の規定によれば、正しいものはどれか。なお、この問において「保全措置」とは、法第41条に規定する手付金等の保全措置をいうものとする。

★1　Aは、宅地建物取引業者でない買主Bとの間で建築工事完了前の建物を4,000万円で売却する契約を締結し300万円の手付金を受領する場合、銀行等による連帯保証、保険事業者による保証保険又は指定保管機関による保管により保全措置を講じなければならない。

☆2　Aは、宅地建物取引業者Cに販売代理の依頼をし、宅地建物取引業者でない買主Dと建築工事完了前のマンションを3,500万円で売却する契約を締結した。この場合、A又はCのいずれかが保全措置を講ずることにより、Aは、代金の額の5%を超える手付金を受領することができる。

☆3　Aは、宅地建物取引業者である買主Eとの間で建築工事完了前の建物を5,000万円で売却する契約を締結した場合、保全措置を講じずに、当該建物の引渡前に500万円を手付金として受領することができる。

☆4　Aは、宅地建物取引業者でない買主Fと建築工事完了前のマンションを4,000万円で売却する契約を締結する際、100万円の手付金を受領し、さらに200万円の中間金を受領する場合であっても、手付金が代金の5%以内であれば保全措置を講ずる必要はない。

問41 宅地建物取引業法の規定によれば、次の記述のうち、正しいものはどれか。

［改題］

☆1　宅地建物取引業者は、その事務所ごとにその業務に関する帳簿を備えなければならないが、当該帳簿の記載事項を事務所のパソコンのハードディスクに記録し、必要に応じ当該事務所においてパソコンやプリンターを用いて紙面に印刷することが可能な環境を整えていたとしても、当該帳簿への記載に代えることができない。

☆2　宅地建物取引業者は、その主たる事務所に、宅地建物取引業者免許証を掲げなくともよいが、国土交通省令で定める標識を掲げなければならない。

☆3　宅地建物取引業者は、その事務所ごとに、その業務に関する帳簿を備え、宅地建物取引業に関し取引のあった月の翌月1日までに、一定の事項を記載しなければならない。

☆4　宅地建物取引業者は、その業務に従事させる者に、従業者証明書を携帯させなければならないが、その者が宅地建物取引士で宅地建物取引士証を携帯していれば、従業者証明書は携帯させなくてもよい。

問42　甲県知事の宅地建物取引士資格登録(以下この問において「登録」という。)を受けている宅地建物取引士Aへの監督処分に関する次の記述のうち、宅地建物取引業法の規定によれば、正しいものはどれか。　〔改題〕

★1　Aは、乙県内の業務に関し、他人に自己の名義の使用を許し、当該他人がその名義を使用して宅地建物取引士である旨の表示をした場合、乙県知事から必要な指示を受けることはあるが、宅地建物取引士として行う事務の禁止の処分を受けることはない。

☆2　Aは、乙県内において業務を行う際に提示した宅地建物取引士証が、不正の手段により交付を受けたものであるとしても、乙県知事から登録を消除されることはない。

☆3　Aは、乙県内の業務に関し、乙県知事から宅地建物取引士として行う事務の禁止の処分を受け、当該処分に違反したとしても、甲県知事から登録を消除されることはない。

☆4　Aは、乙県内の業務に関し、甲県知事又は乙県知事から報告を求められることはあるが、乙県知事から必要な指示を受けることはない。

問43　宅地建物取引業法に関する次の記述のうち、正しいものはどれか。

★1　甲県に事務所を設置する宅地建物取引業者(甲県知事免許)が、乙県所在の物件を取引する場合、国土交通大臣へ免許換えの申請をしなければならない。

★2　宅地建物取引業者(甲県知事免許)は、乙県知事から指示処分を受けたときは、その旨を甲県知事に届け出なければならない。

☆3　免許を受けようとする法人の政令で定める使用人が、覚せい剤取締法違反により懲役刑に処せられ、その刑の執行を終わった日から5年を経過していない場合、当該使用人が取締役に就任していなければ当該法人は免許を受けることができる。

★4　宅地建物取引業に関し不正又は不誠実な行為をするおそれが明らかな者は、宅地建物取引業法の規定に違反し罰金の刑に処せられていなくても、免許を受けることができない。

問44 宅地建物取引業法に規定する宅地建物取引士資格登録(以下この問において「登録」という。)、宅地建物取引士及び宅地建物取引士証に関する次の記述のうち、正しいものはいくつあるか。 [改題]

ア 登録を受けている者は、登録事項に変更があった場合は変更の登録申請を、また、破産者となった場合はその旨の届出を、遅滞なく、登録している都道府県知事に行わなければならない。

イ 宅地建物取引士証の交付を受けようとする者(宅地建物取引士資格試験合格日から1年以内の者又は登録の移転に伴う者を除く。)は、都道府県知事が指定した講習を、交付の申請の90日前から30日前までに受講しなければならない。

ウ 宅地建物取引業法第35条に規定する事項を記載した書面への記名及び同法第37条の規定により交付すべき書面への記名については、専任の宅地建物取引士でなければ行ってはならない。

エ 宅地建物取引士は、事務禁止処分を受けた場合、宅地建物取引士証をその交付を受けた都道府県知事に速やかに提出しなければならないが、提出しなかったときは10万円以下の過料に処せられることがある。

1 一つ
2 二つ
3 三つ
4 なし

問45 宅地建物取引業者Aが自ら売主として、宅地建物取引業者でない買主Bに新築住宅を販売する場合における次の記述のうち、特定住宅瑕疵担保責任の履行の確保等に関する法律の規定によれば、正しいものはどれか。 [改題]

1 Bが建設業者である場合、Aは、Bに引き渡した新築住宅について、住宅販売瑕疵(かし)担保保証金の供託又は住宅販売瑕疵(かし)担保責任保険契約の締結を行う義務を負わない。

2 Aは、基準日に係る住宅販売瑕疵(かし)担保保証金の供託及び住宅販売瑕疵(かし)担保責任保険契約の締結の状況について届出をしなければ、当該基準日から3週間を経過した日以後、新たに自ら売主となる新築住宅の売買契約を締結してはならない。

3 Aは、住宅販売瑕疵(かし)担保保証金の供託をする場合、Bに対する供託所の所在地等について記載した書面の交付(買主の承諾を得て電磁的方法により提供する場合を含む)及び説明を、Bに新築住宅を引き渡すまでに行えばよい。

△4　Aが住宅販売瑕疵(かし)担保保証金を供託する場合、当該住宅の床面積が55㎡以下であるときは、新築住宅の合計戸数の算定に当たって、2戸をもって1戸と数えることになる。

問46　独立行政法人住宅金融支援機構(以下この問において「機構」という。)に関する次の記述のうち、誤っているものはどれか。

★1　機構は、住宅の建設又は購入に必要な資金の貸付けに係る金融機関の貸付債権の譲受けを業務として行っているが、当該住宅の建設又は購入に付随する土地又は借地権の取得に必要な資金の貸付けに係る貸付債権については、譲受けの対象としていない。

★2　機構は、災害により、住宅が滅失した場合において、それに代わるべき建築物の建設又は購入に必要な資金の貸付けを業務として行っている。

☆3　機構は、貸付けを受けた者とあらかじめ契約を締結して、その者が死亡した場合に支払われる生命保険の保険金を当該貸付けに係る債務の弁済に充当する団体信用生命保険に関する業務を行っている。

△4　機構が証券化支援事業(買取型)により譲り受ける貸付債権は、自ら居住する住宅又は自ら居住する住宅以外の親族の居住の用に供する住宅を建設し、又は購入する者に対する貸付けに係るものでなければならない。

問47　宅地建物取引業者が行う広告に関する次の記述のうち、不当景品類及び不当表示防止法(不動産の表示に関する公正競争規約を含む。)の規定によれば、正しいものはどれか。

☆1　新築分譲マンションの販売広告で完成予想図により周囲の状況を表示する場合、完成予想図である旨及び周囲の状況はイメージであり実際とは異なる旨を表示すれば、実際に所在しない箇所に商業施設を表示するなど現況と異なる表示をしてもよい。

☆2　宅地の販売広告における地目の表示は、登記簿に記載されている地目と現況の地目が異なる場合には、登記簿上の地目のみを表示すればよい。

☆3　住戸により管理費が異なる分譲マンションの販売広告を行う場合、全ての住戸の管理費を示すことが広告スペースの関係で困難なときには、1住戸当たりの月額の最低額及び最高額を表示すればよい。

☆4　完成後8か月しか経過していない分譲住宅については、入居の有無にかかわらず新築分譲住宅と表示してもよい。

問48 統計問題につき、問題省略
（最新の統計データで学習してください）

問49 日本の土地に関する次の記述のうち、最も不適当なものはどれか。

☒1　国土を山地と平地に大別すると、山地の占める比率は、国土面積の約75%である。

△2　火山地は、国土面積の約7%を占め、山林や原野のままの所も多く、水利に乏しい。

☆3　台地・段丘は、国土面積の約12%で、地盤も安定し、土地利用に適した土地である。

☆4　低地は、国土面積の約25%であり、洪水や地震による液状化などの災害危険度は低い。

問50 建築の構造に関する次の記述のうち、最も不適当なものはどれか。

★1　耐震構造は、建物の柱、はり、耐震壁などで剛性を高め、地震に対して十分耐えられるようにした構造である。

★2　免震構造は、建物の下部構造と上部構造との間に積層ゴムなどを設置し、揺れを減らす構造である。

★3　制震構造は、制震ダンパーなどを設置し、揺れを制御する構造である。

△4　既存不適格建築物の耐震補強として、制震構造や免震構造を用いることは適していない。

No.
11

平成24年度
（2012年度）

本試験問題

この年の合格基準点は33点でした

インフォメーション

選択肢番号についているマークの意味は次のとおりです。
復習のさいにお役立てください。

☆…即答できなかったらちょっとマズイ（復習推奨）
★…いま間違えてもいいけど、必ず解説を読んでできるようにしておこう（復習推奨）
△…確実に合格を目指すなら、マスターしておきたい（直前期に余裕があれば、再チェック）
×…できなくても問題ナシ（復習の必要性は乏しい）

解き終わったあと、☆と★の問題については必ず復習をしておきましょう。

問1 民法第94条第2項は、相手方と通じてした虚偽の意思表示の無効は「善意の第三者に対抗することができない。」と定めている。次の記述のうち、民法の規定及び判例によれば、同項の「第三者」に該当しないものはどれか。

△1　Aが所有する甲土地につき、AとBが通謀の上で売買契約を仮装し、AからBに所有権移転登記がなされた場合に、B名義の甲土地を差し押さえたBの債権者C

△2　Aが所有する甲土地につき、AとBの間には債権債務関係がないにもかかわらず、両者が通謀の上でBのために抵当権を設定し、その旨の登記がなされた場合に、Bに対する貸付債権を担保するためにBから転抵当権の設定を受けた債権者C

△3　Aが所有する甲土地につき、AとBが通謀の上で売買契約を仮装し、AからBに所有権移転登記がなされた場合に、Bが甲土地の所有権を有しているものと信じてBに対して金銭を貸し付けたC

△4　AとBが通謀の上で、Aを貸主、Bを借主とする金銭消費貸借契約を仮装した場合に、当該仮装債権をAから譲り受けたC

問2 代理に関する次の記述のうち、民法の規定及び判例によれば、誤っているものはどれか。 ［改題］

☆1　未成年者が委任による代理人となって締結した契約の効果は、当該行為を行うにつき当該未成年者の法定代理人による同意がなければ、有効に本人に帰属しない。

△2　法人について即時取得の成否が問題となる場合、当該法人の代表機関が代理人によって取引を行ったのであれば、即時取得の要件である善意・無過失の有無は、当該代理人を基準にして判断される。

☆3　不動産の売買契約に関して、同一人物が売主及び買主の双方の代理人となった場合であっても、売主及び買主の双方があらかじめ承諾をしているときには、当該売買契約の効果は両当事者に有効に帰属する。

☆4　法定代理人は、やむを得ない事由がなくとも、復代理人を選任することができる。

問3 次の記述のうち、民法の条文に規定されているものはどれか。

法改正により削除

問4 A所有の甲土地につき、Aから売却に関する代理権を与えられていないBが、Aの代理人として、Cとの間で売買契約を締結した場合における次の記述のうち、民法の規定及び判例によれば、誤っているものはどれか。なお、表見代理は成立しないものとする。

☆1　Bの無権代理行為をAが追認した場合には、AC間の売買契約は有効となる。
☆2　Aの死亡により、BがAの唯一の相続人として相続した場合、Bは、Aの追認拒絶権を相続するので、自らの無権代理行為の追認を拒絶することができる。
☆3　Bの死亡により、AがBの唯一の相続人として相続した場合、AがBの無権代理行為の追認を拒絶しても信義則には反せず、AC間の売買契約が当然に有効になるわけではない。
△4　Aの死亡により、BがDとともにAを相続した場合、DがBの無権代理行為を追認しない限り、Bの相続分に相当する部分においても、AC間の売買契約が当然に有効になるわけではない。

問5 次の1から4までの記述のうち、民法の規定及び下記判決文によれば、明らかに誤っているものはどれか。

法改正により削除

問6 A所有の甲土地についての所有権移転登記と権利の主張に関する次の記述のうち、民法の規定及び判例によれば、正しいものはどれか。

☆1　甲土地につき、時効により所有権を取得したBは、時効完成前にAから甲土地を購入して所有権移転登記を備えたCに対して、時効による所有権の取得を主張することができない。
★2　甲土地の賃借人であるDが、甲土地上に登記ある建物を有する場合に、Aから甲土地を購入したEは、所有権移転登記を備えていないときであっても、Dに対して、自らが賃貸人であることを主張することができる。
☆3　Aが甲土地をFとGとに対して二重に譲渡してFが所有権移転登記を備えた場合に、AG間の売買契約の方がAF間の売買契約よりも先になされたことをGが立証できれば、Gは、登記がなくても、Fに対して自らが所有者であることを主張することができる。

△4　Aが甲土地をHとIとに対して二重に譲渡した場合において、Hが所有権移転登記を備えない間にIが甲土地を善意のJに譲渡してJが所有権移転登記を備えたときは、Iがいわゆる背信的悪意者であっても、Hは、Jに対して自らが所有者であることを主張することができない。

問7　物上代位に関する次の記述のうち、民法の規定及び判例によれば、誤っているものはどれか。なお、物上代位を行う担保権者は、物上代位の対象とする目的物について、その払渡し又は引渡しの前に差し押さえるものとする。

☒1　Aの抵当権設定登記があるB所有の建物の賃料債権について、Bの一般債権者が差押えをした場合には、Aは当該賃料債権に物上代位することができない。

☒2　Aの抵当権設定登記があるB所有の建物の賃料債権について、Aが当該建物に抵当権を実行していても、当該抵当権が消滅するまでは、Aは当該賃料債権に物上代位することができる。

☆3　Aの抵当権設定登記があるB所有の建物が火災によって焼失してしまった場合、Aは、当該建物に掛けられた火災保険契約に基づく損害保険金請求権に物上代位することができる。

☒4　Aの抵当権設定登記があるB所有の建物について、CがBと賃貸借契約を締結した上でDに転貸していた場合、Aは、CのDに対する転貸賃料債権に当然に物上代位することはできない。

問8　債務不履行に基づく損害賠償請求権に関する次の記述のうち、民法の規定及び判例によれば、誤っているものはどれか。　［改題］

★1　AがBと契約を締結する前に、信義則上の説明義務に違反して契約締結の判断に重要な影響を与える情報をBに提供しなかった場合、Bが契約を締結したことにより被った損害につき、Aは、不法行為による賠償責任を負うことはあっても、債務不履行による賠償責任を負うことはない。

△2　AB間の利息付金銭消費貸借契約において、利率に関する定めがない場合、借主Bが債務不履行に陥ったことによりAがBに対して請求することができる遅延損害金は、債務者が遅滞の責任を負った最初の時点における法定利率である年3分の利率により算出する。

☆3　AB間でB所有の甲不動産の売買契約を締結した後、Bが甲不動産をCに二重譲渡してCが登記を具備した場合、AはBに対して債務不履行に基づく損害賠償請求をすることができる。

△4　AB間の金銭消費貸借契約において、借主Bは当該契約に基づく金銭の返済をCからBに支払われる売掛代金で予定していたが、その入金がなかった(Bの責めに帰すべき事由はない。)ため、返済期限が経過してしまった場合、Bは債務不履行には陥らず、Aに対して遅延損害金の支払義務を負わない。

問9 Aに雇用されているBが、勤務中にA所有の乗用車を運転し、営業活動のため得意先に向かっている途中で交通事故を起こし、歩いていたCに危害を加えた場合における次の記述のうち、民法の規定及び判例によれば、正しいものはどれか。

△1　BのCに対する損害賠償義務が消滅時効にかかったとしても、AのCに対する損害賠償義務が当然に消滅するものではない。

★2　Cが即死であった場合には、Cには事故による精神的な損害が発生する余地がないので、AはCの相続人に対して慰謝料についての損害賠償責任を負わない。

☆3　Aの使用者責任が認められてCに対して損害を賠償した場合には、AはBに対して求償することができるので、Bに資力があれば、最終的にはAはCに対して賠償した損害額の全額を常にBから回収することができる。

★4　Cが幼児である場合には、被害者側に過失があるときでも過失相殺が考慮されないので、AはCに発生した損害の全額を賠償しなければならない。

問10 Aは未婚で子供がなく、父親Bが所有する甲建物にBと同居している。Aの母親Cは×4年3月末日に死亡している。AにはBとCの実子である兄Dがいて、DはEと婚姻して実子Fがいたが、Dは翌年3月末日に死亡している。この場合における次の記述のうち、民法の規定及び判例によれば、正しいものはどれか。

［改題］

☆1　Bが死亡した場合の法定相続分は、Aが2分の1、Eが4分の1、Fが4分の1である。

★2　Bが死亡した場合、甲建物につき法定相続分を有するFは、甲建物を1人で占有しているAに対して、当然に甲建物の明渡しを請求することができる。

☆3　Aが死亡した場合の法定相続分は、Bが4分の3、Fが4分の1である。

☆4　Bが死亡した後、Aがすべての財産を第三者Gに遺贈する旨の遺言を残して死亡した場合、FはGに対して遺留分を主張することができない。

問11 賃貸借契約に関する次の記述のうち、民法及び借地借家法の規定並びに判例によれば、誤っているものはどれか。

☆1　建物の所有を目的とする土地の賃貸借契約において、借地権の登記がなくても、その土地上の建物に借地人が自己を所有者と記載した表示の登記をしていれば、借地権を第三者に対抗することができる。

☆2　建物の所有を目的とする土地の賃貸借契約において、建物が全焼した場合でも、借地権者は、その土地上に滅失建物を特定するために必要な事項等を掲示すれば、借地権を第三者に対抗することができる場合がある。

△3　建物の所有を目的とする土地の適法な転借人は、自ら対抗力を備えていなくても、賃借人が対抗力のある建物を所有しているときは、転貸人たる賃借人の賃借権を援用して転借権を第三者に対抗することができる。

☆4　仮設建物を建築するために土地を一時使用として1年間賃借し、借地権の存続期間が満了した場合には、借地権者は、借地権設定者に対し、建物を時価で買い取るように請求することができる。

問12 A所有の居住用建物(床面積50㎡)につき、Bが賃料月額10万円、期間を2年として、賃貸借契約(借地借家法第38条に規定する定期建物賃貸借、同法第39条に規定する取壊し予定の建物の賃貸借及び同法第40条に規定する一時使用目的の建物の賃貸借を除く。以下この問において「本件普通建物賃貸借契約」という。)を締結する場合と、同法第38条の定期建物賃貸借契約(以下この問において「本件定期建物賃貸借契約」という。)を締結する場合とにおける次の記述のうち、民法及び借地借家法の規定によれば、誤っているものはどれか。

☆1　本件普通建物賃貸借契約でも、本件定期建物賃貸借契約でも、賃借人が造作買取請求権を行使できない旨の特約は、有効である。

☆2　本件普通建物賃貸借契約でも、本件定期建物賃貸借契約でも、賃料の改定についての特約が定められていない場合であって経済事情の変動により賃料が不相当になったときには、当事者は将来に向かって賃料の増減を請求することができる。

☆3　本件普通建物賃貸借契約では、更新がない旨の特約を記載した書面を契約に先立って賃借人に交付しても当該特約は無効であるのに対し、本件定期建物賃貸借契約では、更新がない旨の特約を記載した書面を契約に先立って賃借人に交付さえしておけば当該特約は有効となる。

☆4　本件普通建物賃貸借契約では、中途解約できる旨の留保がなければ賃借人は2年間は当該建物を借りる義務があるのに対し、本件定期建物賃貸借契約では、一定の要件を満たすのであれば、中途解約できる旨の留保がなくても賃借人は期間の途中で解約を申し入れることができる。

問13 建物の区分所有等に関する法律に関する次の記述のうち、誤っているものはどれか。

☆1　共用部分の保存行為は、規約に別段の定めがない限り、集会の決議を経ずに各区分所有者が単独ですることができる。

☆2　共用部分の変更(その形状又は効用の著しい変更を伴わないものを除く。)は、区分所有者及び議決権の各4分の3以上の多数による集会の決議で決するが、規約でこの区分所有者の定数及び議決権を各過半数まで減ずることができる。

△3　管理者は、その職務に関して区分所有者を代理するため、その行為の効果は、規約に別段の定めがない限り、本人である各区分所有者に共用部分の持分の割合に応じて帰属する。

☆4　共用部分の管理に要した各区分所有者の費用の負担については、規約に別段の定めがない限り、共用部分の持分に応じて決まる。

問14 不動産の登記に関する次の記述のうち、誤っているものはどれか。

△1　登記の申請をする者の委任による代理人の権限は、本人の死亡によっては、消滅しない。

☒2　承役地についてする地役権の設定の登記は、要役地に所有権の登記がない場合においても、することができる。

△3　区分建物である建物を新築した場合において、その所有者について相続その他の一般承継があったときは、相続人その他の一般承継人も、被承継人を表題部所有者とする当該建物についての表題登記を申請することができる。

△4　不動産の収用による所有権の移転の登記は、起業者が単独で申請することができる。

問15 国土利用計画法第23条の届出(以下この問において「事後届出」という。)

に関する次の記述のうち、正しいものはどれか。

★1　土地売買等の契約による権利取得者が事後届出を行う場合において、当該土地に関する権利の移転の対価が金銭以外のものであるときは、当該権利取得者は、当該対価を時価を基準として金銭に見積った額に換算して、届出書に記載しなければならない。

☆2　市街化調整区域においてAが所有する面積4,000㎡の土地について、Bが一定の計画に従って、2,000㎡ずつに分割して順次購入した場合、Bは事後届出を行わなければならない。

☆3　C及びDが、E市が所有する都市計画区域外の24,000㎡の土地について共有持分50%ずつと定めて共同で購入した場合、C及びDは、それぞれ事後届出を行わなければならない。

☆4　Fが市街化区域内に所有する2,500㎡の土地について、Gが銀行から購入資金を借り入れることができることを停止条件とした売買契約を、FとGとの間で締結した場合、Gが銀行から購入資金を借り入れることができることに確定した日から起算して2週間以内に、Gは事後届出を行わなければならない。

問16　都市計画法に関する次の記述のうち、正しいものはどれか。

☆1　市街地開発事業等予定区域に関する都市計画において定められた区域内において、非常災害のため必要な応急措置として行う建築物の建築であれば、都道府県知事(市の区域内にあっては、当該市の長)の許可を受ける必要はない。

☆2　都市計画の決定又は変更の提案は、当該提案に係る都市計画の素案の対象となる土地について所有権又は借地権を有している者以外は行うことができない。

☆3　市町村は、都市計画を決定しようとするときは、あらかじめ、都道府県知事に協議し、その同意を得なければならない。

☆4　地区計画の区域のうち地区整備計画が定められている区域内において、建築物の建築等の行為を行った者は、一定の行為を除き、当該行為の完了した日から30日以内に、行為の種類、場所等を市町村長に届け出なければならない。

問17　次の記述のうち、都市計画法による許可を受ける必要のある開発行為の組合せとして、正しいものはどれか。ただし、許可を要する開発行為の面積については、条例による定めはないものとする。

☆ア　市街化調整区域において、図書館法に規定する図書館の建築の用に供する目的で行われる3,000㎡の開発行為

☆イ　準都市計画区域において、医療法に規定する病院の建築の用に供する目的で行われる4,000㎡の開発行為

☆ウ　市街化区域内において、農業を営む者の居住の用に供する建築物の建築の用に供する目的で行われる1,500㎡の開発行為

1　ア、イ

2　ア、ウ

3　イ、ウ

4　ア、イ、ウ

問18 建築基準法に関する次の記述のうち、正しいものはどれか。　［改題］

☆1　建築基準法の改正により、現に存する建築物が改正後の建築基準法の規定に適合しなくなった場合、当該建築物は違反建築物となり、速やかに改正後の建築基準法の規定に適合させなければならない。

☆2　事務所の用途に供する建築物を、飲食店(その床面積の合計250㎡)に用途変更する場合、建築主事等又は指定確認検査機関の確認を受けなければならない。

☆3　住宅の居室には、原則として、換気のための窓その他の開口部を設け、その換気に有効な部分の面積は、その居室の床面積に対して、25分の1以上としなければならない。

☆4　建築主事等は、建築主から建築物の確認の申請を受けた場合において、申請に係る建築物の計画が建築基準法令の規定に適合しているかを審査すれば足り、都市計画法等の建築基準法以外の法律の規定に適合しているかは審査の対象外である。

問19 建築基準法に関する次の記述のうち、正しいものはどれか。　［改題］

☆1　街区の角にある敷地又はこれに準ずる敷地内にある建築物の建蔽率については、特定行政庁の指定がなくとも都市計画において定められた建蔽率の数値に10分の1を加えた数値が限度となる。

☆2　第一種低層住居専用地域又は第二種低層住居専用地域内においては、建築物の高さは、12m又は15mのうち、当該地域に関する都市計画において定められた建築物の高さの限度を超えてはならない。

★3 用途地域に関する都市計画において建築物の敷地面積の最低限度を定める場合においては、その最低限度は200㎡を超えてはならない。

☆4 建築協定区域内の土地の所有者等は、特定行政庁から認可を受けた建築協定を変更又は廃止しようとする場合においては、土地所有者等の過半数の合意をもってその旨を定め、特定行政庁の認可を受けなければならない。

問20 宅地造成及び特定盛土等規制法に関する次の記述のうち、誤っているものはどれか。なお、この問において「都道府県知事」とは、地方自治法に基づく指定都市、中核市及び施行時特例市にあってはその長をいうものとする。 ［改題］

☆1 宅地造成等工事規制区域内において行われる宅地造成又は特定盛土等に関する工事が完了した場合、工事主は、都道府県知事の検査を申請しなければならない。

☆2 宅地造成等工事規制区域内において行われる宅地造成等に関する工事について許可をする都道府県知事は、当該許可に、工事の施行に伴う災害を防止するために必要な条件を付することができる。

☆3 都道府県知事は、宅地造成等工事規制区域内の土地の所有者、管理者又は占有者に対して、当該土地又は当該土地において行われている工事の状況について報告を求めることができる。

☆4 都道府県知事は、基本方針に基づき、かつ、基礎調査の結果を踏まえ、必要があると認めるときは、関係市町村長の意見を聴いて、宅地造成等工事規制区域内で、宅地造成又は特定盛土等(宅地において行うものに限る。)に伴う災害で相当数の居住者等に危害を生ずるものの発生のおそれが大きい一団の造成宅地(これに附帯する道路その他の土地を含む。)の区域であって一定の基準に該当するものを、造成宅地防災区域として指定することができる。

問21 土地区画整理法における土地区画整理組合に関する次の記述のうち、誤っているものはどれか。

△1 土地区画整理組合は、総会の議決により解散しようとする場合において、その解散について、認可権者の認可を受けなければならない。

★2 土地区画整理組合は、土地区画整理事業について都市計画に定められた施行区域外において、土地区画整理事業を施行することはできない。

★3 土地区画整理組合が施行する土地区画整理事業の換地計画においては、土地区画整理事業の施行の費用に充てるため、一定の土地を換地として定めないで、その土地を保留地として定めることができる。

4　土地区画整理組合が施行する土地区画整理事業に係る施行地区内の宅地について所有権又は借地権を有する者は、すべてその組合の組合員とする。

問22　農地法(以下この問において「法」という。)に関する次の記述のうち、誤っているものはどれか。

1　登記簿上の地目が山林となっている土地であっても、現に耕作の目的に供されている場合には、法に規定する農地に該当する。

2　法第3条第1項又は第5条第1項の許可が必要な農地の売買について、これらの許可を受けずに売買契約を締結しても、その所有権は移転しない。

3　市街化区域内の農地について、あらかじめ農業委員会に届け出てその所有者が自ら駐車場に転用する場合には、法第4条第1項の許可を受ける必要はない。

4　砂利採取法による許可を受けた砂利採取計画に従って砂利を採取するために農地を一時的に貸し付ける場合には、法第5条第1項の許可を受ける必要はない。

問23　令和6年中に、個人が居住用財産を譲渡した場合における譲渡所得の課税に関する次の記述のうち、正しいものはどれか。　［改題］

1　令和6年1月1日において所有期間が10年以下の居住用財産については、居住用財産の譲渡所得の3,000万円特別控除(租税特別措置法第35条第1項)を適用することができない。

2　令和6年1月1日において所有期間が10年を超える居住用財産について、収用交換等の場合の譲渡所得等の5,000万円特別控除(租税特別措置法第33条の4第1項)の適用を受ける場合であっても、特別控除後の譲渡益について、居住用財産を譲渡した場合の軽減税率の特例(同法第31条の3第1項)を適用することができる。

3　令和6年1月1日において所有期間が10年を超える居住用財産について、その譲渡した時にその居住用財産を自己の居住の用に供していなければ、居住用財産を譲渡した場合の軽減税率の特例を適用することができない。

4　令和6年1月1日において所有期間が10年を超える居住用財産について、その者と生計を一にしていない孫に譲渡した場合には、居住用財産の譲渡所得の

3,000万円特別控除を適用することができる。

問24 不動産取得税に関する次の記述のうち、正しいものはどれか。 ［改題］

1　不動産取得税の課税標準となるべき額が、土地の取得にあっては10万円、家屋の取得のうち建築に係るものにあっては1戸につき23万円、その他のものにあっては1戸につき12万円に満たない場合においては、不動産取得税が課されない。

2　令和6年4月に取得した床面積250㎡である新築住宅に係る不動産取得税の課税標準の算定については、当該新築住宅の価格から1,200万円が控除される。

3　宅地の取得に係る不動産取得税の課税標準は、当該取得が令和6年3月31日までに行われた場合、当該宅地の価格の4分の1の額とされる。

4　家屋が新築された日から2年を経過して、なお、当該家屋について最初の使用又は譲渡が行われない場合においては、当該家屋が新築された日から2年を経過した日において家屋の取得がなされたものとみなし、当該家屋の所有者を取得者とみなして、これに対して不動産取得税を課する。

問25 不動産の鑑定評価に関する次の記述のうち、不動産鑑定評価基準によれば、誤っているものはどれか。

1　不動産の価格を形成する要因とは、不動産の効用及び相対的稀少性並びに不動産に対する有効需要の三者に影響を与える要因をいう。不動産の鑑定評価を行うに当たっては、不動産の価格を形成する要因を明確に把握し、かつ、その推移及び動向並びに諸要因間の相互関係を十分に分析すること等が必要である。

2　不動産の鑑定評価における各手法の適用に当たって必要とされる事例は、鑑定評価の各手法に即応し、適切にして合理的な計画に基づき、豊富に秩序正しく収集、選択されるべきであり、例えば、投機的取引と認められる事例は用いることができない。

3　取引事例比較法においては、時点修正が可能である等の要件をすべて満たした取引事例について、近隣地域又は同一需給圏内の類似地域に存する不動産に係るもののうちから選択するものとするが、必要やむを得ない場合においては、近隣地域の周辺の地域に存する不動産に係るもののうちから選択することができる。

4　原価法における減価修正の方法としては、耐用年数に基づく方法と、観察減価法の二つの方法があるが、これらを併用することはできない。

問26 宅地建物取引業の免許(以下この問において「免許」という。)に関する次の記述のうち、正しいものはどれか。

☆1　免許を受けようとするA社に、刑法第204条(傷害)の罪により懲役1年(執行猶予2年)の刑に処せられ、その刑の執行猶予期間を満了した者が役員として在籍している場合、その満了の日から5年を経過していなくとも、A社は免許を受けることができる。

☆2　免許を受けようとするB社に、刑法第206条(現場助勢)の罪により罰金の刑に処せられた者が非常勤役員として在籍している場合、その刑の執行が終わってから5年を経過していなくとも、B社は免許を受けることができる。

☆3　免許を受けようとするC社に、刑法第208条(暴行)の罪により拘留の刑に処せられた者が役員として在籍している場合、その刑の執行が終わってから5年を経過していなければ、C社は免許を受けることができない。

☆4　免許を受けようとするD社に、刑法第209条(過失傷害)の罪により科料の刑に処せられた者が非常勤役員として在籍している場合、その刑の執行が終わってから5年を経過していなければ、D社は免許を受けることができない。

問27 宅地建物取引業の免許(以下この問において「免許」という。)に関する次の記述のうち、正しいものはどれか。

☆1　免許を受けていた個人Aが死亡した場合、その相続人Bは、死亡を知った日から30日以内にその旨をAが免許を受けた国土交通大臣又は都道府県知事に届け出なければならない。

☆2　Cが自己の所有する宅地を駐車場として整備し、賃貸を業として行う場合、当該賃貸の媒介を、免許を受けているD社に依頼するとしても、Cは免許を受けなければならない。

☆3　Eが所有するビルを賃借しているFが、不特定多数の者に反復継続して転貸する場合、Eは免許を受ける必要はないが、Fは免許を受けなければならない。

☆4　G社(甲県知事免許)は、H社(国土交通大臣免許)に吸収合併され、消滅した。この場合、H社を代表する役員Iは、当該合併の日から30日以内にG社が消滅したことを国土交通大臣に届け出なければならない。

問28 宅地建物取引業者が行う広告に関する次の記述のうち、宅地建物取引業法(以下この問において「法」という。)の規定によれば、正しいものはいくつあるか。

★ア 建物の所有者と賃貸借契約を締結し、当該建物を転貸するための広告をする際は、当該広告に自らが契約の当事者となって貸借を成立させる旨を明示しなければ、法第34条に規定する取引態様の明示義務に違反する。

☆イ 居住用賃貸マンションとする予定の建築確認申請中の建物については、当該建物の貸借に係る媒介の依頼を受け、媒介契約を締結した場合であっても、広告をすることができない。

☆ウ 宅地の売買に関する広告をインターネットで行った場合において、当該宅地の売買契約成立後に継続して広告を掲載していたとしても、最初の広告掲載時点で当該宅地に関する売買契約が成立していなければ、法第32条に規定する誇大広告等の禁止に違反することはない。

☆エ 新築分譲住宅としての販売を予定している建築確認申請中の物件については、建築確認申請中である旨を表示すれば、広告をすることができる。

1 一つ
2 二つ
3 三つ
4 四つ

問29 宅地建物取引業者A社が、宅地建物取引業者でないBから自己所有の土地付建物の売却の媒介を依頼された場合における次の記述のうち、宅地建物取引業法(以下この問において「法」という。)の規定によれば、誤っているものはどれか。

［改題］

☆1 A社がBと専任媒介契約を締結した場合、当該土地付建物の売買契約が成立したときは、A社は、遅滞なく、登録番号、取引価格及び売買契約の成立した年月日を指定流通機構に通知しなければならない。

☆2 A社がBと専属専任媒介契約を締結した場合、A社は、Bに当該媒介業務の処理状況の報告を電子メールで行うことはできない。

★3 A社が宅地建物取引業者C社から当該土地付建物の購入の媒介を依頼され、C社との間で一般媒介契約(専任媒介契約でない媒介契約)を締結した場合、A社は、C社に法第34条の2の規定に基づく書面を交付又は依頼者の承諾を得て電磁的方法により提供しなければならない。

☆4　A社がBと一般媒介契約(専任媒介契約でない媒介契約)を締結した場合、A社がBに対し当該土地付建物の価額又は評価額について意見を述べるときは、その根拠を明らかにしなければならない。

問30　宅地建物取引業者が宅地建物取引業法第35条に規定する重要事項の説明を行う場合における次の記述のうち、正しいものはどれか。　[改題]

☆1　建物の貸借の媒介を行う場合、当該建物が住宅の品質確保の促進等に関する法律に規定する住宅性能評価を受けた新築住宅であるときは、その旨について説明しなければならないが、当該評価の内容までを説明する必要はない。

☆2　建物の売買の媒介を行う場合、飲用水、電気及びガスの供給並びに排水のための施設が整備されていないときは、その整備の見通し及びその整備についての特別の負担に関する事項を説明しなければならない。

☆3　建物の貸借の媒介を行う場合、当該建物について、石綿の使用の有無の調査の結果が記録されているときは、その旨について説明しなければならないが、当該記録の内容までを説明する必要はない。

☆4　昭和55年に竣(しゅん)工した建物の売買の媒介を行う場合、当該建物について耐震診断を実施した上で、その内容を説明しなければならない。

問31　宅地建物取引業者A社が宅地建物取引業法(以下この問において「法」という。)第37条の規定により交付すべき書面(以下この問において「37条書面」という。)に関する次の記述のうち、法の規定に違反するものはどれか。

☆1　A社は、自ら売主として宅地建物取引業者でない買主との間で宅地の売買契約を締結した。この際、当該買主の代理として宅地建物取引業者B社が関与していたことから、37条書面を買主に加えてB社へも交付した。

★2　A社は、宅地建物取引業者C社が所有する建物について、宅地建物取引業者でない買主から購入の媒介の依頼を受け、当該建物の売買契約を成立させた。この際、C社と当該買主との間では、C社が法第41条の2に規定する手付金等の保全措置を講じており、A社もそのことを知っていたが、37条書面には当該措置の内容を記載しなかった。

△3　A社は、建築工事完了前の建物の売買を媒介し、当該売買契約を成立させた。この際、37条書面に記載する当該建物を特定するために必要な表示については、法第35条の規定に基づく重要事項の説明において使用した図書があった

ため、当該図書の交付により行った。

☆4　A社は、居住用建物の貸借を媒介し、当該賃貸借契約を成立させた。この際、当該建物の引渡しの時期に関する定めがあったが、法第35条の規定に基づく重要事項の説明において、既に借主へ伝達していたことから、37条書面にはその内容を記載しなかった。

問32 宅地建物取引業者A社が、自ら売主として宅地建物取引業者でない買主Bと宅地の売買について交渉を行う場合における次の記述のうち、宅地建物取引業法(以下この問において「法」という。)の規定に違反しないものはどれか。なお、この問において、「重要事項説明」とは、法第35条の規定に基づく重要事項の説明を、「37条書面」とは、法第37条の規定により交付すべき書面をいうものとする。また、この問においては、必要な承諾を得て、一定の事項を電磁的方法(電子情報処理組織を使用する方法その他情報通信の技術を利用する方法をいう。)により提供する場合を考慮しないものとする。 ［改題］

☆1　Bは、買受けの申込みを行い、既に申込証拠金を払い込んでいたが、申込みを撤回することとした。A社は、既にBに重要事項説明を行っていたため、受領済みの申込証拠金については、解約手数料に充当するとして返還しないこととしたが、申込みの撤回には応じた。

☆2　Bは、事業用地として当該宅地を購入する資金を金融機関から早急に調達する必要があったため、重要事項説明に先立って37条書面の交付を行うようA社に依頼した。これを受け、A社は、重要事項説明に先立って契約を締結し、37条書面を交付した。

★3　Bは、当該宅地を購入するに当たり、A社のあっせんを受けて金融機関から融資を受けることとした。この際、A社は、重要事項説明において当該あっせんが不調に終わるなどして融資が受けられなくなった場合の措置について説明をし、37条書面へも当該措置について記載することとしたが、融資額や返済方法等のあっせんの内容については、37条書面に記載するので、重要事項説明に係る書面への記載は省略することとした。

☆4　Bは、契約するかどうかの重要な判断要素の1つとして、当該宅地周辺の将来における交通整備の見通し等についてA社に確認した。A社は、将来の交通整備について新聞記事を示しながら、「確定はしていないが、当該宅地から徒歩2分のところにバスが運行するという報道がある」旨を説明した。

問33 宅地建物取引業者A社の営業保証金に関する次の記述のうち、宅地建物取引業法の規定によれば、正しいものはどれか。 ［改題］

☆1 A社が地方債証券を営業保証金に充てる場合、その価額は額面金額の100分の90である。

☆2 A社は、営業保証金を本店及び支店ごとにそれぞれ最寄りの供託所に供託しなければならない。

☆3 A社が本店のほかに5つの支店を設置して宅地建物取引業を営もうとする場合、供託すべき営業保証金の合計額は210万円である。

☆4 A社は、自ら所有する宅地を売却するに当たっては、当該売却に係る売買契約が成立するまでの間に、その宅地建物取引業者でない買主に対して、供託している営業保証金の額を説明しなければならない。

問34 宅地建物取引業者A社は、自ら売主として宅地建物取引業者でない買主Bとの間で、中古マンション(代金2,000万円)の売買契約(以下「本件売買契約」という。)を締結し、その際、代金に充当される解約手付金200万円(以下「本件手付金」という。)を受領した。この場合におけるA社の行為に関する次の記述のうち、宅地建物取引業法(以下この問において「法」という。)の規定に違反するものはいくつあるか。

☆ア 引渡前に、A社は、代金に充当される中間金として100万円をBから受領し、その後、本件手付金と当該中間金について法第41条の2に定める保全措置を講じた。

☆イ 本件売買契約締結前に、A社は、Bから申込証拠金として10万円を受領した。本件売買契約締結時に、当該申込証拠金を代金の一部とした上で、A社は、法第41条の2に定める保全措置を講じた後、Bから本件手付金を受領した。

☆ウ A社は、本件手付金の一部について、Bに貸付けを行い、本件売買契約の締結を誘引した。

1 一つ
2 二つ
3 三つ
4 なし

問35 宅地建物取引業者A社(消費税課税事業者)は売主Bから土地付中古別荘の

売却の代理の依頼を受け、宅地建物取引業者C社（消費税課税事業者）は買主Dから別荘用物件の購入に係る媒介の依頼を受け、BとDの間で当該土地付中古別荘の売買契約を成立させた。この場合における次の記述のうち、宅地建物取引業法の規定によれば、正しいものの組合せはどれか。なお、当該土地付中古別荘の売買代金は320万円（うち、土地代金は100万円）で、消費税額及び地方消費税額を含むものとする。［改題］

ア　A社がBから受領する報酬の額によっては、C社はDから報酬を受領することができない場合がある。

イ　A社はBから、少なくとも154,000円を上限とする報酬を受領することができる。

ウ　A社がBから100,000円の報酬を受領した場合、C社がDから受領できる報酬の上限額は208,000円である。

エ　A社は、代理報酬のほかに、Bからの依頼の有無にかかわらず、通常の広告の料金に相当する額についても、Bから受け取ることができる。

1　ア、イ
2　イ、ウ
3　ウ、エ
4　ア、イ、ウ

問36　宅地建物取引士に関する次の記述のうち、宅地建物取引業法の規定によれば、正しいものはどれか。［改題］

1　宅地建物取引業者A社は、その主たる事務所に従事する唯一の専任の宅地建物取引士が退職したときは、30日以内に、新たな専任の宅地建物取引士を設置しなければならない。

2　宅地建物取引業者B社は、10戸の一団の建物の分譲の代理を案内所を設置して行う場合、当該案内所に従事する者が6名であるときは、当該案内所に少なくとも2名の専任の宅地建物取引士を設置しなければならない。

3　宅地建物取引業者C社（甲県知事免許）の主たる事務所の専任の宅地建物取引士Dが死亡した場合、当該事務所に従事する者17名に対し、専任の宅地建物取引士4名が設置されていれば、C社が甲県知事に届出をする事項はない。

4　宅地建物取引業者E社（甲県知事免許）の専任の宅地建物取引士であるF（乙県知事登録）は、E社が媒介した丙県に所在する建物の売買に関する取引において宅地建物取引士として行う事務に関し著しく不当な行為をした場合、丙県知事による事務禁止処分の対象となる。

問37 宅地建物取引業者A社が、自ら売主として宅地建物取引業者でない買主Bとの間で締結した建物の売買契約について、Bが宅地建物取引業法第37条の2の規定に基づき、いわゆるクーリング・オフによる契約の解除をする場合における次の記述のうち、正しいものはどれか。

☆1　Bは、モデルルームにおいて買受けの申込みをし、後日、A社の事務所において売買契約を締結した。この場合、Bは、既に当該建物の引渡しを受け、かつ、その代金の全部を支払ったときであっても、A社からクーリング・オフについて何も告げられていなければ、契約の解除をすることができる。

☆2　Bは、自らの希望により自宅近くの喫茶店において買受けの申込みをし、売買契約を締結した。その3日後にA社から当該契約に係るクーリング・オフについて書面で告げられた。この場合、Bは、当該契約締結日から起算して10日目において、契約の解除をすることができる。

☆3　Bは、ホテルのロビーにおいて買受けの申込みをし、その際にA社との間でクーリング・オフによる契約の解除をしない旨の合意をした上で、後日、売買契約を締結した。この場合、仮にBがクーリング・オフによる当該契約の解除を申し入れたとしても、A社は、当該合意に基づき、Bからの契約の解除を拒むことができる。

☆4　Bは、A社の事務所において買受けの申込みをし、後日、レストランにおいてA社からクーリング・オフについて何も告げられずに売買契約を締結した。この場合、Bは、当該契約締結日から起算して10日目において、契約の解除をすることができる。

問38 宅地建物取引業者A社が、自ら売主として締結する建築工事完了後の新築分譲マンション（代金3,000万円）の売買契約に関する次の記述のうち、宅地建物取引業法の規定によれば、誤っているものはいくつあるか。

☆ア　A社は、宅地建物取引業者である買主Bとの当該売買契約の締結に際して、当事者の債務不履行を理由とする契約解除に伴う損害賠償の予定額を1,000万円とする特約を定めることができない。

☆イ　A社は、宅地建物取引業者でない買主Cとの当該売買契約の締結に際して、当事者の債務不履行を理由とする契約解除に伴う損害賠償の予定額300万円に加え、違約金を600万円とする特約を定めたが、違約金についてはすべて無効である。

☆ウ　A社は、宅地建物取引業者でない買主Dとの当該売買契約の締結に際して、宅地建物取引業法第41条の2の規定による手付金等の保全措置を講じた後でなければ、Dから300万円の手付金を受領することができない。

1　一つ
2　二つ
3　三つ
4　なし

問39　宅地建物取引業者A社が、自ら売主として建物の売買契約を締結する際の特約に関する次の記述のうち、宅地建物取引業法の規定に違反するものはどれか。なお、この問において「一定の担保責任」とは、当該建物の種類又は品質に関して当該売買契約の内容に適合しない場合におけるその不適合を担保すべき責任をいうものとする。　［改題］

☆1　当該建物が新築戸建住宅である場合、宅地建物取引業者でない買主Bの売買を代理する宅地建物取引業者C社との間で当該契約締結を行うに際して、A社が当該住宅の一定の担保責任を負う期間についての特約を定めないこと。

☆2　当該建物が中古建物である場合、宅地建物取引業者である買主Dとの間で、「中古建物であるため、A社は、当該建物について一定の担保責任を負わない」旨の特約を定めること。

☆3　当該建物が中古建物である場合、宅地建物取引業者でない買主Eとの間で、「A社が当該建物について一定の担保責任を負うのは、Eが売買契約締結の日にかかわらず引渡しの日から2年以内にA社に不適合の事実を通知したときとする(ただし、A社が引渡しの時にその不適合を知り、又は重大な過失によって知らなかったときを除く。)」旨の特約を定めること。

☆4　当該建物が新築戸建住宅である場合、宅地建物取引業者でない買主Fとの間で、「Fは、A社が当該建物について一定の担保責任を負う期間内であれば、損害賠償の請求をすることはできるが、契約の解除をすることはできない」旨の特約を定めること。

問40　次の記述のうち、宅地建物取引業法(以下この問において「法」という。)

の規定によれば、正しいものはいくつあるか。 [改題]

△ア　不当な履行遅延の禁止(法第44条)は、宅地若しくは建物の登記若しくは引渡し又は取引に係る対価の支払を対象とするのみである。

☆イ　宅地建物取引業者は、個人情報の保護に関する法律第16条第2項に規定する個人情報取扱事業者に該当しない場合、業務上取り扱った個人情報について、正当な理由なく他に漏らしても、秘密を守る義務(法第45条)に違反しない。

☆ウ　宅地建物取引業者は、その事務所ごとに、従業者名簿を備えなければならず、当該名簿については最終の記載をした日から10年間保存しなければならない。

☆エ　宅地建物取引業者は、その事務所ごとに、その業務に関する帳簿を備えなければならず、帳簿の閉鎖後5年間(当該宅地建物取引業者が自ら売主となる新築住宅に係るものにあっては10年間)当該帳簿を保存しなければならない。

1　一つ
2　二つ
3　三つ
4　四つ

問41　宅地建物取引業者A社による投資用マンションの販売の勧誘に関する次の記述のうち、宅地建物取引業法の規定に違反するものはいくつあるか。

☆ア　A社の従業員は、勧誘に先立ってA社の商号及び自らの氏名を告げてから勧誘を行ったが、勧誘の目的が投資用マンションの売買契約の締結である旨を告げなかった。

☆イ　A社の従業員は、「将来、南側に5階建て以上の建物が建つ予定は全くない。」と告げ、将来の環境について誤解させるべき断定的判断を提供したが、当該従業員には故意に誤解させるつもりはなかった。

★ウ　A社の従業員は、勧誘の相手方が金銭的に不安であることを述べたため、売買代金を引き下げ、契約の締結を誘引した。

☆エ　A社の従業員は、勧誘の相手方から、「午後3時に訪問されるのは迷惑である。」と事前に聞いていたが、深夜でなければ迷惑にはならないだろうと判断し、午後3時に当該相手方を訪問して勧誘を行った。

1　一つ
2　二つ
3　三つ

4　四つ

問42　宅地建物取引業者A社(国土交通大臣免許)が行う宅地建物取引業者B社(甲県知事免許)を売主とする分譲マンション(100戸)に係る販売代理について、A社が単独で当該マンションの所在する場所の隣地に案内所を設けて売買契約の締結をしようとする場合における次の記述のうち、宅地建物取引業法(以下この問において「法」という。)の規定によれば、正しいものの組合せはどれか。なお、当該マンション及び案内所は甲県内に所在するものとする。　[改題]

☆ア　A社は、マンションの所在する場所に法第50条第1項の規定に基づく標識を掲げなければならないが、B社は、その必要がない。

☆イ　A社が設置した案内所について、売主であるB社が法第50条第2項の規定に基づく届出を行う場合、A社は当該届出をする必要がないが、B社による届出書については、A社の商号又は名称及び免許証番号も記載しなければならない。

☆ウ　A社は、成年者である専任の宅地建物取引士を当該案内所に置かなければならないが、B社は、当該案内所に成年者である専任の宅地建物取引士を置く必要がない。

△エ　A社は、当該案内所に法第50条第1項の規定に基づく標識を掲げなければならないが、当該標識へは、B社の商号又は名称及び免許証番号も記載しなければならない。

1　ア、イ
2　イ、ウ
3　ウ、エ
4　ア、エ

問43　宅地建物取引業保証協会(以下この問において「保証協会」という。)に関する次の記述のうち、宅地建物取引業法の規定によれば、誤っているものはどれか。　[改題]

☆1　保証協会は、弁済業務保証金分担金の納付を受けたときは、その納付を受けた額に相当する額の弁済業務保証金を供託しなければならない。

☆2　保証協会は、弁済業務保証金の還付があったときは、当該還付額に相当する額の弁済業務保証金を供託しなければならない。

☆3　保証協会の社員との宅地建物取引業に関する取引により生じた債権を有する

者(宅地建物取引業者に該当する者を除く。)は、当該社員が納付した弁済業務保証金分担金の額に相当する額の範囲内で、弁済を受ける権利を有する。

☆4　保証協会の社員との宅地建物取引業に関する取引により生じた債権を有する者(宅地建物取引業者に該当する者を除く。)は、弁済を受ける権利を実行しようとする場合、弁済を受けることができる額について保証協会の認証を受けなければならない。

問44 宅地建物取引業法の規定に基づく監督処分に関する次の記述のうち、正しいものはどれか。

★1　国土交通大臣又は都道府県知事は、宅地建物取引業者に対して必要な指示をしようとするときは、行政手続法に規定する弁明の機会を付与しなければならない。

☆2　甲県知事は、宅地建物取引業者A社(国土交通大臣免許)の甲県の区域内における業務に関し、A社に対して指示処分をした場合、遅滞なく、その旨を国土交通大臣に通知するとともに、甲県の公報により公告しなければならない。

△3　乙県知事は、宅地建物取引業者B社(丙県知事免許)の乙県の区域内における業務に関し、B社に対して業務停止処分をした場合は、乙県に備えるB社に関する宅地建物取引業者名簿へ、その処分に係る年月日と内容を記載しなければならない。

☆4　国土交通大臣は、宅地建物取引業者C社(国土交通大臣免許)が宅地建物取引業法第37条に規定する書面の交付をしていなかったことを理由に、C社に対して業務停止処分をしようとするときは、あらかじめ、内閣総理大臣に協議しなければならない。

No. 11
33点
平成24年度

問45 特定住宅瑕疵担保責任の履行の確保等に関する法律に基づく住宅販売瑕(か)疵(し)担保保証金の供託又は住宅販売瑕疵(かし)担保責任保険契約の締結(以下この問において「資力確保措置」という。)に関する次の記述のうち、正しいものはどれか。

［改題］

☆1　自ら売主として新築住宅を宅地建物取引業者でない買主に引き渡した宅地建物取引業者は、当該住宅を引き渡した日から3週間以内に、その住宅に関する資力確保措置の状況について、その免許を受けた国土交通大臣又は都道府県知事に届け出なければならない。

☆2　自ら売主として新築住宅を宅地建物取引業者でない買主に引き渡した宅地建物取引業者は、基準日に係る資力確保措置の状況の届出をしなければ、当該基準日の翌日から起算して50日を経過した日以後においては、新たに自ら売主となる新築住宅の売買契約を締結してはならない。

△3　住宅販売瑕疵（かし）担保責任保険契約は、新築住宅を自ら売主として販売する宅地建物取引業者が住宅瑕疵（かし）担保責任保険法人と締結する保険契約であり、当該住宅の売買契約を締結した日から5年間、当該住宅の瑕疵（かし）によって生じた損害について保険金が支払われる。

☆4　新築住宅を自ら売主として販売する宅地建物取引業者が、住宅販売瑕疵（かし）担保保証金の供託をした場合、買主に対する当該保証金の供託をしている供託所の所在地等について記載した書面の交付（買主の承諾を得て電磁的方法により提供する場合を含む）及び説明は、当該住宅の売買契約を締結した日から引渡しまでに行わなければならない。

問46　独立行政法人住宅金融支援機構（以下この問において「機構」という。）に関する次の記述のうち、誤っているものはどれか。

★1　機構は、証券化支援事業（買取型）において、民間金融機関から買い取った住宅ローン債権を担保としてMBS（資産担保証券）を発行している。

☆2　証券化支援事業（買取型）における民間金融機関の住宅ローン金利は、金融機関によって異なる場合がある。

△3　機構は、証券化支援事業（買取型）における民間金融機関の住宅ローンについて、借入金の元金の返済を債務者本人の死亡時に一括して行う高齢者向け返済特例制度を設けている。

★4　機構は、証券化支援事業（買取型）において、住宅の建設や新築住宅の購入に係る貸付債権のほか、中古住宅を購入するための貸付債権も買取りの対象としている。

問47　宅地建物取引業者が行う広告に関する次の記述のうち、不当景品類及び不当表示防止法（不動産の表示に関する公正競争規約を含む。）の規定によれば、正しいものはどれか。

☆1　宅地建物取引業者が自ら所有する不動産を販売する場合の広告には、取引態様の別として「直販」と表示すればよい。

△2　改装済みの中古住宅について、改装済みである旨を表示して販売する場合、広告中には改装した時期及び改装の内容を明示しなければならない。

☆3　取引しようとする物件の周辺に存在するデパート、スーパーマーケット等の商業施設については、現に利用できるものでなければ広告に表示することはできない。

☆4　販売する土地が有効な利用が阻害される著しい不整形画地であっても、実際の土地を見れば不整形画地であることは認識できるため、当該土地の広告にはその旨を表示する必要はない。

問48 統計問題につき、問題省略
（最新の統計データで学習してください）

問49 土地に関する次の記述のうち、最も不適当なものはどれか。

☆1　台地は、一般的に地盤が安定しており、低地に比べ自然災害に対して安全度は高い。

★2　台地や段丘上の浅い谷に見られる小さな池沼を埋め立てた所では、地震の際に液状化が生じる可能性がある。

△3　丘陵地帯で地下水位が深く、砂質土で形成された地盤では、地震の際に液状化する可能性が高い。

☆4　崖崩れは降雨や豪雨などで発生することが多いので、崖に近い住宅では梅雨や台風の時期には注意が必要である。

問50 建物の構造に関する次の記述のうち、最も不適当なものはどれか。

△1　鉄筋コンクリート構造の中性化は、構造体の耐久性や寿命に影響しない。

★2　木造建物の寿命は、木材の乾燥状態や防虫対策などの影響を受ける。

☆3　鉄筋コンクリート構造のかぶり厚さとは、鉄筋の表面からこれを覆うコンクリート表面までの最短寸法をいう。

☆4　鉄骨構造は、不燃構造であるが、火熱に遭うと耐力が減少するので、耐火構造にするためには、耐火材料で被覆する必要がある。

No.
12

平成26年度
（2014年度）

本試験問題

この年の合格基準点は32点でした

インフォメーション

選択肢番号についているマークの意味は次のとおりです。
復習のさいにお役立てください。

☆…即答できなかったらちょっとマズイ（復習推奨）
★…いま間違えてもいいけど、必ず解説を読んでできるようにしておこう（復習推奨）
△…確実に合格を目指すなら、マスターしておきたい（直前期に余裕があれば、再チェック）
×…できなくても問題ナシ（復習の必要性は乏しい）

解き終わったあと、☆と★の問題については必ず復習をしておきましょう。

問1 次の記述のうち、民法の条文に規定されているものはどれか。

法改正により削除

問2 代理に関する次の記述のうち、民法の規定及び判例によれば、誤っているものはいくつあるか。 ［改題］

★ア　代理権を有しない者がした契約を本人が追認する場合、その契約の効力は、別段の意思表示がない限り、追認をした時から将来に向かって生ずる。

★イ　不動産を担保に金員を借り入れる代理権を与えられた代理人が、本人の名において当該不動産を売却した場合、相手方において本人自身の行為であると信じたことについて正当な理由があるときは、表見代理の規定を類推適用することができる。

★ウ　代理人は、行為能力者であることを要しないが、代理人が後見開始の審判を受けたときは、代理権が消滅する。

★エ　代理人が相手方にした意思表示の効力が意思の不存在、錯誤、詐欺、強迫又はある事情を知っていたこと若しくは知らなかったことにつき過失があったことによって影響を受けるべき場合には、その事実の有無は、本人の選択に従い、本人又は代理人のいずれかについて決する。

1　一つ
2　二つ
3　三つ
4　四つ

問3 権利の取得や消滅に関する次の記述のうち、民法の規定及び判例によれば、正しいものはどれか。 ［改題］

△1　売買契約に基づいて土地の引渡しを受け、平穏に、かつ、公然と当該土地の占有を始めた買主は、当該土地が売主の所有物でなくても、売主が無権利者であることにつき善意で無過失であれば、即時に当該不動産の所有権を取得する。

★2　所有権は、権利を行使することができる時から20年間行使しないときは消滅し、その目的物は国庫に帰属する。

★3　買主の売主に対する、引き渡された売買の目的物が種類又は品質に関して契約の内容に適合しないものである場合における損害賠償請求権には、消滅時効の規定の適用がある。

☆4　20年間、平穏に、かつ、公然と他人が所有する土地を占有した者は、占有取得の原因たる事実のいかんにかかわらず、当該土地の所有権を取得する。

問4 AがBとの間で、CのBに対する債務を担保するためにA所有の甲土地に抵当権を設定する場合と根抵当権を設定する場合における次の記述のうち、民法の規定によれば、正しいものはどれか。　［改題］

☒1　抵当権を設定する場合には、被担保債権を特定しなければならないが、根抵当権を設定する場合には、BC間のあらゆる範囲の不特定の債権を極度額の限度で被担保債権とすることができる。

★2　抵当権を設定した旨を第三者に対抗する場合には登記が必要であるが、根抵当権を設定した旨を第三者に対抗する場合には、登記に加えて、債務者Cの承諾が必要である。

△3　Bが抵当権を実行する場合には、AはまずCに催告するように請求することができるが、Bが根抵当権を実行する場合には、AはまずCに催告するように請求することはできない。

△4　抵当権の場合には、BはCに対する他の債権者の利益のために抵当権の順位を譲渡することができるが、元本の確定前の根抵当権の場合には、Bは根抵当権の順位を譲渡することができない。

問5 債権譲渡に関する次の1から4までの記述のうち、下記判決文によれば、正しいものはどれか。

法改正により削除

問6 Aは、Bに建物の建築を注文し、完成して引渡しを受けた建物をCに対して売却して引き渡した。本件建物に欠陥があった場合に関する次の記述のうち、民法の規定及び判例によれば、正しいものはどれか。　［改題］

☆1　本件建物の欠陥が品質に関して売買契約の内容に適合しないものであり、Cは、売買契約の締結の当時、そのことを知っていたものの、その不適合がCの責めに帰すべき事由によるものではなかった場合、Cは、その不適合の存在を知ってから1年以内であっても、Aに対して売買契約に基づく担保責任を追及することができない。

★2 Bが建物としての基本的な安全性が欠けることがないように配慮すべき義務を怠ったために本件建物に基本的な安全性を損なう欠陥がある場合には、当該欠陥によって損害を被ったCは、特段の事情がない限り、Bに対して不法行為責任に基づく損害賠償を請求できる。

☆3 CがBに対して本件建物の欠陥に関して不法行為責任に基づく損害賠償を請求する場合、当該請求ができる期間は、Cが欠陥の存在に気付いてから1年以内である。

★4 本件建物に存在している欠陥が品質に関して請負契約の内容に適合しないものであり、かつ、その不適合がAの責めに帰すべき事由によるものではない場合、そのために請負契約を締結した目的を達成することができないときであっても、AはBとの契約を一方的に解除することができない。

問7 賃貸人Aから賃借人Bが借りたA所有の甲土地の上に、Bが乙建物を所有する場合における次の記述のうち、民法の規定及び判例によれば、正しいものはどれか。なお、Bは、自己名義で乙建物の保存登記をしているものとする。

△1 BがAに無断で乙建物をCに月額10万円の賃料で貸した場合、Aは、借地の無断転貸を理由に、甲土地の賃貸借契約を解除することができる。

△2 Cが甲土地を不法占拠してBの土地利用を妨害している場合、Bは、Aの有する甲土地の所有権に基づく妨害排除請求権を代位行使してCの妨害の排除を求めることができるほか、自己の有する甲土地の賃借権に基づいてCの妨害の排除を求めることができる。

☆3 BがAの承諾を得て甲土地を月額15万円の賃料でCに転貸した場合、AB間の賃貸借契約がBの債務不履行で解除されても、AはCに解除を対抗することができない。

☒4 AB間で賃料の支払時期について特約がない場合、Bは、当月末日までに、翌月分の賃料を支払わなければならない。

問8 不法行為に関する次の記述のうち、民法の規定及び判例によれば、正しいものはどれか。

［改題］

△1 不法行為による損害賠償請求権の消滅時効を定める民法第724条第1号における、被害者が損害を知った時とは、被害者が損害の発生を現実に認識した時

をいう。

△2　不法行為による損害賠償債務の不履行に基づく遅延損害金債権は、当該債権が発生した時から10年間行使しないことにより、時効によって消滅する。

×3　不法占拠により日々発生する損害については、加害行為が終わった時から一括して消滅時効が進行し、日々発生する損害を知った時から別個に消滅時効が進行することはない。

×4　不法行為の加害者が海外に在住している間は、民法第724条第2号の20年の時効期間は進行しない。

問9　後見人制度に関する次の記述のうち、民法の規定によれば、正しいものはどれか。

☆1　成年被後見人が第三者との間で建物の贈与を受ける契約をした場合には、成年後見人は、当該法律行為を取り消すことができない。

★2　成年後見人が、成年被後見人に代わって、成年被後見人が居住している建物を売却する場合には、家庭裁判所の許可を要しない。

×3　未成年後見人は、自ら後見する未成年者について、後見開始の審判を請求することはできない。

△4　成年後見人は家庭裁判所が選任する者であるが、未成年後見人は必ずしも家庭裁判所が選任する者とは限らない。

問10　Aには、父のみを同じくする兄Bと、両親を同じくする弟C及び弟Dがいたが、C及びDは、Aより先に死亡した。Aの両親は既に死亡しており、Aには内縁の妻Eがいるが、子はいない。Cには子F及び子Gが、Dには子Hがいる。Aが、×6年8月1日に遺言を残さずに死亡した場合の相続財産の法定相続分として、民法の規定によれば、正しいものはどれか。　［改題］

△1　Eが2分の1、Bが6分の1、Fが9分の1、Gが9分の1、Hが9分の1である。

△2　Bが3分の1、Fが9分の2、Gが9分の2、Hが9分の2である。

△3　Bが5分の1、Fが5分の1、Gが5分の1、Hが5分の2である。

△4　Bが5分の1、Fが15分の4、Gが15分の4、Hが15分の4である。

問11　甲土地の所有者が甲土地につき、建物の所有を目的として賃貸する場合（以下「ケース①」という。）と、建物の所有を目的とせずに資材置場として賃貸する場合(以下「ケース②」という。)に関する次の記述のうち、民法及び借地借家法の規定によれば、正しいものはどれか。

★1　賃貸借の存続期間を40年と定めた場合には、ケース①では書面で契約を締結しなければ期間が30年となってしまうのに対し、ケース②では口頭による合意であっても期間は40年となる。

☆2　ケース①では、賃借人は、甲土地の上に登記されている建物を所有している場合には、甲土地が第三者に売却されても賃借人であることを当該第三者に対抗できるが、ケース②では、甲土地が第三者に売却された場合に賃借人であることを当該第三者に対抗する方法はない。

★3　期間を定めない契約を締結した後に賃貸人が甲土地を使用する事情が生じた場合において、ケース①では賃貸人が解約の申入れをしても合意がなければ契約は終了しないのに対し、ケース②では賃貸人が解約の申入れをすれば契約は申入れの日から1年を経過することによって終了する。

△4　賃貸借の期間を定めた場合であって当事者が期間内に解約する権利を留保していないとき、ケース①では賃借人側は期間内であっても1年前に予告することによって中途解約することができるのに対し、ケース②では賃貸人も賃借人もいつでも一方的に中途解約することができる。

問12　借地借家法第38条の定期建物賃貸借(以下この問において「定期建物賃貸借」という。)に関する次の記述のうち、借地借家法の規定及び判例によれば、誤っているものはどれか。

［改題］

☆1　定期建物賃貸借契約を締結するには、公正証書による等書面(その内容を記録した電磁的記録によってされたものを含む。)によらなければならない。

☆2　定期建物賃貸借契約を締結するときは、期間を1年未満としても、期間の定めがない建物の賃貸借契約とはみなされない。

★3　定期建物賃貸借契約を締結するには、当該契約に係る賃貸借は契約の更新がなく、期間の満了によって終了することを、当該契約書と同じ書面内に記載して説明すれば足りる。

☆4　定期建物賃貸借契約を締結しようとする場合、賃貸人が、当該契約に係る賃貸借は契約の更新がなく、期間の満了によって終了することを説明しなかったときは、契約の更新がない旨の定めは無効となる。

問13 建物の区分所有等に関する法律(以下この問において「法」という。)に関する次の記述のうち、誤っているものはどれか。

△1　区分所有者の団体は、区分所有建物が存在すれば、区分所有者を構成員として当然に成立する団体であるが、管理組合法人になることができるものは、区分所有者の数が30人以上のものに限られる。

★2　専有部分が数人の共有に属するときの集会の招集の通知は、法第40条の規定に基づく議決権を行使すべき者にすればよく、共有者間で議決権を行使すべき者が定められていない場合は、共有者のいずれか一人にすればよい。

△3　建物の価格の2分の1以下に相当する部分が滅失した場合、規約で別段の定めがない限り、各区分所有者は、滅失した共用部分について、復旧の工事に着手するまでに復旧決議、建替え決議又は一括建替え決議があったときは、復旧することができない。

★4　管理者が、規約の保管を怠った場合や、利害関係人からの請求に対して正当な理由がないのに規約の閲覧を拒んだ場合は、20万円以下の過料に処せられる。

問14 不動産の登記に関する次の記述のうち、誤っているものはどれか。

★1　表示に関する登記を申請する場合には、申請人は、その申請情報と併せて登記原因を証する情報を提供しなければならない。

☆2　新たに生じた土地又は表題登記がない土地の所有権を取得した者は、その所有権の取得の日から1月以内に、表題登記を申請しなければならない。

△3　信託の登記の申請は、当該信託に係る権利の保存、設定、移転又は変更の登記の申請と同時にしなければならない。

☆4　仮登記は、仮登記の登記義務者の承諾があるときは、当該仮登記の登記権利者が単独で申請することができる。

問15 都市計画法に関する次の記述のうち、誤っているものはどれか。

☆1　都市計画区域については、用途地域が定められていない土地の区域であっても、一定の場合には、都市計画に、地区計画を定めることができる。

★2　高度利用地区は、市街地における土地の合理的かつ健全な高度利用と都市機能の更新とを図るため定められる地区であり、用途地域内において定めることができる。

★3　準都市計画区域においても、用途地域が定められている土地の区域については、市街地開発事業を定めることができる。

☆4　高層住居誘導地区は、住居と住居以外の用途とを適正に配分し、利便性の高い高層住宅の建設を誘導するために定められる地区であり、近隣商業地域及び準工業地域においても定めることができる。

問16　次のアからウまでの記述のうち、都市計画法による開発許可を受ける必要のある、又は同法第34条の2の規定に基づき協議する必要のある開発行為の組合せとして、正しいものはどれか。ただし、開発許可を受ける必要のある、又は協議する必要のある開発行為の面積については、条例による定めはないものとする。

☆ア　市街化調整区域において、国が設置する医療法に規定する病院の用に供する施設である建築物の建築の用に供する目的で行われる1,500㎡の開発行為

☆イ　市街化区域において、農林漁業を営む者の居住の用に供する建築物の建築の用に供する目的で行われる1,200㎡の開発行為

☆ウ　区域区分が定められていない都市計画区域において、社会教育法に規定する公民館の用に供する施設である建築物の建築の用に供する目的で行われる4,000㎡の開発行為

1　ア、イ
2　ア、ウ
3　イ、ウ
4　ア、イ、ウ

問17　建築基準法に関する次の記述のうち、正しいものはどれか。　［改題］

★1　住宅の地上階における居住のための居室には、採光のための窓その他の開口部を設け、その採光に有効な部分の面積は、その居室の床面積に対して、原則として、7分の1以上としなければならない。

★2　建築確認の対象となり得る工事は、建築物の建築、大規模の修繕及び大規模の模様替であり、建築物の移転は対象外である。

☆3　高さ15mの建築物には、周囲の状況によって安全上支障がない場合を除き、有効に避雷設備を設けなければならない。

☆4　準防火地域内において建築物の屋上に看板を設ける場合は、その主要な部分

を不燃材料で造り、又は覆わなければならない。

問18 建築基準法(以下この問において「法」という。)に関する次の記述のうち、誤っているものはどれか。
［改題］

★1　店舗の用途に供する建築物で当該用途に供する部分の床面積の合計が10,000㎡を超えるものは、原則として工業地域内では建築することができない。

☒2　学校を新築しようとする場合には、法第48条の規定による用途制限に適合するとともに、都市計画により敷地の位置が決定されていなければ新築することができない。

△3　特別用途地区内においては、地方公共団体は、国土交通大臣の承認を得て、条例で、法第48条の規定による建築物の用途制限を緩和することができる。

★4　都市計画において定められた建蔽率の限度が10分の8とされている地域外で、かつ、防火地域内にある耐火建築物又はこれと同等以上の延焼防止性能を有するものとして政令で定める建築物の建蔽率については、都市計画において定められた建蔽率の数値に10分の1を加えた数値が限度となる。

問19 宅地造成及び特定盛土等規制法に関する次の記述のうち、誤っているものはどれか。なお、この問において「都道府県知事」とは、地方自治法に基づく指定都市、中核市及び施行時特例市にあってはその長をいうものとする。［改題］

1　法改正により削除

★2　都道府県知事は、宅地造成等工事規制区域内において行われる宅地造成等に関する工事の許可に付した条件に違反した者に対して、その許可を取り消すことができる。

★3　土地の占有者は、都道府県知事又はその命じた者若しくは委任した者が、基礎調査のために当該土地に立ち入って測量又は調査を行う場合、正当な理由がない限り、立入りを拒み、又は妨げてはならない。

★4　宅地造成等工事規制区域内において行われる宅地造成等に関する工事の許可を受けた者は、主務省令で定める軽微な変更を除き、当該工事の計画を変更しようとするときは、遅滞なく、その旨を都道府県知事に届け出なければならない。

問20 土地区画整理法に関する次の記述のうち、正しいものはどれか。

△1　施行者は、宅地の所有者の申出又は同意があった場合においては、その宅地を使用し、又は収益することができる権利を有する者に補償をすれば、換地計画において、その宅地の全部又は一部について換地を定めないことができる。

★2　施行者は、施行地区内の宅地について換地処分を行うため、換地計画を定めなければならない。この場合において、当該施行者が土地区画整理組合であるときは、その換地計画について市町村長の認可を受けなければならない。

△3　関係権利者は、換地処分があった旨の公告があった日以降いつでも、施行地区内の土地及び建物に関する登記を行うことができる。

★4　土地区画整理事業の施行により公共施設が設置された場合においては、その公共施設は、換地処分があった旨の公告があった日の翌日において、原則としてその公共施設の所在する市町村の管理に属することになる。

問21　農地法(以下この問において「法」という。)に関する次の記述のうち、正しいものはどれか。

△1　農地について法第3条第1項の許可があったときは所有権が移転する旨の停止条件付売買契約を締結し、それを登記原因とする所有権移転の仮登記を申請する場合には、その買受人は農業委員会に届出をしなければならない。

★2　市街化区域内の農地について、耕作の目的に供するために競売により所有権を取得しようとする場合には、その買受人は法第3条第1項の許可を受ける必要はない。

☆3　農業者が住宅の改築に必要な資金を銀行から借りるために、自己所有の農地に抵当権を設定する場合には、法第3条第1項の許可を受ける必要はない。

☆4　山林を開墾し現に農地として耕作している土地であっても、土地登記簿上の地目が山林であれば、法の適用を受ける農地とはならない。

問22　次の記述のうち、誤っているものはどれか。

★1　国土利用計画法によれば、同法第23条の届出に当たっては、土地売買等の対価の額についても都道府県知事(地方自治法に基づく指定都市にあっては、当該指定都市の長)に届け出なければならない。

△2　森林法によれば、保安林において立木を伐採しようとする者は、一定の場合を除き、都道府県知事の許可を受けなければならない。

△3　海岸法によれば、海岸保全区域内において土地の掘削、盛土又は切土を行お

うとする者は、一定の場合を除き、海岸管理者の許可を受けなければならない。

△4　都市緑地法によれば、特別緑地保全地区内において建築物の新築、改築又は増築を行おうとする者は、一定の場合を除き、公園管理者の許可を受けなければならない。

問23 住宅用家屋の所有権の移転登記に係る登録免許税の税率の軽減措置に関する次の記述のうち、正しいものはどれか。［改題］

△1　この税率の軽減措置は、一定の要件を満たせばその住宅用家屋の敷地の用に供されている土地に係る所有権の移転の登記にも適用される。

△2　この税率の軽減措置は、個人が自己の経営する会社の従業員の社宅として取得した住宅用家屋に係る所有権の移転の登記にも適用される。

☒3　この税率の軽減措置は、以前にこの措置の適用を受けたことがある者が新たに取得した住宅用家屋に係る所有権の移転の登記には適用されない。

★4　この税率の軽減措置は、所有権の移転の登記に係る住宅用家屋が、耐火建築物に該当していても、床面積が50㎡未満の場合には適用されない。

問24 不動産取得税に関する次の記述のうち、正しいものはどれか。

★1　不動産取得税は、不動産の取得に対して、当該不動産の所在する市町村において課する税であり、その徴収は普通徴収の方法によらなければならない。

☒2　共有物の分割による不動産の取得については、当該不動産の取得者の分割前の当該共有物に係る持分の割合を超えなければ不動産取得税が課されない。

☒3　不動産取得税は、独立行政法人及び地方独立行政法人に対しては、課することができない。

☆4　相続による不動産の取得については、不動産取得税が課される。

問25 地価公示法に関する次の記述のうち、正しいものはどれか。

△1　土地鑑定委員会は、標準地の価格の総額を官報で公示する必要はない。

★2　土地の使用収益を制限する権利が存する土地を標準地として選定することはできない。

☒3　不動産鑑定士が土地鑑定委員会の求めに応じて標準地の鑑定評価を行うに当たっては、標準地の鑑定評価額が前年の鑑定評価額と変わらない場合は、その旨を土地鑑定委員会に申告することにより、鑑定評価書の提出に代えることができる。

★4 不動産鑑定士は、土地鑑定委員会の求めに応じて標準地の鑑定評価を行うに当たっては、近傍類地の取引価格から算定される推定の価格を基本とし、必要に応じて、近傍類地の地代等から算定される推定の価格及び同等の効用を有する土地の造成に要する推定の費用の額を勘案しなければならない。

問26 宅地建物取引業の免許(以下この問において「免許」という。)に関する次の記述のうち、宅地建物取引業法の規定によれば、正しいものはいくつあるか。

☆ア Aの所有する商業ビルを賃借しているBが、フロアごとに不特定多数の者に反復継続して転貸する場合、AとBは免許を受ける必要はない。

★イ 宅地建物取引業者Cが、Dを代理して、Dの所有するマンション(30戸)を不特定多数の者に反復継続して分譲する場合、Dは免許を受ける必要はない。

★ウ Eが転売目的で反復継続して宅地を購入する場合でも、売主が国その他宅地建物取引業法の適用がない者に限られているときは、Eは免許を受ける必要はない。

★エ Fが借金の返済に充てるため、自己所有の宅地を10区画に区画割りして、不特定多数の者に反復継続して売却する場合、Fは免許を受ける必要はない。

1 一つ
2 二つ
3 三つ
4 なし

問27 宅地建物取引業法(以下この問において「法」という。)に関する次の記述のうち、正しいものはどれか。

★1 契約締結権限を有する者を置き、継続的に業務を行う場所であっても、商業登記簿に登載されていない事務所は、法第3条第1項に規定する事務所には該当しない。

★2 国土交通大臣又は都道府県知事は、免許に条件を付すことができるが、免許の更新に当たっても条件を付すことができる。

☆3 法人である宅地建物取引業者が株主総会の決議により解散することとなった場合、その法人を代表する役員であった者は、その旨を当該解散の日から30日以内に免許を受けた国土交通大臣又は都道府県知事に届け出なければならない。

4　免許申請中である者が、宅地建物取引業を営む目的をもって宅地の売買に関する新聞広告を行った場合であっても、当該宅地の売買契約の締結を免許を受けた後に行うのであれば、法第12条に違反しない。

問28 宅地建物取引業者A（甲県知事免許）が乙県内に建設したマンション（100戸）の販売について、宅地建物取引業者B（国土交通大臣免許）及び宅地建物取引業者C（甲県知事免許）に媒介を依頼し、Bが当該マンションの所在する場所の隣接地（乙県内）に、Cが甲県内にそれぞれ案内所を設置し、売買契約の申込みを受ける業務を行う場合における次の記述のうち、宅地建物取引業法（以下この問において「法」という。）の規定によれば、誤っているものはどれか。　［改題］

1　Bは国土交通大臣及び乙県知事に、Cは甲県知事に、業務を開始する日の10日前までに法第50条第2項に定める届出をしなければならない。

2　Aは、法第50条第2項に定める届出を甲県知事及び乙県知事へ届け出る必要はないが、当該マンションの所在する場所に法第50条第1項で定める標識を掲示しなければならない。

3　Bは、その設置した案内所の業務に従事する者の数5人に対して1人以上の割合となる数の専任の宅地建物取引士を当該案内所に置かなければならない。

4　Aは、Cが設置した案内所においてCと共同して契約を締結する業務を行うこととなった。この場合、Aが当該案内所に専任の宅地建物取引士を設置すれば、Cは専任の宅地建物取引士を設置する必要はない。

問29 宅地建物取引業法に規定する営業保証金に関する次の記述のうち、正しいものはどれか。

1　新たに宅地建物取引業を営もうとする者は、営業保証金を金銭又は国土交通省令で定める有価証券により、主たる事務所の最寄りの供託所に供託した後に、国土交通大臣又は都道府県知事の免許を受けなければならない。

2　宅地建物取引業者は、既に供託した額面金額1,000万円の国債証券と変換するため1,000万円の金銭を新たに供託した場合、遅滞なく、その旨を免許を受けた国土交通大臣又は都道府県知事に届け出なければならない。

3　宅地建物取引業者は、事業の開始後新たに従たる事務所を設置したときは、その従たる事務所の最寄りの供託所に政令で定める額を供託し、その旨を免許を受けた国土交通大臣又は都道府県知事に届け出なければならない。

☆4 宅地建物取引業者が、営業保証金を金銭及び有価証券をもって供託している場合で、主たる事務所を移転したためその最寄りの供託所が変更したときは、金銭の部分に限り、移転後の主たる事務所の最寄りの供託所への営業保証金の保管替えを請求することができる。

問30 宅地建物取引業者Aが行う業務に関する次の記述のうち、宅地建物取引業法の規定によれば、正しいものはどれか。

☆1 Aは、新築分譲マンションを建築工事の完了前に販売しようとする場合、建築基準法第6条第1項の確認を受ける前において、当該マンションの売買契約の締結をすることはできないが、当該販売に関する広告をすることはできる。

☆2 Aは、宅地の売買に関する広告をするに当たり、当該宅地の形質について、実際のものよりも著しく優良であると人を誤認させる表示をした場合、当該宅地に関する注文がなく、売買が成立しなかったときであっても、監督処分及び罰則の対象となる。

☆3 Aは、宅地又は建物の売買に関する広告をする際に取引態様の別を明示した場合、当該広告を見た者から売買に関する注文を受けたときは、改めて取引態様の別を明示する必要はない。

☆4 Aは、一団の宅地の販売について、数回に分けて広告をするときは、最初に行う広告以外は、取引態様の別を明示する必要はない。

問31 宅地建物取引業者Aが、自ら売主として宅地建物取引業者ではない買主Bとの間で宅地の売買契約を締結する場合における次の記述のうち、宅地建物取引業法の規定によれば、誤っているものはいくつあるか。 ［改題］

☆ア 売買契約に係る宅地の種類又は品質に関して契約の内容に適合しない場合におけるその不適合を担保すべき責任をAが負うのは、Bが宅地の引渡しの日から3年以内にAにその不適合の事実を通知したときとする（ただし、Aが引渡しの時にその不適合を知り、又は重大な過失によって知らなかったときを除く。）特約は、無効である。

☒イ Aは、Bに売却予定の宅地の一部に甲市所有の旧道路敷が含まれていることが判明したため、甲市に払下げを申請中である。この場合、Aは、重要事項説明書に払下申請書の写しを添付し、その旨をBに説明すれば、売買契約を締結することができる。

☆ウ　「手付放棄による契約の解除は、契約締結後30日以内に限る」旨の特約を定めた場合、契約締結後30日を経過したときは、Aが契約の履行に着手していなかったとしても、Bは、手付を放棄して契約の解除をすることができない。

1　一つ
2　二つ
3　三つ
4　なし

問32　宅地建物取引業者Aは、BからB所有の宅地の売却について媒介の依頼を受けた。この場合における次の記述のうち、宅地建物取引業法(以下この問において「法」という。)の規定によれば、誤っているものはいくつあるか。　［改題］

☆ア　AがBとの間で専任媒介契約を締結し、Bから「売却を秘密にしておきたいので指定流通機構への登録をしないでほしい」旨の申出があった場合、Aは、そのことを理由に登録をしなかったとしても法に違反しない。

☆イ　AがBとの間で媒介契約を締結した場合、Aは、Bに対して遅滞なく法第34条の2第1項の規定に基づく書面を交付又は同条第11項の規定に基づき電磁的方法により提供しなければならないが、Bが宅地建物取引業者であるときは、当該書面の交付又は提供を省略することができる。

☆ウ　AがBとの間で有効期間を3月とする専任媒介契約を締結した場合、期間満了前にBから当該契約の更新をしない旨の申出がない限り、当該期間は自動的に更新される。

★エ　AがBとの間で一般媒介契約(専任媒介契約でない媒介契約)を締結し、当該媒介契約において、重ねて依頼する他の宅地建物取引業者を明示する義務がある場合、Aは、Bが明示していない他の宅地建物取引業者の媒介又は代理によって売買の契約を成立させたときの措置を法第34条の2第1項の規定に基づく書面(同条第11項の規定に基づき電磁的方法により提供する場合を含む。)に記載しなければならない。

1　一つ
2　二つ
3　三つ
4　四つ

問33 宅地建物取引業者Aが、自ら売主として買主との間で建築工事完了前の建物を5,000万円で売買する契約をした場合において、宅地建物取引業法第41条第1項に規定する手付金等の保全措置(以下この問において「保全措置」という。)に関する次の記述のうち、同法に違反するものはどれか。

☆1　Aは、宅地建物取引業者であるBと契約を締結し、保全措置を講じずに、Bから手付金として1,000万円を受領した。

☆2　Aは、宅地建物取引業者でないCと契約を締結し、保全措置を講じた上でCから1,000万円の手付金を受領した。

☆3　Aは、宅地建物取引業者でないDと契約を締結し、保全措置を講じることなくDから手付金100万円を受領した後、500万円の保全措置を講じた上で中間金500万円を受領した。

☆4　Aは、宅地建物取引業者でないEと契約を締結し、Eから手付金100万円と中間金500万円を受領したが、既に当該建物についてAからEへの所有権移転の登記を完了していたため、保全措置を講じなかった。

問34 宅地建物取引業者が宅地建物取引業法第35条に規定する重要事項の説明を行う場合における次の記述のうち、正しいものはどれか。［改題］

★1　建物の売買の媒介を行う場合、当該建物の売主に耐震診断の記録の有無を照会したにもかかわらず、当該有無が判別しないときは、自ら耐震診断を実施し、その結果を説明する必要がある。

△2　建物の貸借の媒介を行う場合、当該建物が津波防災地域づくりに関する法律第23条第1項の規定に基づく津波防護施設区域に位置しているときはその旨を説明する必要があるが、同法第53条第1項の規定に基づく津波災害警戒区域に位置しているときであってもその旨は説明する必要はない。

☆3　建物の売買の媒介を行う場合、売主が特定住宅瑕疵(かし)担保責任の履行の確保等に関する法律に基づく住宅販売瑕疵(かし)担保保証金の供託を行うときは、その措置の概要を説明する必要があるが、当該建物の瑕疵(かし)を担保すべき責任の履行に関し保証保険契約の締結を行うときは、その措置の概要を説明する必要はない。

★4　区分所有権の目的である建物の貸借の媒介を行う場合、その専有部分の用途その他の利用制限に関する規約の定めがあるときはその内容を説明する必要があるが、1棟の建物又はその敷地の専用使用権に関する規約の定めについては説明する必要がない。

問35 宅地建物取引業法第35条に規定する重要事項の説明を宅地建物取引士が行う場合における当該説明及び同条の規定により交付すべき書面(以下この問において「35条書面」という。)に関する次の記述のうち、同法の規定によれば、誤っているものはどれか。なお、この問において「電磁的方法による提供」とは、政令で定めるところにより、法第35条に規定する者の承諾を得て、同条に規定する書面に記載すべき事項を電磁的方法であって国土交通省令で定めるものにより提供することをいうものとする。 [改題]

☆1 宅地建物取引業者は、買主の自宅で35条書面を交付するか、又は、電磁的方法による提供をして説明を行うことができる。

★2 宅地建物取引業者は、中古マンションの売買を行う場合、抵当権が設定されているときは、契約日までにその登記が抹消される予定であっても、当該抵当権の内容について説明しなければならない。

★3 宅地建物取引士は、宅地建物取引士証の有効期間が満了している場合、35条書面(電磁的方法により提供する場合を含む。)に記名することはできるが、取引の相手方に対し説明はできない。

△4 宅地建物取引業者は、土地の割賦販売の媒介を行う場合、割賦販売価格のみならず、現金販売価格についても説明しなければならない。

問36 宅地建物取引業者でない者を当事者とする建物の貸借の媒介を行う宅地建物取引業者が、その取引の相手方に対して行った次の発言内容のうち、宅地建物取引業法の規定に違反しないものはどれか。なお、この問において「重要事項説明」とは同法第35条の規定に基づく重要事項の説明をいい、「重要事項説明書」とは同条の規定により交付すべき書面(電磁的方法により提供する場合を含むものとする。)をいうものとする。 [改題]

☆1 重要事項説明のため、明日お宅にお伺いする当社の者は、宅地建物取引士ではありませんが、当社の最高責任者である代表取締役ですので、重要事項説明をする者として問題ございません。

☆2 この物件の契約条件につきましては、お手元のチラシに詳しく書いてありますので、重要事項説明は、内容が重複するため省略させていただきます。ただ、重要事項説明書の交付は、法律上の義務ですので、入居後、郵便受けに入れておきます。

★3 この物件の担当である宅地建物取引士が急用のため対応できなくなりました

が、せっかくお越しいただきましたので、重要事項説明書にある宅地建物取引士欄を訂正の上、宅地建物取引士である私が記名をし、代わりに重要事項説明をさせていただきます。私の宅地建物取引士証をお見せします。

☆4 この物件は人気物件ですので、申込みをいただいた時点で契約成立とさせていただきます。後日、重要事項説明書を兼ねた契約書を送付いたしますので、署名押印の上、返送していただければ、手続は全て完了いたします。

問37 宅地建物取引業者A及び宅地建物取引業者B（共に消費税課税事業者）が受け取る報酬に関する次の記述のうち、正しいものはいくつあるか。［改題］

☆ア Aが居住用建物の貸借の媒介をするに当たり、依頼者からの依頼に基づくことなく広告をした場合でも、その広告が貸借の契約の成立に寄与したとき、Aは、報酬とは別に、その広告料金に相当する額を請求できる。

☆イ Aは売主から代理の依頼を受け、Bは買主から媒介の依頼を受けて、代金4,000万円の宅地の売買契約を成立させた場合、Aは売主から277万2,000円、Bは買主から138万6,000円の報酬をそれぞれ受けることができる。

☆ウ Aは貸主から、Bは借主から、それぞれ媒介の依頼を受けて、共同して居住用建物の賃貸借契約を成立させた場合、貸主及び借主の承諾を得ていれば、Aは貸主から、Bは借主からそれぞれ借賃の1.1か月分の報酬を受けることができる。

1 一つ
2 二つ
3 三つ
4 なし

問38 宅地建物取引業者Aが、自ら売主として宅地建物取引業者でない買主Bとの間で締結した宅地の売買契約について、Bが宅地建物取引業法第37条の2の規定に基づき、いわゆるクーリング・オフによる契約の解除をする場合における次の記述のうち、正しいものはどれか。

☆1 Aは、喫茶店でBから買受けの申込みを受け、その際にクーリング・オフについて書面で告げた上で契約を締結した。その7日後にBから契約の解除の書面を受けた場合、Aは、代金全部の支払を受け、当該宅地をBに引き渡していても契約の解除を拒むことができない。

☆2　Aは、Bが指定した喫茶店でBから買受けの申込みを受け、Bにクーリング・オフについて何も告げずに契約を締結し、7日が経過した。この場合、Bが指定した場所で契約を締結しているので、Aは、契約の解除を拒むことができる。

☆3　Bは、Aの仮設テント張りの案内所で買受けの申込みをし、その3日後にAの事務所でクーリング・オフについて書面で告げられた上で契約を締結した。この場合、Aの事務所で契約を締結しているので、Bは、契約の解除をすることができない。

☆4　Bは、Aの仮設テント張りの案内所で買受けの申込みをし、Aの事務所でクーリング・オフについて書面で告げられた上で契約を締結した。この書面の中で、クーリング・オフによる契約の解除ができる期間を14日間としていた場合、Bは、契約の締結の日から10日後であっても契約の解除をすることができる。

問39　宅地建物取引業保証協会(以下この問において「保証協会」という。)に関する次の記述のうち、宅地建物取引業法の規定によれば正しいものはどれか。

［改題］

☆1　還付充当金の未納により保証協会の社員の地位を失った宅地建物取引業者は、その地位を失った日から2週間以内に弁済業務保証金を供託すれば、その地位を回復する。

☆2　保証協会は、その社員である宅地建物取引業者から弁済業務保証金分担金の納付を受けたときは、その納付を受けた日から2週間以内に、その納付を受けた額に相当する額の弁済業務保証金を供託しなければならない。

☆3　保証協会は、弁済業務保証金の還付があったときは、当該還付に係る社員又は社員であった者に対して、当該還付額に相当する額の還付充当金を保証協会に納付すべきことを通知しなければならない。

☆4　宅地建物取引業者が保証協会の社員となる前に、当該宅地建物取引業者に建物の貸借の媒介を依頼した者(宅地建物取引業者に該当する者を除く。)は、その取引により生じた債権に関し、当該保証協会が供託した弁済業務保証金について弁済を受ける権利を有しない。

問40　宅地建物取引業者が行う業務に関する次の記述のうち、宅地建物取引業法の規定によれば、正しいものはいくつあるか。なお、この問において「37条書面」とは、同法第37条の規定により交付すべき書面(電磁的方法により提供する場合を含むものとする。)をいうものとする。

［改題］

ア　宅地建物取引業者は、自ら売主として宅地建物取引業者ではない買主との間で新築分譲住宅の売買契約を締結した場合において、当該住宅の種類又は品質に関して契約の内容に適合しない場合におけるその不適合を担保すべき責任の履行に関して講ずべき保証保険契約の締結その他の措置について定めがあるときは、当該措置についても37条書面に記載しなければならない。

イ　宅地建物取引業者は、37条書面を交付するに当たり、宅地建物取引士をして、その書面に記名の上、その内容を説明させなければならない。

ウ　宅地建物取引業者は、自ら売主として宅地の売買契約を締結した場合は、買主が宅地建物取引業者であっても、37条書面に当該宅地の引渡しの時期を記載しなければならない。

エ　宅地建物取引業者は、建物の売買の媒介において、当該建物に係る租税その他の公課の負担に関する定めがあるときは、その内容を37条書面に記載しなければならない。

1　一つ
2　二つ
3　三つ
4　四つ

問41　次の記述のうち、宅地建物取引業法(以下この問において「法」という。)の規定によれば、正しいものはどれか。　［改題］

1　宅地建物取引業者が、他の宅地建物取引業者が行う一団の宅地建物の分譲の代理又は媒介を、案内所を設置して行う場合で、その案内所が専任の宅地建物取引士を置くべき場所に該当しない場合は、当該案内所には、クーリング・オフ制度の適用がある旨を表示した標識を掲げなければならない。

2　宅地建物取引業者が、その従業者をして宅地の売買の勧誘を行わせたが、相手方が明確に買う意思がない旨を表明した場合、別の従業者をして、再度同じ相手方に勧誘を行わせることは法に違反しない。

3　宅地建物取引業者が、自ら売主となる宅地建物売買契約成立後、媒介を依頼した他の宅地建物取引業者へ報酬を支払うことを拒む行為は、不当な履行遅延(法第44条)に該当する。

4　宅地建物取引業者は、その事務所ごとに従業者名簿を備えなければならないが、退職した従業者に関する事項は従業者名簿への記載の対象ではない。

問42 宅地建物取引業者Aが宅地建物取引業法第37条の規定により交付すべき書面(以下この問において「37条書面」といい、同条の規定に基づき、電磁的方法により提供する場合を含むものとする。)に関する次の記述のうち、同法の規定によれば、誤っているものの組合せはどれか。 ［改題］

☆ア　Aが売主として宅地建物取引業者Bの媒介により、土地付建物の売買契約を締結した場合、Bが37条書面を作成し、その宅地建物取引士をして当該書面に記名させれば、Aは、宅地建物取引士による37条書面への記名を省略することができる。

☆イ　Aがその媒介により、事業用宅地の定期賃貸借契約を公正証書によって成立させた場合、当該公正証書とは別に37条書面を作成して交付するに当たって、宅地建物取引士をして記名させる必要はない。

☆ウ　Aが売主としてCとの間で売買契約を成立させた場合(Cは自宅を売却して購入代金に充てる予定である。)、AC間の売買契約に「Cは、自宅を一定の金額以上で売却できなかった場合、本件売買契約を無条件で解除できる」旨の定めがあるときは、Aは、37条書面にその内容を記載しなければならない。

1　ア、イ
2　ア、ウ
3　イ、ウ
4　ア、イ、ウ

問43 宅地建物取引業者Aが行う業務に関する次の記述のうち、宅地建物取引業法の規定に違反しないものはどれか。

★1　Aは、買主Bとの間で建物の売買契約を締結する当日、Bが手付金を一部しか用意できなかったため、やむを得ず、残りの手付金を複数回に分けてBから受領することとし、契約の締結を誘引した。

☆2　Aの従業者は、投資用マンションの販売において、相手方に事前の連絡をしないまま自宅を訪問し、その際、勧誘に先立って、業者名、自己の氏名、契約締結の勧誘が目的である旨を告げた上で勧誘を行った。

☆3　Aの従業者は、マンション建設に必要な甲土地の買受けに当たり、甲土地の所有者に対し、電話により売買の勧誘を行った。その際、売却の意思は一切ない旨を告げられたが、その翌日、再度の勧誘を行った。

☆4　Aの従業者は、宅地の売買を勧誘する際、相手方に対して「近所に幹線道路の建設計画があるため、この土地は将来的に確実に値上がりする」と説明したが、実際には当該建設計画は存在せず、当該従業者の思い込みであったことが判明した。

問44 宅地建物取引業法(以下この問において「法」という。)の規定に基づく監督処分に関する次の記述のうち、誤っているものはいくつあるか。 ［改題］

ア　宅地建物取引業者A（甲県知事免許)が乙県内において法第32条違反となる広告を行った。この場合、乙県知事から業務停止の処分を受けることがある。

イ　宅地建物取引業者B（甲県知事免許)は、法第50条第2項の届出をし、乙県内にマンション分譲の案内所を設置して業務を行っていたが、当該案内所について法第31条の3に違反している事実が判明した。この場合、乙県知事から指示処分を受けることがある。

ウ　宅地建物取引業者C（甲県知事免許)の事務所の所在地を確知できないため、甲県知事は確知できない旨を公告した。この場合、その公告の日から30日以内にCから申出がなければ、甲県知事は法第67条第1項により免許を取り消すことができる。

エ　宅地建物取引業者D(国土交通大臣免許)は、甲県知事から業務停止の処分を受けた。この場合、Dが当該処分に違反したとしても、国土交通大臣から免許を取り消されることはない。

1　一つ
2　二つ
3　三つ
4　なし

問45 特定住宅瑕疵担保責任の履行の確保等に関する法律に基づく住宅販売瑕疵担保保証金の供託又は住宅販売瑕疵担保責任保険契約の締結に関する次の記述のうち、正しいものはどれか。 ［改題］

1　自ら売主として新築住宅を宅地建物取引業者でない買主に引き渡した宅地建物取引業者は、基準日に係る住宅販売瑕疵担保保証金の供託及び住宅販売瑕疵担保責任保険契約の締結の状況について届出をしなければ、当該基準日から起算して50日を経過した日以後、新たに自ら売主となる新築住宅の売買契約を締結してはならない。

☆2　宅地建物取引業者は、自ら売主として新築住宅を販売する場合だけでなく、新築住宅の売買の媒介をする場合においても、住宅販売瑕疵担保保証金の供託又は住宅販売瑕疵担保責任保険契約の締結を行う義務を負う。

☆3　住宅販売瑕疵担保責任保険契約は、新築住宅の買主が保険料を支払うことを約し、住宅瑕疵担保責任保険法人と締結する保険契約である。

☆4　自ら売主として新築住宅を販売する宅地建物取引業者は、住宅販売瑕疵担保保証金の供託をする場合、当該新築住宅の売買契約を締結するまでに、当該新築住宅の買主に対し、当該供託をしている供託所の所在地、供託所の表示等について記載した書面(買主の承諾を得て電磁的方法により提供する場合を含む)を交付して説明しなければならない。

問46　独立行政法人住宅金融支援機構(以下この問において「機構」という。)に関する次の記述のうち、誤っているものはどれか。　［改題］

★1　機構は、地震に対する安全性の向上を主たる目的とする住宅の改良に必要な資金の貸付けを業務として行っている。

△2　機構は、証券化支援事業(買取型)において、住宅の改良(住宅の購入に付随する改良工事を除く。)に必要な資金の貸付けに係る貸付債権について譲受けの対象としている。

★3　機構は、高齢者の家庭に適した良好な居住性能及び居住環境を有する住宅とすることを主たる目的とする住宅の改良(高齢者が自ら居住する住宅について行うものに限る。)に必要な資金の貸付けを業務として行っている。

△4　機構は、市街地の土地の合理的な利用に寄与する一定の建築物の建設に必要な資金の貸付けを業務として行っている。

問47　宅地建物取引業者が行う広告に関する次の記述のうち、不当景品類及び不当表示防止法(不動産の表示に関する公正競争規約を含む。)の規定によれば、正しいものはどれか。

★1　建築基準法第28条(居室の採光及び換気)の規定に適合した採光及び換気のための窓等がなくても、居室として利用できる程度の広さがあれば、広告において居室として表示できる。

☆2　新築分譲マンションの販売広告において、住戸により修繕積立金の額が異なる場合であって、全ての住戸の修繕積立金を示すことが困難であるときは、全住戸の平均額のみ表示すればよい。

★3　私道負担部分が含まれている新築住宅を販売する際、私道負担の面積が全体の5%以下であれば、私道負担部分がある旨を表示すれば足り、その面積までは表示する必要はない。

☆4　建築工事に着手した後に、その工事を相当の期間にわたり中断していた新築分譲マンションについては、建築工事に着手した時期及び中断していた期間を明瞭に表示しなければならない。

問48　統計問題につき、問題省略
（最新の統計データで学習してください）

問49　土地に関する次の記述のうち、最も不適当なものはどれか。

☆1　旧河道は、地震や洪水などによる災害を受ける危険度が高い所である。

★2　地盤の液状化は、地盤の条件と地震の揺れ方により、発生することがある。

★3　沿岸地域は、津波や高潮などの被害を受けやすく、宅地の標高や避難経路を把握しておくことが必要である。

★4　台地や丘陵の縁辺部は、豪雨などによる崖崩れに対しては、安全である。

問50　建築物の構造と材料に関する次の記述のうち、最も不適当なものはどれか。

★1　鉄筋コンクリート構造におけるコンクリートのひび割れは、鉄筋の腐食に関係する。

☒2　モルタルは、一般に水、セメント及び砂利を練り混ぜたものである。

☒3　骨材とは、砂と砂利をいい、砂を細骨材、砂利を粗骨材と呼んでいる。

☒4　コンクリートは、水、セメント、砂及び砂利を混練したものである。

No.
13

平成27年度
（2015年度）

本試験問題

この年の合格基準点は31点でした

インフォメーション

選択肢番号についているマークの意味は次のとおりです。
復習のさいにお役立てください。

☆…即答できなかったらちょっとマズイ（復習推奨）
★…いま間違えてもいいけど、必ず解説を読んでできるようにしておこう（復習推奨）
△…確実に合格を目指すなら、マスターしておきたい（直前期に余裕があれば、再チェック）
×…できなくても問題ナシ（復習の必要性は乏しい）

解き終わったあと、☆と★の問題については必ず復習をしておきましょう。

問1 次の記述のうち、民法の条文に規定されているものはどれか。

法改正により削除

問2 Aは、その所有する甲土地を譲渡する意思がないのに、Bと通謀して、Aを売主、Bを買主とする甲土地の仮装の売買契約を締結した。この場合に関する次の記述のうち、民法の規定及び判例によれば、誤っているものはどれか。なお、この問において「善意」又は「悪意」とは、虚偽表示の事実についての善意又は悪意とする。

★1 善意のCがBから甲土地を買い受けた場合、Cがいまだ登記を備えていなくても、AはAB間の売買契約の無効をCに主張することができない。

△2 善意のCが、Bとの間で、Bが甲土地上に建てた乙建物の賃貸借契約(貸主B、借主C)を締結した場合、AはAB間の売買契約の無効をCに主張することができない。

△3 Bの債権者である善意のCが、甲土地を差し押さえた場合、AはAB間の売買契約の無効をCに主張することができない。

★4 甲土地がBから悪意のCへ、Cから善意のDへと譲渡された場合、AはAB間の売買契約の無効をDに主張することができない。

問3 AB間で、Aを貸主、Bを借主として、A所有の甲建物につき、①賃貸借契約を締結した場合と、②使用貸借契約を締結した場合に関する次の記述のうち、民法の規定によれば、誤っているものはどれか。 [改題]

△1 Bが死亡した場合、①では契約は終了しないが、②では契約が終了する。

△2 Bは、①では、甲建物のAの負担に属する必要費を支出したときは、Aに対しその償還を請求することができるが、②では、甲建物の通常の必要費を負担しなければならない。

☒3 AB間の契約は、①でも②でも諾成契約である。

△4 AはBに対して、甲建物の品質が契約の内容に適合しないものであるときは、①では担保責任を負う場合があるが、②では担保責任を負わない。

問4 A所有の甲土地を占有しているBによる権利の時効取得に関する次の記述のうち、民法の規定及び判例によれば、正しいものはどれか。

★1　Bが父から甲土地についての賃借権を相続により承継して賃料を払い続けている場合であっても、相続から20年間甲土地を占有したときは、Bは、時効によって甲土地の所有権を取得することができる。

★2　Bの父が11年間所有の意思をもって平穏かつ公然に甲土地を占有した後、Bが相続によりその占有を承継し、引き続き9年間所有の意思をもって平穏かつ公然に占有していても、Bは、時効によって甲土地の所有権を取得することはできない。

☆3　Aから甲土地を買い受けたCが所有権の移転登記を備えた後に、Bについて甲土地所有権の取得時効が完成した場合、Bは、Cに対し、登記がなくても甲土地の所有者であることを主張することができる。

☒4　甲土地が農地である場合、BがAと甲土地につき賃貸借契約を締結して20年以上にわたって賃料を支払って継続的に耕作していても、農地法の許可がなければ、Bは、時効によって甲土地の賃借権を取得することはできない。

問5　占有に関する次の記述のうち、民法の規定及び判例によれば、正しいものはどれか。

☒1　甲建物の所有者Aが、甲建物の隣家に居住し、甲建物の裏口を常に監視して第三者の侵入を制止していたとしても、甲建物に錠をかけてその鍵を所持しない限り、Aが甲建物を占有しているとはいえない。

☒2　乙土地の所有者の相続人Bが、乙土地上の建物に居住しているCに対して乙土地の明渡しを求めた場合、Cは、占有者が占有物について行使する権利は適法であるとの推定規定を根拠として、明渡しを拒否することができる。

△3　丙土地の占有を代理しているDは、丙土地の占有が第三者に妨害された場合には、第三者に対して占有保持の訴えを提起することができる。

△4　占有回収の訴えは、占有を侵奪した者及びその特定承継人に対して当然に提起することができる。

問6　抵当権に関する次の記述のうち、民法の規定及び判例によれば、誤っているものはどれか。

★1　賃借地上の建物が抵当権の目的となっているときは、一定の場合を除き、敷地の賃借権にも抵当権の効力が及ぶ。

☆2　抵当不動産の被担保債権の主債務者は、抵当権消滅請求をすることはできないが、その債務について連帯保証をした者は、抵当権消滅請求をすることができる。

☆3　抵当不動産を買い受けた第三者が、抵当権者の請求に応じてその代価を抵当権者に弁済したときは、抵当権はその第三者のために消滅する。

☆4　土地に抵当権が設定された後に抵当地に建物が築造されたときは、一定の場合を除き、抵当権者は土地とともに建物を競売することができるが、その優先権は土地の代価についてのみ行使することができる。

問7　債務者Aが所有する甲土地には、債権者Bが一番抵当権(債権額2,000万円)、債権者Cが二番抵当権(債権額2,400万円)、債権者Dが三番抵当権(債権額4,000万円)をそれぞれ有しており、Aにはその他に担保権を有しない債権者E（債権額2,000万円)がいる。甲土地の競売に基づく売却代金5,400万円を配当する場合に関する次の記述のうち、民法の規定によれば、誤っているものはどれか。

△1　BがEの利益のため、抵当権を譲渡した場合、Bの受ける配当は0円である。

△2　BがDの利益のため、抵当権の順位を譲渡した場合、Bの受ける配当は800万円である。

△3　BがEの利益のため、抵当権を放棄した場合、Bの受ける配当は1,000万円である。

△4　BがDの利益のため、抵当権の順位を放棄した場合、Bの受ける配当は1,000万円である。

問8　同時履行の抗弁権に関する次の記述のうち、民法の規定及び判例によれば、正しいものはいくつあるか。

☆ア　マンションの賃貸借契約終了に伴う賃貸人の敷金返還債務と、賃借人の明渡債務は、特別の約定のない限り、同時履行の関係に立つ。

★イ　マンションの売買契約がマンション引渡し後に債務不履行を理由に解除された場合、契約は遡及的に消滅するため、売主の代金返還債務と、買主の目的物返還債務は、同時履行の関係に立たない。

△ウ　マンションの売買契約に基づく買主の売買代金支払債務と、売主の所有権移転登記に協力する債務は、特別の事情のない限り、同時履行の関係に立つ。

1　一つ

2　二つ

3　三つ
4　なし

問9　土地の転貸借に関する次の1から4までの記述のうち、民法の規定、判例及び下記判決文によれば、誤っているものはどれか。

法改正により削除

問10　遺言及び遺留分に関する次の記述のうち、民法の規定及び判例によれば、正しいものはいくつあるか。
［改題］

△ア　自筆証書の内容を遺言者が一部削除する場合、遺言者が変更する箇所に二重線を引いて、その箇所に押印するだけで、一部削除の効力が生ずる。

△イ　自筆証書による遺言をする場合、遺言書の本文の自署名下に押印がなければ、自署と離れた箇所に押印があっても、押印の要件として有効となることはない。

△ウ　遺言執行者が管理する相続財産を相続人が無断で処分した場合、当該処分行為は、遺言執行者に対する関係で無効となるが、第三者に対する関係では無効とならない。

1　一つ
2　二つ
3　三つ
4　なし

問11　AがBとの間で、A所有の甲建物について、期間3年、賃料月額10万円と定めた賃貸借契約を締結した場合に関する次の記述のうち、民法及び借地借家法の規定並びに判例によれば、正しいものはどれか。

★1　AがBに対し、賃貸借契約の期間満了の6か月前までに更新しない旨の通知をしなかったときは、AとBは、期間3年、賃料月額10万円の条件で賃貸借契約を更新したものとみなされる。

☆2　賃貸借契約を期間を定めずに合意により更新した後に、AがBに書面で解約の申入れをした場合は、申入れの日から3か月後に賃貸借契約は終了する。

★3　Cが、AB間の賃貸借契約締結前に、Aと甲建物の賃貸借契約を締結していた場合、AがBに甲建物を引き渡しても、Cは、甲建物の賃借権をBに対抗することができる。

★4　AB間の賃貸借契約がBの賃料不払を理由として解除された場合、BはAに対して、Aの同意を得てBが建物に付加した造作の買取りを請求することはできない。

問12　賃貸人と賃借人との間で、建物につき、期間5年として借地借家法第38条に定める定期借家契約(以下「定期借家契約」という。)を締結する場合と、期間5年として定期借家契約ではない借家契約(以下「普通借家契約」という。)を締結する場合に関する次の記述のうち、民法及び借地借家法の規定によれば、正しいものはどれか。なお、借地借家法第40条に定める一時使用目的の賃貸借契約は考慮しないものとする。

★1　賃借権の登記をしない限り賃借人は賃借権を第三者に対抗することができない旨の特約を定めた場合、定期借家契約においても、普通借家契約においても、当該特約は無効である。

☆2　賃貸借契約開始から3年間は賃料を増額しない旨の特約を定めた場合、定期借家契約においても、普通借家契約においても、当該特約は無効である。

△3　期間満了により賃貸借契約が終了する際に賃借人は造作買取請求をすることができない旨の規定は、定期借家契約では有効であるが、普通借家契約では無効である。

△4　賃貸人も賃借人も契約期間中の中途解約をすることができない旨の規定は、定期借家契約では有効であるが、普通借家契約では無効である。

問13　建物の区分所有等に関する法律に関する次の記述のうち、正しいものはどれか。
［改題］

△1　管理者が選任されていない場合、集会においては、規約に別段の定めがある場合及び別段の決議をした場合を除いて、集会を招集した区分所有者の1人が議長となる。

☆2　集会の招集の通知は、会日より少なくとも2週間前に発しなければならないが、この期間は規約で伸縮することができる。

△3　集会の議事録が書面で作成されているときは、議長及び集会に出席した区分所有者の1人がこれに署名しなければならない。

△4　区分所有者は、規約に別段の定めがない限り集会の決議によって、管理者を

選任することができる。この場合、任期は2年以内としなければならない。

問14 不動産の登記に関する次の記述のうち、不動産登記法の規定によれば、誤っているものはどれか。 ［改題］

☆1　登記事項証明書の交付の請求は、利害関係を有することを明らかにすることなく、することができる。

☒2　土地所在図、地積測量図、地役権図面、建物図面及び各階平面図を除く登記簿の附属書類の閲覧の請求を登記を申請した者ではない者がする場合、その請求人は、正当な理由があるときに、正当な理由があると認められる部分に限り、することができる。

★3　登記事項証明書の交付の請求は、請求情報を電子情報処理組織を使用して登記所に提供する方法によりすることができる。

☒4　筆界特定書の写しの交付の請求は、請求人が利害関係を有する部分に限り、することができる。

問15 都市計画法に関する次の記述のうち、正しいものはどれか。なお、この問において「都道府県知事」とは、地方自治法に基づく指定都市、中核市及び施行時特例市にあってはその長をいうものとする。

△1　市街化区域内において開発許可を受けた者が、開発区域の規模を100㎡に縮小しようとする場合においては、都道府県知事の許可を受けなければならない。

★2　開発許可を受けた開発区域内の土地において、当該開発許可に係る予定建築物を建築しようとする者は、当該建築行為に着手する日の30日前までに、一定の事項を都道府県知事に届け出なければならない。

☆3　開発許可を受けた開発区域内において、開発行為に関する工事の完了の公告があるまでの間に、当該開発区域内に土地所有権を有する者のうち、当該開発行為に関して同意をしていない者がその権利の行使として建築物を建築する場合については、都道府県知事が支障がないと認めたときでなければ、当該建築物を建築することはできない。

★4　何人も、市街化調整区域のうち開発許可を受けた開発区域以外の区域内において、都道府県知事の許可を受けることなく、仮設建築物を新築することができる。

問16 都市計画法に関する次の記述のうち、正しいものはどれか。

△1　第二種住居地域における地区計画については、一定の条件に該当する場合、開発整備促進区を都市計画に定めることができる。

☆2　準都市計画区域について無秩序な市街化を防止し、計画的な市街化を図るため必要があるときは、都市計画に、区域区分を定めることができる。

△3　工業専用地域は、工業の利便を増進するため定める地域であり、風致地区に隣接してはならない。

☆4　市町村が定めた都市計画が、都道府県が定めた都市計画と抵触するときは、その限りにおいて、市町村が定めた都市計画が優先する。

問17 建築基準法に関する次の記述のうち、誤っているものはどれか。

☆1　防火地域及び準防火地域外において建築物を改築する場合で、その改築に係る部分の床面積の合計が10㎡以内であるときは、建築確認は不要である。

☆2　都市計画区域外において高さ12m、階数が3階の木造建築物を新築する場合、建築確認が必要である。

☆3　事務所の用途に供する建築物をホテル(その用途に供する部分の床面積の合計が500㎡)に用途変更する場合、建築確認は不要である。

☆4　映画館の用途に供する建築物で、その用途に供する部分の床面積の合計が300㎡であるものの改築をしようとする場合、建築確認が必要である。

問18 建築基準法に関する次の記述のうち、誤っているものはどれか。　［改題］

☆1　建築物の容積率の算定の基礎となる延べ面積には、エレベーターの昇降路の部分又は共同住宅若しくは老人ホーム等の共用の廊下若しくは階段の用に供する部分の床面積は、一定の場合を除き、算入しない。

☆2　建築物の敷地が建蔽率に関する制限を受ける地域又は区域の2以上にわたる場合においては、当該建築物の建蔽率は、当該各地域又は区域内の建築物の建蔽率の限度の合計の2分の1以下でなければならない。

☆3　地盤面下に設ける建築物については、道路内に建築することができる。

★4　建築協定の目的となっている建築物に関する基準が建築物の借主の権限に係る場合においては、その建築協定については、当該建築物の借主は、土地の所有者等とみなす。

問19 宅地造成及び特定盛土等規制法に関する次の記述のうち、誤っているものはどれか。なお、この問において「都道府県知事」とは、地方自治法に基づく指定都市、中核市及び施行時特例市にあってはその長をいうものとする。［改題］

☆1 都道府県知事は、宅地造成等工事規制区域内の土地について、宅地造成等に伴う災害を防止するために必要があると認める場合には、その土地の所有者に対して、擁壁等の設置等の措置をとることを勧告することができる。

★2 宅地造成等工事規制区域の指定の際に、当該宅地造成等工事規制区域内において宅地造成等に関する工事を行っている者は、当該工事について改めて都道府県知事の許可を受けなければならない。

★3 宅地造成等に関する工事の許可を受けた者が、工事施行者を変更する場合には、遅滞なくその旨を都道府県知事に届け出ればよく、改めて許可を受ける必要はない。

☆4 宅地造成等工事規制区域内において、宅地を造成するために切土をする土地の面積が500㎡であって盛土が生じない場合、切土をした部分に生じる崖の高さが1.5mであれば、都道府県知事の許可は必要ない。

問20 土地区画整理法に関する次の記述のうち、誤っているものはどれか。

☆1 仮換地の指定は、その仮換地となるべき土地の所有者及び従前の宅地の所有者に対し、仮換地の位置及び地積並びに仮換地の指定の効力発生の日を通知してする。

☆2 施行地区内の宅地について存する地役権は、土地区画整理事業の施行により行使する利益がなくなった場合を除き、換地処分があった旨の公告があった日の翌日以降においても、なお従前の宅地の上に存する。

☆3 換地計画において定められた保留地は、換地処分があった旨の公告があった日の翌日において、施行者が取得する。

△4 土地区画整理事業の施行により生じた公共施設の用に供する土地は、換地処分があった旨の公告があった日の翌日において、すべて市町村に帰属する。

問21 国土利用計画法第23条の事後届出(以下この問において「事後届出」という。)に関する次の記述のうち、正しいものはどれか。

☆1 都市計画区域外においてAが所有する面積12,000㎡の土地について、Aの死亡により当該土地を相続したBは、事後届出を行う必要はない。

☆2　市街化区域においてAが所有する面積3,000㎡の土地について、Bが購入した場合、A及びBは事後届出を行わなければならない。

☆3　市街化調整区域に所在する農地法第3条第1項の許可を受けた面積6,000㎡の農地を購入したAは、事後届出を行わなければならない。

★4　市街化区域に所在する一団の土地である甲土地（面積1,500㎡）と乙土地（面積1,500㎡）について、甲土地については売買によって所有権を取得し、乙土地については対価の授受を伴わず賃借権の設定を受けたAは、事後届出を行わなければならない。

問22　農地に関する次の記述のうち、農地法（以下この問において「法」という。）の規定によれば、正しいものはどれか。

☆1　市街化区域内の農地を耕作目的で取得する場合には、あらかじめ農業委員会に届け出れば、法第3条第1項の許可を受ける必要はない。

☆2　農業者が自己所有の市街化区域外の農地に賃貸住宅を建設するため転用する場合は、法第4条第1項の許可を受ける必要はない。

☆3　農業者が自己所有の市街化区域外の農地に自己の居住用の住宅を建設するため転用する場合は、法第4条第1項の許可を受ける必要はない。

★4　農業者が住宅の改築に必要な資金を銀行から借りるため、市街化区域外の農地に抵当権の設定が行われ、その後、返済が滞ったため当該抵当権に基づき競売が行われ第三者が当該農地を取得する場合であっても、法第3条第1項又は法第5条第1項の許可を受ける必要がある。

問23　「直系尊属から住宅取得等資金の贈与を受けた場合の贈与税の非課税」に関する次の記述のうち、正しいものはどれか。

△1　直系尊属から住宅用の家屋の贈与を受けた場合でも、この特例の適用を受けることができる。

△2　日本国外に住宅用の家屋を新築した場合でも、この特例の適用を受けることができる。

△3　贈与者が住宅取得等資金の贈与をした年の1月1日において60歳未満の場合でも、この特例の適用を受けることができる。

△4　受贈者について、住宅取得等資金の贈与を受けた年の所得税法に定める合計

所得金額が2,000万円を超える場合でも、この特例の適用を受けることができる。

問24 固定資産税に関する次の記述のうち、正しいものはどれか。 ［改題］

1　令和6年1月15日に新築された家屋に対する令和6年度分の固定資産税は、新築住宅に係る特例措置により税額の2分の1が減額される。

2　固定資産税の税率は、1.7%を超えることができない。

3　区分所有家屋の土地に対して課される固定資産税は、各区分所有者が連帯して納税義務を負う。

4　市町村は、財政上その他特別の必要がある場合を除き、当該市町村の区域内において同一の者が所有する土地に係る固定資産税の課税標準額が30万円未満の場合には課税できない。

問25 地価公示法に関する次の記述のうち、誤っているものはどれか。

1　都市計画区域外の区域を公示区域とすることはできない。

2　正常な価格とは、土地について、自由な取引が行われるとした場合におけるその取引において通常成立すると認められる価格をいい、この「取引」には住宅地とするための森林の取引も含まれる。

3　土地鑑定委員会が標準地の単位面積当たりの正常な価格を判定する際は、二人以上の不動産鑑定士の鑑定評価を求めなければならない。

4　土地鑑定委員会が標準地の単位面積当たりの正常な価格を判定したときは、標準地の形状についても公示しなければならない。

問26 次の記述のうち、宅地建物取引業法(以下この問において「法」という。)の規定によれば、正しいものはいくつあるか。

ア　都市計画法に規定する工業専用地域内の土地で、建築資材置き場の用に供されているものは、法第2条第1号に規定する宅地に該当する。

イ　社会福祉法人が、高齢者の居住の安定確保に関する法律に規定するサービス付き高齢者向け住宅の貸借の媒介を反復継続して営む場合は、宅地建物取引業の免許を必要としない。

ウ　都市計画法に規定する用途地域外の土地で、倉庫の用に供されているものは、法第2条第1号に規定する宅地に該当しない。

☆エ　賃貸住宅の管理業者が、貸主から管理業務とあわせて入居者募集の依頼を受けて、貸借の媒介を反復継続して営む場合は、宅地建物取引業の免許を必要としない。

1　一つ
2　二つ
3　三つ
4　四つ

問27　宅地建物取引業の免許(以下この問において「免許」という。)に関する次の記述のうち、宅地建物取引業法の規定によれば、誤っているものはどれか。

★1　A社は、不正の手段により免許を取得したことによる免許の取消処分に係る聴聞の期日及び場所が公示された日から当該処分がなされるまでの間に、合併により消滅したが、合併に相当の理由がなかった。この場合においては、当該公示の日の50日前にA社の取締役を退任したBは、当該消滅の日から5年を経過しなければ、免許を受けることができない。

☆2　C社の政令で定める使用人Dは、刑法第234条(威力業務妨害)の罪により、懲役1年、執行猶予2年の刑に処せられた後、C社を退任し、新たにE社の政令で定める使用人に就任した。この場合においてE社が免許を申請しても、Dの執行猶予期間が満了していなければ、E社は免許を受けることができない。

☆3　営業に関し成年者と同一の行為能力を有しない未成年者であるFの法定代理人であるGが、刑法第247条(背任)の罪により罰金の刑に処せられていた場合、その刑の執行が終わった日から5年を経過していなければ、Fは免許を受けることができない。

★4　H社の取締役Iが、暴力団員による不当な行為の防止等に関する法律に規定する暴力団員に該当することが判明し、宅地建物取引業法第66条第1項第3号の規定に該当することにより、H社の免許は取り消された。その後、Iは退任したが、当該取消しの日から5年を経過しなければ、H社は免許を受けることができない。

問28　宅地建物取引業者Aが行う業務に関する次の記述のうち、宅地建物取引業法(以下この問において「法」という。)の規定によれば、正しいものはいくつあるか。なお、この問において「電磁的方法により提供」とは、政令で定めるところにより、依頼者の承諾を得て、法第34条の2第1項の書面に記載すべき事項を電磁的方法であって国土交通省令で定めるものにより提供することをいうものとする。［改題］

☆ア　Aは、Bが所有する甲宅地の売却に係る媒介の依頼を受け、Bと専任媒介契約を締結した。このとき、Aは、法第34条の2第1項に規定する書面に記名押印し、Bに交付（電磁的方法により提供する場合を含む。）のうえ、宅地建物取引士をしてその内容を説明させなければならない。

☆イ　Aは、Cが所有する乙アパートの売却に係る媒介の依頼を受け、Cと専任媒介契約を締結した。このとき、Aは、乙アパートの所在、規模、形質、売買すべき価額、依頼者の氏名、都市計画法その他の法令に基づく制限で主要なものを指定流通機構に登録しなければならない。

☆ウ　Aは、Dが所有する丙宅地の貸借に係る媒介の依頼を受け、Dと専任媒介契約を締結した。このとき、Aは、Dに法第34条の2第1項に規定する書面を交付（電磁的方法により提供する場合を含む。）しなければならない。

1　一つ

2　二つ

3　三つ

4　なし

問29　宅地建物取引業者が行う宅地建物取引業法第35条に規定する重要事項の説明及び書面の交付（電磁的方法により提供する場合を含む。）に関する次の記述のうち、正しいものはどれか。［改題］

☆1　宅地建物取引業者ではない売主に対しては、買主に対してと同様に、宅地建物取引士をして、契約締結時までに重要事項を記載した書面を交付して、その説明をさせなければならない。

☆2　重要事項の説明及び書面の交付は、取引の相手方の自宅又は勤務する場所等、宅地建物取引業者の事務所以外の場所において行うことができる。

★3　宅地建物取引業者が代理人として売買契約を締結し、建物の購入を行う場合は、代理を依頼した宅地建物取引業者ではない者に対して重要事項の説明をする必要はない。

☆4　重要事項の説明を行う宅地建物取引士は専任の宅地建物取引士でなくてもよいが、書面等に記名する宅地建物取引士は専任の宅地建物取引士でなければならない。

問30 宅地建物取引業者Aは、Bが所有する宅地の売却を依頼され、専任媒介契約を締結した。この場合における次の記述のうち、宅地建物取引業法の規定に違反するものはいくつあるか。 ［改題］

ア Aは、Bが宅地建物取引業者であったので、宅地建物取引業法第34条の2第1項に規定する書面（同条第11項の規定に基づき電磁的方法により提供する場合を含む。）を作成しなかった。

イ Aは、Bの要望により、指定流通機構に当該宅地を登録しない旨の特約をし、指定流通機構に登録しなかった。

ウ Aは、短期間で売買契約を成立させることができると判断したので指定流通機構に登録せず、専任媒介契約締結の日の9日後に当該売買契約を成立させた。

エ Aは、当該契約に係る業務の処理状況の報告日を毎週金曜日とする旨の特約をした。

1 一つ
2 二つ
3 三つ
4 四つ

問31 宅地建物取引業者が、宅地建物取引業法第35条に規定する重要事項の説明を行う場合における次の記述のうち、宅地建物取引業法の規定に違反するものはいくつあるか。 ［改題］

ア 宅地の貸借の媒介の場合、当該宅地が都市計画法の第一種低層住居専用地域内にあり、建築基準法第56条第1項第1号に基づく道路斜線制限があるときに、その概要を説明しなかった。

イ 建物の貸借の媒介の場合、当該建物が新住宅市街地開発事業により造成された宅地上にあり、新住宅市街地開発法第32条第1項に基づく建物の使用及び収益を目的とする権利の設定又は移転について都道府県知事の承認を要する旨の制限があるときに、その概要を説明しなかった。

ウ 建物の貸借の媒介の場合、当該建物が都市計画法の準防火地域内にあり、建築基準法第61条に基づく建物の構造に係る制限があるときに、その概要を説明しなかった。

1 一つ
2 二つ

3　三つ
4　なし

問32 宅地建物取引業者が宅地建物取引業法第35条に規定する重要事項の説明を行う場合における次の記述のうち、正しいものはどれか。［改題］

△1　建物の売買の媒介に関し、受領しようとする預り金について保全措置を講ずる場合において、預り金の額が売買代金の額の100分の10以下であるときは、その措置の概要を説明する必要はない。

☆2　宅地の貸借の媒介を行う場合、当該宅地について借地借家法第22条に規定する定期借地権を設定しようとするときは、その旨を説明しなければならない。

△3　建物の貸借の媒介を行う場合、消費生活用製品安全法に規定する特定保守製品の保守点検に関する事項を説明しなければならない。

★4　建物の貸借の媒介を行う場合、契約の期間については説明する必要があるが、契約の更新については、宅地建物取引業法第37条の規定により交付又は提供すべき書面への記載事項であり、説明する必要はない。

問33 宅地建物取引業者A及びB（ともに消費税課税事業者）が受領した報酬に関する次の記述のうち、宅地建物取引業法の規定に違反するものの組合せはどれか。なお、この問において「消費税等相当額」とは、消費税額及び地方消費税額に相当する金額をいうものとする。［改題］

☆ア　土地付新築住宅（代金3,000万円。消費税等相当額を含まない。）の売買について、Aは売主から代理を、Bは買主から媒介を依頼され、Aは売主から211万2,000円を、Bは買主から105万6,000円を報酬として受領した。

☆イ　Aは、店舗用建物について、貸主と借主双方から媒介を依頼され、借賃1か月分20万円（消費税等相当額を含まない。）、権利金500万円（権利設定の対価として支払われる金銭であって返還されないもので、消費税等相当額を含まない。）の賃貸借契約を成立させ、貸主と借主からそれぞれ23万1,000円を報酬として受領した。

★ウ　居住用建物（借賃1か月分10万円）について、Aは貸主から媒介を依頼され、Bは借主から媒介を依頼され、Aは貸主から8万円、Bは借主から5万5,000円を報酬として受領した。なお、Aは、媒介の依頼を受けるに当たって、報酬が借賃の0.55か月分を超えることについて貸主から承諾を得ていた。

1　ア、イ
2　イ、ウ
3　ア、ウ
4　ア、イ、ウ

問34 宅地建物取引業者Aが、自ら売主として、宅地建物取引業者でないBとの間で建物の売買契約を締結する場合における次の記述のうち、民法及び宅地建物取引業法の規定によれば、正しいものはどれか。［改題］

☆1　Cが建物の所有権を有している場合、AはBとの間で当該建物の売買契約を締結してはならない。ただし、AがCとの間で、すでに当該建物を取得する契約（当該建物を取得する契約の効力の発生に一定の条件が付されている。）を締結している場合は、この限りではない。

2　法改正により削除

☆3　Aは、Bから喫茶店で建物の買受けの申込みを受け、翌日、同じ喫茶店で当該建物の売買契約を締結した際に、その場で契約代金の2割を受領するとともに、残代金は5日後に決済することとした。契約を締結した日の翌日、AはBに当該建物を引き渡したが、引渡日から3日後にBから宅地建物取引業法第37条の2の規定に基づくクーリング・オフによる契約の解除が書面によって通知された。この場合、Aは、契約の解除を拒むことができない。

☆4　AB間の建物の売買契約における「宅地建物取引業法第37条の2の規定に基づくクーリング・オフによる契約の解除の際に、AからBに対して損害賠償を請求することができる」旨の特約は有効である。

問35 宅地建物取引業法の規定に関する次の記述のうち、正しいものはどれか。

★1　「宅地建物取引業者は、取引の関係者に対し、信義を旨とし、誠実にその業務を行わなければならない」との規定があるが、宅地建物取引士については、規定はないものの、公正かつ誠実に宅地建物取引業法に定める事務を行うとともに、宅地建物取引業に関連する業務に従事する者との連携に努めなければならないものと解されている。

★2　「宅地建物取引士は、宅地建物取引業の業務に従事するときは、宅地建物取引士の信用又は品位を害するような行為をしてはならない」との規定がある。

★3　「宅地建物取引士は、宅地建物取引業を営む事務所において、専ら宅地建物取引業に従事し、これに専念しなければならない」との規定がある。

☆4 「宅地建物取引業者は、その従業者に対し、その業務を適正に実施させるため、必要な教育を行うよう努めなければならない」との規定があり、「宅地建物取引士は、宅地又は建物の取引に係る事務に必要な知識及び能力の維持向上に努めなければならない」との規定がある。

問36 宅地建物取引業者Aが、自ら売主として、宅地建物取引業者でないBとの間で建物(代金2,400万円)の売買契約を締結する場合における次の記述のうち、宅地建物取引業法の規定によれば、正しいものはいくつあるか。

☆ア Aは、Bとの間における建物の売買契約において、当事者の債務の不履行を理由とする契約の解除に伴う損害賠償の予定額を480万円とし、かつ、違約金の額を240万円とする特約を定めた。この場合、当該特約は全体として無効となる。

☆イ Aは、Bとの間における建物の売買契約の締結の際、原則として480万円を超える手付金を受領することができない。ただし、あらかじめBの承諾を得た場合に限り、720万円を限度として、480万円を超える手付金を受領することができる。

☆ウ AがBとの間で締結する売買契約の目的物たる建物が未完成であり、AからBに所有権の移転登記がなされていない場合において、手付金の額が120万円以下であるときは、Aは手付金の保全措置を講じることなく手付金を受領することができる。

1 一つ
2 二つ
3 三つ
4 なし

問37 次の記述のうち、宅地建物取引業法の規定によれば、正しいものはどれか。なお、この問において「建築確認」とは、建築基準法第6条第1項の確認をいうものとする。

☆1 宅地建物取引業者は、建築確認が必要とされる建物の建築に関する工事の完了前においては、建築確認を受けた後でなければ、当該建物の貸借の媒介をしてはならない。

☆2　宅地建物取引業者は、建築確認が必要とされる建物の建築に関する工事の完了前において、建築確認の申請中である場合は、その旨を表示すれば、自ら売主として当該建物を販売する旨の広告をすることができる。

☆3　宅地建物取引業者は、建築確認が必要とされる建物の建築に関する工事の完了前においては、建築確認を受けた後でなければ、当該建物の貸借の代理を行う旨の広告をしてはならない。

☆4　宅地建物取引業者は、建築確認が必要とされる建物の建築に関する工事の完了前において、建築確認の申請中である場合は、建築確認を受けることを停止条件とする特約を付ければ、自ら売主として当該建物の売買契約を締結することができる。

問38　宅地建物取引業者Aが宅地建物取引業法第37条の規定により交付すべき書面(以下この問において「37条書面」といい、政令で定めるところにより、同条に定める者の承諾を得て、37条書面に記載すべき事項を電磁的方法であって国土交通省令で定めるものにより提供する場合を含むものとする。)に関する次の記述のうち、宅地建物取引業法の規定によれば、正しいものはいくつあるか。　［改題］

☆ア　Aが売主を代理して中古マンションの売買契約を締結した場合において、当該マンションの種類又は品質に関して契約の内容に適合しない場合におけるその不適合を担保すべき責任の履行に関して講ずべき保証保険契約の締結その他の措置についての定めがあるときは、Aは、その内容を37条書面に記載しなければならず、当該書面を、売主及び買主に交付又は電磁的方法により提供しなければならない。

☆イ　Aが媒介により中古戸建住宅の売買契約を締結させた場合、Aは、引渡しの時期又は移転登記の申請の時期のいずれかを37条書面に記載しなければならず、売主及び買主が宅地建物取引業者であっても、当該書面を交付又は電磁的方法により提供しなければならない。

★ウ　Aが自ら貸主として宅地の定期賃貸借契約を締結した場合において、借賃の支払方法についての定めがあるときは、Aは、その内容を37条書面に記載しなければならず、借主が宅地建物取引業者であっても、当該書面を交付又は電磁的方法により提供しなければならない。

★エ　Aが自ら買主として宅地の売買契約を締結した場合において、当該宅地に係る租税その他の公課の負担に関する定めがあるときは、Aは、その内容を37条書面に記載しなければならず、売主が宅地建物取引業者であっても、当該書面を交付又は電磁的方法により提供しなければならない。

1　一つ
2　二つ
3　三つ
4　四つ

問39 宅地建物取引業者Aが自ら売主となる売買契約に関する次の記述のうち、宅地建物取引業法(以下この問において「法」という。)の規定によれば、正しいものはどれか。

［改題］

☆1　宅地建物取引業者でない買主Bが、法第37条の2の規定に基づくクーリング・オフについてAより書面で告げられた日から7日目にクーリング・オフによる契約の解除の書面を発送し、9日目にAに到達した場合は、クーリング・オフによる契約の解除をすることができない。

☆2　宅地建物取引業者でない買主Cとの間で土地付建物の売買契約を締結するに当たって、Cが建物を短期間使用後取り壊す予定である場合には、建物の種類又は品質に関して契約の内容に適合しない場合におけるその不適合を担保すべき責任を負わない旨の特約を定めることができる。

☆3　宅地建物取引業者Dとの間で締結した建築工事完了前の建物の売買契約において、当事者の債務の不履行を理由とする契約の解除に伴う損害賠償の予定額を代金の額の30%と定めることができる。

☆4　宅地建物取引業者でない買主Eとの間で締結した宅地の売買契約において、当該宅地の引渡しを当該売買契約締結の日の1月後とし、当該宅地の種類又は品質に関して契約の内容に適合しない場合におけるその不適合を担保すべき責任を負うのは、Eが当該売買契約を締結した日から2年以内にその不適合の事実をAに通知したときとする(ただし、Aが引渡しの時にその不適合を知り、又は重大な過失によって知らなかったときを除く。)特約を定めることができる。

問40 宅地建物取引業者Aが、自ら売主として宅地建物取引業者でない買主Bとの間で締結した売買契約に関する次の記述のうち、宅地建物取引業法の規定によれば、正しいものはいくつあるか。

☆ア　Aは、Bとの間で建築工事完了後の建物に係る売買契約(代金3,000万円)において、「Aが契約の履行に着手するまでは、Bは、売買代金の1割を支払うことで契約の解除ができる」とする特約を定め、Bから手付金10万円を受領した。この場合、この特約は有効である。

★イ　Aは、Bとの間で建築工事完了前の建物に係る売買契約（代金3,000万円）を締結するに当たり、保険事業者との間において、手付金等について保証保険契約を締結して、手付金300万円を受領し、後日保険証券をBに交付した。

★ウ　Aは、Bとの間で建築工事完了前のマンションに係る売買契約（代金3,000万円）を締結し、その際に手付金150万円を、建築工事完了後、引渡し及び所有権の登記までの間に、中間金150万円を受領したが、合計額が代金の10分の1以下であるので保全措置を講じなかった。

1　一つ
2　二つ
3　三つ
4　なし

問41　宅地建物取引業者が売主である新築分譲マンションを訪れた買主Aに対して、当該宅地建物取引業者の従業者Bが行った次の発言内容のうち、宅地建物取引業法の規定に違反しないものはいくつあるか。

☆ア　A：眺望の良さが気に入った。隣接地は空地だが、将来の眺望は大丈夫なのか。

B：隣接地は、市有地で、現在、建築計画や売却の予定がないことを市に確認しました。将来、建つとしても公共施設なので、市が眺望を遮るような建物を建てることは絶対ありません。ご安心ください。

☆イ　A：先日来たとき、5年後の転売で利益が生じるのが確実だと言われたが本当か。

B：弊社が数年前に分譲したマンションが、先日高値で売れました。このマンションはそれより立地条件が良く、また、近隣のマンション価格の動向から見ても、5年後値上がりするのは間違いありません。

☆ウ　A：購入を検討している。貯金が少なく、手付金の負担が重いのだが。

B：弊社と提携している銀行の担当者から、手付金も融資の対象になっていると聞いております。ご検討ください。

☆エ　A：昨日、申込証拠金10万円を支払ったが、都合により撤回したいので申込証拠金を返してほしい。

B：お預かりした10万円のうち、社内規程上、お客様の個人情報保護のため、申込書の処分手数料として、5,000円はお返しできませんが、残金につきましては法令に従いお返しします。

1　一つ
2　二つ
3　三つ
4　なし

問42 営業保証金を供託している宅地建物取引業者Aと宅地建物取引業保証協会(以下この問において「保証協会」という。)の社員である宅地建物取引業者Bに関する次の記述のうち、宅地建物取引業法の規定によれば、正しいものはどれか。［改題］

1　新たに事務所を設置する場合、Aは、主たる事務所の最寄りの供託所に供託すべき営業保証金に、Bは、保証協会に納付すべき弁済業務保証金分担金に、それぞれ金銭又は有価証券をもって充てることができる。

2　一部の事務所を廃止した場合において、営業保証金又は弁済業務保証金を取り戻すときは、A、Bはそれぞれ還付を請求する権利を有する者に対して6か月以内に申し出るべき旨を官報に公告しなければならない。

3　AとBが、それぞれ主たる事務所の他に3か所の従たる事務所を有している場合、Aは営業保証金として2,500万円の供託を、Bは弁済業務保証金分担金として150万円の納付をしなければならない。

4　宅地建物取引業に関する取引により生じた債権を有する者(宅地建物取引業者に該当する者を除く)は、Aに関する債権にあってはAが供託した営業保証金についてその額を上限として弁済を受ける権利を有し、Bに関する債権にあってはBが納付した弁済業務保証金分担金についてその額を上限として弁済を受ける権利を有する。

問43 宅地建物取引業法の規定に基づく監督処分等に関する次の記述のうち、誤っているものはどれか。
［改題］

1　宅地建物取引業者A(甲県知事免許)は、自ら売主となる乙県内に所在する中古住宅の売買の業務に関し、当該売買の契約においてその目的物の種類又は品質に関して契約の内容に適合しない場合におけるその不適合を担保すべき責任を負わない旨の特約を付した。この場合、Aは、乙県知事から指示処分を受けることがある。

☆2　甲県に本店、乙県に支店を設置する宅地建物取引業者B（国土交通大臣免許）は、自ら売主となる乙県内におけるマンションの売買の業務に関し、乙県の支店において当該売買の契約を締結するに際して、代金の30%の手付金を受領した。この場合、Bは、甲県知事から著しく不当な行為をしたとして、業務停止の処分を受けることがある。

☆3　宅地建物取引業者C（甲県知事免許）は、乙県内に所在する土地の売買の媒介業務に関し、契約の相手方の自宅において相手を威迫し、契約締結を強要していたことが判明した。この場合、甲県知事は、情状が特に重いと判断したときは、Cの宅地建物取引業の免許を取り消さなければならない。

☆4　宅地建物取引業者D（国土交通大臣免許）は、甲県内に所在する事務所について、業務に関する帳簿を備えていないことが判明した。この場合、Dは、甲県知事から必要な報告を求められ、かつ、指導を受けることがある。

問44　宅地建物取引業者A（甲県知事免許）が乙県内に所在するマンション（100戸）を分譲する場合における次の記述のうち、宅地建物取引業法（以下この問において「法」という。）の規定によれば、正しいものはどれか。

☆1　Aが宅地建物取引業者Bに販売の代理を依頼し、Bが乙県内に案内所を設置する場合、Aは、その案内所に、法第50条第1項の規定に基づく標識を掲げなければならない。

☆2　Aが案内所を設置して分譲を行う場合において、契約の締結又は契約の申込みの受付を行うか否かにかかわらず、その案内所に法第50条第1項の規定に基づく標識を掲げなければならない。

★3　Aが宅地建物取引業者Cに販売の代理を依頼し、Cが乙県内に案内所を設置して契約の締結業務を行う場合、A又はCが専任の宅地建物取引士を置けばよいが、法第50条第2項の規定に基づく届出はCがしなければならない。

☆4　Aが甲県内に案内所を設置して分譲を行う場合において、Aは甲県知事及び乙県知事に、業務を開始する日の10日前までに法第50条第2項の規定に基づく届出をしなければならない。

問45　特定住宅瑕疵担保責任の履行の確保等に関する法律に基づく住宅販売瑕(か)疵(し)担保保証金の供託又は住宅販売瑕(か)疵(し)担保責任保険契約の締結に関する次の記述のうち、正しいものはどれか。　［改題］

☆1　宅地建物取引業者は、自ら売主として宅地建物取引業者である買主との間で新築住宅の売買契約を締結し、その住宅を引き渡す場合、住宅販売瑕疵担保保証金の供託又は住宅販売瑕疵担保責任保険契約の締結を行う義務を負う。

☆2　自ら売主として新築住宅を販売する宅地建物取引業者は、住宅販売瑕疵担保保証金の供託をする場合、宅地建物取引業者でない買主へのその住宅の引渡しまでに、買主に対し、保証金を供託している供託所の所在地等について記載した書面(買主の承諾を得て電磁的方法により提供する場合を含む)を交付して説明しなければならない。

☆3　自ら売主として新築住宅を宅地建物取引業者でない買主に引き渡した宅地建物取引業者は、基準日に係る住宅販売瑕疵担保保証金の供託及び住宅販売瑕疵担保責任保険契約の締結の状況について届出をしなければ、当該基準日以後、新たに自ら売主となる新築住宅の売買契約を締結することができない。

★4　住宅販売瑕疵担保責任保険契約を締結している宅地建物取引業者は、当該保険に係る新築住宅に、構造耐力上主要な部分及び雨水の浸入を防止する部分の瑕疵(構造耐力又は雨水の浸入に影響のないものを除く。)がある場合に、特定住宅販売瑕疵担保責任の履行によって生じた損害について保険金を請求することができる。

問46　独立行政法人住宅金融支援機構(以下この問において「機構」という。)に関する次の記述のうち、誤っているものはどれか。

★1　機構は、高齢者が自ら居住する住宅に対して行うバリアフリー工事又は耐震改修工事に係る貸付けについて、貸付金の償還を高齢者の死亡時に一括して行うという制度を設けている。

★2　証券化支援事業(買取型)において、機構による譲受けの対象となる貸付債権は、償還方法が毎月払いの元利均等の方法であるものに加え、毎月払いの元金均等の方法であるものもある。

☆3　証券化支援事業(買取型)において、機構は、いずれの金融機関に対しても、譲り受けた貸付債権に係る元金及び利息の回収その他回収に関する業務を委託することができない。

★4　機構は、災害により住宅が滅失した場合におけるその住宅に代わるべき住宅の建設又は購入に係る貸付金について、一定の元金返済の据置期間を設けることができる。

問47 宅地建物取引業者が行う広告に関する次の記述のうち、不当景品類及び不当表示防止法(不動産の表示に関する公正競争規約を含む。)の規定によれば、正しいものはどれか。 ［改題］

1 新築分譲マンションを数期に分けて販売する場合に、第1期の販売分に売れ残りがあるにもかかわらず、第2期販売の広告に「第1期完売御礼!いよいよ第2期販売開始!」と表示しても、結果として第2期販売期間中に第1期の売れ残り分を売り切っていれば、不当表示にはならない。

2 新築分譲マンションの広告に住宅ローンについても記載する場合、返済例を表示すれば、当該ローンを扱っている金融機関や融資限度額等について表示する必要はない。

3 販売しようとしている土地が、都市計画法に基づく告示が行われた都市計画施設の区域に含まれている場合は、都市計画施設の工事が未着手であっても、広告においてその旨を明示しなければならない。

4 築15年の企業の社宅を買い取って大規模にリフォームし、分譲マンションとして販売する場合、一般消費者に販売することは初めてであるため、「新発売」と表示して広告を出すことができる。

問48 統計問題につき、問題省略
(最新の統計データで学習してください)

問49 土地に関する次の記述のうち、最も不適当なものはどれか。

1 我が国の低地は、ここ数千年の間に形成され、湿地や旧河道であった若い軟弱な地盤の地域がほとんどである。

2 臨海部の低地は、洪水、高潮、地震による津波などの災害が多く、住宅地として利用するには、十分な防災対策と注意が必要である。

3 台地上の池沼を埋め立てた地盤は、液状化に対して安全である。

4 都市周辺の丘陵や山麓に広がった住宅地は、土砂災害が起こる場合があり、注意する必要がある。

問50 建物の構造に関する次の記述のうち、最も不適当なものはどれか。

1 木造は湿気に強い構造であり、地盤面からの基礎の立上がりをとる必要はな

い。

☒2　基礎の種類には、直接基礎、杭基礎等がある。

☒3　杭基礎には、木杭、既製コンクリート杭、鋼杭等がある。

☒4　建物は、上部構造と基礎構造からなり、基礎構造は上部構造を支持する役目を負うものである。

問題と解答・解説の２分冊の使い方

下記の手順に沿って本を分解してご利用ください。

本の分け方

色紙を残して、各冊子を取り外します。

※色紙と各冊子が、のりで接着されています。乱暴に扱いますと、破損する危険性がありますので、丁寧に取り外すようにしてください。

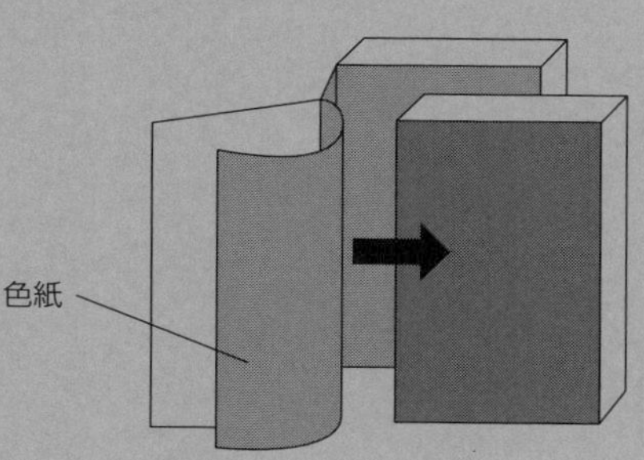

※抜き取るさいの損傷についてのお取替えはご遠慮願います。

第2分冊

解答・解説編

最新問題

令和5年度(2023年度)

解答・解説

この年の合格基準点は36点でした

解答一覧

権利関係

問	1	2	3	4	5	6	7	8	9	10
解答	1	1	2	4	4	3	3	3	2	3

問	11	12	13	14
解答	4	3	2	2

法令上の制限

問	15	16	17	18	19	20	21	22
解答	4	1	3	1	1	4	2	1

税その他

問	23	24	25
解答	1	4	4

宅建業法

問	26	27	28	29	30	31	32	33	34	35
解答	3	4	3	2	1	4	4	1	3	4

問	36	37	38	39	40	41	42	43	44	45
解答	3	3	2	2	4	2	3	4	1	4

その他

問	46	47	48	49	50
解答	2	2	−	2	3

日付　／　あなたの得点　点

メモ(復習すべき問題など)

問1　解答 1　遺産分割　難易度 B

1　誤　【賃料債権の共同相続】

▶ 遺産分割前の賃料債権→遺産とは別個の財産で、遺産分割の影響を受けない。

相続開始から遺産分割までの間に、遺産である不動産から生ずる金銭債権たる賃料債権は、「遺産とは別個の財産」として「各共同相続人がその相続分に応じて分割単独債権として確定的に取得する」ので、後にされた遺産分割の影響を受けません。

2　正　【共同相続の効力】

相続人が数人あるときは、相続財産は、共同相続人の共有に属し、各共同相続人は、その相続分に応じて被相続人の権利義務を承継します。

3　正　【遺産分割の効力発生時期】

遺産分割の効力が生じるのは、**相続が開始した時**(被相続人が死亡した時)です。過去にさかのぼって効力を生ずるものなので、第三者の権利を害することはできません。

4　正　【遺産分割の効力】

遺産分割によって、遺産である不動産を共同相続人のうちの一人が所有することとなった場合、遺産分割後に生じた賃料債権は、当該不動産を遺産分割によって相続した相続人が取得します。

肢1(相続開始から遺産分割までの間に生じた賃料債権)と肢4(遺産分割後に生じた賃料債権)の違いに注意しよう!

問2　解答 1　相隣関係　難易度 C

1　正　【隣地の使用】

土地の所有者は一定の通知をすることにより、❶境界や境界付近で壁、建物、その他の工作物の築造や修繕等をするため、❷境界標の調査・境界の測量をするため、❸枝の切取りをするためのいずれかの目的のために必要な範囲内で、隣地を使用することができます。ただし、住家については、その居住者の承諾がなければ、立ち入ることはできません。

2　誤　【竹木の枝の切除】

▶ 竹木の枝が境界線を越える場合→自ら切り取ることができる場合がある。

隣地から境界を越えて伸びてきた竹木の枝は、竹木の所有者に切除を求めることができますが、原則として、自分で切り取ることはできません。ただし、❶竹木の所有者に枝を切除するように催告したのに、竹木の所有者が相当の期間内に切除しないとき、❷竹木の所有者を知ることができないか、その所在を知ることができないとき、❸急迫の事情があるときのいずれかの場合には、自ら切り取ることができます。

隣地から境界を越えて伸びてきた竹木の根は、自ら切り取ることができる(自分で勝手に切ってよい)よ!

3　**誤**　【共有の障壁の高さを増す工事】

▶ 共有の障壁の高さを増す工事→相隣者の承諾なしにすることができる。

相隣者の一人は、他方の相隣者の承諾を得ることなく、共有の障壁の高さを増すことができます。

4　**誤**　【公道に至るための他の土地の通行権】

▶ 公道に至るための他の土地の通行権→自由に土地を選んで通行できない。

他の土地に囲まれて公道に通じない土地の所有者は、公道に至るため、その土地を囲んでいる他の土地を通行することができます。ただし、この場合でも、通行の場所および方法は、通行権を有する者のために必要であり、かつ、他の土地のために損害が最も少ないものを選ばなければならないので、自由に土地を選んで通行することができるわけではありません。

問3　解答 2　請負　難易度 B

1　**正**　【不動産の付合】

増築部分が建物と別個独立の存在を有せず、その構成部分となっている場合には、増築部分は、当該建物の所有者に帰属します。したがって、建物の所有者であるAは増築部分の所有権を取得します。

2　**誤**　【担保責任の期間の制限】

▶「工事が終了した日」ではなく、「注文者がその不適合を知った時」である。

請負人が種類または品質に関して契約の内容に適合しない仕事の目的物を注文者に引き渡したとき(その引渡しを要しない場合にあっては、仕事が終了した時に仕事の目的物が種類または品質に関して契約の内容に適合しないとき)は、**注文者がその不適合を知った時か**

ら1年以内にその旨を請負人に通知しないときは、注文者は、その不適合を理由として、履行の追完の請求、報酬の減額の請求、損害賠償の請求および契約の解除をすることができません。

---

3 **正** 【担保責任の期間の制限】

仕事の目的物に契約不適合がある場合は、注文者がその不適合を知った時から1年以内にその旨を請負人に通知しなければ、担保責任を追及することができなくなります。ただし、仕事の目的物を注文者に引き渡した時(その引渡しを要しない場合にあっては、仕事が終了した時)において、請負人が契約不適合を知り、または重大な過失によって知らなかったときは、この通知期間の制限は適用されません。したがって、契約不適合に関する請求権の消滅時効が完成するまでの間は、注文者Aは請負人Bの担保責任を追及することができます。

---

4 **正** 【請負人の担保責任の制限】

注文者は、仕事の目的物に契約不適合がある場合でも、注文者の供した材料の性質または注文者の与えた指図によって生じた不適合を理由として、その責任を請負人(材料または指図が不適当であることを知りながら告げなかった請負人を除く)に追及することはできません。本肢の契約不適合は、注文者Aが提供した材料の性質に起因しており、請負人Bは材料が不適合であることを知らずに工事を終了しているので、Aは自ら提供した材料によって生じた契約不適合を理由として修補を請求することはできません。

問4 解答4 相殺 難易度B

相殺するための要件は4つあり、これらを満たしたときに相殺することができます(相殺適状)。

❶当事者双方がお互いに債権を有していること
❷双方の債権が有効に成立していること
❸双方の債権の目的が同種であること
❹双方の債権が弁済期にあること

本問では、AがBに対して貸金債権である甲債権を、BがAに対して貸金債権である乙債権をそれぞれ有しており、❶～❸の要件は満たすことになります。そこで、❹の要件について確認することになりますが、❹の要件については緩和されており、自働債権(相殺する側の有する債権)の弁済期が到来していれば、受働債権(相殺される側の有する債権)については期限の利益を放棄して、自働債権を有する側から相殺を主張することができます。つまり、自動債権であるAの有する甲債権の弁済期が到来していれば、乙債権(Aから見た場合は債務となる)の期限の利益を放棄することによって受働債権の弁済期を到来させて、Aから相殺を主張することができることになります。なお、期限の利益とは、期限が到来するまで債務を弁済しなくてよいという債務者のための利益なので、債務者はこれを放棄することができます。

また、期限の定めのない消費貸借にもとづく返還債務は、その成立と同時に弁済期が到来するものとされていますので、自働債権である甲債権が弁済期の定めがなかったとしても、すでに弁済期が到来していることになります。

したがって、ア、イ、ウについては、自働債権である甲債権はすでに弁済期が到来しており、また、アの受働債権である乙債権についてAが期限の利益を放棄しているため、いずれも弁済期の到来した乙債権と対当額で相殺することができます。しかし、エについては、自働債権である甲債権の弁済期が到来していないため、乙債権と対当額で相殺することはできません。

以上より、相殺できないものはエのみ!だから答えは「4」!

問5　解答 4　不在者の財産の管理　難易度 D

1　誤　【不在者の財産の管理】

▶ 不在者の生死が7年間不明→不在者の財産管理人を選任する要件ではない。

不在者(従来の住所または居所を去った者)がその財産の管理人を置かなかったときは、家庭裁判所は、利害関係人または検察官の請求により、その財産の管理について必要な処分を命ずることができます。つまり、不在者の生死不明が継続していることが選任の要件ではありません。

「不在者の生死が7年間明らかでないとき」は、失踪宣告の要件だよ。

2　誤　【管理人の改任】

▶ 不在者の生死が明らかでないとき→管理人を改任することができる。

不在者が管理人を置いた場合において、その不在者の生死が明らかでないときは、家庭裁判所は、利害関係人または検察官の請求により、管理人を改任することができます。

3　誤　【管理人の権限】

▶ **家庭裁判所の許可を得ることなしに、第一審判決に対し控訴を提起できる。**

判例によると、家庭裁判所が選任した不在者の財産の管理人は、家庭裁判所の許可を得ることなしに、保存行為として、不在者を被告とする建物収去土地明渡請求を認容した第一審判決に対し控訴を提起し、その控訴を不適法として却下した第二審判決に対し上告を提起する権限を有するとしています。

4　正　【管理人の権限】

管理人は、管理すべき不在者の財産について、その保存行為や利用・改良行為の範囲を超えて、不在者のために行為を必要とするときは、家庭裁判所の許可を得て、その行為をすることができます。したがって、自宅の修理は保存行為として家庭裁判所の許可なしに行うことができますが、自宅の売却については、家庭裁判所の許可を得て行うことができます。

問6　解答3　取得時効　難易度A

ア　正　【取得時効と登記】

Bの時効完成時に甲土地の所有権移転登記を備えているCは、(Bから見て)**時効完成前の第三者**ということになります。時効完成前の第三者(C)に対しては、登記を備えていなくても所有権を主張することができるので、BはCに対し、登記がなくても甲土地の所有者であることを対抗することができます。

イ　正　【取得時効と登記】

Dは、Bの取得時効が完成した後に甲土地の所有権を取得しているため、Dが所有権を取得した時点では、(Bから見て)時効完成後の第三者ということになります。ただし、Bはさらに時効取得に必要な要件を満たして占有を継続したため、Bが再度の取得時効を完成させた時点において、Dは甲土地の所有者ということになります。したがって、時効完成時の所有者に対しては、登記を備えていなくても所有権を主張することができるので、BはDに対し、登記がなくても甲土地の所有者であることを対抗することができます。

ウ　正　【抵当不動産の時効取得による抵当権の消滅】

債務者または抵当権設定者でない者が抵当不動産について取得時効に必要な要件

を具備する占有をしたときは、抵当権は、これによって消滅します。Eの抵当権が設定された当時、Aが債務者兼抵当権設定者であり、その後Bはさらに時効取得に必要な要件を満たして占有を継続したため、再度の時効取得により、Bは甲土地の所有権を取得し、Eの抵当権は消滅します。

以上より、正しいものはアとイとウの3つ！だから答えは「3」！

問7　解答3　配偶者居住権　難易度B

1　**誤**　【配偶者居住権の存続期間】

▶ 配偶者居住権の存続期間→別段の定めがない限り、配偶者の終身の間である。

配偶者居住権の存続期間は、遺産分割協議や遺言に別段の定めがあるときなどを除き、配偶者の終身の間となります。

2　**誤**　【居住建物の賃貸】

▶ 所有者の承諾を得なければ、居住建物を賃貸することができない。

配偶者居住権を取得した配偶者は、当該配偶者居住権が設定された居住建物の所有者の承諾を得なければ、居住建物の改築もしくは増築をし、または第三者に居住建物の使用もしくは収益をさせることができません。したがって、配偶者Bは所有者Cの承諾を得なければ、甲建物を第三者Dに賃貸することができません。

3　**正**　【配偶者居住権の登記】

居住建物の所有者は、配偶者居住権を取得した配偶者に対し、配偶者居住権の設定の登記を備えさせる義務を負います。

4　**誤**　【居住建物の費用の負担】

▶ 通常の必要費は、配偶者居住権を取得した配偶者が負担する。

配偶者居住権は、居住建物を無償で使用・収益する権利であるため、同じく目的物を無償で使用・収益する権利である使用貸借の借主と同様に、通常の必要費を負担しなければなりません。

問8 解答3 制限行為能力者 難易度B

1 誤 【取消権者】

▶ 制限行為能力を理由に取消し→制限行為能力者自身も取消権者。

行為能力の制限によって取り消すことができる行為(未成年者が法定代理人の同意を得ずに行った売買契約など)は、制限行為能力者またはその代理人、承継人もしくは同意をすることができる者が取消権者となります。つまり、未成年者自身も単独で有効に取り消すことができるため、法定代理人Bは、未成年者Aの取消しの意思表示を取り消すことはできません。

---

2 誤 【制限行為能力を理由とする取消し】

▶ 制限行為能力を理由に取消し→相手方の善意・悪意を問わない。

未成年者が法律行為をするには、その法定代理人の同意を得なければならず、これに反して行われた法律行為は取り消すことができます。そして、このことに**相手方の善意・悪意は関係ありません**。

---

3 正 【取り消すことができる行為の追認】

取り消すことができる行為の追認は、取消しの原因となっていた状況が消滅し、かつ、取消権を有することを知った後にしなければ、その効力を生じません。そして、取り消すことができる行為は、取消権者が追認したときは、以後、取り消すことができなくなります。したがって、成年に達したAが、自ら取消権を有することを知った後に追認した場合は、その後、本件売買契約を取り消すことはできません。

---

4 誤 【追認の要件】

▶ Aは制限行為能力を理由に本件売買契約を取り消すことができる。

追認をすることができる時(取消しの原因となっていた状況が消滅し、かつ、取消権を有することを知った後)以後に、取り消すことができる行為について、異議をとどめずに、全部または一部を履行した場合、その履行を請求した場合や取り消すことができる行為によって取得した権利の全部または一部を譲渡した場合などは、追認をしたものとみなされます(**法定追認**)。本肢のAは、Cから買い受けた甲建物をDに売却しているため、「取り消すことができる行為によって取得した権利の全部または一部の譲渡」をしていることになりますが、Dへの売却を成年に達する前に法定代理人の同意を得ずに行っており、法定追認の要件を満たしません。したがって、Aは制限行為能力を理由として、本件売買契約(Cから甲建物を買い受けた契約)を取り消すことができます。

問 9　解答 2　賃貸借　難易度 A

1　正　【賃借人による修繕】

賃借物の修繕が必要である場合において、賃借人が賃貸人に修繕が必要である旨を通知し、または賃貸人がその旨を知ったにもかかわらず、賃貸人が相当の期間内に必要な修繕をしないときは、賃借人は、その修繕をすることができます。

2　誤　【賃借人による修繕】

▶「直ちに」ではなく、「相当の期間内」に必要な修繕をしないときである。

賃借人によって賃借物の修繕ができるのは、賃借人が賃貸人に修繕が必要である旨を通知し、または賃貸人がその旨を知ったにもかかわらず、賃貸人が「相当の期間内に必要な修繕をしないとき」であって、直ちに修繕をしないときではありません。

3　正　【賃貸人の修繕義務】

賃貸人は、賃貸物の使用および収益に必要な修繕をする義務を負いますが、賃借人の責めに帰すべき事由によってその修繕が必要となったときは、修繕義務を負いません。

4　正　【賃借人による修繕】

賃借物の修繕が必要である場合において、急迫の事情があるときにも、賃借人は、その修繕をすることができます。

問 10　解答 3　抵当権　難易度 D

本問における本来の（順位の放棄を考慮しない）配当を受けるべき債権者およびその額は、次のとおりです。

	債権額	配当額
B（一番抵当権）	1,000万円	1,000万円
C（二番抵当権）	1,200万円	1,200万円
D（三番抵当権）	2,000万円	200万円*

甲土地の競売による売却代金 2,400万円

＊2,400万円－1,000万円－1,200万円

これを前提としたうえで、本問では、BがDの利益のために、抵当権の順位の放棄をしています。抵当権の順位の放棄があった場合、譲渡人（B）と譲受人（D）は**同順**

位となり、**両者の配当額の合計**(1,200万円＝1,000万円＋200万円)をＢとＤの**債権額の割合**(B：1,000万円、D：2,000万円)**で配分した額**がＢとＤの受ける配当となります。

したがって、Ｂは400万円の配当を受けることになります(肢3)。

Ｂの配当額：400万円$\left(1{,}200\text{万円}\times\frac{1{,}000\text{万円}}{1{,}000\text{万円}+2{,}000\text{万円}}\right)$

Ｃの配当額：1,200万円

Ｄの配当額：800万円$\left(1{,}200\text{万円}\times\frac{2{,}000\text{万円}}{1{,}000\text{万円}+2{,}000\text{万円}}\right)$

問 11　解答 4　借地借家法(借地)　難易度 A

1 **誤**　【地代等増減請求権】

▶ 地代を「減額しない旨」の特約→無効。

一定の期間地代等を増額しない旨の特約がある場合には、その定めにしたがって、地代等の増額を請求することはできませんが、「減額しない旨」の特約があったとしても無効となるため、当事者は、将来に向かって地代等の額の減額を請求することができます。

---

2 **誤**　【定期借地権】

▶ 一般定期借地権は書面等によって特約を定めればよく、公正証書に限られない。

存続期間を50年以上として借地権を設定する場合においては、契約の更新および建物の築造による存続期間の延長がなく、ならびに建物買取請求をしないこととする旨を定めることができ、この場合においては、その特約は、公正証書による等書面(**公正証書に限られない**)または電磁的記録によってしなければならないとされています。

なお、専ら事業の用に供する建物の所有を目的として10年以上50年未満の存続期間を定めてする事業用定期借地権については、公正証書によって契約をしなければなりませんが、本肢の建物は賃貸アパートなので、居住用建物の所有を目的とし、また、期間を50年とする賃貸借契約であるため、事業用定期借地権を設定することはできません。

---

3 **誤**　【建物買取請求権】

▶ 建物買取請求権は借地権の存続期間満了時に請求できる。

建物買取請求権は、借地権の存続期間が満了した場合において、契約の更新がないときに、借地権者または転借地権者が、借地権設定者に対し、建物その他借地権者が権原により土地に附属させた物を時価で買い取るべきことを請求する権利です。借地権者が地代を支払わなかった等の理由(借地権者の債務不履行)で契約が解除された場合には認められないため、その終了理由のいかんにかかわらず請求することができるものではありません。

4　**正**　【借地契約の更新】

借地権の存続期間が満了する場合において、借地権者が契約の更新を請求したときは、借地権設定者が遅滞なく異議を述べたときを除き、建物がある場合に限り、(借地権の更新後の期間を除いて)従前の契約と同一の条件で契約を更新したものとみなされます(法定更新)。つまり、借地権設定者であるAが**正当事由**をもって、遅滞なく異議を述べたときには更新されません。

問12　解答3　借地借家法(借家)　難易度A

1　**誤**　【建物賃貸借の期間】

▶ 期間を1年未満とする建物賃貸借→期間の定めがないとみなされる。

期間を1年未満とする建物の賃貸借は、期間の定めがない建物の賃貸借とみなされます。

2　**誤**　【借賃増減請求権】

▶ 借賃を「減額しない旨」の特約→無効。

一定の期間建物の借賃を増額しない旨の特約がある場合には、その定めにしたがって、借賃の増額を請求することはできませんが、「減額しない旨」の特約があったとしても無効となるため、当事者は、将来に向かって建物の借賃の額の減額を請求することができます。

3　**正**　【賃貸人たる地位の移転】

建物の引渡し等により賃貸借の対抗要件を備えた場合において、賃貸借の目的である不動産が譲渡されたときは、不動産の賃貸人たる地位が譲受人に移転します。ただし、不動産の譲渡人および譲受人が、賃貸人たる地位を譲渡人に留保する旨およびその不動産を譲受人が譲渡人に賃貸する旨の合意をしたときは、賃貸人たる地位は譲受人に移転しません。

4　**誤**　【借賃増減請求権】

▶ 賃料が定められた時から一定期間が経過していなくても、増減額請求はできる。

建物賃貸借契約の当事者は、契約にもとづく建物の使用収益の開始前に、賃料の増減額請求をすることはできませんが、使用収益開始後であれば賃料が定められた時から一定期間が経過していなくても、請求することができます。

問 13　解答 2　区分所有法　難易度 A

1　正　【決議事項の制限】

集会においては、招集通知によって通知した事項についてのみ、決議をすることができるのが原則ですが、普通決議について（つまり、区分所有法で集会の決議につき特別の定数が定められている特別決議や建替え決議を除いて）は、規約で別段の定めをすることで、あらかじめ通知した事項以外も決議することができます。

2　誤　【集会の招集手続】

▶ **集会の招集手続きを省略するためには区分所有者全員の同意が必要。**

集会は、区分所有者全員の同意があれば、招集の手続を経ないで開くことができます。

3　正　【共用部分の保存行為】

共用部分の保存行為は、規約に別段の定めがある場合を除いて、各共有者が単独ですることができます。

4　正　【一部共用部分に関する事項についての規約の変更等】

一部共用部分に関する事項で区分所有者全員の利害に関係しないものについての区分所有者全員の規約の設定、変更または廃止は、当該一部共用部分を共用すべき区分所有者の4分の1を超える者またはその議決権の4分の1を超える議決権を有する者が反対したときは、することができません。したがって、3人が反対した場合は、一部共用部分を共用すべき区分所有者（8人）の4分の1を超えているので、規約の変更をすることはできません。

一部共用部分に関する事項で区分所有者全員の利害に関係しないものは、区分所有者全員の規約に定めがある場合を除いて、一部共用部分を共用すべき区分所有者の規約で定めることができるよ！

問 14　解答 2　不動産登記法　難易度 B

1　正　【建物の滅失の登記の申請】

建物が滅失したときは、表題部所有者または所有権の登記名義人（共用部分である旨の登記または団地共用部分である旨の登記がある建物の場合にあっては、所有者）は、その滅失の日から１**カ月以内**に、当該建物の滅失の登記を申請しなければなりません。

2　誤　【登記の申請書の閲覧】

▶ 登記を申請した者ではない場合→正当な理由があるときに限られる。

何人も、登記官に対し、手数料を納付して、登記簿の附属書類の閲覧を請求することができますが、図面以外のもの（申請書、登記原因証明情報など）については、請求人が登記を申請した者ではない場合、正当な理由があるときに、正当な理由があると認められる部分に限られます。

3　正　【共有物分割禁止の定めの登記】

共有物分割禁止の定めに係る権利の変更の登記の申請は、当該権利の共有者である全ての登記名義人が共同してしなければなりません。

4　正　【区分建物の所有権保存登記】

区分建物の表題部所有者から所有権を取得した者は、所有権保存登記を申請することができます。

問 15　解答 4　都市計画法　難易度 A

1　誤　【市街化調整区域】

▶ 市街化調整区域は、市街化を抑制すべき区域である。

市街化調整区域は、**市街化を抑制すべき区域**とされています。なお、都市計画区域外の区域のうち、相当数の建築物等の建築もしくは建設またはこれらの敷地の造成が現に行われ、または行われると見込まれる区域で、そのまま土地利用を整序し、または環境を保全するための措置を講ずることなく放置すれば、将来における一体の都市としての整備、開発および保全に支障が生じるおそれがあると認められる一定の区域は、**準都市計画区域**として指定することができます。

2　誤　【高度利用地区】

▶ 高度利用地区→建築物の高さの最高限度・最低限度を定めない。

高度利用地区は、用途地域内の市街地における土地の合理的かつ健全な高度利用と都市機能の更新を図るため、以下を定める地区をいいます。

❶ 容積率の最高限度、最低限度
❷ 建蔽率の最高限度
❸ 建築面積の最低限度
❹ 壁面の位置の制限

ちなみに、高度地区は、用途地域内において市街地の環境を維持し、または土地利用の増進を図るため、建築物の高さの最高限度または最低限度を定める地区だよ！

---

3 **誤**

【特定用途制限地域】

▶ 特定用途制限地域→用途地域が定められていない区域（市街化調整区域を除く）内。

特定用途制限地域は、**用途地域が定められていない土地の区域**（市街化調整区域を除く）**内**において、その良好な環境の形成または保持のため当該地域の特性に応じて合理的な土地利用が行われるよう、制限すべき特定の建築物等の用途の概要を定める地域とされています。

---

4 **正**

【地区計画】

地区計画は、都市計画区域内の用途地域が定められていない土地の区域でも、一定の場合には定めることができます。

問16　解答 1　都市計画法（開発許可）　難易度 A

1 **正**

【開発行為に関係がある公共施設の管理者】

開発許可を申請しようとする者は、あらかじめ、開発行為に関係がある公共施設の管理者と協議し、その同意を得なければなりません。

これから設置される公共施設（開発行為または開発行為に関する工事により設置される公共施設）を管理することとなる者とは、協議をしなければならないけど、同意を得ることまでは求められていないよ！

---

2 **誤**

【変更の許可等】

▶ 変更をしようとする場合は、原則として許可を受けなければならない。

開発許可を受けた者が開発許可申請書に記載した内容を変更しようとする場合は、

原則として都道府県知事の**許可**を受けなければなりませんが、軽微な変更をしようとするときは、都道府県知事の許可は不要となります。そして、この**軽微な変更**をしたときは、遅滞なく、その旨を都道府県知事に**届け出**なければなりません。

3　**誤**　【工事が完了した旨の公告】

▶ 工事が完了した旨の公告は都道府県知事がしなければならない。

都道府県知事は、開発許可を受けた者から工事完了の届出があったときは、遅滞なく、当該工事が開発許可の内容に適合しているかどうかについて検査し、その検査の結果当該工事が当該開発許可の内容に適合していると認めたときは、検査済証を、当該開発許可を受けた者に交付しなければなりません。また、検査済証を交付した後に、遅滞なく、当該工事が完了した旨を公告しなければなりません。

4　**誤**　【開発区域以外の区域内における建築の制限】

▶ 原則として都道府県知事の許可を受けなければならない。

市街化調整区域のうち開発許可を受けた開発区域以外の区域内において、建築物の建築等をする場合には、農林漁業を営む者の居住用建築物の新築や都市計画事業の施行として行うものなどの一定の場合を除き、原則として都道府県知事の許可を受けなければなりません。

問 17　解答 3　建築基準法　難易度 B

1　**正**　【災害危険区域】

地方公共団体は、条例で、津波、高潮、出水等による危険の著しい区域を**災害危険区域**として指定することができます。また、この区域内における住居の用に供する建築物の建築の禁止その他建築物の建築に関する制限で災害防止上必要なものを条例で定めることができます。

2　**正**　【2以上の直通階段を設ける場合】

建築物の避難階以外の階が物品販売業を営む店舗で床面積の合計が1,500㎡を超えるものに該当する場合においては、その階から避難階または地上に通ずる2以上の直通階段を設けなければなりません。

3　**誤**　【建築物が防火地域および準防火地域にわたる場合】

▶「厳しいほう」の規制が適用される。

建築物の敷地が2つの地域にまたがっている場合、原則として、当該建築物の全部について厳しいほうの規制（本肢では防火地域の規制）が適用されます。

4　正　【石綿等の飛散・発散に対する衛生上の措置】

建築物は、石綿その他の物質の建築材料からの飛散または発散による衛生上の支障がないように一定の基準に適合するものでなければならず、石綿等をあらかじめ添加した建築材料（石綿等を飛散または発散させるおそれがないものとして国土交通大臣が定めたものまたは国土交通大臣の認定を受けたものを除く）を使用しないこととされています。

問18　解答1　建築基準法　難易度A

1　正　【建蔽率の緩和】

準防火地域内にある耐火建築物等（これと同等以上の延焼防止性能を有する建築物を含む。準耐火建築物につき同じ。）または**準耐火建築物等**については、**10分の1**を加えた数値が建蔽率となります。また、街区の角にある敷地またはこれに準ずる敷地で特定行政庁**が指定**するものの内にある建築物についても、**10分の1**を加えた数値が建蔽率となるため、本肢では両方の要件を満たし、10分の2を加えた数値が建蔽率の限度となります。

2　誤　【道路内の建築制限】

▶ 地盤面下に設ける建築物については、道路内に建築することができる。

建築物または敷地を造成するための擁壁は、道路内に、または道路に突き出して建築し、または築造してはなりません。ただし、地盤面下に設ける建築物や公衆便所、巡査派出所その他これらに類する公益上必要な建築物で特定行政庁が通行上支障がないと認めて建築審査会の同意を得て許可したものなどは道路内に建築することができます。

3　誤　【接道義務】

▶ 一戸建ての住宅には付加できない。

地方公共団体は、敷地が袋路状道路にのみ接する延べ面積**150㎡超**の建築物（**一戸建て住宅を**除く）について、条例で、その敷地が接しなければならない道路の幅員、その敷地が道路に接する部分の長さ等に関して必要な制限を付加することができます。

4　誤　【日影規制】

▶ 対象区域外でも、一定の建築物には日影規制が適用される。

対象区域外にある高さが**10mを超える**建築物で、冬至日において日影規制の対象区域内の土地に日影を生じさせるものは、日影規制の対象区域内にある建築物とみなされ、日影規制が適用されます。

問 19 解答 1 盛土規制法 難易度 B

1 誤 【造成宅地防災区域】

▶ 造成宅地防災区域は、宅地造成等工事規制区域「以外」の区域に指定される。

都道府県知事は、基本方針にもとづき、かつ、基礎調査の結果を踏まえ、必要があると認めるときは、関係市町村長の意見を聴いて、宅地造成または特定盛土等(宅地において行うものに限る)に伴う災害で相当数の居住者等に危害を生ずるものの発生のおそれが大きい一団の造成宅地(これに附帯する道路その他の土地を含み、**宅地造成等工事規制区域内の土地を**除く)の区域であって、政令で定める基準に該当するものを、**造成宅地防災区域**として指定することができます。

2 正 【技術的基準の強化】

都道府県知事は、その地方の気候、風土または地勢の特殊性により、盛土規制法の規定のみでは宅地造成等に伴う崖崩れまたは土砂の流出の防止の目的を達し難いと認める場合においては、都道府県の規則で、技術的基準を強化または必要な技術的基準を付加することができます。

3 正 【保全勧告】

都道府県知事は、宅地造成等工事規制区域内の土地について、宅地造成等に伴う災害の防止のため必要があると認めるときは、土地の**所有者**、**管理者**、**占有者**、**工事主**、**工事施行者**に対し、必要な措置(擁壁・排水施設の設置や改造など)をとることを勧告することができます。

4 正 【工事等の届出】

宅地造成等工事規制区域内の土地(公共施設用地を除く)において、擁壁もしくは崖面崩壊防止施設で高さが2mを超えるもの、地表水等を排除するための排水施設または地滑り抑止ぐい等の全部または一部の除却の工事を行おうとする者は、工事に着手する日の**14日前までに**、都道府県知事に届け出なければなりません。

問20 解答4 土地区画整理法 難易度B

1 正 【清算金】

換地計画において定められた清算金は、換地処分の公告があった日の翌日において確定します。

2 正 【土地区画整理事業の重複施行の制限】

現に施行されている土地区画整理事業の施行地区となっている区域については、その施行者の同意を得なければ、その施行者以外の者は、土地区画整理事業を施行することができません。

3 正 【換地処分に伴う登記】

施行者は、換地処分の公告があった場合において、施行地区内の土地および建物について土地区画整理事業の施行により変動があったときは、遅滞なく、その変動に係る登記を申請し、または嘱託しなければなりません。

施行者は、換地処分の公告があった場合においては、「直ちに」、その旨を換地計画に係る区域を管轄する登記所に「通知」しなければならないよ！

4 誤 【仮換地を指定するさいに必要な手続】

▶ 土地区画整理組合の場合は、総会等の同意が必要。

土地区画整理組合が仮換地を指定しようとする場合、総会もしくはその部会または総代会の同意が必要です。なお、民間施行(個人施行者、土地区画整理組合、区画整理会社)の場合には、土地区画整理審議会は設置されません。

問21 解答2 農地法 難易度B

1 正 【3条許可】

相続や遺産分割によって農地を取得する場合には、3条許可は不要となります。また、包括遺贈(遺産の全部または一部の割合を指定して遺言によって譲渡する方法)または相続人に対する特定遺贈(遺産のうちの特定の財産を遺言によって譲渡する方法)により農地を取得する場合にも3条許可は不要となりますが、相続人以外の者に対する特定遺贈によって農地を取得する場合には、3条許可を受けなければなりません。

2　誤　【4条許可が不要となる場合】

▶ 面積が2a以上なので、4条許可が必要。

耕作の事業を行う者がその農地をその者の耕作の事業に供する他の農地の保全もしくは利用の増進のため、またはその農地(**2a未満のものに限る**)をその者の農作物の育成もしくは養畜の事業のための農業用施設に供する場合は、4条許可が不要となります。

3　正　【許可がない場合の効力】

3条許可または5条許可が必要であるにもかかわらず許可を受けずに売買契約を締結した場合、所有権移転の効力は生じません。

4　正　【3条許可の不許可の例外】

農地所有適格法人以外の法人が農地の所有権を取得しようとする場合は、原則として3条許可を受けることはできません。ただし、権利を取得しようとする法人が取得後に、耕作または養畜の事業に供すべき農地・採草放牧地の全てについて耕作または養畜の事業を行うと認められ、かつ、教育、医療または社会福祉事業を行うことを目的として設立された法人で農林水産省令で定めるもの(学校法人、医療法人、社会福祉法人その他の営利を目的としない法人)が権利を取得しようとする農地・採草放牧地を当該目的に係る業務の運営に必要な施設の用に供すると認められる場合には、農業委員会の許可を得て、農地の所有権を取得することができます。

問22　解答1　国土利用計画法　難易度A

1　正　【事後届出が不要となる場合】

当事者の一方がまたは双方が国・地方公共団体・地方住宅供給公社等である場合には、事後届出を行う必要はありません。

2　誤　【相続による土地の取得】

▶ 相続で取得した場合は届出不要。

相続による取得は、対価の授受がなく、届出が必要な「土地売買等の契約」に該当しないため、事後届出をする必要はありません。

3　誤　【事後届出の義務がある者】

▶ 事後届出は権利取得者である「D」が行う。

市街化区域の場合、2,000㎡以上の土地について、土地売買等の契約を締結したときに事後届出が必要となります。ただし、事後届出の義務があるのは、権利取得者であるDで、Cには事後届出の義務はありません。

4 **誤** 【重要土地等調査法】

▶ **面積が200㎡未満の土地については届出不要。**

重要土地等調査法(重要施設周辺及び国境離島等における土地等の利用状況の調査及び利用の規制等に関する法律)は、重要施設の周辺の区域内および国境離島等の区域内にある土地等が重要施設または国境離島等の機能を阻害する行為の用に供されることを防止するための法律で、注視区域および特別注視区域が内閣総理大臣によって指定されます。特別注視区域内にある土地等に関する土地等売買等契約を締結する場合には、原則として、当事者は、一定の事項を、あらかじめ、内閣総理大臣に届け出なければなりません。ただし、土地等の面積が200㎡未満の場合には届出は不要となります。

問23 解答1 印紙税 難易度A

1 **正** 【課税客体(媒介業者が保存する契約書)】

課税文書について、それぞれに印紙税が課されます。したがって、仲介人であるCが保存する契約書にも印紙税が課されます。

2 **誤** 【同一の契約書に土地の譲渡契約と建物の建築請負契約を記載した場合】

▶ **記載金額は6,000万円である。**

同一の課税文書に、土地の譲渡契約(売買契約)と建物の建築請負契約が区分して記載されていた場合、原則として全体が**売買契約に係る文書**となりますが、金額が区分して記載されていた場合には、**高いほう**の金額が記載金額となります。本肢では、土地の譲渡金額5,000万円<請負金額6,000万円なので、6,000万円が記載金額となります。

3 **誤** 【不動産の贈与契約書】

▶ **不動産の贈与契約書→記載金額のない契約書なので200円の印紙税。**

不動産の贈与契約書は、「記載金額のない契約書」として**200円**の印紙税が課されます。

4　誤　【契約金額を減額する変更契約】

▶ **契約金額を減額する変更契約→記載金額のない契約書なので200円の印紙税。**

契約金額を減額する契約書は、もとの契約書が作成されていることが明示され、変更金額が記載されている場合には、「記載金額のない契約書」として200円の印紙税が課されます。

問24　解答 4　不動産取得税　難易度 C

1　誤　【不動産取得税の徴収の方法】

▶ **「特別徴収」ではなく、「普通徴収」である。**

不動産取得税の徴収については、普通徴収の方法（国や地方公共団体が税額を計算して、納税者に通知し、それにもとづいて納税者が税金を納付する方法）によらなければなりません。

2　誤　【普通税・目的税】

▶ **「目的税」ではなく、「普通税」である。**

不動産取得税は、普通税として課されます。

普通税は徴収した税の使途が特定されていないもので、目的税は使途が特定されているもの。市町村が課す都市計画税は目的税だよ。

3　誤　【課税主体】

▶ **「市町村・特別区」ではなく、「都道府県」が課税する。**

不動産取得税は、不動産の取得に対し、当該不動産所在の都道府県において、当該不動産の取得者に課します。

4　正　【不動産取得税の非課税】

都道府県は、国や地方公共団体等に対しては、不動産取得税を課すことができません。

問25　解答 4　不動産鑑定評価基準　難易度 A

1　誤　【原価法】

▶ **「収益価格」ではなく、「再調達原価」である。**

原価法は、価格時点における対象不動産の再調達原価を求め、この再調達原価について減価修正を行って対象不動産の試算価格を求める手法です。

2　**誤**　【原価法】

▶ 土地についても原価法を適用することができる。

再調達原価を適切に求めることができれば、土地についても原価法を適用することができます。

3　**誤**　【取引事例比較法】

▶ 取引事例に係る取引が特殊事情を含む場合→適切に補正しなければならない。

取引事例等に係る取引等が特殊な事情を含み、これが当該取引事例等に係る価格等に影響を及ぼしている場合に、適切に補正することを**事情補正**といいます。また、取引事例比較法は、まず多数の取引事例を収集して適切な事例の選択を行い、これらに係る取引価格に必要に応じて事情補正および時点修正を行い、かつ、地域要因の比較および個別的要因の比較を行って求められた価格を比較考量し、これによって対象不動産の試算価格を求める手法です。したがって、取引事例比較法における取引事例が事情補正できるものであっても採用することはできないとする本肢は誤りとなります。

4　**正**　【取引事例比較法】

取引事例比較法は、近隣地域もしくは同一需給圏内の類似地域等において対象不動産と類似の不動産の取引が行われている場合または同一需給圏内の代替競争不動産の取引が行われている場合に有効です。

問26　解答3　37条書面の電磁的方法による提供　難易度B

ア　**正**　【相手方等の承諾】

宅建業者は、37条書面の交付に代えて、政令で定めるところにより、取引態様の区分に応じて必要となる**相手方等の承諾**を得て、37条書面に記載すべき事項を電磁的方法であって宅建士の記名に代わる措置を講ずるものとして国土交通省令で定めるものにより提供することができます。なお、宅建業者自ら当事者として契約を締結した場合には、当該契約の相手方の承諾が必要となります。

イ　**誤**　【電磁的方法による提供の場合に満たすべき基準】

▶ 37条書面の電磁的方法による提供のさいに宅建士の明示は必要。

電磁的方法により37条書面を提供する場合は、一定の基準に適合するものでなければならず、提供に係る宅建士が明示されるものであることが必要です。

ウ　正　【電磁的方法による提供の場合に満たすべき基準】

電磁的方法により37条書面を提供する場合は、相手方が自己の用に供するファイルへの記録を出力することにより書面を作成することができるものであることが必要です。

エ　正　【電磁的方法による提供の場合に満たすべき基準】

電磁的方法により37条書面を提供する場合は、ファイルに記録された記載事項について、改変が行われていないかどうかを確認することができる措置を講じていることが必要です。

以上より、正しいものはアとウとエの3つ！だから答えは「3」！

問27　解答4　建物状況調査　難易度A

1　正　【建物状況調査】

建物状況調査(インスペクション)とは、建物の構造耐力上主要な部分または雨水の浸入を防止する部分として国土交通省令で定めるもの(建物の構造耐力上主要な部分等)の状況の調査であって、経年変化その他の建物に生じる事象に関する知識および能力を有する者として国土交通省令で定める者が実施するものをいいます。

2　正　【建物状況調査を実施する者】

宅建業者が、建物状況調査を実施する者のあっせんを行う場合、建物状況調査を実施する者は、建築士法第2条第1項に規定する建築士で、国土交通大臣が定める講習を修了した者でなければなりません。

3　正　【建物状況調査を実施する者をあっせんした場合のあっせんに係る料金】

建物状況調査を実施する者のあっせんは、媒介業務の一環であるため、宅建業者は、依頼者に対し建物状況調査を実施する者をあっせんした場合において、報酬とは別にあっせんに係る料金を受領することはできません。

4　誤　【建物の構造耐力上主要な部分等の状況について当事者の双方が確認した事項】

▶ 既存建物の構造耐力上主要な部分等の状況の当事者確認事項→貸借では不要。

売買・交換の場合には、建物が既存の建物であるときは、建物の構造耐力上主要な部分等の状況について当事者の双方が確認した事項を37条書面に記載しなければなりませんが、貸借の場合には、その必要はありません。

問28　解答3　その他の業務上の規制等　難易度A

ア　**違反する**　【勧誘を継続すること】

▶ 契約を締結しない旨の意思表示の後も勧誘を継続すること→宅建業法違反。

相手方から購入を希望しない旨の返事（当該契約を締結しない旨の意思を表示）があった後に勧誘を継続することは、たとえ別の従業員が勧誘を行ったとしても宅建業法の規定に違反します。

イ　**違反する**　【不実のことを告げる行為】

▶ 不実のことを告げる行為→宅建業法違反。

宅地・建物の所在、規模、形質、現在もしくは将来の利用の制限、環境、交通等の利便、代金、借賃等の対価の額もしくは支払方法その他の取引条件または宅建業者もしくは取引の関係者の資力もしくは信用に関する事項であって、宅建業者の相手方等の判断に重要な影響を及ぼすこととなる事項に関して、宅建業者が故意に事実を告げず、または不実のことを告げる行為は禁止されています。

ウ　**違反する**　【迷惑な勧誘】

▶ 迷惑な勧誘→宅建業法違反。

迷惑を覚えさせるような時間に電話し、または訪問することや深夜または長時間の勧誘その他の私生活または業務の平穏を害するような方法によりその者を困惑させることは、宅建業法の規定に違反します。

エ　**違反しない**　【37条書面への押印】

宅建業者は、37条書面を作成したときは、**宅建士**をして、当該書面に**記名**させなければなりませんが、その押印は不要です。したがって、本肢は宅建業法の規定に違反しません。

媒介契約書面には、「宅建業者の記名押印」が必要だよ。違いに注意しよう!

以上より、違反するものはアとイとウの3つ!だから答えは「3」!

問29 解答2 欠格事由(宅建業者) 難易度A

1 誤 【懲役】

▶ **政令で定める使用人が欠格事由に該当した場合、A社の免許は取り消される。**

宅建業者(法人)の政令で定める使用人(支店の代表者)が、禁錮以上の刑に処せられた場合、その宅建業者の免許は取り消されます。

2 正 【所得税法違反による罰金刑】

宅建業者(法人)の役員が宅建業法違反や暴力的な犯罪等によって罰金の刑に処せられた場合、その宅建業者の免許は取り消されますが、本肢の場合、「所得税法違反による罰金刑」なので、B社の免許は取り消されません。

3 誤 【宅建業法違反による罰金刑】

▶ **宅建業法違反によって罰金の刑に処せられた場合、Cの免許は取り消される。**

宅建業者(個人)が宅建業法違反や暴力的な犯罪等によって罰金の刑に処せられた場合、その宅建業者の免許は取り消されます。

4 誤 【非常勤役員】

▶ **非常勤でも「役員」が欠格事由に該当すれば、D社の免許は取り消される。**

非常勤でも「役員」なので、役員が宅建業法違反や暴力的な犯罪等によって罰金の刑に処せられた場合、その宅建業者の免許は取り消されます。

問30 解答1 営業保証金 難易度A

ア 誤 【営業保証金を供託した旨の届出をしない場合】

▶ **免許の日から「6カ月以内」ではなく、「3カ月以内」である。**

免許権者は、宅建業の免許を与えた日から**3カ月以内**に営業保証金を供託した旨の届出がないときは、その届出をすべき旨の催告をしなければならず、この催告が到達した日から**1カ月以内**に宅建業者が届出をしないときは免許を取り消すことができます。

イ　正　【営業保証金の供託と宅建業の開始】

宅建業者は、主たる事務所の最寄りの供託所に営業保証金を供託し、さらに、その供託物受入れの記載のある供託書の写しを添付して、営業保証金を供託した旨をその免許権者に届出をした後でなければ、その事業を開始してはなりません。

ウ　誤　【営業保証金の追加供託】

▶ 免許権者への届出は、不足額を供託した日から「2週間以内」である。

宅建業者は、営業保証金が還付され、免許権者から不足額を供託すべき旨の通知書の送付を受けたときには、その通知書の受領日から**2週間以内**にその不足額を供託する必要があります。そして、供託をした日から**2週間以内**に供託した旨を、免許権者に届け出なければなりません。

エ　誤　【公告の期間】

▶ 営業保証金の取戻しのための公告期間は、「6カ月以上」である。

廃業・破産等の届出によって免許が失効したことにともない営業保証金を取り戻す場合は、**6カ月以上**の期間を定めて公告をする必要があります。

以上より、正しいものはイの1つ!だから答えは「1」!

問31　解答4　広告　難易度 B

1　誤　【取引態様の明示義務】

▶ 注文を受けたときに、再度明示が必要。

広告をするさいに取引態様の別を明示していても、注文を受けたときには(広告を行った時と取引態様に変更がない場合でも)再度、明示が必要になります。

2　誤　【広告の表示事項】

▶ 建物状況調査を実施しているかどうかを明示する必要はない。

建物状況調査を実施しているかどうかを広告に明示する必要はありません。

既存建物のときの建物状況調査(実施後1年を経過していないものに限る)を実施しているかどうかやこれを実施している場合のその結果の概要については、35条書面の記載事項なんだけど、これと混同しないようにね。

3　**誤**　【広告の開始時期の制限】

▶ **建築確認が済んでいなければ広告はできない。**

建築確認が済んでいない建物の広告は、売買の媒介の場合も貸借の媒介の場合もすることはできません。

契約の締結については、貸借の媒介・代理の場合は、建築確認が済んでいない建物でもすることができる！

4　**正**　【誇大広告の禁止規定に違反した場合の監督処分・罰則】

誇大広告等の禁止規定に違反した場合、監督処分の対象となるほか、**6カ月以下**の懲役または**100万円以下**の罰金に処され、これらが**併科**されることがあります。

問32　解答4　届出　難易度A

1　**正**　【変更の届出(事務所)】

事務所の名称および所在地は宅建業者名簿の登載事項なので、新たに支店を設置した場合は、これに変更があった場合に該当します。したがって、Aは**30日以内**にその旨を免許権者である甲県知事に届け出なければなりません。

Aが増設した支店が甲県内以外であれば、変更の届出ではなく、国土交通大臣免許への免許換えの申請が必要となるね。

2　**正**　【廃業等の届出(合併)】

法人が合併により消滅した場合、消滅した法人(B)を代表する役員であった者は、その日から**30日以内**に、その旨を免許権者である乙県知事に届け出なければなりません。

3　**正**　【変更の届出(専任の宅建士)】

事務所ごとに置かれる専任の宅建士の氏名は宅建業者名簿の登載事項なので、専任の宅建士の退職や新たな設置があった場合は、これに変更があった場合に該当します。したがって、Dは**30日以内**にその旨を免許権者である丙県知事に届け出なければなりません。

4　誤　【催しを実施する場所の設置の届出】

▶ 業務開始日の「10日前」までに届け出なければならない。

業務に関し展示会その他これに類する催しを実施する場合において、これらの催しを実施する場所で申込み・契約をする宅建業者は、業務を開始する日の**10日前**までに、免許権者およびその業務を行う場所の所在地を管轄する都道府県知事に一定事項を届け出なければなりません。したがって、Gは展示会での業務を開始する日の10日前までに一定事項を免許権者であり展示会を実施する場所の所在地を管轄する知事でもある丁県知事に届け出なければなりません。

問33　解答 1　重要事項の説明(35条書面)　難易度 B

1　正　【重要事項の説明の相手方】

宅建業者は、宅建業者以外の相手方等に対して、その者が取得し、または借りようとしている宅地・建物に関し、その売買、交換または貸借の契約が成立するまでの間に、宅建士をして、一定の事項(重要事項)について、35条書面を交付・提供して説明をさせなければなりません。したがって、Bが取得する甲宅地については重要事項を説明する義務を負いますが、乙宅地に関しては説明の義務を負いません。

2　誤　【引渡しの時期】

▶ 引渡しの時期→重要事項の説明事項ではない。

引渡しの時期は、37条書面の必要的記載事項ですが、重要事項の説明事項ではありません。

3　誤　【支払金または預り金の保全措置】

▶ 登記以後に受領するものは、支払金または預り金に該当しない。

支払金または預り金を受領しようとするときは、保全措置を講ずるかどうかやその措置を講ずる場合のその措置の概要を重要事項説明書に記載しなければなりませんが、売主が登記以後に受領するものについては、その必要はありません。

4　誤　【電磁的方法により提供するさいの承諾】

▶ 承諾は「書面等」によって得なければならない。

宅建業者が35条書面を電磁的方法によって提供する場合に必要となる相手方等の承諾は、宅建業者が、あらかじめ、当該承諾に係る相手方等に対して、電磁的方法による提供に用いる電磁的方法の種類および内容を示した上で、当該相手方等から書面または電子情報処理組織を使用する方法その他の情報通信の技術を利用する方法によって得なければなりません。

「書面等」の具体的な方法は、❶書面、❷相手方が電気通信回線を通じて承諾をする旨を送信し宅建業者の使用する機器に記録する方法(電子メール)、❸宅建業者の機器におけるファイルに記録された電磁的方法の種類および内容を電気通信回線を通じて閲覧した相手方が当該ファイルに承諾する旨を記録する方法(Web上での承諾の取得)、❹相手方が承諾する旨を記録した磁気ディスク等を交付する方法で、いずれの場合も「相手方が記載事項を出力し書面を作成できるものであること」が必要だよ。

問34 解答3 報酬 難易度A

ア 違反する 【貸借の場合の報酬限度額】

▶「132,000円」ではなく、「66,000円」が報酬限度額。

貸借の媒介の報酬限度額(貸主・借主から受け取れる合計額)は、借賃の1カ月分および消費税相当額となります。居住用建物の貸借については、媒介の依頼を受けるに当たって依頼者の承諾を得ている場合を除き、依頼者の一方から受け取れる報酬額は借賃の$\frac{1}{2}$カ月分が上限となります。

12万円×$\frac{1}{2}$〔居住用建物賃貸借〕＝60,000円

60,000円×1.1＝66,000円

したがって、CがDから受け取ることのできる報酬の限度額は、66,000円です。

イ 違反しない 【依頼者の依頼にもとづいて広告をした場合】

依頼者から依頼されて行った広告の料金については、報酬とは別に受け取ることができます。

ウ 違反する 【賃貸借契約書の作成費】

▶ 報酬とは別に賃貸借契約書作成費を受領することはできない。

宅建業者は、賃貸借契約書を作成した場合に、報酬とは別に当該作成費を受領することはできません。

エ 違反する 【貸借の場合の報酬限度額】

▶A・C合計で「264,000円」ではなく、「132,000円」が報酬限度額。

貸借の媒介の場合の報酬限度額は、借賃の1カ月分および消費税相当額となります。そして、同一の取引において、複数の宅建業者が関与した場合、これらの宅建業者が受け取る報酬の合計額は、1つの宅建業者が関与した場合の報酬限度額以内

でなければなりません。したがって、AがBから受領する報酬とCがDから受領する報酬の合計額は、借賃の1カ月分および消費税相当額である132,000円が上限となります。

以上より、違反するものはアとウとエの3つ！だから答えは「3」！

問35 解答4 8種制限（クーリング・オフ制度） 難易度A

1 **誤** 【クーリング・オフの告知方法】

▶ 一定事項を記載した書面を交付して告げなければならない。

宅建業者がクーリング・オフによる買受けの申込みの撤回または売買契約の解除を行うことができる旨およびその場合の方法について告げるときは、一定の事項を記載した書面を交付して告げなければなりません。

---

2 **誤** 【クーリング・オフの方法】

▶ クーリング・オフは、書面によってしなければならない。

本肢では、仮設テント張りの案内所で買受けの申込みをしており、仮設テント張りの案内所はクーリング・オフができる場所に該当します。しかし、クーリング・オフによって当該買受けの申込みを撤回するには、書面でしなければなりません。

---

3 **誤** 【クーリング・オフができない場所】

▶ 売主である宅建業者の事務所で買受けの申込み→クーリング・オフができない。

本肢では、売主である宅建業者Aの事務所で買受けの申込みをしており、当該事務所はクーリング・オフができない場所に該当します。

---

4 **正** 【クーリング・オフができない場所】

本肢では、売主である宅建業者Aから売却の媒介の依頼を受けた宅建業者Cの事務所で買受けの申込みをしており、当該事務所はクーリング・オフができない場所に該当します。

問36 解答3 その他の業務上の規制等 難易度A

ア **違反する** 【預り金等返還拒否】

▶ 預り金等返還拒否→宅建業法違反。

相手方が契約の申込みの撤回を行うのにさいし、すでに受け取っている預り金(申込証拠金など)の返還を拒むことは宅建業法の規定に違反します。

イ　**違反する**　【手付の分割払い】

▶ 手付の分割払いを提案→宅建業法違反。

宅建業者が手付を貸し付けたり、手付の後払い・手付の分割払いを認めること等信用の供与をすることによって契約の締結を誘引することは宅建業法の規定に違反します。

ウ　**違反しない**　【帳簿の備付け】

宅建業者は、事務所ごとに業務に関する帳簿を備え、宅建業に関し取引のあったつど、その年月日、その取引に係る宅地または建物の所在および面積その他国土交通省令で定める事項を記載しなければなりません。そして、業務に関する帳簿は、パソコンのハードディスクに記録する等の方法でも認められます。したがって、本肢は宅建業法の規定に違反しません。

エ　**違反する**　【勧誘】

▶ 契約締結の目的を告げずに勧誘→宅建業法違反。

宅建業者は、取引に係る契約の締結の勧誘をする場合、相手方等に対して、勧誘に先立って、宅建業者の商号または名称、勧誘を行う者の氏名、契約の締結について勧誘をする目的である旨を告げなければなりません。これらに反して勧誘を行うことは宅建業法の規定に違反します。

以上より、違反するものはアとイとエの3つ!だから答えは「3」!

問37　解答3　従業者証明書・従業者名簿　難易度B

1　**誤**　【従業者証明書の携帯】

▶ 従業者証明書は、従業者全員に携帯させなければならない。

「従業者」には、非常勤の役員やパート、アルバイト、単に一時的に事務の補助をする者も含まれ、宅建業者はすべての従業者に従業者証明書を携帯させなければなりません。

2　**誤**　【従業者名簿の閲覧】

▶ 取引の関係者から請求があれば、従業者名簿を閲覧に供しなければならない。

宅建業者は、事務所ごとに、従業者名簿を備えなければならず、取引の関係者から請求があったときは、従業者名簿をその者の閲覧に供しなければなりません。

3　**正**　【従業者証明書の提示】

宅建業者の従業者は、取引の関係者の請求があったときは、従業者証明書を提示しなければなりません。

4　**誤**　【従業者名簿の保存期間】

▶ 従業者名簿は、最終の記載をした日から「10年間」保存しなければならない。

従業者名簿の保存期間は、最終の記載をした日から**10年間**です。

問38　解答2　免許、宅地建物取引士　難易度A

ア　**正**　【自ら貸借】

宅建業とは、「宅地・建物」の「取引」を「業」として行うことをいいます。「自ら貸借」は「取引」ではないため、宅建業に該当しません。

イ　**誤**　【宅建士とは】

▶ 宅建士→宅建士証の交付を受けた者をいう。

宅建士とは、宅建士証の交付を受けた者をいいます。

ウ　**誤**　【宅建業】

▶「宅地・建物」の「取引」を「業」として行う→宅建業に該当する。

宅地の売買の媒介を業として行う行為は宅建業に該当します。

エ　**正**　【知識および能力の維持向上】

宅建士は、宅地または建物の取引に係る事務に必要な知識および能力の維持向上に努めなければなりません。

以上より、正しいものはアとエの2つ！だから答えは「2」！

問39 解答2 8種制限（手付金等の保全措置） 難易度B

1　誤　【保全措置の時期】

▶ 手付金等の保全措置を講じた後でなければ、手付金を受領することはできない。

宅地建物取引業者は、自ら売主となる宅地または建物の売買に関しては、保全措置を講じた後でなければ、宅建業者ではない買主から一定額を超える手付金等を受領してはなりません。

2　正　【保証保険契約の内容】

保険事業者との間で締結する保証保険契約は、次の要件に適合するものでなければなりません。❶保険金額が、宅建業者が受領しようとする手付金等の額（受領済みの手付金等の額を含む）に相当する金額であること、❷保険期間が、少なくとも保証保険契約が成立した時から宅建業者が受領した手付金等に係る宅地または建物の引渡しまでの期間であることです。したがって、本肢は正しい記述です。

3　誤　【保険証券の交付】

▶ 保険証券を買主に交付しなければならない。

保険事業者との保証保険契約締結による保全措置の方法は、保険事業者と保証保険契約を締結し、かつ、保険証券またはこれに代わるべき書面を買主に交付することが必要です。

4　誤　【電磁的方法による措置】

▶ 買主の承諾を得なければならない。

銀行等との保証委託契約締結による保全措置の方法は、銀行等と保証委託契約を締結し、かつ、当該保証委託契約にもとづいて銀行等が手付金等の返還債務を連帯して保証することを約する書面を買主に交付することが必要です。この書面については、電磁的方法による措置を講ずることで交付に代えることができますが、買主の承諾を得なければなりません。

問40 解答4 媒介契約 難易度A

1　誤　【購入の申込みがあった場合の報告義務】

▶ 希望条件を満たさない申込みであっても報告しなければならない。

宅建業者は、媒介契約の目的物になっている宅地・建物の売買・交換の申込みがあったときは、遅滞なく、その旨を依頼者に報告しなければなりません。したがって、希望条件を満たさない申込みであるとAが判断した場合であっても、報告する必要があります。

2 **誤** 【媒介契約と建物状況調査】

▶ 建物状況調査を実施する者のあっせんに関する事項は、媒介契約書の記載事項。

宅建業者は、既存建物の売買・交換の媒介契約を締結したときは、遅滞なく、一定の事項を記載した書面(媒介契約書)を作成して**記名押印**し、依頼者に交付または、承諾を得て、電磁的方法により提供しなければなりません。依頼者に対する建物状況調査を実施する者のあっせんに関する事項は媒介契約書の記載事項ですので、媒介契約書を交付した後に、当該事項を確認することはできません。

3 **誤** 【指定流通機構への登録】

▶ 契約日から「休業日を除いて7日以内」に指定流通機構に登録が必要。

専任媒介契約の場合には、契約日から**休業日を除いて7日以内**(専属専任媒介契約の場合は契約日から**休業日を除いて5日以内**)に指定流通機構に登録しなければ、宅建業法違反となります。

4 **正** 【媒介契約書への記載事項】

専任媒介契約では、依頼者が他の宅建業者の媒介・代理によって売買・交換の契約を成立させたときの措置を媒介契約書に記載しなければなりません。

問41 解答2 監督処分(宅建士) 難易度 B

1 **誤** 【宅建士に対する報告要求】

▶ 甲県知事の登録を受けている宅建士と甲県内で事務を行う宅建士が対象。

都道府県知事は、その登録を受けている宅建士および当該都道府県の区域内でその事務を行う宅建士に対して、宅建士の事務の適正な遂行を確保するため必要があると認めるときは、その事務について必要な報告を求めることができます。

国土交通大臣は、すべての宅建士に対して必要な報告を求めることができる!

2 **正** 【指示処分】

宅建業者に自己が専任の宅建士として従事している事務所以外の事務所の専任の宅建士である旨の表示をすることを許し、当該宅建業者がその旨の表示をしたときには、指示処分の対象となります。そして、指示処分は、登録をしている都道府県知事(甲県知事)のほか、宅建士が処分の対象となる行為を行った都道府県の知事(乙県知事)も行うことができます。

3　誤　【登録消除処分】

▶ 登録を「消除することができる」のではなく、「消除しなければならない」。

不正の手段により宅建士証の交付を受けた場合には、登録消除の対象事由に該当します。都道府県知事は、その登録を受けている宅建士が登録消除の対象事由に該当する場合においては、当該登録を消除しなければなりません。

4　誤　【監督処分の手続き】

▶ 宅建士に対する監督処分が行われても公告する必要はない。

宅建業者に対する監督処分のうち指示処分を除いた、免許取消処分と業務停止処分をしたときは、その旨を官報や公報などで**公告**しなければなりませんが、宅建士に対して監督処分(指示処分、事務禁止処分、登録消除処分)をしたときは、公告する必要はありません。

問42　解答 3　重要事項の説明(35条書面)　難易度 A

ア　誤　【宅建士証の提示】

▶ 相手方の請求の有無にかかわらず宅建士証の提示が必要。

重要事項の説明(35条の説明)をするときは、相手方からの請求がなかったとしても、必ず宅建士証(原本)の提示が必要となります。

イ　誤　【重要事項の説明の相手方】

▶ 重要事項の説明は「売主」に対して行う必要はない。

重要事項の説明は、宅建業者が宅建業者でない買主(売買の場合)や借主(貸借の場合)に対して行います。**売主や貸主に説明する必要はありません。**

ウ　正　【重要事項の説明の相手方】

宅建業者の相手方が宅建業者である場合、重要事項説明書を交付する(電磁的方法により提供する場合を含む)必要はありますが、原則として宅建士に説明させる必要はありません。

エ　誤　【代金の額ならびにその支払の時期および方法】

▶ 代金の額、その支払の時期・方法→重要事項の説明事項ではない。

代金の額ならびにその支払の時期および方法は、37条書面の必要的記載事項ですが、重要事項として説明する必要はありません。

以上より、誤っているものはアとイとエの3つ！だから答えは「3」！

問43　解答4　契約書（37条書面）　難易度A

1　誤　【移転登記の申請時期】

▶ 37条書面の記載事項は、相手方が宅建業者であっても省略できるものはない。

売買の場合、移転登記の申請時期は37条書面に記載しなければなりません。相手方が宅建業者であったとしても同様です。

2　誤　【37条書面の交付・提供時期】

▶ 契約締結後、遅滞なく交付・提供しなければならない。

宅建業者は、宅地・建物の売買または交換に関し、自ら当事者として契約を締結したときはその相手方に、当事者を代理して契約を締結したときはその相手方および代理を依頼した者に、その媒介により契約が成立したときは当該契約の各当事者に、遅滞なく、一定の事項を記載した37条書面を交付（電磁的方法により提供する場合を含む）しなければなりません。

3　誤　【37条書面への記名】

▶「専任」である必要はない。

37条書面には**宅建士**が**記名**する必要がありますが、専任の宅建士である必要はありません。

4　正　【天災その他不可抗力による損害の負担に関する定め】

天災その他不可抗力による損害の負担に関する定めがあるときは、その内容を37条書面に記載しなければなりません。

問44 解答1 保証協会 難易度A

1 正

【苦情の解決】

保証協会は、宅建業者の相手方から社員の取り扱った宅建業に係る取引について解決の申出があった場合、苦情の解決について必要があると認めるときは、その社員に、文書もしくは口頭による説明を求め、または資料の提出を求めることができます。この場合、当該社員は、正当な理由がある場合でなければ拒むことはできません。

2 誤

【一部の事務所を廃止した場合の弁済業務保証金分担金の返還】

▶ 一部の事務所廃止→還付請求権者に対して公告は不要。

保証協会の社員になっている宅建業者が一部の事務所を廃止したため、保証協会が弁済業務保証金分担金をその宅建業者に返還する場合、還付請求権者に対して公告する必要はありません。

3 誤

【弁済業務保証金の還付手続】

▶ 保証協会の認証を受けて、供託所へ還付請求を行う。

保証協会の供託した弁済業務保証金について弁済を受ける権利を有する者が、その還付請求をしようとする場合は、保証協会から直ちに還付を受けられるのではなく、**保証協会の認証**を受けた後、**供託所に対して還付請求**をしなければなりません。

4 誤

【未完成物件の場合の保全措置の方法】

▶ 指定保管機関による手付金等の保全措置は、完成物件の場合のみ。

保証協会は、手付金等保管事業を行うことができます。ただし、宅建業者が宅建業者でない買主から一定の額を超える手付金等を受領する場合に、完成物件の場合は指定保管機関(保証協会)による手付金等の保全措置を講ずることができますが、未完成物件の場合にはこの方法によって保全措置を講ずることができません。したがって、保証協会は、未完成物件について、手付金等保管事業を行うことはできません。

問45 解答4 住宅瑕疵担保履行法 難易度A

1 誤

【資力確保措置が義務付けられる場合】

▶ 宅建業を営む信託会社等→資力確保措置が必要。

住宅瑕疵担保履行法において「宅建業者」とは、宅建業法に規定する宅建業者をいい、信託会社又は金融機関の信託業務の兼営等に関する法律第1条第1項の認可を受けた金融機関であって、宅建業を営むもの(信託会社等)を含むものとされています。したがって、本肢のAは、資力確保措置を講ずる必要があります。

2　**誤**　【供託所の所在地等の説明】

▶ 買主の承諾があれば、電磁的方法により提供することができる。

新築住宅の売主である宅建業者は、**売買契約を締結するまで**に、宅建業者でない買主に対して、住宅販売瑕疵担保保証金を供託している供託所の所在地等を、書面を交付して説明しなければなりません。また、原則として、書面を交付して説明しますが、買主の承諾を得た場合は、書面の交付に代えて、電磁的方法により提供することができます。

3　**誤**　【住宅販売瑕疵担保保証金の供託】

▶ 主たる事務所の最寄りの供託所にしなければならない。

住宅販売瑕疵担保保証金の供託は、宅建業者の主たる事務所の最寄りの供託所にしなければなりません。

4　**正**　【担保責任を負わない旨の特約】

新築住宅の売買契約においては、宅建業者である売主は、宅建業者でない**買主に引き渡した時から10年間**、住宅の構造耐力上主要な部分等の瑕疵について担保責任を負い、これに反する特約で**買主に不利なものは無効**となります。したがって、本肢の特約にもとづいて資力確保措置を講じないとすることはできず、その義務を負います。

問46　解答2　住宅金融支援機構法　難易度A

1　**正**　【機構の業務】

機構は、子どもを育成する家庭または高齢者の家庭に適した良好な居住性能および居住環境を有する賃貸住宅の建設または改良に必要な資金の貸付けを業務として行っています。

2　**誤**　【証券化支援事業(買取型)】

▶ 中古住宅を購入するための貸金債権も買取りの対象としている。

機構は、証券化支援事業(買取型)において、中古住宅を購入するための貸金債権も買取りの対象としています。

3　**正**　【証券化支援事業(買取型)】

機構は、証券化支援事業(買取型)において、ZEHおよび省エネルギー性、耐震性、バリアフリー性、耐久性・可変性に優れた住宅を取得する場合に、貸付金の利率を一定期間引き下げる制度(優良住宅取得支援制度)を実施しています。

4　**正**　【機構の業務】

機構は、マンション管理組合や区分所有者に対するマンション共用部分の改良に必要な資金の貸付けを業務として行っています。

問47　解答2　景品表示法　難易度B

1　**誤**　【おとり広告の禁止】

▶ 物件は存在するが、実際には取引する意思がない物件に関する表示は禁止。

顧客を集めるために売る意思のない条件の良い物件を広告し、実際は他の物件を販売しようとする、いわゆる「おとり広告」は禁止されています。なお、おとり広告は、取引の相手方が実際に誤認したか否か、あるいは損害を受けたか否かにかかわらず、監督処分の対象となります。

2　**正**　【物件の名称の使用基準】

物件の名称として地名等を用いる場合に、当該物件から直線距離で50m以内に所在する街道その他の道路の名称(坂名を含む)は、用いることができます。

3　**誤**　【生活関連施設】

▶ 物件からの道路距離または徒歩所要時間を明示して表示しなければならない。

デパート、スーパーマーケット、コンビニエンスストア、商店等の商業施設は、現に利用できるものを物件からの道路距離または徒歩所要時間を明示して表示しなければなりません。

4　**誤**　【新発売】

▶「新発売」として表示することができる。

新発売とは、新たに造成された宅地、新築の住宅(造成工事または建築工事完了前のものを含む)または一棟リノベーションマンションについて、一般消費者に対し、初めて購入の申込みの勧誘を行うことをいいますので、本肢の場合は「新発売」との表示を行うことができます。

問 48 解答 ー 統計

最新の統計データで学習してください。

問 49 解答 2 土地 難易度 B

1 **適当** 【後背湿地】

液状化現象は、比較的粒径のそろった砂地盤で、地下水位が浅い地域で発生します。自然堤防の後背湿地側の縁は、砂が緩く堆積していて地下水位も浅いため、地震時に液状化被害が生じやすくなります。

2 **不適当** 【谷底低地】

▶ 地震動が増幅されて、震動が大きくなる。

谷底低地(こくていていち)は、山地などの谷部に川が運んできた粘土や砂などの堆積物によってできた地形です。谷底低地の軟弱層が厚く堆積している所では、地盤がとても弱く、地震動が増幅されて、震動が大きくなります。

3 **適当** 【谷底低地】

関東地震時の水道管や家屋の被害は、東京の谷底低地に被害が集中していました。

4 **適当** 【谷埋め盛土】

宅地を造成するさいに、尾根を削った土を谷に埋め平坦にして造成する谷埋め盛土では、締め固めが不十分で排水機能が低下すると軟弱な地盤となってしまうため、地下水位を下げるため排水施設を設け、締め固める等の必要があります。

問 50 解答 3 建物 難易度 A

1 **適当** 【鉄筋コンクリート構造】

鉄筋コンクリート構造は、引張強度が大きい鉄筋と圧縮強度が大きく熱に強いコンクリートを併用することでそれぞれの弱点を相互に補完し、耐火性、耐久性があり、耐震性、耐風性にも優れた構造です。

2 **適当** 【鉄筋コンクリート構造】

鉄筋コンクリート構造は、躯体の断面が大きく、鉄筋もコンクリートも重い材料であるため、建物の自重が大きくなります。

3　**不適当**　【鉄筋コンクリート構造】

▶ 異形棒鋼の方が丸鋼より鉄筋とコンクリートの付着性能が優れている。

異形棒鋼の表面はデコボコな形状をしているため、表面がツルツルとした丸鋼よりも鉄筋とコンクリートを一体化させるのに優れています。

4　**適当**　【鉄筋コンクリート構造】

鉄筋コンクリート構造は、鉄筋もコンクリートも重い材料であるため基礎工事が必要となる場合があり、コンクリートを固める作業もあるため、工事期間が長くなります。

No. 01

令和2年度（2020年度）10月試験

解答・解説

この年の合格基準点は**38**点でした

解答一覧

権利関係

問	1	2	3	4	5	6	7	8	9	10
解答	1	4	2	3	1	3	2	2	3	2

問	11	12	13	14
解答	4	3	4	1

法令上の制限

問	15	16	17	18	19	20	21	22
解答	4	2	1	3	3	2	1	1

税 その他

問	23	24	25
解答	3	4	4

宅建業法

問	26	27	28	29	30	31	32	33	34	35
解答	3	2	3	3	4	1	1	1	4	3

問	36	37	38	39	40	41	42	43	44	45
解答	4	1	4	2	2	3	1･4	2	4	2

その他

問	46	47	48	49	50
解答	2	1	─	4	3

※問42は正解が2つありました。

日付　／　あなたの得点　点

メモ（復習すべき問題など）

問1　解答1　相隣関係　難易度C

1　**正**　【袋地所有者が他の土地を通行するための償金の支払いの要否】

甲土地が共有物分割によって公道に通じなくなった場合には、甲土地の所有者Aは公道に出るために、他の分割者の土地を通行することができます。そして、この場合において、Aは、通行のための償金を支払う必要はありません。

2　**誤**　【自動車による公道に至るための他の土地の通行権】

▶自動車による通行権が認められることもある。

判例では、自動車による通行を前提とする民法210条1項所定の通行権（公道に至るための他の土地の通行権）の成否およびその具体的内容は、公道に至るため他の土地について自動車による通行を認める必要性、周辺の土地の状況、当該通行権が認められることにより他の土地の所有者が被る不利益等の諸事情を総合考慮して判断されるとしているため、自動車による通行権が認められることがないとはいえません。

3　**誤**　【賃借権の譲渡】

▶乙土地の賃借権は甲土地の所有権に従たる権利としてともに移転しない。

Aが甲土地をBに売却しても、乙土地の賃借権が甲土地の所有権に従たるものとして、甲土地の所有権とともにBに移転することはありません。また、賃借権の譲渡には、原則として、賃貸人の承諾が必要であるところ、本肢にはそのような記載はありません。

甲土地を要役地（利用によって利益を得る側の土地）、乙土地を承役地（利用される側の土地）として通行地役権を設定した場合は、乙土地に設定された通行地役権は要役地である甲土地の所有権に従たる権利であり、原則として、甲土地の所有権とともに移転するよ～

4　**誤**　【公道に至るための他の土地の通行権】

▶公道に至るための他の土地の所有者に時効取得があっても通行権は消滅しない。

相隣関係の規定は、土地の利用の調整を目的とするものであって、対人的な関係を定めたものではないため、Cが甲土地を囲む土地を時効によって取得したとしても、Aの通行権は消滅しません。

問2　解答4　保証　難易度B

1　誤　【保証契約の成立】

ケース①…×　ケース②…○

▶ 口頭ではダメ。

保証契約は書面か**電磁的記録**で行わなければ効力を生じません。したがって、ケース①の保証契約も、書面または電磁的記録で行わなければ効力が生じません。

2　誤　【個人根保証契約】

ケース①…○　ケース②…×

▶ 個人根保証契約は、極度額の定めが必要。

一定の範囲に属する不特定の債務を主たる債務とする保証契約(**根保証契約**)であって保証人が法人でないもの(**個人根保証契約**)の場合、極度額を定めなければ、その効力を生じません。したがって、ケース②でEが法人の場合は、極度額を定める必要はありません(Eが個人の場合は、個人根保証契約となるので極度額の定めが必要)。なお、ケース①は、主たる債務が特定していますので、根保証契約には該当せず、Cが個人であっても極度額を定める必要はありません。

3　誤　【催告の抗弁権】

ケース①…×　ケース②…○

▶ 連帯保証人には催告の抗弁権はない。

保証人が**連帯保証人**である場合は、**催告の抗弁権**を有しません。したがって、ケース①でBがCに債務の履行を請求したときは、Cは催告の抗弁を主張することができません。

4　正　【事業に係る債務についての保証契約】

ケース①…○　ケース②…○

事業のために負担した貸金等債務を主たる債務とする保証契約は、その契約の締結に先立ち、その**締結の日前1カ月以内に作成された公正証書**で保証人になろうとする者(保証人が法人である場合または主たる債務者の取締役や総株主の議決権の過半数を有する者等が保証人になる場合を除く)が保証債務を履行する意思を表示していなければ、その効力を生じません。ケース①の保証契約は、Aが事業のために負担した貸金債務であり、Cは当該事業に関与しない個人であることから、保証契約締結の日前1カ月以内に作成された公正証書でCが保証債務を履行する意思を表示する必要があります。

したがって、ケース①の保証契約は効力を生じません。なお、ケース②の保証契約は、事業のために負担した貸金等債務を主たる債務とする保証契約または主たる債務の範囲に事業のために負担する貸金等債務が含まれる根保証契約ではありませんので、公正証書を作成していなくても有効です。

問3 解答2 解除 難易度A

1 **正** 【契約の解除】

本肢の「売主が負担した当該土地の税金相当額を買主が償還する付随的義務」は、判決文の「契約の要素をなす債務」ではなく「契約をなした主たる目的の達成に必須的でない附随的義務」であり、「税金相当額を償還しなかった」ことは、「契約をなした目的を達することができない場合」に該当しないため、特段の事情がない限り、売主は当該売買契約を解除することができません。

2 **誤** 【契約の解除】

▶ **契約の解除に債務者の帰責事由は不要。**

改正民法では、契約を解除するさいに、債務不履行について債務者に帰責事由があることを要件としていません。つまり、「契約をなした目的を達することができない場合を救済するため」に解除を認めています。なお、「債務不履行について債務者の責めに帰すべき事由がないときは付随的義務の不履行となる」ことはありません。

3 **正** 【契約の解除】

当事者の一方がその債務を履行しない場合で、相手方が相当の期間を定めてその履行の催告をし、期間内にその履行がないときは、相手方は、契約の解除をすることができますが、その期間を経過した時における債務の不履行がその**契約および取引上の社会通念に照らして軽微**であるときは、契約の解除ができません。

4 **正** 【契約の解除】

当事者の一方がその債務を履行しない場合で、債務者がその債務の全部の履行を拒絶する意思を明確に表示したときは、債権者は、相当の期間を定めてその履行を催告することなく、直ちに契約の解除をすることができます。

問4 解答3 賃貸借 難易度A

1 誤

【賃借人の原状回復義務】

▶ 通常の使用・収益による損耗や経年変化は原状回復義務の対象外。

賃借人は、賃借物を受け取った後にこれに生じた損傷がある場合において、賃貸借が終了したときは、その損傷を原状に復する義務を負いますが、この損傷から**通常の使用および収益によって生じた賃借物の損耗**や賃借物の**経年変化**は除かれます。

---

2 誤

【賃借人の原状回復義務】

▶ 賃借人に帰責事由がない損傷は原状回復義務の対象外。

賃貸借が終了したときに、賃借人が受け取った賃借物に損傷がある場合でも、その損傷が賃借人の責めに帰することができない事由によるものであるときは、賃借人は原状回復義務を負いません。

---

3 正

【敷金の返還請求】

賃貸人は、敷金を受け取っている場合において、賃貸借が終了し、かつ、賃貸物の返還を受けたときは、賃借人に対し、その受け取った敷金の額から賃貸借にもとづいて生じた賃借人の賃貸人に対する金銭の給付を目的とする債務の額を控除した残額を返還しなければなりません。したがって、**賃貸物の返還が先履行**となるので(同時履行の関係ではない)、賃貸人は、賃貸物の返還を受けるまでは、敷金の返還請求を拒むことができます。

---

4 誤

【賃借人からの敷金充当請求】

▶ 賃借人から敷金を未払い賃料に充当することを請求できない。

賃貸人は、賃借人が賃貸借にもとづいて生じた金銭の給付を目的とする債務を履行しないときに、敷金をその債務の弁済に充てることができますが、賃借人から、賃貸人に対し、敷金をその債務の弁済に充てることを請求することはできません。

問5 解答1 委任 難易度B

1 正

【危険負担】

債権者の責めに帰すべき事由によって債務を履行することができなくなったときは、債権者は、反対給付の履行を拒むことができませんが、債務者は、自己の債務を免れたことによって利益を得たときは、これを債権者に償還しなければなりません。

したがって、委任者Aの責めに帰すべき事由によって、受任者Bが委任事務を履行することができなくなったときは、委任者Aは、反対給付である報酬全額の支払いを拒むことができませんが、受任者Bは、自己の債務を免れたことによって利益を得たときは、これを委任者Aに償還しなければなりません。

---

2 **誤** 【善管注意義務】

▶ 受任者は善管注意義務を負う。

受任者は、委任の本旨にしたがい、善良な管理者の注意をもって、委任事務を処理する**義務**(**善管注意義務**)を負います。

本問は有償の委任契約だけど、無償委任の場合でも、受任者は善管注意義務を負う!

---

3 **誤** 【受任者の報酬】

▶ 委任者の帰責事由なく委任が終了→受任者は報酬の請求ができる。

委任者の責めに帰することができない事由によって委任事務の履行をすることができなくなったときは、受任者は、すでにした履行の割合に応じて報酬を請求することができます。

なお、委任者の責めに帰することができない事由には、受任者の責めに帰すべき事由も含まれます。したがって、BはAに対して(すでにした履行の割合に応じて)報酬を請求することができます。

---

4 **誤** 【委任の終了後の処分】

▶ 委任終了後も急迫の事情があれば受任者等は必要な処分をする義務がある。

委任が終了した場合において、急迫の事情があるときは、受任者またはその相続人もしくは法定代理人は、委任者またはその相続人もしくは法定代理人が委任事務を処理することができるにいたるまで、必要な処分をしなければなりません。したがって、急迫の事情がなければ、受任者Bの死亡によって委任は終了し、Bの相続人は必要な処分をする義務はありません。

問6 解答3 錯誤 難易度B

1 **錯誤による取消しができない** 【表意者の重過失による錯誤】

錯誤が表意者の重大な過失によるものであった場合には、**❶相手方が表意者に錯誤があることを知りまたは重大な過失によって知らなかったとき**、または、**❷相手方**

が表意者と同一の錯誤に陥っていたときを除き、意思表示の取消しをすることができません。本肢においてAは、自己所有の自動車をBに100万円で売却するつもりであったところを「重大な過失により」誤って10万円で売却する旨の意思を表示しており(**意思表示に対応する意思を欠く錯誤＝表示の錯誤**)、かつ、Bは「過失なく」信じて購入を申し込んだとありますので、Aは錯誤による取消しができません。

2　**錯誤による取消しができない**　【動機の錯誤】

Aは自己所有の時価100万円の壺の価値を誤信し、当該壺をBに10万円で売却する旨の申込みをしているため、**法律行為の目的および取引上の社会通念に照らして重要な点に表意者が法律行為の基礎とした事情についてのその認識が真実に反する錯誤**(**動機の錯誤**)があったといえますが、動機の錯誤については、**その事情が法律行為の基礎とされていることが表示されていたときに限り意思表示を取り消すことができます**。本肢からは、Aの動機が、明示にまたは黙示に表示されたことが窺われないので、Aは錯誤による取消しができません。

3　**錯誤による取消しができる**　【動機の錯誤】

Aは時価100万円の名匠の絵画を贋作だと誤信したうえで、Bに対し、「贋作であるので、10万円で売却する」旨の意思表示をしているため、法律行為の目的および取引上の社会通念に照らして重要な点に表意者が法律行為の基礎とした事情についてのその認識が真実に反する錯誤(動機の錯誤)があり、かつ、その事情が法律行為の基礎とされていることが表示されていたといえます。したがって、Aは錯誤による取消しができます。

なお、Aの錯誤が重大な過失によるものであったか否かは本肢からは判明しませんが、Bも「同様に贋作だと思い込んでいた」ことから、錯誤がAの重大な過失によるものであったとしても、相手方Bが表意者Aと同一の錯誤に陥っていたため、やはりAは錯誤による取消しができます。

4　**錯誤による取消しができない**　【表意者の重過失による錯誤】

本肢おいてAは、「重大な過失により」売却する旨の意思表示をしており、Bは「Aの錯誤について過失なく知らなかった」とありますので、Aは錯誤による取消しができません。

問7　解答2　保証　難易度 B

1　**正**　【保証債務の範囲】

判例では、特定物の売買契約における売主のための保証人は、特に反対の意思表示のない限り、売主の債務不履行により契約が解除された場合における原状回復義務についても、保証の責めに任ずるとしています。

2　**誤**　【主たる債務の目的・態様が加重された場合、時効の利益の放棄】

▶ 主たる債務が加重されても保証債務は加重されない（付従性）。

主たる債務の目的または態様が保証契約の締結後に加重されたときであっても、保証人の負担は加重されません（**保証債務の付従性**）。また、判例では、主たる債務者が時効の利益を放棄しても、保証人にその効力が生じないとしています。

3　**正**　【委託を受けた保証人が弁済期前に弁済等をした場合の求償権】

保証人が主たる債務者の委託を受けて保証をした場合において、主たる債務の弁済期前に債務の消滅行為をしたときは、その保証人は、主たる債務者に対し、主たる債務者がその当時利益を受けた限度において求償権を有しますが、主たる債務者が債務の消滅行為の日以前に相殺の原因を有していたことを主張するときは、保証人は、債権者に対し、その相殺によって消滅すべきであった債務の履行を請求することができます。

4　**正**　【通知を怠った保証人の求償の制限】

保証人が主たる債務者の委託を受けて保証をした場合において、主たる債務者にあらかじめ通知しないで債務の消滅行為をしたときは、主たる債務者は、債権者に対抗することができた事由をもってその保証人に対抗することができるので、保証人の求償が制限されることがあります。

問8　解答2　相続　難易度 A

1　**正**　【相続回復請求権】

相続回復の請求権は、相続人またはその法定代理人が相続権を侵害された事実を**知った時から5年**間行使しないときは、時効によって消滅します。なお、**相続開始の時から20年**を経過したときも時効によって消滅します。

相続回復の請求の制度は、表見相続人が真正相続人の相続権を否定し、相続の目的である権利を侵害している場合に、真正相続人が自己の相続権を主張して、表見相続人に対して侵害の排除を請求することで、真正相続人に相続権を回復させようとするものだよ！

---

2 誤 【再代襲相続】

▶ 直系卑属については再代襲が認められる。

被相続人の子に代襲原因（相続の開始以前に死亡したときなど）が発生すれば、被相続人の子の子（孫。被相続人の直系卑属でない者を除く）が代襲相続人となり、さらにこの孫についても代襲原因が発生すれば、被相続人の孫の子（曾孫。被相続人の直系卑属でない者を除く）が代襲相続人となります（**再代襲相続**）。

---

3 正 【法定相続人】

被相続人の血族相続人は優先順位があり、**❶子、❷直系尊属、❸兄弟姉妹**の順で相続人となり、先順位の者がいない場合に限って、後順位の者が相続人となります。なお、被相続人の配偶者は、血族相続人とともに常に相続人となります。

---

4 正 【兄弟姉妹の再代襲相続】

被相続人の相続人である兄弟姉妹が、相続の開始以前に死亡したときは、兄弟姉妹の子が代襲して相続人となりますが、兄弟姉妹には再代襲は認められていないため、兄弟姉妹の孫が相続人となることはありません。

問 9 解答 3 売買と贈与 難易度 A

1 誤 【解約手付】

▶ 相手方が履行に着手したあとは、手付による解除は認められない。

解約手付の授受された売買契約においては、**相手方が契約の履行に着手するまで**は、解除権を行使することができます。Bが「履行期の到来後に代金支払の準備をしてAに履行の催告をした」行為は、履行の提供をするために欠くことのできない前提行為と評価でき、契約の履行に着手したといえます。したがって、Aは手付の倍額を現実に提供したとしても①の契約を解除することはできません。

---

2 誤 【書面によらない贈与の解除】

▶ 書面によらない贈与の場合、履行の終わった部分については解除できない。

書面によらない贈与は、各当事者が解除をすることができますが、履行の終わった部分については、解除をすることができません。この「履行の終わった部分」とは、不動産の贈与では、受贈者に対する引渡しまたは所有権移転登記のいずれかをいいます。したがって、甲建物の引渡しか所有権移転登記のいずれかがあれば、②の契約を解除することはできません。

---

3 **正** 【負担付贈与】

負担付贈与については、贈与者は、その負担の限度において、売主と同じく担保の責任を負います。

---

4 **誤** 【解除】

▶ 負担付贈与の負担部分に不履行があれば解除できる。

まず、売買については、当事者の一方にその債務の不履行がある場合、一定の要件を満たせば、相手方は、契約を解除することができます。したがって、①の契約について、Bの債務不履行を理由としてAに解除権が発生する場合があります。また、負担付贈与については、その性質に反しない限り、双務契約に関する規定が準用されます。したがって、受贈者がその負担である義務の履行を怠るときは、一定の要件を満たせば、Aは②の契約を解除することができます。

問 10 解答 2 時効 難易度 A

1 **正** 【所有権の時効取得】

占有者の承継人は、その選択にしたがい、自己の占有のみを主張し、または自己の占有に前の占有者の占有をあわせて主張することができます。したがって、Cは、自己の占有(3年間)に前の占有者であるBの占有(17年間)をあわせて主張することができ、甲土地の所有権を時効取得することができます。

---

2 **誤** 【所有権の時効取得】

▶ 占有者の善意・無過失は占有開始時点で判断される。

10年の取得時効の要件としての占有者の善意・無過失の存否については、占有開始の時点で判断され、時効期間中に他人の物であることに気が付いたとしても影響を受けません。したがって、10年の取得時効の要件を満たせば、Dは甲土地の所有権を時効取得することができます。

3　**正**　【所有権の時効取得】

10年の取得時効の要件としての占有者の善意・無過失の存否については、占有開始の時点で判断されますが、これは、時効期間を通じて占有主体に変更がなく同一人により継続された占有が主張される場合について適用されるだけではなく、占有主体に変更があって、承継された2個以上の占有があわせて主張される場合についても適用されます。したがって、Dが占有開始の時点において善意・無過失であれば、その占有を承継したFは、10年の取得時効の要件を満たして、甲土地の所有権を時効取得することができます。

4　**正**　【所有権の消滅時効】

所有権は消滅時効にかかりません。

問11　解答4　借地借家法（借地）　難易度A

1　**誤**　【借地権の対抗力】

▶ 土地の引渡しだけでは借地権を対抗できない。

借地権は、その登記がなくても、土地の上に借地権者が登記されている建物を所有するときは、これをもって第三者に対抗することができますが、土地の引渡しを受けただけでは、借地権を主張することはできません。

2　**誤**　【地代等増減請求権】

▶ 借賃を「減額しない旨」の特約→無効。

一定の期間地代等を増額しない旨の特約がある場合には、その定めにしたがって、借賃の増額を請求することはできませんが、「減額しない旨」の特約があったとしても無効となるため、当事者は、将来に向かって地代等の額の減額を請求することができます。

3　**誤**　【建物買取請求権】

▶ 建物買取請求権は借地権の存続期間満了時に請求できる。

建物買取請求権は、借地権の**存続期間が満了**した場合において、**契約の更新がない**ときに、借地権者または転借地権者が、借地権設定者に対し、建物その他借地権者が権原により土地に附属させた物を時価で買い取るべきことを請求する権利です。この規定に反する特約で借地権者または転借地権者に不利な定めについては無効となります。しかしながら、債務不履行により賃貸借契約が解除された場合は、建物買取請求権は認められていないため、本肢の合意は「借地権者または転借地権者に不利な定め」とはならず、有効です。

4 **正** 【借地権の更新後の期間】

当事者が借地契約を更新する場合において、借地権設定後の最初の更新にあっては、その期間は**20年**(以降の更新は更新の日から**10年**)となります。この規定に反する特約で借地権者に不利なものは無効となるため、更新後の存続期間を15年と定めても20年となります。

問 12 解答 3 借地借家法(借家) 難易度 A

1 **正** 【建物賃貸借の対抗力】

Bは甲建物の引渡しを受けていますので、賃貸借の対抗力を備えており、この場合に甲建物が譲渡されたときは、甲建物の賃貸人たる地位は、AからCへ当然に移転するため、Bは賃料全額をAに前払いしていたことをCに対抗することができます。

2 **正** 【定期建物賃貸借】

定期建物賃貸借契約においては、借賃の改定に係る特約があれば、借賃増減請求権を排除する旨の規定を置くことができます。本肢では、賃料に関する特約がないため、原則に戻って、将来に向かって建物の借賃の額の増減を請求することができます。

3 **誤** 【定期建物賃貸借】

▶ 本肢の解約の申し入れができるのは賃借人のみ。

居住の用に供する建物の賃貸借(床面積が200㎡未満の建物に係るものに限る)において、転勤、療養、親族の介護その他のやむを得ない事情により、建物の賃借人が建物を自己の生活の本拠として使用することが困難となったときは、建物の賃借人は、建物の賃貸借の解約の申入れをすることができ、この場合においては、建物の賃貸借は、解約の申入れの日から1カ月を経過することによって終了します。本肢では賃貸人であるAから解約の申し入れをしていますが、賃貸人からはこのような事情によって解約の申し入れをすることはできません。

4 **正** 【造作買取請求権】

造作買取請求権は強行規定ではありませんので、特約で排除することができますが、定期建物賃貸借契約であっても、造作買取請求を排除する特約がなければ、原則に戻って、賃借人は、賃貸人の同意を得て建物に付加した造作について買取請求をすることができます。

問 13 解答 4 区分所有法 難易度 A

1 誤 【共用部分の変更】

▶ 規約で定数を過半数まで減ずることができる。

共用部分の変更（その形状または効用の著しい変更を伴わないものを除く＝重大な変更）は、区分所有者および議決権の各4分の3以上の多数による集会の決議で決しますが、この区分所有者の定数は、規約でその過半数まで減ずることができます（議決権については減ずることはできません）。2分の1以上ではありません。

2 誤 【共用部分の費用負担】

▶ 共用部分に関する費用は、区分所有者がその持分に応じて負担する。

共用部分の管理に関する費用は、規約に別段の定めがない限り、共有者の持分に応じて負担します。

3 誤 【共用部分の保存行為】

▶ 保存行為は、各共有者が単独で行うことができる。

共用部分の保存行為は、各共有者が単独ですることができます。

4 正 【共用部分の共有関係】

一部共用部分は、これを共用すべき区分所有者の共有に属しますが、規約で別段の定めがあれば、区分所有者全員の共有に属するとすることもできます。なお、管理者が所有する場合を除き、区分所有者以外の者を共用部分の所有者と定めることはできません。

問 14 解答 1 不動産登記法 難易度 A

1 正 【敷地権付き区分建物の所有権保存登記】

区分建物の表題部所有者から所有権を取得した者は、所有権保存登記を申請することができます。この場合、当該建物が敷地権付き区分建物であるときは、当該敷地権の登記名義人の承諾を得なければなりません。敷地権については、移転の登記の実質を有するからです。

敷地権付き区分建物の所有権保存登記も単独申請だよ～

2　**誤**　【所有権に関する仮登記にもとづく本登記】

▶ 所有権に関する仮登記にもとづく本登記は、利害関係人の承諾が必要。

所有権に関する仮登記にもとづく本登記は、登記上の利害関係を有する第三者がある場合には、当該第三者の承諾があるときに限り申請することができます。所有権に関する仮登記にもとづく本登記がされると、当該仮登記に関係する第三者の権利に関する登記は、登記官の職権により抹消されることになるからです。

3　**誤**　【登記識別情報】

▶ 登記識別情報は申請人自らが登記名義人になる場合に通知される。

登記識別情報は、その登記をすることによって申請人自らが登記名義人となる場合において、当該登記が完了したときに通知されます。代位者が申請人となってする登記は、代位者が登記名義人となるわけではないので、登記識別情報は通知されません。

4　**誤**　【登記することができる権利】

▶ 配偶者居住権は登記することができる。

不動産の登記は、不動産の表示または不動産についての所有権、地上権、永小作権、地役権、先取特権、質権、抵当権、賃借権、配偶者居住権および採石権の保存等(保存、設定、移転、変更、処分の制限または消滅)についてされます。したがって、配偶者居住権の登記をすることができます。

問 15　解答 4　都市計画法　難易度 C

1　**誤**　【地区計画】

▶ 地区施設および地区整備計画を「定めなければならない」。

地区計画については、都市計画に、地区計画の種類、名称、位置および区域を定めなくてはならず、区域の面積その他の政令で定める事項を定めるよう努めるものとされています。また、そのほかに、**地区施設**(主として街区内の居住者等の利用に供される道路、公園や街区における防災上必要な機能を確保するための避難施設、避難路、雨水貯留浸透施設など)および**地区整備計画**(建築物等の整備ならびに土地の利用に関する計画)を定めなければならず、当該地区計画の目標ならびに当該区域の整備、開発および保全に関する方針を定めるよう努めるものとされています。したがって、地区施設および地区整備計画は「定めるよう努めるもの」ではなく、「定めなければならないもの」です。

2　**誤**　【事業地内の土地建物等を有償で譲り渡そうとする場合の届出】

▶「許可」ではなく「届出」が必要。

都市計画事業の認可の告示があり、施行者から公告があった日の翌日から起算して10日を経過したあとに、事業地内の土地建物等を有償で譲り渡そうとする者は、原則として、一定の事項を書面で施行者に**届け出**なければなりません。

3　**誤**　【第二種住居地域】

▶ 本肢は、第一種中高層住居専用地域の説明である。

第二種住居地域は、主として住居の環境を保護するため定める地域とされています。本肢の説明は、第一種中高層住居専用地域の内容です。

4　**正**　【市街化調整区域における地区計画】

市街化調整区域における地区計画は、市街化区域における市街化の状況等を勘案して、地区計画の区域の周辺における市街化を促進することがない等当該都市計画区域における計画的な市街化を図る上で支障がないように定めることとされています。

問 16　解答 2　都市計画法（開発許可）　難易度 A

1　**正**　【開発行為により設置される公共施設の管理者となる者】

開発許可を申請しようとする者は、あらかじめ、開発行為または開発行為に関する工事により設置される公共施設を管理することとなる者その他政令で定める者と協議しなければなりません。なお、協議は必要ですが、その同意までは求められていません。

2　**誤**　【開発区域以外の区域内における建築の制限】

▶「都市計画事業の施行として行う建築物の新築」は、許可不要。

市街化調整区域のうち開発許可を受けた開発区域以外の区域内において、建築物の新築等をする場合には、原則として都道府県知事の許可を受けなければなりません。ただし、都市計画事業の施行として行うものなど、一定の場合には都道府県知事の許可は不要となります。

3　**正**　【公共施設の管理等】

開発許可を受けた開発行為または開発行為に関する工事によって、公共施設（公園など）が設置された場合、その公共施設は、**工事完了の公告の日の翌日**に、原則として公共施設の存在する**市町村の管理**に属するものとなります。

4　**正**　【開発許可に基づく地位の承継】

開発許可を受けた者から当該開発区域内の土地の所有権その他当該開発行為に関する工事を施行する権原を取得した者は、都道府県知事の承認を受けて、当該開発許可を受けた者が有していた当該開発許可に基づく地位を承継することができます。

問17　解答1　建築基準法　難易度A

1　**正**　【建築確認】

木造以外の建築物で２以上の階数を有するまたは延べ面積が200㎡を超えるものの大規模の修繕をしようとする場合は、工事に着手する前に、確認済証の交付を受けなければなりません。なお、確認済証の交付を受けた後でなければ、当該建築物の大規模の修繕の工事をすることができません。

2　**誤**　【居室の天井の高さ】

▶「最も低い部分までの高さ」ではなく、「平均の高さ」が2.1m以上である。

居室の天井の高さは、**2.1m以上**でなければなりません。なお、一室で天井の高さの異なる部分がある場合、「室の床面から天井の最も低い部分までの高さ」ではなく、「**その平均の高さ**」が2.1m以上でなければなりません。

3　**誤**　【単体規定・防火壁等】

▶ 準耐火建築物の場合には、1,000㎡以内に区画する必要はない。

延べ面積が**1,000㎡超**の建築物は、防火上、有効な構造の防火壁または防火床によって有効に区画し、各区画の床面積の合計をそれぞれ**1,000㎡以内**にしなければなりません。ただし、**耐火建築物または準耐火建築物については、この規定は適用されません。**

4　**誤**　【単体規定・昇降設備】

▶ 非常用の昇降機が必要なのは、高さが31m超の建築物。

高さ31mを超える建築物（一定のものを除く）には、非常用の昇降機を設けなければなりませんが、本肢の建築物の高さは30mなので、非常用の昇降機を設ける必要はありません。

問18 解答3 建築基準法 難易度A

1 誤 【道路内の建築制限】

▶ 特定行政庁が許可したものでなければならない。

建築物または敷地を造成するための擁壁は、原則として、道路内にまたは道路に突き出して建築・築造してはなりません。公衆便所、巡査派出所その他これらに類する公益上必要な建築物については、特定行政庁が通行上支障がないと認めて建築審査会の同意を得て許可した場合でなければ、道路に突き出して建築することはできません。

---

2 誤 【近隣商業地域】

▶ 近隣商業地域内に、客席部分が200㎡以上の映画館を建築することはできる。

近隣商業地域内においては、客席の部分の床面積に関係なく映画館を建築することができます。

【用途地域内の用途制限】 ●…建築できる ×…原則建築できない

建築物の用途＼用途地域		住居系								商業系		工業系		
		第一種低層住居専用	第二種低層住居専用	田園住居	第一種中高層住居専用	第二種中高層住居専用	第一種住居	第二種住居	準住居	近隣商業	商業	準工業	工業	工業専用
レジャー・娯楽	劇場、**映画館**、演芸場、観覧場、ナイトクラブ	×	×	×	×	×	×	×	▲	●	●	●	×	×
		▲…客席200㎡未満												

---

3 正 【容積率の特例】

建築物の容積率の算定の基礎となる延べ面積には、次の❶から❸までの建築物の部分の床面積は算入しないものとされています。

❶政令で定める昇降機の昇降路の部分

❷共同住宅・老人ホーム等の共用の廊下・階段の用に供する部分

❸住宅・老人ホーム等に設ける機械室その他これに類する建築物の部分（給湯設備等の建築設備を設置するためのものであって、市街地の環境を害するおそれがないものとして国土交通省令で定める基準に適合するものに限る）で特定行政庁が交通上、安全上、防火上および衛生上支障がないと認めるもの

---

4 **誤** 【日影規制】

▶ 日影時間の測定は、冬至日の真太陽時の午前8時から午後4時までの間。

日影による中高層の建築物の高さの制限に係る日影時間の測定は、「夏至日」ではなく「**冬至日**」の真太陽時の午前8時から午後4時（北海道は午前9時から午後3時）までの間について行われます。

問 19 解答 3 盛土規制法 難易度 A

1 **正** 【基礎調査のための測量・調査】

土地の占有者は、都道府県知事等が、基礎調査のために当該土地に立ち入って測量または調査を行う場合、正当な理由がない限り、立ち入りを拒み、または妨げてはいけません。

---

2 **法改正により削除**

---

3 **誤** 【工事等の届出】

▶ 宅地造成等工事規制区域内で公共施設用地を宅地等に転用したら届出が必要。

宅地造成等工事規制区域内で、公共施設用地を宅地または農地等に転用した者は、転用した日から**14日以内**に**都道府県知事**に**届け出**なければなりません。しかし、宅地造成等に関する工事を行わない場合は、都道府県知事の許可は不要です。

---

4 **正** 【変更の許可】

宅地造成等に関する工事の許可を受けた者は、その許可を受けた工事の計画を変更するときには、原則として、**都道府県知事の許可**が必要となりますが、工事主や設計者、工事施行者の氏名・名称または住所の変更など、**軽微な変更の場合**には変更の**届出**ですみます。

問 20　解答 2　土地区画整理法　難易度 D

1　誤

【未登記の借地権者の同意】

▶ **未登記の借地権を有する者の同意が必要な場合もある。**

土地区画整理組合の設立認可を申請しようとする者は、定款および事業計画または事業基本方針について、施行地区となるべき区域内の宅地について所有権を有するすべての者およびその区域内の宅地について借地権を有するすべての者のそれぞれの3分の2以上の同意を得なければなりませんが、未登記の借地権を有する者は、施行地区となるべき区域の公告があった日から1カ月以内に当該市町村長に対し、一定の事項を書面で申告しなければならず、この申告がない場合は、前記の「借地権を有するすべての者」の人数の算定上、存しないものとみなされます。したがって、未登記の借地権を有する者でも、申告をした借地権者については、前記の「借地権を有するすべての者」の人数の算定上の数に含まれます。

2　正

【組合の会議】

土地区画整理組合の総会の会議は、定款に特別の定めがある場合を除くほか、組合員の半数以上が出席しなければ開くことができません。

3　誤

【経費の賦課徴収】

▶ **賦課金は一律ではなく、公平に定めなければならない。**

土地区画整理組合は、その事業に要する経費に充てるため、賦課金として参加組合員以外の組合員に対して金銭を賦課徴収することができますが、賦課金の額は、組合員が施行地区内に有する宅地または借地の位置、地積等を考慮して公平に定めなければなりません。

4　誤

【参加組合員】

▶ **参加組合員となるものは法令で限定されている。**

土地区画整理組合が施行する土地区画整理事業に係る施行地区内の宅地について所有権または借地権を有する者のほか、独立行政法人都市再生機構、地方住宅供給公社その他政令で定める者であって、組合が都市計画事業として施行する土地区画整理事業に参加することを希望し、定款で定められたものは、参加組合員として、組合の組合員となります。したがって、必要な資力および信用を有する者が参加組合員として組合員になれるわけではありません。

問21 解答1 農地法 難易度A

1 **正** 【3条許可がない場合の効力】

3条許可を受けずに売買契約をした場合、その効力は生じません。

2 **誤** 【農業委員会への届出】

▶ **農業委員会への届出は、転用後ではなく「あらかじめ」行う。**

市街化区域内にある農地を農地以外のものに転用する場合には、あらかじめ農業委員会に届け出れば、都道府県知事等の許可は不要となります。

3 **誤** 【3条許可が不要となる場合】

▶ **相続により農地を取得する場合は3条許可は不要。**

相続や遺産分割によって農地を取得する場合には、**3条許可は不要**となります。なお、この場合においては、遅滞なく、農地の存する市町村の農業委員会に届け出なければなりません。

4 **誤** 【3条許可】

▶ **抵当権の設定では、3条許可は不要。**

抵当権の設定は、権利移転に該当しないため、3条許可を受ける必要はありません。

問22 解答1 国土利用計画法 難易度A

1 **正** 【許可・届出が不要な場合】

市街化区域内では2,000㎡以上、市街化調整区域内では5,000㎡以上の土地の売買等の契約をしたときに事後届出が必要となります。Bは市街化区域内の1,500㎡の土地を購入したので事後届出を行う必要はありませんが、Dは市街化調整区域内の6,000㎡の土地について売買に係る予約契約を締結しているので事後届出を行う必要があります。なお、売買に係る予約契約は「土地売買等の契約」に該当します。

2 **誤** 【事後届出の手続】

▶ **事後届出は「契約を締結した日」から2週間以内に行う。**

Fは市街化区域内の2,000㎡の土地を購入しているので事後届出が必要となりますが、事後届出は「所有権移転登記を完了した日」ではなく、「**契約を締結した日**」から**2週間以内**に行わなければなりません。

3　**誤**　【土地売買等の契約の要件】

▶ 贈与で取得した場合は届出不要。

贈与による取得は、対価の授受がなく、届出が必要な「土地売買等の契約」に該当しません。なお、都市計画区域外の10,000㎡以上の土地について、土地売買等の契約をしたときは事後届出が必要となります。

4　**誤**　【土地売買等の契約の要件】

▶ 交換で取得した場合は届出が必要。

交換は「土地売買等の契約」に該当するため、Iから都市計画区域外の10,000㎡以上の土地（本肢では10,000㎡の土地）を取得するJも、Jから市街化調整区域内の5,000㎡以上の土地（本肢では10,000㎡の土地）を取得するIも、当該交換をした日（契約を締結した日）から2**週間以内**に事後届出をする必要があります。

問23　解答3　印紙税　難易度A

1　**誤**　【記載金額（消費税額が記載されている場合）】

▶ 消費税額が区分記載されている場合、消費税額は記載金額に含めない。

契約書に消費税額が記載されている場合には、**消費税額は記載金額に含め**ません。

2　**誤**　【記載金額】

▶ 交換契約書→金額の高いほうが記載金額。

交換契約書で、対象物の双方の金額が記載されている場合には、金額の高いほう（本肢では5,000万円）が記載金額となります。

3　**正**　【国と国以外の者とが共同して作成した文書】

印紙税は課税文書の作成者に納付義務がありますが、国や地方公共団体等が作成する文書は非課税となります。そして、国と国以外の者とが共同して作成した文書については、国が保存する契約書はC社が作成したものとみなされるので、印紙税が課されますが、C社が保存する契約書は国が作成したものとみなされるので、印紙税は課されません。

4　**誤**　【記載金額】

▶ 土地の賃貸借契約書→後日返還が予定されていない権利金等が記載金額。

土地の賃貸借契約書は、契約に際して相手方に交付し、後日返還されることが予定されていない金額(権利金など)が記載金額となります。地代や後日返還されることが予定されている保証金、敷金等は、契約金額とはなりません。

したがって、本肢の記載金額は100万円(権利金の額)となります。

ちなみに、建物の賃貸借契約書は、課税文書に該当しないよ～

問 24 解答 4 不動産取得税 難易度 A

1 **誤** 【不動産取得税の税率】

▶ 不動産取得税の税率は、住宅・土地→3%、住宅以外の建物→4%。

令和6年3月31日までに取得した住宅および土地については、不動産取得税の税率は3%となりますが、住宅以外の建物については4%となります。

---

2 **誤** 【免税点】

▶ 免税点の判断基準は面積ではなく金額によって決まる。

不動産取得税の**課税標準となるべき金額**が、土地については**10万円未満**のときには課されなくなります。

---

3 **誤** 【不動産の取得とは】

▶ 家屋の改築によって家屋の価格が増加→不動産取得税が課される。

家屋の改築をすることによって、当該**家屋の価格が増加した場合**には、当該改築が**家屋の取得とみなされる**ため、免税点(23万円)以上のときは、不動産取得税が課されることになります。

---

4 **正** 【共有物の分割による不動産の取得】

共有物の分割によって不動産を取得した場合、不動産取得税は課税されません(ただし、当該不動産の取得者の分割前の持分を上回る部分の取得は除きます)。

問 25 解答 4 不動産鑑定評価基準 難易度 B

1 **正** 【最有効使用の原則】

不動産の価格は、その不動産の効用が最高度に発揮される可能性に最も富む使用を前提として把握される価格を標準として形成され、これを**最有効使用の原則**といいます。また、ある不動産についての現実の使用方法は、必ずしも最有効使用にもとづいているものではなく、不合理なまたは個人的な事情による使用方法のために、当該不動産が十分な効用を発揮していない場合があることに留意すべきであるとされています。

2　正
【対象不動産の確定】
建築に係る工事が完了していない建物について、当該工事の完了を前提として鑑定評価の対象とすることはあります。

3　正
【特殊価格】
特殊価格とは、文化財等の一般的に**市場性を**有しない**不動産**について、その利用現況等を前提とした不動産の経済価値を適正に表示する価格をいいます。たとえば、文化財の指定を受けた建造物、宗教建築物または現況による管理を継続する公共公益施設の用に供されている不動産について、その保存等に主眼をおいた鑑定評価を行う場合です。

4　誤
【原価法】
▶ 土地についても原価法を適用することができる。
再調達原価を適切に求めることができれば、土地についても原価法を適用することができます。

問 26　解答 3　免許　難易度 A

1　誤
【吸収合併の場合の免許の承継】
▶ 存続会社が消滅会社の免許を承継することはできない。
免許を受けていたA社が、免許を受けていないB社との合併により消滅する場合でも、存続会社であるB社は、A社の免許を承継することはできません。

2　誤
【免許が不要な団体】
▶ 信託会社は免許が不要で、国土交通大臣への届出で足りる。
信託会社・信託銀行が宅建業を営む場合には、免許は不要ですが、国土交通大臣への届出が必要となります。

3　正
【宅建業とは】
宅建業者に代理を依頼しても、Cが競売により取得した自己の所有する宅地を不特定多数の者に反復継続して分譲する行為である(=宅建業に該当する)ため、Cは免許が必要です。

4　誤　【免許の種類】

▶ **同一県内ならば「国土交通大臣」ではなく、「都道府県知事」の免許である。**

1つの都道府県内のみに事務所を設置する場合は、(複数の事務所を設置したとしても)その都道府県の知事から免許を受けます。したがって、Eは、乙県内に新たに事務所を設置しても、国土交通大臣に免許換えの申請をする必要はありません。

問 27　解答 2　広告に関する規制　難易度 A

ア　誤　【取引態様の明示義務】

▶ **注文を受けたときに、再度明示が必要。**

広告をするさいに取引態様の別を明示していても、注文を受けたときには(広告を行った時点と取引態様に変更がない場合でも)再度、明示が必要となります。

イ　正　【誇大広告等の禁止規定】

広告に、実際のものよりも著しく優良・有利であると人を誤認させるような表示をしてはいけません。また、宅地・建物に係る現在・将来の利用の制限の一部を表示しないことにより誤認させることも誇大広告等の禁止規定に違反します。

ウ　正　【数回に分けて広告をする場合】

宅建業者が複数の区画がある宅地の売買について、数回に分けて広告するときは、広告ごとに取引態様の別を明示しなければなりません。

エ　誤　【広告の開始時期の制限】

▶ **「許可等を得た後」でなければ広告をすることはできない。**

「許可等の申請をした後」ではなく、「**許可等を得た後**」でなければ広告をすることはできません。

以上より、正しいものはイとウの2つ。だから答えは「2」！

問28　解答3　宅地建物取引士　難易度A

1　誤　【登録の申請】

▶ 登録の申請に期限はない。

宅建士試験の合格は生涯有効です。試験合格後、登録の申請に期限はありません。

2　誤　【宅建士証の有効期間の更新】

▶ 宅建士証の更新を受けるさいの申請期間の定めはない。

宅建士証の更新を受けようとする者は、登録をしている都道府県知事が国土交通省令の定めるところにより指定する講習で交付の申請前6カ月以内に行われるものを受講しなければなりませんが、申請期間自体の定めはありません。

宅建業の免許の更新を受けようとする場合は、免許の有効期間満了の日の90日前から30日前までの間に免許申請書を提出しなければならないよ～

3　正　【宅建士証の提示】

重要事項の説明(35条の説明)をするときは、相手方からの請求がなかったとしても、必ず宅建士証(原本)の提示が必要となります。また、取引の関係者から請求があったときも、宅建士証(原本)の提示が必要となります。

4　誤　【登録の移転】

▶ 登録の移転のさい、移転先の知事が指定する講習を受講する必要はない。

登録の移転をするさいに、移転先の知事が指定する講習を受講する必要はありません。なお、登録の移転は、義務ではなく任意です。

問29　解答3　媒介契約　難易度A

ア　正　【指定流通機構が発行する登録を証する書面】

宅建業者は、指定流通機構に一定事項を登録したときは、指定流通機構が発行する登録書面を、遅滞なく、依頼者に引き渡さなければなりません。なお、当該書面の引渡しに代えて、依頼者の承諾を得て、電磁的方法により提供することもできます。

イ　正　【媒介契約書面】

媒介契約書面(依頼者の承諾を得て、電磁的方法により提供する場合を含む)には、媒介契約が**標準媒介契約約款にもとづくものであるか否かの別**を記載しなければなりません。

ウ　誤　　【専任媒介契約の更新】

▶ 自動更新は不可。

専任媒介契約の有効期間が終了したあとに、依頼者(B)からの申し出があれば、契約を更新することはできますが、**自動更新はできません**。たとえ、依頼者(B)の要望があったとしても自動更新の特約をすることはできません。

エ　正　　【業務処理状況の報告義務】

専属専任媒介契約では、**1週間に1回以上**業務の処理状況を報告しなければなりません。

以上より、正しいものはアとイとエの3つ。だから答えは「3」！

問30　解答4　報酬　　難易度A

1　誤　　【複数の宅建業者が関与する場合】

▶ A・Bあわせて3,432,000円が報酬限度額。

同一の取引において、複数の宅建業者が関与した場合、これらの宅建業者が受け取る報酬の合計額は、1つの宅建業者が関与した場合の報酬限度額以内でなければなりません。また、各宅建業者が受領できる報酬額は、各宅建業者が受領できる報酬限度額以下でなければなりません。

①土地：5,000万円

②基本公式の額：5,000万円×3%＋6万円＝156万円

③報酬限度額：A（代理）156万円×2×1.1＝343万2,000円

B（媒介）156万円×1.1＝171万6,000円

したがって、AとBは合計で343万2,000円以内でしか受け取れません。

2　誤　　【貸借の媒介の場合の報酬限度額】

▶ 依頼者の承諾は「媒介の依頼を受けるまでに」得ておく必要がある。

居住用建物の貸借の媒介の場合には、報酬額について、依頼者の承諾を得ていないときは、依頼者の一方から受け取れる報酬額は借賃の1/2カ月分が上限となりますが、依頼者の承諾があるときは、（報酬額の合計が限度額以下であれば）どのような割合で貸主および借主から報酬を受け取ってもかまいません。ただし、この承諾は、「報

酬請求時まで」ではなく「媒介の依頼を受けるまで」に得ておく必要があります。

3　誤　【権利金の授受がある場合】

▶ 依頼者の一方から受け取れる報酬限度額は308,000円ではない。

居住用以外の建物の貸借については、権利金の授受(返還されないものに限る)があるときは、権利金の額を売買代金とみなして報酬限度額を計算することができます。

【通常の貸借の媒介として計算した場合の報酬限度額】

25万円×1.1=27万5,000円(依頼者の双方から受け取れる報酬限度額)

【権利金を売買代金とみなして計算した場合の報酬限度額】

330万円÷1.1＝300万円

300万円×4%＋2万円＝14万円

14万円×1.1＝15万4,000円(依頼者の一方から受け取れる報酬限度額)

以上より、依頼者の一方から、本肢の報酬額(308,000円)を受け取ることはできません。

4　正　【事務所用建物の貸借の媒介の場合の報酬限度額】

居住用以外の建物の貸借については、報酬限度額(合計)以下であれば、貸主および借主からどのような割合で報酬を受け取ってもかまいません。

問31　解答 1　重要事項の説明(35条書面)　難易度 A

1　正　【損害賠償額の予定、違約金】

そのとおりです。

	売買・交換		貸借	
	宅地	建物	宅地	建物
損害賠償額の予定、違約金	●	●	●	●

2　誤　【石綿使用の調査の内容】

▶ 自ら調査を行う必要はない。

建物の売買・交換・貸借では、石綿の使用の有無について、調査の結果が記録されているときは、その内容を宅建業者ではない相手方に対して説明する必要がありますが、記録がないときには宅建業者が石綿の使用の有無を調査する必要はありません。

3　**誤**　【既存建物における建物状況調査の実施の有無・結果の概要】

▶ 建物状況調査を実施している場合は、その結果の概要も説明が必要。

既存建物のときは、建物状況調査（実施後1年を経過していないものに限る）を実施しているかどうかやこれを実施している場合のその結果の概要を説明しなければなりません。

4　**誤**　【専有部分の用途その他の利用の制限に関する規約】

▶ 貸借の場合でも説明が必要。

貸借の場合も、専有部分の用途その他の利用の制限に関する規約の定めがある場合には、その内容を説明する必要があります。

	区分所有建物（マンション等）	
	売買・交換	貸　借
専有部分の用途その他の利用の制限に関する規約	●	●

問 32　解答 1　8種制限　難易度 A

1　**正**　【手付による契約の解除】

宅建業者が、自ら売主となる宅地・建物の売買契約の締結にさいして手付を受領したときは、その手付がいかなる性質のものであっても、買主はその手付を放棄して、当該宅建業者はその倍額を現実に提供して、契約の解除をすることができますが、その相手方が契約の履行に着手したあとは、解除することができません。したがって、買主Bが契約の履行に着手したあとは、宅建業者Aは、手付金の倍額を現実に提供したとしても、契約を解除することはできません。

2　**誤**　【クーリング・オフ制度】

▶ クーリング・オフによる解除→受領した手付金その他の金銭の返還が必要。

クーリング・オフによって契約が解除された場合には、宅建業者は、すでに受け取った手付金や代金等をすべて返さなければなりません。この規定に反する特約で買主に不利なものは無効となります。

3　**誤**　【割賦販売契約の解除等の制限】

▶ 30日以上の期間を定めた書面による催告のあとでなければ解除できない。

宅建業者が自ら売主となる割賦販売の契約において、賦払金（各回ごとの支払金額）の支払いが遅れた場合には、❶**30日以上**の期間を定めて、❷その支払いを**書面**で催告し、その期間内に支払いがないときでなければ契約の解除や残りの賦払金の支払いを請求することができません。したがって、Aは直ちに賦払金の支払いの遅滞を理由として契約を解除することはできません。

4　**誤**　【手付金等の保全措置】

▶ 未完成物件の場合で、手付金の額が5%かつ1,000万円以下→保全措置不要。

未完成物件の場合、手付金等の額が代金の**5%以下**（5,000万円×5%＝250万円）かつ**1,000万円以下**の場合には、保全措置は不要です。本肢では、手付金の額が200万円であるため、保全措置を講ずることなく、手付金を受領することができます。

問33　解答 1　契約書（37条書面）　難易度 A

1　**正**　【37条書面への借賃の額等の記載】

貸借の場合、借賃の額ならびにその支払の時期および方法は、37条書面に記載が必要です。また、宅建業者の媒介により契約が成立したときは当該契約の各当事者に、遅滞なく、37条書面を交付または、承諾を得て、電磁的方法により提供しなければなりません。

2　**誤**　【37条書面への引渡しの時期の記載】

▶ 引渡しの時期は37条書面の記載事項。

売買の媒介において、引渡しの時期は37条書面の記載事項です。また、重要事項説明書に記載して説明を行ったときでも、37条書面に記載しなければなりません。

ちなみに、引渡しの時期は重要事項説明での説明・記載事項ではないよ〜

3　**誤**　【37条書面への記名】

▶ 契約の相手方が宅建業者でも37条書面への記名をする必要がある。

宅建業者は、自ら当事者として契約を締結したときは、相手方が宅建業者であっても、37条書面の交付や37条書面への宅建士の記名を省略することはできません。

4　**誤**　【37条書面へのあっせんに係る金銭の貸借が成立しないときの措置の記載】

▶ あっせんに係る金銭の貸借が成立しないときの措置は37条書面の記載事項。

売買の媒介において、代金または交換差金についての金銭の貸借のあっせんに関する定めがある場合における当該あっせんに係る金銭の貸借が成立しないときの措置は37条書面の記載事項です。

問34 解答4 宅地建物取引士 難易度A

1 誤 【宅建士になるまでの流れ】

▶試験合格者が登録の申請をするさいは、試験合格地の都道府県知事宛に提出。

試験に合格した者がその登録を受けようとするときは、登録申請書を当該試験を行った都道府県知事(甲県知事)に提出しなければなりません。

2 誤 【変更の登録】

▶住所の変更があった場合は、変更の登録が必要。

登録を受けている宅建士の住所や本籍に変更があった場合には、遅滞なく、変更の登録を申請しなければなりません。

3 誤 【変更の登録】

▶勤務先の宅建業者の事務所所在地の変更は、変更の登録不要。

宅建業者の業務に宅建士が従事している場合、当該宅建業者の商号または名称および免許証番号が資格登録簿に登載されますが、宅建業者の事務所の所在地は登載事項ではないため、変更があったとしても変更の登録を申請する必要はありません。

4 正 【宅建士証の有効期間】

登録の移転の申請とともに宅建士証の交付を申請した場合は、登録後、移転申請前の宅建士証の有効期間が経過するまでの期間(移転前の宅建士証の残存期間)を有効期間とする宅建士証が移転先の都道府県知事から交付されます。

問35 解答3 営業保証金 難易度A

1 誤 【営業保証金の還付】

▶建設工事は宅建業に係る取引ではない→弁済を受けることはできない。

建設業者の建設工事は、宅建業に係る取引ではないので、建設工事を請け負った建設業者は営業保証金から弁済を受けることはできません。

2 誤 【宅建業者が支店を増設したとき】

▶「営業保証金の供託」→「届出」→「事業開始」の順番である。

宅建業者が支店を増設したときは、本店の最寄りの供託所に、増設した事務所の数に応じた営業保証金を供託し、免許権者にその旨の届出をしたあとでなければ、増設した支店で事業を開始することができません。

3　**正**　【営業保証金の追加供託】

宅建業者は、営業保証金の還付があったために営業保証金に不足が生じた場合において、免許権者から不足額を供託すべき旨の通知書の送付を受けたときには、その通知書の受領日から2週間以内にその不足額を供託する必要があります。

4　**誤**　【営業保証金の供託額】

▶ 供託すべき営業保証金は2,000万円である。

営業保証金の供託額は、**本店につき1,000万円**、**支店1カ所につき500万円**です。Aは本店と2つの支店を設置する予定なので、供託すべき営業保証金の合計額は2,000万円(1,000万円＋500万円×2カ所)となります。

問36　解答4　保証協会　難易度A

1　**誤**　【弁済業務保証金の還付額の範囲】

▶「納付した弁済業務保証金分担金の額に相当する額の範囲内」ではない。

保証協会の社員との宅建業に関する取引により生じた債権を有する者(宅建業者を除く)は、「当該社員が納付した弁済業務保証金分担金の額に相当する額の範囲内」ではなく、「**当該社員が保証協会に加入していなかったとしたら、その者が供託しているはずの営業保証金の範囲内**」で、弁済を受ける権利を有します。

2　**誤**　【弁済業務保証金の還付】

▶ 還付請求は「保証協会」ではなく、「供託所」に対して行う。

保証協会の認証が必要ですが、還付請求をするのは「保証協会」に対してではなく、「供託所」に対してです。

3　**誤**　【還付充当金の納付】

▶「主たる事務所の最寄りの供託所」ではなく、「保証協会」。

保証協会は、弁済業務保証金の還付があったときは、社員または社員であった者に対して「主たる事務所の最寄りの供託所」ではなく、「保証協会**に納付**」すべきことを通知しなければなりません。

No.01 38点 令和2年度(10月試験)

4　**正**　【弁済業務保証金の不足額の供託】

保証協会は、弁済業務保証金の還付があったときは、国土交通大臣から還付の通知を受けた日から**2週間以内**に、当該還付額に相当する額の弁済業務保証金を供託しなければなりません。

問37　解答 1　契約書（37条書面）　難易度 A

ア　**誤**　【37条書面の内容の説明】

▶ 37条書面の内容は説明する必要はない。

35条書面については、宅建士がその内容を原則として説明しなければなりませんが、37条書面についてはその内容を説明する必要はありません。

ちなみに、「専任」の宅建士じゃないとできない仕事というのはないよ～

イ　**誤**　【営業保証金を供託している供託所およびその所在地の説明】

▶ 供託所等の説明は37条書面の記載事項ではない。

供託所等の説明は、契約が成立するまでにしなければなりませんので（相手方が宅建業者である場合を除く）、37条書面に記載は不要です。

ウ　**正**　【37条書面の交付】

相手方が宅建業者であったとしても、37条書面の交付を省略することはできません。

エ　**誤**　【引渡しの時期・移転登記の申請時期】

▶ 37条書面の記載事項は、相手方が宅建業者であっても省略できるものはない。

売買の場合、引渡しの時期および移転登記の申請時期は37条書面に記載しなければなりません。相手方が宅建業者であったとしても同様です。

以上より、正しいものはウの1つ！　だから答えは「1」！

問 38　解答 4　媒介契約　難易度 A

1　**誤**　【媒介契約書の記名押印】

▶ 媒介契約書には「宅建業者」の記名押印が必要。

媒介契約書の記名押印は、「宅建士」ではなく、「宅建業者」が行います。

2　**誤**　【宅建業者が媒介価格について意見を述べるとき】

▶ 宅建業者が媒介価格について意見を述べるときは口頭でもOK。

媒介契約書面には、売買すべき価額または評価額(媒介価格)を記載し、宅建業者が**媒介価格について意見を述べるときは、**その根拠を明らかにしなければなりませんが、意見を述べる方法は書面に限定されていないので、口頭ですることもできます。

3　**誤**　【指定流通機構への登録義務がない場合】

▶ 一般媒介契約の場合、指定流通機構への登録義務はない。

本問でAとBが締結した媒介契約は一般媒介契約であり、一般媒介契約の場合には、指定流通機構への登録義務はありません。

4　**正**　【媒介契約書への記載事項】

媒介契約書には、媒介契約の有効期間および解除に関する事項を記載しなければなりません。

媒介契約書面の記載事項

❶ 宅地・建物を特定するために必要な表示
❷ 売買すべき価額または評価額(媒介価格)
　→宅建業者が媒介価格に意見を述べるときは、その根拠を明らかにしなければならない
❸ 媒介契約の種類
❹ 報酬に関する事項
❺ **有効期間および解除に関する事項**
❻ 契約違反があった場合の措置
❼ 媒介契約が標準媒介契約約款にもとづくものかどうか
❽ 指定流通機構への登録に関する事項
　→一般媒介契約の場合でも省略は不可
❾ 既存の建物の場合、依頼者に対する建物状況調査(インスペクション)を実施する者のあっせんに関する事項

問 39　解答 2　従業者名簿、従業者証明書　難易度 A

1　**誤**　【従業者名簿の閲覧】

▶ 取引の関係者でなければ、従業者名簿を閲覧に供する必要はない。

宅建業者は、取引の関係者から請求があったときは、従業者名簿をその者の閲覧に供しなければなりませんが、取引の関係者でなければその必要はありません。

2　**正**　【従業者証明書】

宅建士証を携帯していたとしても、従業者証明書は携帯しなければなりません。

3　**誤**　【従業者名簿】

▶ 退職した従業者に関する事項も従業者名簿に記載される。

従業者が退職した場合、従業者名簿に退職年月日が記載されます。また、従業者名簿は最終の記載をした日から**10年間**保存しなければならないため、保存期間内であれば、退職した従業者に関する事項を従業者名簿から消去することはできません。

4　**誤**　【従業者証明書】

▶ 従業者証明書は、従業者全員に携帯させなければならない。

「従業者」には、非常勤の役員やパート、アルバイト、単に一時的に事務の補助をする者も含まれ、宅建業者はすべての従業者に従業者証明書を携帯させなければなりません。

問 40　解答 2　8種制限（クーリング・オフ制度）　難易度 A

ア　**契約の解除を行うことができない**　【クーリング・オフ制度】

▶ 書面で告げられた日から8日を経過→クーリング・オフできない。

宅建業者からクーリング・オフができる旨、方法を書面で告げられた日から起算して**8日**を経過した場合、クーリング・オフができなくなります。本肢では、クーリング・オフについて書面で告げられた日の翌日から起算して8日目（書面で告げられた日から起算して9日目）に書面を発送していますので、Bは契約の解除を行うことはできません。

イ　**契約の解除を行うことができる**　【クーリング・オフ制度】

買主が**❶宅地・建物の引渡しを受け**、かつ**❷代金の全額を支払った**場合には、クーリング・オフができなくなりますが、本肢の場合、「A（売主）が履行に着手した」とだけあるので、宅建業者からクーリング・オフができる旨、方法を書面で告げられた日から起算して8日を経過するまでは、クーリング・オフによって契約を解除することができます（手付解除の場面とは異なります）。なお、本肢では、喫茶店で買受けの申込みをしていますが、喫茶店はクーリング・オフができる場所に該当します。したがって、Bはクーリング・オフによる契約の解除を行うことができます。

ウ　**契約の解除を行うことができる**　【クーリング・オフ制度】

クーリング・オフによる契約の解除をしない旨の合意は、申込者であるBに不利なものであり無効となります。したがって、宅建業者からクーリング・オフができる旨、方法を書面で告げられた日から起算して8日を経過するまでは、Bはクーリング・オフによって契約の解除を行うことができます。

エ　**契約の解除を行うことができない**　【クーリング・オフ制度】

▶ 専任の宅建士の設置義務のある場所はクーリング・オフできない場所である。

専任の宅建士を置くべきものとされている宅建業者の事務所以外の場所で継続的に業務を行うことができる施設は、クーリング・オフができない場所に該当します。なお、Bは喫茶店で契約を締結していますが、買受けの申込みの場所と契約を締結した場所が異なる場合、クーリング・オフ制度が適用されるかどうかは、**申込みの場所**で判断します。したがって、Bは契約の解除を行うことはできません。

以上より、契約の解除を行うことができるものはイとウの2つ！　だから答えは「2」！

問41　解答3　重要事項の説明　難易度A

1　**誤**　【35条書面への記名】

▶ 35条書面には、宅建士の記名が必要。

35条書面には、宅建士が記名する必要があります。代表者の記名をもって代えることはできません。

2　**誤**　【重要事項の説明および書面に記名する宅建士】

▶「専任」である必要はない。

重要事項の説明および35条書面の記名は、いずれも宅建士であればよく、**専任である必要はありません。**

3　**正**　【重要事項の説明】

重要事項の説明をするときは、必ず宅建士証(原本)の提示が必要になります。したがって、宅建士証の再交付がされるまで、重要事項の説明をすることはできません。

4　**誤**　【重要事項の説明の場所】

▶ **重要事項の説明は宅建業者の事務所で行う必要はない。**

重要事項を説明する場所については規定がないので、宅建業者の事務所以外の場所で35条書面を交付(または、承諾を得て、電磁的方法により提供)して説明することができます。

問42　解答1・4　8種制限　難易度A

1　**誤**　【一定の担保責任の特約の制限】

宅建業法上、宅建業者が自ら売主となって宅建業者でない者との間で行う宅地・建物の売買契約において、その目的物が種類・品質に関して契約の内容に適合しない場合におけるその不適合を担保すべき責任(以下、本問において「一定の担保責任」といいます)については、原則として、民法の規定より買主に不利となる特約は無効となります。ただし、売主が引渡しの時にその不適合を知り、または重大な過失によって知らなったときを除いて、買主が売主にその不適合について通知する期間として、**目的物の引渡しの日から2年以上の期間**を定めたときは、その特約は有効となります。本肢の「不適合を担保すべき責任を負う期間をBがその不適合を知った時から2年とする特約」は、民法の規定より買主に不利な特約であるため、無効となります。

担保責任の期間の制限(通知期間の制限)とは別に、債権の消滅時効期間内であれば、買主は売主の責任を追及することができるという消滅時効の制限があり、債権の消滅時効期間は、(原則として)買主が権利行使できることを知った時から5年、権利を行使できる時から10年なので、本肢の特約は民法の規定より買主に不利な特約という話もあったね～

2　**正**　【手付金等の保全措置】

手付金等とは、契約締結後、物件の引渡前に支払われる金銭をいい、手付金のほか中間金も含まれます。また、未完成物件の場合、手付金等の額が代金の**5%以下**(5,000万円×5%＝250万円)かつ**1,000万円以下**の場合には、保全措置は不要です。本肢では、中間金を受領すると手付金等の額が500万円(200万円＋300万円)となり、250万円を超えるため、中間金を受領する前に、500万円について保全措置を講ずる必要があります。

3　正　【手付金等の保全措置】

「宅建業者自らが売主となる場合の8つの制限(8種制限)」は、**売主が宅建業者で買主が宅建業者以外の者**となる場合に適用されます。本肢の買主Dは宅建業者なので、8種制限は適用されません。したがって、本肢では保全措置を講じなくても手付金を受領することができます。なお、買主が宅建業者以外の者で完成物件の場合、手付金等の額が代金の**10%以下**かつ**1,000万円以下**の場合に、保全措置は不要となります。

代金の20%を超える手付金だけど、宅建業者間の取引だからOK！

4　誤　【一定の担保責任の特約の制限】

▶ 買主に不利な特約は原則無効→民法の規定に戻る。

民法の規定よりも買主に不利となる特約は無効ですが、この場合は民法の規定が適用されます。したがって、本肢の場合、Aが引渡しの時にその不適合を知り、または重大な過失によって知らなかったときを除いて、買主Eが不適合を知った時から1年以内に通知をしたものについて、Aは一定の担保責任を負います。

問43　解答2　免許、欠格事由(宅建業者)　難易度A

1　誤　【執行猶予期間が満了した者】

▶ 執行猶予期間が経過すれば、免許を受けることができる。

法人の役員のうちに欠格事由に該当する者がいる場合、その法人は免許を受けることができません。懲役(禁錮以上の刑)に処せられた者は、刑の執行が終わった日から5年間は免許を受けることができませんが、執行猶予がついた場合は、**執行猶予期間が経過すれば免許を受けることができます**(5年待たなくてもOK)。したがって、A社は免許を受けることができます。

2　正　【免許が失効した場合】

宅建業者の免許が失効した場合でも、宅建業者であった者またはその一般承継人は、宅建業者が締結した契約に基づく取引を結了する目的の範囲内においては、なお宅建業者とみなされます。

3　**誤**　【廃業等の届出】

▶ 届出義務者は「破産管財人」、「届出のとき」に免許の効力が失われる。

法人について破産手続開始の決定があった場合、その日から**30日以内**に「法人を代表する役員」ではなく、「破産管財人」は免許権者にその旨を届け出る必要があります。また、当該届出があった場合は、「破産手続開始の決定の日」ではなく、「届出のとき」に免許の効力が失われます。

4　**誤**　【破産者で復権を得た者】

▶ 復権を得れば、免許を受けることができる。

破産手続開始の決定がなされたあと、復権を得た場合には欠格事由に該当しません(5年待たなくてもOK)。したがって、E社は免許を受けることができます。

問44　解答4　重要事項の説明(35条書面)　難易度A

1　**正**　【耐震診断の内容】

耐震診断の内容については説明が必要です。なお、**昭和56年(1981年)6月1日以降に新築着工した建物の場合には、説明は不要**です。

2　**正**　【敷金その他契約終了時に精算されることとされている金銭の精算に関する事項】

そのとおりです。

	貸借	
	宅地	建物
敷金その他契約終了時に精算されることとされている金銭の**精算**に関する事項	●	●

3　**正**　【宅地・建物に係る信託で宅建業者を委託者とするものの売買】

相手方が宅建業者であるときは、重要事項の説明は原則として不要(ただし35条書面の交付・提供は必要)ですが、自らを委託者とする宅地または建物に係る信託の受益権の売主となる場合における売買の相手方が宅建業者であったときは、宅建士をして説明しなければなりません。

4　**誤**　【修繕積立金の内容、すでに積み立てられている額】

▶ すでに積み立てられている額についても説明が必要。

当該一棟の建物の計画的な修繕維持のための費用の積立てを行う旨の規約の定め(案を含む)があるときは、修繕積立金の内容およびすでに積み立てられている額について説明が必要です。なお、滞納がある場合には、その旨も説明しなければなりません。

問45　解答2　住宅瑕疵担保履行法　難易度A

1　**誤**　【資力確保措置が義務付けられる者】

▶ 資力確保措置を講ずるのは、新築住宅の売主である宅建業者。

資力確保措置は、宅建業者以外の者に新築住宅を引き渡す宅建業者Aが講じなくてはなりません。

2　**正**　【住宅販売瑕疵担保保証金の取戻し】

供託宅建業者または宅建業者であった者もしくはその承継人で住宅販売瑕疵担保保証金の供託をしているものは、基準日において当該住宅販売瑕疵担保保証金の額が当該基準日に係る基準額を超えることとなったときは、免許権者の承認を受けて、その超過額を取り戻すことができます。

3　**誤**　【資力確保措置の状況に関する届出】

▶ 基準日から3週間以内に、免許権者に届出が必要。

自ら売主として新築住宅を宅建業者以外の者(買主)に引き渡した宅建業者は、基準日ごとに、当該基準日(3月31日)に係る資力確保措置の状況について、**基準日から3週間以内**に、免許権者に届け出なければなりません。なお、この届出をしなかった場合、当該基準日の翌日から起算して50日を経過した日以後、新たに自ら売主となる新築住宅の売買契約を締結することはできません。

4　**誤**　【資力確保措置が義務付けられる場合】

▶ 買主が「宅建業者」→資力確保措置は不要。

資力確保措置が義務付けられるのは、宅建業者が自ら売主となって、宅建業者以外の買主に対して、新築住宅を販売する場合です。本肢の買主は宅建業者であるため、資力確保措置を講ずる必要はありません。

問 46 解答 2 住宅金融支援機構法 難易度 B

1 **正** 【証券化支援事業(買取型)】

機構は、証券化支援事業(買取型)において、民間金融機関から買い取った住宅ローン債権を担保としてMBS(資産担保証券)を発行しています。

---

2 **誤** 【災害にともなう貸付金の元金返済据置期間の設定】

▶ 一定の元金返済の据置期間を設けることができる。

機構は、災害により住宅が滅失した場合における、その住宅に代わるべき住宅の建設または購入に係る貸付金について、一定の元金返済の据置期間を設けることができます。

---

3 **正** 【機構の業務】

機構は、証券化支援事業(買取型)において、賃貸住宅の建設または購入に必要な資金の貸付けに係る金融機関の貸付債権については譲受けの対象としていません。

---

4 **正** 【団体信用生命保険業務】

機構は、団体信用生命保険業務を行っています。

問 47 解答 1 景品表示法 難易度 A

1 **正** 【路地状部分のみで道路に接する土地を取引する場合】

路地状部分のみで道路に接する土地で、その路地状部分の面積が当該土地面積のおおむね**30%以上**を占めるときは、❶路地状部分を含む旨および❷路地状部分の割合または面積を明示しなければなりません。

---

2 **誤** 【各施設までの距離、所要時間】

▶ 所要時間は「実際に歩いたときの所要時間」ではない。

各施設までの所要時間は道路距離**80mにつき1分**として算出した数値を表示しなければなりません。

---

3 **誤** 【広告表示の開始時期】

▶ 建築確認の処分があったあとでなければ広告をしてはならない。

未完成物件については、開発許可や建築確認の処分があったあとでなければ、当該物件の内容または取引条件その他取引に関する広告表示をすることはできません。

予告広告とは、販売区画数もしくは販売戸数が2以上の分譲宅地、新築分譲住宅、新築分譲マンションもしくは一棟リノベーションマンションまたは賃貸戸数が2以上の新築賃貸マンションもしくは新築賃貸アパートであって、価格または賃料が確定していないため、ただちに取引することができない物件について、一定の表示媒体を用いて、その本広告(必要な表示事項をすべて表示して物件の取引の申込みを勧誘するための広告表示)に先立って、その取引開始時期をあらかじめ告知する広告表示をいう!

4 **誤** 【管理費】

▶「全住戸の管理費の平均額」ではなく、「最低額および最高額」である。

管理費については、1戸当たりの月額(予定額であるときは、その旨)を表示しますが、住戸により管理費の額が異なる場合において、そのすべての住宅の管理費を示すことが困難であるときは、最低額および最高額のみで表示します。

問 48 解答ー 統計

最新の統計データで学習してください。

問 49 解答 4 土地 難易度 B

1 **適当** 【都市の中小河川の氾濫】

都市の中小河川の氾濫被害が多発している原因として、急速な都市化、宅地化にともなって、降雨時に雨水が短時間に大量に流れ込むようになったことがあげられます。

2 **適当** 【宅地の選定】

中小河川に係る防災の観点から、宅地選定にあたっては、周辺の地形と防災施設にも十分注意することが必要です。

3 **適当** 【液状化】

地盤の液状化については、宅地の地盤条件について調べるとともに、過去の地形についても古地図などで確認することが必要です。

4 **不適当** 【地形や地質的な条件】

▶ 周辺住民の意見も聴く必要がある。

地形や地質的な条件については、宅地に適しているか調査する必要があるとともに、周辺住民の意見も聴く必要があります。

問 50　解答 3　建物　難易度 D

1　**適当**　【建物の構成】

建物の構成は、大きく基礎構造と上部構造からなっており、基礎構造は地業と基礎盤から構成されています。

2　**適当**　【基礎の種類】

基礎の種類には、基礎の底面が建物を支持する地盤に直接接する直接基礎と、建物を支持する地盤が深い場合に使用する杭基礎(杭地業)があります。

3　**不適当**　【直接基礎】

▶ べた基礎と布基礎(連続基礎)の説明が逆。

直接基礎の種類には、形状により、柱の下に設ける独立基礎、壁体等の下に設ける布基礎(連続基礎)、建物の底部全体に設けるべた基礎等があります。

4　**適当**　【上部構造】

上部構造は、重力、風力、地震力等の荷重に耐える役目を負う主要構造と、屋根、壁、床等の仕上げ部分等から構成されています。

No. 02

平成30年度(2018年度)

解答・解説

この年の合格基準点は**37**点でした

解答一覧

権利関係

問	1	2	3	4	5	6	7	8	9	10
解答	4	4	3	2	3	1	―	1	3	4

問	11	12	13	14
解答	2	3	1	4

法令上の制限

問	15	16	17	18	19	20	21	22
解答	1	4	4	3	2	4	3	1

税 その他

問	23	24	25
解答	2	3	1

宅建業法

問	26	27	28	29	30	31	32	33	34	35
解答	2	4	1	2	4	3	1	4	2	3

問	36	37	38	39	40	41	42	43	44	45
解答	3	2	1	4	2	3	4	1	2	3

その他

問	46	47	48	49	50
解答	1	2	―	4	3

日付 ／　あなたの得点　点

メモ(復習すべき問題など)

問1　解答4　意思表示　難易度 B

1　**正**　【原状回復義務】

当事者の一方が契約を取り消した場合、各当事者は相手方に対して原状回復義務を負い、それらは**同時履行の関係に立ちます**。したがって、土地の売買契約が詐欺を理由に取り消された場合、買主(B)の抹消登記(またはこれに代わる所有権移転登記)義務と売主(A)の代金返還義務とは、同時履行の関係に立ちます。

2　**正**　【相手方からの取消し主張の可否】

重大な過失がある表意者(A)は原則として、錯誤を理由に取り消すことができません。この場合、相手方も取り消すことはできません。

3　**正**　【虚偽表示の善意の第三者】

相手方と通じて行った虚偽の意思表示は無効ですが、この無効は**善意の第三者に対抗することはできません**。したがって、Cが善意であれば、Cは保護され、所有権を対抗することができます。

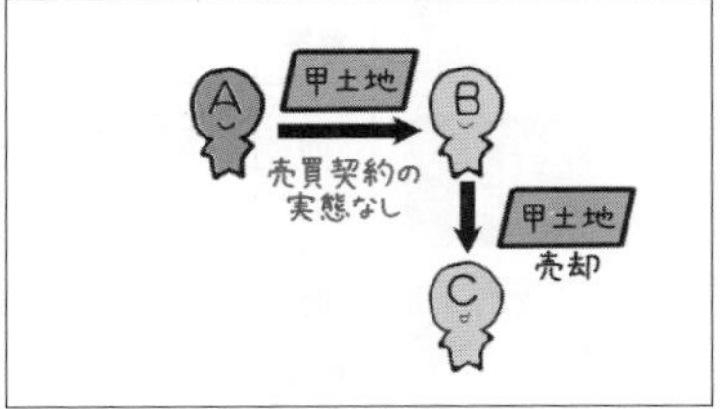

4　**誤**　【第三者による詐欺と転得者】

▶ 第三者による詐欺→取消しの可否は「相手方が」善意無過失か否かで判断。

第三者の詐欺によって意思表示をした場合、表意者(A)は**相手方(B)が善意無過失だった(詐欺だと過失なく知らなかった)場合には取り消すことはできません**。相手方から目的物を譲り受けた者(D)が悪意・有過失であるか否かは、取り消すことができるか否かの判断に影響を及ぼしません。

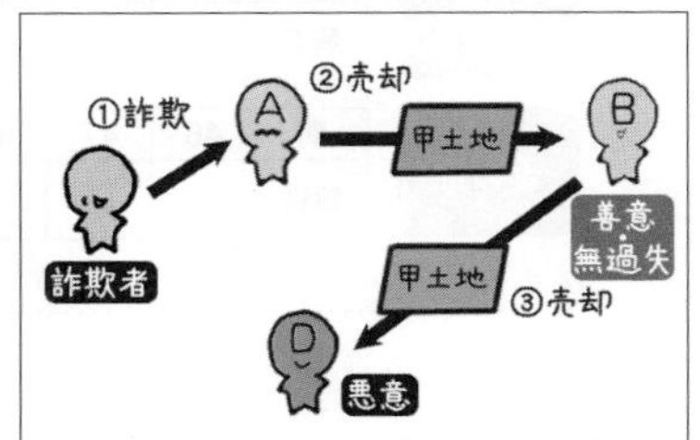

問2　解答4　代理　難易度B

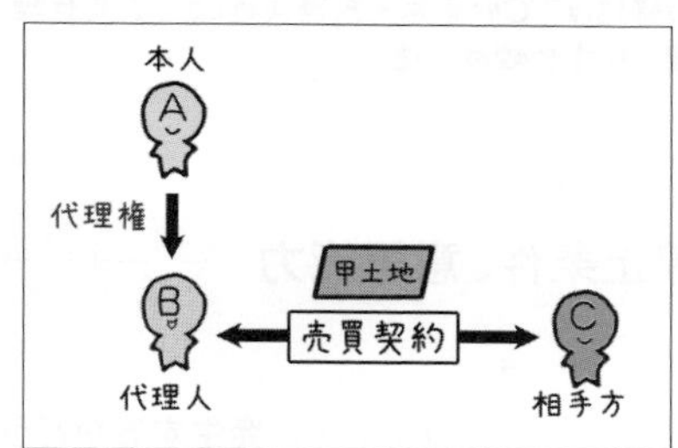

1　誤　【代理人の権限濫用】

▶ 代理人が代理権を濫用→相手方が悪意or有過失なら原則本人に効果不帰属。

代理人(B)が**自己または第三者の利益を図る目的**で権限内の行為をしたときは、相手方(C)が代理人(B)の目的を知りまたは知ることができた場合には、その行為は無権代理行為とみなされます(原則Aに効果は帰属しません)。

2　誤　【代理人の行為能力】

▶ 代理行為は本人に効果帰属→代理人の行為能力に制限なし!

代理行為の効果は本人(A)に帰属し、代理人は不利益を受けないので、少なくとも任意代理の場合、代理人が行為能力者である必要はありません。したがって、少なくとも任意代理の場合、被補助人は、行為能力が制限されているときであっても、有効に代理権を取得することができます。

3　誤　【双方代理】

▶ 双方代理は本人の許諾がある等の場合には本人に有効に効果帰属。

双方代理(同一人が売主と買主の代理人として代理行為をすること)は原則として無権代理人がした行為とみなされますが、例外的に、**❶本人の許諾があるとき**、**❷債務の履行をするとき**には、本人へ有効に効果が帰属します。本肢は「Aの許諾の有無にかかわらず」とありますが、Bによる本件契約は常に無権代理人がした行為とみなされるわけではありません(A・Cの許諾があれば❶に該当)。

4　正　【代理権の消滅事由】

代理人(B)**が後見開始の審判を受けると、代理権は消滅**します。したがって、代理権消滅後にしたBの行為は、無権代理行為に該当します。

ちなみに、「代理権消滅後に代理行為をした場合」に該当するのでBがした本件契約の締結は、Cが善意・無過失のときは表見代理に該当するよ～
表見代理も無権代理の一種!

問3 解答3 停止条件、意思能力 難易度D

1 **正** 【条件とは】

停止条件とは、契約などの効力の発生を、**発生するかどうか不確実**な事実に係らせる特約をいいます。「試験に合格」は発生するかどうかが不確実であるため、本肢の特約は、停止条件付の贈与契約となります。

2 **正** 【期待権】

条件付法律行為の各当事者は、条件の成否が未定である間は、条件が成就した場合に**その法律行為から生ずべき相手方の利益(期待権)を害することができません**。本肢のAの放火は、Bの利益を害するものなので、AはBに対して損害賠償責任を負います。

3 **誤** 【条件付法律行為の効力発生時】

▶ **特段の意思表示がない限り「停止条件が成就した時から」効力が生じる。**

停止条件付法律行為は、**停止条件が成就した時からその効力を生じます**。ただし、当事者が条件が成就した場合の効果をその成就した時以前にさかのぼらせる意思を表示したときは、その意思に従います。本肢ではこうした意思表示はなく、原則どおり、条件成就時(試験に合格した時)に甲建物の所有権を取得します。

4 **正** 【意思無能力状態でした契約の効力】

たとえば、精神上の障害や泥酔により、**意思能力**(自己の行為の結果を判断することができる精神的能力)**を欠く状態で意思表示を行った場合**、その意思表示は、**当初から無効**となります。

契約締結時にAに意思能力があれば、条件成就時にAに意思能力がなくても、無効とはならないよ～

問4 解答2 時効の援用 難易度D

1 正

【時効の利益の放棄とその効力の及ぶ範囲】

時効の完成後であれば、債務者は、時効の利益を放棄することができます。もっとも、主たる債務者がした、主たる債務について完成した時効の利益の放棄は、保証人にその効力を及ぼしません。

2 誤

【時効の援用権者】

▶ 後順位抵当権者…先順位抵当権の被担保債権の消滅時効の援用不可！

消滅時効を援用できる者は、当事者(保証人、物上保証人、第三取得者その他権利の消滅について正当な利益を有する者を含む)**に限定**されます。しかし、後順位抵当権者はこれに該当しません。

「後順位抵当権者」というのは、たとえば、1,000万円の不動産に、1番抵当権が800万円で設定されているときに、後から、2番で500万円の抵当権の設定を受けた人のこと。

3 正

【時効の援用権者】

たとえば、債務者が、債権者を害することを知って、弁済に充てるべき唯一の財産を第三者に譲渡してしまった場合に、債権者は、その譲渡行為を取り消すよう裁判所に請求することができます(**詐害行為取消権**)。この権利は、債権者が債務者に対して有する債権(被保全債権)の存在を前提としているため、財産を譲り受けた第三者(受益者)は、その被保全債権の消滅について正当な(取消しを免れることができる)利益を有する者にあたり、被保全債権の消滅時効を援用することができます。

4 正

【時効の完成と債務の承認】

消滅時効が完成したあとに、債務者が債務を承認した場合、消滅時効の完成を知らなかったときでも、**消滅時効を援用することはできません。**

問5 解答3 事務管理 難易度D

義務なく他人のために事務の管理を始めた者(管理者)は、その事務の性質に従い、最も本人の利益に適合する方法によって、その事務の管理(**事務管理**)をしなければなりません。

1　**正**　【報酬支払請求権】

管理者(A)は、特段の事情がない限り、本人(B)に報酬を請求することはできません。

2　**正**　【事務処理状況の報告】

管理者(A)は、本人(B)からの請求があったときは、いつでも、事務処理の状況を本人に報告しなければなりません。

3　**誤**　【注意義務の度合い】

▶ 事務管理は、原則として、善管注意義務→緊急事務管理なら軽減される。

管理者(A)は、原則、善良な管理者の注意をもって、事務管理をする義務を負うことになります。例外として、本人(B)の身体、**名誉または財産に対する急迫の危害を免れさせるため**の事務管理(緊急事務管理)の場合には、管理者(A)の注意義務が軽減され、悪意または重大な過失がなければ損害賠償責任を負いません。

4　**正**　【費用の償還】

管理者(A)が本人(B)の意思に反することなく事務管理を行ったときは、管理者(A)は本人(B)に対し、有益な費用の全額の償還を請求することができます。

問6　解答1　抵当権(法定地上権)　難易度A

法定地上権は、次の要件をすべて満たしたときに成立します。

法定地上権の成立要件

❶ 抵当権設定当時、土地の上に建物が存在すること(登記の有無は問わない)
❷ 抵当権設定当時、土地の所有者と建物の所有者が同一であること
❸ 土地・建物の一方または双方に抵当権が設定されていること
❹ 抵当権の実行(競売)により、土地の所有者と建物の所有者が別々になること

1　**誤**　【法定地上権】

▶ 抵当権設定時に登記がなくともOK。

甲土地・乙建物について時系列で示してみると、右のとおり、法定地上権の成立要件❶～❸が満たされています。また、抵当権設定時に**登記の有無は問われません**。したがって、甲土地の抵当権の実行により、

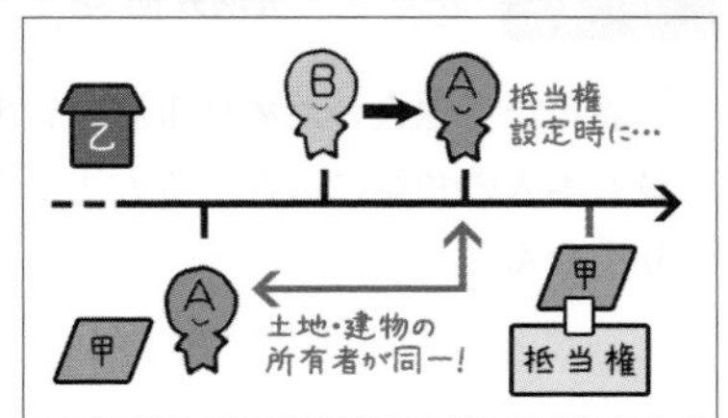

甲土地と乙建物の所有者が別人となれば(❹)、法定地上権が成立します。

2　**正**　【法定地上権】

甲土地・乙建物について時系列で示してみると、右のとおり、**「抵当権設定時に」土地の上に建物が存在していない**ため、法定地上権の成立要件❶が満たされていません。したがって、甲土地の抵当権が実行されたとしても、再築後の丙建物のために法定地上権は成立しません。

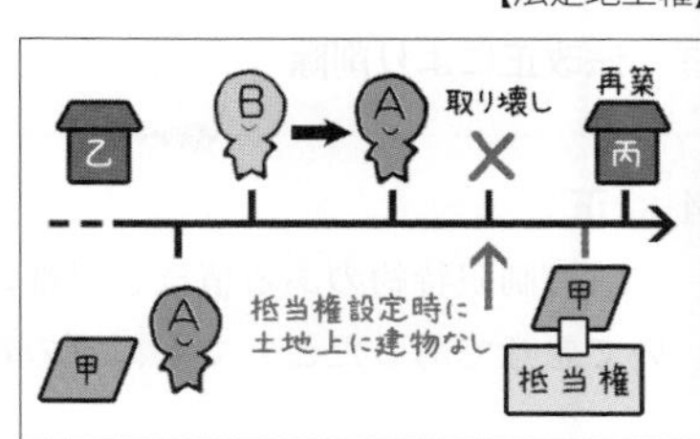

3　**正**　【法定地上権】

土地および建物に**共同抵当権**を設定した後、乙建物が取り壊され、新たに建物(丙建物)が**再築された場合**、特段の事情(新建物の所有者が土地の所有者と同一であり、かつ、土地の抵当権者が新建物に土地と同順位の共同抵当権の設定を受けたとき等)のない限り、**新建物(丙建物)のために法定地上権は成立しません。**

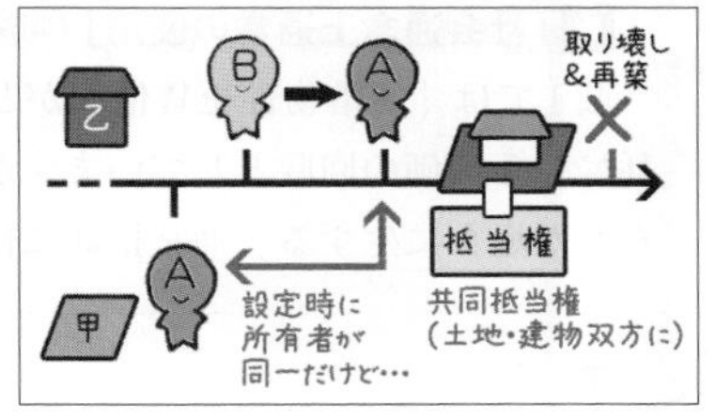

法定地上権の成立要件❶～❹は満たしているけど、これは例外!
土地・建物の価値を一体として把握していた抵当権者は法定地上権のない土地を競売したほうが高く売れて助かるからこうしているんだよ～

4　**正**　【法定地上権】

肢1の解説のとおり、抵当権設定時について判断する要件については満たされています。その後、乙建物の所有権が移転したとしても、法定地上権の成立要件との関係では無関係です。

問7　解答ー　債権譲渡　難易度A

1　**正**　【譲渡制限特約】

譲渡制限特約のある債権を譲渡した場合、その債権譲渡は有効ですが、第三者(譲受人)が譲渡制限特約について**悪意または重過失**であれば、債務者は、その債務の履行を拒むことができます。

2　**法改正により削除**

3　**法改正により削除**

4　**正**　【譲渡制限特約付き債権と質権】

譲渡制限特約のある債権を質権の目的とした場合、質権者がその特約の存在について悪意であったとしても、その質権設定自体は有効です。

問8　解答1　賃貸借　難易度A

1　**誤**　【原状回復義務と通常損耗】

▶「社会通念上通常の使用」（判決文）⇔「どのように使用しても」（肢1）

肢1では「賃借物件を賃借人がどのように使用しても、賃借物件に発生する」損耗による減価の回収としていますが、判決文では「賃借人が社会通念上通常の使用をした場合に生ずる」通常損耗に係る投下資本の減価の回収としています。

2　**正**　【原状回復義務と通常損耗】

判決文では「通常損耗」を「賃借人が社会通念上通常の使用をした場合に生ずる賃借物件の劣化又は価値の減少」としています。

3　**正**　【原状回復義務と通常損耗】

判決文では、賃借人に「通常損耗についての原状回復義務を負わせるのは、賃借人に予期しない特別の負担を課すことになる」、「賃借人に同義務が認められるには…通常損耗補修特約…が明確に合意されていることが必要」としています。

4　**正**　【原状回復義務と通常損耗】

「賃借人に通常損耗についての原状回復義務が認められるためには、その旨の特約が明確に合意されていることが必要」なので、「賃貸借契約に賃借人が原状回復義務を負う旨が定められていても、それをもって、賃借人が賃料とは別に通常損耗の補修費を支払う義務があるとはいえない」と判断することができます。

問 9　解答 3　相殺　難易度 A

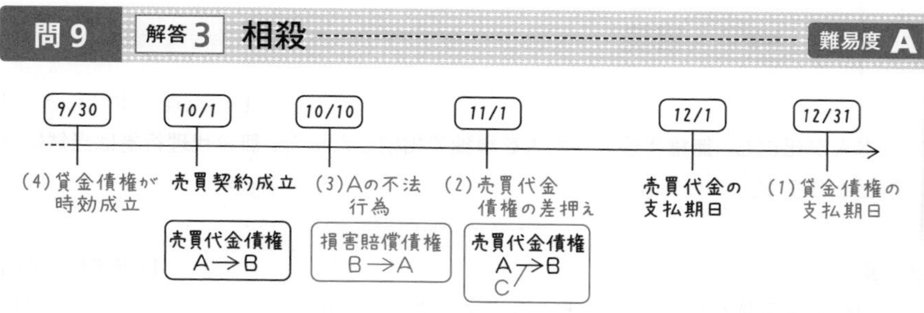

1　**誤**　【相殺適状】

▶ **自働債権**(相殺する側の有する債権)**の弁済期が到来していることが必要。**

双方の債権が弁済期にあるときでなければ相殺をすることはできません。ただし、**自働債権の弁済期が到来していれば**、受働債権につき期限の利益を放棄して、自働債権を有する側から、相殺を主張することができます。本肢の(相殺をする側の) Bの有する債権は、上記時系列のとおり、弁済期が到来していません。

2　**誤**　【相殺と差押えの競合】

▶ **受働債権**(相殺される側の有する債権)**の差押え後に取得した債権で相殺→基本、×。**

支払の差止めを受けた第三債務者(B)は、**その後**(差押えを受けた後)に取得した債権(差押え前の原因に基づいて生じたものを除く)による相殺をもって差押債権者に対抗することはできません。

3　**正**　【不法行為にもとづく損害賠償債権を自働債権とする相殺】

悪意による不法行為に基づく損害賠償債権や人の生命・身体の侵害による損害賠償債権について、加害者(A)から相殺することはできませんが、**被害者(B)からの相殺は可能**です。

4　**誤**　【消滅時効にかかった債権による相殺】

▶ **「時効完成前に」相殺適状→時効消滅した債権を自動債権として相殺可。**

時効完成前に相殺適状(相殺が可能な状態)になっていれば、消滅時効にかかってしまった債権を有する者は、その債権を自働債権として相殺することができます。もっとも、上記時系列のとおり、Aは、貸金債権の「消滅時効が完成したあとで」売買代金債権を取得している(時効完成**後**に相殺適状となった)ので、Bは相殺をすることはできません。

問 10　解答 4　相続　難易度 A

1　**正**　【無権代理と相続（本人死亡）】

本人が死亡し、**無権代理人が本人を単独で相続**した場合、**無権代理行為は当然に有効**となります。

2　**正**　【物権変動と相続】

相続による権利の承継は、法定相続分を超える部分については、登記などの対抗要件を備えなければ、第三者に対抗することができません。つまり、他の共同相続人は、自己の法定相続分については、登記なくして、第三者に対抗することができます。

3　**正**　【連帯債務の相続】

たとえば、連帯して1,000万円の債務を負っているAとBのうち、Aが死亡し、その子CとDが共同相続をした場合、500万円（＝1,000万円×法定相続分2分の1）の連帯債務をそれぞれ承継し、500万円の範囲でBとともに連帯債務者となります。

4　**誤**　【共有物の使用】

▶ 占有者が共有者である以上、占有者への明渡請求は当然には不可。

共同相続人は、相続財産を共有する関係にあります。また、各共有者は自己の持分に応じて共有物を使用することができます。そのため、相続人の一人が共有物を占有しているからといって、**他の相続人は当然に共有物の明渡しを請求することができるわけではありません。**

問 11　解答 2　借地借家法（借地）　難易度 A

1　**誤**　【賃貸借契約の要式】

▶ 特別な場合以外は、賃貸借契約の要式に決まりはない。

借地借家法の適用を受ける賃貸借契約であっても、特別な場合以外は、その契約の要式について、特に制限はありません。なお、「**事業用定期借地権の設定を目的とする契約**」は、**公正証書**によってしなければなりません。

選択肢をよく読むと「本件契約が専ら事業の用に供する建物の所有を目的とする」とは言っていても、「事業用定期借地権を設定する」とは言っていない…引っかけには要注意！

2　**正**　【借地権の存続期間契約の更新請求】

借地借家法の規定に反する特約で借地権者に不利なものは、無効となります。そして、**借地権の存続期間は、原則として、30年**(**契約でこれより長い期間を定めたときは、その期間**)とされています。

3　**誤**　【借地権の存続期間】

▶ 原則、契約に要式性なし＆存続期間は30年以上の期間を定めればその期間。

借地借家法の適用を受ける賃貸借契約であっても、特別な場合以外は、その契約の要式について、特に制限はありません(肢1の解説)。また、借地権の存続期間は、原則として、30年(契約でこれより長い期間を定めたときは、その期間)となります(肢2の解説)。

4　**誤**　【借地権の対抗要件】

▶ 借地権の対抗要件…「借地人名義で」所有権保存登記がされた建物の所有。

借地権は、その登記がなくても、**土地上に借地権者が「自己名義で」登記されている建物を所有**していれば、これをもって第三者に対抗することができます。

問12　解答3　借地借家法(借家)　難易度A

1　**誤**　【定期建物賃貸借と期間の満了】

▶ 期間満了前に賃貸人が賃借人に改めて通知しなければならない。

期間が1年以上の定期建物賃貸借契約については、建物の賃貸人(A)は、期間満了の**1年前から6カ月前**までの間に、賃借人(B)に対し期間満了により賃貸借が終了する旨の通知をしなければ、その終了を賃借人(B)に対抗することができません。

2　**誤**　【定期建物賃貸借の解約申入れ】

▶ 定期建物賃貸借なら、一定の要件のもとで中途解約ができる。

定期建物賃貸借契約では、床面積が**200㎡未満の居住用建物**の賃貸借においては、転勤等**やむを得ない事情**により、賃借人が建物を自己の生活の本拠として使用することが困難となった場合には、賃借人は契約期間の途中で解約を申し入れることができます。

3　**正**　【法定更新】

期間の定めがある場合の賃貸借契約について、当事者が期間満了の**1年前から6カ月前**までの間に、相手方に対し、更新しない旨(または条件を変更しなければ更新しない旨)の通知をしなかったときは、従前の契約と同一の条件で契約を更新したものとみなされますが、**期間については定めがないもの**となります。

4　**誤**　【造作買取請求権】

▶ 賃借人の賃貸人への造作買取請求権→転借人にも適用あり。

建物の賃貸人(A)の同意を得て建物に付加した畳、建具その他の造作がある場合には、建物の転借人(C)は、建物の賃貸借が期間の満了または解約の申入れによって終了するときに、建物の賃貸人(A)に対し、その造作を時価で買い取ることを請求することができます。

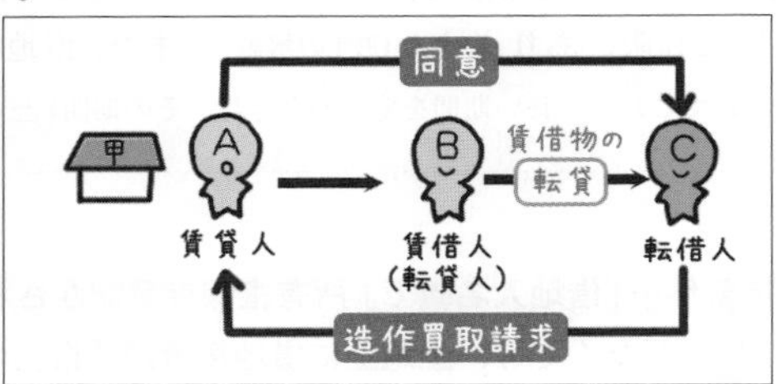

問 13　解答 1　区分所有法　難易度 A

1　**誤**　【規約の設定・変更・廃止】

▶ 規約の設定・変更・廃止は、過半数ではなく「4分の3」。

規約の設定、変更または廃止は、**区分所有者および議決権の各4分の3以上**の多数による集会の決議によってすることができます。

2　**正**　【管理者に対する過料】

規約を保管する者は、利害関係人からの請求に対して正当な理由がないのに規約の閲覧を拒んではならず、正当な理由なく拒んだ場合は、20万円以下の過料に処せられます。

3　**正**　【規約の保管場所】

規約の保管場所は、建物内の見やすい場所に掲示しなければなりません。

4　**正**　【占有者の負う義務】

区分所有者以外の専有部分の占有者は、建物またはその敷地もしくは附属施設の使用方法について、区分所有者が規約または集会の決議に基づいて負う義務と同一の義務を負います。

問 14　解答 4　不動産登記法　難易度 B

1　正　【当事者申請主義】

登記は、法令に別段の定めがある場合を除き、当事者の申請または官庁もしくは公署の嘱託がなければ、することができません。

2　正　【職権による登記】

登記は、法令に別段の定めがある場合を除き、当事者の申請または官庁もしくは公署の嘱託がなければ、することができません。ここにいう、「法令に別段の定めがある場合」には表示に関する登記などが該当し、この場合には、登記官が、職権ですることができます。

3　正　【不動産の表示に関する登記】

建物の床面積に変更があったときは、**1カ月以内**に登記の申請をしなければなりません。

4　誤　【登記名義人の氏名等の変更の登記または更正の登記】

▶ 登記名義人の住所の変更の登記→登記期間の定めはない。

登記期間の定めがある登記は、一定の表示に関する登記と相続登記だけです。登記名義人の住所の変更の登記は、登記期間の定めはありません。

問 15　解答 1　国土利用計画法　難易度 A

1　正　【都道府県知事の勧告・公表】

都道府県知事は、一定の場合には、事後届出に係る土地の利用目的について必要な変更をすべきことを勧告することができます。そして、勧告を受けた者がその勧告に従わないときは、**その旨**およびその**内容**を**公表**することができます。

2　誤　【事後届出が不要となる場合】

▶ 相手方が「乙県」→事後届出は不要となる。

当事者の一方または双方が国・**地方公共団体**・地方住宅供給公社等である場合には、**事後届出を行う必要はありません**。

3　誤　【指定都市の区域以外の土地における事後届出】

▶ 指定都市の区域以外の土地の場合は知事に直接届け出ることはできない。

No. 02　37点　平成30年度

地方自治法に基づく**指定都市の区域以外**の土地の場合は、土地売買等の契約を締結した日から起算して2週間以内に、当該土地が所在する市町村の長を経由して、都道府県知事に事後届出をしなければなりません。

4　誤　【事後届出が必要な場合】

▶ 市街化区域内の2,500㎡の土地→事後届出は必要。

市街化区域内の土地の売買契約では、**2,000㎡以上**で届出の対象となります。したがって、宅建業者である買主(C)は、事後届出をしなければなりません。

問 16　解答 4　都市計画法　難易度 A

1　正　【田園住居地域内における建築等の規制】

田園住居地域内の農地の区域内において、**土地の形質の変更**、建築物の建築その他工作物の建設等を行おうとする者は、原則として、市町村長の許可を受けなければなりません。

2　正　【風致地区内における建築等の規制】

風致地区内における**建築物の建築**、宅地の造成、木竹の伐採その他の行為については、政令で定める基準に従い、地方公共団体の条例で、都市の風致を維持するため必要な規制をすることができます。

3　正　【用途地域】

市街化区域については、**少なくとも**用途地域を定めるものとし、市街化調整区域については、**原則として用途地域を定めない**ものとされています。

4　誤　【準都市計画区域】

▶ 準都市計画区域には区域区分を定めることはできない。

準都市計画区域については、用途地域、高度地区、景観地区などを定めることはできますが、**区域区分を定めることはできません**。

問 17　解答 4　都市計画法(開発許可)　難易度 A

1　正　【非常災害のため必要な応急措置として行う開発行為】

非常災害のため必要な応急措置として行う開発行為については、どの区域で行われる場合でも**開発許可は不要**です。

2　**正**　【用途地域等の定めがない土地の開発区域内における建築等の制限】

用途地域等の定めがない土地のうち開発許可を受けた開発区域内では、開発行為に関する工事完了の公告後は、**都道府県知事の許可を受けなければ**、当該開発許可に係る予定建築物以外の建築物の新築等をすることはできません。

3　**正**　【都市計画区域・準都市計画区域外における開発許可】

都市計画区域および準都市計画区域外の区域内においては、**10,000㎡未満**の開発行為については、開発許可を受ける必要はありません。

4　**誤**　【農業を営む者の居住の用に供する建築物の建築】

▶ 準都市計画区域内で農業を営む者の居住の用に供する建築物の建築→許可不要。

市街化区域以外の区域において農林漁業を営む者の居住の用に供する建築物の建築を目的とした開発行為については、**開発許可を受ける必要はありません。**

問 18　解答 3　建築基準法　難易度 B

1　**誤**　【非常用進入口の設置】

▶ 非常用の進入口は、すべての階ではなく3階以上に設置する必要がある。

建築物の高さ**31m以下**の部分にある**3階以上**の階には、一定の場合を除き、原則として、非常用の進入口を設けなければなりません。

2　**誤**　【防火地域内の建築物の建築確認と完了検査】

▶ 防火地域内で床面積の合計が10㎡以内の増改築等なら建築確認必要。

防火地域・準防火地域外において、木造3階建ての建築物の増改築等をしようとする場合で、増改築等に係る床面積の合計が**10㎡以内**であるときは、建築主事等または指定確認検査機関の確認は不要となります。

本肢は、**防火地域内**において木造3階建ての建築物の増築をするため、床面積の合計が10㎡以内であっても、建築主事等または指定確認検査機関の確認を受け、完了検査を受けなければなりません。

3　**正**　【手すり壁、さくまたは金網の設置義務】

屋上広場または**2階以上**の階にあるバルコニーその他これに類するものの周囲には、安全上必要な高さが**1.1m以上**の手すり壁、さくまたは金網を設けなければなりません。

4　**誤**　【現に存在する建築物】

▶ 法改正時に現に存在する建築物は違反建築物とはならない。

建築基準法の改正によって、現に存在する建築物が改正後の規定に適合しなくなった（既存不適格建築物となった）場合でも、改正後の規定に適合させなければならないものではありません。

問 19　解答 2　建築基準法　難易度 A

1　**正**　【田園住居地域内の建築物の高さの制限】

田園住居地域内において、建築物の高さは、一定の場合を除いて、**10m**または**12m**のうち当該地域に関する都市計画において定められた建築物の高さの限度を超えてはなりません。

2　**誤**　【敷地が複数の用途地域にわたる場合の用途制限】

▶ 複数の用途地域にわたる場合は過半の属する用途地域の適用を受ける。

建築物の敷地が、複数の用途地域にわたる場合、その敷地の**過半**が属する用途地域の規定が、その敷地のすべてに適用されます。

したがって、本肢では、過半を占めている第一種中高層住居専用地域の用途制限が適用されるため、大学を建築することができます。

【用途地域内の用途制限】　●…建築できる　×…原則建築できない

用途地域 ＼ 建築物の用途		住居系								商業系		工業系		
		第一種低層住居専用	第二種低層住居専用	田園住居	第一種中高層住居専用	第二種中高層住居専用	第一種住居	第二種住居	準住居	近隣商業	商業	準工業	工業	工業専用
教育	大学、高等専門学校、専修学校	×	×	×	●	●	●	●	●	●	●	●	×	×

3　**正**　【建築基準法上の道路（2項道路）】

幅員が**4m未満**の道であっても、都市計画区域もしくは準都市計画区域の指定・**変更**等により、建築基準法第3章の規定が適用されるに至ったさい、現に建築物が立ち並んでいて、かつ、**特定行政庁の指定**があるものについては建築基準法上の道路とみなされます。

4　**正**　【壁面線の指定がある場合の容積率の規制】

容積率規制を適用するにあたっては、前面道路の境界線またはその反対側の境界線からそれぞれ後退して壁面線の指定がある場合において、特定行政庁が一定の基準に適合すると認めて許可した建築物については、当該前面道路の境界線またはその反対側の境界線は、それぞれ当該壁面線にあるものとみなします。

問 20　解答 4　盛土規制法　難易度 A

1　**正**　【土地の保全義務】

宅地造成等工事規制区域内の土地の**所有者・管理者・占有者**は、宅地造成等に伴う災害が生じないよう、その土地を常時安全な状態に維持するように努めなければなりません。現在の所有者が工事主と異なる場合であっても、同様です。

2　**正**　【工事の施行に伴う災害を防止するため必要な条件】

都道府県知事は、宅地造成等に関する工事について許可をするときは、工事の施行に伴う災害を防止するために必要な条件を付することができます。

3　**法改正により削除**

4　**誤**　【切土】

▶ 切土をする土地の面積が500㎡超 or 崖の高さが2m超のとき許可が必要。

宅地造成等工事規制区域内において、切土であって、当該切土をする土地の面積が**500㎡**を超えるとき、または、当該切土をした土地の部分に高さ**2m**を超える崖を生ずることとなる場合には、原則として、都道府県知事の許可を受けなければなりません。

問 21　解答 3　土地区画整理法　難易度 A

1　**誤**　【土地区画整理事業とは】

▶ 土地区画整理事業は都市計画区域内の土地で行われる。

土地区画整理事業とは、**都市計画区域内**の土地について、公共施設の整備改善および宅地の利用の増進を図るため、土地区画整理法で定めるところにしたがって行われる土地の区画形質の変更および公共施設の新設または変更に関する事業をいいます。

2 **誤** 【許可権者】

▶ **本肢の場合は都道府県知事、市長のいずれかの許可が必要。**

施行区域内において、土地区画整理事業の施行の障害となるおそれがある建築物その他の工作物の新築等を行おうとする者は、国土交通大臣が施行する場合は**国土交通大臣**の、その他の者が施行する場合は**都道府県知事**（一定の場合においては**市長**）の許可を受けなければなりません。

3 **正** 【建築物等の移転および除却】

施行者は、仮換地を指定した場合において、従前の宅地に存する建築物を移転し、または除却することが必要となったときは、当該建築物を**移転**し、または**除却**することができます。

4 **誤** 【仮換地について使用収益を開始できる日の定め】

▶ **仮換地の指定の効力発生の日とは別に使用収益開始日を定めることができる。**

仮換地を指定した場合において、その仮換地の使用または収益の障害となる物件が存するときその他**特別の事情があるとき**は、その仮換地について使用または収益を開始することができる日を**仮換地の指定の効力発生の日とは別に定めることができます。**

問22 解答1 農地法 難易度A

1 **正** 【5条許可が不要となる場合】

転用目的の権利移動は、原則として、5条許可を受けなければなりません。しかし、**市街化区域内**の農地または採草放牧地の場合には、**あらかじめ農業委員会へ**届出をすれば**5条許可は不要**となります。

2 **誤** 【3条許可が不要となる場合】

▶ **遺産分割により農地を取得する場合は3条許可は不要。**

相続や**遺産分割**によって農地を取得する場合には、**3条許可は不要**となります。

なお、この場合においては、遅滞なく、農地の存する市町村の農業委員会に届け出なければなりません。

3 **誤** 【農地所有適格法人の要件を満たしていない株式会社】

▶ **耕作目的で農地を「借り入れる」ことはできる。**

農地法第２条第３項の農地所有適格法人の要件を満たしていない株式会社は、原則として農地の所有は認められませんが、耕作目的で借り入れることはできます。

4　誤　【農地とは】

▶ **現況が耕作している土地→農地法上の農地に該当する。**

農地法の適用を受ける農地に該当するかどうかは、**その土地の現況で判断**します。したがって、現況が耕作している土地であれば、登記簿上の地目が雑種地であっても、農地に該当します。

問23　解答２　登録免許税　難易度 B

1　誤　【共有で購入した場合】

▶ **共有で購入しても住宅の床面積が50㎡以上なら軽減措置の適用ができる。**

共有で売買または競落によって取得した場合であっても、要件を満たしていれば住宅用家屋の所有権の移転登記に係る登録免許税の税率の軽減措置の**適用を受けることができます。**

2　正　【軽減措置が適用となる取得原因】

所有権の移転登記において軽減措置が適用されるのは、**売買または競落**による場合に限られています。

3　誤　【住宅用家屋の要件】

▶ **本肢の住宅用家屋は、築年数に関係なく新耐震基準に適合するとみなされる。**

登記簿上の建築日付が昭和57年１月１日以降の家屋については、耐火建築物であるか否かを問わず、新耐震基準に適合している住宅用家屋とみなされます。この規定について、築年数は影響しません。なお、建築日付が昭和56年12月31日以前の住宅用家屋であっても、耐震基準適合証明書等により新耐震基準に適合していると証明されれば、軽減措置の適用を受けることができます。

4　誤　【住宅用家屋の証明書】

▶ **税務署長の証明書ではなく、市町村長または特別区の区長の証明書。**

住宅用家屋の所有権の移転登記に係る登録免許税の税率の軽減措置を受けるために必要な住宅用家屋の証明は、**市町村長または特別区の区長**が証明します。

問24 解答3 不動産取得税 難易度A

1 **誤** 【不動産取得税の徴収・納期】

▶ 不動産取得税は普通徴収＋納期は都道府県によって異なる。

不動産取得税の徴収は、**普通徴収**の方法となります。また、納期は、**条例によって定める**こととされているため、各都道府県によって異なります。

---

2 **誤** 【不動産の取得とは】

▶ 家屋の改築によって家屋の価格が増加→不動産取得税が課される。

家屋の改築をすることによって、当該**家屋の価格が増加した場合**には、当該改築が**家屋の取得とみなされる**ため、免税点(23万円)以上のときは、不動産取得税が課されることになります。

---

3 **正** 【相続による不動産の取得】

相続、法人の合併等によって不動産を取得した場合には、不動産取得税は課されません。

---

4 **誤** 【免税点】

▶ 免税点の判断基準は面積ではなく金額によって決まる。

不動産取得税の**課税標準となるべき金額**が、土地については**10万円未満**のときに課されなくなります。

問25 解答1 不動産鑑定評価基準 難易度A

1 **正** 【最有効使用の原則】

不動産の価格は、その不動産の効用が最高度に発揮される可能性に最も富む使用を前提として把握される価格を標準として形成され、これを**最有効使用の原則**といいます。

---

2 **誤** 【収益還元法】

▶ 収益還元法は自用の不動産にも適用すべきものである。

収益還元法は、一般的に市場性を有しない不動産以外のものには**基本的にすべて適用すべき**もので、自用の不動産であっても賃貸を想定することにより適用されるものです。

3　**誤**　【鑑定評価の手法の適用】

▶ 原則として、複数の鑑定評価の手法を適用する。

不動産鑑定評価の基本的な手法は、原価法・取引事例比較法・収益還元法に大別されますが、地域分析および個別分析により把握した対象不動産に係る市場の特性等を適切に反映した**複数**の鑑定評価の手法を適用すべきとされています。

4　**誤**　【限定価格】

▶ 本肢は特定価格についての記述となっている。

限定価格とは、市場性を有する不動産について、不動産と取得する他の不動産との併合または不動産の一部を取得するさいの分割等に基づき正常価格と同一の市場概念の下において形成されるであろう**市場価値と乖離**することにより、**市場が相対的に限定**される場合における取得部分の当該市場限定に基づく市場価値を適正に表示する価格をいいます。

問 26　解答 2　広告　難易度 A

1　**誤**　【誇大広告等の禁止規定】

▶ ネット広告も規制対象＆販売できない物件→誇大広告等禁止に違反する。

インターネットやテレビを利用して行う広告も規制の対象になります。また、売買契約が成立した物件は、その後、販売することができないので、そのような物件の広告を掲載する行為は誇大広告等の禁止規定に違反します。

2　**正**　【誇大広告の禁止規定に違反した場合の監督処分・罰則】

誇大広告等の禁止規定に違反した場合、**監督処分の対象となる**ほか、**6カ月以下の**懲役または**100万円以下の罰金**に処され、これらが**併科**されることがあります。

3　**誤**　【広告の開始時期の制限】

▶ 建築確認申請中の建物の売買・貸借の媒介に関する広告は×。

宅建業者は、未完成物件では、**必要な許可や確認を受けた後**でなければ、建物の**売買**の媒介に関する広告も**貸借**の媒介に関する広告もすることはできません。

4　**誤**　【誇大広告等の禁止規定】

▶ 現在・将来の利用制限の一部不表示による誤認も誇大広告等禁止に違反する。

広告に、実際のものよりも著しく優良・有利であると人を誤認させるような表示をしてはいけません。宅地・建物に係る現在・将来の利用の制限の一部を表示しないことにより誤認させることは誇大広告等の禁止規定に違反します。

問 27 解答 4 建物状況調査 難易度 A

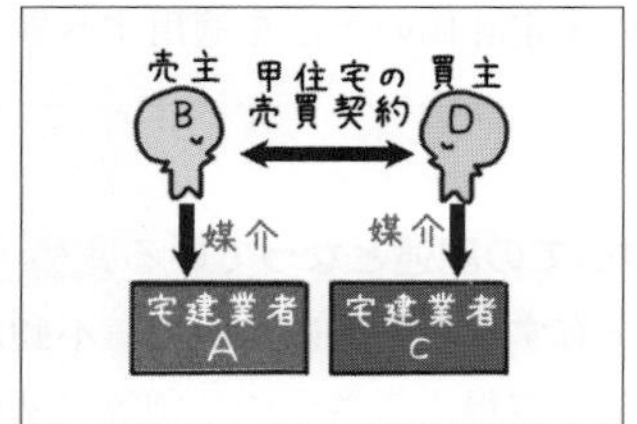

1 **誤** 【媒介契約と建物状況調査】

▶ 媒介契約締結後、遅滞なく、少なくとも依頼者に対して書面の交付等が必要。

宅建業者(A)は、既存建物の売買・交換の媒介契約を締結したときは、**遅滞なく**、**依頼者に対する建物状況調査を実施する者のあっせんに関する事項**を記載した書面を作成して記名押印し、**依頼者**(B)に交付または、承諾を得て、電磁的方法により提供しなければなりません。

---

2 **誤** 【重要事項説明と建物状況調査】

▶ 書類の保存状況→説明必要、記載内容→説明不要。

既存建物では、設計図書、点検記録その他の建物の建築や維持保全の状況に関する書類で国土交通省令で定めるものの**保存の状況**は、(相手方が宅建業者でない場合)**重要事項説明での説明事項**ですが、その書類の**記載内容**は**説明不要**です。

---

3 **誤** 【重要事項説明と建物状況調査】

▶ 建物状況調査を受けたのは媒介契約の2年前→建物状況調査を実施していない旨説明。

既存建物では、**建物状況調査を実施しているかどうか**やこれを実施している場合のその**結果の概要**は重要事項の説明(相手方が宅建業者でない場合)・記載事項ですが、建物状況調査実施後**1年を経過していないもの**に限ります。

---

4 **正** 【37条書面と建物状況調査】

既存建物では、**建物の構造耐力上主要な部分等の状況について当事者の双方が確認した事項**は37条書面の記載事項です。相手方(D)が宅建業者であってもこの記載を省略できません。

問 28　解答 1　業務上の規制　難易度 A

ア　誤　【契約締結時期の制限】

▶ 開発行為の許可を申請中では、売買契約を締結してはダメ。

宅建業者は、宅地の造成に関する工事の完了前の場合、その工事に関し必要とされる**都市計画法29条1項の許可**(**開発行為の許可**)**などの一定の処分の**後でなければ、その工事に係る宅地の売買契約を締結してはいけません。

イ　誤　【37条書面の交付・提供】

▶ 相手方が宅建業者でも、37条書面を交付・提供しなければダメ。

相手方が宅建業者でも、37条書面の交付・提供を省略することはできません。

ウ　誤　【供託所の説明】

▶ 買主が宅建業者→供託した供託所・その所在地の説明不要。

営業保証金を供託している宅建業者は、契約が成立するまでに、取引の相手方(宅建業者を除く)に、営業保証金を供託した主たる事務所の最寄りの供託所とその所在地を説明しなければなりません。

エ　正　【購入の申込みがあった場合の報告義務】

宅建業者は、媒介契約の目的物になっている宅地・建物の売買・交換の申込みがあったときは、遅滞なく、その旨を、**依頼者が宅建業者であるか否かにかかわらず**、依頼者に報告しなければなりません。

以上より、正しいものはエの1つ！だから答えは「1」！

問 29　解答 2　8種制限、業務上の規制　難易度 A

1　**違反する**　【37条書面の記名、交付】

▶ 記名は宅建士が行う。

37条書面には、宅建士の記名が必要です。なお、交付は宅建士ではない従業者が行うことができます。

2　**違反しない**　【損害賠償の予定額】

8種制限は、**売主が宅建業者**で**買主が宅建業者以外の者**の場合に適用されます。

買主Bは宅建業者なので8種制限は適用されず、損害賠償の額を600万円(代金2,000万円の20%を超える予定額)とする特約を定めることができます。

3　**違反する**　【手付金の受領】

▶ 売主Aは500万円の手付を受領できない。

買主が宅建業者以外の人の場合、売主になっている宅建業者は代金の**20%**(2,000万円×20%＝400万円)を超える手付金を受け取ることはできません。

4　**違反する**　【一定の担保責任についての特約の制限】

▶ 引渡しの日から1年以内に制限する特約はダメ。

宅建業者が自ら売主となる宅地・建物の売買契約において、その目的物が種類・品質に関して契約の内容に適合しない場合におけるその不適合を担保すべき責任については、原則として、民法の規定より宅建業者でない買主に不利な特約をしてはいけません。また、本肢の特約は例外にも該当しません。

民法で規定する「買主がその不適合を知った時から1年以内にその旨を売主に通知」という通知に関する期間制限の部分について、引渡しの日から2年以上の通知期間となる特約を定めることは、売主が引渡しの時にその不適合を知っていたり、重大な過失があって知らなかったのでなければ、民法の規定より不利だけど、例外的にできるよ～

問30　解答4　報酬　難易度A

1　**誤**　【店舗用建物の貸借の媒介で権利金の授受がある場合の報酬限度額】

▶ B・Cあわせて165,000円が報酬限度額。それぞれ110,000円の報酬は不可。

居住用**以外**の建物の貸借では、権利金の授受(返還されないものに限ります)があるときは、権利金の額を売買代金とみなして報酬限度額を計算できます。

【通常の貸借の媒介として計算した場合の報酬限度額】

報酬限度額：10万円×1.1〔Aは消費税課税業者〕＝110,000円

【権利金を売買代金とみなして計算した場合の報酬限度額】

150万円×5%×1.1×2〔B・C2人分〕＝165,000円

2　**誤**　【居住用建物の貸借の媒介で権利金の授受がある場合の報酬限度額】

▶ 報酬限度額165,000円×。110,000円○。

居住用建物の貸借は、権利金の額を売買代金とみなして報酬限度額を計算できません。

報酬限度額：10万円×1.1＝110,000円

3　誤　【広告料金】

▶ 依頼にもとづいていない広告の料金→報酬とは別に請求できない。

依頼者から依頼されて行った広告の料金については、報酬とは別に受け取ることができますが、依頼にもとづかない広告の料金については、報酬とは別に受け取ることはできません。

4　正　【定期建物賃貸借契約の再契約を成立させた場合】

定期建物賃貸借契約の再契約の場合にも、宅建業法の報酬に関する規定が適用されます。

問31　解答 3　報酬（空家等の特例）　難易度 B

1　誤　【空家等の特例が適用される代金額】

▶ 代金500万円（税抜き）→特例適用なし→報酬上限額286,000円ではない。

空家等の売買・交換の媒介・代理の特例が適用されるには、代金が**400万円以下**（消費税抜き）でなければなりません。

500万円×3%＋6万円＝21万円

21万円×1.1〔Aは消費税課税事業者〕＝231,000円

AがBから受け取ることができる報酬の上限額は、231,000円です。

2　誤　【空家等の特例が適用される依頼者】

▶ 依頼者Cは買主→特例適用なし→報酬上限額198,000円ではない。

空家等の売買・交換の媒介・代理の特例が適用されるには、**売買の場合、依頼者が売主でなければなりません。**

300万円×4%＋2万円＝14万円

14万円×1.1＝154,000円

AがCから受け取ることができる報酬の上限額は、154,000円です。

3　正　【空家等の特例が適用される場合の報酬限度額】

現地調査等の費用が通常の売買の媒介に比べ**2万円**（消費税抜き）多く必要な場合です。依頼者（D）は売主であるため、空家等の売買・交換の媒介・代理の特例が適用されますので、通常の報酬上限額に加算できます。

350万円×4%＋2万円＝16万円

No. 02　37点　平成30年度

16万円＋2万円＝18万円

18万円×1.1＝198,000円

AがDから受け取ることができる報酬の上限額は、198,000円です。

低廉な空家等の売買・交換に係る媒介の場合に売主・交換を行う依頼者から受領できる報酬限度額は、18万円×1.1(19万8,000円)を超えてはならない！

4　誤　【空家等の特例が適用される契約の種類】

▶ 貸借の媒介→特例適用なし→報酬上限額198,000円ではない。

空家等の売買・交換の媒介・代理の特例が適用されるには、**売買**か**交換**でなければなりません。

15万円×1.1＝165,000円

165,000円×$\frac{1}{2}$〔居住用建物賃貸借〕＝82,500円

AがEから受け取ることができる報酬の上限額は、82,500円です。

もし、Eの承諾がある場合や居住用ではなかった場合は、165,000円です。

問32　解答 1　監督処分　難易度 B

1　正　【指示処分】

宅建士が指示処分を受けた場合、**宅建業者の責めに帰すべき理由があるときは**、宅建業者の免許権者は当該宅建業者に対して指示処分ができます。

2　誤　【不正の手段で宅建士の登録を受けた場合の登録消除】

▶ 不正の手段で宅建士登録→合格決定を取り消さなければならないわけでない。

都道府県知事は、その登録を受けている宅建士が不正の手段により宅建士の登録を受けたときは、その**登録を消除**しなければなりません。

3　誤　【指導、助言、勧告】

▶ 国土交通大臣の指導・助言・勧告は、宅建士に対して×。

国土交通大臣は、「宅建士」に、購入者等の利益の保護を図るため必要な、指導・助言・勧告をすることはできません。

なお、国土交通大臣はすべての「宅建業者」に、宅建業の適正な運営の確保や健全な発達を図るため、必要な指導・助言・勧告ができるよ！

4　誤　【事務禁止処分を受けた場合の宅建士証】

▶ **事務禁止処分を受けた場合、交付を受けた都道府県知事に宅建士証を提出。**

宅建士は、事務禁止処分を受けた場合、宅建士証を**その交付を受けた都道府県知事**(甲県知事)に速やかに提出しなければなりません。

問33　解答4　媒介契約　難易度 B

1　誤　【媒介契約書への記載事項】

▶ **建物状況調査実施者のあっせんに関する事項はBが希望しなかった場合も記載。**

既存建物の場合、依頼者に対する建物状況調査を実施する者のあっせんに関する事項を媒介契約書に記載しなければなりません。

具体的には、「建物状況調査を実施する者のあっせんの有無」について記載するよ～

2　誤　【指定流通機構への登録】

▶ **専属専任媒介→契約締結日から休業日数を除いて5日以内に登録。**

専属専任媒介契約の指定流通機構への登録は、契約締結日から休業日数を除いて**5日以内**です。

3　誤　【周辺の取引事例の調査費用】

▶ **周辺の取引事例の調査費用をBに請求できない。**

通常の物件の調査等のための費用は宅建業者の負担となるので、周辺の取引事例の調査に要した費用をBに請求することはできません。

また、宅建業者は依頼者の特別の依頼により支出を要する特別の費用に相当する額の金銭で、その負担について**事前に依頼者の承諾があるもの**を別途受領することは禁止されていませんが、少なくともBの承諾を得ていないので、いずれにしても、請求することはできません。

4　正　【媒介契約書への記載事項】

専任媒介契約では、依頼者が他の宅建業者の媒介・代理によって売買・交換の契約を成立させたときの措置を媒介契約書に記載しなければなりません。

問34 解答2 37条書面 難易度 A

ア **必ず記載しなければならない事項ではない** 【37条書面の記載事項】

▶ 一定の担保責任についての定めがあるとき、その内容→貸借では不要。

宅地・建物の売買・交換の場合には、宅地・建物の種類・品質に関して契約の内容に適合しない場合におけるその不適合を担保すべき責任についての定めがあるときは、その内容を37条書面に記載しなければなりませんが、宅地・建物の**貸借**の場合には、37条書面に記載する必要はありません。

イ **必ず記載しなければならない事項である** 【37条書面の記載事項】

当事者の氏名（法人にあっては、その名称）・**住所**は、37条書面に必ず記載しなければなりません。

ウ **必ず記載しなければならない事項である** 【37条書面の記載事項】

建物の引渡しの時期は、37条書面に必ず記載しなければなりません。

エ **必ず記載しなければならない事項ではない** 【37条書面の記載事項】

▶ 既存建物の構造耐力上主要な部分等の状況の当事者確認事項→貸借では不要。

売買・交換の場合には、建物が**既存の建物**であるときは、建物の構造耐力上主要な部分等の状況について当事者の双方が確認した事項を37条書面に記載しなければなりませんが、**貸借**の場合には、37条書面に記載する必要はありません。

		売買・交換	貸　借	
必ず記載する事項	❶ 当事者の**氏名**(法人の場合は名称)および住所	●	●	イ
	❷ 宅地・建物を特定するのに必要な表示 (宅地…所在、地番等／建物…所在、種類、構造等)	●	●	
	❸ 代金・交換差金・借賃の額、その支払時期、支払方法	●	●	
	❹ 宅地・建物の**引渡時期**	●	●	ウ
	❺ **移転登記の申請の時期**	●		
	❻ 既存の建物の構造耐力上主要な部分等の状況について当事者の双方が確認した事項	●		エ
その定めがあるときに記載が必要な事項	❼ **代金・交換差金・借賃以外**の金銭の授受に関する定めがあるとき（←手付金、敷金、礼金など） ➡その額、金銭の授受の時期、目的	●	●	
	❽ **契約の解除**に関する定めがあるとき ➡その内容	●	●	
	❾ **損害賠償額の予定、違約金**に関する定めがあるとき ➡その内容	●	●	
	❿ 天災その他不可抗力による損害の負担に関する定めがあるとき ➡その内容	●	●	
	⓫ 代金・交換差金についての金銭の貸借(**ローン**)の**あっせん**に関する定めがある場合 ➡当該あっせんに係る金銭の貸借が成立しないときの措置	●		
	⓬ **一定の担保責任**(当該宅地・建物が種類・品質に関して契約の内容に適合しない場合におけるその不適合を担保すべき責任)または当該責任の履行に関して講ずべき保証保険契約の締結その他の措置についての定めがあるとき ➡その内容	●		ア
	⓭ 当該宅地・建物に係る**租税その他の公課の負担**に関する定めがあるとき ➡その内容	●		

以上より、貸借の場合で37条書面に必ず記載しなければならない事項はイとウの2つ。だから答えは「2」！

問35　解答3　35条書面　難易度A

1　誤　【耐震診断】

▶ 35条書面に記載するために宅建業者自ら耐震診断を受け、その結果を記載する必要なし。

建物の売買では、その建物(昭和56年〈1981年〉6月1日以降に新築の工事に着手したものを除く)が、一定の耐震診断を受けたものであるときは、その**内容**を重要事項説明書に記載しなければなりません。

2　**誤**　【相手方が宅建業者であり、未完成建物である場合の宅建士に説明させる義務】

▶ 相手方が宅建業者→宅建士に35条の重要事項を説明させる必要なし。

宅建業者の相手方が宅建業者である場合、重要事項説明書を交付・提供する必要はありますが、**宅建士に説明させる必要はありません**。これは、建物の売買の対象となる建物が未完成建物の場合でも同じです。

相手方が宅建業者である場合の重要事項の説明

❶ 宅建業法35条1項・2項に掲げる事項については説明不要

❷ 宅建業法35条3項(一定の場合の信託)の事項については原則、説明が必要

※本書ではこのような趣旨で記載しています。

3　**正**　【担保責任の履行に関する事項】

宅地・建物の売買・交換では、宅地・建物の種類・品質に関して契約の内容に適合しない場合におけるその不適合を担保すべき責任の履行に関し保証保険契約の締結その他の措置を講ずるかどうかやその措置を講ずる場合のその措置の概要を重要事項説明書に記載しなければなりません。

4　**誤**　【預り金の保全措置】

▶ 預り金の受領額が50万円未満のときは、必要ない。

預り金等を受領しようとするときは、保全措置を講ずるかどうかやその措置を講ずる場合のその措置の概要を重要事項説明書に記載しなければなりませんが、受領する額が**50万円未満**のときは、その必要はありません。

問36　解答3　免許　難易度A

1　**誤**　【免許更新の申請をしたが処分がされない場合】

▶ 更新期間内に免許更新申請をしたのに処分されないとき、処分されるまで有効。

免許の更新期間内に、宅建業者が更新の申請をした場合で、有効期間満了日までに免許権者から更新するかどうかの処分がされないときは、有効期間満了後も、その**処分がされるまでの間は、旧免許は**有効です。

2　**誤**　【免許換え】

▶ 国土交通大臣免許に換える必要はない。

都道府県知事免許を受けた宅建業者でも全国で宅建業を営むことができるので、宅建業者Bは、国土交通大臣免許に換えることなく(甲県知事免許のままで)乙県所在の宅地の売買の媒介をすることができます。

3　正　【免許を受けることができない者】

禁錮以上の刑に処せられ、その刑の執行を終えるか、執行を受けることがなくなった日から**5年**を経過しない者は免許を受けることができません。

4　誤　【宅建業者名簿の登載事項の変更】

▶ 役員(非常勤の役員、宅建士でない役員含む)の氏名は宅建業者名簿の登載事項。

宅建業者が法人の場合、役員(**非常勤の役員や宅建士ではない役員を含む**)の氏名は宅建業者名簿の登載事項なので、D、Eの取締役就任について、F社は、30日以内に、役員の変更を、免許権者に届け出なければなりません。

問37　解答2　8種制限(クーリング・オフ制度)　難易度B

ア　正　【買主に不利な特約の効力】

8日以内に売主(A)への到達を必要とする特約は、8日以内に書面を発信すれば効力を生じる場合よりも買主(C)に不利なので、その特約は無効です。

イ　正　【クーリング・オフができる場所】

クーリング・オフができる場所かどうかは、買受けの申込みをした場所で判定します。そして、宅建業者(A)が他の宅建業者(B)に、宅地・建物売却の代理・媒介を依頼し、買主(C)がその依頼を受けた他の宅建業者の事務所(Bの事務所)で買受けの申込みをした場合、買主(C)はクーリング・オフによる売買契約の解除はできません。

ウ　誤　【クーリング・オフができる場所】

▶ Cは自宅で売買に関する説明を受ける旨を申し出ていない→解除○。

宅建業者ではない買主(C)がその**自宅**・勤務場所で宅地・建物の売買契約に関する説明を受ける旨を**申し出て**、自宅・勤務場所で買受けの申込みをしたときは、クーリング・オフによる売買契約の解除はできません。しかし、本肢は、買主(C)からの申し出ではなく、媒介した宅建業者(B)からの提案により、Cの自宅で買受けの申込みをしているのでクーリング・オフによる売買契約の解除ができます。

エ　**誤**　【クーリング・オフについて告げる書面の記載事項】

▶ 媒介した宅建業者の商号等は書面の記載事項ではない。

売主になっている宅建業者(A)の商号・名称、住所、免許証番号はクーリング・オフについて告げる書面の記載事項ですが、媒介した宅建業者(B)の商号・名称、住所、免許証番号はその書面の記載事項ではありません。

以上より、正しいものはアとイの2つ!だから答えは「2」!

問38　解答1　8種制限(手付金等の保全措置)　難易度B

1　**正**　【完成物件において中間金も受領する場合】

完成物件の場合、手付金等の額が代金の**10%以下**(3,000万円×10%＝300万円以下)で、さらに**1,000万円以下**の場合には、保全措置は不要です。手付金等には、**中間金も含まれます。**

手付金200万円と中間金300万円を合計すると、500万円(300万円超)となるので、手付金と合わせて中間金についても保全措置を講じた後でなければ、その中間金を受領することはできません。

2　**誤**　【未完成物件において保全措置が不要となる場合】

▶ 未完成物件、手付金の額5%超→保全措置必要。

未完成物件の場合、手付金等の額が代金の**5%以下**(2,500万円×5%＝125万円以下)で、さらに**1,000万円以下**の場合には、保全措置は不要です。手付金150万円を受領するには150万円について保全措置が必要です。

3　**誤**　【未完成物件の場合の保全措置の方法】

▶ 未完成物件→指定保管機関による手付金等の保全措置は×。

未完成物件の場合には、指定保管機関(保証協会)による手付金等の保全措置を講じることはできません。

完成物件の場合は指定保管機関(保証協会)による手付金等の保全措置を講じることができるよ!

4　**誤**　【銀行等との間での保証委託契約】

▶ 少なくとも引渡しまでに生じた返還債務を保証しなければならない。

銀行等との間での保証委託契約は、保証すべき手付金等の返還債務が、**少なくとも**宅建業者が受領した手付金等についての**宅地・建物の引渡しまで**に生じたものでなければなりません。

問 39　解答 4　重要事項の説明　難易度 A

1　**正**　【建物を借りようとする者が宅建業者である場合の重要事項の説明、交付・提供】

建物を借りようとする者が宅建業者である場合、貸借の契約が成立するまでの間に、重要事項を記載した書面を交付・提供しなければなりませんが、その内容を宅建士に説明させる必要はありません。

2　**正**　【既存建物における建物状況調査の実施の有無・結果の概要】

既存建物のときは、建物状況調査(実施後1年を経過していないものに限る)を実施しているかどうかやこれを実施している場合のその結果の概要を説明しなければなりません。

3　**正**　【建物の設備の整備状況】

建物の賃借の場合には、台所、浴室、便所その他の建物の設備の整備状況を説明しなければなりません。

4　**誤**　【IT重説における宅建士証の提示】

▶ IT重説の場合にも相手方の承諾の有無にかかわらず、宅建士証の提示が必要。

宅建士は、テレビ会議等のITを活用して重要事項の説明を行うときでも、説明の相手方の承諾の有無にかかわらず、宅建士証を提示しなければなりません。

問 40　解答 2　その他の業務上の規制　難易度 A

ア　**違反する**　【手付の分割払い】

▶ 手付の分割払いによる契約締結の誘引は禁止。

宅建業者が手付を貸し付けたり、手付の後払い・**手付の分割払い**を認めることによって契約の締結を誘引することは禁止されています。

イ　**違反しない**　【売買代金の引下げ】

「手付について貸付けその他信用の供与をすることにより契約の締結を誘引する行為」は宅建業法の規定に違反しますが、販売価格の値引きを告げて勧誘し、売買契約を締結しても、違反しません。

ウ　**違反しない**　【宅地・建物の交通等の利便の状況】

宅建業者は、その業務に関して相手方等に宅地・建物の売買・交換・貸借の契約締結を勧誘するさい、交通等の利便について故意に事実を告げなかったり、不実のことを告げる行為をしてはいけませんが、この説明は宅建士でなくともかまいません。

宅地・建物の交通等の利便の状況は、重要事項説明(35条)の説明事項ではないよ！

エ　**違反する**　【勧誘を継続すること】

▶ 電話での勧誘から自宅を訪問しての勧誘に変えても、違反。

相手方が契約を締結しない旨の意思を表示したのに、勧誘を継続することは宅建業法に違反しますので、自宅を訪問しての勧誘に変えても、宅建業法に違反します。

以上より、違反するものはアとエの2つ！　だから答えは「2」！

問 41　解答 3　免許　難易度 A

1　**含まれない**　【自ら貸借】

▶「自ら貸借」→「取引」に該当しない。

「自ら貸借」は「取引」に該当しないため、宅建業の免許は不要です。

2　**含まれない**　【自ら貸借】

▶「自ら貸借」→「取引」に該当しない。

本肢は、B社が、自ら所有するビルの一部にテナントの出店を募集し、出店事業者が決まったことから、「自ら貸借」の場合といえます。「自ら貸借」は「取引」に該当しないので、宅建業の免許は不要です。

3　**含まれる**　【貸借の代理】

C社は賃貸マンションの管理業者ですが、貸主を代理して行う賃貸借契約の締結は「取引」といえ、これを業として行う以上、宅建業の免許が必要です。

4　**含まれない**　【建設業】

▶ 建設業であり、「取引」に該当しない。

多数の顧客から、顧客が所有している土地に住宅や商業用ビルなどの建物の建設を請け負って、その対価を得ることは「建設業」に該当する（「宅建業」には該当しない）ため、宅建業の免許は不要です。

問42　解答4　宅地建物取引士　難易度A

1　**誤**　【死亡等の届出】

▶ 死亡の事実を知った日から30日以内。

「死亡した日から30日以内」ではなく、「**死亡の事実を知った日から30日以内**」に届け出なければなりません。

2　**誤**　【登録の移転】

▶ 登録の移転は任意であり、「受けなければならない」わけではない。

登録の移転の申請は義務ではなく、任意です。

3　**誤**　【宅建士証の提出、返納】

▶ 事務禁止の処分→宅建士証の提出。登録消除の処分→宅建士証の返納。

宅建士は、事務禁止の処分を受けたときは、宅建士証をその交付を受けた都道府県知事に速やかに**提出**しなければならず、登録消除の処分を受けたときは、速やかに、宅建士証をその交付を受けた都道府県知事に**返納**しなければなりません。

4　**正**　【宅建士証の提示】

宅建士は、37条書面を交付するさい、請求がない場合には、宅建士証を提示する義務はありませんが、取引の関係者から請求があったときは、専任の宅建士であるか否かにかかわらず宅建士証を提示しなければなりません。

問 43　解答 1　営業保証金　難易度 A

1　**正**　【宅建業者が営業保証金を供託した旨の届出をしない場合の免許取消し】

免許権者は、宅建業の免許を与えた日から3カ月以内に営業保証金を供託した旨の届出がないときは、催告をしなければならず、この催告が到達した日から**1カ月以内**に宅建業者が届出をしないときは免許を取り消すことができます。

2　**誤**　【営業保証金の還付権者】

▶ 家賃収納代行業務は宅建業に係る取引ではない→弁済受けることができない。

家賃収納代行業務は、宅建業に係る取引ではないので、家賃収納代行業務より生じた債権を有する者は、営業保証金からその債権の弁済を受けることはできません。

3　**誤**　【営業保証金の供託と宅建業の開始】

▶ 営業保証金の供託、届出後でなければ宅建業を開始できない。

宅建業者は、営業保証金を供託し、さらに、その供託物受入れの記載のある供託書の写しを添付して、営業保証金を供託した旨をその免許権者に**届出をした後**でなければ、その事業を開始してはなりません。

4　**誤**　【有価証券による営業保証金の供託】

▶ 地方債の評価額は額面の90%。額面金額280万円の国債が必要。

営業保証金の供託額は、本店につき**1,000万円**、支店1カ所につき**500万円**なので、新たに事務所を2カ所増設するには、1,000万円(500万円×2カ所)の営業保証金が必要です。

そして、国債証券の評価額は額面の**100%**ですが、地方債証券の評価額は額面の**90%**なので、その額面金額が800万円のときは、評価額は720万円(800万円×90%)となり、額面金額が280万円(1,000万円－720万円)の国債証券が必要となります。

有価証券の場合の評価額

❶ 国債	額面金額の100%
❷ 地方債・政府保証債	額面金額の 90%
❸ それ以外の国土交通省令で定める有価証券	額面金額の 80%

問 44　解答 2　保証協会　難易度 B

1　**誤**　【社員の地位を失ったときの公告】

▶ 保証協会が、6月を下らない一定期間に申し出るべき旨を公告。

保証協会は、社員がその地位を失ったときは、社員だった者の宅建業に関する取引から生じた債権に関し、弁済業務保証金から弁済を受ける権利を有する者に、**6月を下らない一定期間内**に認証を受けるため申し出るべき旨を公告しなければなりません。

2　**正**　【苦情の解決】

保証協会は、宅建業者の相手方から社員の取り扱った宅建業に係る取引に関する苦情について解決の申出があった場合、苦情の解決について必要があると認めるときは、その社員に、文書または口頭による説明を求めることができます。

3　**誤**　【社員の地位を失った場合の営業保証金の供託】

▶ 本店＋支店3カ所→1,000万円＋500万円×3＝2,500万円

社員が、保証協会の社員の地位を失った場合、すべての事業所で営業を継続するには、地位を失った日から**1週間以内**に主たる事務所の最寄りの供託所に営業保証金を供託しなければなりません。

そして、弁済業務保証金分担金の納付額は本店につき**60万円**、支店1カ所につき**30万円**なので、納付していた弁済業務保証金分担金が150万円ということは、Aは、本店と支店3カ所を有していたことがわかります。

60万円＋30万円×？カ所＝150万円

？カ所＝3カ所

また、営業保証金の供託額は、本店につき**1,000万円**、支店1カ所につき**500万円**なので、Aはすべての事業所で営業を継続するには、営業保証金として2,500万円を供託しなければなりません。

Aが供託する営業保証金：1,000万円＋500万円×3カ所＝2,500万円

4　**誤**　【一部の事務所を廃止した場合の弁済業務保証金分担金の返還】

▶ 一部の事務所廃止→還付請求権者に公告の必要なし。

保証協会の社員になっている宅建業者が一部の事務所を廃止したため、保証協会が弁済業務保証金分担金をその宅建業者に返還する場合、還付請求権者に公告する必要はありません。

問45　解答3　住宅瑕疵担保履行法　難易度A

1　**誤**　【新築住宅の売買の媒介をする場合】

▶「自ら売主」でなければ、資力確保措置を講じる必要はない。

資力確保措置が義務付けられるのは、宅建業者が**自ら売主**となって新築住宅を販売する場合です。新築住宅の売買の「媒介」をする場合には、資力確保措置を講じる必要はありません。

2　**誤**　【基準日に係る資力確保措置状況の届出】

▶「引き渡した日から3週間以内」ではなく、「基準日から3週間以内」。

新築住宅を引き渡した宅建業者は、**基準日**(**毎年3月31日**)**ごと**に、**基準日から3週間以内**に保証金の供託や保険契約の締結の状況について免許権者に届け出なければなりません。

3　**正**　【基準日に係る資力確保措置状況の届出】

新築住宅を引き渡した宅建業者は、基準日(毎年3月31日)ごとに、基準日から3週間以内に保証金の供託や保険契約の締結の状況について免許権者に届け出なければならず、この届出をしなかった場合、**基準日の翌日から50日を経過した日以後**は、新たに自ら売主となる新築住宅の売買契約を締結できません。

4　**誤**　【保険金の支払いを受けることができる瑕疵】

▶ 住宅の構造耐力上主要な部分の瑕疵によって生じた損害のみではない。

住宅販売瑕疵担保責任保険契約は、新築住宅の買主がその**引渡しを受けたときから10年以上**の期間にわたって有効でなければなりません。また、保険金の支払いを受けることができる瑕疵は、**住宅の構造耐力上主要な部分や雨水の浸入を防止する部分**の瑕疵のうち一定のものです。

問46　解答1　住宅金融支援機構法　難易度A

1　**誤**　【貸付債権の譲受けの対象】

▶ 本肢の貸付債権についても譲受けの対象としている。

住宅の建設・購入に付随する土地・借地権の取得に必要な資金の貸付けに係る貸付債権についても譲受けの対象としています。

2　**正**　【住宅融資保険】

機構は、金融機関による住宅資金の供給を支援するため、金融機関が貸し付けた住宅ローンについて、住宅融資保険を引き受けています。

3　正　【MBS（資産担保証券）】

証券化支援事業（買取型）において、機構は買い取った住宅ローン債権を担保としてMBS（資産担保証券）を発行することにより、債券市場（投資家）から資金を調達しています。

4　正　【資金貸付業務（高齢者に適した住宅にするための資金）】

機構は、高齢者の家庭に適した良好な居住性能および居住環境を有する住宅とすることを主たる目的とする住宅の改良（高齢者が自ら居住する住宅に限る）に必要な資金の貸付を業務として行っています。

問47　解答2　景品表示法　難易度A

1　誤　【過去の販売価格を比較対照価格とする二重価格表示の要件】

▶ 過去の販売価格の公表時期と値下げの時期も明示する必要がある。

過去の販売価格を比較対照価格とする二重価格表示は以下の要件をすべて満たし、かつ、実際に、当該期間、当該価格で販売していたことを資料により客観的に明らかにすることができる場合でなければ、不当な二重価格表示となります。

❶ **過去の販売価格の公表日・値下げした日を明示すること**
❷ 比較対照価格に用いる過去の販売価格が次の2つを満たすこと
(1) 値下げの直前の価格
(2) 値下げ前2カ月以上にわたり実際に販売のために公表していた価格
❸ 値下げした日から6カ月以内に表示するもの
❹ 過去の販売価格の公表日から二重価格表示を実施する日まで物件の価値に同一性が認められるものであること
❺ 土地（現況有姿分譲地を除く）・建物（共有制リゾートクラブ会員権を除く）について行う表示であること

2　正　【古家が存在する場合の土地取引】

土地取引において、土地上に古家・廃屋等が存在するときは、その旨を明示すれば売地と表示して販売しても不当表示に問われることはありません。

3　誤　【不当表示】

▶ 電柱等を消去する加工を施すと不当表示に問われることがある。

見取図・完成図・完成予想図等による表示において、物件の規模・構造等について、事実に相違する表示または実際のものより優良であると誤認させるおそれのある表示をした場合は、不当表示に問われることがあります。

4 **誤** 【取引態様の表示】

▶ 物件の種類ごとに取引態様をわかりやすく表示しなければならない。

新聞広告・新聞折込チラシ等・パンフレット等においては、物件の種類ごとに、取引態様(売主・貸主・代理・媒介)の別をわかりやすい表現で明瞭に表示しなければ不当表示に問われることがあります。

問 48 解答ー 統計

最新の統計データで学習してください。

問 49 解答 4 土地 難易度 A

1 **適当** 【地すべり地】

地すべりによってできた地形の末端の急斜面部等は斜面崩壊の危険度が高いです。そのため、棚田や水田として利用されることがあります。

2 **適当** 【台地】

台地は、一般に水はけが良く地盤が安定していますが、**台地上の浅い谷**は、豪雨時において一時的に浸水することがあるため、**住宅地としては注意**を要します。

3 **適当** 【低地に属する大都市】

日本の大都市の大部分は低地に立地しており、かつては湿地や旧河道であった地域が多いため、地震・洪水・高潮・津波等の災害に対する危険度が高いです。

4 **不適当** 【低地の災害危険度】

▶ 本肢の記述は基本的に逆となっている。

低地の中で災害の危険度の高い所は、沿岸部の標高の低いデルタ地域、旧河道等であり、危険度の低い所が、扇状地の中の微高地、自然堤防、廃川敷となった旧天井川等です。

問50 解答3 建物 難易度A

1 **適当** 【木材】

木材の強度や耐久性は含水率が大きいと低くなります。したがって、木造建物を造るさいには、できるだけ乾燥している木材を使用するのが好ましいとされています。

2 **適当** 【集成木材】

集成木材構造は、集成木材で骨組を構成したもので、体育館等の大規模な建物にも使用されています。

3 **不適当** 【鉄骨構造】

▶ 鉄骨構造を耐火構造にするためには耐火被覆が必要。

鉄骨構造は不燃構造ですが、加熱に遭うと耐力が低下するため、耐火構造にするためには耐火材料による被覆が必要となります。

4 **適当** 【鉄筋コンクリート構造】

鉄筋コンクリート構造の耐久性を高めるためには、中性化の防止やコンクリートのひび割れ防止の注意が必要となります。

No. 03

令和4年度（2022年度）

解答・解説

この年の合格基準点は**36**点でした

解答一覧

権利関係

問	1	2	3	4	5	6	7	8	9	10
解答	3	3	4	1	2	3	4	3	1	2

問	11	12	13	14
解答	3	1	1	2

法令上の制限

問	15	16	17	18	19	20	21	22
解答	3	2	3	3	4	1	4	3

税 その他

問	23	24	25
解答	3	2	2

宅建業法

問	26	27	28	29	30	31	32	33	34	35
解答	2	1	1	3	3	1	1	2	4	4

問	36	37	38	39	40	41	42	43	44	45
解答	1	2	4	4	2	2	2	2	4	3

その他

問	46	47	48	49	50
解答	1	4	―	2	4

日付　／　あなたの得点　点

メモ（復習すべき問題など）

問1 解答3 物権変動 難易度A

1 **誤** 【背信的悪意者】

▶ **背信的悪意者→登記がないことを主張する正当な利益を有する第三者に当たらない。**

不動産に関する物権の変動は、登記がなければ第三者に対抗できません。この第三者とは、当事者やその包括承継人(相続人など)以外の者で、**登記がないことを主張する正当な利益を有する第三者**を指し、**背信的悪意者**(買主に積極的に損害を与えることを意図して登記をしたような者)は第三者に当たりません。そして、背信的悪意者が登記がないことを主張することは信義則上許されません。したがって、Cが背信的悪意者に該当するときは、登記を備えていても、Bに所有権を対抗することはできません。

---

2 **誤** 【物権変動と対抗要件】

▶ **Bは登記を備えていなければ、Cに所有権を対抗できない。**

Aは不動産をBとCに二重に譲渡しています。二重譲渡の場合、**先に登記をしたほう**が所有権を対抗することができます。したがって、Bは登記を備えていなければ、自己に所有権があることをCに対抗することはできません。

---

3 **正** 【背信的悪意者】

Bに対する関係で背信的悪意者に該当する転得者Dは、登記を備えていても、Bに所有権を対抗することはできません。

---

4 **誤** 【物権変動と対抗要件】

▶ **単なる悪意者→登記がないことを主張する正当な利益を有する第三者に当たる。**

単に二重譲渡の事実を知っているだけの悪意者は、背信的悪意者ではなく、登記がないことを主張する正当な利益を有する第三者に当たります。したがって、Cが先に登記を備えていれば、Bに対して所有権を対抗することができます。

問2 解答3 相続 難易度A

1 **正** 【遺留分の放棄】

相続の開始前における**遺留分の放棄**は、**家庭裁判所の許可**を受けたときに限り、その効力を生じます。

2　**正**　【相続放棄】

相続人は、**自己のために相続の開始があったことを知った時から3カ月以内**に、相続について、単純もしくは限定の承認または放棄をしなければならず、相続開始前に、単純承認、限定承認または相続放棄をすることはできません。

3　**誤**　【遺留分の放棄】

▶ 遺留分の放棄→相続放棄とは異なり、相続人としての地位を失わない。

相続人が遺留分の放棄について家庭裁判所の許可を受けたとしても、相続開始後に**遺留分侵害額請求権**を行使することができないだけで、遺産を相続する権利を失いません。

4　**正**　【遺留分】

兄弟姉妹には遺留分がありません。

問3　解答4　制限行為能力者　難易度B

1　**誤**　【後見監督人】

▶ 成年後見人による法律行為の取消し→後見監督人の同意は不要。

後見監督人は、家庭裁判所が必要があると認めるときに、一定の者からの請求または職権により選任され、後見人の事務の監督などを行います。後見監督人がいる場合、成年後見人が成年被後見人に代わって営業もしくは民法第13条第1項各号に掲げる行為(=保佐人の同意を要する重要な財産上の行為)をするには、原則として後見監督人の同意を得なければなりません。しかし、成年後見人が法律行為の取消しを行う場合には、その同意を得る必要はありません。

2　**誤**　【利益相反行為】

▶ 相続の放棄が利益相反行為となることがある。

判例によると、相続の放棄が相手方のない単独行為であるということから直ちに利益相反行為に当たる余地がないと解するのは相当でないとしています。そして、共同相続人の一人が他の共同相続人の全部または一部の者の後見をしている場合において、後見人が被後見人全員を代理してする相続の放棄について、後見人自らが相続の放棄をした後にされたか、またはこれと同時にされたようなときには、利益相反行為に当たらないとしています。したがって、成年後見人が成年被後見人に代わって相続の放棄を行った場合に、利益相反行為となることがあります。

3　**誤**　【保佐人】

▶ 保佐人は同意権と取消権を有し、さらに代理権が付与される場合がある。

成年後見人は法律上当然に代理権を有します(**法定代理人**)が、保佐人は当然には代理権を有しません。ただし、家庭裁判所は、一定の者の請求によって、被保佐人のために特定の法律行為について保佐人に代理権を付与する旨の審判をすることができます。

保佐人に付与される代理権の範囲は、保佐人の同意を要する重要な財産上の行為に限られず、代理権付与の審判により定められた範囲になるよ。ちなみに、本人以外の者からの申立てにより保佐人に代理権が付与される場合には、本人の同意が必要!

4　**正**　【後見人の欠格事由】

未成年者は後見人となることができませんが、18歳の者は成年なので、後見人の欠格事由に該当しません。

問4　解答 1　抵当権　難易度 A

本問では、債権者Cの債務者Bに対する債権(被担保債権)を担保するため、物上保証人Aの所有する甲土地にCを抵当権者、Aを抵当権設定者とする抵当権を設定しています。

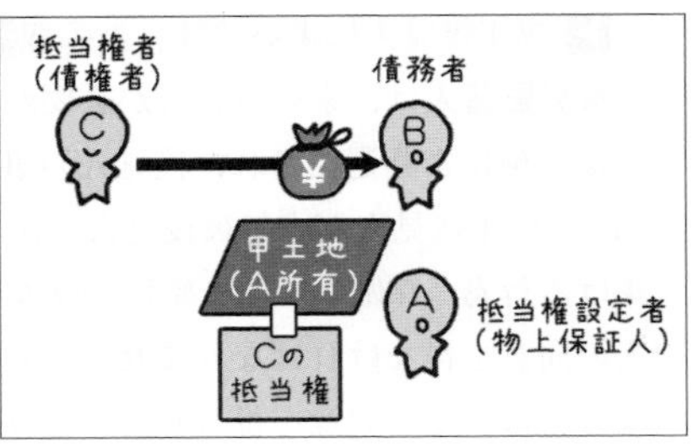

1　**正**　【代価弁済】

抵当不動産を買い受けた第三者(D)が、抵当権者(C)の請求に応じてその代価を抵当権者(C)に弁済したときは、抵当権はその第三者(D)のために消滅します。これを**代価弁済**といいます。

2　**誤**　【抵当権者に対抗することができない賃貸借】

▶ 土地賃借人(E)には、買受人(F)に対する引渡しの猶予はない。

抵当権設定登記後に設定された賃借権については、原則として、抵当権者および競売による買受人に対抗することができません。なお、抵当権者に対抗することができない**建物**賃貸借によって、競売手続の開始前から使用または収益をする者であれば、その建物の競売における買受人の買受けの時から6カ月を経過するまでは、その建物を買受人に引き渡すことを要しませんが、土地の賃借人にこのような引渡しの猶予は認められません。

3　誤

【一括競売】

▶ 抵当権者は抵当地上の建物を一括して競売できるだけであって、義務ではない。

土地への抵当権設定当時、当該土地が更地であり、抵当権設定後にその土地に建物を築造している場合には、抵当権者に一括競売が認められます(義務ではありません)。

一括競売をした場合、抵当権者が優先弁済を受けられるのは、土地の代価についてだけ!

4　誤

【抵当権消滅請求】

▶ 主たる債務者であるBは抵当権消滅請求をすることはできない。

抵当不動産の被担保債権の主たる債務者や保証人は、抵当権消滅請求をすることはできません。

問5　解答2　期間の計算　難易度D

1　誤

【期間の起算】

▶ 期間の初日は、原則として算入しない。

日、週、月または年によって期間を定めたときは、原則として期間の初日は算入しません(初日不算入)。また、週、月または年の初めから期間を起算しないときは、原則としてその期間は、最後の週、月または年において、その起算日に応当する日(応当日)の前日に満了します。本肢の場合は、契約締結日の翌日である×4年10月18日が起算日となり、1年後の応当日が翌年10月18日、そして、その前日である10月17日が引渡日となります。

期間が午前零時から始まるときは、初日を算入するよ!
例えば、×4年10月1日に、「×4年10月17日から1年後に引渡し」という契約を締結すれば、×5年10月17日が応当日、その前日である×5年10月16日が引渡日になるね。

2 **正** 【期間の満了】

肢1の解説のとおり、本肢の場合も、×4年8月31日の初日は算入しませんので、9月1日が起算日となり、1カ月後の応当日が10月1日、そして、その前日である9月30日が弁済期限となります。

---

3 **誤** 【期間の満了】

▶ その日に取引をしない慣習がある場合に限り、期間はその「翌日」に満了する。

期間の末日が日曜日、国民の祝日に関する法律に規定する休日その他の休日に当たるときは、その日に取引をしない慣習がある場合に限り、期間はその翌日に満了します（つまり、期間の末日が日曜日で、日曜日に取引をしない慣習があれば、満了日はその翌日の月曜日になるということです）。

---

4 **誤** 【期間の満了】

▶ 最後の月に応当する日がないときは、その月の末日に満了する。

月または年によって期間を定めた場合において、最後の月に応当日がないときは、その月の末日に満了します。肢1の解説のとおり、本肢の場合も、×4年5月30日の初日は算入しませんので、5月31日が起算日となり、1カ月後の応当日は6月31日となりますが、6月31日は存在しないため、6月の末日である6月30日が支払期限となります。

問6 解答3 賃貸借と使用貸借 難易度 B

1 **誤** 【物の受取り前の解除】

①…× ②…×

▶ ①、②ともに、自由に契約を解除することはできない。

前提として、①②ともに、契約の成立に書面の作成や物の引渡しは要求されていません（口頭で契約は成立します）。そして、期間の定めがある賃貸借契約である①の場合は、契約を書面で締結したか否かにかかわらず、また引渡しの前であっても、原則として自由に解除することはできません。②の使用貸借の場合は、貸主は、借主が借用物を受け取るまで、契約の解除をすることができますが、書面による使用貸借については、契約を解除することはできません。

書面によらない贈与契約は、履行の終わった部分を除き、解除できるというのもあったよね～

2　誤　【転貸】

①…○　②…×

▶ ①、②ともに、賃貸人・貸主の承諾を得なければ、転貸することはできない。

①では、賃借人は、賃貸人の承諾を得なければ、その賃借権を譲り渡し、または賃借物を転貸することができません。②でも同様に、借主は、貸主の承諾を得なければ、第三者に借用物の使用または収益をさせることができません。

3　正　【契約の解除】

①…○　②…○

期間の定めがある賃貸借契約である①の場合は、賃貸借契約の一方または双方がその期間内に解約をする権利を留保したときに限り、解約の申入れをすることができます。また、②の場合は、借主からはいつでも契約の解除をすることがでます。したがって、本肢は正しい記述です。

4　誤　【損害賠償についての期間の制限】

①…×　②…○

▶ ①、②ともに、返還を受けた時から「1年以内」に請求しなければならない。

①、②ともに、契約の本旨に反する使用または収益によって生じた損害の賠償および賃借人・借主が支出した費用の償還は、賃貸人・貸主が返還を受けた時から1年以内に請求しなければなりません。

問7　解答4　失踪宣告　難易度D

不在者の生死が7年間明らかでないときに、利害関係人の請求により、家庭裁判所は失踪宣告をすることができます。失踪宣告は、生死不明の者をめぐる法律関係を早期に確定させるための制度で、この失踪宣告を受けた者は、7年の期間が満了した時点で死亡したものとみなされて、相続が開始します。

失踪宣告が通常の相続と異なる点は、失踪宣告の取消しがあるという点です。失踪宣告を受けた者の相続人は、失踪宣告によって財産を相続しますが、失踪宣告の取消しがあると権利を失い、財産を返還する義務を負います。ただし、失踪宣告後、取消前に善意でした行為は、失踪宣告の取消しによって影響を受けませんが、その行為が契約のように相手方がある場合には、当事者双方が善意でなければなりません。

したがって、Cが本件売買契約にもとづき相続人Bから取得した甲土地の所有権をAに対抗できるのは、BとCがともに善意(ア)でなければなりません。

7年間生死が明らかでない者には普通失踪の宣告をすることができ、戦争、船舶の沈没、震災などの死亡の原因となるべき危難に遭遇した者の生死が、危難が去った後1年間不明の者には特別失踪の宣告をすることができる。特別失踪が宣告された場合は、危難が去った時に死亡したものとみなされるよ。

問8 解答3 地上権と賃借権 難易度B

1 **誤** 【修繕義務】

①…× ②…○

▶ 土地の所有者は、地上権が設定された土地の修繕義務を負わない。

②の賃貸人は、特約がなくても、賃貸物の使用および収益に必要な修繕をする義務を負いますが、①の土地所有者(地上権設定者)は、特約がある場合を除き、地上権が設定された土地の修繕義務を負いません。

---

2 **誤** 【無断譲渡】

①…× ②…○

▶ 地上権の譲渡には、地上権設定者の承諾は不要。

②の賃借人は、賃貸人の承諾を得なければ、その賃借権を譲り渡し、または賃借物を転貸することができず、賃借権の無断譲渡があった場合は、賃貸人は背信的行為と認めるに足りない特段の事情のない限り契約を解除することができます。一方で①の地上権は、地上権者が地上権の設定された土地を自由に使用および収益することができ、地上権を譲渡する場合にも地上権設定者の承諾を要しません。したがって、①では、明渡しを請求することができません。②では、背信的行為と認めるに足りない特段の事情のない限り、明渡しを請求することができます。

---

3 **正** 【抵当権の設定】

①…○ ②…○

抵当権は、不動産(所有権)のほか、地上権や永小作権にも設定することができますが、賃借権には設定することはできません。したがって、本肢は正しい記述です。

---

4 **誤** 【妨害排除請求】

①…○ ②…×

▶ 対抗要件を備えた賃借人は、賃借権にもとづいて妨害の停止等の請求ができる。

物権である地上権は、物権的請求権(不法な物権への侵害に対し、返還・排除・予防を請求する権利)があるため、①の地上権者は、妨害の排除を求めることができます。一方で②の賃借権は、賃貸人と賃借人との契約によって発生した債権であって排他性(同一物に相容れない内容の物権が複数同時に成立できないこと)がないため、第三者に対して賃借権にもとづいた請求権を有しません。ただし、対抗要件を備えた場合は、第三者に対しても賃借権を対抗することができるため、対抗要件を備えた②の賃借人は、賃借権にもとづいて、妨害の停止や返還の請求をすることができます。

問 9 解答 1 民法総合 難易度 D

ア 正 【委任】

委任は、有償であるか無償であるかに関係なく、各当事者がいつでも解除をすることができます。したがって、本肢は正しい記述です。

イ 誤 【親権】

▶ 法務局への届出ではなく、家庭裁判所の許可が必要。

親権を行う父または母は、やむを得ない事由があるときは、家庭裁判所の許可を得て、親権または管理権を辞することができます。

ウ 誤 【後見】

▶ 後見監督人の許可ではなく、家庭裁判所の許可が必要。

後見人は、正当な事由があるときは、家庭裁判所の許可を得て、その任務を辞することができます。

エ 誤 【遺言の執行】

▶ 相続人の許可ではなく、家庭裁判所の許可が必要。

遺言執行者は、正当な事由があるときは、家庭裁判所の許可を得て、その任務を辞することができます。

以上より、正しいものはアの1つ!だから答えは「1」!

問 10 解答 2 時効 難易度 B

1 誤 【代理占有】

▶ Bは甲土地をDに賃貸しているため、甲土地の占有を失わない。

占有権は、代理人によって取得することもでき、賃借人は賃貸人の占有代理人として賃借物を占有し、賃貸人は間接的に占有することになります。したがって、B

は甲土地の占有を失うことにはならず、要件を満たせば、甲土地の所有権を時効取得することができます。

2　**正**　【占有権の消滅】

占有権は、占有者が占有の意思を放棄し、または占有物の所持を失うことによって消滅しますが、占有者が占有回収の訴えを提起し、勝訴して現実にその物の占有を回復した場合には消滅しません。したがって、Eに占有を奪われていた期間もBの占有は消滅していなかったことになるので、その期間も時効期間に算入されます。

3　**誤**　【所有の意思】

▶ 所有の意思の有無は、占有取得の原因たる事実によって決まる。

占有における所有の意思の有無は、占有取得の原因たる事実によって外形的客観的に定められます。したがって、売買によって甲土地の引渡しを受けたBには所有の意思が認められ、AC間の売買およびCに対する登記の移転を知ったとしても、所有の意思が認められなくなるわけではありません。

4　**誤**　【取得時効と登記】

▶ 時効完成前の第三者に対しては、登記なくして所有権を対抗できる。

Bの時効完成時に甲土地の所有者であったCは、(Bから見て)**時効完成前の第三者**ということになります。時効完成前の第三者(C)に対しては、登記を備えていなくても所有権を主張することができるので、BはCに対し、登記がなくても甲土地の所有権を対抗することができます。

問 11　解答 3　借地借家法(借地)　難易度 B

1　**誤**　【建物の再築による借地権の期間の延長】

▶ 借地権設定者の承諾があった場合に限り、借地権の延長の効果が生ずる。

借地権の存続期間が満了する前に建物の滅失(借地権者または転借地権者による取壊しを含む)があった場合において、借地権者が残存期間を超えて存続すべき建物を築造したときは、その建物を築造することにつき借地権設定者の承諾がある場合に限り、借地権の延長の効果が生じます。なお、借地権は、**承諾があった日**または**建物が築造された日のいずれか早い日から20年間**存続します。

延長された借地権は、当初の残存期間が20年より長いとき、または当事者が20年より長い期間を定めたときは、その期間による。

2　**誤**　【建物の再築】

▶ 転借地権は消滅せず、転借地権者は建物を再築することができる。

転借地上の建物が滅失したときでも、転借地権は消滅しません。この場合、転借地権者は建物の再築をすることができ、転借地権者がする建物の築造を借地権者がする建物の築造とみなして、借地権者と借地権設定者との間について肢1の解説と同様の効果が生じます。

3　**正**　【借地権者に不利な特約】

本肢の特約は、借地権者に不利なものなので、無効となります。

4　**誤**　【建物買取請求権の代金債権と留置権】

▶ 敷地の賃料相当額については支払義務を負う。

借地上の建物所有者が借地権設定者に対して建物買取請求権を行使した場合、建物の買取代金の支払いを受けるまでは、建物について留置権を主張して引渡しを拒み、敷地を占有することができます。ただし、敷地の賃料相当額については支払義務を負います。

問 12　解答 1　借地借家法(借家)　難易度 A

1　**誤**　【定期建物賃貸借】

▶ 賃貸借契約書とは別個独立の書面を公布・提供して説明する必要がある。

定期建物賃貸借契約を締結するときは、契約の締結を公正証書等の書面または契約内容を記録した電磁的記録によってしなければなりません。さらに、あらかじめ、賃借人に対し、書面を交付して(建物の賃借人の承諾を得て、当該書面に記載すべき事項を電磁的方法によって提供する場合を含む)一定の事項を説明しなければなりませんが、この書面は、契約書(電磁的記録の場合を含む)とは別個独立の書面であることを要します。

2　**正**　【建物賃借権の対抗力】

借地借家法では、建物賃借権の登記がなくても、建物の引渡しを受けていれば、賃借人は第三者に建物の賃借権を対抗することができ、定期建物賃貸借契約であるか否かを問いません。

3　**正**　【定期建物賃貸借】

賃貸借の対象となる床面積が200㎡未満の居住の用に供するための定期建物賃貸

借契約においては、転勤、療養、親族の介護その他のやむを得ない事情により、賃借人が建物を自己の生活の本拠として使用することが困難となったときは、賃借人は、建物の賃貸借の解約の申入れをすることができます。これを禁止する特約は賃借人に不利なものとして無効となりますので、Aは解約の申入れをすることができます。

4　**正**　【敷金の返還請求】

賃貸物の返還が先履行となるので（同時履行の関係ではない）、賃貸人Bは甲建物の返還を受けるまで、敷金の返還請求を拒むことができます。

問 13　解答 1　区分所有法　難易度 A

1　**誤**　【管理者の権限】

▶ 規約により原告または被告となったときは、遅滞なく通知が必要。

管理者は、規約または集会の決議により、その職務に関し、区分所有者のために、原告または被告となることができますが、規約により原告または被告となったときは、遅滞なく、区分所有者にその旨を通知しなければなりません。

2　**正**　【集会の招集請求】

管理者がないときは、区分所有者の5分の1以上で議決権の5分の1以上を有するものは、集会を招集することができますが、この定数は、規約で減ずることができます。

3　**正**　【管理者の選任】

区分所有者は、規約に別段の定めがない限り、集会の決議によって管理者を選任し、または解任することができます。この集会の決議は普通決議となりますので、規約に別段の定めがない限り、区分所有者および議決権の各過半数で決します。

4　**正**　【管理組合法人の成立】

管理組合は、区分所有者および議決権の各4分の3以上の多数による集会の決議で法人となる旨ならびにその名称および事務所を定め、かつ、その主たる事務所の所在地において登記をすることによって法人となります。

管理組合法人には、理事と監事を必ず置かなければならないよね！

問 14 解答 2 不動産登記法 難易度 C

1 **正** 【登記原因証明情報】

権利に関する登記を申請する場合には、申請人は、法令に別段の定めがある場合を除き、その申請情報と併せて登記原因を証する情報（**登記原因証明情報**）を提供しなければなりません。

2 **誤** 【登記識別情報の提供】

▶ 資格者代理人によって登記申請がなされる場合→正当な理由に当たらない。

登記権利者と登記義務者が共同して権利に関する登記の申請をする場合には、登記識別情報が通知されなかった場合その他の申請人が登記識別情報を提供することができないことにつき正当な理由がある場合を除き、申請人は、その申請情報と併せて登記義務者の**登記識別情報を提供**しなければなりません。この正当な理由とは、登記識別情報の失効の申出にもとづいて登記識別情報が失効した場合や登記識別情報を失念した場合などをいい、当該申請が登記の申請の代理を業とすることができる代理人（資格者代理人）によってされた場合を含みません。

登記識別情報を提供できない場合は、❶登記官による事前通知制度、または、❷資格者代理人による本人確認制度などによって、登記官による本人確認が行われる！

3 **正** 【登記識別情報の通知】

登記官は、その**登記をすることによって申請人自らが登記名義人となる場合**において、当該登記を完了したときは、速やかに、当該申請人に対し、当該登記に係る**登記識別情報**を通知しなければなりませんが、当該申請人があらかじめ登記識別情報の通知を希望しない旨の申出をした場合などには通知されません。

4 **正** 【登記完了証の交付】

登記官は、登記の申請にもとづいて登記を完了したときは、申請人に対し、登記完了証を交付することにより、登記が完了した旨を通知しなければなりません。そして、申請人は、書面により登記完了証の交付を求める場合には、その旨および送付先の住所を申請情報の内容としなければなりません。

問 15　解答 3　都市計画法　難易度 A

1　**正**　【用途地域】

市街化区域については、少なくとも用途地域を定めるものとされています。

2　**正**　【準都市計画区域】

準都市計画区域については、都市計画に、用途地域、**特別用途地区**、特定用途制限地域、高度地区、景観地区、風致地区、緑地保全地域または伝統的建造物群保存地区を定めることができます。

3　**誤**　【高度地区】

▶ **高度地区→「容積率」ではなく、「高さの最高限度または最低限度」を定める。**

高度地区は、用途地域内において市街地の環境を維持し、または土地利用の増進を図るため、建築物の高さの最高限度または最低限度を定める地区とされています。

4　**正**　【工業地域】

工業地域は、主として工業の利便を増進するため定める地域とされています。

問 16　解答 2　都市計画法（開発許可）　難易度 B

1　**誤**　【市街地再開発事業の施行として行う開発行為】

▶ **「～事業の施行として行う開発行為」は、開発許可不要。**

市街地再開発事業の施行として行う開発行為は、区域・規模にかかわらず、開発許可は不要です。

2　**正**　【公益上必要な建築物を建築するための開発行為】

博物館法に規定する博物館の用に供する施設である建築物は公益上必要な建築物に該当するので、区域・規模にかかわらず、開発許可は不要です。

3　**誤**　【技術基準（33条の基準）】

▶ **「土砂災害警戒区域内」ではなく、「土砂災害特別警戒区域内」の土地である。**

主として、自己の居住の用に供する住宅の建築の用に供する目的で行う開発行為以外の開発行為にあっては、開発区域およびその周辺の地域の状況等により支障がないと認められるときを除き、開発区域内に土砂災害警戒区域等における土砂災害防止対策の推進に関する法律に規定する土砂災害特別警戒区域内の土地を含まないこととされています。

本肢は「業務の用に供する施設」の建築だけど、「自己の居住用住宅」の建築の用に供する目的で行う開発行為であれば、災害危険区域等の除外は適用されないよ！

4　**誤**　【技術基準（34条の基準）】

▶ 市街化を促進するおそれがある場合には、開発許可をしてはならない。

市街化調整区域に係る開発行為（主として第二種特定工作物の建設の用に供する目的で行う開発行為を除く）については、一定の要件を満たす開発行為のほか、都道府県知事が開発審査会の議を経て、開発区域の周辺における市街化を促進するおそれがなく、かつ、市街化区域内において行うことが困難または著しく不適当と認める開発行為に該当すると認める場合でなければ、都道府県知事は、開発許可をしてはなりません。

問 17　解答 3　建築基準法　難易度 B

1　**誤**　【既存不適格建築物】

▶ 既存不適格建築物→速やかに改正後の規定に適合させる必要はない。

本肢のような建築物を既存不適格建築物といい、改正後の新たな建築基準法の規定は原則として適用されません。したがって、当該建築物は違反建築物とはならず、速やかに改正後の法の規定に適合させる必要はありません。

2　**誤**　【建築確認が必要となる建築物】

▶ 延べ面積が500㎡超→建築確認が必要。

延べ面積が500㎡超の建築物の大規模な修繕をする場合は、どの区域であっても建築確認が必要となります。

木造であれば500㎡超、木造以外の建築物及び特殊建築物であれば200㎡超の延べ面積の建築物は建築確認が必要だよ！

3　**正**　【地方公共団体の条例による制限の附加】

地方公共団体は、その地方の気候もしくは風土の特殊性または特殊建築物の用途もしくは規模により、建築基準法の規定等のみによっては建築物の安全、防火または衛生の目的を充分に達し難いと認める場合においては、条例で、建築物の敷地、構造または建築設備に関して安全上、防火上または衛生上必要な制限を**附加**することができます。

4　**誤**　【災害危険区域】

▶ 一律に禁止されるわけではなく、条例によって定められる。

地方公共団体は、**条例**で、津波、高潮、出水等による危険の著しい区域を災害危険区域として指定することができます。また、この区域内における住居の用に供する建築物の建築の禁止その他建築物の建築に関する制限で災害防止上必要なものは、条例で定めることとされていますので、建築が一律に禁止されるわけではありません。

問 18　解答 3　建築基準法　難易度 A

1　**誤**　【用途制限（第一種低層住居専用地域）】

▶ 神社、寺院、教会は、どの用途地域内であっても建築することができる。

第一種住居地域内には、神社、寺院、教会その他これらに類するものを建築することができます。

「保育所、診療所、公衆浴場」や「巡査派出所、公衆電話所」も、どの用途地域内であっても建築することができるよ～

2　**誤**　【敷地内に広い空地を有する建築物の容積率等の特例】

▶ 容積率または各部分の高さは緩和されるが、建蔽率は緩和されない。

敷地内に政令で定める空地を有し、かつ、その敷地面積が政令で定める規模以上である建築物で、特定行政庁が交通上、安全上、防火上および衛生上支障がなく、かつ、その建蔽率、容積率および各部分の高さについて総合的な配慮がなされていることにより市街地の環境の整備改善に資すると認めて、建築審査会の同意を得て許可したものの「容積率または各部分の高さ」は、その許可の範囲内において限度が緩和されます。

3　**正**　【建築基準法上の道路（2項道路）】

幅員が**4m未満**の道は、都市計画区域もしくは準都市計画区域の指定・変更または建築基準法の規定にもとづく条例の制定・改正により、建築基準法第3章の規定が適用されるに至ったさい、**現に建築物が立ち並んでいて**、かつ、**特定行政庁の指定**（特定行政庁は、幅員1.8m未満の道を指定する場合には、あらかじめ、建築審査会の同意を得ることが必要）があれば建築基準法上の道路とみなされます。

4　**誤**　【低層住居専用地域等内の建築物の高さの限度】

▶ 第一種住居地域内においては、絶対高さの制限の適用はない。

低層住居専用地域等内（第一種低層住居専用地域、第二種低層住居専用地域または田園住居地域内）においては、建築物の高さは、一定の場合を除いて、**10m**または**12m**のうち当該地域に関する都市計画において定められた建築物の高さの限度を超えてはなりません。

問 19　解答 4　盛土規制法　難易度 B

1　**正**　【工事等の届出】

宅地造成等工事規制区域内の土地（公共施設用地を除く）において、擁壁もしくは崖面崩壊防止施設で高さが2mを超えるもの、地表水等を排除するための排水施設または地滑り抑止ぐい等の全部または一部の除却の工事を行おうとする者は、**工事に着手する日の14日前までに**、**都道府県知事に届け出**なければなりません。

2　**正**　【切土】

宅地造成等工事規制区域内において行われる切土で、切土部分に高さが2m超の崖を生ずることとなる場合には、原則として、**工事主**は、**工事着手前**に、**都道府県知事の許可**を受けなければなりません。

3　**正**　【土地の保全義務】

宅地造成等工事規制区域内の土地の**所有者・管理者・占有者**は、宅地造成等（宅地造成等工事規制区域の指定前に行われたものを含む）に伴う災害が生じないよう、その土地を常時安全な状態に維持するように努めなければなりません。現在の所有者が工事主と異なる場合であっても同様です。

4　**誤**　【造成宅地防災区域】

▶ 盛土の高さが5m未満であっても、造成宅地防災区域に指定できる場合がある。

都道府県知事は、宅地造成等工事規制区域外で、宅地造成または特定盛土等（宅地において行うものに限る）に伴う災害で、相当数の居住者等に危害を生ずるものの発生のおそれが大きい一団の造成宅地（これに附帯する道路その他の土地を含む）の区域であって、一定の基準に該当するものを造成宅地防災区域として指定することができます。この一定の基準とは、盛土をした土地の区域であって、安定計算によって、地震力およびその盛土の自重による当該盛土の滑り出す力がその滑り面に対する最大摩擦抵抗力その他の抵抗力を上回ることが確かめられたもののうち、❶盛土をした土地の面積が3,000㎡以上であり、かつ、盛土をしたことにより、当該盛土をした土地の地下水位が盛土をする前の地盤面の高さを超え、盛土の内部に浸入しているもの、または、❷盛土をする前の地盤面が水平面に対し20度以上の角度をなし、かつ、盛土の高さが5m以上であるもののいずれかに該当する一団の造成宅地の区域をいいますので、❷に該当しない場合でも、❶に該当した場合には、造成宅地防災区域として指定することができます。

問 20　解答 1　土地区画整理法　難易度 B

1　**誤**　【許可権者】

▶ **本肢の場合は都道府県知事等の許可が必要。**

施行地区内において、土地区画整理事業の施行の障害となるおそれがある土地の形質の変更もしくは建築物その他の工作物の新築等を行おうとする者は、国土交通大臣が施行する場合は**国土交通大臣**の、その他の者が施行する場合は**都道府県知事**（一定の場合においては市長）の許可を受けなければなりません。

2　**正**　【換地処分の時期】

換地処分は、原則として換地計画に係る区域の**全部**について、**工事が完了した後**に、遅滞なく行うものですが、規準、規約、定款または施行規程に別段の定めがある場合は、工事の完了前でも換地処分を行うことができます。

3　**正**　【仮換地に指定されない土地の管理】

仮換地の指定を受けた場合、その処分により使用し、または収益することができる者のなくなった従前の宅地は、当該処分により当該宅地を使用し、または収益することができる者のなくなった時から、換地処分の公告がある日までは、**施行者**が管理するものとされています。

4　**正**　【清算金】

換地計画において定められた清算金は、換地処分の公告があった日の翌日において確定します。換地処分の確定後に換地について所有権の移転があっても、換地に関する清算交付金請求権は、施行者に対する関係において、当然にはこれに伴って移転しません。

問 21　解答 4　農地法　難易度 C

1　誤

【農地の賃貸借の対抗力】

▶ 使用貸借の場合は、対抗要件を備える手段がない。

農地または採草放牧地の賃貸借については、登記がなくても引渡しがあれば、その後、その農地等を取得した第三者に、賃借権を対抗することができます。ただし、使用貸借については、そもそも対抗要件を備える手段がないので、引渡しをもって第三者に対抗することはできません。

2　誤

【農地所有適格法人の要件を満たしていない株式会社】

▶ 耕作目的で農地を「借り入れる」ことはできる。

農地法第2条第3項の農地所有適格法人の要件を満たしていない株式会社は、原則として農地の所有は認められませんが、耕作目的で借り入れることはできます。

3　誤

【違反転用に対する処分】

▶ 工事を請け負った者も、原状回復等の措置に係る命令の対象。

都道府県知事等は違反転用者等に対して、特に必要があると認めるときは、その必要の限度において、4条許可・5条許可を取り消し、その条件を変更し、もしくは新たに条件を付すまたは工事その他の行為の停止を命じ、もしくは相当の期限を定めて原状回復その他違反を是正するため必要な措置(原状回復等の措置)を講ずべきことを命ずることができます。違反転用者等には第4条第1項もしくは第5条第1項の規定に違反した者またはその一般承継人だけでなく、4条許可や5条許可に付した条件に違反している者やこれらの者から当該違反に係る土地について工事その他の行為を請け負った者またはその工事その他の行為の下請人も含まれます。

4　正

【土地の面積】

農地法が適用される場合の土地の面積は、登記簿の地積によりますが、登記簿の地積が著しく事実と相違する場合および登記簿の地積がない場合には、実測にもとづき、農業委員会が認定したところによります。

問 22　解答 3　国土利用計画法　難易度 A

1　誤

【事後届出が不要となる場合】

▶ 当事者の一方が「A市」→事後届出は不要となる。

当事者の一方がまたは双方が国・地方公共団体・地方住宅供給公社等である場合

には、事後届出を行う必要はありません。

2 **誤** 【事後届出の手続】

▶「対価の額」も事後届出の届出事項である。

事後届出における届出事項には、**❶契約締結の年月日**、**❷土地の利用目的**、**❸対価の額**などがあります。

対価が金銭以外のものであるときは、時価を基準として金銭に見積った額に換算して届け出ることになるよ！

3 **正** 【事後届出（市街化調整区域・非線引き区域）】

市街化区域を除く都市計画区域内とは、市街化調整区域と非線引き区域を指します。市街化調整区域と非線引き区域の場合は、ともに**5,000㎡以上**の土地について、土地売買等の契約を締結したときに事後届出が必要となります。そして、この面積は一団の土地で判定します。したがって、3,500㎡と2,500㎡に分割されていたとしても、宅建業者Eが取得した一団の土地の面積の合計は6,000㎡となるので、事後届出を行う必要があります。

4 **誤** 【都道府県知事の勧告】

▶ 勧告に反する土地売買等の契約を取り消すことはできない。

都道府県知事は、一定の場合には、事後届出に係る土地の利用目的について必要な変更をすべきことを勧告することができます。そして、勧告を受けた者がその勧告に従わないときは、**その旨**およびその**内容**を**公表**することができますが、契約を取り消すことはできません。

問23 解答 3 印紙税 難易度 B

1 **誤** 【仮文書】

▶ 仮契約書（覚書）には印紙税が課される。

後日、正式文書を作成することとなる場合において、一時的に作成する仮文書（覚書）であっても、当該文書が課税事項を証明する目的で作成するものであるときは、課税文書に該当するため、印紙税が課されます。

2 **誤** 【記載金額（記載金額が2つ以上あるとき）】

▶ 記載金額は9,000万円である。

売買契約書に記載された金額の合計額が記載金額となるため、本肢の記載金額は9,000万円(6,000万円+3,000万円)となります。

3 正

【印紙税が課税される契約書】

契約期間を変更するために作成した覚書にも印紙税が課されます。

4 誤

【課税文書】

▶駐車場という「施設」の賃貸借契約書は課税文書に当たらない。

土地の賃貸借契約書は課税文書に該当しますが、建物や施設などの賃貸借契約書は課税文書に該当しません。駐車場の場合は、更地の駐車場所を賃貸する場合と車庫や駐車場としての設備のある施設を賃貸する場合とで、課税文書に該当するか否かが異なります。本肢の駐車場は、後者に該当するため、印紙税は課されません。

No. 03 36点 令和4年度

問24 解答2 固定資産税 難易度B

1 誤

【固定資産税の徴収の方法】

▶「特別徴収」ではなく、「普通徴収」である。

固定資産税の徴収については、**普通徴収**の方法によらなければなりません。

普通徴収は、国や地方公共団体が税額を計算して、納税者に通知し、それにもとづいて納税者が税金を納付する方法。不動産取得税も普通徴収だったね!

2 正

【閲覧期間】

災害その他特別の事情がある場合を除いて、毎年4月1日から、4月20日または当該年度の最初の納期限の日のいずれか遅い日以後の日までの間、土地価格等縦覧帳簿・家屋価格等縦覧帳簿またはそれらの写しを固定資産税の納税者の閲覧に供しなければならないとされています。

3 誤

【賦課期日】

▶市町村の条例で、固定資産税の賦課期日を定めることはできない。

固定資産税の賦課期日は、1月1日として法定されています。

4 誤

【納税義務者】

▶固定資産税の納税義務者は「賃借人」ではなく、「所有者」である。

災害等によって所有者が不明の場合には、使用者を所有者とみなして課税することはありますが、原則は、1月1日(賦課期日)現在の**所有者に対して課税**されます。

問25　解答2　地価公示法　難易度A

1　**正**　【正常な価格の公示】

土地鑑定委員会は、標準地の単位面積当たりの正常な価格を判定したときは、❶標準地の所在の郡、市、区、町村および字ならびに地番、❷標準地の単位面積当たりの価格および価格判定の基準日、❸標準地の地積および形状、❹標準地およびその周辺の土地の利用の現況、❺その他国土交通省令で定める事項を官報で公示しなければなりません。

2　**誤**　【正常な価格】

▶ **建物が「存しないもの」として通常成立すると認められる価格をいう。**

土地鑑定委員会は、公示区域内の標準地について、毎年一回、国土交通省令で定めるところにより、一定の基準日における当該標準地の単位面積当たりの正常な価格を判定し、これを公示します。この「正常な価格」とは、土地について、自由な取引が行われるとした場合におけるその取引(一定の場合を除く)において通常成立すると認められる価格で、建物その他定着物がある場合または土地に使用収益を制限する権利(地上権など)が存する場合には、これらの定着物や権利が「存しないもの」として通常成立すると認められる価格をいいます。

3　**正**　【「公示価格を規準とする」とは】

不動産鑑定士は、公示区域内の土地について鑑定評価を行う場合において、当該土地の正常な価格を求めるときは、公示価格を規準としなければなりません。この「公示価格を規準とする」とは、対象土地の価格を求めるに際して、当該対象土地とこれに類似する利用価値を有すると認められる1または2以上の標準地との位置、地積、環境等の土地の客観的価値に作用する諸要因についての比較を行い、その結果にもとづき、**当該標準地の公示価格と当該対象土地の価格との間に均衡を保たせること**をいいます。

4　**正**　【公示区域とは】

公示区域とは、都市計画区域その他の区域で、土地取引が相当程度見込まれるものとして国土交通省令で定める区域(国土利用計画法第12条第1項の規定により指定された規制区域を除く)をいいます。

問26　解答2　事務所　難易度A

1　誤　【事務所】

▶ 契約締結権限を有する使用人を置き、継続的に業務を行う場所→事務所に該当。

本店や支店のほか、宅建業にかかる契約締結権限を有する使用人を置き、継続的に業務を行う場所は、商業登記簿に登載されていなくても、宅建業法に規定する事務所に該当します。

2　正　【宅建業を営まない支店】

宅建業を営まない支店は、事務所に該当しません。

本店の場合は、宅建業を営まない場合であっても、常に宅建業法上の事務所に該当する！

3　誤　【免許証の掲示】

▶「免許証」を掲示する必要はない。

事務所には、公衆の見やすい場所に標識と報酬の額を掲示し、従業者名簿と帳簿を備える必要はありますが、**免許証については掲示する必要はありません。**

4　誤　【専任の宅建士の設置】

▶「2週間以内」に必要な措置を執らなければならない。

専任の宅建士の数が不足する場合には、**2週間以内**に補充等をしなければなりません。なお、その補充等の日から30日以内に、専任の宅建士の氏名に変更があった旨を免許権者に届け出なければなりません。

問27　解答1　報酬　難易度B

1　正　【特別の依頼にもとづく現地調査費用】

宅建業者が依頼者の特別の依頼により行う遠隔地における現地調査や空家の特別な調査等に要する特別の費用に関し、その負担について事前に依頼者の承諾があるものは、報酬とは別に受領することができます。

2　誤　【宅地・建物の通常の借賃】

▶ 不動産鑑定業者の鑑定評価は必須ではなく、必要に応じて求める。

貸借の媒介の場合には、依頼者の双方から受け取ることのできる報酬の合計額は、

借賃の１カ月分および消費税相当額が上限となります。当該媒介が使用貸借に係るものである場合でも同様に、当該宅地または建物の通常の借賃の１カ月分および消費税相当額が上限となりますが、この「宅地または建物の通常の借賃」とは、当該宅地または建物が賃貸借される場合に通常定められる適正かつ客観的な賃料を指し、その算定に当たり、必要に応じて不動産鑑定業者の鑑定評価を求めることとされています。したがって、その必要がなければ、不動産鑑定業者の鑑定評価を求めない場合があります。

3　**誤**　【報酬の制限】

▶ あらかじめ依頼者の承諾があってもダメ。

貸借の媒介の場合には、依頼者の双方から受け取ることのできる報酬の合計額は、借賃の１カ月分および消費税相当額が上限となります。依頼者が承諾していたとしても、報酬の限度額を超えて報酬を受け取ることはできません。

4　**誤**　【低廉な空家等の特例が適用される場合の報酬限度額】

▶「20万200円」ではなく、「19万8,000円」が報酬限度額。

低廉な空家等の売買・交換の媒介・代理の特例が適用されるためには、代金が**400万円以下**(消費税抜き)でなければなりません。本肢の土地付建物の代金は280万円(消費税抜き)なので、この特例によって、売主から受け取る通常の報酬上限に現地調査等に要する費用を加算できます。

①土地：80万円
　建物：(300万円－80万円)÷1.1＝200万円
　合計：280万円
②基本公式の額：280万円×4%＋2万円＝13万2,000円
③報酬限度額：13万2,000円×1.1＝14万5,200円

ただし、②の基本公式の額に本肢の現地調査等の費用(5万円・消費税抜き)を加算してしまうと、低廉な空家等の売買・交換の媒介・代理の特例によって売主から受領できる報酬限度額の**18万円**(消費税抜き)を超えてしまうため、売主Bから受領する報酬の限度額は、18万円および消費税相当額(1万8,000円)を合計した19万8,000円となります。

問28　解答1　重要事項の説明(35条書面)　難易度A

1　**正**　【重要事項の説明の相手方】

重要事項の説明は、宅建業者が宅建業者でない買主(売買の場合)や借主(貸借の場

合)に対して行います。したがって、買主である宅建業者が、売主や買主である自らのために重要事項説明書を作成する必要はありません。

2 誤 【業務に関する禁止事項】

▶ **故意でなくても、重要事項に関して不実のことを告げる行為は禁じられている。**

重要事項に関して、宅建業者が故意に事実を告げず、または不実のことを告げる行為は禁止されています。したがって、故意でなくても、調査不足によって事実と異なる内容を重要事項説明書に記載することは、宅建業法に違反します。

3 誤 【重要事項の説明の相手方】

▶ **重要事項の説明は「売主」に対して行う必要はない。**

重要事項の説明は、宅建業者が宅建業者でない買主(売買の場合)や借主(貸借の場合)に対して行います。**売主や貸主に説明する必要はありません。**

4 誤 【35条書面の作成者】

▶ **35条書面は宅建業者が作成しなければならない。**

宅建士は、35条書面への記名とその説明をしなければなりませんが、35条書面を作成する義務を負うのは宅建業者です。

問29 解答3 宅地建物取引士 難易度A

1 正 【欠格事由に該当することになったとき】

宅建士が禁錮以上の刑に処せられると欠格事由に該当することになります。この場合は、その日から30日以内に、登録をしている都道府県知事に本人が届け出なければなりません。

2 正 【宅建士証の提出】

宅建士は、事務禁止処分を受けた場合、宅建士証をその交付を受けた都道府県知事に速やかに**提出**しなければなりません。そして、提出しなかったときは**10万円以下の過料**に処せられることがあります。

3 誤 【法定講習】

▶ **「国土交通大臣」ではなく、登録をしている「都道府県知事」が指定する講習。**

宅建士証の交付を受けようとする者は、原則として、都道府県知事が指定する法定講習で、交付の申請前6カ月以内に行われるものを受講しなければなりません。

なお、宅建士証の有効期間は5年です。

試験合格後1年以内に宅建士証の交付を受ける場合は、法定講習は免除される。

4 正 【信用失墜行為の禁止】

宅建士は、宅建士の信用または品位を害するような行為をしてはなりません。そして、禁止されている「宅建士の信用を傷つけるような行為」とは、宅建士の職責に反し、または職責の遂行に著しく悪影響を及ぼすような行為で、宅建士としての職業倫理に反するような行為であり、職務として行われるものに限らず、職務に必ずしも直接関係しない行為や私的な行為も含まれます。

問30 解答3 8種制限、業務に関する規制 難易度D

ア 誤 【割賦販売】

▶ 引渡し後「6カ月以上」ではなく、「1年以上」の期間にわたるものである。

宅地または建物の割賦販売とは、代金の全部または一部について、目的物の**引渡し後1年以上の期間**にわたり、かつ、**2回以上に分割**して受領することを条件として販売することをいいます。

イ 正 【犯罪収益移転防止法】

犯罪収益移転防止法では、犯罪による収益の移転を防止するために、特定事業者に対し、顧客等の本人特定事項等の確認、取引記録等の保存、疑わしい取引の届出等の措置を講ずることを義務付けており、特定事業者は、顧客等との間で、特定業務のうち特定取引を行うにさいしては、当該顧客等について、一定の確認を行わなければなりません。

宅建業者は、特定事業者に該当し、宅建業のうち宅地もしくは建物の売買またはその代理もしくは媒介に係るものが特定業務、そのうち宅地または建物の売買契約の締結その他の政令で定める取引が特定取引として規定されています。

ウ 正 【従業者の教育】

宅建業者は、その従業者に対し、その業務を適正に実施させるため、必要な教育を行うよう努めなければならないと規定されています。

エ　正

【使用人の守秘義務】

宅建業者に課されている守秘義務と同様に、宅建業者の使用人その他の従業者(使用人その他の従業者でなくなった後も含む)についても、正当な理由がある場合でなければ、宅建業の業務を補助したことについて知り得た秘密を他に漏らしてはならないと規定されています。

以上より、正しいものはイとウとエの3つ！だから答えは「3」！

問31　解答 1　媒介契約　難易度 A

1　正

【価額の査定に要した費用】

宅建業者は、土地・建物の価額について意見を述べるために行った価額の査定に費用を要した場合でも、当該費用を報酬とは別に受領することはできません。

2　誤

【媒介契約書面】

▶ 一般媒介、専任媒介のいずれでも、「売買すべき価額」の記載は必要。

媒介契約書面には、売買すべき価額を記載しなければなりません。

3　誤

【専任媒介契約の有効期間の更新】

▶ 専任媒介契約の有効期間は、更新の場合でも3カ月を超えることはできない。

専任媒介契約の有効期間は**3カ月以内**で、依頼者からの申出があれば、更新することができますが、更新の場合でも有効期間は3カ月を超えることはできません。

4　誤

【媒介契約書面の交付・提供】

▶ 購入の媒介にも、媒介契約書面の作成、交付・提供が必要。

宅建業者は、媒介契約(媒介契約の種類を問いません)を締結したときは、売却の媒介に限らず、購入の媒介の場合にも、遅滞なく、一定の事項を記載した書面(媒介契約書面)を作成して、依頼者に交付・提供しなければなりません。

媒介契約書面の交付に代えて、政令で定めるところにより、依頼者の承諾を得て、媒介契約書面に記載すべき事項を電磁的方法であって宅建業者の記名押印に代わる措置を講ずるものとして国土交通省令で定めるものにより提供することもできるよ！

問32　解答1　契約書（37条書面）　難易度A

1　誤　【37条書面への記名】

▶ 宅建業者であるAも、宅建士をして37条書面に記名させなければならない。

売主が宅建業者(A)である売買の媒介を宅建業者(B)が行った場合、AとBは双方とも買主に対して37条書面の交付・提供義務を負います。したがって、A・Bともに、37条書面に宅建士をして記名をさせる必要があります。

37条書面の交付に代えて、政令で定めるところにより、37条書面を交付すべき者の承諾を得て、37条書面に記載すべき事項を電磁的方法であって宅建士の記名に代わる措置を講ずるものとして国土交通省令で定めるものにより提供することができるよ！

2　正　【宅建士証の提示】

宅建士は、37条書面を交付・提供するさい、請求がない場合には、宅建士証を提示する義務はありませんが、取引の関係者から請求があったときには、宅建士証を提示しなければなりません。

3　正　【手付金等の保全措置の概要】

手付金等を受領しようとする場合は、当該保全措置の概要について、35条書面にその旨を記載し、説明をしなければなりませんが、37条書面の記載事項ではありません。

4　正　【一定の担保責任に関する特約】

宅地・建物の種類・品質に関して契約の内容に適合しない場合におけるその不適合を担保すべき責任についての定めがあるときは、その内容を37条書面に記載しなければなりません。

問33　解答2　宅地建物取引士　難易度A

ア　誤　【欠格事由（宅建士）】

▶ 成年者と同一の行為能力を有する未成年者は、登録を受けることができる。

宅建業に係る営業に関し、成年者と同一の行為能力を有しない未成年者は、登録を受けることができませんが、**成年者と同一の行為能力を有する未成年者は、登録を受けることができます**。なお、宅建士資格試験の受験資格はありませんので、未成年者であっても受験することができます。

イ　誤

【登録の移転】

▶ **登録の移転は任意であり、「移転しなければならない」わけではない。**

登録の移転は、現在登録している都道府県知事が管轄している都道府県以外の都道府県に所在する事務所に勤務し、または勤務しようとするときに行うことができるもので、義務ではなく、**任意**です。なお、どの都道府県で登録しても日本全国で宅建士としての業務を行うことができます。

ウ　正

【登録の移転】

事務禁止期間中は、登録の移転を申請することができません。

住所が変わった場合などの「変更の登録」は、事務禁止期間中でも申請しなければならない！違いに注意しよう。

エ　正

【宅建士証の有効期間】

登録の移転の申請とともに宅建士証の交付を申請した場合は、登録後、移転申請前の宅建士証の有効期間が経過するまでの期間（移転前の宅建士証の残存期間）を有効期間とする宅建士証が移転先の都道府県知事から交付されます。

以上より、正しいものはウとエの2つ！だから答えは「2」！

問34　解答4　重要事項の説明（35条書面）　難易度A

1　正

【既存建物における建物状況調査の実施の有無・結果の概要】

既存建物のときは、建物状況調査（実施後1年を経過していないものに限る）を実施しているかどうかやこれを実施している場合におけるその結果の概要を説明しなければなりません。

2　正

【造成宅地防災区域】

宅地・建物が造成宅地防災区域内にあるときは、売買・交換、貸借いずれの場合であっても、その旨を説明しなければなりません。

3　正

【石綿使用の調査の内容】

建物の売買・交換、貸借の場合には、当該建物について、石綿の使用の有無の調査の結果が記録されているときは、その内容について説明しなければなりません。

4　誤　【耐震診断の内容】

▶「その旨」ではなく、「その内容」の説明が必要。

建物の売買・交換、貸借の場合には、当該建物（昭和56年6月1日以降に新築の工事に着手したものを除く）が指定確認検査機関、建築士、登録住宅性能評価機関または地方公共団体による耐震診断を受けたものであるときは、その内容を説明しなければなりません。

単に耐震診断を受けているか否かを説明するのではなく、建物の耐震診断の内容（結果）を説明しなければならない！

問35　解答4　35条書面と契約書（37条書面）等　難易度A

1　誤　【従業者証明書の提示】

▶ 従業者名簿や宅建士証の提示で代えることはできない。

宅建業者は、従業者に従業者証明書を携帯させなければ、その者をその業務に従事させてはならず、従業者が取引の関係者から従業者証明書の提示を求められたときは、その従業者証明書を提示しなければなりません。従業者名簿や宅建士証の提示をもって、従業者証明書の提示に代えることはできません。

2　誤　【重要事項の説明の相手方】

▶ 相手方が宅建業者→宅建士に35条の重要事項を説明させる必要はない。

宅建業者の相手方が宅建業者である場合、重要事項説明書を交付・提供する必要はありますが、原則として宅建士に説明させる必要はありません。

35条書面の交付に代えて、政令で定めるところにより、説明の相手方の承諾を得て、宅建士に、35条書面に記載すべき事項を電磁的方法であって宅建士の記名に代わる措置を講ずるものとして国土交通省令で定めるものにより提供させることができるよ！

3　誤　【重要事項を説明する時期】

▶ 35条書面の交付・提供と説明は、契約締結前に行わなければならない。

35条書面の交付・提供と重要事項の説明は、**契約締結前**に行わなければなりません。

4　**正**　【37条書面の交付・提供】

相手方が宅建業者でも、37条書面の交付・提供を省略することはできません。

問36　解答1　重要事項の説明(35条書面)　難易度A

1　**正**　【建物の建築・維持保全の状況に関する書類の保存の状況】

既存建物の売買の媒介では、設計図書、点検記録その他の建物の建築および維持保全の状況に関する書類で国土交通省令で定めるもの(検査済証もこれに該当します)の保存の状況は、重要事項として説明しなければなりません。また、保存の状況は、当該書類の有無を説明するものであり、紛失等により存在しない場合には、その旨を説明することになります。

2　**誤**　【代金の額ならびにその支払の時期および方法】

▶ 代金の額、その支払の時期・方法→重要事項の説明事項ではない。

代金の額ならびにその支払の時期および方法は、37条書面の必要的記載事項ですが、重要事項として説明する必要はありません。

3　**誤**　【水害ハザードマップ】

▶ 水害ハザードマップの存在を説明するだけでは足りない。

水害ハザードマップが作成されている場合には、その存在を説明するだけであったり、重要事項説明書に添付するだけでは足りず、取引の対象となる宅地または建物の位置を含む水害ハザードマップを、洪水・内水・高潮のそれぞれについて提示し、当該宅地または建物の概ねの位置を示すことにより説明することとされています。

4　**誤**　【引渡しの時期】

▶ 引渡しの時期→重要事項の説明事項ではない。

引渡しの時期は、37条書面の必要的記載事項ですが、重要事項として説明する必要はありません。

問37　解答2　広告　難易度B

ア　**正**　【変更の確認の内容の広告】

宅建業者は、必要な許可・確認等を得た後でなければ広告することはできませんが、この確認には、「変更の確認」も含まれます。ただし、当初の確認を受けた後、変更の確認の申請書を建築主事へ提出している期間においても、当初の確認の内容で広告を継続することは差し支えないものとされています。また、当初の確認を受けた後、変更の確認の申請を建築主事へ提出している期間または提出を予定している場合は、変更の確認を受ける予定である旨を表示し、かつ、当初の確認の内容も当該広告にあわせて表示すれば、変更の確認の内容を広告しても差し支えないとされています。

イ　**誤**　【誇大広告等の禁止】

▶ 誇大広告等を行うと実際に損害が発生しなくても監督処分の対象となる。

問合せや申込みがなく、実際に損害が発生していなくても、誇大広告等を行った場合には宅建業法違反となり、監督処分の対象となります。

ウ　**正**　【取引態様の明示義務】

数回に分けて広告をするときはそのたびごとに取引態様の別を明示しなければならず、広告をするさいに取引態様の別を明示していても、注文を受けたときには(広告を行った時と取引態様に変更がない場合でも)再度、明示が必要になります。

以上より、正しいものはアとウの2つ!だから答えは「2」!

問38　解答4　8種制限(クーリング・オフ制度)　難易度A

1　**誤**　【クーリング・オフができなくなる場合】

▶「引渡しを受け」かつ「代金の全部を支払った」場合には解除できない。

申込者等が、**宅地または建物の引渡しを受け、かつ、その代金の全部を支払ったとき**には、クーリング・オフによる契約の解除をすることができません。したがって、宅地の引渡しを受けただけであれば、他の要件を満たしていれば、クーリング・オフによる契約の解除をすることができます。

2　**誤**　【宅建業者間の取引】

▶ 買受けの申込者が宅建業者の場合は、クーリング・オフ制度の適用はない。

宅建業者が自ら売主となって、宅建業者でない買主との間で行う売買契約に限り、8種制限が適用されます。クーリング・オフ制度も8種制限の1つであるため、宅建業者が買受けの申込みを行った場合には、クーリング・オフによって買受けの申込みを撤回することはできません。

3　誤　【クーリング・オフができる場所】

▶ 宅建業者の申出により買主の勤務先で売買契約の締結→解除できる。

宅建業者ではない買主が、その自宅・勤務先で宅地・建物の売買契約に関する説明を受ける旨を申し出て、自宅・勤務場所で買受けの申込みをしたときは、クーリング・オフによる契約の解除をすることができません。本肢の買受けの申込みを行った場所は喫茶店なので、クーリング・オフによる契約の解除をすることができます。

4　正　【クーリング・オフの効果】

クーリング・オフによって契約の解除がなされた場合、宅建業者は、申込者等に対し、速やかに、買受けの申込みまたは売買契約の締結に際し受領した手付金その他の金銭を返還しなければなりません。

問 39　解答 4　保証協会　難易度 A

1　誤　【認証事務の処理】

▶ 認証申出書に「記載された時期」ではなく、「受理した順序」で処理する。

保証協会は、認証に係る事務を処理する場合には、認証申出書に記載された取引が成立した時期の順序ではなく、認証申出書の受理の順序に従ってしなければなりません。

2　誤　【弁済業務保証金の供託】

▶ 弁済業務保証金の供託→法務大臣・国土交通大臣の定める供託所に供託。

保証協会は、社員から弁済業務保証金分担金の納付を受けたときは、その日から**1週間以内**に、その納付を受けた額に相当する額の弁済業務保証金を供託しなければならず、この弁済業務保証金の供託は、当該社員の主たる事務所の最寄りではなく、法務大臣および国土交通大臣の定める供託所にしなければなりません。

3　誤　【弁済業務保証金分担金の納付】

▶ 弁済業務保証金分担金の納付→金銭のみ。

宅建業者が保証協会に加入した場合や社員が新たに事務所を設置したときに、保証協会に対して納付する分担金は、**金銭のみ**で納付しなければなりません。

保証協会が弁済業務保証金を供託所に供託するときは、金銭または有価証券ですることができるよ～

4 **正** 【弁済業務保証金について弁済を受ける権利を有する者】

宅建業者が保証協会の社員になる前に、当該宅建業者と宅建業に関する取引をした者（宅建業者に該当する者を除く）も弁済業務保証金の還付を受けることができます。

問 40 解答 2 重要事項の説明（35条書面） 難易度 B

ア **違反する** 【重要事項の説明の方法】

▶ **重要事項の説明は電話ですることができない。**

重要事項の説明は、原則として対面で行わなければなりませんが、宅建士および重要事項の説明を受けようとする者が、図面等の書類および説明の内容について十分に理解できる程度に映像を視認でき、かつ、双方が発する音声を十分に聞き取ることができるとともに、双方向でやりとりできる環境において実施していることなどの一定の要件を満たせばテレビ会議等のITを活用して行うことができます（IT重説）。電話での重要事項の説明は、この環境になく、要件を満たしていませんので、本肢は宅建業法に違反します。

イ **違反する** 【重要事項の説明をする者】

▶ **媒介を行う宅建業者の宅建士が35条書面に記名し、説明しなければならない。**

建物の貸主が宅建業者であれば、「自ら貸借」は宅建業に該当せず、貸主である宅建業者は重要事項を説明する義務を負いません。したがって、貸借の媒介を行う宅建業者の宅建士が35条書面に記名し、重要事項の説明をしなければなりませんので、本肢は宅建業法に違反します。

ウ **違反しない** 【重要事項の説明をする者】

重要事項の説明は、宅建士が行えばよく、当該物件の担当者が行う必要はありません。本肢では、担当者とは別の宅建士が記名をし、宅建士証を提示した上で重要事項の説明をしているため、なんら問題はありません。

エ **違反しない** 【IT重説】

重要事項の説明にテレビ会議等のITを活用するIT重説を行う場合は、以下の要件をすべて満たしている場合に限り、対面による重要事項の説明と同様に取り扱われます。本肢では、要件を満たしているため、宅建業法の規定に違反しません。

IT重説の要件

❶ 宅建士および重要事項の説明を受けようとする者が、図面等の書類および説明の内容について十分に理解できる程度に映像を視認でき、かつ、双方が発する音声を十分に聞き取ることができるとともに、双方向でやりとりできる環境において実施していること。

❷ 宅建士により記名された重要事項説明書および添付書類を、重要事項の説明を受けようとする者にあらかじめ交付(電磁的方法による提供を含む。)していること。

❸ 重要事項の説明を受けようとする者が、重要事項説明書および添付書類を確認しながら説明を受けることができる状態にあることならびに映像および音声の状況について、宅建士が重要事項の説明を開始する前に確認していること。

❹ 宅建士が、宅建士証を提示し、重要事項の説明を受けようとする者が、当該宅建士証を画面上で視認できたことを確認していること。

以上より、違反しないものはウとエの2つ!だから答えは「2」!

問41 解答2 営業保証金、保証協会 難易度A

ア 誤 【営業保証金の取戻し】

▶ 免許取消処分を受けた場合→公告後に営業保証金を取り戻すことができる。

欠格事由に該当することとなったために免許を取り消された場合でも、**6カ月以上の期間**を定めて公告したのちに、営業保証金を取り戻すことができます。

イ 正 【営業保証金の追加供託】

宅建業者は、営業保証金の還付があったために営業保証金の不足が生じた場合において、免許権者から不足額を供託すべき旨の通知書の送付を受けたときは、その通知書の受領日から2週間以内にその不足額を供託する必要があります。

ウ 正 【苦情の解決】

保証協会は、宅建業者の相手方から社員の取り扱った宅建業に係る取引について解決の申出があった場合、苦情の解決について必要があると認めるときは、その社員に、文書もしくは口頭による説明を求め、または資料の提出を求めることができます。この場合、当該社員は、正当な理由がある場合でなければ拒むことはできません。

エ　**誤**　【弁済業務保証金の還付額の範囲】

▶「納付した弁済業務保証金(分担金)の額に相当する額の範囲内」ではない。

保証協会の社員との宅建業に関する取引により生じた債権を有する者(宅建業者を除く)は、「当該社員が納付した弁済業務保証金(分担金)の額に相当する額の範囲内」ではなく、**「当該社員が保証協会に加入していなかったとしたら、その者が供託しているはずの営業保証金の範囲内」**で、弁済を受ける権利を有します。

以上より、誤っているものはアとエの2つ!だから答えは「2」!

問42　解答2　媒介契約　難易度A

1　**誤**　【業務処理状況の報告義務】

▶業務の処理状況を1週間に1回以上報告しなければならない。

専属専任媒介契約を締結した宅建業者は、依頼者に対し、その専属専任媒介契約に係る業務の処理状況を**1週間に1回以上**(専任媒介契約の場合は、**2週間に1回以上**)報告しなければなりません。

2　**正**　【宅建業者が媒介価格について意見を述べるとき】

宅建業者が**媒介価格について意見を述べるときは、その根拠**を明らかにしなければなりませんが、意見を述べる方法は書面に限定されていないので、口頭ですることもできます。

3　**誤**　【専属専任媒介契約の有効期間】

▶依頼者からの申出があっても、3カ月を超える有効期間を定められない。

専属専任媒介契約の有効期間は、依頼者からの申出があった場合でも、**3カ月**を超えることができません。なお、これより長い期間を定めたときは、その期間は3カ月となります(媒介契約自体が無効となるのではありません)。

4　**誤**　【指定登録機構が発行する登録を証する書面】

▶登録書面は、遅滞なく、依頼者に引き渡さなければならない。

宅建業者は指定流通機構に一定事項を登録したときは、指定流通機構が発行する登録書面を、遅滞なく、(引渡しの依頼の有無にかかわらず)依頼者に引き渡さなければなりません。

登録を証する書面の引渡しに代えて、政令で定めるところにより、依頼者の承諾を得て、登録書面において証されるべき事項を電磁的方法であって国土交通省令で定めるものにより提供することができるよ！

問 43　解答 2　8種制限　難易度 A

1　**正**　【解約手付】

宅建業者が自ら売主となり、宅建業者以外の者が買主となる宅地・建物の売買契約の締結に際して手付を受領したときは、その手付がいかなる性質のものであっても、相手方が契約の履行に着手した場合を除き、買主はその手付を放棄して、売主である宅建業者はその倍額を現実に提供して、契約の解除をすることができます。

2　**誤**　【一定の担保責任の特約の制限】

▶「引渡しの日から1年間」の期間制限→買主に不利な特約であり無効。

宅建業者が自ら売主となる宅地・建物の売買契約において、その目的物の種類・品質に関して契約の内容に適合しない場合におけるその不適合を担保すべき責任(一定の担保責任)については、民法の規定より宅建業者でない買主に不利な特約をすることができません。

もっとも、民法で規定する「買主がその不適合を知った時から1年以内にその旨を売主に通知」という通知に関する期間制限の部分については、「**引渡しの日から2年以上の通知期間**」となる特約を定めることは、民法の規定より不利なものの、宅建業法により、例外的に定めることができます(売主が引渡しの時にその不適合を知り、または重大な過失によって知らなかった場合を除く)。したがって、通知に関する期間制限を本肢の「引渡しの日から1年間」とする特約は無効であり、定めることができません。

3　**正**　【損害賠償の予定額等の制限】

売主が宅建業者で、買主が宅建業者以外の者である場合において、損害賠償の予定額または違約金を定めるときは、その合計額が代金の**20%**を超えてはいけません(超える場合は、20%を超える部分が無効となります)。本肢では、損害賠償の予定額と違約金の額の合算額が500万円で、代金の20%(2,500万円×20%＝500万円)を超えていないため、有効となります。

4　**正**　【所有権留保等の禁止】

宅建業者が自ら売主となり、宅建業者以外の者を買主とする宅地・建物の割賦販売を行なった場合において、当該割賦販売に係る宅地・建物を買主に引き渡し、かつ、代金の額の10分の3を超える額の金銭の支払を受けた後は、担保の目的で当該宅地・建物を譲り受けてはなりません。

問 44　解答 4　契約書（37条書面）　難易度 A

1　**違反しない**　【契約書（37条書面）の交付・提供】

宅建業者(A)が自ら売主として、宅建業者(C)を代理とする買主(B)との間で宅地の売買契約を締結したときは、AはBに対し、CはAとBに対し、37条書面の交付・提供義務を負います。本肢では、AがBとCに交付しているので、宅建業法の規定には違反しません（AはCに交付・提供義務を負いませんが、交付・提供しても違反とはなりません）。

2　**違反しない**　【契約書（37条書面）の記名と交付・提供】

37条書面には、宅建士の記名が必要ですが、交付・提供は宅建士でない従業者が行うことができます。

3　**違反しない**　【借賃以外の金銭の授受に関する定め】

貸借の場合に、借賃以外の金銭の授受に関する定めがあるときは、その額ならびに当該金銭の授受の時期および目的を37条書面に記載しなければなりません。したがって、本肢は宅建業法の規定に違反しません。

4　**違反する**　【契約書（37条書面）】

▶ 宅建業者間の取引に宅建業者が関与していても37条書面の交付・提供は必要。

本肢は、買主・売主・媒介業者の三者がすべて宅建業者ですが、原則どおりに、売主である宅建業者は買主に対して、買主である宅建業者は売主に対して、媒介業者は売主と買主に、それぞれ37条書面の交付・提供義務を負います。したがって、本肢は宅建業法の規定に違反します。

問45 解答3 住宅瑕疵担保履行法 難易度A

1 誤 【資力確保措置が義務付けられる場合】

▶買主が宅建業者→資力確保措置は不要。

資力確保措置が義務付けられるのは、宅建業者が自ら売主となって、宅建業者以外の買主に対して、新築住宅を販売する場合です。本肢の買主は宅建業者であるため、資力確保措置を講ずる必要はありません。

2 誤 【住宅販売瑕疵担保責任保険契約】

▶保険の有効期間は「10年以上」でなければならない。

住宅販売瑕疵担保責任保険契約の有効期間は、たとえ買主の承諾があったとしても、新築住宅の引渡しを受けた時から**10年以上**でなければなりません。

3 正 【住宅販売瑕疵担保保証金の供託】

自ら売主となって、宅建業者以外の買主に対して、新築住宅を販売する宅建業者は、毎年、基準日(3月31日)から3週間を経過する日までの間において、当該基準日前10年間に自ら売主となる売買契約にもとづき買主に引き渡した新築住宅(住宅販売瑕疵担保責任保険契約に係る新築住宅を除く)について、当該買主に対する特定住宅販売瑕疵担保責任の履行を確保するため、住宅販売瑕疵担保保証金の供託をしていなければなりません。

4 誤 【住宅販売瑕疵担保保証金の取戻し】

▶免許権者の承認を受けなければ取り戻すことができない。

住宅販売瑕疵担保保証金の供託をしている宅建業者(供託宅建業者)または宅建業者であった者もしくはその承継人で住宅販売瑕疵担保保証金の供託をしているものは、基準日において当該住宅販売瑕疵担保保証金の額が当該基準日に係る基準額を超えることとなったときは、その超過額を取り戻すことができます。ただし、この取戻しは、国土交通省令で定めるところにより、当該供託宅建業者または宅建業者であった者がその免許を受けた国土交通大臣または都道府県知事の承認を受けなければすることができません。

問46 解答1 住宅金融支援機構法 難易度A

1 誤 【証券化支援事業(買取型)】

▶住宅の建設等に付随する土地・借地権の取得に必要な資金→譲受けの対象。

機構は、証券化支援事業(買取型)において、住宅の建設または購入に必要な資金の貸付けに係る金融機関の貸付債権の譲受けを行うことを業務として行っていますが、住宅の建設等に付随する行為で住宅の建設等に付随する土地または借地権の取得や住宅の改良に必要な資金も住宅の建設または購入に必要な資金に含まれます。

---

2 **正** 【団体信用生命保険業務】

機構は、団体信用生命保険業務を行っており、貸付けを受けた者が**死亡**した場合のみならず、**重度障害**になった場合においても、支払われる生命保険の保険金を当該貸付に係る債務の弁済に充当することができます。

---

3 **正** 【機構が譲り受ける貸付債権】

機構が債権譲受けによって譲り受ける貸付債権は、原則として、毎月払いの元金均等または元利均等の方法によって償還されるものでなければなりません。

---

4 **正** 【証券化支援事業(買取型)】

機構は、証券化支援事業(買取型)において、民間金融機関から買い取った住宅ローン債権を担保としてMBS(資産担保証券)を発行しています。

問47 解答4 景品表示法 難易度A

1 **誤** 【徒歩による所要時間】

▶ **1分未満の端数が生じたときは「1分」として算出する。**

徒歩による所要時間は、**道路距離80mにつき1分**として計算し、**1分未満の端数が生じたときは1分として算出**する(切り上げる)こととされています。

---

2 **誤** 【不当表示】

▶ **表示内容に変更があったときは、速やかに修正等が必要→不当表示の可能性あり。**

事業者は、継続して物件に関する広告その他の表示をする場合において、当該広告その他の表示の内容に変更があったときは、速やかに修正し、またはその表示を取りやめなければなりません。したがって、本肢のように「消費者からの問合せに対し、すでに成約済みであり取引できない旨」を説明していたとしても、不当表示に問われる可能性があります。

---

3 **誤** 【管理費】

▶ **「最高額のみ」ではなく、「最低額および最高額」である。**

管理費については、1戸当たりの月額(予定額であるときは、その旨)を表示しますが、住戸により管理費の額が異なる場合において、そのすべての住宅の管理費を示すことが困難であるときは、最低額および最高額のみで表示します。

4　**正**　【建築条件付土地の表示】

建築条件付土地とは、自己の所有する土地を取引するに当たり、自己と土地購入者との間において、自己または自己の指定する建設業者との間に、その土地に建築する建物について一定期間内に建築請負契約が成立することを条件として取引される土地をいい、請負契約の相手方となる者を制限しない場合も含みます。そして、建築条件付土地の取引については、**❶取引の対象が土地である旨**、**❷条件の内容**、**❸条件が成就しなかったときの措置の内容**を明示して表示しなければなりません。

問48　解答ー　統計

最新の統計データで学習してください。

問49　解答2　土地　難易度A

1　**適当**　【台地】

台地は、一般に水はけが良く地盤が安定していますが、**台地上の浅い谷**は、豪雨時において一時的に浸水することがあるため、注意を要します。

2　**不適当**　【低地】

▶ 低地→防災的見地からは住宅地として好ましくない。

低地は一般的に洪水や地震などに対して弱く、防災的見地からは住宅地として好ましくありません。

3　**適当**　【埋立地】

埋立地や干拓地は一般的に宅地には適していません。ただし、埋立地は、一般に海面に対して数mの比高を持つため、干拓地よりは安全と考えられ、平均海面に対し4～5mの比高があり護岸が強固であれば、住宅地として利用することもできます。

4　**適当**　【ハザードマップポータルサイト】

ハザードマップポータルサイトでは、災害リスク情報などを地図に重ねて表示することができ、災害時の避難や事前の防災対策に役立つ情報が公開されています。

問50 解答4 建物 難易度C

1 **適当** 【在来軸組構法】

在来軸組構法は、建築構造の木構造の構法のひとつで、最も一般的な構法です。在来軸組構法での主要構造は、柱や梁、筋交を組み合わせた軸組、屋根の構造部分である小屋組、床を支える構造部分である床組からなります。

2 **適当** 【在来軸組構法】

在来軸組構法の軸組は、柱などの垂直材と土台、桁や梁などの水平材からなります。

3 **適当** 【在来軸組構法】

小屋組の種類は大きく2種類に分かれ、主に束と梁で構成される小屋組である和小屋とトラス構造で小屋組をつくる洋小屋に分かれます。

4 **不適当** 【在来軸組構法】

▶ 真壁のみで構成→「和風構造」・大壁のみで構成→「洋風構造」→併用もされる。

大壁は柱の外側から壁を張り、柱が見えないように仕上がります。そして、真壁は柱と柱の間に壁を張るため、壁よりも外側に柱が出るよう仕上がります。大壁は主に洋室で、真壁は主に和室で採用されますが、これらを併用する場合もあります。

No. 04

令和2年度（2020年度）12月試験

解答・解説

この年の合格基準点は36点でした

解答一覧

権利関係

問	1	2	3	4	5	6	7	8	9	10
解答	3	1	4	2	2	1	2	3	1	4

問	11	12	13	14
解答	4	3	3	2

法令上の制限

問	15	16	17	18	19	20	21	22
解答	2	2	1	4	1	3	3	4

税その他

問	23	24	25
解答	1	3	1

宅建業法

問	26	27	28	29	30	31	32	33	34	35
解答	2	3	1	3	2	3	4	4	4	3

問	36	37	38	39	40	41	42	43	44	45
解答	3	1	1	1	4	2	1	4	2	4

その他

問	46	47	48	49	50
解答	4	2	―	3	3

日付　／　あなたの得点　点

メモ（復習すべき問題など）

問1　解答3　不法行為　難易度C

1　**正**　【損害賠償責任】

建物の建築に携わる設計者や施工者は、建物の建築に当たり、当該建物に建物としての基本的な安全性が欠けることがないように配慮すべき注意義務を負うところ、この義務を怠ったために、建物としての基本的な安全性が欠ける建物を建築等した場合は、設計契約や建築請負契約の当事者に対して債務不履行による損害賠償責任を負うことがあり、契約関係にない当該建物の居住者に対しても、特段の事情がない限り、不法行為による損害賠償責任を負うことがあります。

2　**正**　【逆求償】

判例では、被用者が使用者の事業の執行について第三者に損害を加え、その損害を賠償した場合には、被用者は、諸般の事情に照らし、損害の公平な分担という見地から相当と認められる額について、使用者に対して求償すること（逆求償）ができるとしています。

3　**誤**　【責任無能力者の監督義務者等の責任】

▶ 認知症患者と同居する配偶者は、法定の監督義務者に当たらない。

責任無能力者が不法行為責任を負わない場合において、その責任無能力者を監督する法定の義務を負う者は、基本的にはその責任無能力者が第三者に加えた損害を賠償する責任を負いますが、判例では、精神障害者と同居する配偶者であるからといって、その者が民法714条1項にいう「責任無能力者を監督する法定の義務を負う者」に当たるとすることはできないとしています。したがって、責任無能力者と同居する配偶者が「法定の監督義務者として損害賠償責任を負う」としている本肢は誤りです。

4　**正**　【不法行為による損害賠償請求権の消滅時効】

不法行為による損害賠償の請求権は、被害者またはその法定代理人が損害および加害者を知った時から**3年間**（または不法行為の時から**20年間**）行使しない場合は、時効によって消滅しますが、**人の生命または身体を害する不法行為による損害賠償請求権**は、被害者またはその法定代理人が損害および加害者を知った時から「**5年間**（または不法行為の時から20年間）」行使しない場合、時効によって消滅します。

問2　解答 1　代理　難易度 A

1　**正**　【代理権の濫用】

代理人(B)が自己または第三者の利益を図る目的で代理権の範囲内の行為をした場合において、相手方(D)がその目的を知り、または知ることができたときは、その行為は、代理権を有しない者がした行為(無権代理)とみなされます。

2　**誤**　【双方代理】

▶ 双方代理が無権代理とみなされるのに損害発生の有無は無関係。

同一の法律行為について、相手方の代理人として、または当事者双方の代理人としてした行為は、債務の履行および本人があらかじめ許諾した行為を除き、代理権を有しない者がした行為(無権代理)とみされます。損害発生の有無は関係ありません。

3　**誤**　【代理権消滅後の表見代理】

▶ 第三者が代理権消滅につき善意無過失であれば表見代理が成立する。

他人に代理権を与えた者は、代理権の消滅後にその代理権の範囲内においてその他人が第三者との間でした行為について、代理権の消滅の事実につき善意無過失の第三者に対して責任を負います(代理権消滅後の表見代理)。したがって、Eが善意無過失であれば、表見代理が成立し、AがEに対して甲土地を引き渡す責任を負うことがあります。

4　**誤**　【無権代理行為の追認】

▶ 追認は契約の時にさかのぼって効力を生じる。

無権代理行為に対する追認は、別段の意思表示がないときは、契約の時にさかのぼってその効力を生じます。

問3　解答 4　親族　難易度 C

1　**誤**　【姻族関係の終了】

▶ 夫婦の一方が死亡した場合、姻族関係は当然には終了しない。

姻族関係は離婚によって終了し、夫婦の一方が死亡した場合は、生存配偶者が姻族関係を終了させる意思を表示したときに終了します。

2　**誤**　【財産分与】

▶ 財産分与請求権は相手方に有責不法の行為があったことが要件ではない。

協議上の離婚をした者の一方は、相手方に対して財産の分与を請求することができますが、財産分与請求権は、必ずしも相手方に離婚につき有責不法の行為のあったことを要件とするものではありません。

3　**誤**　【未成年後見人の選任】

▶ 検察官は未成年後見人選任の申立権者ではない。

未成年者に対して親権を行う者がないとき、または親権を行う者が管理権を有しないときは、後見開始の審判によって後見が開始します。未成年後見人となるべき者がないときや未成年後見人が欠けたときは、未成年被後見人またはその親族その他の利害関係人の請求によって、家庭裁判所が未成年後見人を選任します。なお、未成年後見人となる者は親族に限られません。

4　**正**　【夫婦間における財産の帰属】

夫婦が、婚姻の届出前に、その財産について別段の契約をしなかったときは、その財産関係は、❶夫婦の一方が婚姻前から有する財産および婚姻中自己の名で得た財産は、その特有財産（夫婦の一方が単独で有する財産）とし、❷夫婦のいずれに属するか明らかでない財産は、その共有に属するものと推定されます。

問4　解答 2　債務不履行　難易度 B

1　**正**　【不確定期限付債務の履行遅滞】

債務の履行について不確定期限があるときは、債務者は、その期限の到来した後に履行の請求を受けた時またはその期限の到来したことを知った時のいずれか早い時から遅滞の責任を負います。したがって、期限が到来したことを知らなくても、期限到来後に履行の請求を受ければ、その時から遅滞の責任を負います。

2　**誤**　【受領遅滞】

▶ 債権者の受領遅滞による履行の費用の増加額は、債権者の負担。

債権者が債務の履行を受けることを拒み、または受けることができないことによって、その履行の費用が増加したときは、その増加額は、債権者の負担となります。

3　**正**　【履行遅滞中の履行不能】

債務者がその債務について遅滞の責任を負っている間に当事者双方の責めに帰することができない事由によってその債務の履行が不能となったときは、その履行の不能は、債務者の責めに帰すべき事由によるものとみなされます。

ちなみに、受領遅滞中に当事者双方の責めに帰することができない事由によって履行不能となった場合は、債権者の責めに帰すべき事由によるものとみなされるよ～

4　**正**　【原始的不能】

契約に基づく債務の履行がその契約の成立の時に不能であったことは、その債務の不履行が契約その他の債務の発生原因および取引上の社会通念に照らして債務者の責めに帰することができない事由によるものであるときを除き、債務不履行の規定によって損害の賠償を請求することを妨げません。

問5　解答2　時効　難易度B

1　**正**　【消滅時効の援用権者】

消滅時効の援用権者である当事者とは、債務者のほか、保証人、物上保証人、第三取得者その他権利の消滅について正当な利益を有する者を含みます。

2　**誤**　【裁判上の請求による時効の完成猶予および更新】

▶ 確定判決等によって権利が確定したときに時効が更新される。

裁判上の請求をした場合、少なくともその裁判が終了するまでの間時効の完成が猶予され、さらに、確定判決または確定判決と同一の効力を有するものによって権利が確定したときは、時効は、確定の時から新たにその進行を始めます（時効の更新）。一方、当該請求を途中で取り下げて権利が確定することなく当該請求が終了した場合には、その終了の時から**6カ月**を経過するまでの間、時効が完成しないにすぎません（時効の完成猶予）。

3　**正**　【承認による時効の更新】

時効は、権利の承認があったときは、その時から新たにその進行を始めますが、この承認をするには、相手方の権利についての処分につき行為能力の制限を受けていないことまたは権限があることを要しません。

4　**正**　【夫婦間の権利の時効の完成猶予】

夫婦の一方が他の一方に対して有する権利については、婚姻の解消の時から**6カ月**を経過するまでの間は、時効が完成しません。

問6　解答1　賃貸借　難易度B

1　**誤**　【賃貸借契約の合意解除と転貸借】

▶債務不履行による解除権を有していたとき→合意解除を転借人に対抗可能。

賃借人が適法に賃借物を転貸した場合には、賃貸人は、賃借人との間の賃貸借を合意により解除したことをもって原則として転借人に対抗することができませんが、その解除の当時、賃貸人が賃借人の債務不履行による解除権を有していたときは、賃貸借契約を合意解除したことをもって、転借人に対抗することができます。

2　**正**　【損害賠償請求権についての期間の制限】

契約の本旨に反する使用または収益によって生じた損害の賠償および賃借人が支出した費用の償還は、賃貸人が返還を受けた時から1年以内に請求しなければなりません。

3　**正**　【賃貸人たる地位の移転】

不動産の譲渡人および譲受人が、賃貸人たる地位を譲渡人に留保する旨およびその不動産を譲受人が譲渡人に賃貸する旨の合意をしたときを除き、賃貸借の対抗要件を備えた場合において、その不動産が譲渡されたときは、その不動産の賃貸人たる地位は、その譲受人に移転します。

4　**正**　【転貸の効果】

賃借人が適法に賃借物を転貸したときは、転借人は、賃貸人と賃借人との間の賃貸借に基づく賃借人の債務の範囲を限度として、賃貸人に対して転貸借に基づく債務を直接履行する義務を負いますが、この場合においては、賃料の前払いをもって賃貸人に対抗することができません。

問7　解答2　売買　難易度A

1　**誤**　【担保責任の期間の制限】

▶目的物の数量に不適合があった場合は、担保責任の期間制限はない。

売主が種類または品質に関して契約の内容に適合しない目的物を買主に引き渡したことによる担保責任を負う場合で、売主が引渡しの時にその不適合を知り、または重大な過失によって知らなかったときを除き、買主がその不適合を知った時から1年以内にその旨を売主に通知しないときは、担保責任を追及できなくなりますが、引き渡された目的物が数量に関して契約の内容に適合しないものであるときは、この担保責任の期間の制限はなく、消滅時効の一般原則に従います。

2　**正**　【債務不履行による損害賠償】

債務者がその債務の本旨に従った履行をしないときまたは債務の履行が不能であるときは、その債務の不履行が契約その他の債務の発生原因および取引上の社会通念に照らして債務者の責めに帰することができない事由によるものであるときを除き、債権者は、これによって生じた損害の賠償を請求することができます。

3　**誤**　【法定利率】

▶ 法定利率は年3%。

金銭の給付を目的とする債務の不履行については、その損害賠償の額は、約定利率が法定利率を超えるときを除き、債務者が遅滞の責任を負った最初の時点における法定利率によって定められます。法定利率は年3%です。

4　**誤**　【錯誤】

▶ 錯誤は、取消事由。

錯誤による意思表示は、一定の要件を満たせば、無効となるのではなく、表意者が取り消すことができます。なお、錯誤が表意者の重大な過失によるものであった場合には、原則として意思表示の取消しをすることができません。

ちなみに、錯誤が表意者の重大な過失によるものであった場合でも、次の場合は取消しできるよ～
❶相手方が表意者に錯誤があることを知り、または重大な過失によって知らなかったとき
❷相手方が表意者と同一の錯誤に陥っていたとき

問8 解答3 相続 難易度B

Aの長男の子BおよびC、Aの次男の子Dのみが相続人となるケース(ア、イ)

BおよびCは長男の、Dは次男の代襲相続人であり、代襲相続により相続人となる直系卑属の相続分は、その直系尊属(被代襲者。長男と次男)が受けるべきであったものと同じとなり、被代襲者に対し複数の代襲相続人がいる場合は、均等に分けます。

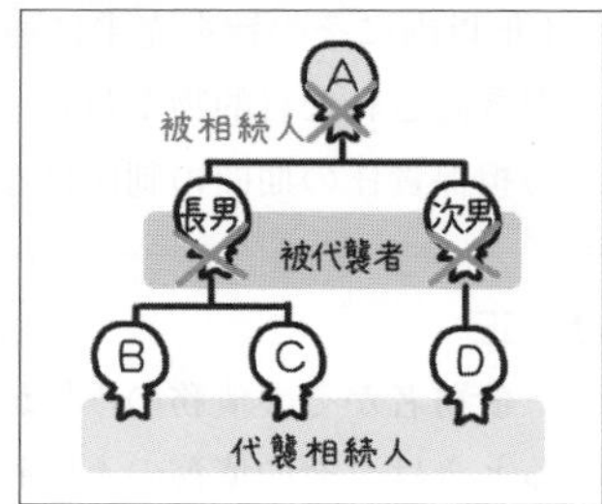

B：1億2,000万円 $\times \frac{1}{2} \times \frac{1}{2}$ = 3,000万円
C：1億2,000万円 $\times \frac{1}{2} \times \frac{1}{2}$ = 3,000万円
D：1億2,000万円 $\times \frac{1}{2}$ = 6,000万円

Aの父方の祖父母EおよびF、Aの母方の祖母Gのみが相続人となるケース(ウ、エ)

直系尊属が数人あるときは、各自の相続分は、相等しいものとなります。

E、F、G：1億2,000万円 $\times \frac{1}{3}$ = 4,000万円

なお、直系尊属には代襲相続という考え方がないので、E、F、GはAの父または母の代襲相続人ではありません。

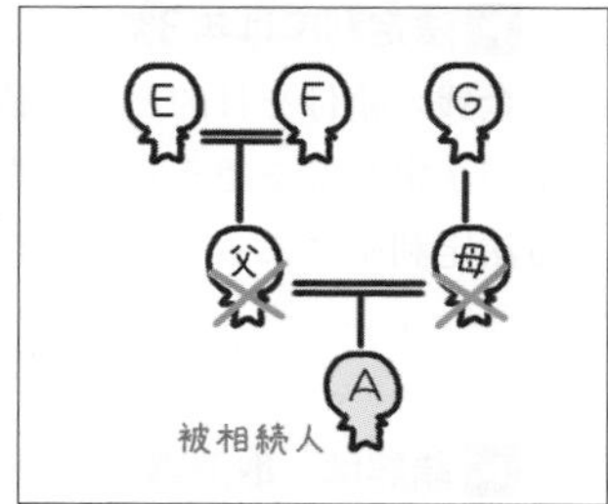

以上より、正しいものの組み合せは「イ」と「ウ」。だから答えは「3」!

問9 解答1 地役権 難易度C

1 **誤** 【地役権の時効取得】

▶ 時効取得のためには、承役地の利用が継続的かつ外形上認識できることが必要。

地役権は、継続的に行使され、かつ、外形上認識することができるものに限り、時効によって取得することができます。

---

2 **正** 【地役権の内容】

地役権者は、設定行為で定めた目的に従い、他人の土地(**承役地**)を自己の土地(**要役地**)の便益に供する権利を有します。

3　**正**　【承役地の所有者の工作物の設置義務等】

設定行為または設定後の契約により、承役地の所有者が自己の費用で地役権の行使のために工作物を設け、またはその修繕をする義務を負担したときは、承役地の所有者の特定承継人も、その義務を負担します。

4　**正**　【地役権の付従性】

地役権は、設定行為に別段の定めがあるときを除き、要役地の所有権に従たるものとして、その所有権とともに移転するので、要役地の譲受人は、要役地について所有権移転登記をすれば、地役権の取得についても承役地の所有者に対抗することができます。

問 10　解答 4　共有　難易度 A

1　**正**　【共有持分の割合の推定】

共有者間の持分割合が不明確な場合等には、各共有者の持分は、相等しいものと推定されます。

2　**正**　【共有物の変更】

各共有者は、他の共有者の同意を得なければ、共有物に変更(その形状または効用の著しい変更をともなわないものを除く＝重大な変更)を加えることができません。なお、形状または効用の著しい変更をともなわない共有物の変更行為(軽微な変更)については、各共有者の持分の価格にしたがい、その過半数で決定することができます。

3　**正**　【共有物の保存行為】

共有物の保存行為は、各共有者が単独ですることができます。

4　**誤**　【共有者の死亡】

▶ 死亡した共有者の持分は、国庫ではなく他の共有者に帰属する。

共有者の一人が、その持分を放棄したとき、または死亡して相続人がおらず、特別縁故者等もいないときは、その持分は、他の共有者に帰属します。

共有物の管理等

保存行為

☆ 各共有者が単独で行うことができる

【例】共有物の修繕、共有物の不法占拠者に対する明渡し請求、（自己の持分を限度とした）共有物の不法占拠者に対する損害賠償請求

管理行為・変更行為①（軽微な変更）

☆ 各共有者の持分価格の過半数の決定で行うことができる

☆ 所在等不明の共有者や賛否を明らかにしない共有者がいる場合、裁判所の決定を得て、その共有者以外の共有者の持分の価格の過半数をもって行うことができる

☆ 管理行為や軽微な変更が、共有者間の決定にもとづいて共有物を使用する共有者に特別の影響をおよぼすべきときは、その共有者の承諾が必要

→裁判所の決定を得た場合でも必要

【例】共有物の賃貸借契約の解除、共有物の管理者の選任・解任、短期賃貸借の期間（一定の用途を除く土地…5年、建物…3年）の範囲内での賃借権等の設定

→借地借家法による契約期間の定めや契約の更新がないものに限る

変更行為②（重大な変更）・処分行為

☆ 共有者全員の同意がなければ行うことができない

☆ 変更行為（重大な変更）につき、所在等不明の共有者がいる場合、裁判所の決定を得て、その共有者以外の共有者の全員の同意をもって行うことができる

【例】共有物の建替え、共有物全体の売却や全体への抵当権の設定

問11　解答 4　借地借家法（借地）　難易度 C

1　**誤**　【借地権の対抗力】

▶ 借地権の対抗力を有する建物の登記には、表示の登記も含まれる。

借地権者が借地上に自己を所有者とする表示の登記がある建物を所有する場合は、「土地の上に借地権者が登記されている建物を所有するとき」にあたり、借地権を第三者に対抗することができます。

2　**誤**　【借地権の対抗力】

▶ 借地上の建物が滅失した場合、一定事項を掲示すれば対抗力が維持される。

借地権者が、借地上に借地権者が登記されている建物を所有する場合において、当該建物の滅失があっても、借地権者が、その建物を特定するために必要な事項、その滅失があった日および建物を新たに築造する旨を土地の上の見やすい場所に掲示するときは、借地権は、なお効力を有します。ただし、建物の滅失があった日から**2年**を経過した後にあっては、その前に建物を新たに築造し、かつ、その建物に

つき登記した場合に限られます。

3　誤　【借地権の対抗力】

▶ **適法な転貸借契約のもとでの転借人は、賃借人の借地権を援用できる。**

判例では、土地賃借人の有する借地権が対抗要件を具備しており、かつ転貸借が適法に成立している以上、転借人は、賃借人(転貸人)がその借地権を対抗しうる第三者に対し、賃借人の借地権を援用して自己の転借権を主張しうるものと解すべきとしています。

4　正　【借地権の対抗力】

判例では、登記した建物一棟が存在すれば、その土地の上に他の登記しない建物があっても、土地全部についての借地権を第三者に対抗できるとしています。

問 12　解答 3　借地借家法(借家)　難易度 A

1　正　【賃借人による修繕】

賃借物の修繕が必要である場合において、賃借人が賃貸人に修繕が必要である旨を通知し、または賃貸人がその旨を知ったにもかかわらず、賃貸人が相当の期間内に必要な修繕をしないときは、賃借人は、その修繕をすることができます。

2　正　【無断転貸と解除】

賃借人が賃貸人の承諾なく第三者に賃借物の使用または収益をさせた場合でも、賃借人の当該行為を賃貸人に対する背信的行為と認めるに足らない特段の事情があるときは、賃貸人は賃貸借契約を解除することはできません。

3　誤　【定期建物賃貸借】

▶ **定期建物賃貸借契約書とは別に、書面等を用いて説明することが必要。**

定期建物賃貸借をしようとするときは、建物の賃貸人は、あらかじめ、建物の賃借人に対し、契約の更新がなく、期間の満了により当該建物の賃貸借は終了することについて、その旨を記載した書面を交付(または、賃借人の承諾を得て、電磁的方法により提供)して説明しなければなりません。

4　正　【居住用建物の賃貸借の承継】

居住の用に供する建物の賃借人が相続人なしに死亡した場合において、その当時婚姻または縁組の届出をしていないが、建物の賃借人と事実上夫婦または養親子と同様の関係にあった同居者があるときは、その同居者は、相続人なしに死亡したことを知った後1カ月以内に建物の賃貸人に反対の意思を表示したときを除き、建物の賃借人の権利義務を承継します。

問 13　解答 3　区分所有法　難易度 A

1　正　【規約の保管場所】

規約の保管場所は、建物内の見やすい場所に掲示しなければなりません。

2　正　【管理所有】

管理者は、規約に特別の定めがあるときは、共用部分を所有することができます。

3　誤　【規約および集会の決議の効力】

▶ 規約および集会の決議は、区分所有者の特定承継人に対しても効力を生じる。

規約および集会の決議は、区分所有者の特定承継人(中古マンションの購入者等)に対しても、その効力を生じます。

4　正　【管理者の解任】

区分所有者は、規約に別段の定めがない限り集会の決議によって、管理者を選任し、または解任することができます。

問 14　解答 2　不動産登記法　難易度 C

1　正　【一般承継人による申請】

表題部所有者または所有権の登記名義人が表示に関する登記の申請人となることができる場合において、当該表題部所有者または登記名義人について相続その他の一般承継があったときは、相続人その他の一般承継人は、当該表示に関する登記を申請することができます。

2　誤　【分筆の登記】

▶ 所有権の登記以外の権利に関する登記がある土地→分筆登記できる。

所有権の登記以外の権利に関する登記がある土地についても分筆の登記をすることができます。なお、合筆の登記は、合筆後の土地の登記記録に登記することができるものとして法務省令で定めるものがある土地を除き、所有権の登記以外の権利に関する登記がある土地についてすることができません。

3　**正**　【区分建物についての建物の表題登記の申請方法】

区分建物が属する一棟の建物が新築された場合または表題登記がない建物に接続して区分建物が新築されて一棟の建物となった場合における当該区分建物についての表題登記の申請は、当該新築された一棟の建物または当該区分建物が属することとなった一棟の建物に属する他の区分建物についての表題登記の申請と併せてしなければなりません。

4　**正**　【登記の申請書の閲覧】

何人も、登記官に対し、手数料を納付して、登記簿の附属書類の閲覧を請求することができますが、図面以外のもの（申請書、登記原因証明情報など）については、請求人が登記を申請した者でない場合、正当な理由があるときに、正当な理由があると認められる部分に限られます。

問15　解答2　都市計画法　難易度B

1　**誤**　【都市施設】

▶ 少なくとも「道路」、「公園」および「下水道」を定める→「病院」×。

都市施設は、土地利用、交通等の現状および将来の見通しを勘案して、適切な規模で必要な位置に配置することにより、円滑な都市活動を確保し、良好な都市環境を保持するように定める必要があり、市街化区域および区域区分が定められていない都市計画区域については、少なくとも**道路**、**公園**および**下水道**を定めるものとしています。

2　**正**　【市街地開発事業】

市街地開発事業は、市街化区域または区域区分が定められていない都市計画区域内において、一体的に開発し、または整備する必要がある土地の区域について定めることとされており、市街化調整区域内に定めることはできません。

3　**誤**　【都市計画区域】

▶ 都市計画区域を指定するのは都道府県。

都市計画区域は、**都道府県**が、あらかじめ、関係市町村および都道府県都市計画審議会の意見を聴くとともに、国土交通省令で定めるところにより、国土交通大臣に協議し、その同意を得て指定します。なお、複数の都府県の区域にわたる都市計画区域は、国土交通大臣が、あらかじめ、関係都府県の意見を聴いて指定します。

4 **誤** 【準都市計画区域】

▶ 準都市計画区域については、都市計画に高度地区を定めることができる。

準都市計画区域については、都市計画に、用途地域、特別用途地区、特定用途制限地域、**高度地区**、景観地区、風致地区、緑地保全地域または伝統的建造物群保存地区を定めることができます。

問16 解答2 都市計画法(開発許可) 難易度A

1 **誤** 【非常災害のため必要な応急措置として行う開発行為】

▶ 非常災害のため必要な応急措置として行う開発行為は開発許可不要。

非常災害のため必要な応急措置として行う開発行為については、区域・規模に関係なく、開発許可は不要です。

2 **正** 【公益上必要な建築物を建築するための開発行為】

駅舎、図書館、公民館など、公益上必要な建築物を建築するための開発行為については、区域・規模に関係なく、開発許可は不要です。

3 **誤** 【区域区分の定めのない都市計画区域内において行う開発行為】

▶ 非線引都市計画区域では、3,000㎡未満の開発行為は開発許可不要。

区域区分の定められていない都市計画区域内(非線引都市計画区域)では、**3,000㎡未満**の開発行為については、開発許可は不要です。

4 **誤** 【市街化調整区域において行う開発行為】

▶ 市街化調整区域の場合、開発許可が必要。

市街化調整区域の場合、規模の大小にかかわらず、開発許可が必要です。なお、本肢には記述がありませんが、農林漁業を営む者の居住用建築物を建築するための開発行為(市街化区域以外の区域内に限る)であれば、開発許可は不要です。

問17 解答1 建築基準法 難易度B

1 **誤** 【建築物が防火地域および準防火地域にわたる場合】

▶「厳しいほう」の規制が適用される。

建築物の敷地が2つの地域にまたがっている場合、原則として、当該建築物の全部について**厳しいほう**の規制(本肢では**防火地域**の規制)が適用されます。

ちなみに、本肢の場合で、建築物が防火地域外において防火壁で区画されている場合は、その防火壁外の部分は準防火地域内の建築物に関する規定が適用されるよ〜

2　**正**　【耐火建築物としなければならない特殊建築物】

倉庫の用途に供する建築物で、その用途に供する3階以上の部分の床面積の合計が**200㎡以上**に該当するものは、耐火建築物としなければなりません。

3　**正**　【避雷設備】

高さが**20m**を超える建築物には、周囲の状況によって安全上支障がない場合を除き、有効に避雷設備を設けなければなりません。

4　**正**　【階段の手すり】

階段には手すりを設けなければなりませんが、高さが**1m以下**の階段の部分については手すりを設ける必要はありません。

問18　解答4　建築基準法　難易度A

1　**正**　【壁面線による建築制限】

建築物の壁・これに代る柱または高さ2mを超える門・塀は、地盤面下の部分または特定行政庁が建築審査会の同意を得て許可した歩廊の柱その他これに類するものを除き、壁面線を越えて建築してはなりません。

2　**正**　【特別用途地区内での用途制限の緩和】

特別用途地区内においては、**地方公共団体**は、その地区の指定の目的のために必要と認める場合においては、**国土交通大臣の承認**を得て、条例で、建築物の用途制限を緩和することができます。

3　**正**　【建蔽率の適用除外】

建蔽率の限度が**10分の8**とされている地域内で、かつ、防火地域内にある耐火建築物またはこれと同等以上の延焼防止性能を有する建築物については、建蔽率に関する制限は適用されません。

No.04 36点 令和2年度（12月試験）

この場合は、建蔽率100%で建築できるよ～

4　**誤**　【北側斜線制限】

▶ 田園住居地域内についても北側斜線制限が適用される。

第一種低層住居専用地域、第二種低層住居専用地域、田園住居地域内または第一種中高層住居専用地域、第二種中高層住居専用地域（第一種・第二種中高層住居専用地域は日影規制を受けるものを除く）内においては、北側斜線制限が適用されます。

問19　解答 1　盛土規制法　難易度 A

1　**誤**　【宅地造成等工事規制区域】

▶ 宅地造成等工事規制区域の指定は「国土交通大臣」ではなく「都道府県知事」。

都道府県知事（地方自治法にもとづく指定都市、中核市または施行時特例市にあってはその長を含む）は、基本方針にもとづき、かつ、基礎調査の結果を踏まえ、宅地造成等に伴い災害が生ずるおそれが大きい市街地もしくは市街地となろうとする土地の区域または集落の区域（これらの区域に隣接し、または近接する土地の区域を含む）であって、宅地造成等に関する工事について規制を行う必要があるものを、**宅地造成等工事規制区域**として指定することができます。

2　**正**　【資格を有する者の設計によらなければならない措置】

宅地造成等工事規制区域内において行われる宅地造成等に関する工事（許可不要の工事を除く）は、政令で定める技術的基準に従い、擁壁等の設置その他宅地造成等に伴う災害を防止するため必要な措置が講ぜられたものでなければならず、**高さが5mを超える擁壁の設置**または**盛土もしくは切土をする土地の面積が1,500㎡を超える土地における排水施設の設置**については、政令で定める資格を有する者の設計によらなければなりません。

3　**正**　【損失の補償】

都道府県は、基礎調査のため他人の占有する土地に立ち入ったことにより他人に損失を与えた場合、その損失を受けた者に対して、通常生ずべき損失を補償しなければなりません。

4　**正**　【工事完了の検査】

工事主は、許可に係る宅地造成または特定盛土等に関する工事を完了した場合には、主務省令で定めるところにより、その工事が政令で定める技術的基準に適合しているかどうかについて、**都道府県知事の検査**を申請しなければなりません。

問 20　解答 3　土地区画整理法　難易度 C

1　**誤**　【減価補償金】

▶ 建築物について賃借権を有する者に対して減価補償金を支払う必要はない。

公的施行者は、土地区画整理事業の施行により、土地区画整理事業の施行後の宅地の価額の総額が土地区画整理事業の施行前の宅地の価額の総額より減少した場合に、その差額に相当する金額を、換地処分の公告があった日における従前の宅地の所有者およびその宅地について地上権、永小作権、**賃借権**その他の宅地を使用し、または収益することができる権利を有する者に対して、政令で定める基準に従い、**減価補償金**として交付しなければなりません。

2　**誤**　【清算金の徴収および交付】

▶ 仮換地を指定した時点では、清算金は確定していない。

施行者は、換地処分の公告があった場合に、確定した清算金を徴収し、または交付しなければなりませんが、清算金が確定するのは換地処分の公告があった日の翌日です。したがって、仮換地を指定した時点では清算金は確定していないため、徴収・交付することはできません。

3　**正**　【換地照応の原則】

換地計画において換地を定める場合においては、換地および従前の宅地の位置、地積、土質、水利、利用状況、環境等が照応するように定めなければなりません。これを**換地照応の原則**といいます。

4　**誤**　【宅地地積の適正化】

▶ 民間施行者が施行する場合には、本肢のような規定はない。

公的施行者が行う土地区画整理事業の換地計画においては、災害を防止し、および衛生の向上を図るため宅地の地積の規模を適正にする特別な必要があると認められる場合においては、その換地計画に係る区域内の地積が小である宅地について、過小宅地とならないように換地を定めることができます。民間施行者である土地区画整理組合が施行する土地区画整理事業の換地計画においては、本肢のような規定はありません。

問21 解答3 農地法 難易度A

1 **誤** 【農地とは】

▶ 現況が耕作している土地→農地法上の農地に該当する。

農地法の適用を受ける農地に該当するかどうかは、**その土地の現況**で判断します。したがって、現況が耕作している土地であれば、登記簿上の地目が山林であっても、農地に該当します。

2 **誤** 【3条許可】

▶ 贈与によって農地を取得した場合には3条許可が必要。

相続によって農地を取得した場合には3条許可は不要ですが、贈与によって農地を取得した場合には3条許可を受ける必要があります。

3 **正** 【競売により農地を取得する場合】

競売によって農地を取得する場合にも、3条許可を受ける必要があります。

4 **誤** 【4条許可】

▶ 農林水産大臣は4条許可の許可権者ではない。

市街化区域以外に存する農地を農地以外のものにする者は、原則として**都道府県知事等**の許可を受けなければなりません。

問22 解答4 国土利用計画法 難易度A

1 **誤** 【土地の利用目的に関する勧告】

▶ 事後届出に該当する場合、対価の額については勧告できない。

都道府県知事は、事後届出に係る土地に関する権利の移転または設定後における土地の利用目的に従った土地利用が土地利用基本計画その他の土地利用に関する計画に適合せず、当該土地を含む周辺の地域の適正かつ合理的な土地利用を図るために著しい支障があると認めるときは、土地利用審査会の意見を聴いて、事後届出をした者に対し、事後届出に係る土地の**利用目的**について必要な変更をすべきことを勧告することができます。また、土地の利用目的に関する勧告を受けた者がその勧告に従わないときは、その旨およびその勧告の内容を公表することができます。

2　**誤**　【罰則】

▶ 罰則の適用はあるが、勧告はされない。

事後届出が必要な場合であるにもかかわらず、事後届出を行わなかった場合には、罰則(6カ月以下の懲役または100万円以下の罰金)が適用されますが、都道府県知事から届出を行うよう勧告されることはありません。

3　**誤**　【事後届出が不要となる場合】

▶ 当事者の一方が「国」→事後届出は不要となる。

当事者の一方がまたは双方が国・地方公共団体・地方住宅供給公社等である場合には、事後届出を行う必要はありません。

4　**正**　【事後届出(都市計画区域外)】

対価の支払いがある「地上権の設定」は、届出が必要な「土地売買等の契約」に該当します。そして、事後届出が必要となる取引の面積は、都市計画区域外は10,000㎡以上です。したがって、Cは事後届出が必要となります。

問 23　解答 1　登録免許税　難易度 A

1　**正**　【軽減措置の適用要件】

軽減措置の適用を受けるためには、その住宅用家屋の取得後**1年以内**(1年以内に登記ができないことにつき政令で定めるやむを得ない事情がある場合には、政令で定める期間内)に所有権の移転登記をしなければなりません。

2　**誤**　【軽減措置が適用となる取得原因】

▶ 取得原因は売買または競落に限られる。

所有権の移転登記において軽減措置が適用されるのは、取得原因が**売買**または**競落**による場合に限られています。

3　**誤**　【課税標準】

▶ 実際の取引価格ではなく固定資産課税台帳に登録された価格。

登録免許税の課税標準となる「不動産の価額」とは、当該登記の時における不動産の価額をいい、具体的には、固定資産課税台帳に登録された価格を指します。

4　**誤**　【再適用の可否】

▶ 要件を満たせば再度適用を受けることができる。

以前に、住宅用家屋の軽減税率の特例を受けたことがある者でも、要件を満たせば、新たに住宅用家屋を取得したときに、この特例を適用することができます。

問24　解答3　固定資産税　難易度A

1　**誤**　【納税義務者】

▶ 固定資産税の納税義務者は賦課期日現在の所有者。

固定資産税の納税義務者は、賦課期日(毎年1月1日)現在において、固定資産課税台帳に所有者として登録されている者です。年度の途中において土地の譲渡等により所有者に変更があっても、当該年度中の納税義務者は変わらないため、税額の還付を受けることはできません。

2　**誤**　【税率】

▶ 課税標準は「1.4%」だが、これを超えてもよい。

固定資産税の課税標準は**1.4%**で、これをベースに、市町村で税率を決めることができます。

3　**正**　【固定資産税の納期】

固定資産税の納期は、4月・7月・12月・2月中で市町村の条例で定める日となっていますが、特別の事情がある場合には、これと異なる納期とすることができます。

4　**誤**　【小規模住宅用地の課税標準の特例】

▶ 小規模住宅用地については「6分の1」。

小規模住宅用地(住宅1戸あたり200㎡までの部分)については、その価格の**6分の1**が課税標準となります。なお、一般住宅用地(住宅1戸あたり200㎡を超える部分)については、その価格の**3分の1**が課税標準となります。

問25　解答1　地価公示法　難易度A

1　**正**　【正常な価格】

土地鑑定委員会は、公示区域内の標準地について、毎年一回、国土交通省令で定めるところにより、一定の基準日における当該標準地の単位面積あたりの正常な価格を判定し、これを公示します。この「正常な価格」とは、土地について、自由な取引が行われるとした場合において通常成立すると認められる価格で、土地に使用収益を制限する権利(地上権など)が存する場合には、この権利が存しないものとして算定します。したがって、土地上に地上権が存する場合でも、標準地として選定することができます。

2　誤　【不動産鑑定士の鑑定評価書の提出】

▶ 連名で鑑定評価書を提出しなければならない旨の規定はない。

土地鑑定委員会は、公示区域内の標準地について、2人以上の不動産鑑定士の鑑定評価を求めるものとし、標準地の鑑定評価を行った不動産鑑定士は、土地鑑定委員会に対し、鑑定評価額その他の国土交通省令で定める事項を記載した鑑定評価書を提出しなければなりません。ただし、鑑定評価を行った不動産鑑定士が鑑定評価書を連名で提出しなければならない旨の規定はありません。

3　誤　【正常価格の公示】

▶ 標準地の価格の総額については、官報で公示する必要はない。

土地鑑定委員会は、標準地の単位面積あたりの正常な価格を判定しときは、❶標準地の所在の郡、市、区、町村および字ならびに地番、❷標準地の単位面積当たりの価格および価格判定の基準日、❸標準地の地積および形状、❹標準地およびその周辺の土地の利用の現況、❺その他国土交通省令で定める事項を、官報で公示しなければなりません。本肢の「標準地の価格の総額」は官報で公示すべき事項ではありません。

4　誤　【公示価格の効力】

▶「同額」ではなく「規準」としなければならない。

土地収用法その他の法律によって土地を収用することができる事業を行う者は、公示区域内の土地を当該事業の用に供するため取得する場合で、当該土地の取得価格を定めるときは、**公示価格を規準**としなければなりません。

問 26　解答 2　宅建業法総合　難易度 A

1　誤　【売買代金の貸借のあっせん】

▶ 売買代金の貸借のあっせんをすることは宅建業法に違反しない。

「手付について貸付けその他信用の供与をすることにより契約の締結を誘引する行為」は宅建業法の規定に違反しますが、買主に対して売買代金の貸借のあっせんをすることにより、契約の締結を誘引しても、宅建業法に違反しません。

---

2 **正** 【法人である宅建業者が免許の取消しを受けた場合の役員である宅建士】

宅建士が役員を務める法人である宅建業者が宅建業に関し不正な行為をし、情状が特に重いとしてその免許を取り消された場合、免許取消しの日から5年間は宅建士の登録欠格事由に該当するため、当該宅建士の登録は消除されることとなります。

---

3 **誤** 【「自ら貸借」の場合】

▶ (自ら)借主として契約を締結→宅建業ではない。

「自ら貸借」は「取引」に該当せず、宅建業法は適用されません。なお、建築確認が済んでいない建物について、売買や交換の契約はできませんが、貸借の代理・媒介は行うことができます。

---

4 **誤** 【業務に関する帳簿を備え付ける事務所】

▶ 業務に関する帳簿は「事務所ごと」に備える必要がある。

業務に関する帳簿は「**事務所ごと**(主たる事務所・従たる事務所)」に備えなければならず、申込み・契約をする案内所等には不要です。

問 27 解答 3 広告に関する規制 難易度 A

1 **誤** 【誤認による損害が実際に発生しない場合】

▶ 誇大広告等を行うと実際に損害が発生しなくても監督処分の対象となる。

実際に損害が発生していなくても、誇大広告等を行った場合には宅建業法違反となり、監督処分の対象となります。

---

2 **誤** 【広告の開始時期の制限】

▶ 「許可等を得た後」でなければ広告をすることはできない。

建築確認が済んでいない建物の広告をすることはできません。「建築確認の申請中」であっても、またその旨を表示したとしても広告をすることはできません。

---

3 **正** 【広告の開始時期の制限】

宅建業者は、未完成物件について、必要な許可や確認を受けた後であれば、工事完了前でも広告をすることができます。

4 誤 【テレビやインターネットを利用して行う広告】

▶ テレビ・インターネットを利用した広告も規制対象となる。

テレビやインターネットを利用して行う広告についても規制の対象となります。

問28 解答1 媒介契約 難易度A

ア 誤 【指定流通機構への登録】

▶ 依頼者からの申出があったとしても、指定流通機構に登録しないとダメ。

専任媒介契約の場合には、指定流通機構への登録義務があり、この登録をしない旨の特約を定めることはできません。契約日から7日以内(休業日は算入しない)に指定流通機構に登録しなければ、宅建業法違反となります。

専属専任媒介契約の場合は契約日から5日以内(休業日は算入しない)に登録だよ〜

イ 誤 【業務処理状況の報告義務】

▶ 業務の処理状況を2週間に1回以上報告しなければならない。

専任媒介契約を締結した宅建業者は、依頼者に対し、その専任媒介契約に係る業務の処理状況を**2週間に1回以上**(専属専任媒介契約の場合は、**1週間に1回以上**)報告しなければなりません。

ウ 正 【明示義務に違反した場合の措置】

一般媒介契約において、重ねて依頼する他の宅建業者を明示する義務がある場合、明示義務に違反した場合の措置について媒介契約書に記載しなければなりません。

エ 誤 【宅建業者の意見陳述】

▶ 不動産鑑定士に評価を依頼する必要はない。

媒介契約書には、売買すべき価額または評価額(媒介価格)を記載し、宅建業者が媒介価格について意見を述べるときは、その根拠を明らかにしなければなりません。なお、意見の根拠としては、同種の取引事例等によって合理的な説明がつくものでなければなりませんが、不動産鑑定士に評価を依頼することまでは求められていません。

以上より、正しいものはウの1つ!だから答えは「1」!

問29 解答3 免許、登録 難易度A

1 **誤** 【免許換え】

▶ 免許換えによって免許を受けたときは、そのときから有効期間が起算される。

免許換えの申請を行い、その免許を受けたときは、従前の免許は効力を失います。免許換えが行われた場合の免許の有効期間は、新たな免許権者から免許を受けたときから起算され、5年となります。

---

2 **誤** 【登録の移転】

▶ 新しい宅建士証の有効期間は移転前の有効期間を引き継ぐ。

登録の移転の申請とともに宅建士証の交付の申請があったときは、移転後の都道府県知事は、宅建士証の有効期間(5年)が経過するまでの期間を有効期間とする宅建士証を交付しなければなりません。したがって、本肢の場合は、甲県知事から交付された宅建士証の有効期限が経過するまでの期間を有効期間とする宅建士証を乙県知事から交付されることになります。

---

3 **正** 【事務禁止処分を受けた場合の宅建士証】

宅建士は、事務禁止処分を受けた場合、宅建士証をその交付を受けた都道府県知事(甲県知事)に速やかに提出しなければなりません。

---

4 **誤** 【案内所】

▶ 案内所は事務所に該当しない→免許換えの申請は不要。

建物の分譲を行う「案内所」は事務所に該当しないため、そこで売買契約を締結する場合でも、免許換えの申請は不要です。

問30 解答2 保証協会 難易度A

1 **誤** 【弁済業務保証金分担金の納付額】

▶ 納付すべき弁済業務保証金分担金は150万円である。

弁済業務保証金分担金の納付額は本店につき60万円、支店1カ所につき30万円です。したがって、本肢の場合、弁済業務保証金分担金として150万円を納付しなければなりません。

納付する弁済業務保証金分担金：60万円＋30万円×3カ所＝150万円

2　**正**　【還付充当金の納付】

保証協会から還付充当金の納付の通知を受けた場合は、その通知を受けた日から**2週間以内**に、その通知された額の還付充当金を**保証協会**に納付しなければなりません。

3　**誤**　【保証協会への加入】

▶いずれか1つの保証協会の社員にしかなれない。

保証協会に加入することは任意ですが、一の保証協会の社員となった場合には、他の保証協会の社員となることはできません。

4　**誤**　【弁済を受ける権利を行使しようとする場合】

▶「甲県知事」ではなく「保証協会」の認証を受けなければならない。

弁済を受ける権利を行使しようとする者は、社員の免許権者(甲県知事)ではなく**保証協会**の認証を受ける必要があります。

ちなみに、還付請求をするのは、供託所に対してだよ〜

問31　解答3　免許、欠格事由（宅建業者）　難易度A

1　**誤**　【欠格事由】

▶本肢の場合は5年経過していなくても免許を受けることができる。

免許を受けてから1年以内に事業を開始せず、または引き続いて1年以上事業を休止したときに免許を取り消された場合は、その後5年経過していなくても免許を受けることができます。

欠格事由4　一定の理由で取消処分を受けた者

以下の事由で免許取消処分を受けた者で、免許取消しの日から5年を経過しない者は免許を受けることができない

❶ 不正の手段により免許を取得した

❷ 業務停止処分に該当する行為をし、情状が特に重い

❸ 業務停止処分に違反した

No.04 36点 令和2年度（12月試験）

これ以外の理由による免許取消しの場合は5年待つ必要はない〜

2　**誤**　【破産者で復権を得た者】

▶ 復権を得れば、免許を受けることができる。

法人の役員または政令で定める使用人のうち、破産手続開始の決定を受けて復権を得ない者がいる場合、その法人は免許を受けることができませんが、破産手続開始の決定がなされたあと、復権を得た場合には欠格事由に該当しません（5年待たなくてもOK）ので、免許を受けることができます。

3　**正**　【免許の条件】

免許権者は、免許に条件を付し、これを変更することができ、更新の場合でも同様です。

4　**誤**　【宅建業者名簿登載事項】

▶ 役員の住所は宅建業者名簿登載事項ではない→変更があっても届出不要。

宅建業者の役員および政令で定める使用人の氏名は宅建業者名簿登載事項ですが、住所は名簿に登載されません。したがって、住所に変更があっても届出は不要です。なお、氏名に変更があった場合は、30日以内にその旨を免許権者に届け出る必要があります。

問32　解答4　重要事項の説明（35条書面）　難易度C

ア　**正**　【急傾斜地崩壊危険区域】

宅地の売買の媒介において、その宅地が急傾斜地崩壊危険区域内にあるときは、その旨および制限の内容を説明しなければなりません。

イ　**正**　【土砂災害警戒区域】

建物の貸借の場合でも、土砂災害警戒区域内にあるときは、その旨を説明しなければなりません。

ウ　**正**　【重要文化財の譲渡の制限】

文化財保護法第46条第1項および第5項の規定による重要文化財の譲渡の制限に関する事項は、法令上の制限で政令に定めるもののうち、宅地の貸借の契約については除外されています。したがって、宅地の貸借の場合は、重要文化財の譲渡の制限について、その概要を説明する必要はありません。

エ　正　【津波防護施設区域】

宅地や建物が津波防護施設区域に位置しているときは、宅地や建物の売買・交換の媒介を行う場合は、**その制限の概要**を説明しなければなりません。

以上より、正しいものはアとイとウとエの4つ！だから答えは「4」！

問33　解答4　営業保証金　難易度A

1　誤　【営業保証金の供託】

▶ 営業保証金は「本店最寄りの供託所」に供託する。

営業保証金は、新たに設置した従たる事務所の最寄りの供託所ではなく、「**本店最寄りの供託所**」に供託しなければなりません。

2　誤　【保管替え】

▶ 有価証券で供託している場合は、保管替えの請求はできない。

金銭のみで供託している場合は、保管替えの請求をすることはできますが、有価証券のみまたは金銭と有価証券で営業保証金を供託している場合、保管替えの請求をすることはできません。この場合、移転後の主たる事務所の最寄りの供託所に供託したあと、従来の主たる事務所の最寄りの供託所から営業保証金を取り戻します。

3　誤　【免許の有効期間が満了した場合】

▶ 免許の有効期間満了における取戻しの場合は、公告が必要。

免許の有効期間満了により営業保証金を取り戻す場合は、**6カ月以上**の期間を定めて公告をする必要があります。

主たる事務所の移転に伴う営業保証金の取戻しの場合や保証協会の社員になった場合は、公告不要だよ～

4　正　【宅建業者が営業保証金を供託した旨の届出をしない場合の免許取消し】

免許権者は、宅建業の免許を与えた日から3カ月以内に営業保証金を供託した旨の届出がないときは、その届出をすべき旨の催告をしなければならず、この催告が到達した日から**1カ月以内**に宅建業者が届出をしないときは免許を取り消すことができます。

問34 解答4 報酬に関する制限 難易度A

1 正 【報酬の制限】

依頼者が承諾していたとしても、報酬の限度額を超えて報酬を受け取ることはできません。

---

2 正 【不当に高額な報酬を要求する行為】

宅建業者は、不当に高額な報酬を要求することはできません。たとえ実際には受け取っていなくても、**請求した時点で宅建業法違反**となります。

---

3 正 【事務所用建物の貸借の媒介の場合の報酬限度額】

居住用以外の建物の貸借については、報酬限度額(1カ月分の借賃および消費税相当額)以下であれば、貸主および借主からどのような割合で報酬を受け取ってもかまいません。

---

4 誤 【依頼者からの依頼によらない広告の料金】

▶ 広告の料金は依頼がなければ受領できない。

宅建業者は、依頼者から広告の依頼があったときには、報酬とは別に広告料金を受領できますが、依頼者からの依頼なしに、宅建業者が広告を出したときは、その分の広告料金を受領することができません。

問35 解答3 契約書(37条書面) 難易度A

ア 正 【契約書(37条書面)の記名と交付・提供】

37条書面には、宅建士の記名が必要ですが、交付・提供は宅建士でない従業者が行うことができます。

イ 誤 【契約書(37条書面)】

▶ 賃借権設定登記の申請の時期は37条書面の記載事項ではない。

引渡しの時期は37条書面に記載しなければなりませんが、賃借権設定登記の申請時期は記載する必要がありません。なお、契約の当事者が宅建業者であっても同様です。

「移転登記の申請の時期」は、売買・交換の場合の記載事項だよ〜

ウ　正　【契約書(37条書面)】

天災その他不可抗力による損害の負担に関する定めがあるときは、その内容を37条書面に記載しなければなりません。なお、重要事項説明書に記載して説明を行ったときでも、その定めがあれば、37条書面に記載しなければなりません。

エ　正　【契約書(37条書面)】

契約の当事者が宅建業者でも、37条書面の交付・提供を省略することはできません。また、本肢のように公正証書とは別に37条書面を作成した場合も、37条書面を公正証書で作成する場合(この場合は公正証書が37条書面となる)も、37条書面には宅建士の記名が必要です。

以上より、正しいものはアとウとエの3つ！だから答えは「3」！

問36　解答3　その他の業務上の規制　難易度A

1　誤　【依頼者本人の承諾があった場合】

▶ 依頼者本人の承諾があった場合は、守秘義務の対象外。

宅建業者は、正当な理由がある場合でなければ、その業務上取り扱ったことについて知り得た秘密を他に漏らしてはいけません。依頼者本人の承諾があった場合は、依頼者の利益を故意に損なうことがないので、守秘義務の対象外となります。

2　誤　【宅建業を営まなくなった場合】

▶ 宅建業を営まなくなっても、正当な理由がある場合を除き守秘義務を負う。

宅建業を営まなくなった場合でも、業務上取り扱ったことについて知り得た秘密については、正当な理由がある場合でなければ守秘義務を負います。

3　正　【裁判の証人として証言を求められた場合】

裁判の証人として証言を求められた場合は、法律上秘密事項を告げる義務があり、守秘義務の対象外となります。

4　**誤**　【重要事項として説明する場合】

▶ 重要事項として説明する場合は、守秘義務の対象外。

宅建業者が重要事項について故意に事実を告げず、または不実のことを告げる行為は宅建業法に違反する行為となりますので、たとえ売主が秘密にすることを希望した場合でも、調査の結果判明した事項を重要事項として買主に対して説明しなければなりません。

問37　解答 1　契約書（37条書面）　難易度 A

1　**正**　【契約書（37条書面）】

売買の場合において、当該建物が既存の建物であるときは、建物の構造耐力上主要な部分等の状況について当事者の双方が確認した事項は、37条書面の必要的記載事項です。したがって、確認した事項がない場合はその旨を37条書面に記載しなければなりません。

2　**誤**　【契約書（37条書面）】

▶ 代金等についての金銭の貸借のあっせんに関する定めは、任意的記載事項。

代金または交換差金についての金銭の貸借のあっせんに関する定めがある場合、当該あっせんに係る金銭の貸借が成立しないときの措置は、37条書面の任意的記載事項です。したがって、定めがなければ37条書面に記載する必要はありません。

3　**誤**　【契約書（37条書面）】

▶ 損害賠償額の予定または違約金に関する定めは、任意的記載事項。

損害賠償額の予定または違約金に関する定めがあるときのその内容は、37条書面の任意的記載事項です。したがって、定めがなければ37条書面に記載する必要はありません。

4　**誤**　【契約書（37条書面）】

▶ 宅地・建物に係る租税その他の公課の負担に関する定めは、任意的記載事項。

宅地・建物に係る租税その他の公課の負担に関する定めがあるときのその内容は、37条書面の任意的記載事項です。したがって、定めがなければ37条書面に記載する必要はありません。

		売買・交換	貸　借
必ず記載する事項	❶ 当事者の**氏名**(法人の場合は名称)および住所	●	●
	❷ 宅地・建物を特定するのに必要な表示 (宅地…所在、地番等／建物…所在、種類、構造等)	●	●
	❸ 代金・交換差金・借賃の額、その支払時期、支払方法	●	●
	❹ 宅地・建物の**引渡時期**	●	●
	❺ **移転登記の申請の時期**	●	
	❻ 既存の建物の構造耐力上主要な部分等の状況について当事者の双方が確認した事項	●	
その定めがあるときに記載が必要な事項	❼ **代金・交換差金・借賃以外**の金銭の授受に関する定めがあるとき (手付金、敷金、礼金など) ➡その額、金銭の授受の時期、目的	●	●
	❽ **契約の解除**に関する定めがあるとき ➡その内容	●	●
	❾ **損害賠償額の予定、違約金**に関する定めがあるとき ➡その内容	●	●
	❿ **天災その他不可抗力による損害の負担**に関する定めがあるとき ➡その内容	●	●
	⓫ 代金・交換差金についての金銭の貸借(**ローン**)の**あっせん**に関する定めがある場合 ➡当該あっせんに係る金銭の貸借が成立しないときの措置	●	
	⓬ 一定の**担保責任**(当該宅地・建物が種類・品質に関して契約の内容に適合しない場合におけるその不適合を担保すべき責任)または当該責任の履行に関して講ずべき保証保険契約の締結その他の措置についての定めがあるとき ➡その内容	●	
	⓭ 当該宅地・建物に係る**租税その他の公課の負担**に関する定めがあるとき ➡その内容	●	

問38　解答 1　宅地建物取引士　難易度 A

ア　**誤**　【専任の宅建士の設置】

▶「2週間以内」に補充等し、「30日以内」に変更の届出が必要。

専任の宅建士の数が不足する場合には、**2週間以内**に補充等しなければならず、その補充等の日から**30日以内**に、専任の宅建士の氏名に変更があった旨を免許権者に届け出なければなりません。

イ　誤　【専任の宅建士】

▶ 未成年者は、原則として専任の宅建士となることはできない。

専任の宅建士は成年者でなければなりません。ただし、宅建業に係る営業に関し成年者と同一の行為能力を有する未成年者が宅建業者（法人の場合は役員等）となった場合に自ら主として業務に従事する事務所等について、その者は、専任の宅建士となることができます。したがって、単に法定代理人の同意があっただけでは、専任の宅建士となることはできません。

ウ　正　【宅建士証の提示】

宅建士は、取引の関係者から請求があったときは、宅建士証を提示しなければなりません。また、重要事項の説明をするときは請求されなくても、説明の相手方に対し、宅建士証を提示しなければなりませんが、相手方が宅建業者である場合には重要事項の説明自体が不要になります。したがって、取引の関係者として請求がなければ、相手方である宅建業者に重要事項説明書を交付するに当たり、宅建士証を提示する必要はありません。

エ　誤　【欠格事由】

▶ 成年被後見人・被保佐人であるというだけでは登録の欠格事由ではない。

心身の故障により宅建士の事務を適正に行うことができない者として国土交通省令で定めるものについては登録を受けることができませんが、単に成年被後見人または被保佐人であるというだけでは登録の欠格事由ではありません。

以上より、正しいものはウの1つ！だから答えは「1」！

問39　解答1　8種制限（クーリング・オフ制度）　難易度A

1　誤　【クーリング・オフができなくなる場合】

▶ 宅地の引渡しはまだ→クーリング・オフできる。

買主が❶宅地・建物の引渡しを受け、かつ❷代金の全額を支払った場合には、クーリング・オフができなくなりますが、本肢の場合は、まだ引渡しを受けていません。また、クーリング・オフができる場所かどうかは、買受けの申込みをした場所で判断します。本肢では、仮設テント張りの案内所で買受けの申込みをしていますが、仮設テント張りの案内所はクーリング・オフができる場所に該当します。したがって、Aは代金全額が支払われていることを理由に契約の解除を拒むことはできず、Bはクーリング・オフによる契約の解除を行うことができます。

2　**正**　【クーリング・オフができる期間】

買主が自ら申し出た場合の自宅や勤務先はクーリング・オフができない場所ですが、買主が自ら申し出た場合でも、喫茶店はクーリング・オフができる場所です。また、宅建業者からクーリング・オフができる旨、方法を書面で告げられた日から起算して8日を経過するまでは、クーリング・オフによって契約を解除することができます。本肢では、契約締結日の3日後にクーリング・オフについて書面で告げられたので、契約締結日から10日後であっても、書面で告げられた日から起算して8日目に当たるので、契約の解除をすることができます。

3　**正**　【申込者に有利な特約】

申込みの撤回等について、申込者等(買主)に不利な特約は無効となりますが、本肢の「クーリング・オフによる契約の解除ができる期間を14日間」とする旨は、申込者等(買主)に有利な特約です。したがって、この特約は有効であり、契約の締結の日(クーリング・オフについて書面で告げられた日)から10日後であっても、特約で定められた期間内であるので、契約の解除をすることができます。

4　**正**　【クーリング・オフができる場所】

宅建業者であるハウスメーカーが宅地の売却について代理または媒介の依頼を受けていた場合には、ハウスメーカーの事務所はクーリング・オフができない場所となりますが、本肢のハウスメーカーはAから宅地の売却について代理または媒介の依頼を受けていないため、Bはクーリング・オフによって契約を解除することができ、Aは契約の解除を拒むことができません。

問40　解答4　その他の業務上の規制　難易度A

1　**誤**　【勧誘を継続すること】

▶ **相手方が契約を締結しない意思を表示した後に勧誘を継続→宅建業法違反。**

相手方から購入を希望しない旨の返事(当該契約を締結しない旨の意思を表示)があった後に、当該勧誘を継続することは宅建業法に違反します。

2　**誤**　【手付について貸付けその他信用の供与をすること】

▶ **手付を貸付けて契約の締結を誘引→宅建業法違反。**

宅建業者が、その相手方に対して、手付について貸付けその他信用の供与をすることにより契約の締結を誘引することはたとえ契約締結後に返還されたとしても宅建業法に違反します。

---

3 **誤** 【必要な時間を与えることを拒むこと】

▶ 正当な理由なく必要な時間を与えることを拒む→宅建業法違反。

宅建業者が契約の締結の勧誘をするに際して、正当な理由なく、当該契約を締結するかどうかを判断するために必要な時間を与えることを拒むことは宅建業法に違反します。本肢では、「理由の如何を問わず」としていますが、正当な理由があれば拒むことができるので誤りです。

---

4 **正** 【売買代金の引下げ】

「手付について貸付けその他信用の供与をすることにより契約の締結を誘引する行為」は宅建業法の規定に違反しますが、売買代金の額を引き下げて契約の締結を勧誘し、売買契約を締結することは宅建業法に違反しません。

問 41 解答 2 業務に関する帳簿 難易度 A

1 **誤** 【業務に関する帳簿を備え付ける事務所】

▶ 業務に関する帳簿は「事務所ごと」に備える必要がある。

業務に関する帳簿は「本店に支店の分もまとめて」ではなく、「**事務所ごと**」に備えなければなりませんので、本店・支店それぞれにその業務に関する帳簿を備える必要があります。

---

2 **正** 【帳簿への記載】

宅建業者は、取引があったつど、その年月日、その取引に係る宅地または建物の所在および面積その他国土交通省令で定める事項を帳簿に記載しなければなりません。

---

3 **誤** 【帳簿の保存期間】

▶ 売買の媒介をする新築住宅→帳簿の保存期間は5年。

宅建業者は、業務に関する帳簿を各事業年度の末日をもって閉鎖するものとし、閉鎖後**5年間**(当該宅建業者が自ら売主となる新築住宅に係るものにあっては、**10年間**)保存しなければなりません。売買の媒介をする新築住宅に係るものについては、閉鎖後5年間保存する必要があります。

4　誤　【帳簿の備付け】

▶ 一定の場合はパソコンを用いる方法でもOK。

宅建業者は、事務所ごとに業務に関する帳簿を備え付けなければなりませんが、その帳簿は、必要に応じ当該事務所においてパソコンやプリンターを用いて明確に紙面に表示されるときは、パソコンのハードディスクに記録する等の方法でも認められます。

問42　解答 1　重要事項の説明（35条書面）　難易度 A

1　誤　【歴史的風致形成建造物】

▶ 法令上の制限がある場合は、概要を説明しなければならない。

建物の売買の媒介において、法令上の制限がある場合は、契約内容に応じて政令で定めるものに関する事項の内容を説明しなければなりません。歴史的風致形成建造物の増築等をしようとする者に、市町村長への一定事項の届出が要求される旨は、法令上の制限に関する事項の概要であり、重要事項として説明する必要があります。

2　正　【建物の建築・維持保全の状況に関する書類の保存の状況】

既存建物の売買の媒介では、設計図書、点検記録その他の建物の建築や維持保全の状況に関する書類で国土交通省令で定めるもの（確認済証もこれに該当します）の**保存の状況**は、重要事項説明での説明事項です。また、保存の状況は、当該書類の有無を説明するものであり、紛失等している場合は、その旨を説明することになります。

3　正　【建物の維持修繕の実施状況】

区分所有建物の売買の媒介において、一棟の建物の維持修繕の実施状況が記録されているときは、その内容を重要事項として説明しなければなりません。

4　正　【建物の設備の整備状況】

建物の貸借の場合には、台所、浴室、便所その他の建物の設備の整備状況を説明しなければなりません。

問43　解答 4　宅地建物取引士　難易度 A

1　誤　【欠格事由に該当することになったとき】

▶ 届け出るのは、本人またはその法定代理人もしくは同居の親族である。

宅建士が心身の故障により宅建士の事務を適正に行うことができない者として国土交通省令で定めるもの(＝精神の機能の障害により宅建士の事務を適正に行うにあたって必要な認知、判断および意思疎通を適切に行うことができない者)に該当することとなったときに届け出るのは、本人またはその法定代理人もしくは同居の親族です。

2　誤　【登録の移転】

▶ 登録の移転のさい、移転先の知事が指定する講習を受講する必要はない。

登録の移転をするさいに、移転先の知事が指定する講習を受講する必要はありません。なお、登録の移転は、義務ではなく、任意です。

3　誤　【宅建士証の提出】

▶ 宅建士証を提出しなかった者は、10万円以下の過料に処せられる。

宅建士は、事務禁止処分を受けた場合、宅建士証をその交付を受けた都道府県知事に速やかに**提出**しなければなりません。そして、提出しなかったときは**10万円以下の過料**に処せられることがあります。

4　正　【登録禁止期間】

脅迫の罪により罰金の刑に処せられ、登録が消除された場合は、その刑の執行を終わり、または執行を受けることがなくなった日から5年を経過するまでは、新たな登録を受けることができません。

問44　解答2　宅地　難易度A

宅建業法に規定する「宅地」とは、❶建物の敷地に供せられる土地、❷用途地域内のその他の土地(道路、公園、河川その他政令で定める公共の用に供する施設の用に供せられているものを除く)をいいます。

ア　正　【宅地とは】

宅地とは、現に建物の敷地に供されている土地に限らず、広く建物の敷地に供する目的で取引の対象とされた土地をいい、将来的に建物の敷地に供する土地も含まれます。

イ　誤　【宅地とは】

▶ 地目、現況の如何を問わないので、農地であっても宅地に該当する。

「用途地域内のその他の土地で、道路、公園、河川その他政令で定める公共の用に供する施設の用に供せられている土地以外のもの」も宅地に含まれるので、農地であっても宅地に該当します。

ウ　正　　　【宅地とは】

用途地域外に存するものであっても、建物の敷地に供せられる土地は宅地に該当します。

エ　誤　　　【宅地とは】

▶ 道路、公園、河川などの公共施設の用に供せられている土地は宅地ではない。

用途地域内のその他の土地で、道路、公園、河川その他政令で定める公共の用に供する施設の用に供せられている土地は、宅地に該当しません。

以上より、正しいものはアとウの2つ！だから答えは「2」！

問 45　解答 4　住宅瑕疵担保履行法　難易度 B

1　誤　　　【住宅販売瑕疵担保保証金の供託する場合】

▶「100㎡以下」ではなく、「55㎡以下」のとき、2戸を1戸として数える。

住宅販売瑕疵担保保証金の供託する場合、当該住宅の床面積が「100㎡以下」ではなく、**「55㎡以下」**であるときは、新築住宅の合計戸数の算定にあたって、2戸をもって1戸と数えることになります。

2　誤　　　【住宅販売瑕疵担保責任保険契約の要件】

▶ 10年以内→契約の解除はできない。

住宅販売瑕疵担保責任保険契約は、買主が新築住宅の引渡しを受けた時から**10年以上の期間**、有効でなければならず、国土交通大臣の承認を受けた場合を除いて、変更または解除することはできません。

3　誤　　　【保険金の支払いを受けることができる瑕疵】

▶ 住宅の給水設備またはガス設備の瑕疵による損害はダメ。

保険金の支払いを受けることができる瑕疵は、**住宅の構造耐力上主要な部分**または**雨水の浸入を防止する部分**として政令で定めるものの瑕疵（構造耐力または雨水の浸入に影響のないものを除く）です。したがって、住宅の給水設備またはガス設備の瑕疵によって生じた損害について保険金の支払いを受けることはできません。

4　**正**　【住宅販売瑕疵担保責任保険契約】

住宅販売瑕疵担保責任保険契約は、新築住宅の買主であるBではなく、「**売主である宅建業者**」のAが住宅瑕疵担保責任保険法人と締結し、保険料を支払う必要があります。

問46　解答4　住宅金融支援機構法　難易度A

1　**正**　【資金貸付業務(地震に対する安全性向上のための住宅改良資金)】

機構は、災害予防代替建築物の建設・購入等に必要な資金、災害予防関連工事に必要な資金、**地震に対する安全性の向上を主たる目的とする住宅の改良に必要な資金**の貸付けを行っています。

2　**正**　【民間金融機関の住宅ローン金利】

住宅ローン金利は各民間金融機関が独自に決定するので、**金融機関によって異なる場合があります**。

3　**正**　【死亡時一括償還制度】

機構は、高齢者が自ら居住する住宅に対して行うバリアフリー工事に係る貸付について、死亡時一括償還制度を設けています。

4　**誤**　【証券化支援事業(買取型)】

▶ **住宅の購入に付随する改良に必要な資金も含まれる。**

機構は、証券化支援事業(買取型)において、住宅の購入に付随する改良に必要な資金の貸付債権も譲受けの対象としています。

問47　解答2　景品表示法　難易度B

1　**誤**　【セットバックを要する部分を含む土地を取引する場合】

▶ **面積がおおむね10%以上である場合に面積の明示が必要。**

建築基準法第42条第2項の規定により道路とみなされる部分(セットバックを要する部分)を含む土地については、その旨を表示し、セットバックを要する部分の面積がおおむね**10%以上**である場合は、併せてその面積を明示しなければなりません。

2　**正**　【取引態様】

取引態様は、「売主」、「貸主」、「代理」または「媒介」(「仲介」)の別をこれらの用語を用いて表示しなければならず、これらの用語以外の「直販」、「委託」等の用語による表示は、取引態様の表示とは認められません。

3　**誤**　【不当表示】

▶ 契約済みの物件の掲載を継続すれば不当表示に問われることがある。

継続して物件に関する広告その他の表示をする場合において、当該広告その他の表示の内容に変更があったときは、速やかに修正し、またはその表示を取りやめなければならないので、インターネット上に契約済みの物件の掲載を継続すれば、不当表示に問われることがあります。

4　**誤**　【予告広告】

▶ 新築分譲住宅の価格を省略した予告広告を行うことができる。

予告広告とは、販売区画数もしくは販売戸数が2以上の分譲宅地、新築分譲住宅、新築分譲マンションもしくは一棟リノベーションマンション、または、賃貸戸数2以上の新築賃貸マンションもしくは新築賃貸アパートであって、価格または賃料が確定していないため、直ちに取引することができない物件について、一定の表示媒体を用いてその本広告(必要な表示事項をすべて表示して物件の取引の申込みを勧誘するための広告表示)に先立ち、その取引開始時期をあらかじめ告知する広告表示をいい、本広告のうち一定の事項を省略して行うことができます。

問48　解答ー　統計

最新の統計データで学習してください。

問49　解答3　土地　難易度A

1　**適当**　【山林】

山林の地形は、かなり急峻で大部分が森林となっています。

2　**適当**　【低地】

低地は一般的に洪水や地震などに対して弱く、防災的見地からは住宅地として好ましくありません。

3　**不適当**　【埋立地】

▶ 埋立地は干拓地より安全である。

埋立地は一般に海面に対して数mの比高を持つため、干拓地より災害に対して安全といえます。

4　**適当**　【台地】

台地は一般的に地盤が安定しており、水はけもよく、低地に比べて自然災害に対する安全度は高いといえます。

問 50　解答 3　建物　難易度 A

1　**適当**　【基礎】

基礎は、硬質の支持地盤に設置するとともに、上部構造とも堅固に緊結する必要があります。

2　**適当**　【木造建物】

木造建物を耐震、耐風的な構造にするためには、できるだけ建物の形態を単純にすることが適当です。

3　**不適当**　【鉄骨造】

▶ 鋼材の防錆処理を行う必要がある。

鉄骨造は不燃構造で靭性が大きいですが、鋼材はさびやすいため、防錆処理を行う必要があります。

4　**適当**　【鉄筋コンクリート造】

近年、コンクリートと鉄筋の強度が向上しており、鉄筋コンクリート造の超高層共同住宅建物もみられます。

No. 05

令和元年度（2019年度）
解答・解説

この年の合格基準点は**35**点でした

解答一覧

権利関係

問	1	2	3	4	5	6	7	8	9	10
解答	1	4	1	4	2	2	1	4	4	1

問	11	12	13	14
解答	3	4	3	3

法令上の制限

問	15	16	17	18	19	20	21	22
解答	4	1	4	2	3	1	1	3

税 その他

問	23	24	25
解答	2	4	3

宅建業法

問	26	27	28	29	30	31	32	33	34	35
解答	4	1	4	3	4	1	4	3	2	4

問	36	37	38	39	40	41	42	43	44	45
解答	2	3	2	3	2	1	1	2	3	1

その他

問	46	47	48	49	50
解答	1	4	―	3	4

日付　／　あなたの得点　点

メモ（復習すべき問題など）

問1　解答 1　物権変動　難易度 A

1　**誤**　【物権変動と登記】

▶ 不法占拠者に対しては、登記なしでも所有権を対抗できる。

不動産に関する物権の変動（本肢では、甲土地のBへの所有権移転）は、原則として登記がなければ第三者に対抗することができません。しかし、本肢の不法占拠者（C）に対しては**登記がなくても**所有権を対抗することができます。

2　**正**　【賃貸人たる地位の移転と登記】

借地借家法による借地権の対抗要件を備えた場合に、その不動産（甲土地）が譲渡されたときは、その不動産の賃貸人たる地位は、その譲受人（B）に移転します。この場合、賃貸人たる地位の移転は、賃貸物である不動産（甲土地）について**所有権の移転の登記をしなければ**、賃借人（D）に対抗することができません。

3　**正**　【物権変動と登記】

甲土地の所有権は、A→B→Eと移転しています。したがって、AとEは、甲土地について**前主・後主の関係**にあり、所有権を争う対抗関係にあるわけではありません（Eは登記がなくとも、Aに対して甲土地の所有権を対抗することができます）。

4　**正**　【取得時効と登記】

Fの取得時効の完成前に、AからBへ所有権移転登記が行われています。したがって、（Fからみて）Bは**時効完成前の第三者**ということになります。

時効完成前の第三者（B）に対しては、登記を備えていなくても所有権を主張できるため、FはBに対し、登記がなくても甲土地の所有者であることを主張することができます。

問2　解答 4　物権変動　難易度 A

1　**正**　【取消しと登記】

二重譲渡のように対抗要件で優先劣後を定める問題を**対抗問題**といいます（ただし、この場合でも、背信的悪意者には、対抗要件なしに優先することができます）。**詐欺取消し「後」**の詐欺にあった人（A）と転得者（C）の関係は**対抗問題**となり、いずれの当事者も、登記なくして（背信的悪意者でない）他方の当事者に対して甲土地の所有権を主張することはできません。

2　**正**　【取消しと登記】

肢1とは異なり、**詐欺取消し「前」**の詐欺にあった人(A)と転得者(C)の関係は対抗問題とはならず、**Cが悪意または有過失**の場合には、Aは登記がなくても甲土地の所有権を主張することができます。

3　**正**　【錯誤による取消しの可否】

意思表示に対応する意思を欠く錯誤で、その錯誤が法律行為の目的・取引上の社会通念に照らして重要なものであるときは、錯誤にかかる意思表示を取り消すことができます(ただし、錯誤が表意者の重過失によるものであった場合には、原則として取り消すことができません)。

この錯誤による取消しは、**善意無過失の第三者(錯誤による取消し前の第三者)に対抗することができません**が、悪意の第三者Cに対しては、Aは甲土地の返還を請求することができます。

4　**誤**　【錯誤による取消しの可否】

▶ **重過失がある場合には、原則として、錯誤による取消しはできない。**

錯誤が**表意者**の**重過失**によるものであった場合には、原則として取り消すことができません。

❶相手方が表意者に錯誤があることを知り、または重過失により知らなかったときや、❷相手方が表意者と同一の錯誤に陥っていたときには、例外的に取り消すことができる。肢4は常に取り消すことができるように書いているからダメ～

問3　解答1　買主の救済(担保責任)　難易度A

1　**正**　【期間の制限】

売主Aは、建物の品質が契約の内容に適合しないものであることにつき悪意です。民法上、担保責任の期間の制限について特約をすることは認められていますが、この特約は**悪意の売主(A)には適用されません**。また、目的物の種類または品質に関する担保責任は、不適合を知った時から1年以内にその旨を売主に通知しなければ行使することができないとされていますが、これも**売主が悪意・重過失の場合には適用されません**。

No.05 35点 令和元年度

2 **法改正により削除**

3 **誤** 【損害賠償と解除】

▶ 損害賠償と解除はそれぞれ別の制度→それぞれ要件を満たせば行使できる。

債務不履行による損害賠償請求権と解除は、それぞれ別の制度なので、それぞれの要件を満たせば、損害賠償請求をすることも、解除をすることもできます(損害賠償請求権と解除権を同時に行使することもできます)。

4 **誤** 【責任の主体】

▶ Cは売主ではない→Cに対して担保責任の追及はできない。

担保責任は、買主(B)が、売主(A)に対して責任追及することができる権利です。したがって、売主ではない宅建業者Cに対しては行使することはできません。

問4 解答4 不法行為 難易度C

1 **誤** 【損益相殺(不法行為)】

▶ 損害保険金は、損益相殺として控除すべき利益に該当しない。

損益相殺とは、債権者が損害と同時に利益を得たときは、その利益分を損害額から控除することをいいます。

ここでは、損害と同一の原因によって利益を得たかが問題となりますが、第三者の不法行為により滅失した家屋の所有者に支払われる損害保険金は、保険料の対価としての性質があるので、損益相殺として控除すべき利益に該当しません。

2 **誤** 【損益相殺的調整(不法行為)】

▶ 債権者が損害と同時に得た利益分は損害額から控除されることがある。

被害者が不法行為によって損害を受けると同時に、同一の原因によって損害と同質性のある利益を受けた場合、その額は加害者の賠償すべき損害額から控除されることがあります(損益相殺的調整)。

3 **誤** 【不法行為】

▶ 教唆行為が不法行為に該当するなら責任が生じる。

第三者が債務者を教唆(きょうさ)して(そそのかして)、その債務の全部または一部の履行を不能にさせた場合、その教唆行為が不法行為の要件に該当するときには、当該第三者は当該債務の債権者に対して不法行為責任を負うことがあります。

4　正　【不法行為】

名誉を違法に侵害された者は、損害賠償または名誉回復のための処分を求めることができます。また、人格権としての名誉権にもとづき、加害者に対し侵害行為の差し止めを求めることができます。

問5　解答2　無権代理　難易度A

1　正　【追認拒絶の効果】

判決文に「･･･本人が追認を拒絶すれば無権代理行為の効力が本人に及ばないことが確定し、追認拒絶の後は本人であっても追認によって無権代理行為を有効とすることができず…」とあるので、正しい記述です。

2　誤　【無権代理と相続】

▶ 生前の追認拒絶が･･･ある：有効にならない⇔ない：単独相続では当然に有効になる。

①本人が追認拒絶をした後に無権代理人が本人を相続した場合については、判決文に「無権代理行為が有効になるものではない」とあります。一方、②本人が追認拒絶をする前に無権代理人が本人を単独相続した場合は、**その相続によって**当然に無権代理行為が有効になります。したがって、①と②で法律効果は異なることになります。

3　正　【無権代理行為の追認の効力】

無権代理行為の追認は、別段の意思表示がないときは、契約の時にさかのぼってその効力を生じます。ただし、第三者の権利を害することはできません。

4　正　【無権代理と相続】

判決文の場合とは逆に、本人が無権代理人を相続する場合には、単に相続をしたというだけでは、**無権代理行為は有効とはなりません**(本人は追認拒絶することができます)。

判決文を読むだけで答えられるのは肢1だけ。肢2・3・4はそれぞれ民法の知識や別の判例を知っていないと解けない～

No.05 35点 令和元年度

問6 解答2 相続(遺産分割) 難易度D

1 誤 【遺産分割の禁止】

▶ **遺言によって遺産分割の禁止をすることができる。**

遺産分割は、**遺言・当事者の契約・家庭裁判所の審判**などによって**禁止することができます**。こうした遺産分割の禁止がされていない場合には、共同相続人は、遺産の全部の分割だけでなく、一部の遺産分割もすることができます。

2 正 【遺産分割の合意による解除】

共同相続人の**協議によって成立した**遺産分割については、その共同相続人**全員**の**合意**により解除した上で、あらためて遺産分割協議を成立させることができます。

3 誤 【相続の効力】

▶ **預貯金債権は、相続開始と同時に当然に相続分に応じて分割されない。**

相続により、遺産に属する**預貯金債権は相続開始と同時に当然に相続分に応じて分割されることはなく**、共同相続人の共有となります(最終的な帰属は遺産分割によって決定されます)。

ただ、遺産分割をするまで相続人の預貯金が引き出せないとなると不便だということで、預貯金債権のうち一定額については、各共同相続人は、単独でその権利を行使することができるとされている。
この場合、権利を行使された預貯金債権については、その共同相続人が遺産の一部の分割によってこれを取得したものとみなされるよ～

4 誤 【遺産分割の効力発生時期】

▶ **遺産分割の効力が生じるのは、相続が開始した時＝被相続人の死亡時。**

遺産分割の効力が生じるのは、相続が開始した時(**被相続人が死亡した時**)です。過去にさかのぼって効力を生ずるものなので、第三者の権利を害することはできません。

問7 解答1 弁済 難易度B

債権者(A)や法令の規定・当事者の意思表示によって弁済を受領する権限を付与された第三者を受領権者といいます。**受領権者以外の者**であって、取引上の社会通念に照らして**受領権者としての外観**を有するもの(詐称代理人、表見相続人など)に対してした弁済は、その弁済をした者(B)が善意無過失**のときに限り**、その効力を有します。

1　**誤**　【受領権者以外の者に対する弁済】

▶ 債権者(A)が利益を受けたのであれば、受領権者以外の者への弁済も有効。

弁済をしたBに過失があるため、Cが受領権者としての外観を有する者であったとしても、有効な弁済にはなりません。ただし、この場合でも、**債権者(A)が利益を受けた**のであれば、その限度において、受領権者以外の者に対する弁済も有効となります。

2　**正**　【受領権者としての外観を有する者に対する弁済】

上記のとおり、正しい記述です。

3　**正**　【受領権者としての外観を有する者に対する弁済】

上記のとおり、正しい記述です。

4　**正**　【同時履行の抗弁権】

Bは、代金債務の履行期が過ぎた場合であっても、特段の事情がない限り、甲建物の引渡しに係る**履行の提供を受けていない**ときは、同時履行の抗弁権を主張して、Aに対して代金の支払いを拒むことができます。

問8　解答4　請負　難易度 B

ア　**正**　【損害賠償請求】

債務者(B)がその**債務の本旨にしたがった履行をせず**、それが債務者(B)の**責めに帰すべき事由によるものである**ときは、債権者(A)は、これによって生じた損害の賠償を請求することができます。

イ　**正**　【履行不能】

債務の**履行が不能**であるときは、債権者(A)は、その債務の履行を請求することはできなくなります。

ウ　**正**　【注文者による契約の解除】

請負人(B)が**仕事を完成しない間**は、注文者(A)はいつでも請負人(B)に対して**損害を賠償して契約を解除**することができます。

以上より、誤っているものはなし！だから答えは「4」。

問 9 解答 4 時効 難易度 B

裁判上の請求がされた場合、**確定判決または確定判決と同一の効力を有するものによって権利が確定したとき**は、時効はその事由が終了した時から新たにその進行を始めます(時効の更新)。

1 正

【時効の更新事由】

訴えが取り下げられた場合には、権利が確定しないので、時効の更新は生じません。

---

2 正

【時効の更新事由】

訴えが却下された場合には、権利が確定しないので、時効の更新は生じません。

---

3 正

【時効の更新事由】

請求棄却の判決とは、原告(A)の請求に理由がないとして、A敗訴の判決をすることです。Aが主張する金銭支払請求権はないとされたわけですから、時効の更新は生じません。

---

4 誤

【時効の更新事由】

▶ 裁判上の和解・・・確定判決と同一の効力あり！→時効は更新される。

裁判上の和解は、確定判決と同一の効力を有するものなので、時効の更新が生じます。

問 10 解答 1 抵当権 難易度 D

本問における本来の(順位の譲渡を考慮しない)配当を受けるべき債権者およびその額は、次のとおりです。

	債権額	配当額
B（一番抵当権）：	2,000万円	2,000万円
C（二番抵当権）：	2,400万円	2,400万円
D（三番抵当権）：	3,000万円	1,600万円*

甲土地の競売による売却代金 6,000万円

＊6,000万円－2,000万円－2,400万円

これを前提としたうえで、本問では、BはDの利益のために、抵当権の順位の譲渡をしています。抵当権の譲渡があった場合、譲受人(D)は配当において譲渡人(B)に優先し、**両者の配当額の合計**(3,600万円＝2,000万円＋1,600万円)**の範囲内で自己の債権**(3,000万円)**を優先的に回収**することができ、残り(600万円＝3,600万円－3,000万円)をBが受けます。順位譲渡の当事者となっていないCの配当額には影響はありません。

したがって、Bは600万円の配当を受けることになります(肢1)。

Bの配当額：600万円
Cの配当額：2,400万円
Dの配当額：3,000万円

問11 解答3 借地借家法(借地) 難易度B

借地借家法は、建物の所有を目的とする土地の賃貸借および地上権について規定しています。なお、普通借地権と定期借地権の内容をまとめると次のとおりです。

	普通借地権	定期借地権	
		一般定期借地権	事業用定期借地権
契約の存続期間	30年以上	50年以上	10年以上 50年未満
更新	最初の更新は 20年以上 2回目以降は 10年以上	なし	なし
利用目的 (建物の種類)	制限なし	制限なし	事業用建物のみ (居住用建物は×)
契約方法	制限なし	書面または電磁的記録	公正証書に限る

1　誤　【存続期間(民法の賃貸借)】

ケース①…×　ケース②…○

建物所有を目的とする土地の賃貸借ではないので、借地借家法の適用はなく、民法が適用されます。民法の賃貸借の存続期間は**最長50年**で、50年を超えるもの(ケ

ース①)については、その期間は50年となります(期間の定めがないものとなるわけではありません)。したがって、ケース①では期間は50年となり、ケース②では期間は15年となります。

2　誤　【存続期間(借地借家法)】

ケース①…×　ケース②…×

建物の所有を目的とする土地の賃貸借(借地権)のため、借地借家法の適用があります。借地借家法の存続期間は**原則30年**ですが、契約でこれより長い期間を定めた場合(ケース①)には、その期間が存続期間となり、契約でこれより短い期間を定めた場合(ケース②)には、30年がその借地権の存続期間となります。

事業用定期借地権には、期間を10年とすることができるものがある。この場合には、問題肢にあるように「公正証書で契約を締結しなければ」ならないよ～

3　正　【定期借地権】

ケース①…○　ケース②…○

存続期間を50年以上として一般定期借地権を設定する場合、公正証書等の書面または電磁的記録によれば、契約の更新による存続期間の延長がないこととする旨等を定めることができます。ケース①では**存続期間が50年以上**なので、一般定期借地権によることができますが、ケース②は50年未満なので、一般定期借地権によることができません。

事業用定期借地権なら期間が15年でも設定できて、契約の更新をしないことを定めることができるけど、本肢は、居住の用に供する建物の所有が目的=事業の用に供するわけではない、のでこれによることはできない!

4　誤　【定期借地権】

ケース①…×

ケース①は期間が50年以上なので一般定期借地権によることができます。そして一般定期借地権は**書面または電磁的記録**でその特約をすればよく、公正証書による必要はありません。

ケース②…×

本肢は「専ら工場の用に供する建物の所有」を目的としているため、期間が10年以上であるケース②では**事業用定期借地権**を設定することができます。存続期間が10年以上である事業用定期借地権については、借地契約の更新請求等について排除することができます。

問 12　解答 4　借地借家法（借家）　難易度 A

1　**誤**　【定期建物賃貸借】

▶ 契約の更新がない旨は、あらかじめ「書面を交付・提供し、説明」。

期間の定めがある建物の賃貸借を行う場合、契約の更新がない旨を定めるには、定期建物賃貸借による必要があります。この場合、賃貸人(A)は定期建物賃貸借の契約締結前に、賃借人(B)に対して「契約の更新がなく、期間満了で終了する」旨を記載した**書面**(必ずしも公正証書による必要はありません)**を交付（または賃借人の承諾を得て電磁的方法により提供）し**、**説明**しなければなりません。

2　**誤**　【定期建物賃貸借】

▶ 定期建物賃貸借によれば、居住用でも更新しない旨の特約OK!

期間の定めがある建物の賃貸借を行う場合には、定期建物賃貸借によれば、居住の用に供する建物であっても契約の更新がない旨を定めることができます。

3　**誤**　【建物賃貸借の更新】

▶ 更新拒絶の通知は、期間満了の「1年前から6ヵ月前までの間に」する。

期間の定めがある建物の賃貸借の場合、相手方(B)に対し、更新しない旨の通知をしなかったときには、従前の契約と同一の条件で契約を更新したものとみなされますが、その期間は定めがないものとなります。この更新しない旨の通知は、期間満了の**1年前から6ヵ月前**までの間にする必要があります。

4　**正**　【賃貸借の終了と転貸借】

建物賃貸借が、期間の満了または**解約申入れ**によって終了した場合、賃貸人(A)は転借人(C)にその旨の通知をしなければ、その終了を転借人に対抗できません。

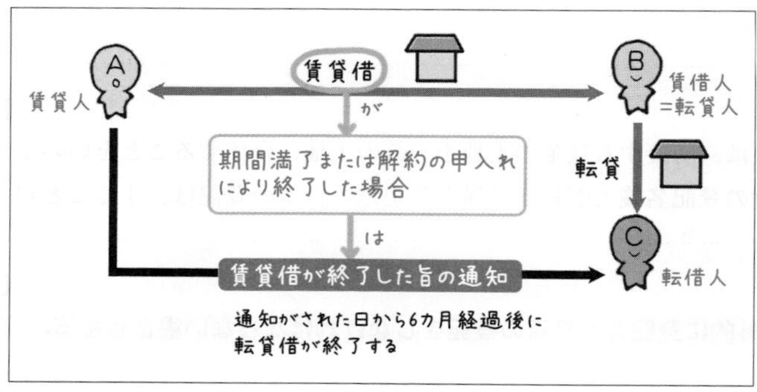

No. 05
35点
令和元年度

問 13 解答 3 区分所有法 難易度 A

1 誤 【専有部分が数人の共有に属する場合】

▶ 専有部分が共有→議決権を行使する人を定める必要がある。

専有部分が数人の共有に属するときは、共有者は、議決権を行使すべき者一人を定めなければなりません。

---

2 誤 【占有者の権限】

▶ 占有者に認められるのは、意見陳述権のみ。

区分所有者の承諾を得て専有部分を占有する者は、会議の目的たる事項につき利害関係を有する場合には、集会に出席して**意見を述べることはできますが、議決権を行使することはできません**。

---

3 正 【集会の議長】

集会においては、規約に別段の定めがある場合および別段の決議をした場合を除いて、管理者または集会を招集した区分所有者の一人が議長となります。

---

4 誤 【集会の議事の決議要件】

▶ 集会の議事は、原則「過半数」。

集会の議事は、区分所有法または規約に別段の定めがない限り、区分所有者および議決権の各過半数で決めます。

問 14 解答 3 不動産登記法 難易度 C

1 正 【申請の却下】

登記の申請に係る不動産の所在地が当該申請を受けた登記所の管轄に属しないときは、登記官は、原則として、理由を付した決定で、当該申請を却下しなければなりません。

---

2 正 【合筆の登記】

合筆とは、隣接する数筆の土地を一筆の土地に合体することをいいます。

所有権の登記名義人が相互に異なる土地の合筆の登記は、することができません。

---

3 誤 【分筆の登記】

▶ 例外的に登記官が分筆の登記をしなければならない場合もある。

分筆とは、一筆の土地を二筆以上の土地に分割することをいいます。

分筆の登記は、表題部所有者または所有権の登記名義人以外の者は、申請することができないのが原則です。ただし、一筆の土地の一部が別の地目となったとき等は、登記官は、職権でその土地の分筆の登記をしなければなりません。

4　**正**　【登記申請の場合の代理権の不消滅】

民法では、本人が死亡すると、代理人の代理権は消滅しますが、登記申請の委任による代理権は、本人が死亡しても消滅しません。

問 15　解答 4　都市計画法　難易度 B

1　**正**　【高度地区】

高度地区は、用途地域内において市街地の環境を維持し、または土地利用の増進を図るため、**建築物の高さの最高限度**または**最低限度**を定める地区とされています。

2　**正**　【特定街区】

特定街区は、都市計画に、**❶容積率**、❷建築物の**高さの最高限度**、**❸壁面の位置の制限**を定めるものとされています。

3　**正**　【準住居地域】

準住居地域は、道路の沿道としての地域の特性にふさわしい業務の利便の増進を図りつつ、これと調和した住居の環境を保護するため定める地域とされています。

4　**誤**　【特別用途地区】

▶ 本肢の記述は特定用途制限地域の内容となっている。

特別用途地区は、用途地域内の一定の地区において、当該地区の特性にふさわしい土地利用の増進、環境の保護等の**特別の目的の実現**を図るため、当該用途地域の指定を**補完**して定める地域とされています。

似たような名前の地域・地区の説明入れ替えはよく出題されるから注意！

問 16 解答 1 都市計画法（開発許可） 難易度 A

1 **正** 【開発許可】

準都市計画区域内においては、**3,000㎡以上**の開発行為については開発許可が必要です。

2 **誤** 【開発許可】

▶ 市街化区域内で「1,000㎡以上」の開発行為は開発許可が必要。

市街化区域内においては、**1,000㎡以上**の開発行為については開発許可が必要です。なお、市街化区域以外の区域内においては、農林漁業を営む者の居住用建築物の建築の用に供する目的で行う開発行為については開発許可は不要です。

3 **誤** 【開発行為とは】

▶ 8,000㎡の野球場→特定工作物にあたらない→開発許可不要。

市街化調整区域内においては、開発行為の規模の大小にかかわらず開発許可が必要ですが、8,000㎡（1ha未満）の野球場は第二種特定工作物に該当しないため、開発許可は不要です。

ゴルフ場も野球場と同じで第二種特定工作物。
だけど、ゴルフ場は1ha未満でも開発許可が必要！

4 **誤** 【開発許可】

▶ 病院は公益上必要な建築物に該当しない→開発許可が必要。

病院は公益上必要な建築物に該当しません。また、市街化調整区域内においては、開発行為の規模の大小にかかわらず開発許可が必要です。

問 17 解答 4 建築基準法 難易度 B

1 **正** 【違反建築物に対する措置】

特定行政庁は、緊急の必要がある場合においては、建築基準法の規定や許可に付した条件に違反した建築物・建築物の敷地について、建築主・請負人等・所有者・管理者・占有者に対して、仮に、使用禁止または使用制限の命令をすることができます。

2　**正**　【災害危険区域】

地方公共団体は、**条例**で、津波・高潮・出水等による危険の著しい区域を**災害危険区域**として指定することができます。また、この区域内における居住用建築物の建築の禁止その他の建築物の建築に関する制限で災害防止上必要なものは、条例で定めることとされています。

3　**正**　【看板等の防火措置】

防火地域内において建築物の屋上に看板や広告塔などを設ける場合、その主要な部分を**不燃材料**で造り、またはおおわなければなりません。

4　**誤**　【非常用の照明装置】

▶ **共同住宅の住戸には、非常用の照明装置を設ける必要はない。**

一定の特殊建築物の居室や3階以上で延べ面積が500㎡を超える建築物の居室などで、照明装置の設置を通常要する部分には、非常用の照明装置を設けなければなりませんが、共同住宅の住戸には設置する必要はありません。

問18　解答2　建築基準法　難易度C

1　**誤**　【第一種低層住居専用地域内に建築することができる兼用住宅】

▶ **第一種低層住居専用地域内においては、一定の兼用住宅の建築は認められる。**

第一種低層住居専用地域では、延べ面積の**2分の1以上**を**居住用**としている一定の用途(喫茶店、**クリーニング取次店**など)を兼ねる住宅を建築することができます。また、その一定の用途に供する部分は**50㎡以下**でなければなりません。

したがって、延べ面積60㎡であって、住宅部分が40㎡、兼用部分が20㎡である兼用住宅は建築することができます。

「一定の用途」には、他にも理髪店とか学習塾などがあるよ〜

2　**正**　【用途制限(工業地域)】

幼保連携型認定こども園は、用途制限については、保育所と同じ扱いになります。したがって、どの用途地域内においても建築することができます。

3　**誤**　【防火地域内にある準耐火建築物の建蔽率】

▶ 防火地域内で建蔽率が緩和されるのは「耐火」建築物等。

建蔽率の限度が**10分の8**とされている地域**外**で、**防火地域内**にある**耐火建築物**またはこれと同等以上の延焼防止性能を有する建築物については、**10分の1**を加えた数値が建蔽率の限度となります。

4　**誤**　【接道義務】

▶ 一戸建ての住宅には付加できない。

地方公共団体は、敷地が袋路状道路にのみ接する延べ面積150㎡**超**の建築物(**一戸建て住宅を**除く)について、条例で、その敷地が接しなければならない道路の幅員、その敷地が道路に接する部分の長さ等に関して必要な制限を**付加**することができます。

問19　解答3　盛土規制法　難易度A

1　**法改正により削除**

2　**誤**　【変更の許可】

▶「都道府県知事に届出」ではなく「都道府県知事の許可」が必要。

宅地造成等に関する工事の許可を受けた者は、その許可を受けた工事の計画を変更しようとするときには、原則として、**都道府県知事の許可**が必要です。ただし、軽微な変更については**変更の届出**ですみます。

3　**正**　【工事等の届出】

宅地造成等工事規制区域の指定のさい、その区域内で宅地造成等に関する工事を行っている者は、その工事について都道府県知事の許可を受ける必要はありません。

なお、指定のあった日から、**21日以内**に当該工事について都道府県知事に**届出**が必要です。

4　**誤**　【宅地造成等工事規制区域】

▶「造成宅地防災区域」ではなく「宅地造成等工事規制区域」。

都道府県知事は、基本方針にもとづき、かつ、基礎調査の結果を踏まえ、宅地造成等に伴い災害が生ずるおそれが大きい市街地もしくは市街地となろうとする土地の区域または集落の区域(これらの区域に隣接し、または近接する土地の区域を含む)であって、宅地造成等に関する工事について規制を行う必要があるものを、**宅地造成等工**

事規制区域として指定することができます。

問20 解答1 土地区画整理法 難易度C

1　**誤**　【換地処分に伴う登記】

▶「仮換地の指定」ではなく「換地処分の公告」があった日後。

換地処分の公告があった日後、土地区画整理事業の施行による施行区域内の土地および建物の変動に係る登記がされるまでの間は、登記の申請人が確定日付のある書類によりその公告前に登記原因が生じたことを証明した場合を除いて、施行区域内の土地および建物に関しては他の登記をすることはできません。

2　**正**　【換地計画の認可】

施行者が❶個人施行者、❷土地区画整理組合、❸区画整理会社、❹市町村、❺独立行政法人都市再生機構、❻地方住宅供給公社であるときは、その換地計画について都道府県知事の**認可**を受けなければなりません。

3　**正**　【換地計画の縦覧】

個人施行者以外の施行者は、換地計画を定めようとする場合においては、その換地計画を2**週間**、公衆の縦覧に供さなければなりません。

4　**正**　【換地処分の効果】

換地計画において定められた換地は、**換地処分の公告があった日の翌日**から従前の宅地とみなされます。また、換地計画において換地を定めなかった従前の宅地について存する権利は、**換地処分の公告があった日が終了した時**に原則として消滅します。

問21 解答1 農地法 難易度A

1　**正**　【4条許可】

4条許可は、農地を**農地以外に転用**するさいに必要になるものです。したがって、原野を農地に転用しようとする場合は、4条許可を受ける必要はありません。

2　**誤**　【3条許可】

▶ 抵当権の設定では、3条許可は不要。

抵当権の設定は、権利移転に該当しないため、3条許可を受ける必要はありません。

3　**誤**　【4条許可】

▶ あらかじめ農業委員会に届出をすれば、許可不要。

市街化区域内の農地を転用する場合、あらかじめ農業委員会に**届出**をすれば、4条許可を受ける必要はありません。

4　**誤**　【5条許可】

▶ 一時的だとしても、5条許可は必要。

砂利を採取するための農地の貸付けは転用目的の権利移動となります。たとえ一時的だとしても、5条許可を受ける必要があります。

問22　解答3　国土利用計画法　難易度A

1　**誤**　【事後届出(市街化区域)】

▶ 市街化区域で2,000㎡未満は事後届出不要。

市街化区域の場合、**2,000㎡以上**の土地について、土地売買等の契約を締結したときに事後届出が必要となります。BもCも1,000㎡の土地を購入しているため、事後届出の必要はありません。

2　**誤**　【相続による土地の取得】

▶ 相続で取得した場合は届出不要。

相続による取得は、対価の授受がなく、届出が必要な「土地売買等の契約」に該当しないため、事後届出をする必要はありません。

3　**正**　【事後届出(市街化調整区域)】

市街化調整区域の場合、**5,000㎡以上**の土地について、土地売買等の契約を締結したときに事後届出が必要となります。そして、この面積は**一団の土地**で判定します。したがって、3,000㎡ずつに分割したとしても、宅建業者Gが取得した一団の土地の面積の合計が6,000㎡となるので、事後届出を行う必要があります。

4　**誤**　【事後届出が不要となる場合】

▶ 売主が「甲市」→事後届出は不要となる。

当事者の一方または双方が国・**地方公共団体**・地方住宅供給公社等である場合には、事後届出を行う必要はありません。

問23 解答2 所得税 難易度B

1 **正** 【特例の併用の可否】

「収用交換等の5,000万円の特別控除」と「軽減税率の特例」は**併用して適用**することができます。

2 **誤** 【居住用財産を譲渡した場合の軽減税率の特例】

▶ **前々年に適用を受けている場合はだめ。**

居住用財産を譲渡した場合の軽減税率の特例は、適用を受けようとする年の**前年・前々年**にこの特例の適用を受けていた場合には、適用を受けることができません。

本肢では、令和4年(前々年)に特例の適用を受けているため、令和6年については、居住用財産を譲渡した場合の軽減税率の特例を受けることはできません。

3 **正** 【居住用財産の3,000万円の特別控除】

居住用財産の3,000万円の特別控除は、配偶者・**直系血族**(子、**孫**など)・生計を一にしている一定の親族等に譲渡した場合は適用を受けることができません。

4 **正** 【特例の併用の可否】

「収用等に伴い代替資産を取得した場合の課税の特例」の適用を受ける場合には、「軽減税率の特例」の適用を受けることができません。

なお、「収用等に伴い代替資産を取得した場合の課税の特例」とは、補償金等を全部使って代替資産を取得したときは、譲渡がなかったものとされ、補償金等の一部を使って代替資産を取得したときは、残った補償金等に対して譲渡所得がかかるという特例をいいます。

問24 解答4 固定資産税 難易度A

1 **誤** 【居住用超高層建築物の固定資産税】

▶ **「取引金額」の合計額に対する割合ではなく、「床面積」の合計に対する割合。**

居住用超高層建築物(いわゆるタワーマンション)に対して課される固定資産税は、当該建築物に係る固定資産税額を、専有部分の**床面積**の当該居住用超高層建築物の**全ての専有部分の床面積の合計**に対する割合により按分した額を各専有部分の所有者に対して課します。

なお、各階ごとの取引価格の動向を勘案するため、床面積に**補正率**がかけられます。中央階を1とすれば、低層階では割安に、高層階では割高になります。

2　**誤**　【小規模住宅用地の課税標準の特例】

▶ 小規模住宅用地については「6分の1」。

小規模住宅用地（住宅1戸あたり200㎡までの部分）については、その価格の**6分の1**が課税標準となります。

なお、一般住宅用地については、その価格の**3分の1**が課税標準となります。

3　**誤**　【固定資産税の納期】

▶ 特別の事情があれば、異なる納期とすることもできる。

固定資産税の納期は、4月・7月・12月・2月中で市町村の条例で定める日となっていますが、特別の事情がある場合には、これと異なる納期とすることができます。

4　**正**　【固定資産税の納税義務者】

固定資産税は、1月1日時点の所有者に対して課されますが、**質権者・地上権者**（100年より永い存続期間）がいる場合は、それらの者が納税義務者となります。

問25　解答3　地価公示法　難易度A

1　**誤**　【土地の取引を行う者の責務】

▶ 最も近傍の標準地ではなく、類似する利用価値を有すると認められる標準地。

都市およびその周辺の地域等において、土地の取引を行う者は、取引の対象土地に**類似する利用価値を有すると認められる標準地**について公示された価格を指標として取引を行うよう努めなければなりません。

2　**誤**　【標準地】

▶ 都市計画区域外から選定されることもある。

標準地は、**公示区域内**から選定されることになっています。そして、公示区域は、都市計画区域**その他の土地取引が相当程度見込まれるもの**として国土交通省令で定められた（規制区域を除く）区域です。したがって、都市計画区域外であっても、標準地として選定されることがあります。

3　**正**　【正常な価格】

標準地の正常な価格とは、土地について、自由な取引が行われるとした場合において通常成立すると認められる価格をいいます。そして、土地に使用収益を制限する権利（地上権など）が存する場合には、この**権利が存しない**ものとして通常成立すると認められる価格をいいます。

4　誤　【標準地】

▶ 土地の利用状況・環境等は「特に良好」ではなく「通常」である。

土地鑑定委員会は、自然的および社会的条件からみて類似の利用価値を有すると認められる地域において、土地の利用状況、環境等が通常**と認められる**一団の土地について標準地を選定します。

問 26　解答 4　宅建業、免許　難易度 A

1　誤　【名義貸しの禁止】

▶ 宅建業を営む目的をもってする広告をさせることもできない。

宅建業者は、自己の名義をもって、他人に、宅建業を営む旨の表示をさせてはなりません。また、宅建業を営む目的をもってする広告をさせることもできません。

2　誤　【宅建業とは】

▶ 建物の一部の売買の代理を業として行う行為も、宅建業に当たる。

宅建業とは、宅地・建物（**建物の一部を**含む）の売買・交換または宅地・建物の売買・交換・貸借の代理・媒介をする行為で業として行うものをいいます。

したがって、建物の一部の売買の代理を業として行う行為も、宅建業に当たります。

3　誤　【無免許事業】

▶ 無免許者の宅地建物取引への代理・媒介による関与も無免許事業に当たる。

免許を受けていない者が業として行う宅地建物取引に宅建業者が代理または媒介として関与した場合も、当該取引は無免許事業に当たります。

4　正　【無免許事業】

免許を受けない者は宅建業を営んではなりませんので、宅建業者の従業者が、当該宅建業者とは別に自己のために免許なく宅建業を営むことは、無免許事業に当たります。

問 27　解答 1　8種制限、その他の業務上の規制　難易度 A

ア　誤　【他人物売買】

▶ 他人物売買の原則禁止には、売買契約の予約も含む。

宅建業法では、原則として、宅建業者は、自らを売主、宅建業者でない者を買主として、宅地・建物について他人物売買をしてはなりません。そして、この禁止されている他人物売買には売買契約の予約も含みます。

イ　誤　【担保責任の特約の制限】

▶ 本肢の特約は、取引の相手方の同意の有無にかかわらず無効。

宅建業者が自ら売主となる宅建業者以外の買主との宅地・建物の売買契約で、売主が負う、目的物の種類・品質に関して契約の内容に適合しない場合におけるその不適合を担保すべき責任について、買主に不利となる特約は、相手方の同意の有無にかかわらず、原則として無効です。例外として、不適合の売主への通知期間を「目的物の引渡しの日から２年以上」とする特約を結ぶことは可能ですが、本肢では「引渡しの日から１年」とするものなので、この例外にはあたらず、無効となります。

ウ　誤　【守秘義務】

▶ 正当な理由がある場合はOK。

宅建業者は、**正当な理由がある場合**でなければ、その業務上取り扱ったことについて知り得た秘密を他に漏らしてはなりません。

エ　正　【断定的判断の提供の禁止】

宅建業者は、宅建業に係る契約の締結の勧誘をするにさいし、宅建業者の相手方等に対し、利益を生ずることが確実であると誤解させるべき断定的判断を提供する行為をしてはなりません。

以上より、正しいものはエの1つ！だから答えは「1」！

問 28　解答 4　重要事項の説明(35条書面)　難易度 A

1　誤　【住宅性能評価を受けた新築住宅】

▶ 貸借の場合には、説明不要。

住宅性能評価を受けた新築住宅である旨の説明は、貸借のときは、不要です。

	売買・交換		貸 借	
	宅 地	建 物	宅 地	建 物
住宅性能評価を受けた新築住宅		●		

2 誤 【建設住宅性能評価書の保存の状況】

▶ 貸借の場合には、説明不要。

当該建物が既存の建物である場合の建設住宅性能評価書の保存の状況についての説明は、既存の建物の売買・交換のときは、宅建業者ではない相手方に対して必要ですが、貸借のときは、不要です。

3 誤 【石綿使用の調査の内容】

▶ 自ら調査を行う必要はない。

建物の売買・交換・貸借では、石綿の使用の有無について、調査の結果が記録されているときは、その内容を宅建業者ではない相手方に対して説明する必要がありますが、記録がないときには宅建業者が石綿の使用の有無を調査する必要はありません。

4 正 【区分所有権の目的である建物の場合】

区分所有権の目的である建物の売買・交換・貸借の場合、専有部分の用途その他の利用の制限に関する規約の定めがあるときは、その内容を説明しなければなりません(相手方が宅建業者の場合を除きます)。

問29 解答3 監督処分、罰則 難易度B

ア 誤 【内閣総理大臣との協議】

▶ 甲県知事が業務停止処分→あらかじめ内閣総理大臣に協議する必要はない。

国土交通大臣が国土交通大臣免許の宅建業者に対して一定の監督処分をしようとするときには、あらかじめ、内閣総理大臣に協議しなければなりませんが、都道府県知事が国土交通大臣免許の宅建業者に対して一定の監督処分をしようとするときには、内閣総理大臣に協議する必要はありません。

イ 正 【指示処分をしようとするとき】

免許権者が宅建業者に対して指示処分をしようとするときは**聴聞**を行わなければなりません。そして、その聴聞の期日における審理は、**公開**により行わなければな

No.05 35点 令和元年度

りません。

ウ　正　【免許の取消し】

免許権者は、宅建業者が免許を受けてから**1年以内に事業を開始しないとき**は、その免許を取り消さなければなりません。

エ　正　【業務についてする必要な報告】

都道府県知事は、その都道府県の区域内で宅建業を営む者に対して、宅建業の適正な運営を確保するため必要があると認めるときは、その業務について必要な報告を求めることができます。そして、この報告を怠った者は、**50万円以下**の罰金に処せられることがあります。

以上より、正しいものはイとウとエの3つ！だから答えは「3」！

問30　解答4　広告　難易度A

ア　**違反する**　【広告の開始時期の制限】

▶ 建築確認前に、建築工事着手前の住宅の貸借の媒介に関する広告×。

宅建業者は、未完成物件では、必要な許可や確認を受けた後でなければ、住宅の貸借の媒介に関する広告をしてはなりません。

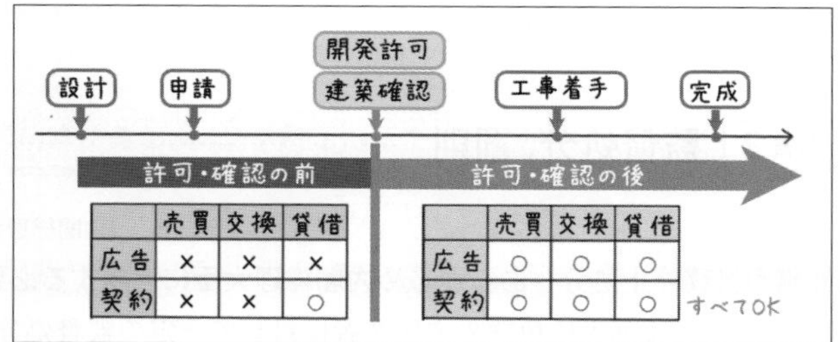

	売買	交換	貸借
広告	×	×	×
契約	×	×	○

	売買	交換	貸借
広告	○	○	○
契約	○	○	○

イ　**違反する**　【取引態様の別の明示】

▶ 広告をするたびに取引態様の別を明示必要。

宅建業者は、宅地・建物の売買、交換または貸借に関する広告をするときに、取引態様の別を明示しなければなりません。したがって、一団の土地の売買について、数回に分けて広告をするときは、広告をするたびに取引態様の別を明示しなければなりません。

ウ　**違反する**　【広告料金】

▶ 依頼者の依頼によらない通常の広告の料金→報酬限度額の報酬と別に請求×。

宅建業者は、依頼者から依頼されて行った広告の料金については、報酬とは別に受け取ることができます。

エ　**違反する**　【広告の開始時期の制限】

▶ 建築確認前に、建築工事着手前の分譲住宅の売買に関する広告×。

宅建業者は、未完成物件では、必要な許可や確認を受けた後でなければ、分譲住宅の売主として売買に関する広告をしてはなりません。

以上より、違反するものはアとイとウとエの4つ！だから答えは「4」！

問31　解答1　専任媒介契約　難易度B

ア　**誤**　【指定流通機構への登録期間】

▶ 7日以内の期間の計算に休業日数を算入しない。

宅建業者は、専任媒介契約を締結したときは、専任媒介契約の締結の日から**休業日を除いて7日**（専属専任媒介契約の場合は**5日**）以内に、指定流通機構に登録しなければなりません。

イ　**誤**　【専任媒介契約の有効期間】

▶ 専任媒介契約の有効期間6カ月→3カ月へ（媒介契約は無効とならない）。

専任媒介契約の有効期間は3カ月を超えることができません。これより長い期間を定めたときは、その期間は**3カ月**となります。

ウ　**誤**　【業務の処理状況の報告義務】

▶ 専任媒介契約に係る業務の処理状況の報告は、相手方が宅建業者でも必要。

専任媒介契約を締結した宅建業者は、**依頼者が宅建業者であるか否かにかかわらず**、依頼者に対し、その専任媒介契約に係る業務の処理状況を2週間に1回以上（専属専任媒介契約の場合は1週間に1回以上）報告しなければなりません。

エ　**正**　【建物状況調査を実施する者】

宅建業者が、建物状況調査を実施する者のあっせんを行う場合、建物状況調査を実施する者は、建築士法2条1項に規定する建築士で、国土交通大臣が定める講習を修了した者でなければなりません。

以上より、正しいものはエの1つ!だから答えは「1」!

問32　解答4　報酬　難易度B

1　**正**　【空家等の特例が適用される場合の報酬限度額】

現地調査等の費用が通常の売買の代理に比べ8万円(消費税抜き)多く必要な場合です。空家等の売買の代理の特例が適用されますので、通常の報酬上限額に加算できます。

【通常の売買の媒介の場合に依頼者の一方から受け取れる報酬限度額】

200万円×5%×1.1〔Aは消費税課税事業者〕=11万円

【空家等の売買の媒介の特例において売主から受領できる報酬限度額】

(200万円×5%+8万円)×1.1=19万8,000円

【空家等の売買の代理の特例において売主から受領できる報酬限度額】

11万円+19万8,000円=30万8,000円

したがって、AはBから**30万8,000円を上限**として報酬を受領することができます。

2　**正**　【貸借の媒介の場合の報酬限度額】

貸借の媒介において、依頼者の双方から受け取れる報酬の合計額は、1カ月分の借賃(プラス消費税相当額)となります。

報酬限度額(合計):100万円×1.1=110万円

また、居住用以外の建物の賃貸借については、報酬限度額(合計)以下であれば、貸主および借主からどのような割合で報酬を受け取ってもかまいません。

したがって、Aは依頼者の双方から合計で**110万円を上限**として報酬を受領することができます。

3　**正**　【建物状況調査を実施する者をあっせんした場合のあっせんに係る料金】

宅建業者は、依頼者に対して建物状況調査を実施する者をあっせんした場合に、報酬とは別にあっせんに係る料金を受領することはできません。

4　**誤**　【通常と比較して現地調査等の費用を多く要しない場合の合意の効力】

▶ 合意があっても、AはDから19万8,000円を報酬として受領できない。

空家等の売買の媒介の特例が適用されるには、**通常の売買の媒介と比較して現地調査等の費用を要する**ものでなければなりません。したがって、通常の売買の媒介と比較して現地調査等に費用を多く要しない場合には、依頼者と合意していたとしても、通常の売買の媒介の場合における報酬限度額を超えて報酬を受けることはできません。

【通常の売買の媒介の場合に依頼者の一方から受け取れる報酬限度額】

200万円×5%×1.1＝11万円

したがって、AはDから**11万円を限度**として報酬を受領することができるにすぎません。

問33　解答3　保証協会　難易度A

1　**誤**　【弁済業務保証金分担金の納付】

▶「加入の日から2週間以内」ではなく、「加入しようとする日まで」に納付。

宅建業者で新たに保証協会の社員として加入しようとする者は、**加入しようとする日までに**弁済業務保証金分担金を保証協会に納付しなければなりません。

2　**誤**　【宅建業者が保証協会の社員になった場合】

▶ 宅建業者が保証協会の社員になった場合の営業保証金の取戻しに公告は不要。

宅建業者が保証協会の社員になった場合には、公告することなく、営業保証金を取り戻すことができます。

3　**正**　【弁済業務保証金分担金の不納付】

保証協会の社員である宅建業者は、新たに事務所を設置した場合、その設置した日から**2週間以内**に追加の弁済業務保証金分担金を納付しなければならず、この期間内に、弁済業務保証金分担金を納付しないときは、保証協会の社員の地位を失います。

4　**誤**　【保証協会の社員の地位の喪失】

▶ 還付充当金の未納で保証協会の社員の地位を失った→地位を回復できない。

宅建業者は、還付充当金の未納により保証協会の社員の地位を失ったときは、その地位を失った日から1週間以内に営業保証金を供託することにより、宅建業を続けることはできますが、社員の地位を失った日から2週間以内に弁済業務保証金を供託しても、社員の地位を回復することはできません。

問34 解答2 37条書面 難易度A

1 誤 【損害賠償額の予定に関する定め】

▶ **損害賠償の予定額が代金額の10分の2を超えなくてもその内容の記載必要。**

宅建業者は、自ら売主として建物の売買契約を締結した場合、損害賠償額の予定または違約金に関する定めがあるときは、その内容を記載した書面を、遅滞なく、相手方に交付(または電磁的方法により提供)しなければなりません。

---

2 正 【建物の構造耐力上主要な部分等の状況について当事者の双方が確認した事項】

宅建業者は、媒介により建物の売買契約が成立した場合、その建物が既存の建物であるときは、建物の構造耐力上主要な部分等の状況について当事者の双方が確認した事項を記載した書面を、遅滞なく各当事者に交付(または電磁的方法により提供)しなければなりません。

---

3 誤 【租税その他の公課の負担に関する定め】

▶ **宅地・建物に係る租税その他の公課の負担に関する定めあり→内容の記載必要。**

宅建業者は、媒介により売買契約が成立した場合、その宅地・建物に係る租税その他の公課の負担に関する定めがあるときは、その内容を記載した書面を、遅滞なく各当事者に交付(または電磁的方法により提供)しなければなりません。

---

4 誤 【記名する宅建士】

▶ **35条書面に記名した宅建士に37条書面へ記名させる必要なし。**

35条書面に記名した宅建士と37条書面に記名する宅建士は同じである必要はありません。

問35 解答4 業務上の規制 難易度B

1 違反する 【他人物売買の制限】

▶ **他人物売買された宅地の取得契約が停止条件付契約であるときはだめ。**

宅建業法では、原則として、宅建業者は、自らを売主、宅建業者でない者を買主として、宅地・建物について他人物売買をしてはなりません。もっとも、現在の所有者との間で**物件を取得する契約を締結している**場合には、他人物売買は認められますが、その場合でも、その契約が**停止条件付き**であるときは認められません。

2　**違反する**　【専任の宅建士の設置】

▶ Dが5月15日退職、6月10日にEを置いた→2週間以内ではないから×。

専任の宅建士の数が不足する場合には、2**週間以内**に補充しなければなりません。

3　**違反する**　【取引態様の明示】

▶ 注文を受けたときは、買主が宅建業者でも取引態様の別の明示が必要。

宅建業者は、宅地の売買に関する注文を受けたときは、遅滞なく、その注文をした者に対し、取引態様の別を明らかにしなければなりません。

4　**違反しない**　【契約締結の時期の制限】

工事完了前の宅地につき必要な開発行為の許可を受けていない場合、宅地の売買や交換の契約はできませんが、宅地の貸借の媒介は行うことができます。

問36　解答2　37条書面　難易度 B

ア　**正**　【建築工事完了前の建物の売買を媒介し、当該売買契約を成立させた場合】

37条書面には、当該建物を特定するために必要な表示を記載しなければなりませんが、この建物を特定するために必要な表示は、工事完了前の建物については、重要事項の説明において使用した図書を交付（または電磁的方法により提供）して行います。

イ　**誤**　【「自ら貸借」の場合】

▶ A自ら貸主→37条書面を作成し、交付・提供する必要ない。

「自ら貸借」の場合には、宅建業法は適用されないので、37条書面の作成、交付・提供義務はありません。

ウ　**誤**　【契約の解除に関する定めがあるとき】

▶ 解除に関する定めがある場合のその取決めの内容は、37条書面に記載必要。

契約の解除に関する定めがある場合、その内容を37条書面に記載しなければなりません。したがって、「買主が金融機関から住宅ローンの承認を得られなかったときは契約を無条件で解除できる」という取決めをした場合には、宅建業者自ら住宅ローンのあっせんをする予定がなくても、37条書面にその取決めの内容を記載する必要があります。

エ　**正**　【契約の解除に関する定めがあるとき】

宅建業者が媒介により契約を成立させた場合、その契約が売買、貸借のいずれであっても、契約の解除に関する定めがあるときは、その内容を37条書面に記載しなければなりません。

以上より、正しいものはアとエの2つ！だから答えは「2」！

問37　解答3　8種制限　難易度B

未完成物件の場合、手付金等の額が**5%以下**(3,000万円×5%＝150万円以下)かつ**1,000万円以下**の場合には、保全措置は不要です。

1　**誤**　【手付金等の保全措置】

▶未完成物件の場合で、手付金の額が5%超→告げていても、保全措置必要。

手付金の額が200万円(150万円超)であるため、あらかじめ買主(B)に対して書面で手付金等の保全措置を講じないことを告げていても、手付金を受け取る前に保全措置を講じなければなりません。

2　**誤**　【手付による解除】

▶手付解除をするのに、正当な理由は不要。

宅建業法では、手付を受領したときは、解約手付とみなされ、当事者の一方が契約の履行に着手するまでは、買主は手付を放棄して、売主である宅建業者はその倍額を現実に提供して、契約を解除できます。この場合、正当な理由は不要です。

3　**正**　【手付金等の保全措置】

手付金150万円と中間金50万円を合計すると、200万円(150万円超)となるので、保全措置を講じる必要がありますが、中間金を受領する前に、合計額200万円について保全措置を講じていれば、その中間金を受領することができます。

4　**誤**　【手付金等の保全措置】

▶保全措置をすれば、中間金を受領できる。

手付金150万円と中間金500万円を合計すると、650万円(150万円超)となるので、保全措置を講じる必要がありますが、中間金を受領する前に、合計額650万円について保全措置を講じていれば、その中間金を受領することができます。なお、中間金は手付ではありませんので、中間金の額については「手付金の額の制限」の適用はありません。

問 38 解答 2 8種制限（クーリング・オフ制度） 難易度 B

ア 誤 【違約金の定め】

▶ クーリング・オフによる解除→違約金の定めがあっても違約金の支払請求×。

クーリング・オフによって契約が解除された場合には、違約金や損害賠償の支払いの請求はできません。これに反する特約で買主に不利なものは、無効です。

イ 正 【クーリング・オフができる期間】

喫茶店は、買主が指定した場合でも、クーリング・オフができる場所です。また、買主が、一定の事項を記載した書面で売買契約の解除を行うことができる旨およびその解除を行う場合の方法を告げられた日から起算して**8日**を経過したときは、解除できなくなり、これに反する特約で買主に不利なものは、無効です。

本肢の特約は、クーリング・オフについて書面で告げられた日から7日間しか解除を認めないことになるので、買主に不利な特約といえ、無効です。

ウ 誤 【クーリング・オフができる場所】

▶ Cの事務所はクーリング・オフできる場所に該当しない→解除できない。

宅建業者CがA（売主である宅建業者）から宅地の売却について媒介の依頼を受けていた場合、Cの事務所はクーリング・オフができない場所となります。

以上より、誤っているものはアとウの2つ！だから答えは「2」！

問 39 解答 3 重要事項の説明 難易度 A

1 誤 【既存建物の建築・維持保全の状況に関する書類の保存状況】

▶ 貸借→建物の建築・維持保全の状況に関する書類の保存状況は説明不要。

既存建物で、設計図書、点検記録その他の建物の建築および維持保全の状況に関する書類で国土交通省令で定めるものの保存の状況を（宅建業者でない相手方に）説明する必要があるのは、売買・交換の場合です。貸借の場合には、説明する必要がありません。

No.05 35点 令和元年度

2　**誤**　【抵当権が設定されている場合】

▶ 登記された抵当権について、引渡しまでに抹消される場合でも説明必要。

宅地・建物の上に存する登記された権利の種類・内容や、登記名義人または登記簿の表題部に記録された所有者の氏名(法人にあっては、その名称)は、宅建業者ではない相手方に説明しなければなりません。

3　**正**　【契約終了時における当該宅地の上の建物の取壊しに関する事項】

宅地の貸借の場合、契約終了時における当該宅地の上の建物の取壊しに関する事項を定めようとするときは、その内容を宅建業者ではない相手方に説明しなければなりません。

4　**誤**　【津波災害警戒区域】

▶ 津波災害警戒区域→建物の売買・貸借の媒介のいずれの場合も説明必要。

宅地・建物の売買・交換、貸借いずれの場合も、その宅地・建物が**津波災害警戒区域内**にあるときは、その旨を宅建業者ではない相手方に説明しなければなりません。

	売買・交換		貸　借	
	宅　地	建　物	宅　地	建　物
津波災害警戒区域内か否か	●	●	●	●

問40　解答2　事務所･案内所の規制、業務上の規制 … 難易度B

1　**正**　【従業者証明書、宅建士証の提示】

宅建業者の従業者は、取引の関係者の請求があったときは、従業者証明書を提示しなければなりません。また、宅建士は、重要事項の説明をするときは、**請求がなくとも**、説明の相手方に対し、宅建士証を提示しなければなりません。

2　**誤**　【帳簿の備付け】

▶「各取引の終了後」ではなく、「帳簿の閉鎖後」5年間または10年間。

宅建業者が備える業務に関する帳簿の保存期間は帳簿の閉鎖後5年間(宅建業者が自ら売主となる新築住宅については10年間)です。

3　**正**　【標識の記載事項】

一団の宅地建物の分譲を行う案内所が一時的かつ移動が容易な施設であるときは、

その案内所はクーリング・オフ制度の適用がある場所です。この場合、その案内所には、クーリング・オフ制度の適用がある旨等所定の事項を記載した標識を掲げなければなりません。

4　**正**　【専任の宅建士の設置】

宅建業者が一団の宅地建物の分譲を案内所を設置して行う場合に、その案内所が契約を締結し、または、その申込みを受ける場所であるときは、その案内所には、1**人以上**の専任の宅建士を置かなければなりません。

問 41　解答 1　重要事項の説明　難易度 A

1　**正**　【建物管理が管理会社に委託されている場合】

建物の貸借の場合で、その建物の管理が**管理会社に委託**されているときは、**区分所有建物であるか否かにかかわらず**、管理会社の商号または名称、主たる事務所の所在地を、宅建業者ではない借主に説明しなければなりません。

2　**誤**　【宅建業者である売主が他の宅建業者に媒介を依頼した場合】

▶ 宅建業者である売主は他の宅建業者に媒介を依頼しても説明義務を負う。

宅建業者である売主は、他の宅建業者に媒介を依頼して宅地の売買契約を締結する場合であっても、宅建業者ではない相手方に対して、重要事項説明の義務を負います。

売主である宅建業者から媒介の依頼を受けた宅建業者も、重要事項説明の義務を負うよ！

3　**誤**　【建蔽率および容積率に関する制限】

▶ 建物の貸借の媒介→建蔽率・容積率の制限を説明する必要はない。

建物の貸借の場合には、建蔽率および容積率の制限は説明する必要はありません（売買・交換の媒介の場合には説明する必要があります）。

4　**誤**　【代金、交換差金および借賃以外に授受される金銭の額】

▶ 代金、交換差金および借賃の額については、説明する必要はない。

代金、交換差金および借賃**以外**に授受される金銭の額およびその金銭の授受の目的は、宅建業者ではない相手方に説明しなければなりませんが、代金、交換差金および借賃の額については、説明する必要はありません。

No. 05　35点　令和元年度

問 42 解答 1 宅地 難易度 A

1 **誤** 【宅地とは】

▶ **道路、公園、河川などの公共施設の用に供せられている土地は宅地ではない。**

宅地とは、「建物の敷地に供せられる土地」をいい、「用途地域内のその他の土地で、**道路、公園、河川などの公共の用に供する施設の用に供せられている土地以外のもの**」を含みます。

2 **正** 【宅地とは】

宅地(建物の敷地に供せられる土地)とは、現に建物の敷地に供せられている土地に限らず、広く建物の敷地に供する目的で取引の対象とされた土地をいい、その地目、現況の如何を問いません。

3 **正** 【宅地とは】

市街化調整区域内であっても、「建物の敷地に供せられる土地」は宅地です。

4 **正** 【宅地とは】

「用途地域内のその他の土地で、道路、公園、河川などの公共の用に供する施設の用に供せられている土地以外のもの」も宅地に含まれますので、準工業地域内で、建築資材置場の用に供されている土地は宅地です。

問 43 解答 2 免許 難易度 A

1 **誤** 【法人の欠格事由】

▶ **役員が懲役1年の刑の執行が終わった日から5年経過しない→法人の免許×。**

禁錮以上の刑に処せられ、その刑の執行を終わり、または執行を受けることがなくなった日から**5年**を経過しない者は宅建業の免許を受けることができません(欠格事由)。そして、法人は、その役員(**非常勤を含む**)または政令で定める使用人のうちに、この欠格事由に該当する者がいるときは、免許を受けることができません。

2 **正** 【法人の欠格事由】

禁錮以上の刑に処せられたものの、**刑の全部の執行猶予期間を満了した者**は、欠格事由に該当しません(満了の日から5年待たなくてもよい)ので、その者を政令で定める使用人とする法人は宅建業の免許を受けることができます。

3　誤
【法人の欠格事由】

▶ 法人の専任の宅建士→欠格事由の判定対象者ではない→法人の免許○。

宅建業の免許を受けようとする法人の事務所に置く専任の宅建士というだけでは、その法人の役員または政令で定める使用人とはいえないので、その法人は免許を受けることができます。

4　誤
【法人の欠格事由】

▶ 代表取締役が侮辱罪の拘留の刑に処せられた→法人の免許○。

拘留の刑に処せられた者は欠格事由に該当しないので、その者を役員とする宅建業の免許を受けようとする法人は免許を受けることができます。

問44　解答3　宅建士資格登録　難易度B

1　誤
【宅建業の免許の取消しを受けた法人の政令で定める使用人であった者】

▶ 政令で定める「使用人」であった者→登録の欠格事由にあたらない。

業務停止の処分に違反したとして宅建業の免許の取消しを受けた法人で、取消しに係る聴聞の期日および場所の公示の日前60日以内にその法人の役員であった者は、その免許取消しの日から5年を経過しなければ、登録を受けることができませんが、その法人の**政令で定める使用人**であった者は、その免許取消しの日から5年を経過しなくとも、登録を受けることができます。

2　誤
【変更の登録】

▶ 登録をしている甲県知事に勤務先の変更の登録を申請しなければならない。

宅建業者の業務に従事する場合、その宅建業者の商号または名称および免許証番号は、宅建士資格登録簿の登載事項です。そして、宅建士(甲県知事登録)は、登録を受けている事項に変更があったときは、遅滞なく、登録をしている都道府県知事(甲県知事)に変更の登録を申請しなければなりません。

3　正
【変更の登録】

宅建士証の交付を受けているかどうかにかかわらず、登録を受けている者は、住所に変更があった場合には、登録を受けている都道府県知事に変更の登録を申請する必要があります。

4　**誤**　【登録実務講習】

▶ 合格から1年以内でも、実務経験がなければ登録実務講習の受講が必要。

宅建士登録を受けるためには、❶2年以上の実務経験を有するか、❷登録実務講習を修了するなど一定の事由に該当する必要があります。合格後1年以内であっても、実務経験がない場合には、通常は登録実務講習を修了する必要があります。

ちなみに、宅建士証の交付を受けるときに必要な法定講習は、試験合格後1年以内であれば免除されます。

問45　解答1　住宅瑕疵担保履行法　難易度A

1　**誤**　【新築住宅の売買の媒介をする場合】

▶「自ら売主」でなければ、資力確保措置を講じる必要はない。

資力確保措置が義務付けられるのは、宅建業者が自ら売主となって新築住宅を販売する場合です。新築住宅の売買の「**媒介**」をする場合には、資力確保措置を講じる必要はありません。

2　**正**　【供託所の所在地等の説明】

新築住宅の売主である宅建業者は、売買契約を締結するまでに、宅建業者でない買主に対して、住宅販売瑕疵担保保証金を供託している供託所の所在地等を、書面を交付して説明しなければなりません。また、原則として、書面を交付して説明しますが、買主の承諾を得た場合は、書面の交付に代えて、電磁的方法により提供することができます。

3　**正**　【基準日に係る資力確保措置状況の届出】

新築住宅を引き渡した宅建業者は、基準日(毎年3月31日)ごとに、基準日から**3週間以内**に保証金の供託や保険契約の締結の状況について免許権者に届け出なければなりません。

4　**正**　【保険金の支払いを受けることができる瑕疵】

住宅販売瑕疵担保責任保険契約を締結している宅建業者は、その保険に係る新築住宅に、構造耐力上主要な部分および雨水の浸入を防止する部分の瑕疵(構造耐力または雨水の浸入に影響のないものを除く)がある場合に、特定住宅販売瑕疵担保責任の履行によって生じた損害について保険金を請求することができます。

問 46 解答 1 住宅金融支援機構法 難易度 A

1 誤 【証券化支援事業(買取型)】

▶ **中古住宅を購入するための貸金債権も買取りの対象としている。**

機構は、証券化支援事業(買取型)において、中古住宅を購入するための貸金債権も買取りの対象としています。

2 正 【証券化支援事業(買取型)】

機構は、証券化支援事業(買取型)において、バリアフリー性、省エネルギー性、耐震性、耐久性・可変性に優れた住宅を取得する場合に、貸付金の利率を一定期間引き下げる制度(**優良住宅取得支援制度**)を実施しています。

この制度は「フラット35S」とよばれているよ〜

3 正 【機構の業務】

機構は、マンション管理組合や区分所有者に対するマンション共用部分の改良に必要な資金の貸付けを業務として行っています。

4 正 【機構の業務】

機構は、災害により住宅が滅失した場合において、それに代わるべき建築物の建設または購入に必要な資金の貸付けを業務として行っています。

問 47 解答 4 景品表示法 難易度 B

1 誤 【建築条件付土地の表示】

▶ **自由に選定できる場合でも建築条件付土地と表示する必要がある。**

建築条件付土地とは、売主と買主の間において、売主または売主が指定する建設業者との間に、その土地に建設する建物について一定期間内に建築請負契約が成立することを条件として取引される土地をいい、請負契約の相手方となる者を制限しない場合も含みます。そして、建築条件付土地の取引については、**❶取引の対象が土地である旨**、**❷条件の内容**、**❸条件が成就しなかったときの措置の内容**を明示して表示しなければなりません。

No. 05 35点 令和元年度

2　**誤**　【賃料の表示】

▶「標準的な賃料」ではなく、「最低賃料および最高賃料」である。

賃貸される住宅の賃料については、取引するすべての住戸の1カ月あたりの賃料を表示します。ただし、新築賃貸マンション・新築賃貸アパートの賃料について、パンフレット等の媒体を除き、1住戸あたりの**最低賃料**および**最高賃料**のみを表示すればよいとされています。

3　**誤**　【増築、改築、改装、改修の表示】

▶改築済みであることは必ず明記する必要はない。

建物を増築、改築、改装または改修したことについては、必ずしも明記する必要はありません。

なお、建物を増築、改築、改装または改修したことを広告する場合は、その**内容**および**時期**を明示する必要があります。

4　**正**　【新築の表示】

不動産の広告をするさいの「新築」とは、**建築工事完了後1年未満で居住の用に供されたことのないもの**のことをいいます。したがって、住宅購入者から買い取って再販する場合でも、新築の条件を満たしていれば、広告に「新築」と表示しても不当表示にはなりません。

問48　解答ー　統計

最新の統計データで学習してください。

問49　解答3　土地　難易度A

1　**適当**　【台地・段丘】

台地・段丘は一般に水はけがよく、地盤は安定しています。また、棚田などの農地にも活用され、都市的な土地利用も多いです。

2　**適当**　【液状化】

台地を刻む谷や台地上の池沼を埋め立てた所では、地震などによって地盤の液状化が発生し得るため注意が必要です。

3　**不適当**　【台地・段丘】

▶ 自然災害に対して安全性は高い所である。

台地・段丘は一般に水はけがよく、地盤は安定しており、宅地としても利用されている、自然災害に対する安全度の高い所です。

4　**適当**　【液状化】

旧河道や低湿地、海浜の埋立地では、地震による液状化が発生しやすいと考えられるため、対策を講じる必要があります。

問 50　解答 4　建物　難易度 A

1　**適当**　【建物の安全確保】

地震に対する建物の安全確保においては、耐震・制震・免震という考え方があります。

2　**適当**　【制震】

制震構造は、制振ダンパーなどの制振装置を設置し揺れを吸収させ、地震による被害を抑える構造です。

3　**適当**　【免震】

免震構造は、上部構造(建物)と下部構造(地盤)の間に積層ゴムなどの免震装置を設置して、建物自体の揺れを軽減する構造です。

4　**不適当**　【耐震】

▶ 既存不適格建築物の補強にも利用されている。

耐震構造は、建物の強度を増すことで地震に耐える構造です。柱や壁などを補強して耐震性を高めるため、既存不適格建築物の補強にも利用されています。

No. 06

平成29年度（2017年度）解答・解説

この年の合格基準点は35点でした

解答一覧

権利関係

問	1	2	3	4	5	6	7	8	9	10
解答	3	4	3	—	4	3	3	2	3	1

問	11	12	13	14
解答	2	4	2	3

法令上の制限

問	15	16	17	18	19	20	21	22
解答	4	1	2	4	1	4	4	1

税 その他

問	23	24	25
解答	1	3	3

宅建業法

問	26	27	28	29	30	31	32	33	34	35
解答	1	1	4	4	1	4	1	2	3	3

問	36	37	38	39	40	41	42	43	44	45
解答	4	3	2	2	3	2	4	1	4	2

その他

問	46	47	48	49	50
解答	3	4	—	4	1

日付　／　あなたの得点　点

メモ（復習すべき問題など）

問１ 解答３ 代理 難易度 C

1 **正** 【代理人の権限の範囲】

売買契約を締結する権限を与えられた代理人は、特段の事情がない限り、相手方からその売買契約を取り消す旨の意思表示を受領することができます。

2 **正** 【復代理人を選任することができる場合】

任意代理人は、❶**本人の許諾があるとき**、または、❷**やむを得ない事由があるとき**には復代理人を選任することができます。

3 **誤** 【復代理人の受領物引渡義務】

▶ 代理人に引き渡せば、本人に対する受領物引渡義務も消滅する。

復代理人が委任事務を処理するにあたり、物を受領したときは、特別の事情がない限り、本人に対して受領物を引き渡す義務を負うほか、代理人に対してもこれを引き渡す義務を負います。そして、復代理人が代理人に受領物を引き渡したときは、代理人に対する受領物引渡義務は消滅し、それとともに、本人に対する受領物引渡義務も消滅します。

4 **正** 【日常家事債務に関する代理権】

夫婦の一方は、個別に代理権の授権がなくとも、日常家事に関する事項について、他の一方を代理して法律行為をすることができます。

問２ 解答４ 物権変動 難易度 B

1 **誤** 【取得時効】

▶ 時効取得の効力は起算日までさかのぼる。

取得時効が完成した場合、その効力は**起算日**（**時効の期間がスタートする日**）にさかのぼります。したがって、Bが所有権を取得するのは、Bの占有開始時となります。

2 **誤** 【即時取得】

▶ 不動産を即時取得することはできない。

動産については、取引行為によって、平穏に、かつ、公然と動産の占有を始めた者は、善意無過失であれば、即時に所有権を取得することができますが、不動産については、即時取得することはできません。

3　**誤**　【所有権移転時期に関する特約】

▶ 所有権移転時期に関する特約は有効。

売買において、所有権は、原則として、売買契約成立時に直ちに移転しますが、当事者間で別段の定めをすることも可能です。したがって、売買代金の完済時までは丙土地の所有権はBに移転しません。

4　**正**　【取消しの効果】

取り消された行為は、**はじめから無効**であったものとみなされます。したがって丁土地の売買契約が取り消された場合、丁土地の所有権はAに復帰し、はじめからBに移転しなかったこととなります。

問3　解答3　共有　難易度A

判決文では、①「**共有者の一部の者から共有者の協議に基づかないで共有物を占有使用することを承認された第三者**は、その者の**占有使用を承認しなかった**共有者に対して共有物を**排他的に占有する権原を主張することはできない**」ことと、②「第三者の**占有使用を承認しなかった共有者**は**右第三者**に対して当然には**共有物の明渡しを請求することはできない**」ことが述べられています。

これを前提に、「第三者」と「第三者の占有使用を承認しなかった他方の共有者」とがそれぞれの事例で誰なのかがポイントです。

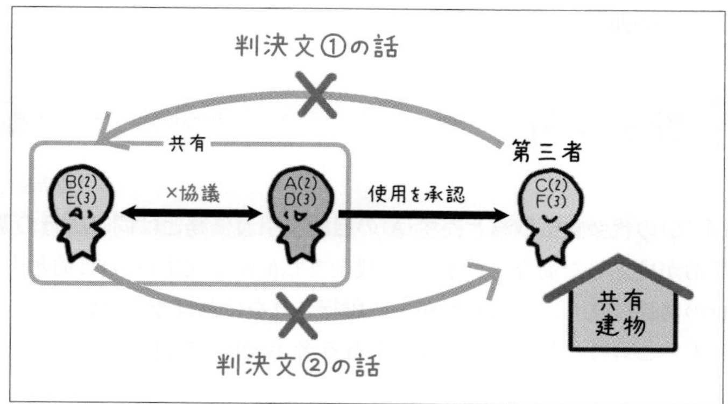

1　**正**　【共有物の使用】

上記①は、共有者間では互いに、他の共有者との協議に基づかないで当然に共有物を排他的に占有する権原を有しないことを前提にしています。

2　**正**　【共有物の使用と第三者】

「第三者の占有使用を承認しなかった他方の共有者」Bが、「第三者」Cに対して明渡しを請求しているので、上記②の話です。そして、判決文によると、BはCに対して当然には明渡しを請求することができません。

3　**誤**　【共有物の使用と第三者】

▶「第三者」が「共有者」に「排他的な占有権原」→上記①の話（主張できない）。

「第三者」Fが、「第三者の占有使用を承認しなかった他方の共有者」Eに対して排他的な占有権原を主張しているので、上記①の話です。そして、判決文によると、Fは、Eに対して排他的な占有権原を主張することはできません。

4　**正**　【持分の放棄】

共有者の1人が、その持分を放棄したときは、その持分は、他の共有者に帰属します。

共有者が「この持分はいらない」と意思表示したり、相続人等なくして死亡したりしたときには、その人の持分は他の共有者のものになるよ～

問4　解答ー　民法総合

法改正により削除

問5　解答4　売買　難易度B

1　**誤**　【同時履行の抗弁権】

▶買主(C)の代金支払債務と売主(A)の目的物引渡債務とは同時履行の関係。

売買契約が成立した場合、買主(C)の代金支払債務と売主(A)の目的物引渡債務は同時履行の関係に立ち、どちらかが先に履行されなければならないということにはなりません。これは、報酬を得て媒介を行う者(B)がいても同様です。

2　**誤**　【担保責任】

▶担保責任を負うのは売主(A)のみ。

売買における**担保責任を負うのは、**売主(A)です。Bは売主ではないので、担保責任を負いません。

3　誤　【買主が、売主に対して手付金を支払っていた場合】

▶ 手付解除ができるのは相手方(C)が履行に着手するまで。

売買契約において解約手付が交付された場合、当事者の一方は、**相手方が履行に着手していなければ**、解約手付による解除をすることができます(相手方が履行に着手していたら、解約手付による解除をすることはできません)。したがって、AはCが履行に着手していた場合には、手付による解除をすることはできません。

4　正　【他人物売買】

中古自動車がAの所有物ではなく、**他人の所有物であった場合でも**、AC間の売買契約は有効です。

問6　解答3　相続　難易度A

1　誤　【法定相続分】

▶ 配偶者と子は2分の1ずつ&同順位の相続人の相続分は原則平等。

配偶者(①ではB)と子(C)が相続人であるときは、相続分は、**それぞれ2分の1ずつ**となります。

一方、同順位の相続人が複数いる場合(子が複数人いる、子がいない場合に親等の同じ直系尊属が複数人いるなど)には、同順位の相続人の相続分は、原則として**平等**となります。したがって、②の事例では、子が2人(BとC)なので、相続分は2分の1ずつとなり、①と②で、Bの法定相続分は変わりません。

2　誤　【代襲相続】

▶ 被相続人(A)よりも相続人(B)が後に死亡→代襲相続にはならない。

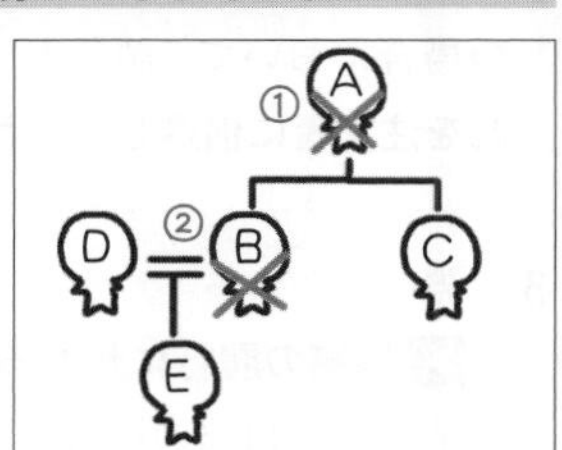

代襲相続は、相続人となるべき者が相続開始以前に死亡していた場合(被相続人と同時に死亡した場合も含む)に発生しますが、本問では、**被相続人(A)よりも相続人(B)が後に死亡しているので代襲相続にはなりません。**

Aの相続についてはBとCが、Bの相続についてはDとEが相続人となるので、Aの遺産分割は、Bの地位を引き継いだDEが参加して、CDE間で行うことになります。

No.06
35点
平成29年度

3 **正** 【債権の共同相続】

相続開始から遺産分割までの間に共同相続に係る不動産から生ずる金銭債権たる賃料債権は、各共同相続人がその相続分に応じて**分割単独債権**として確定的に取得し、その帰属は後にされた遺産分割の影響を受けません。

4 **誤** 【限定承認】

▶ 限定承認は相続人全員でする必要あり。

限定承認は**相続人全員**(BとC)で申し出なければなりません。相続人のうち1人が限定承認をしたとしても、他の共同相続人が限定承認をしたものとみなされることはありません。

問7 解答3 請負 難易度C

1 **正** 【注文者が請負人に損害賠償請求できる範囲】

請負人がその責めに帰すべき事由で工事を中途で終了し、注文者が工事を完了したときは、請負人の債務不履行となります。ここで、請負人が施工済みの部分に相当する報酬に限ってその支払いを請求することができる場合には、注文者は、「注文者が残工事の施工に要した費用」が「請負代金中未施工部分の報酬に相当する金額」を超えるときに限り、その超過額のみを損害賠償請求することができます。

2 **正** 【請負契約における危険負担等】

仕事完成債務が履行不能に陥った場合には、請負人は、当該債務の履行を免れることになります。また、注文者の責めに帰すべき事由によって債務を履行することができなくなったときは、注文者は、請負代金支払債務の履行を拒めませんが、この場合において、請負人は、**自己の債務を免れたことによって利益を得たときは、これを注文者に償還しなければなりません**。

3 **誤** 【請負人の担保責任】

▶ 債務の履行に代わる損害賠償義務と報酬支払義務とは、原則、同時履行。

請負人の債務の履行に代わる損害賠償義務と注文者の報酬支払義務は、原則として、**同時履行の関係に立ちます**。したがって、請負人が債務の履行に代わる損害賠償義務について履行の提供をしない場合、注文者は報酬全額の支払いを拒むことができます。

4　**正**　【請負人が知っていながら注文者に告げなかった事実】

請負人が担保責任を負わない旨の特約をしたときであっても、**知りながら告げなかった事実**については、その責任を免れることはできません。

問8　解答 2　連帯債務　難易度 B

連帯債務者(A、B、C)の１人について生じた事由は、弁済・更改・相殺・混同以外については、原則として他の連帯債務者に効力を及ぼしません(相対効)。例外的に、債権者(D)と連帯債務者の１人が別段の意思表示をしたときは、その意思表示にしたがいます(本問では、問題文において、こうした意思表示はないものとされています)。

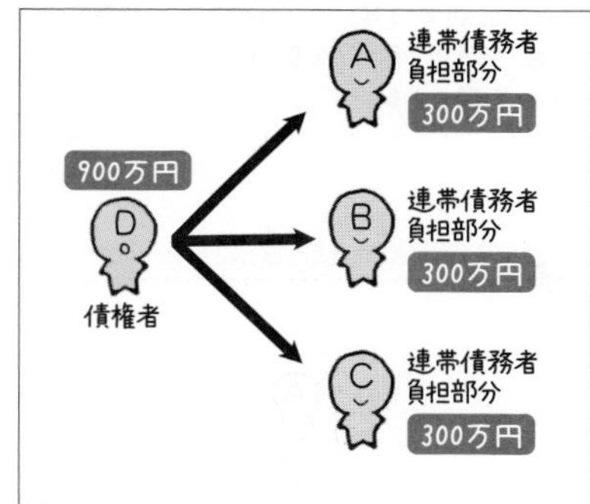

1　**誤**　【相対効の原則】

▶ 弁済・更改・相殺・混同以外は相対効(原則)！

前記のとおり、「履行の請求」は、弁済・更改・相殺・混同ではないため、相対効となるのが原則です。請求を受けていない他の連帯債務者が知っていたか、知らなかったかは、このことに影響を及ぼしません。したがって、DがAに対して履行の請求をした場合には、BおよびCがそのことを知ったかどうかにかかわらずBおよびCにその効力は及びません。

2　**正**　【連帯債務者の１人について生じた事由の効力(相殺)】

相殺は絶対効なので、連帯債務者の１人(A)が相殺をした場合、相殺された範囲で**他の連帯債務者(BとC)も債務を免れます**。

3　**誤**　【相対効の原則】

▶ 弁済・更改・相殺・混同以外は相対効(原則)！

前記のとおり、「時効の完成」は、弁済・更改・相殺・混同ではないため、相対効となるのが原則です。したがって、AおよびCのDに対する連帯債務は時効によって、全く消滅しません。

4　誤　【連帯債務者相互間の求償関係】

▶ 弁済額が負担部分を超えないときでも負担部分の割合に応じて求償OK。

連帯債務者の1人(C)が債務の一部(100万円)を弁済した場合、その弁済額が**負担部分(300万円)を超えないときでも**、他の連帯債務者(AとB)に対して**その負担割合に応じて求償することができます**。なお、本肢では、連帯債務者が3人で、その負担部分は平等(問題文)であることから、Cは、約33万円(100万円÷3)をABそれぞれに求償することができます。

「A、B、Cの負担部分は等しいものとする」(問題文)とあるから、ABCのそれぞれの負担割合は、900万÷3=300万円!
その額以下でも求償できるよ〜

問9　解答3　相続　難易度A

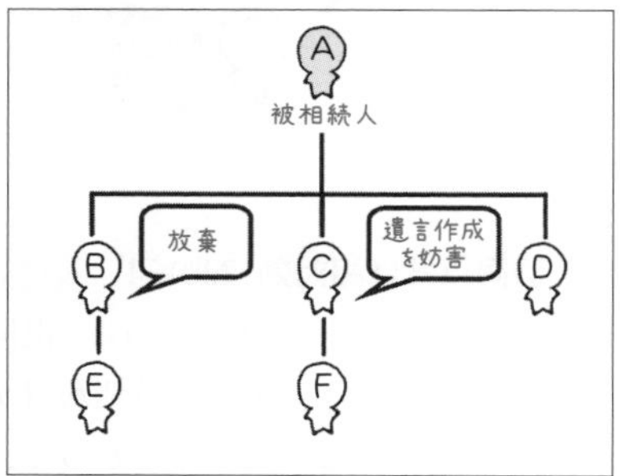

被相続人Aの子はBCDですが、❶Bは相続放棄を、❷Cは生前のAを強迫して遺言作成の妨害をしているので、それぞれ検討が必要です。

❶Bの相続放棄

Bは相続を放棄しているので、相続人になれません。また、**相続の放棄は**代襲原因ではないので、Bの子Eが代襲相続人となることもありません。

❷Cの遺言作成妨害

強迫によって、被相続人(A)が相続に関する遺言をすることを妨げた者は、**相続人の欠格事由**に該当するため、Cは、相続人となることができません。しかし、**相続**

欠格によって相続権を失ったことは、代襲原因となるので、Cの子Fは代襲相続人となります。

したがって、Aの相続に関して、DとFの2人が相続人となり、それぞれの法定相続分は6,000万円となります。

DとFの法定相続分：1億2,000万円÷2人＝6,000万円

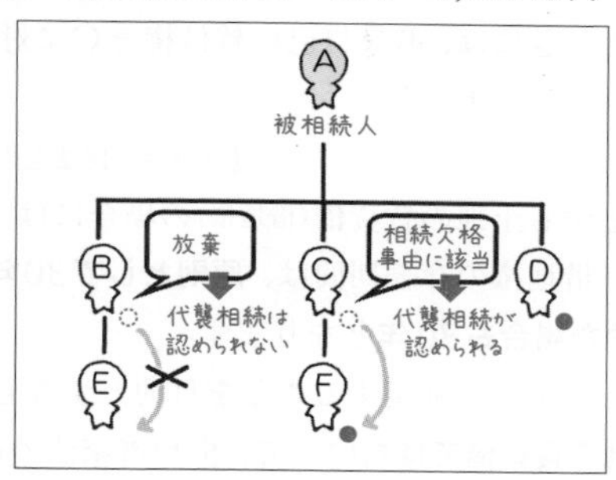

問10 解答1 抵当権、質権 難易度A

1　**誤**　【被担保債権の範囲】

▶ ①不動産質権と②抵当権とで利息についての記述が基本的に逆。

①不動産質権では、設定行為に別段の定めがない限り、被担保債権の利息は担保されませんが、②抵当権では、被担保債権の利息のうち、原則として、**満期となった最後の2年分についてのみ担保**されます。

2　**正**　【存続期間】

①不動産質権は、10年を超える存続期間を定めたときであっても、その期間は10年となるのに対し、②抵当権は、存続期間に関する制限はありません。

3　**正**　【効力発生要件】

①不動産質権は、目的物の引渡しが効力の発生要件であるのに対し、②抵当権は、抵当権者と設定者の合意のみで成立し、目的物の引渡しが効力の発生要件ではありません。

4　**正**　【対抗要件】

①不動産質権も②抵当権も不動産に関する物権であり、登記を備えなければ第三者に対抗することができません。

問 11　解答 2　借地借家法(借地)　難易度 A

1　誤　【賃借権の対抗要件】

▶ 賃借権が二重に設定された場合は、先に対抗要件を備えたほうが優先する。

Cの賃借権は建物所有を目的としていますが、BもCも、対抗要件を備えていない場合には、互いに自己の権利を主張することができません。なお、BがCよりも先に対抗要件を備えたときには、Bは自己の賃借権をCに対抗することができます。

2　正　【借地権と民法上の賃借権との相違(存続期間)】

建物の所有を目的とする土地の賃貸借(借地権)の場合には、原則として、借地借家法の適用があります。借地権の存続期間は、**原則として30年以上**となり、**契約でこれより短い期間を定めた場合も30年**となります。

一方、資材置場として更地で利用することを目的とするものであるときは、**建物所有を目的とする土地の賃貸借ではない**ので、借地借家法の適用はなく、AとBが契約で定めた10年が存続期間となります。

3　誤　【地代等増減請求権】

▶ 地代増減請求権は、原則「契約の条件にかかわらず」行使できる。

建物の所有を目的とする土地の賃貸借(借地権)の場合には、原則として、借地借家法の適用があります。借地借家法は**地代増減請求権**について規定しており、これは、原則として、**契約の条件にかかわらず**行使することができます。

なお、一定の期間地代等を増額しない旨の特約がある場合には、その期間内については増額請求をすることができません。

4　誤　【定期借地権】

▶「その旨を記載した書面を交付して説明」までは必要ない。

建物の所有を目的とする土地の賃貸借(借地権)の場合には、原則として、借地借家法の適用があります。そして、一定の定期借地権には契約の更新がなく、建物の買取りの請求をしないこととする旨を定めることができますが、**その旨を記載した書面を交付(または電磁的方法により提供)して説明する必要はありません。**

「その旨を記載した書面を交付または電磁的方法により提供して説明しなければならない」のは定期建物賃貸借(定期借家権)だよ～

問 12　解答 4　借地借家法（借家）　難易度 A

1　誤　【法定更新】

▶ 賃借人(B)が使用継続＆賃貸人(A)が遅滞なく異議を述べない→更新。

期間の定めがある建物賃貸借において、あらかじめ更新をしない旨の通知をしていた場合であっても、賃貸借の期間が満了した後、**賃借人(B)が使用を継続**する場合において、**賃貸人(A)が遅滞なく異議を述べなかった**ときは、**契約が更新されたもの**となります。また、賃貸人の更新拒絶が認められるためには、**通知に正当事由が必要**となるので、それがない場合にも、AB間の賃貸借契約は当然には終了しないこととなります。

2　誤　【賃借人に不利な特約の効力】

▶ 賃借人(B)に不利な特約は無効。

賃貸人(A)が賃貸借の解約の申入れをした場合においては、建物の賃貸借は、解約の申入れの日から6カ月経過することによって終了します。そして、これに反する特約で、**賃借人(B)に不利なものは、無効**となります。

3　誤　【賃貸借の終了と転貸借】

▶ 賃貸人(A)からの通知が必要。

建物賃貸借が、期間の満了または解約申入れによって終了した場合、**賃貸人(A)は転借人(C)にその旨の通知をしなければ**、その終了を転借人に対抗できません。

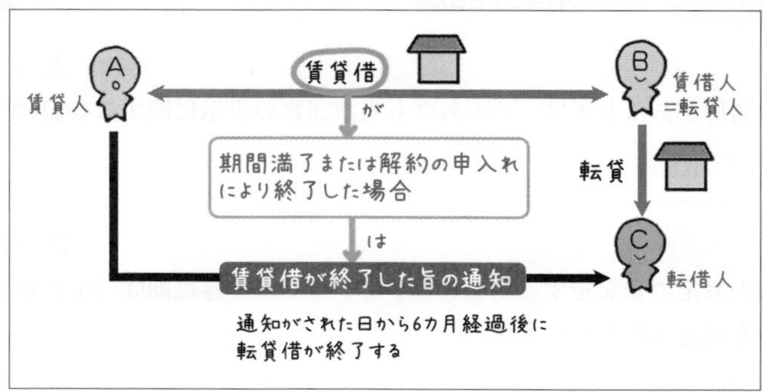

4　正　【定期建物賃貸借】

定期建物賃貸借の場合は、契約の更新がなく期間の満了により終了する旨を記載した**書面を交付または電磁的方法により提供して説明**しなければ、更新がない旨の特約は無効となります。

問 13 解答 2 区分所有法 難易度 B

1 正 【集会の招集】

管理者は、少なくとも毎年1回集会を招集しなければなりません。

2 誤 【集会の招集請求】

▶ **招集請求の要件は規約で緩和することができる。**

区分所有者の5分の1以上で議決権の5分の1以上を有するものは、管理者に対し、会議の目的たる事項を示して、集会の招集を請求することができますが、この定数は、規約で減ずることができます。

3 正 【集会の招集通知】

集会の招集の通知は、区分所有者が管理者に対して通知を受けるべき場所を通知したときはその場所に、これを通知しなかったときは区分所有者の所有する専有部分が所在する場所にあてすれば足ります。

4 正 【集会の招集手続】

集会は、**区分所有者全員の同意があれば**、招集の手続を経ないで開くことができます。

問 14 解答 3 不動産登記法 難易度 D

1 正 【建物の表示に関する登記】

建物の名称があるときは、その**名称**も当該建物の表示に関する登記の登記事項となります。

2 正 【登記事項(地上権)】

地上権の設定の登記をする場合において、**地上権の存続期間の定め**があるときは、その定めも登記事項となります。

3 誤 【登記事項(賃借権)】

▶ **賃借権の設定登記の場合で敷金があるときは→その旨も登記事項となる。**

賃借権の設定の登記をする場合において、**敷金**があるときは、その旨も登記事項となります。

4　**正**　【登記事項(賃借権)】

事業用定期借地権(借地借家法第23条第1項)の定めのある賃借権の設定の登記をする場合、その定めも登記事項となります。

問 15　解答 4　農地法　難易度 A

1　**誤**　【3条許可】

▶ 3条(権利移動)の場合には、市街化区域内の特例はない。

市街化区域内の農地を転用(4条)または転用目的で取得(5条)する場合には、あらかじめ農業委員会に届け出れば4条許可または5条許可は不要となりますが、本肢(3条)の場合には、3条許可を受ける必要があります。

2　**誤**　【5条許可】

▶「農林水産大臣」ではなく「都道府県知事等」の許可。

農地を転用目的で権利取得する場合には、原則として、**都道府県知事等の許可**を受けなければなりません。

3　**誤**　【抵当権を設定する場合】

▶ 抵当権を設定する場合は許可不要。

抵当権の設定では、**使用収益権が移転しない**ため、3条許可および5条許可を受ける必要はありません。

4　**正**　【相続により取得した場合】

農地を相続により取得した場合は、**3条許可は不要**ですが、遅滞なく、その旨を**農業委員会に届け出**なければなりません。

問 16　解答 1　都市計画法　難易度 A

ア　**正**　【都市計画事業にかかる制限】

都市計画施設の区域または市街地開発事業の施行区域内において建築物の建築をしようとする者は、原則として、都道府県知事等の**許可**を受けなければなりません。ただし、例外として以下の行為をする場合には、許可は不要となります。

❶ 軽易な行為
❷ 非常災害のため必要な応急措置として行う行為
❸ 都市計画事業の施行として行う行為　など

イ　**誤**　【地区整備計画】

▶「都道府県知事等の許可」ではなく、「市町村長への届出」が必要。

地区整備計画が定められている地区計画の区域内において、建築物の建築を行おうとする者は、行為に着手する日の30日前までに、一定の事項(行為の種類、場所等)を**市町村長に届け出**なければなりません。

ウ　**正**　【建築等の制限】

都市計画事業の認可の告示があったあとは、当該認可に係る事業地内において、都市計画事業の施行の障害となるおそれがある**土地の形質の変更、建築物の建築、工作物の建設**を行おうとする者は、**都道府県知事等**の許可を受けなければなりません。

エ　**誤**　【事業地内の土地建物等を有償で譲り渡そうとする場合の届出】

▶「許可」ではなく「届出」が必要。

都市計画事業の認可の告示があり、施行者から公告があった日の翌日から起算して10日を経過したあとに、事業地内の土地建物等を有償で譲り渡そうとする者は、原則として、一定の事項を書面で施行者に**届け出**なければなりません。

以上より、正しいものの組合せはアとウ。だから答えは「1」！

問 17　解答 2　都市計画法(開発許可)　難易度 A

1　**誤**　【準都市計画区域】

▶ 準都市計画区域内→3,000㎡未満は開発許可は不要。

準都市計画区域内においては、**3,000㎡未満**の開発行為について開発許可は不要です。

2　**正**　【市街化区域】

市街化区域内においては、**1,000㎡以上**の開発行為については開発許可が必要です。なお、市街化区域内においては、農林漁業用の建築物等の例外はありませんので、農業を営む者の居住の用に供する建築物の建築であっても、開発許可が必要です。

3　**誤**　【都市計画区域および準都市計画区域外】

▶ 変電所は公益上必要な建築物に該当する→開発許可は不要。

変電所は公益上必要な建築物に該当するため、**区域・面積に関係なく**、開発許可は不要です。

4　**誤**　【区域区分の定めのない都市計画区域内】

▶ 1ha以上の遊園地は開発許可が必要→3,000㎡の遊園地は開発許可が不要。

3,000㎡の遊園地は第二種特定工作物に該当しないため、開発許可は不要です。

問 18　解答 4　建築基準法　難易度 B

1　**正**　【検査済証の交付を受けるまでの建物の使用制限】

鉄筋コンクリート造で、階数が2以上の住宅を新築する場合は、原則として、検査済証の交付を受けるまでは建築物を使用してはなりませんが、特定行政庁が、**安全上、防火上および避難上支障がない**と認めたときは使用することができます。

2　**正**　【界壁】

長屋の各戸の界壁は、原則として、小屋裏または天井裏に達するものとしなければなりません。

3　**正**　【下水道法に規定する処理区域内】

下水道法に規定する処理区域内においては、便所は、汚水管が公共下水道に連結された水洗便所としなければなりません。

4　**誤**　【用途変更による建築確認】

▶ 本肢のホテル→共同住宅は建築確認が必要。

ホテルの用途に供する建築物を床面積が200㎡超(本肢では300㎡)の共同住宅に用途変更する場合は、建築確認は**必要**となります。

問 19 解答 1 建築基準法 難易度 B

1 **正** 【用途地域の指定のない区域の建蔽率】

用途地域の指定のない区域の建蔽率は、以下のように定めます。

地域・区域	建蔽率の最高限度
用途地域の指定のない区域	$\frac{3}{10}$、$\frac{4}{10}$、$\frac{5}{10}$、$\frac{6}{10}$、$\frac{7}{10}$のうち特定行政庁が都道府県都市計画審議会の議を経て定めるもの

2 **誤** 【用途制限(第二種中高層住居専用地域)】

▶ 第二種中高層住居専用地域ではホテル・旅館は原則建築できない。

第二種中高層住居専用地域内では、原則として、ホテルまたは旅館を建築することができません。

【用途地域内の用途制限】

●…建築できる ×…原則建築できない

用途地域 / 建築物の用途	住居系								商業系		工業系		
	第一種低層住居専用	第二種低層住居専用	田園住居	第一種中高層住居専用	第二種中高層住居専用	第一種住居	第二種住居	準住居	近隣商業	商業	準工業	工業	工業専用
ホテル・旅館	×	×	×	×	×	▲	●	●	●	●	●	×	×
	▲…3,000㎡以下												

3 **誤** 【道路の定義】

▶ 特定行政庁の指定がなくても建築基準法上の道路となるものがある。

幅員が4m以上の都市計画区域もしくは準都市計画区域の指定等により建築基準法第3章の規定が適用されるに至った時点で現に存在する道は、特定行政庁の指定がなくとも建築基準法の道路となります。

4 **誤** 【前面道路の幅員による容積率の制限】

▶ 建築物の敷地が2つ以上の道路に面している場合→最も幅員の広い道路が前面道路。

建築物の敷地が2つ以上の道路に面している場合には、最も**幅員の広い道路**(12m未満の場合に限る)を前面道路として、これに一定の数値を乗じて容積率を計算します。

問 20 解答 4 盛土規制法 難易度 C

1　**正**　【改善命令】

都道府県知事は、宅地造成等工事規制区域内の土地で、宅地造成もしくは特定盛土等に伴う災害の防止のため必要な**擁壁等が設置されておらず**、もしくは極めて不完全であり、または土石の堆積に伴う災害の防止のため必要な措置がとられておらず、もしくは極めて不十分であるために、これを**放置するとき**は、宅地造成等に伴う災害の発生のおそれが大きいと認められるものがある場合においては、一定の限度のもとに当該土地または擁壁等の所有者、管理者または占有者に対して、相当の猶予期限を付けて、擁壁等の設置等の**措置をとるよう命ずることができます**。

2　**正**　【報告の徴取】

都道府県知事は、宅地造成等工事規制区域内の土地において行われている工事の状況について、その工事が**宅地造成等に関する工事であるか否かに関わらず**、当該土地の所有者、管理者または占有者に対して報告を求めることができます。

3　**正**　【技術的基準の強化】

都道府県知事は、その地方の気候、風土または地勢の特殊性により、盛土規制法の規定のみでは宅地造成等に伴う崖崩れまたは土砂の流出の防止の目的を達し難いと認める場合においては、都道府県の規則で、技術的基準を**強化**または必要な技術的基準を**付加**することができます。

4　**誤**　【工事等の届出】

▶ **本肢のような規定は存在しない。**

技術的基準を満たす必要のない地表水等を排除するための排水施設を除却する工事を行う場合に、都道府県知事への届出を不要とする規定はありません。

問 21 解答 4 土地区画整理法(組合) 難易度 A

1　**正**　【解散】

土地区画整理組合が、解散するさいに、**都道府県知事の認可**を受けなければならないのは以下の3つです。

No. 06 35点 平成29年度

❶ 総会の議決
❷ 定款で定めた解散事由の発生
❸ 事業の完成または完成の不能

2 **正** 【権利義務の移転】

組合員から施行地区内の宅地について所有権の全部または一部を承継した者は、その組合員が土地区画整理組合に対して有する権利義務を承継します。

3 **正** 【設立】

土地区画整理組合を設立しようとする者は、事業計画に先立って組合を設立する必要があると認める場合、**7人以上**で共同して、定款および事業基本方針を定め、組合の設立について都道府県知事の認可を受けることができます。

4 **誤** 【組合員】

▶ 所有権者および借地人はすべて組合員となる。

土地区画整理組合が施行する土地区画整理事業において、施行地区内の宅地について所有権または借地権を有する者は、**すべてその組合の組合員**となります。

問22 解答1 その他の法令上の制限 難易度 C

1 **正** 【津波防災地域づくりに関する法律】

津波防護施設区域内において土地の掘削をしようとする者は、一定の場合を除き、**津波防護施設管理者の許可**を受けなければなりません。

2 **誤** 【国土利用計画法】

▶ 相続や贈与で取得した場合は届出不要。

市街化区域内の土地を贈与により取得した場合は、対価の授受がないため土地売買等の契約に該当しません。そのため、**届出も不要**となります。

3 **誤** 【景観法】

▶「事後」ではなく「事前」の届出が必要。

景観計画区域内において、建築物の新築、増築、改築または移転をしようとする者は、あらかじめ、行為の種類、場所、着手予定日等を**景観行政団体の長**に届け出なければなりません。

4　**誤**　【道路法】

▶ 道路の区域が決定されたあとは道路管理者の許可が必要。

道路の区域が決定されたあと、道路の供用が開始されるまでの間は、道路管理者が当該区域についての土地に関する**権原を取得する前であっても、**道路管理者の許可を受けなければ、工作物の新築、改築、増築等をすることはできません。

問23　解答1　所得税　難易度D

1　**正**　【生活に通常必要でない資産】

災害により生活に通常必要でない資産に損失の金額(保険金等を控除した額)が発生した場合、雑損控除の対象にはなりませんが、譲渡所得の金額があれば、その損失を受けた日の属する年またはその翌年の譲渡所得から控除することができます。

2　**誤**　【譲渡所得として課税されるもの】

▶ 本肢の場合は譲渡所得として課税される。

建物の所有を目的とする土地の賃借権の設定の対価として支払いを受ける権利金の額が、その土地の価額(時価)の10分の5を超えるときは、資産の譲渡があったものとみなされ、譲渡所得の総収入金額に算入されます。

なお、10分の5以下だった場合は、不動産所得として課税されます。

3　**誤**　【譲渡所得とは】

▶ 不動産業者が営利目的で…→「譲渡所得」ではなく、「事業所得」となる。

不動産事業者が、営利目的として継続的に土地を譲渡した場合には、**事業所得**として課税されます。

4　**誤**　【譲渡資産の取得時期】

▶「相続の時」ではなく、「最初に取得した時」の価額。

譲渡所得の金額は、「総収入金額－(取得費＋譲渡費用)」の譲渡益から、特別控除額を控除した残額です。この取得費は、(土地の場合は)買い入れた時の代金や購入手数料などの合計額です。そして、**相続によって取得したときは、被相続人が買い入れた時**の購入代金や購入手数料などをもとに計算することになります。

問24 解答3 固定資産税 難易度B

1 **誤** 【納税義務者】

▶ 固定資産税の納税義務者は「賃借人」ではなく「所有者」である。

災害等によって所有者が不明の場合には、使用者を所有者とみなして課税することはありますが、原則は、1月1日現在の**所有者に対して課税**されます。

---

2 **誤** 【家屋価格等縦覧帳簿を縦覧できる期間】

▶ いつでも縦覧できるわけではない。

災害その他特別の事情がある場合を除いて、毎年4月1日から、4月20日または当該年度の最初の納期限の日の**いずれか遅い日以後の日までの間**、家屋価格等縦覧帳簿またはその写しを固定資産税の納税者の縦覧に供しなければならないとされているため、いつでも縦覧できるわけではありません。

---

3 **正** 【固定資産評価審査委員会に対する審査の申出】

固定資産税の納税者は、その納付すべき当該年度の固定資産税に係る固定資産について、固定資産課税台帳に登録された**価格**について不服があるときは、一定の場合を除いて、文書をもって、固定資産評価審査委員会に審査の申出をすることができます。

---

4 **誤** 【課税標準の特例】

▶ 1月1日に更地→原則、住宅用地に対する課税標準の特例は受けられない。

課税標準の特例は、原則として、1月1日(賦課期日)において住宅用地であることが必要です。したがって、1月1日に更地であった場合は、のちに住宅の建設が予定されている場合であっても、課税標準の特例は適用されません。なお、**建て替え工事中**により更地となっているときは、一定の要件を満たした場合、課税標準の特例を受けることができます。

問25 解答3 地価公示法 難易度B

1 **誤** 【公示事項】

▶ 標準地の前回の公示価格からの変化率は公示する必要はない。

土地鑑定委員会は、標準地の単位面積当たりの価格および価格判定の基準日、標準地の地積および形状など、一定の事項を官報により公示しなければなりませんが、**前回の公示価格からの変化率は公示しなければならないものではありません。**

2　**誤**　【鑑定評価】

▶「2回」ではなく「1回」。

土地鑑定委員会は、公示区域内の標準地について、**毎年1回**、**2人以上**の不動産鑑定士の鑑定評価を求め、その結果を審査し、必要な調整を行って、一定の基準日における当該標準地の単位面積当たりの正常な価格を判定し、これを公示するものとされています。

3　**正**　【標準地の選定】

標準地は、土地鑑定委員会が、自然的および社会的条件からみて類似の利用価値を有すると認められる地域において、土地の利用状況、環境等が通常であると認められる一団の土地について選定します。

4　**誤**　【土地の取引を行なう者の義務】

▶ 公示された価格を指標として取引するよう努めなければならない。

標準地の土地の取引を行う者は、**公示価格を指標**として取引を行なうよう努めなければならないという**努力義務**を負います。

問26　解答1　報酬の制限　難易度B

1　**正**　【権利金の授受がある場合】

居住用以外の建物の貸借については、権利金の授受(返還されないものに限ります)があるときは、権利金の額を売買代金とみなして報酬限度額を計算することができます。

【通常の貸借の媒介として計算した場合の報酬限度額】

報酬限度額：9万円×1.1＝99,000円

【権利金を売買代金とみなして計算した場合の報酬限度額】

200万円×5%×1.1×2(A・C2人分)＝220,000円

2　**誤**　【依頼者の依頼にもとづいて広告をした場合】

▶ 依頼にもとづいて行う広告の料金は請求できる。

依頼者から依頼されて行った広告の料金については、報酬とは別に受け取ることができます。

3 **誤** 【重要事項説明を行った対価】

▶ 重要事項の説明の対価として、別途報酬を受領できない。

重要事項の説明を行った対価として、別途報酬を受領することはできません。

4 **誤** 【貸借の媒介における報酬限度額】

▶ 居住用以外の建物の貸借であり、返還されない権利金に限る。

本肢は、**居住用建物の貸借**であり、また、Dの**退去の時に全額返還される保証金**なので、これを売買代金とみなして報酬限度額を計算することができません。

本肢では、原則どおり、9万円×1.1＝99,000円となります。

問27 解答1 担保責任の特約の制限 難易度A

ア **誤** 【一定の担保責任の特約の制限】

▶ 通知につき引渡しの日から2年以上とする（引渡時に悪意・重過失の売主を除く）特約は有効。

宅建業者自ら売主となる宅地・建物の売買契約において、その目的物の種類・品質に関して契約の内容に適合しない場合におけるその不適合を担保すべき責任（以下、本問において「一定の担保責任」といいます）については、民法の規定より宅建業者でない買主に不利な特約をすることはできないのが原則です。

もっとも、民法で規定する「買主がその不適合を知った時から1年以内にその旨を売主に通知」という通知に関する期間制限の部分については、**引渡しの日から2年以上の通知期間**となる特約を定めることは、民法の規定より不利なものの、宅建業法により、例外的にできます（ただし、売主が引渡しの時にその不適合を知り、または重大な過失によって知らなかった場合はできません）。したがって、本肢の特約は有効です。

イ **正** 【一定の担保責任の特約の制限】

本肢の売主の責めに帰すべき事由による不適合についてのみ引渡しの日から1年間一定の担保責任を負うという特約は、原則どおり**無効**となります。

ウ **誤** 【一定の担保責任の特約の制限】

▶ 契約解除できない旨の特約は無効。

本肢の契約を解除することはできないとする特約は、原則どおり**無効**となります。

以上より、正しいものはイの1つ！ だから答えは「1」！

問28　解答4　その他の業務上の規制等　難易度A

ア　**違反する**　【帳簿の備付け】

▶ **保存期間は、原則、帳簿の閉鎖後5年。**

宅建業者は、事務所ごとに、業務に関する帳簿を備えなければなりません。そして、帳簿の保存期間は帳簿の閉鎖後**5年間**(宅建業者が自ら売主となる新築住宅については**10年間**)です。

イ　**違反する**　【指定流通機構に登録しない特約】

▶ **依頼者からの申出があったとしても、指定流通機構に登録しないとダメ。**

専任代理契約の場合、依頼者の要望を踏まえたものであったとしても、契約日から**7日以内**(**休業日不算入**)に指定流通機構に登録しなければ、宅建業法違反となります。

ウ　**違反する**　【勧誘】

▶ **宅建業者の商号または名称も告げないとダメ。**

宅建業者は、取引に係る契約の締結の勧誘をする場合、相手方等に対して、勧誘に先立って、**宅建業者の商号または名称**(**宅建業者Aの名称**)、勧誘を行う者の氏名、契約の締結について勧誘をする目的である旨を告げなければなりません。

エ　**違反する**　【手付金の性質】

▶ **売主からの契約解除→手付の倍額を現実に提供しないとダメ。**

宅建業者が自ら売主として、宅建業者ではない者と売買契約を締結し、手付金を受領したときは、どの種類の手付であっても解約手付とされます。そして、解約手付が交付された場合、相手方が履行に着手するまでは、**買主は手付を放棄**することによって、**売主は手付の倍額を現実に提供**することによって、契約を解除することができます。

以上より、違反しないものはなし！　だから答えは「4」！

問29　解答4　監督処分(宅建業者)　難易度B

1　**誤**　【指示処分の対象業務】

▶ **マンション管理業→宅建業ではない→指示処分はできない。**

No.06　35点　平成29年度

マンション管理業は、宅建業(宅地・建物の売買・交換または宅地・建物の売買・交換・貸借の代理・媒介をする行為で業として行うもの)ではないので、宅建業者の業務とはいえません。

したがって、マンション管理業に関し、不正または著しく不当な行為をしたとして、マンションの管理の適正化の推進に関する法律に基づき、国土交通大臣から業務の停止を命じられたとしても、指示処分を受けることはありません。

2 **誤** 【免許の取消権者】

▶ 免許権者は、その免許を受けた宅建業者でないと免許の取消しはできない。

国土交通大臣または都道府県知事は、その免許を受けた宅建業者の事務所の所在地を確知できない場合、官報または当該都道府県の公報でその事実を公告し、その公告の日から30日を経過してもその宅建業者から申出がないときは、当該宅建業者の免許を取り消すことができます。

本肢では、宅建業者Bは、乙県知事免許なので、国土交通大臣がBの免許を取り消すことはできません。

3 **誤** 【国土交通大臣が業務停止処分をしようとするときの協議】

▶ 監督処分を命じた場合に、その旨を内閣総理大臣に通知する義務はない。

国土交通大臣が、国土交通大臣免許の宅建業者に対して一定の監督処分をしようとするときは、あらかじめ**内閣総理大臣に協議**しなければなりませんが、監督処分(本肢では業務停止処分)を命じた場合に、その旨を内閣総理大臣に通知する義務はありません。

4 **正** 【立入検査を拒んだ場合の罰金】

都道府県知事は、当該都道府県の区域内で宅建業を営む者に対して、宅建業の適正な運営を確保するため必要があると認めるときは、その業務について必要な報告を求め、またはその職員に事務所その他その業務を行なう場所に立ち入り、帳簿、書類その他業務に関係のある物件を検査させることができます(法72条1項に基づく県職員による事務所への立入検査)。

そして、この検査を拒んだ者は、50万円以下の罰金に処せられる場合があります。

問30 解答1 宅地建物取引士 難易度A

1 **誤** 【登録の移転】

▶ 住所を変更しただけでは、登録の移転の申請はできない。

登録の移転は、現在登録している都道府県知事が管轄している都道府県以外の都道府県に所在する事務所に勤務し、または勤務しようとするときに行うことができます。単に住所が変わっただけでは登録の移転はできません。

2　正　【案内所の設置の届出】

申込み・契約をする案内所を設置する宅建業者は、業務を開始する日の**10日前**までに、**免許権者およびその業務を行う場所の所在地を管轄する都道府県知事**に一定事項を届け出なければなりません。

本肢では、案内所を乙県に設置するため、免許権者である甲県知事および乙県知事に届出をしなければなりません。

3　正　【宅建士になるまでの流れ】

宅建士証の交付を受けようとする者は、原則として都道府県知事が指定する法定講習を受講しなければなりませんが、**試験合格後1年以内**に宅建士証の交付を受ける場合は、法定講習は免除されます。

4　正　【法人が合併により消滅した場合】

法人が合併により消滅した場合には、消滅した法人(D社)を代表する役員であった者が、30日以内に、その旨をその免許を受けた国土交通大臣または都道府県知事(甲県知事)に届け出なければなりません。

問31　解答4　8種制限　難易度A

ア　誤　【クーリング・オフができる場所】

▶ 自宅・勤務場所で説明を受ける旨を自ら申し出て、申し込んだときはダメ。

宅建業者の相手方(B)がその自宅または勤務場所で宅地または建物の売買契約に関する説明を受ける旨を申し出た場合において、自宅または勤務場所で買受けの申込みをしたときは、クーリング・オフすることはできません。

イ　誤　【クーリング・オフの効力の発生時】

▶ 効力発生は、「受け取った時」ではなく、「書面を発した時」！

クーリング・オフによる買受けの申込みの撤回は書面によって行いますが、その効力は、その旨を記載した書面を発した**とき**に生じます。

ウ　**誤**　【損害賠償の額を予定し、または違約金を定める場合】

▶ 損害賠償の予定額及び違約金の合算額が代金の20%を超えてはいけない。

損害賠償の額を予定し、または違約金を定めるときは、その合算額が代金の20%を超えてはならず、超過する特約を結んだ場合、その超過する部分が無効となります。

限度額：3,000万円×20%＝600万円

違約金＋損害賠償の予定額：300万円＋600万円＝900万円

違約金と損害賠償の予定額の合算額が代金の20%を超えるので、20%を超える300万円の部分につき、無効となります。

以上より、正しいものはなし！　だから答えは「4」！

問32　解答1　営業保証金　難易度A

1　**誤**　【営業保証金の保管替え】

▶ 金銭のみで営業保証金を供託しているとき→営業保証金の保管替え。

宅建業者は、本店を移転したため、本店の最寄りの供託所を変更した場合、**金銭のみで営業保証金を供託しているとき**には、営業保証金を供託している供託所(移転前の本店の最寄りの供託所)に対し、移転後の本店の最寄りの供託所への**営業保証金の保管替え**を請求しなければなりません。

なお、「有価証券のみ」または「有価証券と金銭」で供託している場合には、移転後の本店の最寄りの供託所に供託しなおし、その後、移転前の供託所から取り戻します。

2　**正**　【営業保証金を供託した場合の届出】

宅建業者は、事業の開始後新たに事務所を設置したときは、その事務所につき営業保証金を主たる事務所の最寄りの供託所に供託しなければなりません。そして、その供託をしたときは、その供託物受入れの記載のある供託書の写しを添付して、その旨をその免許を受けた国土交通大臣又は都道府県知事に**届け出**なければなりません。

3　**正**　【営業保証金を取り戻すさいの公告】

一部の事務所を廃止した場合において、営業保証金を取り戻すときには、供託した営業保証金の還付請求権者に対し、**6カ月以上**の一定期間内に申し出るべき旨の公告をすることが必要です。

4　**正**　【営業保証金の追加供託】

宅建業者は、営業保証金の還付があったために営業保証金に不足が生じた場合において、国土交通大臣または都道府県知事から不足額を供託すべき旨の通知書の送付を受けたときには、その通知書の受領日から2週間以内にその不足額を供託する必要があります。

問33　解答2　重要事項説明　難易度A

1　**誤**　【重要事項説明・書面交付等をする相手】

▶ 売買の媒介→重要事項の説明・書面の交付・提供は「買主」に対して行う。

売買の媒介の場合、重要事項の説明・書面の交付(電磁的方法による提供)は、宅建業者が**買主**に対して行います。したがって、各当事者に対して、書面を交付等して説明をする必要はありません。なお、買主が宅建業者である場合は、原則説明は不要です。

2　**正**　【代金に関する金銭の貸借のあっせんの内容、貸借不成立時の措置】

代金に関する金銭の貸借のあっせんの内容および当該あっせんに係る金銭の貸借が成立しないときの措置は、重要事項説明書(35条書面)の記載・説明事項です。

3　**誤**　【私道負担に関する事項】

▶ 私道に関する負担→建物の貸借の場合には説明不要。

私道に関する負担については、建物の貸借の場合以外であるときは説明が必要となります。

4　**誤**　【天災その他不可抗力による損害の負担】

▶ 天災その他不可抗力による損害の負担の内容は重要事項の説明事項ではない。

天災その他不可抗力による損害の負担の内容は、重要事項の説明事項とされていません(37条書面の記載事項です)。

No.06 35点 平成29年度

	35条書面	37条書面
天災その他不可抗力による損害の負担について	×	定めがあれば ●

問34 解答3 その他の業務上の規制 難易度A

1 **正** 【手付金額を減額することにより契約締結を誘引する行為】

宅建業者が、手付金について、当初提示した金額を**減額**することにより、買主に対し売買契約の締結を誘引し、その契約を締結させることは、宅建業法に違反しません。

2 **正** 【勧誘の目的】

宅建業者は、取引に係る契約の締結の勧誘をする場合、相手方等に対して、勧誘に先立って、宅建業者の商号または名称、勧誘を行う者の氏名、契約の締結について勧誘をする目的である旨を告げなければなりません。

3 **誤** 【媒介報酬の分割受領に応じることにより契約締結を誘引する行為】

▶ 媒介報酬の分割受領に応じることによる契約締結を誘引する行為は○。

宅建業者が、媒介報酬について、買主の要望を受けて分割受領に応じることにより、契約の締結を誘引する行為は、宅建業法に違反しません。

手付金の分割払いで契約の締結を誘引するのはダメだけど、本肢は媒介報酬だよ。

4 **正** 【手付金信用供与による契約締結の誘引における監督処分・罰則】

宅建業者は、手付について貸付けその他信用の供与をすることにより契約の締結を誘引する行為をした場合、監督処分の対象となるほか、**罰則の適用**(6カ月以下の懲役もしくは100万円以下の罰金、またはこれらの併科)を受けることがあります。

問35 解答3 業務に関する帳簿、従業者名簿 難易度A

1 **誤** 【業務に関する帳簿における宅建業に関する取引】

▶ 自ら貸主として賃貸借契約を締結する→宅建業ではない。

自ら貸主として建物の賃貸借契約を締結することは宅建業に関する取引ではありません。したがって、宅建業法49条に規定されている業務に関する帳簿に、宅建業法および国土交通省令で定められた事項を記載する必要はありません。

2　誤　【業務に関する帳簿を備付ける事務所】

▶ 業務に関する帳簿は「事務所ごと」に備える必要がある。

業務に関する帳簿は「主たる事務所」ではなく、「**事務所ごと**(主たる事務所・従たる事務所)」に備えなければなりません。

3　正　【業務に関する帳簿への報酬の額の記載】

宅建業者は、業務に関する帳簿に**報酬の額**を記載することが義務付けられています。これに違反した場合は、指示処分の対象となります。

4　誤　【従業者名簿に記載すべき従業者】

▶ 一時的に事務の補助のために雇用した者も従業者名簿に記載する必要あり。

宅建業者は、従業者については、一時的に事務の補助のために雇用した者であっても、従業者名簿に記載する必要があります。

問36　解答4　免許　難易度A

1　誤　【免許更新の申請をしたが処分がされない場合】

▶ 更新期間内に免許更新申請をしたが、処分がないとき→処分されるまで有効。

免許の更新期間内に、宅建業者が更新の申請をした場合で、有効期間満了日までに免許権者から更新するかどうかの処分がされないときは、有効期間満了後も、その**処分がされるまでの間は、旧免許は有効**となります。

本肢では、Aは当該処分がなされるまでの間、宅建業を営むことができます。

2　誤　【免許取得前の広告の禁止】

▶ 免許取得前→広告不可。

宅建業の免許を取得する前に広告をすることはできません。

3　誤　【宅建業者名簿登載事項である兼業の種類の変更】

▶ 宅建業以外の事業の種類は宅建業者名簿の登載事項だが、変更の届出は不要。

宅建業以外の事業を行っているときは、その事業の種類を宅建業者名簿に登載しなければなりません。しかし、**変更があっても、届け出る必要はありません。**

本肢では、宅建業者Cは、兼業として新たに不動産管理業を営むこととした場合、兼業で不動産管理業を営む旨を、免許権者である国土交通大臣または都道府県知事に届け出る必要はありません。

4　**正**　【免許が失効した場合】

宅建業者である法人(D)が合併により消滅した場合、宅建業者であった者またはその一般承継人(法人E)は、その宅建業者(D)が締結した契約に基づく取引を結了する目的の範囲内においては、なお宅建業者とみなされます。

問37　解答3　宅地建物取引士　難易度A

1　**誤**　【宅建士証の提示】

▶ 重要事項説明のさいには宅建士証の提示が必要。

宅建士は、取引の関係者から請求があったときは、宅建士証を提示しなければなりません。また、重要事項の説明をするときは、説明の相手方に対し、宅建士証を提示しなければなりません。

したがって、物件の買受けの申込みの前に宅建士証を提示した場合であっても、後日、重要事項の説明をするさいには、宅建士証を提示する必要があります。

2　**誤**　【登録の移転】

▶ 登録の移転は任意であり、「移転しなければならない」わけではない。

登録の移転の申請は、義務ではなく、**任意**です。

3　**正**　【宅建士の登録】

宅建士の登録を受けるには、試験に合格した者で**2年以上**の実務の経験を有するものまたは国土交通大臣がその実務の経験を有するものと同等以上の能力を有すると認めたものであり、宅建業法で定める事由に該当しないことが必要です。

4　**誤**　【従業者証明書の提示】

▶ 宅建士証の提示で代えることはできない。

宅建業者の従業者は、取引の関係者から従業者証明書の提示を求められたときは、その従業者証明書を提示しなければならず、これに代えて宅建士証を提示することはできません。

したがって、重要事項説明のさい、宅建士証の提示が義務付けられていますが、宅建士証の提示をもって、従業者証明書の提示に代えることはできません。

問 38　解答 2　37条書面　難易度 B

1　**違反する**　【37条書面を交付・提供する相手】

▶ 37条書面は売主にも交付・提供が必要。

37条書面は、買主および売主の双方に交付・提供しなければなりません。

2　**違反しない**　【手付金等の保全措置の内容】

手付金等の保全措置の内容は37条書面の記載事項ではなく、35条書面の記載事項です。

3　**違反する**　【契約解除に関する定め】

▶ 契約解除に関する定めがあるときは、その内容の記載が必要。

契約の解除に関する定めがある場合は、（当該契約が売買、貸借のいずれの場合でも）37条書面にその内容を記載しなければなりません。

4　**違反する**　【一定の担保責任についての定め】

▶ 一定の担保責任についての定めがあるときは、その内容の記載が必要。

宅建業者は、宅地の売買に関し、自ら当事者として契約を締結した場合、その相手方に、遅滞なく、その宅地の種類・品質に関して契約の内容に適合しない場合におけるその不適合を担保すべき責任についての定めがあるときは、その内容を記載した書面を交付または電磁的方法により提供しなければなりません。

したがって、買主が宅建業者の場合、この担保責任についての特約の制限の規定は適用されませんが、この担保責任に関する特約を定めた以上、37条書面にその内容を記載する必要があります。

問 39　解答 2　営業保証金、弁済業務保証金　難易度 B

ア　**誤**　【営業保証金の供託先】

▶ 営業保証金の供託先は、「主たる事務所」の最寄りの供託所。

営業保証金は、**主たる事務所の最寄りの供託所**に供託しなければなりません。

イ　**誤**　【弁済業務保証金から弁済を受けることができる者】

▶ 宅建業者は弁済業務保証金から弁済を受けることはできない。

保証協会の社員と宅建業に関し取引をした者が**宅建業者**である場合、その者は、弁済業務保証金から**弁済を受けることができません**。

本肢では、買主Aは、宅建業者なので、手付金について、弁済業務保証金から弁済を受けることはできません。

宅建業者と宅建業に関し取引をした者が宅建業者である場合、営業保証金から弁済を受けることもできないよ！

ウ　**正**　【保証協会の社員の地位を失った場合】

保証協会の社員の地位を失った場合で、その後も宅建業を営むときには、**社員の地位を失った日から1週間以内**に営業保証金を主たる事務所の最寄りの供託所に供託しなければなりません。

エ　**正**　【還付充当金の納付】

保証協会は、弁済業務保証金の還付があったときは、その還付に係る社員または社員であった者に対し、還付額に相当する額の還付充当金を保証協会に納付すべきことを通知しなければなりません。そして、その通知を受けた社員または社員であった者は、**その通知を受けた日から2週間以内**に、その通知された額の還付充当金を保証協会に納付しなければなりません。

なお、2週間以内に納付しないときは、社員の地位を失います。

以上より、正しいものはウとエの2つ。だから答えは「2」！

問40　解答3　37条書面　難易度A

1　**違反する**　【37条書面への代金の支払時期・引渡しの時期の記載】

▶ **代金の支払時期や引渡しの時期は37条書面の記載事項。**

売買の媒介において、**代金の支払時期**や**引渡しの時期**はいずれも**37条書面の記載事項**です。そして、重要事項説明書に記載して説明を行ったときであっても、37条書面に記載しなければなりません。

代金の支払時期や引渡しの時期は、重要事項の説明・記載事項ではないよ！

	35条書面	37条書面
代金等の額、支払時期、支払方法	×	●
宅地・建物の引渡時期	×	●

2　**違反する**　【37条書面への記名】

▶ 売主である宅建業者も宅建士に記名をさせる必要がある。

宅建業者を売主(B)とする売買の媒介を宅建業者(C)が行った場合、BとCは双方とも買主(D)に対して37条書面の交付・提供義務を負います。したがって、Cの宅建士の記名に加え、Bの宅建士の記名も必要です。

3　**違反しない**　【宅建士証の提示】

宅建士は、37条書面を交付・提供するさい、請求がない場合には、宅建士証を買主に提示する義務はありません。

重要事項説明をするときは、宅建士証の提示が必要!

4　**違反する**　【宅建業者が当事者である場合の37条書面の交付・提供】

▶ 宅建業者自ら当事者として契約締結→37条書面の交付・提供が必要。

宅建業者は、宅地・建物の売買に関し、自ら当事者(買主H)として契約を締結したときは、その相手方(売主I)に37条書面を交付・提供しなければなりません。

問 41　解答 2　重要事項の説明　難易度 A

1　**正**　【区分所有建物の管理が委託されているとき】

区分所有建物の場合、1棟の建物の管理およびその敷地の管理が委託されているときは、**受託者の氏名**(法人の場合は商号または名称)と**住所**(法人の場合は主たる事務所の所在地)を説明しなければなりません。

2　**誤**　【移転登記の申請の時期の定め】

▶ 移転登記の申請の時期→重要事項の説明事項ではない。

移転登記の申請の時期は、重要事項の説明事項とされていません。

	35条書面	37条書面
移転登記の申請の時期	×	● 貸借は不要

3　**正**　【住宅売買後も宅地内のガス配管設備等の所有権がプロパンガス販売業者にある場合】

ガスの供給のための施設の整備の状況は重要事項の説明事項です。そして、ガス配管設備等に関して、住宅の売買後においても宅地内のガスの配管設備等の所有権が家庭用プロパンガス販売業者にあるものとする場合には、**その旨**の説明をする必要があります。

4　**正**　【修繕積立金の内容およびすでに積み立てられている額】

区分所有建物の場合、1棟の建物の計画的な維持修繕のための費用の積立てを行う旨の規約の定めがあるときは、**その内容**および**すでに積み立てられている額**について説明しなければなりません。

問 42　解答 4　広告　難易度 A

ア　**正**　【将来の環境について著しく事実に相違する表示】

宅建業者は、その業務に関して広告をするときは、その広告に係る宅地の**将来の環境について著しく事実に相違する表示をしてはなりません**。

イ　**正**　【誇大広告等の禁止の対象となる表示項目】

誇大広告等の禁止の対象となる表示項目の中には、取引物件に係る**現在または将来の利用の制限**があります。そして、この制限には、**公法上の制限**(都市計画法等に基づく制限の設定または解除等)も**私法上の制限**(借地権等の有無およびその内容など)**もいずれも含まれます**。

ウ　**正**　【おとり広告の禁止】

顧客を集めるために売る意思のない条件の良い物件を広告し、実際は他の物件を販売しようとする、いわゆる「おとり広告」も禁止されます。そして、おとり広告は、**取引の相手方が実際に誤認したか否か、あるいは損害を受けたか否かにかかわらず**、監督処分の対象となります。

エ　**正**　【取引態様の明示義務】

広告をする際に取引態様の別を明示していても、注文を受けたときには、広告を行った時点と取引態様に変更がない場合でも、**再度、明示が必要**となります。

以上より、正しいものは全部。だから答えは「4」！

問43 解答1 専任媒介契約 難易度 B

ア 正 【業務の処理状況の報告義務・購入の申込があった場合の報告義務】

専任媒介契約を締結した宅建業者は、依頼者に対し、その専任媒介契約に係る業務の処理状況を**2週間に1回以上**(専属専任媒介契約の場合は、**1週間に1回以上**)報告しなければなりません。また、宅建業者は、その媒介契約の目的物である宅地・建物の売買・交換の**申込み**があったときは、**遅滞なく**、その旨を依頼者に**報告**しなければなりません。

イ 誤 【自動更新する旨の特約】

▶ **有効期間は3カ月以内。依頼者が宅建業者でも自動更新特約は不可。**

専任媒介契約の有効期間は**3カ月以内**で、依頼者からの申出があれば、更新をすることができますが、**事前に自動更新する旨の特約を定めることはできません**。また、依頼者が宅建業者であっても、事前に自動更新する旨の特約を定めることはできません。

ウ 誤 【指定流通機構への登録期間・登録を証する書面の引渡し】

▶ **「提示」ではなく、「引き渡さなければ」ならない。**

宅建業者は、専任媒介契約を締結したときは、専任媒介契約の締結の日から休業日を除いて**7日**(専属専任媒介契約の場合は**5日**)以内に、指定流通機構に登録しなければなりません。

そして、宅建業者は、指定流通機構に一定事項を登録したときは、指定流通機構が発行する登録を証する書面(宅建業法50条の6に規定する登録を証する書面)を、遅滞なく、依頼者に**引き渡さなければなりません**。なお、当該書面の引渡しに代えて、依頼者の承諾を得て、当該書面において証されるべき事項を電磁的方法により提供することもできます。

エ 誤 【報酬限度額制限の例外】

▶ **指定流通機構への情報登録に係る費用は限度額を超えて請求できない。**

宅建業者は、建物の売買の媒介に関し、報酬限度額を超えて報酬を受けることができないのが原則です。

ただし、**依頼者の依頼によって行う広告料金相当額**および**依頼者の特別の依頼によって支出を要する特別の費用相当額の金銭で、その負担について事前に依頼者の承諾があるもの**については、例外的にその限度を超えて報酬を受けることができます。

したがって、本肢の場合、BがAに特別に依頼した広告に係る費用については、報酬限度額を超えてその費用をBに請求できますが、指定流通機構への情報登録に係る費用については、例外に当たらず、報酬限度額を超えてその費用をBに請求できません。

以上より、正しいものはアの1つ。だから答えは「1」！

問44 解答4 免許 難易度A

1 **誤** 【吸収合併の場合の免許の承継】

▶ 存続会社が消滅会社の免許を承継することはできない。

免許を受けていた法人A社が、**免許を受けていない法人B社との合併**により消滅する場合でも、存続会社であるB社は、A社の免許を承継することはできません。

---

2 **誤** 【法人化する場合の免許の承継】

▶ 法人化して代表取締役に就任する場合、免許を承継できない。

個人である宅建業者がその事業を**法人化**するため、新たに株式会社を設立し、その代表取締役に就任する場合、その株式会社は免許を承継することはできません。

---

3 **誤** 【個人が死亡した場合の免許の失効】

▶ 免許は、免許を受けていた個人が死亡した時に失効する。

免許を受けていた個人が死亡した場合、その相続人は、死亡を知った日から30日以内に、その旨を免許権者に届け出なければなりませんが、**免許は、免許を受けていた個人が死亡した時に失効**します。

---

4 **正** 【宅建業者が解散した場合の届出】

宅建業者（法人）が合併および破産手続開始の決定以外の理由で解散した場合、清算人は、**解散の日から30日以内**に免許権者にその旨を届け出なければなりません。

問45 解答2 住宅瑕疵担保履行法 難易度A

1 **誤** 【供託所の所在地等の説明】

▶「住宅を引き渡すまでに」ではなく、「売買契約を締結するまでに」である。

新築住宅の売主である宅建業者は、**売買契約を締結するまでに**、買主に対して、住宅販売瑕疵担保保証金を供託している供託所の所在地等を、書面を交付して説明しなければなりません。また、原則として、書面を交付して説明しますが、買主の承諾を得た場合は、書面の交付に代えて、電磁的方法により提供することができます。

---

2 **正** 【新築住宅の合計戸数の算定】

住宅販売瑕疵担保保証金を供託する場合、新築住宅の床面積が**55㎡以下**であるときは、新築住宅の合計戸数の算定にあたって、**2戸をもって1戸**と数えることになります。

---

3 **誤** 【基準日に係る資力確保措置状況の届出】

▶基準日の翌日から50日を経過した日以後は売買契約を締結できない。

新築住宅を引き渡した宅建業者は、基準日(3月31日)ごとに、当該基準日に係る資力確保措置の状況について、基準日から3週間以内に免許権者に届け出なければなりません。この届出をしなかった場合には、原則として、当該基準日から「1月を経過した日以後」ではなく、「**基準日の翌日から50日を経過した日以後**」は、新たに自ら売主となる新築住宅の売買契約を締結することはできません。

---

4 **誤** 【保険金の支払いを受けることができる瑕疵】

▶住宅の給水設備またはガス設備の瑕疵による損害はダメ。

住宅販売瑕疵担保責任保険契約は、新築住宅の買主が新築住宅の**引渡しを受けたときから10年以上の期間**にわたって有効でなければなりません。

また、保険金の支払いを受けることができる瑕疵は、**住宅の構造耐力上主要な部分**または**雨水の浸入を防止する部分**として政令で定めるものの**瑕疵**(構造耐力または雨水の浸入に影響のないものを除く)です。したがって、住宅の給水設備またはガス設備の瑕疵によって生じた損害について保険金の支払を受けることはできません。

問 46 解答 3 住宅金融支援機構法 難易度 A

1 **正** 【団体信用生命保険業務】

機構は、団体信用生命保険業務を行っており、貸付けを受けた者が**死亡**した場合のみならず、**重度障害**になった場合においても、支払われる生命保険の保険金を当該貸付にかかる債務の弁済に充当することができます。

2 **正** 【高齢者向け返済特例制度】

機構は、直接融資業務として、高齢者が自ら居住する住宅に行うバリアフリー工事または耐震改修工事に係る貸付けについて、毎月の返済を利息のみとし、貸付金の償還を債務者が死亡したときに一括とする制度(高齢者向け返済特例制度)を実施しています。また、当該貸付金の貸付けのために設定された抵当権の効力の及ぶ範囲を超えて、弁済の請求をしないことができます。

3 **誤** 【住宅ローン金利】

▶ 必ず同一の利率になるとはいえない。

住宅ローン金利は、各民間金融機関が独自に決定するので、**金融機関によって異なる場合があります**。

4 **正** 【証券化支援事業(買取型)】

機構は、証券化支援事業(買取型)において、**住宅の購入に付随する改良に必要な資金の貸付債権**も譲受けの対象としています。

問 47 解答 4 景品表示法 難易度 B

1 **誤** 【不当表示】

▶ 間違った情報を広告すれば不当表示となる可能性がある。

宅建業者Aから入手した物件に関する情報を、宅建業者Bがそのままインターネットの不動産情報サイトに広告を行った場合でも、表示の内容を決定したのは宅建業者Bなので、不当表示となる可能性があります。

2 **誤** 【外観写真】

▶ 構造、階数、仕様は同じものでなければならない。

取引しようとする建物が建築工事の完了前である等その建物の写真を用いることができない事情がある場合においては、取引する建物を施工する者が過去に施工した建物であり、取引しようとする建物と構造、階数、仕様が同一であり、規模、形状、色等が類似する他の建物の外観写真ならば使用することができます。

3　**誤**　【徒歩による所要時間】

▶ 1分未満の端数が生じたときは「1分」として算出する。

徒歩による所要時間は、**道路距離80mにつき1分**として計算し、**1分未満の端数が生じたときは1分として算出**することとされています。

4　**正**　【広告の必要記載事項】

新築分譲マンションについて、専有面積は、パンフレット等の媒体を除いてインターネット広告や新聞、雑誌広告では、**最小面積および最大面積のみの表示**をすることができます。

問48　解答ー　統計

最新の統計データで学習してください。

問49　解答4　土地　難易度A

1　**適当**　【扇状地】

扇状地とは、山地から河川により運ばれてきた砂礫等が、扇状に堆積した地盤のことをいいます。

2　**適当**　【三角州】

三角州は、河川が押し流した土砂が河口付近に堆積してできた三角形の地形です。細かい砂や粘土が中心となっているため、地盤は弱く、地震のさいは液状化のおそれもあります。

3　**適当**　【台地】

台地は一般的に地盤が安定しており、水はけもよく、低地に比べて自然災害に対する安全度は高いといえます。

4　**不適当**　【埋立地】

▶ 埋立地は干拓地よりも安全である。

埋立地は、一般に海面に対して数mの比高を持つため、干拓地より水害に対して安全といえます。

問 50 解答 1 建物 難易度 A

1 **不適当** 【木材の強度】

▶ 木材は含水率が小さい(乾燥している)ほうが強度が大きい。

木材の強度は、含水率が小さい状態の方が高くなります。

---

2 **適当** 【鉄筋】

鉄筋は炭素含有量が多いほど、引張強度が増大します。

---

3 **適当** 【熱膨張率】

常温、常圧において、鉄筋と普通コンクリートの熱膨張率はほぼ一致します。

---

4 **適当** 【鉄筋コンクリート構造】

鉄筋コンクリート構造は、耐火性、耐久性が大きく、耐震性、耐風性にも優れた構造です。

No. 07

平成28年度(2016年度) 解答・解説

この年の合格基準点は35点でした

解答一覧

権利関係

問	1	2	3	4	5	6	7	8	9	10
解答	―	4	3	2	3	3	3	1	2	4

問	11	12	13	14
解答	1	2	2	1

法令上の制限

問	15	16	17	18	19	20	21	22
解答	3	1	4	1	4	1	4	3

税 その他

問	23	24	25
解答	2	3	2

宅建業法

問	26	27	28	29	30	31	32	33	34	35
解答	1	3	4	3	4	4	1	3	2	4

問	36	37	38	39	40	41	42	43	44	45
解答	4	2	1	2	1	3	4	2	2	3

その他

問	46	47	48	49	50
解答	2	4	―	3	1

日付 / あなたの得点 点

メモ(復習すべき問題など)

問1 解答ー 民法総合

法改正により削除

問2 解答4 制限行為能力者 難易度A

1 **誤** 【未成年者】

▶ 許可された営業に関しない未成年者の行為は取り消すことができる。

法定代理人から営業を許可された未成年者は、**その営業(古着の仕入販売)に関して、**法定代理人からの同意を得なくても、**行うことができます**。しかし、本肢の自己が居住するために建物を第三者から購入する行為は、その営業に関するものではないため、法定代理人は当該契約を取り消すことができます。

2 **誤** 【被保佐人】

▶ 不動産を売却する場合にも、贈与の申し出を拒絶する場合にも、同意が必要。

被保佐人が不動産を売却する行為も、贈与の申し出を拒絶する行為も、民法13条1項に規定される保佐人の同意が必要な行為に該当します。

3 **誤** 【成年被後見人】

▶ 本肢の場合は家庭裁判所の許可が必要。

成年後見人が、成年被後見人に代わってその居住の用に供する建物の売却をするさいには、後見監督人がいる場合でも家庭裁判所の許可が必要です。なお、後見監督人がいる場合は、後見監督人の同意も必要となります。

4 **正** 【行為能力の制限を受けた被補助人が詐術を用いた場合】

行為能力の制限を受けた被補助人が「補助人の同意を得た」と相手方に信じさせるために**詐術**を用いたときは、当該行為を取り消すことはできません。

問3 解答3 意思表示、物権変動 難易度A

1 誤

【物権変動と登記(二重譲渡)】

▶ Cは登記を備えていなければ、Bに所有権を主張できない。

Aは甲土地をBとCに二重に譲渡しています。

二重譲渡の場合、**先に登記をしたほう**が所有権を主張できます。したがって、Cは登記を備えていなければBに所有権があることを主張することはできません。

---

2 誤

【取消し前の第三者・詐欺】

▶ Dが詐欺の事実につき悪意または有過失の場合は、AはDに対し所有権を主張できる。

詐欺による意思表示の取消しは、取消し前の第三者(D)が善意無過失だった(Bの詐欺を過失なく知らなかった)場合は登記の有無にかかわらず対抗できませんが、第三者(D)が悪意(Bの詐欺を知っていた)または善意有過失(Bの詐欺を知らなかったことにつき過失があった)だった場合は対抗することができます。

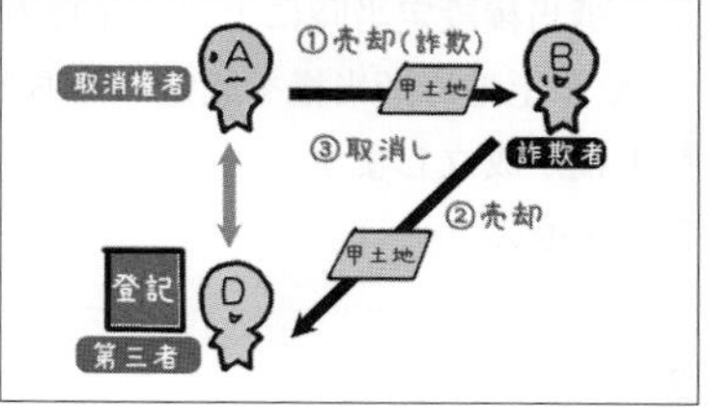

---

3 正

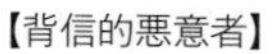
【背信的悪意者】

EはBに高値で売りつけて利益を得る目的で甲土地を買い受けており、いわゆる背信的悪意者にあたります。

背信的悪意者に対しては、所有権移転登記を備えていなくても所有権を主張することができます。したがって、背信的悪意者であるEは、登記を備えていてもBに対して所有権を主張することができません。

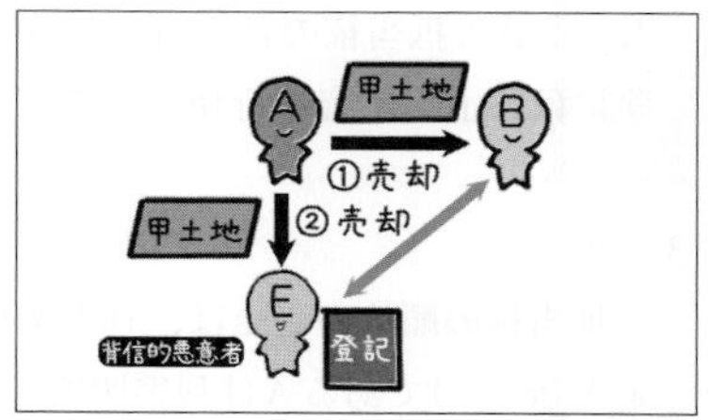

---

4 誤

【動機の錯誤】

▶ 錯誤を主張できるのは、原則、表意者本人(B)のみである。

動機の錯誤(表意者が法律行為の基礎とした事情についての認識が真実に反する錯誤)の場合には、その事情が法律行為の基礎とされていることが表示されていたなどの要件を満たすときには、表意者(B)は取消しを主張することができます。しかし、このときでも、相手方(A)は、取消しを主張することができません。

問4 解答2 抵当権 難易度 C

1 正 【法定地上権】

法定地上権は、次の要件をすべて満たしたときに成立します。

法定地上権の成立要件

❶ 抵当権設定当時、土地の上に建物が存在すること(登記の有無は問わない)
❷ 抵当権設定当時、土地の所有者と建物の所有者が同一であること
❸ 土地・建物の一方または双方に抵当権が設定されていること
❹ 抵当権の実行(競売)により、土地の所有者と建物の所有者が別々になること

抵当権設定当時に土地と建物の所有者が同一であれば、土地と建物を所有する者(A)が土地に抵当権を設定したあと、第三者(C)に建物を売り渡した場合にも法定地上権が成立します。したがって、競落人(D)は第三者(C)に明渡しを求めることはできません。

---

2 誤 【物上代位】

▶ Bは、甲土地上の「建物」に物上代位権を行使することはできない。

抵当権は、その目的物の売却、賃貸、滅失などによって債務者が受けるべき金銭等(売買代金、賃料、保険金請求権等)に対しても行使(物上代位)することができます。しかし、本肢の抵当権の目的物は、「甲土地」であり、甲土地上の建物に付された火災保険には物上代位権を行使することはできません。

---

3 正 【抵当権の順位の変更】

抵当権の順位の変更は、利害関係人の承諾を得なければなりませんが、抵当権設定者(債務者)であるAは利害関係人ではないので、各抵当権者(BとE)の合意によって順位を変更することができます。

---

4 正 【抵当権消滅請求】

甲土地の第三取得者(F)は、民法383条所定の書面を、登記をした債権者(B)に送付することにより抵当権消滅請求をすることができます。

この場合、第三取得者(F)は、抵当権の実行としての競売による差押えの効力が発生する前に抵当権消滅請求をしなければならないよ〜

問5 解答3 債権譲渡 難易度B

1 **法改正により削除**

---

2 **誤** 【債権譲渡の対抗要件】

▶ 債務者への対抗要件は通知「または」承諾

債権譲渡の債務者(B)に対する対抗要件としては、❶譲渡人(A)から債務者(B)への通知と❷債務者(B)による承諾とがあり、これらのいずれかがあれば、債務者(B)は譲受人(C)に対して債務の弁済を拒否することができません。

---

3 **正** 【契約時点ではまだ発生していない将来債権】

契約時点ではまだ発生していない将来債権でも、発生原因などで目的債権を特定することができれば、債権譲渡をすることができます。

---

4 **誤** 【債権の譲渡における相殺権】

▶ 通知前に債権を取得していれば相殺を主張することができる。

債権譲渡の通知がされた場合でも、債務者(B)がその通知を受けるまでに譲渡人(A)に対する債権を取得していれば、債務者(B)は譲受人(C)に対して相殺を主張することができます。

問6 解答3 買主の救済(担保責任等) 難易度A

1 **正** 【他人物売買】

本肢のBは、甲土地がCの所有物であることを知っていたので悪意です。売買の目的物の全部が他人(C)の物であり、売主(A)がその物の所有権を買主(B)に移転できなかった場合、買主(B)は善意・悪意にかかわらず、契約その他の債務の発生原因および取引上の社会通念に照らして債務者の責めに帰することができない事由によるときを除いて、売主(A)に対して、**損害賠償請求をすることができます**。

---

2 **正** 【他人物売買】

本肢のBは、甲土地がCの所有物であることを知っていたので悪意です。売買の目的物の全部が他人(C)の物であり、売主(A)がその物の所有権を買主(B)に移転できなかった場合、買主(B)は、善意・悪意にかかわらず、売主(A)に対して、**契約の解除をすることができます。**

3　**誤**　【抵当権の実行】

▶ 抵当権が設定されていることについて悪意でも損害賠償請求できる場合はある。

売買の目的物に契約の内容に適合しない抵当権の負担があり、その抵当権の実行によって買主が所有権を失った場合、買主は抵当権の設定について善意・悪意にかかわらず、契約その他の債務の発生原因および取引上の社会通念に照らして債務者の責めに帰することができない事由によるときを除いて、損害賠償請求をすることができます。

4　**正**　【担保責任】

売買の目的物に契約の内容に適合しない抵当権の負担があった場合、買主(B)は、抵当権の設定について善意・悪意にかかわらず、債務不履行による解除の要件を満たしたときは、契約を解除することができます。

問7　解答 3　賃貸借、不法行為　難易度 B

ア　**正**　【賃借物の一部滅失等による賃料の減額】

賃借物の一部が滅失等により使用収益をすることができなくなった場合において、それが賃借人(A)の責めに帰することができない事由によるものであるときは、その使用収益をすることができなくなった部分の割合に応じて、賃料が当然に減額されます。

イ　**正**　【賃借物の一部滅失等による契約の解除】

賃借物の一部が滅失等により使用収益をすることができなくなった場合において、残存する部分のみでは賃借人(A)が賃借した目的を達成することができないときは、賃借人(A)は契約の解除をすることができます。

ウ　**正**　【使用者の求償権】

使用者責任にもとづき、使用者(C)が被害者(B)に対して損害を賠償した場合、使用者(C)は被用者(D)に対して、信義則上、**相当と認められる範囲内**で求償することができます。

ちなみに、被用者が使用者の業務の執行について第三者に損害を加え、その損害を賠償した場合は、被用者は、諸般の事情に照らし、損害の公平の分担という見地から相当と認められる額について、使用者に求償することができるよ（逆求償）〜

以上より、正しいものはア、イ、ウの3つ。だから答えは「3」！

問8　解答1　転貸借　難易度A

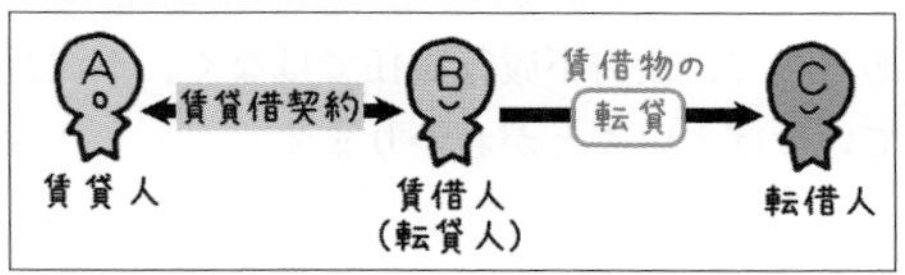

1　**誤**　【賃貸建物につき、適法に転貸借がされている場合の建物賃貸借契約の債務不履行解除】

▶ 債務不履行解除→事前に転借人(C)に賃料を支払う機会を与えなくてよい。

建物の賃貸人(A)が、賃借人(B)の賃料不払いを理由に賃貸借契約を解除する場合、賃貸人(A)は、賃借人(B)に対して催告をすれば足り、転借人(C)に対して、賃料支払いの催告をして甲建物の賃料を支払う機会を与える必要はありません。

2　**正**　【賃貸借の転貸】

賃借人(B)が適法に賃貸物を転貸したときは、転借人(C)は賃貸人(A)に対して直接に義務を負います。したがって、賃借人(B)が賃貸人(A)に賃料を支払わない場合には、賃貸人(A)は転借人(C)に対して**直接賃料を請求することができます**。この場合、**「賃借料」と「転借料」のうちいずれか低い金額が限度**(本肢では、賃借人(B)に対する限度内)となります。

3　**正**　【建物の賃貸借が終了した場合の転貸借(賃貸借契約の債務不履行解除)】

賃貸借契約が、賃借人(B)の**債務不履行**(賃料を支払わなかったなど)**により解除された場合**には、原則として、賃貸人が転借人に対して明渡しを請求した時に転貸借契約も終了します。したがって、賃貸人(A)は転借人(C)に対して**契約の解除を対抗することができます**(建物の明渡請求をすることができます)。

4　**正**　【建物の賃貸借が終了した場合の転貸借（賃貸借契約の合意解除）】

賃貸借契約が、賃貸人（A）と賃借人（B）の**合意によって解除された場合**には、（少なくとも）解除の当時、賃貸人が賃借人の債務不履行による解除権を有していたときを除いて、賃貸人（A）は転借人（C）に**契約の解除を対抗することができません**（建物の明渡請求をすることができません）。

問9　解答2　不法行為　難易度A

判決文では、「当該契約上の債務の不履行による賠償責任を負うことはないというべきである。（中略）上記のような場合の損害賠償請求権は不法行為により発生したものである」とあるので、債務不履行責任ではなく、不法行為に基づく損害賠償責任として検討していけばよいことがわかります。

1　**正**　【不法行為にもとづく損害賠償請求権の消滅時効】

不法行為にもとづく損害賠償請求権は、被害者またはその法定代理人が**損害および加害者を知った時から3年間**（人の生命または身体を害する不法行為によるものについては5年間）行使しないときは、時効によって消滅します。したがって、本肢は正しい記述です。

2　**誤**　【不法行為にもとづく損害賠償請求権の消滅時効】

▶ 不法行為の時から20年を経過した時に消滅する。

不法行為にもとづく損害賠償請求権は、肢1で述べた場合のほか**不法行為の時から20年**を経過したときにも時効によって消滅します。したがって、本肢は誤りです。

債権者が権利を行使することができることを知らない場合に10年で時効にかかるのは債務不履行責任によるものだよ〜!

3　**正**　【悪意による不法行為にもとづく損害賠償請求権を受働債権とする相殺】

買主＝被害者（損害賠償請求できる人）、売主＝加害者（損害賠償しなければならない人）の関係となります。悪意による不法行為によって生じた損害賠償請求権（他人から譲り受けたものを除く）について、**被害者（買主）から相殺を主張することはできますが、加害者（売主）から相殺（悪意による不法行為にもとづく損害賠償請求権を受働債権とする相殺）を主張することはできません**。したがって、本肢は正しい記述です。

4　正　【債務不履行責任の有無】

判決文には、「契約の一方当事者が、当該契約の締結に先立ち、信義則上の説明義務に違反して、当該契約を締結するか否かに関する判断に影響を及ぼすべき情報を相手方に提供しなかった場合…当該契約上の債務の不履行による賠償責任を負うことはない」とあります。したがって、本肢は正しい記述です。

問 10　解答 4　相続　難易度 B

1　正　【単純承認】

相続人が相続財産の全部または一部を処分した場合には、保存行為や短期賃貸借であるときを除いて、相続人は、単純承認をしたものとみなされますが、Bが甲建物を不法占拠するDに対し明渡しを求める行為は、**保存行為**なので（処分行為ではない）、単純承認をしたものとはみなされません。

2　正　【単純承認】

相続人が相続債権を取り立てて、これを収受領得する行為は、相続財産の一部を処分したといえますので、Cが、相続財産である未払賃料の支払いを求め、これを収受領得したときは、Cは、単純承認をしたものとみなされます。

3　正　【限定承認】

限定承認は**相続人全員**（B、C）で申し出なければなりません。

4　誤　【単純承認】

▶ 自己のために相続の開始があったことを「知った時から」起算する。

相続人が、単純承認、限定承認または相続放棄をしなければならない期間内に、限定承認または相続放棄をしなかったときは、相続人は、単純承認をしたものとみなされます。そして、その期間は、原則として、**相続人が、自己のために相続の開始があったことを知った時から3カ月**です。

問 11　解答 1　借地借家法（借地）　難易度 A

1　正　【借地上の建物の登記】

借地権の登記がなくても、**地上建物を所有する借地権者**（A）**は、自己を所有者とした登記**があれば、借地権を第三者（D）に対抗できます。しかし、子の名義（C）で登記をした場合には、その借地権を第三者(D)に対抗することはできません。

2　誤　【地番等が相違している場合の対抗力】

▶ 建物の同一性を認識できる程度の軽微な相違であれば、対抗力を有する。

借地権のある土地上の建物についてなされた登記が、錯誤または遺漏により、建物所在の地番の表示において実際と多少相違していても、建物の種類、構造、床面積等の記載と相まって、その登記の表示全体において、その**建物の同一性を認識できる程度の軽微な相違**である場合には、借地権者(A)は、その借地権を第三者(E)に対抗することができます。

3　誤　【定期借地権(存続期間)】

▶ 存続期間50年以上であることが必要。

存続期間を**50年以上**として一般定期借地権を設定する場合、公正証書等書面または電磁的記録によれば、**契約の更新**および建物の築造による**存続期間の延長がなく**、また、**建物買取請求をしないこと**とする旨を定めることができます。しかし、本肢の存続期間は30年なので、本肢のような特約を有効に規定することはできません。

4　誤　【建物買取請求権】

▶ 債務不履行を理由に解除された場合には、建物買取請求権を行使できない。

借地権者(A)は、賃貸人(B)に対して、借地権の存続期間が満了した場合において、契約の更新がないときは、建物買取請求権を行使することができますが、**賃料不払い等の債務不履行を理由に解除された場合には、建物買取請求権を行使することはできません**。したがって、本肢の賃貸人(B)は建物を時価で買い取る必要はありません。

問 12　解答 2　借地借家法(借家)　難易度 B

1　正　【更新】

期間の定めがある場合の賃貸借契約について、期間満了の**1年前から6カ月前**までの間に、相手方に対し、更新しない旨の通知をしなかったときは、従前の契約と同一の条件で契約を更新したものとみなされますが、期間については定めがないものとなります。

2　**誤**　　【建物賃貸借契約の更新拒絶の要件】

▶ 一定額以上の財産上の給付をする旨の申出のみでは判断されない。

建物の賃貸人による建物の賃貸借の解約の申入れがされた場合、正当事由の判断は、❶建物の賃貸人および賃借人（転借人を含む。以下同じ）が建物の使用を必要とする事情を主たる事情として、❷建物の賃貸借に関する従前の経過、❸建物の利用状況、❹建物の現況、**❺建物の賃貸人が建物の明渡しの条件として、または建物の明渡しと引換えに建物の賃借人に対して財産上の給付をする旨の申出をした場合におけるその申出**を総合考慮します。

財産上の給付をする旨の申出をしただけで正当事由があるとみなされるものではありません。

3　**正**　　【造作買取請求権】

建物の賃貸人（B）の同意を得て建物に付加した畳、建具その他の造作がある場合には、建物の転借人（C）は、建物の賃貸借が期間の満了または解約の申入れによって終了するときに、建物の賃貸人（B）に対し、その造作を時価で買い取ることを請求することができます。

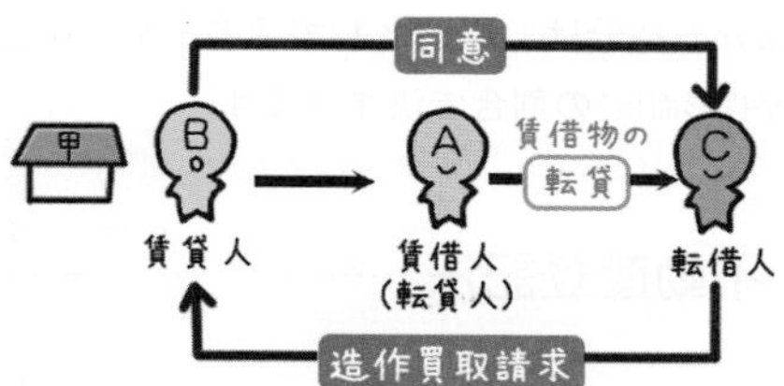

4　**正**　　【定期建物賃貸借】

定期建物賃貸借（借地借家法）において、期間が1年以上である場合には、建物の賃貸人（B）は、期間の満了の**1年前から6カ月前**までの間（通知期間）に建物の賃借人（A）に対し、期間の満了により建物の賃貸借が終了する旨の通知をしなければ、その終了を建物の賃借人に対抗することができません。

建物の賃貸人が通知期間の経過後、建物の賃借人に対しその旨の通知をした場合、その通知の日から6カ月経過後は、その終了を建物の賃借人に対抗できるよ〜

No. 07　35点　平成28年度

問 13 解答 2 区分所有法 難易度 A

1 **誤** 【事務に関する報告】

▶「毎年2回」ではなく、「毎年1回」である。

管理者は、集会において、**毎年1回**一定の時期に、その事務に関する報告をしなければなりません。

---

2 **正** 【管理所有】

管理者は、規約に特別の定めがあるときは、共用部分を所有することができます。

---

3 **誤** 【管理者】

▶ 管理者は、区分所有者でなくてもよい。

管理者は、自然人であるか、法人であるかを問いませんし、区分所有者でなくてもかまいません。

---

4 **誤** 【共用部分の持分の割合】

▶「共有者数の等分」ではなく、「専有部分の床面積の割合」である。

各共有者の共用部分の持分は、原則として**専有部分の床面積**(壁その他の区画の内側線で囲まれた部分の水平投影面積)**の割合**で決まります。

問 14 解答 1 不動産登記法 難易度 A

1 **誤** 【不動産の表示に関する登記】

▶「所有権の保存の登記」ではなく、「表題登記」である。

新築した建物または表題登記がない建物(区分建物以外)の所有権を取得した場合、その所有権の取得の日から**1カ月以内**に、**表題登記**を申請しなければなりません。

---

2 **正** 【登記することができる権利】

登記することができる権利には、所有権、地上権、永小作権、地役権、先取特権、質権、**抵当権**、**賃借権**、配偶者居住権、採石権があります。

---

3 **正** 【建物の滅失の登記の申請】

建物が滅失したときは、表題部所有者または所有権の登記名義人(共用部分である旨の登記または団地共用部分である旨の登記がある建物の場合にあっては、所有者)は、その滅失の日から**1カ月以内**に、当該建物の**滅失の登記**を申請しなければなりません。

4 **正** 【所有権の保存の登記】

区分建物の表題部所有者から所有権を取得した者は、所有権の保存の登記を申請することができます。

問 15 解答 3 国土利用計画法 難易度 A

1 **誤** 【事後届出の手続】

▶「3週間以内」ではなく、「2週間以内」である。

市街化区域内の場合、**2,000㎡以上**の土地について、土地売買等の契約を締結したときには事後届出が必要となります。この場合、契約の締結日から2**週間以内**に、事後届出を行わなければなりません。

2 **誤** 【監視区域の手続】

▶ 監視区域→「事後届出」ではなく、「事前届出」。

監視区域においては、「事後届出」ではなく、「**事前届出**」をしなければなりません。

3 **正** 【買い集める場合】

都市計画区域外については、**10,000㎡以上**の土地について、土地売買等の契約を締結したとき、届出が必要となります。なお、複数の土地を一団の土地として買い集めた場合は、買主が買い集めた土地の面積の合計で判断します。本肢の場合、甲土地6,000㎡と乙土地5,000㎡で、合計が11,000㎡となるため、事後届出が必要となります。

4 **誤** 【一団の土地を1カ月後に購入する場合の手続】

▶ 各土地の購入のつど、事後届出が必要。

市街化区域内の場合、**2,000㎡以上**の土地について、土地売買等の契約を締結したときには、契約の締結日から2**週間以内**に、事後届出を行わなければなりません。したがって、各土地の購入のつど、事後届出を行わなければなりません。

問 16 解答 1 都市計画法 難易度 C

1 **正** 【市街地開発事業等予定区域の制限】

市街地開発事業等予定区域に係る市街地開発事業または都市施設に関する都市計

画には、施行予定者をも定めなければなりません。

---

2 **誤** 【準都市計画区域に定めることができる地域地区】

▶ 準都市計画区域には準防火地域を定めることはできない。

準都市計画区域には、用途地域、特別用途地区、特定用途制限地域、高度地区、景観地区、風致地区、緑地保全地域、伝統的建造物群保存地区の8つを定めることができます(準防火地域を定めることはできません)。

---

3 **誤** 【高度利用地区】

▶ 本肢は、高度地区の説明である。

高度利用地区は、用途地域内の市街地における土地の合理的かつ健全な高度利用と都市機能の更新を図るため、以下を定める地区をいいます。

❶ 容積率の最高限度、最低限度
❷ 建蔽率の最高限度
❸ 建築面積の最低限度
❹ 壁面の位置の制限

---

4 **誤** 【地区計画】

▶ 区域の面積、建蔽率および容積率の最高限度は「定めなければならない」ではない。

地区計画等については、都市計画に、地区計画等の種類、名称、位置、区域を定めるものとするとともに、区域の面積を定めるよう努めるものとします。また、地区計画については、都市計画に地区整備計画を定めなければなりません。そして、地区整備計画には、**容積率の最高限度または最低限度、建蔽率の最高限度を定めることが「できます」**。

問 17 解答 4 都市計画法 難易度 B

1 **誤** 【開発行為の廃止】

▶「許可」ではなく、「届出」である。

開発許可を受けた者は、当該工事を廃止したときは、遅滞なく、都道府県知事に届け出なければなりません。

---

2 **誤** 【開発許可】

▶「国土交通大臣の許可」ではなく、「都道府県知事の許可」である。

開発行為を行おうとする場合は、(二以上の都府県にまたがる場合であっても)**都道府県知事の許可**を受けなければなりません。

3　**誤**　【地位の承継】

▶ **特定承継人の場合には、都道府県知事の承認が必要。**

開発許可を受けた者から開発区域内の土地の所有権を取得した者が一般承継人である場合には、都道府県知事の承認なしに、開発許可にもとづく地位を承継することができますが、特定承継人である場合には、開発許可にもとづく地位を承継するためには**都道府県知事の承認**が必要です。

4　**正**　【開発許可をする場合の制限】

都道府県知事は、用途地域の定められていない土地の区域における開発行為について開発許可をする場合において必要があると認めるときは、当該開発区域内の土地について、下記の制限を定めることができます。

❶ 建蔽率
❷ 建築物の高さ
❸ 壁面の位置
❹ その他(建築物の敷地・構造・設備に関する制限)

問 18　解答 1　建築基準法　難易度 A

1　**正**　【防火地域にある建築物で外壁が耐火構造であるもの】

防火地域または準防火地域内にある建築物で、外壁が耐火構造のものについては、その外壁を隣地境界線に接して設けることができます。

2　**誤**　【単体規定・昇降設備】

▶ **非常用の昇降機が必要なのは、高さが31m超の建築物。**

高さが**31m**を超える建築物には、非常用の昇降機を設けなければなりませんが、本肢の建築物の高さは30mなので、非常用の昇降機を設ける必要はありません。

3　**誤**　【準防火地域内の制限】

▶ **準防火地域内＆延べ面積が1,500㎡超→準耐火建築物ではダメ。**

準防火地域内においては、延べ面積が**1,500㎡**を超える建築物は耐火建築物(またはこれと同等以上の延焼防止性能が確保された建築物)としなければなりません。

4　誤　【単体規定・防火壁等】

▶ 耐火建築物の場合には、1,000㎡以下に区画する必要はない。

延べ面積が**1,000㎡超**の建築物は、防火上、有効な構造の防火壁または防火床によって有効に区画し、各区画の床面積の合計をそれぞれ**1,000㎡以内**にしなければなりません。ただし、**耐火建築物または準耐火建築物については、この規定は適用されません。**

問 19　解答 4　建築基準法　難易度 B

1　正　【用途制限】

飲食店は第一種低層住居専用地域内においては建築することができませんが、特定行政庁の許可があれば建築することができます。

2　正　【前面道路の幅員による容積率制限】

前面道路の幅員による容積率制限は、前面道路の幅員が12m未満である場合に適用されます。

3　正　【建蔽率の適用除外】

公園、広場、道路、川などの内にある建築物で、特定行政庁が安全上、防火上、衛生上支障がないと認めて許可したものについては、建蔽率の制限は適用されません。

4　誤　【外壁の後退距離の限度】

▶ 外壁の後退距離の限度は第一種住居地域内には適用されない。

本肢は、第一種低層住居専用地域等（第一種低層住居専用地域、第二種低層住居専用地域、田園住居地域）内の制限の内容です。第一種住居地域内においては適用されません。

問 20　解答 1　盛土規制法　難易度 B

1　誤　【造成宅地防災区域】

▶ 盛土の高さが5m未満であっても、造成宅地防災区域に指定される場合がある。

都道府県知事は、宅地造成等工事規制区域外で、宅地造成または特定盛土等（宅地において行うものに限る）に伴う災害で、相当数の居住者等に危害を生ずるものの発生のおそれが大きい一団の造成宅地（これに附帯する道路その他の土地を含む）の区域であって、一定の基準に該当するものを造成宅地防災区域として指定することができます。

この基準には、次のものがあります。

次のいずれかに該当する一団の造成宅地の区域（盛土をした土地の区域に限る）であって、安定計算によって、地震力およびその盛土の自重による当該盛土の滑り出す力がその滑り面に対する最大摩擦抵抗力その他の抵抗力を上回ることが確かめられたもの

❶ 盛土をした土地の面積が3,000㎡以上であり、かつ、盛土をしたことにより、当該盛土をした土地の地下水位が盛土をする前の地盤面の高さを超え、盛土の内部に浸入しているもの

❷ 盛土をする前の地盤面が水平面に対し20度以上の角度をなし、かつ、盛土の高さが5m以上であるもの

したがって、❷に該当しない場合でも、❶に該当した場合には、造成宅地防災区域として指定することができます。

2　**正**　【資格を有する者の設計によらなければならない措置】

盛土または切土をする土地の面積が**1,500㎡超**の土地における**排水施設の設置**については、一定の資格を有する者が設計したものでなければなりませんが、本肢の盛土または切土をする土地の面積は600㎡なので、排水施設について一定の資格を有する者によって設計されたものである必要はありません。

3　**正**　【工事等の届出】

宅地造成等工事規制区域内で、高さが2mを超える擁壁を除却する工事を行おうとする場合、その工事に着手する日の**14日前**までに**都道府県知事に届け出**なければなりません。

4　**正**　【工事等の届出】

宅地造成等工事規制区域内で、公共施設用地を宅地または農地等に転用した者は、転用した日から**14日以内**に**都道府県知事に届け出**なければなりません。

問21　解答4　土地区画整理法　難易度A

1　**正**　【仮換地の指定】

施行者は換地処分を行う前において、必要がある場合には、施行地区内の宅地について仮換地を指定することができます。

2　**正**　【仮換地が指定された場合の効果】

仮換地が指定された場合、従前の宅地について権原にもとづき使用し、または収益することができる者は、仮換地の指定の効力発生の日から換地処分の公告がある日まで、仮換地について、使用・収益することができます。

3　**正**　【仮換地について使用収益を開始できる日の定め】

施行者は、仮換地を指定した場合、特別の事情があるときは、仮換地について使用・収益を開始することができる日を仮換地の指定の効力発生日と別に定めることができます。

4　**誤**　【建築行為等の制限】

▶ 都道府県知事等の許可が必要。

土地区画整理組合の設立の認可の公告があった日後、換地処分の公告がある日までは、施行地区内において、以下の行為を行おうとする者は、「土地区画整理組合」ではなく、「**都道府県知事**(一定の場合には市長)」の**許可**が必要です。

❶ **土地の形質の変更**※
❷ 建築物その他の工作物の新築・改築・増築※
❸ 重量が5トンを超える物件の設置・堆積
※ 事業の施行の障害となるおそれがあるもの

問22　解答3　農地法　難易度A

1　**誤**　【3条許可】

▶ 相続人に該当しない者への特定遺贈は3条許可が必要。

相続、遺産分割等によって権利が設定・移転される場合には、3条許可は不要ですが、相続人に該当しない者に対する特定遺贈(相続財産のうち特定の財産を示して譲渡すること)の場合には3条許可が必要です。

2　**誤**　【農地所有適格法人の要件を満たしていない株式会社の農地の借入れ】

▶ 耕作目的で農地を「借り入れる」ことはできる。

農地所有適格法人の要件を満たしていない株式会社は、原則として農地の「所有」は認められませんが、耕作目的で農地を「借り入れる」ことはできます。

3　正　【許可がない場合の効力】

3条許可、5条許可を受けずに売買契約をした場合、その効力は生じません。

4　誤　【市街化区域内の特例】

▶ 4条許可の特例は「市街化調整区域内」ではなく「市街化区域内」。

休耕地(遊休化している農地)も農地法上の農地となります。そして、**市街化区域内**にある農地を、転用する場合には、あらかじめ**農業委員会**に届け出れば4条許可は不要となりますが、市街化調整区域内にある農地についてはこの特例は適用されません。

問23　解答2　印紙税　難易度A

1　誤　【過怠税】

▶ 過怠税は納付しなかった印紙税の額とその2倍に相当する額である。

印紙税が納付されていない場合(自己申告した場合を除く)は、納付しなかった印紙税の額とその**2倍**に相当する額(つまり印紙税の3**倍**)が過怠税として徴収されます。なお、作成者が自己申告した場合の過怠税は、納付しなかった印紙税額とその10%の合計額となります。

2　正　【記載金額】

交換契約書の場合で対象物の双方の金額が記載されているときには、いずれか**高いほう**(本肢では3,500万円)が記載金額となります。

3　誤　【記載金額】

▶ 贈与契約書→記載金額のない契約書→200円の印紙税。

贈与契約書の場合は、「記載金額のない契約書」として**200円**の印紙税が課されます。

4　誤　【非課税】

▶「3万円」ではなく、「5万円」未満の場合、非課税となる。

売上代金にかかる金銭の受取書(領収書)については、記載された金額が「3万円」ではなく、「**5万円**」未満の場合、**非課税**となります。したがって、本肢の49,500円の場合には、印紙税は課されません。

問24 解答3 不動産取得税 難易度A

1 誤 【不動産の取得とみなされるもの】

▶「3年」ではなく、「6カ月(または1年)」である。

新築家屋の場合、最初の使用または譲渡が行われた日に家屋の取得があったものとみなされます。この場合、家屋が新築された日から**6カ月**を経過しても最初の使用または譲渡が行われないときは、**6カ月**を経過した日に家屋の取得があったものとみなされます。

宅建業者が売り渡す新築された住宅については「6カ月」ではなく「1年」に延長される!

2 誤 【非課税】

▶ 法人の合併→非課税。

相続、法人の合併等によって不動産を取得した場合には、不動産取得税は課税されません。

3 正 【課税標準の特例】

床面積が**50㎡**(一戸建以外の賃貸住宅の場合は40㎡)**以上240㎡以下**の場合には、課税標準の特例が適用され、新築住宅の価格から**1,200万円**が控除されます。

4 誤 【税率】

▶ 土地は、住宅用でも住宅用以外でも「3%」。

不動産取得税の税率は、**土地・住宅の場合は3%、住宅以外の建物の場合は4%**です。

問25 解答2 不動産鑑定評価基準 難易度C

1 誤 【不動産の鑑定評価によって求める価格】

▶ 限定価格、特定価格→市場性を有する不動産の場合の価格。

限定価格、特定価格は市場性を有する不動産の場合の価格です。なお、市場性を有しない不動産については特殊価格を求めます。

2 正 【同一需給圏とは】

同一需給圏とは、一般に対象不動産と代替関係が成立して、その価格の形成について相互に影響を及ぼすような関係にある他の不動産の存する圏域をいいますが、不動産の種類、性格および規模に応じた需要者の選好性によって、その地域的範囲は狭められる場合もあれば、広域的に形成される場合もあります。

3 誤 【取引事例】

▶ 特殊な事例が存在していても、適切に補正できる場合にはOK。

投機的取引であると認められる事例等、適正さを欠くものであってはなりませんが、特殊な事例が存在していても、適切に補正できる場合には用いることができます。

4 誤 【収益還元法】

▶ 本肢のようなときには、収益還元法が「活用されるべき」。

収益還元法は、市場における不動産の取引価格の上昇が著しいときは、取引価格と収益価格との乖離が増大するものであるので、先走りがちな取引価格に対する有力な験証手段として活用されるべきものとされています。

問26 解答 1 監督処分 難易度 A

1 正 【監督処分(宅建業者)】

宅建業法第35条に規定する重要事項の説明を行わなかった場合には、免許権者より業務停止を命じられることがあります。

2 誤 【監督処分(宅建業者)】

▶ 乙県知事も業務停止処分を命ずることができる。

業務停止処分は、免許権者(甲県知事)のほか、宅建業者が処分の対象となる行為を行った都道府県の知事(乙県知事)も行うことができます。

3 誤 【監督処分(宅建業者)】

▶「1年を超える期間」ではなく、「1年以内の期間」が正しい。

宅建業者が指示処分に違反した場合、免許権者(甲県知事)は、宅建業者に対して1**年以内**の期間を定めて、その業務の全部または一部の停止を命ずることができます(業務停止処分)。

4 誤 【監督処分(宅建業者)】

▶「自ら貸借」→宅建業に該当しない→業務停止を命じられることはない。

「自ら貸借」は、宅建業に該当しません。そのため、重要事項の説明を行わなくても宅建業法違反とはならず、業務停止を命じられることはありません。

問 27　解答 3　媒介契約　難易度 A

1　**誤**　【媒介契約書面】

▶ 一般媒介契約でも、標準媒介契約約款にもとづくものであるか否かの記載が必要。

一般媒介契約においても、標準媒介契約約款にもとづくものであるか否かの別を媒介契約書面に記載しなければなりません。

2　**誤**　【指定流通機構】

▶ 売買契約が成立したときは、遅滞なく、指定流通機構に通知しなければならない。

宅建業者は登録した宅地・建物の売買や交換の契約が成立したときは、遅滞なく、その旨を指定流通機構に通知しなければなりません。

3　**正**　【媒介契約書面】

媒介契約書面には、宅建業者の記名押印が必要ですが、宅建士の記名押印は不要です。

4　**誤**　【媒介契約書面】

▶ 一般媒介契約、専任媒介契約のいずれでも、売買すべき価額の記載は必要。

媒介契約書面には、売買すべき価額を記載しなければなりません。

問 28　解答 4　手付金等の保全措置　難易度 A

ア　**違反する**　【手付金等の保全措置】

未完成物件の場合、手付金等の額が代金の**5%以下**(4,000万円×5%=200万円以下)かつ**1,000万円以下**の場合には保全措置は不要です。本肢では、手付金200万円と中間金200万円を合計すると、400万円(200万円超)となるので、中間金を受領する前に**400万円の保全措置**を講じていなければなりません。

イ　**違反しない**　【手付金等の保全措置】

完成物件の場合、手付金等の額が代金の**10%以下**(4,000万円×10%=400万円以下)かつ**1,000万円以下**の場合には保全措置は不要です。本肢では、受領した手付金が400万円(400万円以下)なので、**保全措置**は不要です。

ウ　**違反する**　【手付金の性質】

宅建業者が自ら売主として、宅建業者ではない人と売買契約を締結し、手付金を受領したときは、どの種類の手付であっても解約手付とされます。そして、解約手付が交付された場合、相手方が履行に着手するまでは、**買主は手付を放棄**することによって、**売主は手付の倍額を現実に提供**することによって、契約を解除することができます。

本肢では、売主Aから契約を解除するため、AはBに1,000万円(500万円×2)を現実に提供しなければ、契約を解除することができません。

エ　**違反する**　【損害賠償の予定額】

損害賠償の予定額または違約金を定める場合には、その合算額が代金の20%を超えてはいけません。本肢の場合、販売代金が4,000万円なので、損害賠償の予定額と違約金の合計額が800万円(4,000万円×20%)を超える特約を定めることはできません。

以上より、違反するものの組み合わせは「ア」「ウ」「エ」。だから答えは「4」だね!

問29　解答3　標識、帳簿、業務上の規則　難易度A

ア　**違反する**　【標識の掲示】

標識は、申込み・契約をしない案内所等にも掲示する必要があります。

イ　**違反する**　【手付貸与等の禁止】

契約の成立に至らなかったとしても、手付の貸付けによる契約締結の勧誘は禁止されています。

ウ　**違反しない**　【帳簿の閲覧】

従業者名簿には閲覧制度がありますが、帳簿には閲覧制度がありません。したがって、取引関係者から帳簿の閲覧を請求され、閲覧に供しなかった場合でも宅建業法違反とはなりません。

エ　**違反する**　【割賦販売の解除の制約】

宅建業者が自ら売主となる割賦販売の契約において、買主が賦払金の履行をしない場合には、❶**30日以上**の期間を定めて、❷その支払いを書面で催告し、その期間内に支払いがないときでなければ、契約の解除や残りの賦払金の支払い請求をすることはできません。

以上より、違反するものの組み合わせはア、イ、エ。だから答えは「3」だね！

問30 解答4 重要事項の説明(35条書面)、契約書(37条書面) 難易度A

1 誤 【重要事項の説明と契約書(37条書面)】

▶ 借賃の額、その支払の時期および方法→重要事項の必要的説明事項ではない。

借賃の額ならびにその支払の時期および方法は、37条書面の記載事項ですが、重要事項の必要的説明事項ではありません。

2 誤 【宅建士証の提示】

▶ 相手方から求められていない場合でも、宅建士証の提示が必要。

宅建業法第35条に規定する重要事項の説明をするさいには、相手方から求められていない場合でも、宅建士証を提示しなければなりません。

3 誤 【契約書(37条書面)】

▶ 相手方の承諾があれば、37条書面の記載事項を電磁的方法により提供できる。

37条書面は書面によって交付しなければなりません。ただし、当該書面の交付に代えて、政令で定めるところにより、依頼者の承諾を得て、37条書面に記載されるべき事項を電磁的方法であって国土交通省令で定めるものにより提供することができます。

4 正 【契約書(37条書面)の記名と交付】

37条書面には、宅建士の記名が必要ですが、交付は宅建士ではない従業者が行うことができます。

問31 解答4 保証協会 難易度A

1 誤 【保証協会への加入】

▶ いずれか1つの保証協会の社員にしかなれない。

保証協会に加入することは任意ですが、一の保証協会の社員となった場合には、他の保証協会の社員となることはできません。

2　**誤**　【弁済業務保証金分担金の納付】

▶「1カ月以内」ではなく、「2週間以内」である。

保証協会の社員である宅建業者が、新たに事務所を設置した場合は、その設置した日から「1カ月以内」ではなく、「**2週間以内**」に追加の弁済業務保証金分担金を納付しなければなりません。

3　**誤**　【還付充当金の納付】

▶「主たる事務所の最寄りの供託所」ではなく、「保証協会」に納付する。

保証協会から還付充当金の納付の通知を受けた場合は、その通知を受けた日から**2週間以内**に、その通知された額の還付充当金を「主たる事務所の最寄りの供託所」ではなく、「**保証協会**」に納付しなければなりません。

4　**正**　【弁済業務保証金の還付】

弁済業務保証金の還付額の限度は、その宅建業者が保証協会の社員でなかった場合に、その者が供託しているはずの営業保証金の額です。本肢の宅建業者は150万円の分担金を納付しているので、本店と支店3カ所があることになります。

支店の数：(150万円－60万円〈本店の分担金〉)÷30万円〈支店1カ所の分担金〉＝3カ所

したがって、弁済業務保証金の還付額の限度は以下のようになります。

還付額の限度：1,000万円〈本店分〉＋500万円×3カ所〈支店分〉＝2,500万円

問32　解答1　広告に関する規制　難易度A

1　**違反しない**　【広告の開始時期の制限】

宅建業者は、未完成物件について、必要な**許可や確認を受けたあと**であれば、工事完了前でも広告をすることができます。

2　**違反する**　【広告の開始時期の制限】

宅建業者は、未完成物件について、必要な**許可や確認を受けたあと**でなければ、契約も広告もできません。

3　**違反する**　【取引態様の明示義務】

宅建業者は、宅建業に関する広告をするさいに取引態様の別を明示しなければなりません。取引態様の別を明示せず広告した場合、広告を見た者からの問い合わせがあったかどうか、契約が成立したかどうかにかかわらず、宅建業法違反となります。

4　**違反する**　【業務停止期間中の広告】

業務(全部)停止期間中に、販売に関する広告を行うことはできません。

問33　解答3　報酬の制限　難易度B

ア　**誤**　【報酬の限度】

▶ 国土交通大臣の定める報酬限度額を超える報酬を受け取ることはできない。

宅建業者が宅地・建物の売買等の媒介について受け取ることができる報酬の額は、国土交通大臣の定めるところにより、これが定める上限を超えて報酬を受け取ることはできません。

イ　**誤**　【依頼がない場合の広告の料金】

▶ 依頼がない場合の広告の料金は報酬とは別に受け取ることができない。

依頼者から依頼されて行った広告の料金については、報酬とは別に受け取ることができますが、依頼がない場合には受け取ることはできません。

ウ　**誤**　【貸借の媒介における報酬限度額】

▶ 居住用の建物→権利金の額を代金の額とみなして算定することはできない。

居住用**以外**の建物の貸借の媒介を行う場合で、権利金の授受があるときは、「1カ月分の借賃(税込み)」と「権利金の額を売買代金の額とみなして算出した金額」のいずれか**高い方**の額を報酬額の上限とすることができますが、居住用の建物の貸借の媒介を行う場合には「権利金の額を売買に係る代金の額とみなして算定すること」はできません。

以上より、誤っているものはアとイとウの3つ！　だから答えは「3」！

問34 解答2 その他の業務上の規制 難易度A

1 **正** 【重要な事実の不告知等】

宅建業者は、契約の締結の勧誘をするさい、取引の関係者の資力または信用に関する事項であって、宅建業者の相手方等の判断に重要な影響を及ぼすことになるものについて、故意に事実を告げず、または不実のことを告げる行為をしてはいけません。

2 **誤** 【断定的判断の提供の禁止】

▶ 断定的判断の提供は、故意かどうかにかかわらず、禁止されている。

契約の締結の勧誘をするさい、当該宅地・建物の将来の環境または交通の利便について、誤解されるべき断定的判断の提供をすることは、故意かどうかにかかわらず、禁止されています。

3 **正** 【手付放棄による契約の解除】

所有権の移転登記を行い、引渡しも済んでいる場合、売主である宅建業者(A)は、履行に着手しているため、そのことを理由に契約の解除を拒むことができます。

4 **正** 【手付貸与等の禁止】

宅建業者が手付を貸し付けたり、手付の後払い・分割払いを認めることによって契約の締結を誘引することは禁止されています。

問35 解答4 宅建業の免許 難易度A

1 **誤** 【免許の有効期間が満了した場合】

▶ 有効期間満了による免許の失効の場合には、免許証を返納する必要はない。

宅建業者の免許が失効した場合、基本的には失効した免許証は遅滞なく免許権者に返納しなければなりませんが、免許の有効期間が満了したことによって免許が失効した場合には、免許証を返納する必要はありません。

2 **誤** 【業務停止期間中の免許の更新】

▶ 業務停止期間中でも免許の更新はできる。

業務停止期間中でも免許の更新を行うことができます。

3　誤　【廃業等の届出】

▶ 届出義務者は「法人を代表する役員」ではなく、「破産管財人」である。

法人について破産手続開始の決定があった場合、その日から**30日以内**に「法人を代表する役員」ではなく、「**破産管財人**」は免許権者にその旨を届け出る必要があります。

4　正　【免許が失効した場合】

宅建業者の免許が失効した場合でも、宅建業者であった者またはその一般承継人は、宅建業者が締結した契約に基づく取引を結了する目的の範囲内においては、なお宅建業者とみなされます。

問36　解答4　重要事項の説明（35条書面）　難易度B

ア　正　【重要事項の説明】

区分所有権の目的である建物の売買の媒介を行う場合、当該建物を所有するための一棟の建物の敷地に関する権利の種類および内容について、説明しなければなりません。敷地に関する権利の種類および内容が定期借地権のときは、当該定期借地権が登記されたものかどうかにかかわらず、当該定期借地権の内容について説明しなければなりません。

イ　正　【重要事項の説明】

宅地の貸借の媒介を行う場合、当該宅地が流通業務市街地の整備に関する法律4条に規定する流通業務地区にあるときは、同法5条1項の規定による制限の概要について説明しなければなりません。

ウ　正　【重要事項の説明】

建物の売買の媒介を行う場合、当該建物の売買代金の額、支払の時期・方法について説明する義務はありませんが、売買代金以外に授受される金銭があるときは、当該金銭の額、授受の目的について説明しなければなりません。

エ　正　【重要事項の説明】

未完成建物の場合、工事の完了時における形状や構造等を説明する必要があります。

以上より、正しいものはア、イ、ウ、エの4つ。だから答えは「4」！

問 37 解答 2 監督処分、免許 難易度 B

ア 誤 【監督処分（宅建業者）】

▶ 本肢の場合、「業務停止処分」ではなく、「免許取消処分」となる。

免許換えが必要であるにもかかわらず、免許換えの申請を怠り、新たに免許を受けていないことが判明した場合には、**免許取消処分**を受けます。

イ 正 【免許の有効期間が満了したとき】

免許の有効期間が満了したときでも、宅建業者は、当該契約に基づく取引を結了する目的の範囲内においては、なお宅建業者として当該取引に係る業務を行うことができます。

ウ 正 【免許】

免許の申請前5年以内に宅建業に関し、不正または著しく不当な行為をした場合には、免許の欠格要件に該当するため、その行為について刑に処せられていなかったとしても、免許を受けることはできません。

エ 誤 【免許】

▶ 現時点では甲県知事免許業者→甲県知事免許業者として35条・37条書面の交付ができる。

本肢は、もともと有効な免許（甲県知事免許）があって、今回、支店の増設によって免許換えの申請をしているという話なので、現時点では甲県知事免許業者として、35条書面および37条書面の交付をすることができます。

以上より、正しいものはイとウの2つ。だから答えは「2」！

問 38 解答 1 宅地建物取引士 難易度 B

ア 誤 【登録の移転】

▶ 新しい宅建士証の有効期限は移転前の有効期限を引き継ぐ。

登録の移転後の新しい宅建士証の有効期限は移転前の有効期限を引き継ぎます。

イ　**誤**　【宅建士証、従業者証明書の提示】

▶ 取引関係者から請求があった場合には従業者証明書も提示が必要。

宅建士証も従業者証明書も、取引関係者から請求があった場合には提示しなければなりません。また、代表取締役である宅建士にも従業者証明書の携帯義務があります。

ウ　**誤**　【死亡等の届出】

▶ 被後見人であることはただちには欠格事由に該当しない。また、「30日以内」である。

宅建士が、心身の故障により宅建士の事務を適正に行うことができない者として国土交通省令で定めるものに該当することとなった場合(欠格事由)、本人またはその法定代理人もしくは同居の親族は、その日から「**30日以内**」に、その旨を、登録をしている都道府県知事に届け出なければなりません。そして、成年被後見人であることが、ただちにこの欠格事由に該当するわけではありません。

エ　**正**　【宅建士資格登録簿、宅建業者名簿】

宅建士資格登録簿は、一般の閲覧に供されませんが、宅建業者名簿は一般の閲覧に供されます。なお、専任の宅建士の氏名は、宅建業者名簿の登載事項です。

以上より、正しいものはエの1つ。だから答えは「1」！

問 39　解答 2　35条書面と契約書(37条書面)　難易度 A

1　**誤**　【35条書面と契約書(37条書面)】

▶ ペットの飼育禁止→37条書面の記載事項ではない。

ペットの飼育が禁止されている場合は、35条書面にその旨を記載し、内容を説明しなければなりませんが、37条書面の記載事項ではありません。

2　**正**　【35条書面と契約書(37条書面)】

契約の解除について定めがある場合、35条書面にその旨を記載し、内容を説明する必要があります。また、37条書面に記載する必要もあります。

3　**誤**　【契約書(37条書面)】

▶ 貸主と借主の承諾を得ていても37条書面に記載しなければならない。

借賃の額ならびにその支払時期および支払方法は、37条書面の必要的記載事項なので、貸主および借主の承諾を得たとしても、記載しなければなりません。

4 誤 【契約書(37条書面)】

▶ **定めがないときには37条書面に記載する必要はない。**

天災その他不可抗力による損害の負担に関する定めがあるときは、その内容を37条書面に記載する必要がありますが、定めがなかったときには37条書面に記載する必要はありません。

問40 解答1 営業保証金 難易度A

1 正 【営業保証金の供託】

有価証券のみまたは金銭と有価証券の両方で営業保証金を供託している場合は、遅滞なく、移転後の主たる事務所の最寄りの供託所に、新たに営業保証金を供託しなければなりません。

2 誤 【営業保証金の追加供託】

▶ **免許権者への届出は、不足額を供託した日から「2週間以内」である。**

宅建業者は、営業保証金が還付され、免許権者から不足額を供託すべき旨の通知書の送付を受けたときには、その通知書の受領日から**2週間以内**にその不足額を供託する必要があります。そして、供託をした日から**2週間以内**に供託した旨を、**免許権者に届け出**なければなりません。

3 誤 【営業保証金の還付】

▶ **本店での営業保証金の額1,000万円に限定されるわけではない。**

還付額は、その宅建業者が供託した営業保証金の範囲内となります。

4 誤 【営業保証金の取戻し】

▶ **有価証券による供託＆最寄りの供託所の変更→公告不要で取り戻せる。**

有価証券のみまたは金銭と有価証券による供託をしている場合で、本店の移転により、最寄りの供託所を変更した場合には、公告することなく、ただちに営業保証金を取り戻すことができます。

問 41　解答 3　業務上の規制　難易度 A

1　**誤**　【媒介契約書、代理契約書】

▶ 代理契約書面も交付・提供が必要である。

宅建業者は、宅地・建物の売買または交換の媒介契約を締結したときは、媒介契約の内容を記載した書面(媒介契約書面)を依頼者に交付または電磁的方法により提供しなければなりません。また、代理契約を締結したときは、代理契約の内容を記載した書面(代理契約書面)を依頼者に交付または電磁的方法により提供しなければなりません。

2　**誤**　【契約書(37条書面)】

▶ 37条書面は内容を説明する必要はない。

37条書面の交付・提供義務はありますが、宅建士によってその内容を説明する必要はありません。

3　**正**　【8種制限(他人物売買)】

宅建業者が自ら売主となる他人物売買は原則として認められていませんが、買主も宅建業者の場合には、他人物売買は認められています。

4　**誤**　【指定流通機構への登録】

▶ 契約日から休業日数を「除いて」5日以内である。

専属専任媒介契約の指定流通機構への登録は、契約日から**休業日数を除いて5日**以内です。

問 42　解答 4　契約書(37条書面)　難易度 A

1　**誤**　【契約書(37条書面)】

▶ 引渡しの時期→37条書面の記載事項。

引渡しの時期は37条書面に記載しなければなりません。

2　**誤**　【契約書(37条書面)】

▶ 37条書面には、消費税相当額についても記載する。

37条書面には、代金の額を記載しなければなりません。また、消費税等相当額についても記載しなければなりません。

3　誤　【契約書(37条書面)】

▶ 売主である宅建業者(A)も宅建士に記名をさせる必要がある。

売主が宅建業者(A)である売買の媒介を宅建業者(D)が行った場合、AとDは双方とも買主に対して37条書面の交付・提供義務を負います。したがって、Aも宅建士に記名をさせる必要があります。

4　正　【契約書(37条書面)】

宅建業者(A)が貸主(F)を代理して、借主(G)との間で建物の賃貸借契約を締結したときは、その相手方(G)と代理の依頼者(F)に37条書面を交付・提供しなければなりません。

問43　解答2　8種制限(手付金等の保全措置)　難易度A

未完成物件の場合、手付金等の額が代金の**5%超**(3,000万円×5%=150万円超)または**1,000万円超**の場合には保全措置が必要です。

ア　正　【手付金等の保全措置】

手付金等の保全措置が必要にもかかわらず、保全措置を講じていない場合には、買主は、手付金の支払いを拒否することができます。

イ　誤　【手付金等の保全措置】

▶ Cは「自ら売主」ではない→8種制限は適用されない。

「手付金等の保全措置」は8種制限の1つです。8種制限は、宅建業者が自ら売主となる場合に適用されます。本肢において宅建業者Cは「自ら売主」ではないので、8種制限は適用されません。

ウ　正　【手付金等の保全措置】

手付金150万円(150万円以下)の受領時には保全措置は不要ですが、その後、中間金350万円を受領すると合計500万円(150万円超)となるので、保全措置が必要です。この場合、すでに受領した手付金と中間金の合計額500万円について保全措置を講じることになります。

エ　誤　【手付金等の保全措置】

▶ 売買契約時には未完成物件→未完成物件として判断する。

完成物件と未完成物件の区別は、**売買契約時**において判断します。本問では売買契約時においては未完成物件であるため、手付金等(手付金や中間金など)の額が代金の**5%超**(3,000万円×5%=150万円超)または**1,000万円超**の場合には保全措置が必要です。本肢では中間金150万円を受領すると合計300万円(150万円超)となるので、保全措置が必要です。

以上より、正しいものはアとウの2つ。だから答えは「2」!

問44 解答2 8種制限(クーリング・オフ制度) 難易度B

1 **正** 【クーリング・オフを告げるときに交付する書面】

宅建業者が、クーリング・オフの規定により申込みの撤回等を行うことができる旨およびその申込みの撤回等を行う場合の方法について書面で告げるときは、売主である宅建業者の商号または名称、住所、免許証番号を記載し、買受けの申込みをした者または買主の氏名(法人の場合は商号または名称)および住所が記載されていなければなりません。

2 **誤** 【クーリング・オフを告げるときに交付する書面】

▶「宅地・建物の引渡しを受け」かつ「代金の全部を支払った場合」である。

クーリング・オフを告げられた日から起算して8日を経過する日までの間は、**宅地または建物の引渡しを受け、かつ、その代金の全部を支払った場合を除き**、書面により買受けの申込みの撤回または売買契約の解除を行うことができることが記載されていなければなりません。

本肢の「代金の全部を支払った場合を除き」だけでは不十分だよ〜

3 **正** 【クーリング・オフを告げるときに交付する書面】

クーリング・オフによる買受けの申込みの撤回または売買契約の解除は、買受けの申込みの撤回または売買契約の解除を行う旨を記載した書面を**発した時**に、効力を生ずることが記載されていなければなりません。

4 **正** 【クーリング・オフを告げるときに交付する書面】

クーリング・オフによる買受けの申込みの撤回または売買契約の解除があった場

合、宅建業者は、それにともなう損害賠償または違約金の支払いを請求できないこと、また、その買受けの申込みまたは売買契約の締結にさいし、手付金その他の金銭が支払われているときは、宅建業者は、遅滞なく、その全額を返還することが記載されていなければなりません。

問 45 解答 3 住宅瑕疵担保履行法 難易度 A

1 誤 【住宅販売瑕疵担保保証金を供託する場合】

▶「100㎡以下」ではなく、「55㎡以下」のとき、2戸を1戸として数える。

住宅販売瑕疵担保保証金を供託する場合、当該住宅の床面積が「100㎡以下」ではなく、「**55㎡以下**」であるときは、新築住宅の合計戸数の算定にあたって、2戸をもって1戸と数えることになります。

---

2 誤 【資力確保措置の状況に関する届出等】

▶「引き渡した日から3週間以内」ではなく、「基準日から3週間以内」である。

新築住宅を引き渡した宅建業者は、**基準日**(毎年3月31日)**ごと**に、保証金(住宅販売瑕疵担保保証金)の供託および保険契約(住宅販売瑕疵担保責任保険契約)の締結の状況について免許権者に届け出なければなりません。なお、届出をする期間は、**基準日から3週間以内**です。

---

3 正 【供託所の所在地等の説明】

新築住宅の売主である宅建業者は、**売買契約を締結するまで**に、買主に対して、住宅販売瑕疵担保保証金を供託している供託所の所在地等を、書面を交付して説明しなければなりません。また、原則として、書面を交付して説明しますが、買主の承諾を得た場合は、書面の交付に代えて、電磁的方法により提供することができます。

---

4 誤 【住宅販売瑕疵担保責任保険契約の要件】

▶ 10年以内→契約の解除はできない。転売特約によって所定の手続きを行う。

住宅販売瑕疵担保責任保険契約は、買主が新築住宅の引渡しを受けた時から**10年以上**の期間、有効でなければならず、国土交通大臣の承認を受けた場合を除いて、変更または解除することはできません。なお、保険期間中に住宅取得者の変更があった場合には、転売特約によって、所定の手続きを行います。

問 46 解答 2 住宅金融支援機構法 難易度 B

1 **正** 【機構の業務】

機構は、子どもを育成する家庭または高齢者の家庭に適した良好な居住性能および居住環境を有する賃貸住宅の建設または改良に必要な資金の貸付けを業務として行っています。

2 **誤** 【機構の業務】

▶「賃貸住宅」の建設・購入に係る貸付債権は譲受けの対象としていない。

機構は、証券化支援事業(買取型)において、債務者または債務者の親族が居住する住宅の建設または購入に必要な資金の貸付債権について譲受けの対象としていますが、賃貸住宅の建設または購入に必要な資金の貸付けに係る金融機関の貸付債権については譲受けの対象としていません。

3 **正** 【機構の業務】

機構は、証券化支援事業(買取型)において、バリアフリー性、省エネルギー性、耐震性、耐久性・可変性に優れた住宅を取得する場合に、貸付金の利率を一定期間引き下げる制度を実施しています(フラット35S)。

4 **正** 【機構の業務】

機構は、マンション管理組合や区分所有者に対するマンション共用部分の改良に必要な資金の貸付けを業務として行っています。

問 47 解答 4 景品表示法 難易度 A

1 **誤** 【不当表示】

▶ 表示内容に変更があったときは、速やかに修正等が必要→不当表示の可能性あり。

事業者は、継続して物件に関する広告その他の表示をする場合において、当該広告その他の表示の内容に変更があったときは、速やかに修正し、またはその表示を取りやめなければなりません。したがって、本肢のように「消費者からの問合わせに対し、すでに契約済みであり取引できない旨」を説明していたとしても、不当表示に問われる可能性があります。

2 **誤** 【特定事項の明示義務】

▶ 宅地の造成、建物の建築ができない旨を明示しなければならない。

市街化調整区域(一定のものを除く)に所在する土地については、原則として新聞折込チラシ等およびパンフレット等の場合には「市街化調整区域。宅地の造成および建物の建築はできません。」と16ポイント以上の文字で明示しなければなりません。

3　**誤**　【公共施設】

▶ 物件からの道路距離または徒歩所要時間を明示しなければならない。

学校、病院、官公署、公園その他の公共・公益施設は、一定の場合を除き、物件からの道路距離または徒歩所要時間を明示しなければなりません。

4　**正**　【交通の利便性】

近くに新駅の設置が予定されている分譲住宅の販売広告を行うにあたり、当該路線の運行主体が公表したものに限り、広告の中に新駅設置の予定時期を明示して表示することができます。

問48　解答ー　統計

最新の統計データで学習してください。

問49　解答3　土地　難易度A

1　**適当**　【豪雨による深層崩壊】

豪雨による深層崩壊は、山体岩盤の深い所に亀裂が生じ、巨大な岩塊が滑落し、山間の集落などに甚大な被害を及ぼします。

2　**適当**　【まさ土】

花崗岩が風化してできた「まさ土」は、水を通しやすく、集中豪雨が続くと表層部分が剥がれる土石流災害発生の危険性が高くなります。近年発生した土石流災害によりその危険性が再認識されました。

3　**不適当**　【土石流や土砂崩壊による堆積でできた地形】

▶ 本肢の地形は危険性が「高く」、住宅地として好適であるとはいえない。

山麓や火山麓の地形の中で、土石流や土砂崩壊による堆積でできた地形は危険性が高く、住宅地として好適であるといえません。

4　**適当**　【丘陵地や台地の縁辺部の崖崩れ】

丘陵地や台地の縁辺部の崖崩れについては、山腹で傾斜角が25度を超えると急激に崩壊地が増加するといえます。

問 50　解答 1　建物　難易度 A

1　**不適当**　【鉄骨造】

▶ 鉄骨造→自重:小さい、靭性:大きい。

鉄骨造は、自重が小さく、靭性が大きいことから、大空間の建築や高層建築に使用されています。

2　**適当**　【鉄筋コンクリート造】

鉄筋コンクリート造においては、骨組の形式はラーメン式の構造が一般に用いられています。

3　**適当**　【鉄骨鉄筋コンクリート造】

鉄骨鉄筋コンクリート造は、鉄筋コンクリート造にさらに強度と靭性を高めた構造です。

4　**適当**　【ブロック造の耐震構造】

ブロック造を耐震的な構造にするためには、鉄筋コンクリートの布基礎(壁の下に基礎を配置するもの)によって壁体の底部を固め、また臥梁(がりょう)(各階の壁体頂部を一体的に固める梁のこと)によって壁体の頂部を固める必要があります。

No. 08

令和3年度（2021年度）12月試験

解答・解説

この年の合格基準点は34点でした

解答一覧

権利関係

問	1	2	3	4	5	6	7	8	9	10
解答	4	3	2	4	3	1	4	2	3	1

問	11	12	13	14
解答	3	2	2	2

法令上の制限

問	15	16	17	18	19	20	21	22
解答	4	3	3	2	1	1	4	1

税 その他

問	23	24	25
解答	2	1	2

宅建業法

問	26	27	28	29	30	31	32	33	34	35
解答	3	4	1	3	3	2	1	2	1	4

問	36	37	38	39	40	41	42	43	44	45
解答	4	2	3	3	2	1	3	1	3	4

その他

問	46	47	48	49	50
解答	1	4	ー	2	4

日付 ／　あなたの得点　点

メモ（復習すべき問題など）

問1 解答4 自力救済 難易度A

自力救済とは、判決文上の「私力の行使」と同義で、裁判等の司法手続きによらずに、実力をもって権利の回復を果たすことをいいます。民法には自力救済の禁止を直接的に規定している条文はありませんが、例外的なケースでなければ、不法行為による損害賠償責任を負うことがあります。

1 **誤** 【自力救済の原則禁止】

▶ 必要な範囲内であっても、事情のいかんにかかわらず許されるわけではない。

判決文では「私力の行使は、…緊急やむを得ない特別の事情が存する場合においてのみ」例外的に許されるとしていますので、本肢の「事情のいかんにかかわらず許される」というのは誤りです。

---

2 **誤** 【自力救済の原則禁止】

▶ 同意がなければ、原則として裁判を行わずに残置物を撤去できない。

判決文のような特別の事情が存する場合を除き、自力救済は禁止されているので、賃借人の同意がない場合、原則として裁判を行わずに残置物を建物内から撤去することはできません。

---

3 **誤** 【自力救済の原則禁止】

▶ 原則として裁判を行わずに本肢のようなことはできない。

前記のとおり、自力救済は原則として禁止されているので、賃借人の同意なく建物の鍵とシリンダーを交換して建物内に入れないようにすることはできません。

---

4 **正** 【自力救済の原則禁止】

本肢は判決文に記載されているとおりの記述です。

問2 解答3 相隣関係 難易度D

1 **正** 【境界標の設置】

土地の所有者は、隣地の所有者と共同の費用で、境界標を設けることができます。

---

2 **正** 【境界標等の共有の推定】

境界線上に設けた境界標、囲障、障壁などは、相隣者の共有に属するものと推定されます。

3　**誤**　【排水のための低地の通水】

▶ 高地の所有者は、一定の場合に低地に水を通過させることができる。

高地の所有者は、その高地が浸水した場合にこれを乾かすためなど一定の場合には、公の水流または下水道に至るまで、低地に水を通過させることができます。なお、この場合には、低地のために損害が最も少ない場所および方法を選ばなければなりません。

4　**正**　【雨水を隣地に注ぐ工作物の設置の禁止】

土地の所有者は、直接に雨水を隣地に注ぐ構造の屋根その他の工作物を設けてはならず、これに反して工作物を設置した場合、隣地所有者は、その所有権にもとづいて妨害排除または予防の請求をすることができます。

問3　解答2　成年被後見人　難易度 B

成年後見人は、成年被後見人に代わって、その**居住の用に供する建物またはその敷地について、売却、賃貸、賃貸借の解除または抵当権の設定その他これらに準ずる処分**をするには、**家庭裁判所の許可**を得なければなりません。したがって、成年被後見人が所有する成年被後見人の居住の用に供する建物への第三者の抵当権の設定を行う場合(肢2)には、成年後見人は、家庭裁判所の許可を得なければ、成年被後見人を代理して行うことができません。

問4　解答4　売買　難易度 A

1　**誤**　【解約手付】

▶ 相手方が履行に着手したあとは、手付による解除は認められない。

買主が売主に手付を交付したときは、買主はその手付を放棄し、売主はその倍額を現実に提供して、契約の解除をすることができます。ただし、相手方が契約の履行に着手したあとは、手付による解除は認められません。したがって、売主Aが目的物を引き渡したか否かにかかわらず、相手方である買主Bがすでに履行に着手していれば、Aからは手付による解除は認められません。

2　**誤**　【買戻しの期間】

▶ 買戻しの期間を定めなくても特約自体は無効にならない。

買戻しの特約とは、不動産の売主が、買主が支払った代金(別段の合意があればその金額)および契約の費用を返還して、売買の解除をすることができる旨を当該売買契約と同時にする特約のことをいいます。そして、買戻しの期間は10年を超えることができません(これより長い期間を定めても10年となります)が、期間を定めないこともできます。

買戻しについて期間を定めなかったときは、5年以内に買戻しをしなければならない!

---

3 **誤** 【他人物売買】

▶ 売主は解除することができず、損害賠償責任を負う場合がある。

他人の権利(権利の一部が他人に属する場合におけるその権利の一部を含む)を売買の目的としたときは、売主は、その権利を取得して買主に移転する義務を負います。したがって、売主Aから売買契約を解除することはできず、債務不履行の規定によって損害賠償責任を負うことがあります。なお、他人物売買において売主が善意である場合、売主に解除権を認める旨の規定は、民法改正によって削除されています。

---

4 **正** 【期間の制限】

本肢の売主Aは、売買の目的物の品質が契約の内容に適合しないものであることについて悪意です。目的物の種類または品質に関する担保責任は、買主が不適合を知った時から1年以内にその旨を売主に通知しなければ行使することができないとされていますが、**売主が悪意・重過失の場合には適用されません**。したがって、当該不適合に関する請求権が消滅時効にかかっていない限り、BはAの担保責任を追及することができます。

問5 解答3 代理 難易度A

1 **誤** 【代理権の濫用】

▶ Bが追認しない限り、AC間の法律行為の効果はBに帰属しない。

代理人(A)が自己または第三者の利益を図る目的で代理権の範囲内の行為をした場合において、相手方(C)がその目的を知り、または知ることができたときは、その行為は、代理権を有しない者がした行為(無権代理)とみなされます。したがって、本肢では、Bが無権代理行為の追認をしない限り、AC間の法律行為の効果はBに帰属しません。

2　誤　【代理権授与の表示による表見代理】

▶ CはAに代理権がないことにつき悪意なので、Bは責任を負わない。

第三者(C)に対して他人(A)に代理権を与えた旨を表示した者(B)は、その代理権の範囲内においてその他人が第三者との間でした行為について責任を負います。ただし、第三者が、その他人が代理権を与えられていないことを知り、または過失によって知らなかったときには責任を負いません。したがって、本肢では、CがAに代理権がないことを知っていた(悪意)ので、Bはその責任を負いません。

3　正　【無権代理】

代理権を有しない者(A)が他人の代理人としてした契約は、本人(B)がその追認をしなければ、本人に対してその効力を生じません。

4　誤　【代理権消滅後の表見代理】

▶ Cが代理権消滅の事実を過失によって知らなければ、Bは責任を負わない。

他人(A)に代理権を与えた者(B)は、代理権の消滅後にその代理権の範囲内においてその他人が第三者(C)との間でした行為について、代理権の消滅の事実を知らなかった第三者に対してその責任を負いますが、第三者が過失によってその事実を知らなかったときには責任を負いません。したがって、本肢では、Aの代理権消滅の事実を知らないことについてCに過失があった場合には、Bはその責任を負いません。

問6　解答1　物権変動　難易度B

1　誤　【物権変動と登記】

▶ AとDは、前主・後主の関係であって対抗関係にあるわけではない。

本肢の不動産の所有権は、A→B→C→Dと移転しています。つまり、AとDは、当該不動産について**前主・後主の関係**にあり、所有権を争う対抗関係にあるわけではありません。したがって、Dは登記がなくとも、Aに対して当該不動産の所有権を対抗することができます。

2　正　【賃貸人たる地位の移転と登記】

借地借家法による借地権の対抗要件を備えた場合に、借地権の目的となっている土地が譲渡されたときは、土地の賃貸人たる地位(借地権設定者)は、譲受人に移転します。ただし、賃貸人たる地位の移転は、賃貸物である土地について**所有権の移転**

の登記をしなければ、賃借人に対抗することができません。したがって、本肢は正しい記述です。

3　正　【取得時効と登記】

本肢では、取得時効の完成前に、所有権移転登記が行われています。つまり、本肢の所有権登記名義人は**時効完成前の第三者**ということになります。時効完成前の第三者に対しては、登記を備えていなくても所有権を主張することができるため、本肢は正しい記述となります。

4　正　【法定相続分と登記】

相続による権利の承継は、法定相続分を超える部分については、登記などの対抗要件を備えなければ、第三者に対抗することができません。つまり、自己の法定相続分については、登記なくして第三者に対抗することができます。

問7　解答4　遺言　難易度D

1　正　【自筆証書遺言】

自筆証書遺言は、遺言者が、**その全文、日付、氏名を自書**し、**押印**しなければなりませんが、自筆証書遺言に添付する相続財産の目録については、毎葉に署名・押印すれば自筆によることを要しません。

2　正　【証人の欠格事由】

❶未成年者、❷推定相続人・受遺者およびこれらの配偶者・直系血族、❸公証人の配偶者、四親等内の親族、書記および使用人は、遺言の証人となることができません。したがって、推定相続人は、未成年者でなくても遺言の証人となることができません。

3　正　【船舶遭難者の遺言】

船舶が遭難した場合において、当該船舶中にあって死亡の危急に迫った者は、証人2人以上の立会いをもって口頭で遺言をすることができます。

これは特別の方式による遺言だね～
他にも、死亡の危急に迫った者の遺言や伝染病隔離者の遺言などがあるよ。

4　**誤**　【受遺者に対する催告】

▶ 遺贈を「放棄」ではなく、「承認」したものとみなされる。

遺贈義務者(遺贈の履行をする義務を負う者)その他の利害関係人は、受遺者に対し、相当の期間を定めて、その期間内に遺贈の承認または放棄をすべき旨の催告をすることができます。この場合において、受遺者がその期間内に遺贈義務者に対してその意思を表示しないときは、遺贈を承認したものとみなされます。

問 8　解答 2　契約の成立　難易度 B

1　**誤**　【申込者の死亡】

▶ 承諾通知発信前にBがAの死亡を知ったときは、申込みは効力を失う。

申込者(A)が申込みの通知を発した後に死亡した場合において、その相手方(B)が承諾の通知を発するまでにその事実が生じたことを知ったときは、その申込みは効力を有しません。

2　**正**　【申込者の死亡】

申込者(A)が申込みの通知を発した後に死亡した場合において、申込者がその事実(死亡)が生じたとすればその申込みは効力を有しない旨の意思を表示していたときは、たとえBがAの死亡を知らないとしてもその申込みは効力を有しません。

3　**誤**　【申込みの撤回】

▶ 承諾の通知を受けるのに相当な期間を経過するまでは撤回できない。

承諾の期間を定めないでした申込みは、その申込みが対話者に対するものではない場合、申込者が承諾の通知を受けるのに相当な期間を経過するまでは、申込者が撤回をする権利を留保したときを除き、撤回することができません。したがって、本件申込みには承諾をなすべき期間および撤回をする権利についての記載がないため、Aの相続人は、承諾の通知を受けるのに相当な期間を経過するまでは、撤回することができません。

4　**誤**　【意思表示の効力発生時期】

▶ 承諾の意思表示を「発信した時点」ではなく、「到達した時点」である。

意思表示は、その通知が相手方に到達した時からその効力が発生する(到達主義)ので、Bの承諾の意思表示がAの相続人に**到達した時点**で甲土地の売買契約が成立します。

問9　解答3　売買と賃貸借　難易度A

1　正　【解除の効果】

①…契約が解除されたときは、各当事者は原状回復義務を負い、金銭以外の物を返還するときは、その受領の時以後に生じた果実をも返還しなければなりません。したがって、Bは甲建物を使用収益した利益をAに償還する必要があります。

②…賃貸借を解除した場合には、将来に向かってのみ解除の効力が生じるので、Aは解除までの賃料をBに返還する必要はありません。

条文上はともに「解除」だけど、賃貸借のように将来に向かってのみ解除の効力が生じるものは「解約」というよ！

2　正　【使用収益】

①…所有者は、法令の制限内において、自由にその所有物の使用、収益および処分をする権利を有するので、BはAの承諾を得ずに(そもそも誰の承諾もなく、自由に)Cに甲建物を賃貸することができます。

②…賃借人は、賃貸人の承諾を得なければ、その賃借権を譲り渡し、または賃借物を転貸することができませんので、BはAの承諾を得なければ甲建物をCに転貸することができません。

3　誤　【不法占有者と登記】

▶①、②ともに、登記なくして不法占有者であるDに対抗することができる。

①②…不法占有者は民法第177条にいう「第三者」に該当しないため、Bは登記がなくても所有権または賃借権をDに対抗することができます。

4　正　【目的物の滅失】

①…引渡し前に当事者双方の責めに帰することができない事由によって債務(建物の引渡債務)を履行することができなくなったときは、債権者は、反対給付の履行を拒むことができます。したがって、BはAに対する売買代金の支払いを拒むことができます。

②…賃借物の全部が滅失その他の事由によって使用および収益をすることができなくなった場合には、賃貸借は、これによって終了しますので、AB間の賃貸借契約は解除をすることなく、当然に終了します。

問10 解答1 抵当権 難易度B

1　**正**　【抵当権の効力が及ぶ範囲】

抵当権は、その担保する債権について不履行があったときは、その後に生じた抵当不動産の果実に及びます。したがって、AのBに対する借入金の返済が債務不履行となった場合は、AがCに対して有する賃料債権(法定果実)を差し押さえることができます。

2　**誤**　【建物賃貸借の対抗力】

▶ **Cの賃借権は甲建物の競売による買受人に対抗することができる。**

本肢の賃借権は、Cが甲建物の引渡しを受けており、借地借家法上の対抗力を備えた建物賃借権となります。そして、抵当権設定登記より前に引渡しを受けていたことから、本件抵当権にも対抗することができます。これは、AC間の賃貸借契約が期間の定めがなかった場合でも異なりません。

3　**誤**　【抵当建物使用者の引渡しの猶予】

▶ **抵当建物使用者の引渡猶予期間は、買受けの時から6カ月を経過するまで。**

抵当権者に対抗することができない賃貸借(抵当権設定登記後に締結された賃貸借)により抵当権の目的である建物を競売手続の開始前から使用する者は、その建物の競売における買受人の買受けの時から6カ月を経過するまでは、その建物を買受人に引き渡すことを要しません。つまり、賃貸借契約の期間満了までの期間が1年であったとしても、買受の時から6カ月経過後には引き渡さなければなりません。

4　**誤**　【建物賃貸借の対抗力】

▶ **Cは競売による買受人に甲建物を引き渡す必要はない。**

本肢の賃借権は、Cが甲建物の引渡しを受けており、借地借家法上の対抗力を備えた建物賃借権となります。そして、抵当権設定登記より前に引渡しを受けていたことから、本件抵当権にも対抗することができます。したがって、買受人に甲建物を引き渡す必要はありません(1年経過後も引き渡す必要はありません)。

問11 解答3 借地借家法(借地) 難易度C

1　**誤**　【借地権の更新後の期間】

▶ **(法定の期間を超えていれば) 30年以下に定めることができる。**

当事者が借地契約を更新する場合、その期間は、最初の更新は**20年**、2回目以降の更新は**10年**となります。なお、当事者がこれより長い期間を定めたときは、その期間とされますので、(法定の期間を超えていれば) 30年以下に定めることもできます。

2 **誤** 【借地契約の更新拒絶の要件】

▶ **建物の存否は、借地契約の更新拒絶とは無関係である。**

借地権の存続期間が満了する場合において、借地権者が契約の更新を請求したときは、借地権設定者が遅滞なく異議を述べたときを除き、建物がある場合に限り、(借地権の更新後の期間を除いて)従前の契約と同一の条件で契約を更新したものとみなされます。つまり、建物の存在は、借地権者の請求更新(法定更新も同様)の要件であって、更新拒絶を妨げるものではありません。

借地契約の更新拒絶の要件

❶借地権設定者および借地権者(転借地権者を含む)が土地の使用を必要とする事情、❷借地に関する従前の経過、❸土地の利用状況、❹借地権設定者が土地の明渡しの条件としてまたは土地の明渡しと引換えに借地権者に対して財産上の給付をする旨の申出をした場合におけるその申出を考慮して、正当の事由があると認められる場合

3 **正** 【借地権を対抗できる土地の範囲】

判例によれば、第三者が建物の登記を見た場合に、その建物の登記によってどの範囲の土地賃借権につき対抗力が生じているかを知りうるものでなければならないので、当該建物の登記に敷地の表示として記載されている土地についてのみ、土地賃借権の対抗力が生じるとしています。

4 **誤** 【借地権設定者の先取特権】

▶ **「3年分」ではなく、「2年分」である。**

借地権設定者は、弁済期の到来した最後の**2年分**の地代等について、借地権者がその土地において所有する建物の上に先取特権を有します。

問 12 解答 2 借地借家法(借家) 難易度 A

1 **誤** 【更新後の契約期間】

▶ **更新後の契約期間は「2年」ではなく、「定めがないもの」とされる。**

期間の定めがある建物の賃貸借の場合、相手方に対し、更新しない旨の通知をしなかったときには、従前の契約と同一の条件で契約を更新したものとみなされますが、その期間は**定めがないもの**となります。

2　**正**　【賃貸人からの解約申入れ】

期間の定めのない建物賃貸借の場合、賃貸人から解約を申し入れるときは、正当事由が必要で、解約の申入日から**6カ月**経過後に賃貸借が終了します。

3　**誤**　【賃貸借の終了と転貸借】

▶ 建物の転貸借は、賃貸人が転借人に対して明渡しを請求した時に終了する。

賃貸借契約が賃借人(B)の債務不履行により解除されたときは、原則として、賃貸人(A)が転借人に対して建物の明渡しを請求したときに、転貸人(B)の転借人に対する債務の履行不能により終了します。

賃貸人が転借人に通知をしなければならないのは、建物の賃貸借が「期間の満了」または「解約の申入れ」によって終了するときで、この場合に建物の転貸借は、通知がされた日から6カ月経過後に終了するよ。違いに注意しよう！

4　**誤**　【造作買取請求権】

▶ 造作買取請求権を行使することができない旨の特約は有効である。

造作買取請求権に関する規定は任意規定なので、造作買取請求権を行使することができない旨の特約は、**有効**です。

問13　解答2　区分所有法　難易度A

1　**正**　【占有者の権限】

区分所有者の承諾を得て専有部分を占有する者は、会議の目的たる事項につき利害関係を有する場合には、集会に出席して**意見を述べることはできますが**、**議決権を行使することはできません**。

2　**誤**　【公正証書による規約の設定】

▶ 法定共用部分については、公正証書による規約の設定はできない。

最初に建物の専有部分の全部を所有する者は、**公正証書**により、❶規約共用部分の定め、❷規約敷地の定め、❸専有部分と敷地利用権の分離処分を可能にする定め、❹専有部分にかかる敷地利用権の割合の定めについて、規約を設定することができます。本肢の共用部分は**法定共用部分**であり、これに関して公正証書による規約の設定はできません。

No.08　34点　令和3年度（12月試験）

3　**正**　【管理所有】

管理者は、規約に特別の定めがあるときは、共用部分を所有することができます。

4　**正**　【理事】

管理組合法人には、理事を置かなければなりません。また、理事が数人ある場合において、規約に別段の定めがないときは、管理組合法人の事務は、理事の過半数で決します。

問 14　解答 2　不動産登記法　難易度 B

1　**正**　【表題登記の申請】

新たに生じた土地または表題登記がない土地の所有権を取得した者は、その所有権の取得の日から**1カ月以内**に表題登記を申請しなければなりません。

2　**誤**　【建物の合併の登記の制限】

▶ **共用部分である旨の登記がある建物の合併の登記はすることができない。**

共用部分である旨の登記または団地共用部分である旨の登記がある建物の合併の登記は、することができません。

3　**正**　【登記官による調査】

登記官は、表示に関する登記について申請があった場合および職権で登記しようとする場合において、必要があると認めるときは、当該不動産の表示に関する事項を調査することができます。

4　**正**　【一般承継人による申請】

区分建物である建物を新築した場合において、その所有者について相続その他の一般承継があったときは、相続人その他の一般承継人も、被承継人を表題部所有者とする当該建物についての表題登記を申請することができます。

問 15　解答 4　都市計画法　難易度 A

1　**誤**　【近隣商業地域】

▶ **本肢の記述を内容とする用途地域はない。**

近隣商業地域は、近隣の住宅地の住民に対する日用品の供給を行うことを主たる内容とする商業その他の業務の利便を増進するため定める地域です。

2　**誤**　【準工業地域】

▶ 本肢の記述を内容とする用途地域はない。

準工業地域は、主として環境の悪化をもたらすおそれのない工業の利便を増進するため定める地域です。

3　**誤**　【特定用途制限地域】

▶ 第一種低層住居専用地域内には、特定用途制限地域を定めることができない。

特定用途制限地域は、**用途地域が定められていない土地の区域**(市街化調整区域を除く)内において、その良好な環境の形成または保持のため当該地域の特性に応じて合理的な土地利用が行われるよう、制限すべき特定の建築物等の用途の概要を定める地域です。したがって、第一種低層住居専用地域内に定めることはできません。

4　**正**　【高層住居誘導地区】

高層住居誘導地区は、住居と住居以外の用途とを適正に配分し、利便性の高い高層住宅の建設を誘導するため、**第一種住居地域**、第二種住居地域、準住居地域、近隣商業地域または準工業地域でこれらの地域に関する都市計画において建築物の容積率が10分の40または10分の50と定められたものの内において、建築物の容積率の最高限度、建築物の建蔽率の最高限度および建築物の敷地面積の最低限度を定める地区です。したがって、第一種住居地域については、都市計画に高層住居誘導地区を定めることができる場合があります。

問16　解答3　都市計画法(開発許可)　難易度A

1　**正**　【許可申請の手続】

開発許可を受けようとする者は、国土交通省令で定めるところにより、❶開発区域の位置、区域および規模、❷開発区域内において予定される建築物または特定工作物の用途、❸開発行為に関する設計、❹工事施行者(開発行為に関する工事の請負人または請負契約によらないで自らその工事を施行する者をいう)、❺その他国土交通省令で定める事項を記載した申請書を都道府県知事に提出しなければなりません。

2　**正**　【軽微な変更】

開発許可を受けた者が開発許可申請書に記載した内容を変更しようとする場合は、原則として都道府県知事の許可を受けなければなりませんが、軽微な変更をしようとするときは、都道府県知事の許可は不要となります。そして、この**軽微な変更**をしたときは、遅滞なく、その旨を**都道府県知事に届け出**なければなりません。

3　**誤**　【開発行為の廃止】

▶「許可」ではなく、「届出」をしなければならない。

開発許可を受けた者は、当該工事を廃止したときは、**遅滞なく**、**都道府県知事**に**届け出**なければなりません。

4　**正**　【開発行為に同意していない者】

開発許可を受けた開発区域内の土地においては、工事完了公告があるまで、建築物の建築等をすることはできません。ただし、例外として、以下の場合には建築物の建築等をすることができます。

❶工事用の仮設建築物の建築等
❷都道府県知事が、支障がないと認めたとき
❸開発行為に同意していない土地所有者等が、その権利の行使として建築物の建築等するとき

問 17　解答 3　建築基準法　難易度 B

1　**正**　【2以上の直通階段を設ける場合】

建築物の避難階以外の階が劇場、映画館、演芸場等の用途に供する階でその階に客席等を有するものに該当する場合においては、その階から避難階または地上に通ずる2以上の直通階段を設けなければなりません。

2　**正**　【類似の用途相互間の変更】

建築物の用途を変更して床面積200㎡超の特殊建築物とする場合は建築確認を受けなければなりませんが、当該用途の変更が政令で指定する**類似の用途相互間における もの である場合は除かれます**。劇場、映画館、演芸場は類似の用途とされていますので、本肢の用途変更の場合には、建築主事等または指定確認検査機関の確認を受ける必要はありません。

3　**誤**　【居室の換気】

▶「10分の1以上」ではなく、「20分の1以上」としなければならない。

政令で定める技術的基準に従って換気設備を設けた場合を除き、居室には換気のための窓その他の開口部を設け、その換気に有効な部分の面積は、居室の床面積に

対して**20分の1以上**としなければなりません。

4　**正**　【特殊建築物等の消火に関する技術的基準】

百貨店等の用途に供する特殊建築物で延べ面積が**500㎡**を超えるものには、排煙設備を設けなければなりませんが、階段の部分、昇降機の昇降路の部分その他これらに類する建築物の部分については、設置する必要がありません。

問18　解答2　建築基準法　難易度C

1　**誤**　【建築基準法上の道路（2項道路）】

▶ 特定行政庁の指定が必要である。

幅員が**4m未満**の道は、都市計画区域もしくは準都市計画区域の指定・変更または建築基準法第68条の9第1項の規定に基づく条例の制定・改正により、建築基準法第3章の規定が適用されるに至ったさい、現に建築物が立ち並んでいて、かつ、**特定行政庁の指定がなければ**建築基準法上の道路とみなされません。

2　**正**　【道路斜線制限】

準工業地域内の建築物（一定の建築物を除く）または工業地域もしくは工業専用地域内の建築物で容積率の限度が10分の40を超える場合、建築物の高さは、前面道路の反対側の境界線からの水平距離が35m以下の範囲内においては、当該部分から前面道路の反対側の境界線までの水平距離に、1.5を乗じて得た値以下でなければなりません。

3　**誤**　【用途制限（第一種住居地域）】

▶ 第一種住居地域内では、3,000㎡を超える畜舎を建築できない。

第一種住居地域内では、3,000㎡を超える畜舎を建築できません。

畜舎（15㎡を超えるもの）は、第一種・第二種低層住居専用地域内、田園住居地域内、第一種・第二種中高層住居専用地域内には建築できないよ～

4　**誤**　【建蔽率の異なる地域にまたがって建築物の敷地がある場合】

▶「敷地の過半の属する地域等の建蔽率」ではなく、「加重平均で計算」する。

建蔽率の異なる地域にまたがって建築物の敷地がある場合は、建蔽率は**加重平均**で計算します。

問 19 解答 1 盛土規制法 難易度 A

1 **誤** 【工事等の届出】

▶ 規制区域「外」においては、届出をする必要はない。

宅地造成等工事規制区域および特定盛土等規制区域のいずれにも属さない区域において行う工事については、都道府県知事に届出や許可を得る必要はありません。

---

2 **正** 【報告の徴取】

都道府県知事は、宅地造成等工事規制区域内の土地の所有者、管理者、占有者に対し、当該土地または当該土地において行われている工事の状況について、報告を求めることができます。

---

3 **正** 【資格を有する者の設計によらなければならない措置】

宅地造成等工事規制区域内において行われる宅地造成等に関する工事(許可不要の工事を除く)は、政令で定める技術的基準に従い、擁壁等の設置その他宅地造成等に伴う災害を防止するため必要な措置が講ぜられたものでなければならず、高さが5mを超える擁壁の設置または盛土もしくは切土をする土地の面積が1,500㎡を超える土地における排水施設の設置については、政令で定める資格を有する者の設計によらなければなりません。

---

4 **正** 【監督処分】

都道府県知事は、偽りその他不正な手段により宅地造成等に関する工事の許可もしくは変更の許可を受けた者またはその許可に付した条件に違反した者に対して、その許可を取り消すことができます。

問 20 解答 1 土地区画整理法 難易度 A

1 **誤** 【組合員】

▶ 所有権者および借地人はすべて組合員となる。

土地区画整理組合が施行する土地区画整理事業において、施行地区内の宅地について所有権または借地権を有する者は、すべて**その組合の組合員**となります。

---

2 **正** 【公共施設】

土地区画整理法において公共施設とは、道路、公園、広場、河川その他政令で定める公共の用に供する施設をいいます。

3　**正**　【換地処分に伴う登記】

施行者は、換地処分の公告があった場合においては、直ちに、その旨を換地計画に係る区域を管轄する登記所に通知しなければなりません。

4　**正**　【土地区画整理審議会】

土地区画整理審議会は、都道府県または市町村が施行する土地区画整理事業ごとに、都道府県または市町村に置かれ、換地計画、仮換地の指定および減価補償金の交付に関する事項について土地区画整理法に定める権限を行います。

問21　解答4　農地法　難易度A

1　**誤**　【3条許可】

▶ 抵当権の設定では、3条許可は不要。

抵当権の設定は、権利移動に該当しないため、3条許可を受ける必要はありません。

2　**誤**　【農地または採草放牧地の賃貸借の解約等の制限】

▶ 都道府県知事の許可を受ける必要がある。

農地または採草放牧地の賃貸借の当事者は、一定の例外を除き、都道府県知事の許可を受けなければ、賃貸借の解除をし、解約の申入れをし、合意による解約をし、または賃貸借の更新をしない旨の通知をしてはなりません。

3　**誤**　【農地とは】

▶ 現況が農地→農地法上の農地に該当する。

農地法の適用を受ける農地に該当するかどうかは、その土地の現況で判断します。したがって、現況が農地であれば、登記簿上の地目が農地以外(宅地など)であっても、農地に該当します。

4　**正**　【4条許可】

市街化区域内の農地を転用する場合、あらかじめ農業委員会に届出をすれば、4条許可を受ける必要はありません。

問22 解答1 国土利用計画法 難易度A

1 **正** 【事後届出(都市計画区域外)】

一定の場合(対価の支払いがないもの)を除き「地上権の設定」は、届出が必要な「土地売買等の契約」に該当します。そして、事後届出が必要となる取引の面積は、都市計画区域外は**10,000㎡以上**です。したがって、Aから都市計画区域外の12,000㎡の土地に地上権の設定を受けるBは事後届出が必要となります。

---

2 **誤** 【遊休土地に係る計画の届出】

▶「1カ月以内」ではなく、「6週間以内」に都道府県知事へ届出が必要。

遊休土地である旨の通知を受けた者は、その通知があった日から起算して**6週間以内**に、国土交通省令で定めるところにより、その通知に係る遊休土地の利用または処分に関する計画を、当該土地が所在する市町村の長を経由して、都道府県知事に届け出なければなりません。

---

3 **誤** 【事後届出(市街化調整区域)】

▶ 市街化調整区域で5,000㎡以上→事後届出が必要。

市街化調整区域の場合、**5,000㎡以上**の土地について、土地売買等の契約を締結したときに事後届出が必要となります。そして、この面積は**一団の土地**で判定します。したがって、2,000㎡と3,000㎡に分割して順次購入したとしても、宅建業者Dが一定の計画に従って取得した一団の土地の面積の合計が5,000㎡となるので、事後届出を行う必要があります。

---

4 **誤** 【都道府県知事の勧告・公表】

▶「公表しなければならない」ではなく、「公表することができる」。

都道府県知事は、一定の場合には、事後届出に係る土地の利用目的について必要な変更をすべきことを勧告することができます。そして、勧告を受けた者がその勧告に従わないときは、**その旨**およびその**内容**を**公表することができます**。

問23 解答2 登録免許税 難易度B

1 **誤** 【面積要件】

▶「100㎡」ではなく、「50㎡」である。

税率の軽減措置が適用されるのは、床面積が**50㎡以上**の住宅用家屋を個人が自己の居住用に取得した場合です。

2　**正**　【取得原因】

所有権の移転登記において軽減措置が適用されるのは、**売買または競落による場合のみ**です。

3　**誤**　【住宅用家屋の敷地の用に供されている土地】

▶「土地」には適用されない。

住宅用家屋の軽減措置の特例は、「住宅用家屋の敷地の用に供されている**土地**」に係る所有権移転の登記には**適用されません**。

4　**誤**　【証明書】

▶「都道府県知事」ではなく、「市町村長または特別区の区長」である。

税率の軽減措置の適用を受けるためには、登記の申請書に、新築または建築後使用されたことのある住宅用家屋が一定の要件に該当することにつき、当該家屋の所在地の**市町村長または特別区の区長**が証明した証明書を添付する必要があります。

問 24　解答 1　固定資産税　難易度 C

1　**正**　【重大な錯誤による価格等の修正】

市町村長は、固定資産課税台帳に登録すべき固定資産の価格等のすべてを登録した旨の公示の日以後において固定資産の価格等の登録がなされていないことまたは登録された価格等に重大な錯誤があることを発見した場合においては、直ちに固定資産課税台帳に登録された類似の固定資産の価格と均衡を失しないように価格等を決定し、または決定された価格等を修正して、これを固定資産課税台帳に登録しなければなりません。

2　**誤**　【固定資産評価審査委員会に対する審査の申出】

▶「1カ月」ではなく、「3カ月」である。

固定資産税の納税者は、その納付すべき当該年度の固定資産税に係る固定資産について、固定資産課税台帳に登録された価格について不服があるときは、一定の場合を除いて、公示の日から納税通知書の交付を受けた日後**3カ月を経過する日**までの間において、文書をもって、固定資産評価審査委員会に審査の申出をすることができます。

3　**誤**　【納税義務者】

▶ **固定資産税の納税義務者は毎年1月1日現在の所有者。**

固定資産税の納税義務者は、賦課期日(毎年1月1日)現在において、固定資産課税台帳に所有者として登録されている者です。年度の途中において家屋の売買により所有者に変更があっても同じです。

4　**誤**　【小規模住宅用地の課税標準の特例】

▶ **小規模住宅用地については「6分の1」。**

小規模住宅用地(住戸1戸あたり200㎡までの部分)については、その価格の**6分の1**が課税標準となります。なお、一般住宅用地(住戸1戸あたり200㎡を超える部分)については、その価格の**3分の1**が課税標準となります。

問25　解答2　地価公示法　難易度A

1　**正**　【地価公示法の目的】

地価公示法第1条によると、同法は、都市およびその周辺の地域等において、標準地を選定し、その正常な価格を公示することにより、一般の土地の取引価格に対して指標を与え、および公共の利益となる事業の用に供する土地に対する適正な補償金の額の算定等に資し、もって適正な地価の形成に寄与することを目的としています。

2　**誤**　【不動産鑑定士の土地についての鑑定評価の準則】

▶ **「公示価格と実際の取引価格」ではなく、「公示価格」を規準とする。**

不動産鑑定士は、公示区域内の土地について鑑定評価を行う場合において、当該土地の正常な価格を求めるときは、公示された標準地の価格(公示価格)を規準としなければなりません。

3　**正**　【鑑定評価】

不動産鑑定士は、鑑定評価を行うにあたって、❶近傍類地の取引価格から算定される推定の価格、❷近傍類地の地代等から算定される推定の価格、❸同等の効用を有する土地の造成に要する推定の費用の額の3つを勘案して行わなければなりません。

4　正　【公示に係る事項を記載した書面等の閲覧】

土地鑑定委員会は、正常な価格を公示したときは、速やかに、関係市町村の長に対して、公示した事項のうち当該市町村が属する都道府県に存する標準地に係る部分を記載した書面および当該標準地の所在を表示する図面を送付しなければならず、関係市町村の長は、これらの書面等を当該市町村の事務所において一般の閲覧に供しなければなりません。

問26　解答3　契約書（37条書面）　難易度A

1　誤　【引渡しの時期、移転登記の申請時期】

▶「引渡しの時期」と「移転登記の申請の時期」は、ともに記載が必要。

宅地・建物の売買・交換の場合には、**引渡しの時期**と**移転登記の申請の時期**の両方を37条書面に記載しなければなりません。

2　誤　【建物の構造耐力上主要な部分等の状況について当事者の双方が確認した事項】

▶既存建物の構造耐力上主要な部分等の状況の当事者確認事項→貸借では不要。

売買・交換の場合には、建物が**既存の建物**であるときは、建物の構造耐力上主要な部分等の状況について当事者の双方が確認した事項を37条書面に記載しなければなりませんが、貸借の場合には、その必要はありません。

3　正　【借賃以外の金銭の授受に関する定め】

貸借の場合に、借賃以外の金銭の授受に関する定めがあるときは、その額ならびに当該金銭の授受の時期および目的を37条書面に記載しなければなりません。

4　誤　【37条書面の内容の説明】

▶37条書面は内容を説明する必要はない。

37条書面は、**宅建士をして記名**させ、**契約の各当事者に交付または提供**する必要がありますが、宅建士にその内容を説明させる必要はありません。

37条書面を交付・提供する者は宅建士に限られないから、従業員でもOKだよ～

問27 解答4 8種制限 難易度A

1 **誤** 【損害賠償の予定額の制限】

▶「特約全体」ではなく、「その超える部分」が無効となる。

損害賠償の予定額または違約金を定める場合には、その合算額が代金の**20%**を超えてはいけません。この上限を超える場合には、「特約全体」ではなく、「**その超える部分**」が無効になります。

---

2 **誤** 【未完成物件の場合の保全措置の方法】

▶ 未完成物件→指定保管機関による手付金等の保全措置は×。

完成物件の場合は指定保管機関（保証協会）による手付金等の保全措置を講ずることができますが、未完成物件の場合にはこの方法によって保全措置を講ずることができません。

未完成物件の場合の保全措置の方法は、❶銀行等との保証委託契約か❷保険会社との保証保険契約だけだよね。

---

3 **誤** 【手付金の額の制限】

▶ あらかじめ買主の承諾があってもダメ。

あらかじめ買主の承諾を受けていたとしても、売主である宅建業者は代金の20%を超える手付金を受け取ることはできません。

---

4 **正** 【手付金等の保全措置】

手付金等の保全措置が必要（未完成物件の場合、手付金等の額が代金の5%超または1,000万円超の場合）であるにもかかわらず、保全措置を講じていない場合には、買主は手付金の支払いを拒否することができます。

問28 解答1 監督処分、罰則 難易度C

ア **正** 【免許の必要的取消事由】

免許権者は、宅建業者が不正の手段により免許を受けたときは、その免許を取り消さなければなりません。

イ **誤** 【免許の任意的取消事由】

▶ 宅建業者が免許に付された条件に違反→免許の任意的取消事由。

免許権者は、宅建業者が免許に付された条件に違反したときは、その免許を取り消すことができます。

ウ　誤　【監督処分・罰則】

▶ **報酬額の掲示義務に違反した場合、罰則の適用を受ける。**

宅建業者は、その事務所ごとに、公衆の見やすい場所に、報酬の額を掲示しなければなりませんが、これに違反した場合は指示処分を受けることがあり、さらに50万円以下の罰金に処せられます。

エ　誤　【罰則】

▶ **AもBも罰則の適用を受けることがある。**

宅建業者は、その事務所ごとに、従業者名簿を備え、一定の事項を記載しなければなりませんが、これに違反して従業者名簿を備えず、またはこれに一定の事項を記載せず、もしくは虚偽の記載をした者は、50万円以下の罰金に処せられます。したがって、虚偽の記載をした従業者Bはもちろん、宅建業者Aも従業者名簿の備付けの義務に違反し、罰則の適用を受けることがあります。

以上より、正しいものはアの1つ！だから答えは「1」！

問29　解答3　免許　難易度A

1　正　【宅建業者の免許の有効期間・更新期間】

宅建業者の免許の有効期間は**5年**で、更新期間は免許の有効期間満了の日の**90日前**から**30日前**までとなります。

2　正　【免許更新の申請をしたが処分がされない場合】

免許の更新期間内に、宅建業者が更新の申請をした場合で、有効期間満了日までに免許権者から更新するかどうかの処分がされないときは、有効期間満了後も、その**処分がされるまでの間は、旧免許は有効**です。

3　誤　【廃業等の届出(死亡)】

▶ **「死亡の日」ではなく、「死亡を知った日」から30日以内である。**

免許を受けていた個人が**死亡**した場合、その**相続人**は、**死亡を知った日**から**30日以内**に、その旨を免許権者に届け出なければなりません。

4　**正**　【廃業等の届出(合併)】

法人が合併により消滅した場合、消滅した法人(B)を代表する役員であった者は、その日から**30日以内**に、その旨を免許権者に届け出なければなりません。

問 30　解答 3　広告に関する規制　難易度 A

1　**誤**　【取引態様の明示義務】

▶ **問合せや契約成立の有無にかかわらず、本肢の広告は宅建業法違反。**

宅建業者は、宅建業に関する広告をするさいに取引態様の別を明示しなければなりません。取引態様の別を明示せず広告した場合、広告を見た者からの問合せがあったかどうか、契約が成立したかどうかにかかわらず、宅建業法違反となります。

2　**誤**　【広告の開始時期の制限】

▶ **許可等を得た後でなければ広告することはできない。**

建築確認が済んでいない建物の広告をすることはできません。したがって、「建築確認申請済」とその旨を明示したとしても広告をすることはできません。

3　**正**　【おとり広告の禁止】

顧客を集めるために売る意思のない条件の良い物件を広告し、実際は他の物件を販売しようとする、いわゆる「おとり広告」も禁止されます。そして、おとり広告は、注文がなく、売買が成立しなかった場合であっても、監督処分の対象となります。

4　**誤**　【免許が取り消された場合】

▶ **「広告をしていた場合」に、なお宅建業者とみなされるわけではない。**

宅建業者の免許が取り消された場合でも、宅建業者であった者またはその一般承継人は、宅建業者が**締結した契約にもとづく取引を結了する目的の範囲内**においては、なお宅建業者とみなされます。

問 31　解答 2　報酬　難易度 A

ア　**正**　【貸借の場合の報酬限度額】

貸借の媒介の報酬限度額(貸主・借主から受け取れる合計額)は、借賃の1カ月分および消費税相当額となります。居住用建物の貸借については、媒介の依頼を受けるに当たって依頼者の承諾を得ている場合を除き、依頼者の一方から受け取れる報酬額は借賃の$\frac{1}{2}$カ月分が上限となります。

8万円×$\frac{1}{2}$〔居住用建物賃貸借〕＝40,000円

40,000円×1.1＝44,000円

したがって、CがDから受け取ることのできる報酬の限度額は、44,000円です。

イ　正　【貸借の場合の報酬限度額】

貸借の媒介の場合も貸借の代理の場合も報酬限度額(貸主・借主から受け取れる合計額)は、借賃の1カ月分および消費税相当額となります。そして、同一の取引において、複数の宅建業者が関与した場合、これらの宅建業者が受け取る報酬の合計額は、1つの宅建業者が関与した場合の報酬限度額以内でなければなりません。したがって、AがBから受領する報酬とCがDから受領する報酬の合計額は、88,000円が上限となります。

ウ　誤　【権利金の授受がある場合の報酬限度額】

▶「110,000円」ではなく、「220,000円」である。

居住用以外の建物の貸借では、権利金の授受(返還されないものに限ります)があるときは、権利金の額を売買代金の額とみなして報酬限度額を計算できます。

【通常の貸借として計算した場合の報酬限度額】

報酬限度額：8万円×1.1＝88,000円

【権利金を売買代金とみなして計算した場合の報酬限度額】

報酬限度額：200万円×5%×1.1×2〔A・C2人分〕＝220,000円

したがって、AとCが受領できる報酬の合計額は、220,000円を超えることができません。

エ　誤　【依頼者からの依頼によらない広告の料金】

▶ 広告の料金は依頼がなければ受領できない。

宅建業者は、依頼者から広告の依頼があったときには、報酬とは別に広告料金を受領できますが、依頼者からの依頼なしに、宅建業者が広告を出したときは、その分の広告料金を受領することができません。

以上より、誤っているものはウとエの2つ！だから答えは「2」！

No. 08 34点 令和3年度（12月試験）

問 32　解答 1　供託所等の説明　難易度 A

1　**正**　【説明の方法】

供託所等の説明について、宅建業法上は書面を交付して説明することを要求されていませんが(口頭でも可)、重要事項説明書に記載して説明することが望ましいとされています。

2　**誤**　【相手方が宅建業者の場合】

▶ 相手方が宅建業者である場合は説明不要。

宅建業者は、契約が成立するまでに、供託所等に関する事項について説明しなければなりません。ただし、この説明は**相手方が宅建業者である場合には必要ありません**。

3　**誤**　【説明の時期】

▶ 供託所等の説明は、「契約が成立するまで」にしなければならない。

供託所等の説明は、**契約が成立するまでに**しなければなりません。

「契約が成立するまで」だから、37条書面(=契約内容を記載した書面)に記載して説明することはできないよ!

4　**誤**　【保証協会の社員である場合】

▶ 宅建業者が保証協会の社員→営業保証金の供託に関する説明は不要。

宅建業者が保証協会の社員であるときは、社員である旨、当該協会の名称・住所・事務所の所在地、**弁済業務保証金**の供託所および所在地について説明をしなければなりませんが、営業保証金の供託に関する説明は不要です。

問 33　解答 2　媒介契約　難易度 A

ア　**誤**　【業務処理状況の報告義務】

▶ 専任媒介契約に係る業務の処理状況→2週間に1回以上報告が必要。

専任媒介契約を締結した宅建業者は、依頼者に対し、その専任媒介契約に係る業務の処理状況を**2週間に1回以上**(専属専任媒介契約の場合は、**1週間に1回以上**)報告しなければなりません。

イ　誤　【指定流通機構への登録】

▶ 依頼者からの要望があったとしても、指定流通機構に登録しないとダメ。

専任媒介契約の場合には、指定流通機構への登録義務があり、この登録をしない旨の特約を定めることはできません。契約日から**休業日を除いて7日以内**（専属専任媒介契約の場合は契約日から**休業日を除いて5日以内**）に指定流通機構に登録しなければ、宅建業法違反となります。

ウ　正　【媒介契約書の交付・提供】

宅建業者は、媒介契約（媒介契約の種類を問いません）を締結したときは、遅滞なく、一定の事項を記載した書面（媒介契約書）を作成して、依頼者に交付または電磁的方法により提供しなければなりません。

エ　正　【宅建業者が媒介価格について意見を述べるとき】

宅建業者が**売買すべき価額または評価額（媒介価格）について意見を述べるときは、その根拠**を明らかにしなければなりませんが、意見を述べる方法は書面に限定されていないので、口頭ですることもできます。

以上より、正しいものはウとエの2つ！だから答えは「2」！

問34　解答1　宅地、建物　難易度A

1　正　【宅地とは】

宅地とは、建物の敷地に供せられる土地をいいます。ただし、用途地域内のその他の土地で、道路、公園、河川その他広場および水路に供せられている土地は、宅地に該当しません。

2　誤　【宅建業とは】

▶ 建物の一部の売買の代理を業として行う行為も、宅建業に当たる。

宅建業とは、宅地・建物（建物の一部を含む）の売買・交換または売買・交換・貸借の代理・媒介をする行為で業として行うものをいいます。したがって、建物の一部の売買の代理を業として行う行為も、宅建業に当たります。

3　誤　【建物とは】

▶ 取引の対象となる施設であれば、建物に該当する。

建物とは、屋根および周壁またはこれらに類するものを有し、土地に定着した建造物をいいますが、宅建業法上は明確な定義がありません。ただし、取引の対象となる施設であれば、学校、病院、官公庁施設等の公共的な施設も、宅建業法上の建物に該当します。

4　誤　【宅地とは】

▶ 取引の対象とされた土地の地目、現況の如何を問わず判断する。

宅地(建物の敷地に供せられる土地)とは、現に建物の敷地に供せられている土地に限らず、広く建物に敷地に供する目的で取引の対象とされた土地をいい、その地目、現況の如何を問いません。

問35　解答4　重要事項の説明(35条書面)　難易度 A

1　誤　【IT重説における宅建士証の提示】

▶ IT重説の場合にも相手方の承諾の有無にかかわらず、宅建士証の提示が必要。

宅建士は、テレビ会議等のITを活用して重要事項の説明を行うときでも、説明の相手方の承諾の有無にかかわらず、宅建士証を提示しなければなりません。

2　誤　【重要事項を説明する時期】

▶ 重要事項の説明は契約締結前に行わなければならない。

重要事項の説明は**契約締結**前に行わなければなりません。また、売主に対しては、35条書面を交付・提供する必要はありません。

3　誤　【35条書面への記名】

▶ 売買契約の各当事者→35条書面への記名は不要。

35条書面には宅建士が記名する必要がありますが、専任の宅建士である必要はありません。また、売買契約の各当事者は、記名する必要はありません。

4　正　【宅建業者に対する35条書面の交付・提供】

買主が宅建業者である場合でも、売買契約が成立するまでの間に、35条書面を交付または電磁的方法により提供しなければなりません。

買主が宅建業者である場合、35条書面の内容については、原則として、宅建士に説明させる必要はないよね〜

問36 解答4 免許 難易度A

1 誤 【廃業等の届出(破産)】

▶ 届出義務者は「Aを代表する役員B」ではなく、「破産管財人」。

法人について破産手続開始の決定があった場合、その日から**30日以内**に、「法人を代表する役員」ではなく、「破産管財人」が免許権者にその旨を届け出なければなりません。

---

2 誤 【免許換えの場合における従前の免許の効力】

▶ Cは、乙県知事免許業者として35条・37条書面の交付・提供ができる。

本肢は、もともと有効な免許(乙県知事免許)があって、今回、国土交通大臣免許への免許換えの申請をしているという話なので、現時点では乙県知事免許業者として、35条書面および37条書面の交付または電磁的方法による提供をすることができます。

---

3 誤 【免許の有効期間が満了した場合】

▶ 有効期間満了による免許の失効の場合には、免許証を返納する必要はない。

宅建業者の免許が失効した場合、基本的には失効した免許証は遅滞なく免許権者に返納しなければなりませんが、免許の有効期間が満了したことによって免許が失効した場合には、免許証を返納する必要はありません。

免許証を返納しなければならないケース

❶免許換えにより、従前の免許の効力がなくなったとき(従前の免許証を返納)
❷免許取消処分を受けたとき
❸亡失した免許証を発見したとき(発見した免許証を返納)
❹廃業等の届出をするとき

---

4 正 【免許の取消事由(1年以上事業を休止したとき)】

宅建業者が引き続き1年以上事業を休止したときは、免許の必要的取消事由に該当し、免許権者は免許を取り消さなければなりません。

問 37 解答 2 宅地建物取引士 難易度 B

1 **誤** 【登録の移転】

▶ 登録の移転は任意であり、「申請しなければならない」わけではない。

登録の移転は、現在登録している都道府県知事が管轄している都道府県以外の都道府県に所在する事務所に勤務し、または勤務しようとするときに行うことができるもので、義務ではなく、任意です。また、この場合、**甲県知事を経由して**、乙県知事に対して申請します。

2 **正** 【宅建士資格登録簿・宅建業者名簿】

宅建士資格登録簿は、一般の閲覧に供されませんが、宅建業者名簿は一般の閲覧に供されます。また、専任の宅建士の氏名は、宅建業者名簿の登載事項です。

3 **誤** 【登録禁止期間】

▶「登録が消除された日」からではなく、「刑の執行が終わった日」から5年。

傷害罪により罰金の刑に処せられ、登録が消除された場合は、「登録が消除された日から5年」ではなく、「**刑の執行が終わった日から5年**」を経過するまでは、新たな登録を受けることができません。

4 **誤** 【欠格事由(宅建士)】

▶ 成年者と同一の行為能力を有する未成年者は、登録を受けることができる。

宅建業に係る営業に関し、成年者と同一の行為能力を有しない未成年者は、登録を受けることができませんが、**成年者と同一の行為能力を有する未成年者は、登録を受けることができます。**

問 38 解答 3 業務上の規制、8種制限 難易度 A

ア **違反する** 【広告の開始時期の制限】

▶ 建築確認が済んでいなければ、広告はできない。

建築確認が済んでいない建物の広告をすることはできません。

イ **違反しない** 【契約締結時期の制限】

建築確認が済んでいない建物について、売買や交換の契約はできませんが、貸借の代理・媒介は行うことができます。

ウ　**違反しない**　【他人物売買】

宅建業法では、原則として、宅建業者自らを売主、宅建業者でない者を買主として、宅地・建物について他人物売買(売買契約の予約を含む)をしてはなりません。ただし、本肢の買主は宅建業者Gなので、他人物売買の禁止の規定は適用されず、宅建業法の規定に違反しません。

エ　**違反する**　【他人物売買】

▶一定の「条件」が付されている場合には、他人物売買は不可。

宅建業者が自ら売主となって、宅建業者以外の買主と宅地・建物の売買契約を締結する場合、原則として他人物売買は禁止されています。例外として、現在の所有者(I)との間で、宅建業者(H)が物件を取得する契約を締結している場合には、売買契約を締結することができますが、その**取得する契約は停止条件付契約であってはなりません**。したがって、現在の所有者との契約が、本肢の「農地法第5条の許可を条件とする売買契約」の場合は、宅建業者でない買主Jと当該農地について売買契約を締結することができません。

以上より、違反しないものの組み合わせはイとウ。だから答えは「3」！

問39　解答3　保証協会　難易度A

1　**正**　【保証協会の変更の届出】

保証協会は、その名称、住所または事務所の所在地を変更しようとするときは、あらかじめ、その旨を国土交通大臣に届け出なければなりません。

2　**正**　【保証協会に社員が加入したときの免許権者への報告】

保証協会に社員が加入したときの免許権者への報告は、保証協会が行います。

3　**誤**　【弁済業務保証金分担金の納付】

▶「加入の日から1週間以内」ではなく、「加入しようとする日まで」に納付。

宅建業者で新たに保証協会の社員として加入しようとする者は、**加入しようとする日までに**弁済業務保証金分担金を保証協会に納付しなければなりません。

4 正 【苦情の解決】

保証協会は、宅建業者の相手方から社員の取り扱った宅建業に係る取引に関する苦情について解決の申出があった場合、苦情の解決について必要があると認めるときは、その社員に、文書もしくは口頭による説明を求め、または資料の提出を求めることができます。この場合、当該社員は、正当な理由がある場合でなければ拒むことはできません。

問40 解答2 契約書(37条書面) 難易度A

1 誤 【37条書面への記名】

▶Aも宅建士に記名をさせなければならない。

売主が宅建業者(A)である売買の媒介を宅建業者(B)が行った場合、AとBは双方とも買主に対して37条書面の交付・提供義務を負います。したがって、A・Bともに、宅建士に37条書面へ記名をさせなければなりません。

2 正 【一定の担保責任に関する特約】

宅地・建物の種類・品質に関して契約の内容に適合しない場合におけるその不適合を担保すべき責任についての定めがあるときは、その内容を37条書面に記載し各当事者に交付または電磁的方法により提供しなければなりません。

3 誤 【37条書面の交付・提供】

▶自ら当事者として契約を締結した場合も、37条書面を交付・提供しなければダメ。

宅建業者は、自ら当事者として契約を締結した場合でも、その相手方に37条書面を交付または電磁的方法により提供しなければなりません。

4 誤 【宅建業とは】

▶「自ら貸借」は「取引」に該当しない→37条書面の交付・提供は不要。

「自ら貸借」は、宅建業の「取引」に該当しないため、自ら貸主となる事業用建物の定期賃貸借契約においては、37条書面の交付・提供は不要です。

問41 解答1 宅地建物取引士 難易度A

1 誤 【専任の宅建士の設置】

▶申込み・契約をしない案内所等には、宅建士を設置する必要はない。

申込み・契約をする案内所等では、成年者である専任の宅建士を1人以上設置しなければなりませんが、申込み・契約のいずれもしない案内所等では、設置する必要はありません。

2　**正**　【専任の宅建士の設置】

専任の宅建士の数が不足する場合には、2**週間以内**に必要な措置を執らなければなりません。

変更の日から30日以内に、変更があった旨を免許権者に届け出なければならないよ〜

3　**正**　【専任の宅建士の設置】

申込みのみを受ける案内所等であっても、成年者である専任の宅建士を1人以上設置しなければなりません。

4　**正**　【専任の宅建士】

専任の宅建士になることができるのは、成年者に限られます。ただし、未成年者が法人である宅建業者の役員(業務を執行する社員、取締役、執行役またはこれらに準ずる者)であるときは、その者が主として業務に従事する事務所については、当該法人の専任の宅建士であるとみなされます。したがって、法人である宅建業者Dに従事する未成年者の宅建士Eは、役員でない限り、専任の宅建士となることができません。

宅建業に関し成年者と同一の行為能力を有する未成年者(=宅建士になることはできる)であっても、成年者でない以上は、「専任の宅建士」になることができない。未成年者がその法人の役員である場合はその例外!

問42　解答3　契約書(37条書面)　難易度A

ア　**記載しなければならない事項である**　【37条書面の記載事項】

借賃以外の金銭の授受に関する定めがあるときは、その額ならびに当該金銭の授受の時期および目的を37条書面に記載しなければなりません。

イ　**記載しなければならない事項ではない**　【37条書面の記載事項】

設計図書、点検記録その他の建物の建築および維持保全の状況に関する書類で国土交通省令で定めるものの保存の状況は、37条書面の記載事項ではありません。

ウ　**記載しなければならない事項である**　【37条書面の記載事項】

契約の解除に関する定めがあるときは、その内容を37条書面に記載しなければなりません。

エ　**記載しなければならない事項である**　【37条書面の記載事項】

天災その他不可抗力による損害の負担に関する定めがあるときは、その内容を37条書面に記載しなければなりません。

以上より、記載しなければならない事項はアとウとエの3つ！だから答えは「3」！

問43　解答1　8種制限（クーリング・オフ制度）　難易度A

1　**誤**　【書面の交付を受けていない場合】

▶口頭で告げられたのみの場合は、クーリング・オフの期間が進行しない。

仮設テント張りの案内所は、クーリング・オフができる場所に該当します。ただし、宅建業者からクーリング・オフができる旨、方法を**書面**で告げられた日から**8日**を経過した場合、買主はクーリング・オフをすることができなくなります。本肢のA（売主）はクーリング・オフについて書面を交付せずに告げているので、8日後であっても、B（買主）はクーリング・オフによる契約の解除をすることができます。

2　**正**　【申込者に有利な特約】

申込みの撤回等について、申込者等（買主）に不利な特約は無効となりますが、本肢の「クーリング・オフによる契約の解除ができる期間を14日間」とする旨は、申込者等（買主）に有利な特約です。したがって、この特約は有効であり、クーリング・オフについて書面で告げられた日から12日後であっても、特約にしたがって契約の解除をすることができます。

3　**正**　【クーリング・オフの効力の発生時期】

クーリング・オフによる契約の解除は書面によって行いますが、その効力は、その旨を記載した**書面を発した時**に生じます。本肢では、クーリング・オフについて書面で告げられてから8日を経過する前に契約解除の書面を発しているため、宅建業者は契約の解除を拒むことはできません。

4　**正**　【クーリング・オフができる場所】

クーリング・オフができる場所かどうかは、買受けの申込みをした場所で判定します。C（買主）は、売主である宅建業者Aの事務所で買受けの申込みをしているので、クーリング・オフによる解除ができません。

問44　解答3　重要事項の説明（35条書面）　難易度A

ア　**正**　【水害ハザードマップ上の物件の所在地】

宅地または建物の賃貸借契約において、水防法施行規則の規定により市町村の長が提供する図面（水害ハザードマップ）に当該宅地または建物の位置が表示されているときは、当該図面における当該宅地または建物の所在地を説明しなければなりません。

イ　**正**　【既存建物における建物状況調査の実施の有無・結果の概要】

既存建物のときは、建物状況調査（実施後1年を経過していないものに限る）を実施しているかどうかやこれを実施している場合におけるその結果の概要を説明しなければなりません。

ウ　**正**　【担保責任の履行に関する事項】

宅地・建物の売買・交換では、宅地・建物の種類・品質に関して契約の内容に適合しない場合におけるその不適合を担保すべき責任の履行に関し保証保険契約の締結その他の措置を講ずるかどうかやその措置を講ずる場合のその措置の概要を説明しなければなりません。

以上より、正しいものはアとイとウの3つ！だから答えは「3」！

問45　解答4　住宅瑕疵担保履行法　難易度C

1　**誤**　【資力確保措置を講じない旨の承諾】

▶ **買主の承諾があっても、資力確保措置を講じないとすることはできない。**

新築住宅の売買契約においては、宅建業者である売主は、宅建業者でない買主に引き渡した時から10年間、住宅の構造耐力上主要な部分等の瑕疵について担保責任を負い、これに反する特約で買主に不利なものは無効となります。したがって、買主の承諾があったとしても、資力確保措置を講じないとすることはできません。

2 誤 【基準日に係る資力確保措置状況の届出】

▶ 基準日の翌日から「50日」を経過した日以後は売買契約を締結できない。

新築住宅を引き渡した宅建業者は、基準日(3月31日)ごとに、当該基準日に係る資力確保措置の状況について、基準日から3週間以内に免許権者に届け出なければなりません。この届出をしなかった場合には、原則として、当該基準日の翌日から起算して「1カ月を経過した日以後」ではなく、「**50日を経過した日以後**」は、新たに自ら売主となる新築住宅の売買契約を締結することはできません。

3 誤 【保険金額】

▶ 保険金額は2,000万円以上でなければならない。

住宅販売瑕疵担保責任保険契約は、損害を填補するための保険金額が2,000万円以上であることが要件とされていますので、買主の承諾を得たとしても、保険金額を500万円以上の任意の額とすることはできません。

4 正 【住宅販売瑕疵担保責任保険契約の内容】

宅建業者は、引き渡した新築住宅に構造耐力上主要な部分または雨水の浸入を防止する部分に瑕疵(構造耐力または雨水の浸入に影響のないものを除く)がある場合に、担保責任(特定住宅販売瑕疵担保責任)を負います。住宅販売瑕疵担保責任保険契約の内容として、宅建業者が相当の期間を経過してもなお特定住宅販売瑕疵担保責任を履行しないときに、新築住宅の買主の請求にもとづき、その瑕疵によって生じた当該買主の損害を填補することが含まれていますので、保険の有効期間内であれば、Bは保険金を請求することができます。

問 46 解答 1 住宅金融支援機構法 難易度 B

1 誤 【機構の業務】

▶ 本肢の賃貸住宅の建設に必要な資金の貸付けは業務として行われている。

機構は、子どもを育成する家庭または高齢者の家庭に適した良好な居住性能および居住環境を有する賃貸住宅の建設または改良に必要な資金の貸付けを業務として行っています。

2 正 【機構の業務】

機構は、災害により住宅が滅失した場合において、それに代わるべき建築物の建設または購入に必要な資金の貸付けを業務として行っています。

3　正　【証券化支援事業(買取型)】

機構が証券化支援事業(買取型)により譲り受ける貸付債権は、**自らまたは親族が居住する住宅**を建設または購入する者に対する貸付けに係るものでなければなりません。

4　正　【機構の業務】

機構は、マンション管理組合や区分所有者に対するマンション共用部分の改良に必要な資金の貸付けを業務として行っています。

問 47　解答 4　景品表示法　難易度 B

1　誤　【生活関連施設】

▶ **工事中のものであっても一定の場合には、広告に表示することができる。**

デパート、スーパーマーケット、コンビニエンスストア、商店等の商業施設は、現に利用できるものを物件からの道路距離または徒歩所要時間を明示して表示しなければなりませんが、工事中である等その施設が将来確実に利用できると認められるものである場合には、**整備予定時期を明示して表示**することができます。

2　誤　【旧跡の名称の使用】

▶ **直線距離で300m超に所在→旧跡の名称を用いることができない。**

物件が公園、庭園、旧跡その他の施設から**直線距離で300m以内**に所在している場合は、これらの施設の名称を用いることができます。本肢は直線距離で1,100mの地点に所在しているので、旧跡の名称を用いることはできません。

3　誤　【土地の販売価格】

▶ **土地の販売価格は、原則として1区画当たりの価格を表示する。**

土地の価格については、1区画当たりの価格を表示しなければなりませんが、1区画当たりの土地面積を明らかにし、これを基礎として算出する場合に限り、1㎡当たりの価格で表示することができます。したがって、1区画当たりの価格と(1区画当たりの土地面積を明らかにして) 1㎡当たりの価格の両方の価格を表示する必要はありません。

4　**正**　【修繕積立金の額】

修繕積立金については、1戸当たりの月額(予定額であるときは、その旨)を表示しなければなりませんが、住戸により修繕積立金の額が異なる場合において、そのすべての住宅の修繕積立金を示すことが困難であるときは、**最低額および最高額のみ**で表示することができます。したがって、全住戸の平均額で表示することはできません。

問48　解答ー　統計

最新の統計データで学習してください。

問49　解答2　土地　難易度B

1　**適当**　【防波堤】

沿岸地域における地震時の津波を免れるためには、巨大な防波堤が必要ですが、完全に津波の襲来を防ぐことはできません。

2　**不適当**　【斜面崩壊】

▶ 一般に凝灰岩、頁岩、花崗岩は、崩壊が起きやすい。

一般に凝灰岩(火山灰や火山砂などが凝結してできた岩石)、頁岩(粘土の堆積岩)、花崗岩(風化してマサ土化したもの)は、風化や降雨などによる斜面崩壊が起きやすいといえます。

3　**適当**　【低地】

低地は、大部分が水田や宅地として利用され、日本の大都市の大部分も低地に立地しています。

4　**適当**　【丘陵・山麓に広がる住宅地】

都市周辺の丘陵や山麓に広がった住宅地は、土砂災害が起こる場合があるので、注意が必要です。

問50　解答4　建物　難易度C

1　**適当**　【組積式構造】

組積式構造は、石、レンガ、コンクリートブロック等を積み上げて造る構造のことをいい、耐震性は劣るものの、熱や音などを遮断する性能や耐火性・耐久性に優れています。

2　**適当**　【組積式構造】

組積式構造を耐震的な構造にするためには、大きな開口部を造ることを避けて、壁厚を大きくする必要があります。

3　**適当**　【補強コンクリートブロック造】

補強コンクリートブロック造は、壁式構造の一種であり、コンクリートブロック造を鉄筋コンクリートで耐震的に補強改良したもので、耐震性・耐火性に優れています。

4　**不適当**　【補強コンクリートブロック造】

▶ 補強コンクリートブロック造は、住宅等の小規模な建物にも用いられる。

補強コンクリートブロック造は、マンション等の大きな建物に使用されることはあまりありませんが、小規模な建物や塀などに使用されています。

No. 09

令和3年度（2021年度）10月試験
解答・解説

この年の合格基準点は**34**点でした

解答一覧

権利関係

問	1	2	3	4	5	6	7	8	9	10
解答	1	2	4	1	4	2	3	1	1	2

問	11	12	13	14
解答	3	2	4	3

法令上の制限

問	15	16	17	18	19	20	21	22
解答	3	2	4	2	4	3	3	4

税 その他

問	23	24	25
解答	1	1	3

宅建業法

問	26	27	28	29	30	31	32	33	34	35
解答	2	4	4	4	2	3	1	1	2	3

問	36	37	38	39	40	41	42	43	44	45
解答	1	3	4	1	3	1	2	4	2	3

その他

問	46	47	48	49	50
解答	1	2	－	4	3

日付　／　あなたの得点　点

メモ（復習すべき問題など）

問1　解答 1　敷金　難易度 B

1　**正**　【敷金返還請求権と留置権の成立】

他人の物の占有者が、その物に関して生じた債権を有する場合でも、債権が弁済期にないときは、その物を留置することはできません(留置権は成立しません)。家屋明渡債務が敷金返還債務に対し先履行の関係に立つと解すべき場合は、家屋明渡前に敷金返還債務の弁済期が到来しないため、敷金返還請求権をもって家屋につき留置権を取得する余地はありません。

2　**誤**　【敷金返還債務】

▶ 敷金返還債務は賃貸借契約に付随するが別個の契約によって生じる債務。

敷金契約は、賃貸人が賃借人に対して取得することのある債権を担保するために締結されるもので、賃貸借契約に附随するものではありますが、賃貸借契約そのものではないため、賃貸借の終了に伴う賃借人の家屋明渡債務と賃貸人の敷金返還債務とは、1個の双務契約によって生じた対価的債務の関係にあるものとはいえません。

3　**誤**　【敷金で担保される債権】

▶ 賃貸借契約終了後、家屋の明渡しまでに生じた債権を敷金から控除できる。

判例によれば、敷金は、賃貸借存続中の賃料債権のみならず、賃貸借終了後、家屋明渡義務履行までに生ずる賃料相当損害金の債権その他賃貸借契約により賃貸人が貸借人に対して取得することのある一切の債権を担保するとしています。

4　**誤**　【敷金の性質】

▶ 同時履行の関係ではない。

判決文は、家屋明渡債務と敷金返還債務について、「同時履行の関係にたつものではない」と同時履行の関係を否定しています。本肢は同時履行の関係を肯定しているため、誤りです。

問2　解答 2　連帯債務　難易度 B

連帯債務者(A、B、C)の1人について生じた事由は、弁済・更改・相殺・混同以外については、原則として他の連帯債務者に効力を及ぼしません(相対効)。例外的に、債権者(D)と連帯債務者の1人が別段の意思表示をしたときは、その意思表示にしたがいます。

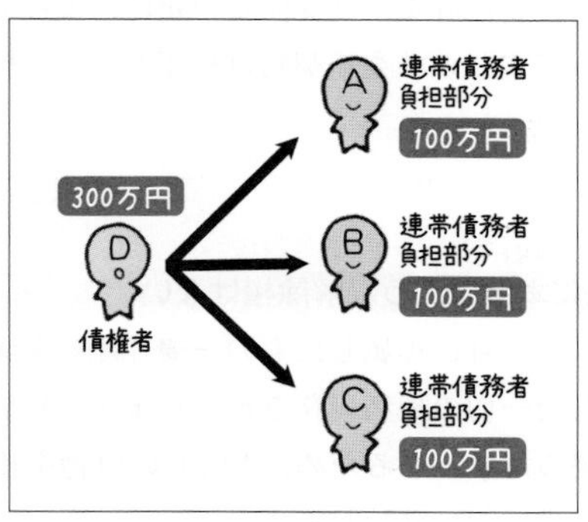

1　**正**　【相対効の原則】

前記のとおり、「(裁判上の)請求」は、弁済・更改・相殺・混同ではなく、特段の合意もないので、相対効となります。

2　**誤**　【債権を有する連帯債務者が相殺を援用しない場合】

▶ CはBの負担部分の限度で債務の履行を拒むことができるにとどまる。

債権を有する連帯債務者(B)が相殺を援用しない間は、その連帯債務者(B)の負担部分の限度(100万円)において、他の連帯債務者(C)は、債権者(D)に対して債務の履行を拒むことができます。したがって、CはBの負担部分の限度で債務の履行を拒むことができるのであって、BのDに対する債権で相殺することはできません。

3　**正**　【相対効の原則】

前記のとおり、「免除」は、弁済・更改・相殺・混同ではなく、特段の合意もないので、相対効となります。

4　**正**　【連帯債務者の1人について生じた事由の効力(更改)】

更改は絶対効なので、連帯債務者の1人(A)と債権者(D)との間に更改があったときは、債権は、すべての連帯債務者の利益のために消滅します。

問3　解答4　契約上の地位と相続　難易度 C

ア　**誤**　【(準)委任の終了事由】

▶ (準)委任は、受任者の死亡によって終了する。

法律行為でない事務を委託することを「準委任」といい、準委任は委任の規定が

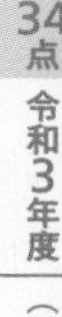

準用されます。委任は、委任者または受任者の死亡によって終了するため、受任者であるAの死亡によって本肢の準委任契約は終了し、Aの相続人は受任者の地位を相続しません。

イ　**誤**　【賃貸人の相続】

▶ 賃貸人の相続人に本肢のような解除権はない。

相続人は、被相続人の一身に専属したもの(**一身専属権**)を除き、相続開始の時から、被相続人の財産に属した一切の権利義務を承継します。賃貸借契約における権利義務(賃貸人の地位)も相続の対象となるため、A所有の建物を相続した相続人が賃貸人の地位を承継し、賃貸借契約は継続します。

ウ　**誤**　【売主の地位の相続】

▶ 売買契約上の売主の地位は、相続によって承継される。

売買契約を締結した後に、売主に相続があった場合は、売主の地位はその相続人が相続して引渡義務などを負うことになります。また、原始的不能とは、契約成立時点で既に債務が履行不能であることをいうため、本肢の場合は、これにあたりません。

エ　**誤**　【使用貸借の終了事由】

▶ 使用貸借は、借主の死亡によって終了する。

使用貸借は、借主の死亡によって終了するため、借主であるAの死亡によって本肢の使用貸借契約は終了し、Aの相続人は借主の地位を相続しません。

以上より、誤っているものはアとイとウとエの4つ!だから答えは「4」!

問4　解答 1　配偶者居住権　難易度 D

1　**正**　【配偶者居住権の存続期間の延長・更新】

配偶者居住権の存続期間は、**遺産分割協議**や遺言に別段の定めがあるときなどを**除き**、配偶者の終身の間となります。また、配偶者居住権の存続期間が定められた場合でも、その**延長や更新をすることはできません**。

2　**誤**　【居住建物の賃貸】

▶ 所有者の承諾を得なければ、居住建物を賃貸することができない。

配偶者居住権を取得した配偶者は、当該配偶者居住権が設定された**居住建物の所有者の承諾**を得なければ、居住建物の改築もしくは増築をし、または第三者に居住建物の使用もしくは収益をさせることができません。

3　誤　【配偶者居住権の終了】

▶ 配偶者居住権は、配偶者の死亡によって終了する。

配偶者居住権については、使用貸借の規定の一部が準用されており、配偶者の死亡によって終了するため、相続の対象とはなりません。

4　誤　【配偶者居住権の対抗要件】

▶ 配偶者居住権を第三者に対抗するには登記が必要。

配偶者居住権については、民法上の不動産賃貸借の対抗力に関する規定が準用されており、**配偶者居住権の登記**をしなければ、居住建物を取得した者その他の第三者に対抗することができません。

問5　解答4　行為能力、意思能力　難易度 C

1　誤　【成年】

▶ 18歳の者は成年である。

18歳の者は成年であり、単独で有効な法律行為を行うことができます。

2　誤　【養育費】

▶ 成年に達したときに、当然に養育費の支払義務が終了するわけではない。

養育費は、子供が未成熟であって経済的に自立することができない期間を対象として支払われるものであり、原則として、子供が成年に達したときに支払義務が終了しますが、諸般の事情を考慮したうえで、成年に達した場合でも認められることがあります。

3　誤　【営業を許された未成年者】

▶ 営業を許された未成年者→営業に関しないものは行為能力が制限される。

営業を許された未成年者は、その営業に関しては、成年者と同一の行為能力を有しますが、その営業に関しないものであれば、法律行為をするのに、原則として法定代理人の同意が必要となります。また、負担付贈与を受けることは、法定代理人の同意が不要である**単に権利を得、または義務を免れる法律行為**に当たりません。したがって、営業に関する負担付贈与は取り消すことができず、営業に関しない負担付贈与は取り消すことができます。

4　**正**　【意思無能力状態でした契約の効力】

たとえば、精神上の障害や泥酔により、意思能力（自己の行為の結果を判断することができる精神的能力）を欠く状態で意思表示を行った場合、その意思表示に基づく法律行為は、当初から無効となります。後見開始の審判を受けているか否かは関係ありません。

問6　解答2　債権譲渡　難易度A

1　**正**　【債務者の供託】

譲渡制限の意思表示がされた金銭の給付を目的とする債権（本問の売買代金債権）が譲渡されたときは、債務者は、その債権の全額に相当する金銭を債務の履行地の供託所に供託することができます。なお、譲渡制限特約のある債権を譲渡した場合でも、その債権譲渡は有効です。

2　**誤**　【契約時点ではまだ発生していない将来債権】

▶ 債権の譲渡は、その意思表示の時に債権が現に発生していることを要しない。

契約時点ではまだ発生していない将来債権でも、発生原因などで目的債権を特定することができれば、債権譲渡をすることができます。

この場合、譲渡された債権が発生した時に、譲受人は当然にその債権を取得するよ〜

3　**正**　【譲渡制限特約】

譲渡制限特約のある債権を譲渡した場合、その債権譲渡は有効ですが、第三者（譲受人）が譲渡制限特約について悪意または重過失であれば、債務者は、その債務の履行を拒むことができ、かつ、譲渡人に対する弁済その他の債務を消滅させる事由をもってその第三者に対抗することができます。

4　**正**　【債権譲渡の対抗要件】

債権譲渡（現に発生していない債権の譲渡を含む）は、譲渡人が債務者に通知をし、または債務者が承諾をしなければ、債務者その他の第三者に対抗することができず、その通知または承諾は、確定日付のある証書によってしなければ、債務者以外の第三者に対抗することができません。

問7 解答3 買主の救済（担保責任） 難易度A

1 **正** 【追完請求】

売買契約にもとづいて売主から引き渡された目的物が種類、品質または数量に関して契約の内容に適合しないものであるときは、当該不適合が買主の責めに帰すべき事由によるものであるときを除いて、買主は、売主に対し、目的物の修補、代替物の引渡しまたは不足分の引渡しによる履行の追完を請求することができます。したがって、BはAに対して、甲自動車の修理を請求することができます。

2 **正** 【代金減額請求】

引き渡された目的物に種類、品質または数量に関して契約の内容に適合しない不適合がある場合において、買主が相当の期間を定めて履行の追完の催告をし、その期間内に履行の追完がないときは、当該不適合が買主の責めに帰すべき事由によるものであるときを除いて、買主は、その不適合の程度に応じて代金の減額を請求することができます。ただし、履行の追完が不能であるときには、この催告をすることなく、直ちに代金の減額を請求することができるので、引き渡された甲自動車に修理不能な損傷があることが判明した場合は、BはAに対して、直ちに売買代金の減額を請求することができます。

履行の追完の催告をすることなく直ちに代金の減額を請求できるケース

❶ 履行の追完が不能であるとき
❷ 売主が履行の追完を拒絶する意思を明確に表示したとき
❸ 契約の性質または当事者の意思表示により、特定の日時または一定の期間内に履行をしなければ契約をした目的を達することができない場合（定期行為）において、売主が履行の追完をしないでその時期を経過したとき
❹ 買主が催告をしても履行の追完を受ける見込みがないことが明らかであるとき

3 **誤** 【解除】

▶ **履行の催告をしたうえでなければ、解除をすることができない。**

引き渡された目的物に種類、品質または数量に関して契約の内容に適合しない不適合がある場合において、買主が相当の期間を定めて履行の追完の催告をし、その期間内に履行の追完がないときは、その期間を経過した時における債務の不履行がその契約および取引上の社会通念に照らして軽微であるときを除いて、買主は契約を解除することができます。

ただし、債務の全部の履行が不能である場合などに、この催告をすることなく契約を解除することができるにとどまるため、修理が可能か否かにかかわらず、Bは

Aに対して、修理を請求することなく解除ができるとする本肢は誤りです。

4 **正** 【代金の支払拒絶】

売買の目的について権利を主張する者があることその他の事由により、買主がその買い受けた権利の全部もしくは一部を取得することができず、または失うおそれがあるときは、買主は、売主が相当の担保を供したときを除き、その危険の程度に応じて、代金の全部または一部の支払いを拒むことができます。

問8 解答1 工作物責任 難易度A

1 **誤** 【工作物責任】

▶Aは、甲建物の保存の瑕疵による損害について第1次的に責任を負う。

土地の工作物の設置または保存に瑕疵があることによって他人に損害を生じたときは、その工作物の占有者(Cから甲建物を賃借しているA)は、被害者(B)に対してその損害を賠償する責任を負います。ただし、占有者(A)が損害の発生を防止するのに必要な注意をしたときは、第2次的に所有者(C)がその損害を賠償しなければなりませんが、Aが損害発生の防止に必要な注意をしていなかったのであれば、AがBに対して不法行為責任を負います。

2 **正** 【工作物責任】

所有者は、損害の発生を防止するのに必要な注意をしたときでも、不法行為責任を負います。

占有者が第1次的責任を負い、占有者が必要な注意をしていた場合、所有者は過失の有無にかかわらず第2次的責任を負う。→所有者は無過失責任を負う!

3 **正** 【不法行為による損害賠償請求権の消滅時効】

不法行為による損害賠償の請求権は、**不法行為の時から20年間**行使しない場合は、時効によって消滅します。

4 **正** 【不法行為による損害賠償請求権の消滅時効】

不法行為による損害賠償の請求権は、**被害者またはその法定代理人が損害および加害者を知った時から3年間**(不法行為の時から20年間)行使しない場合は、時効によって消滅しますが、本肢のような**人の生命または身体を害する不法行為**による損害賠償請求権は、「**5年間**」行使しない場合、時効によって消滅します。

問9　解答 1　相続　難易度 B

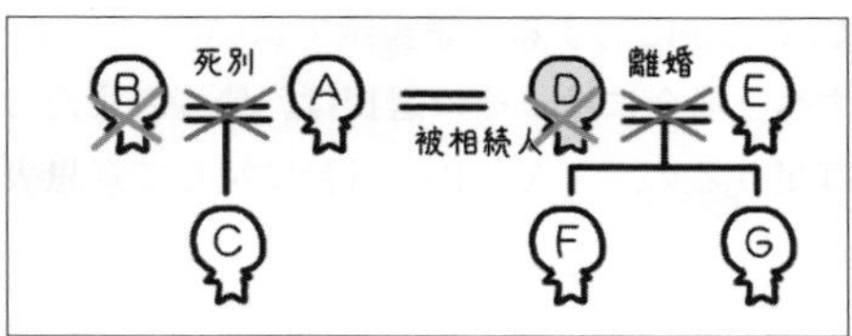

Cは、配偶者Aの子(いわゆる連れ子)であり、被相続人Dの子ではないので相続人ではありません。また、離婚した前妻Eも相続人ではありません。なお、子FとGの親権についての記載がありますが、親権は相続権とは無関係なので、Dの子であるFとGは、親権の有無にかかわらず、ともにDの相続人となります。

相続人が配偶者と子の場合の法定相続分は、配偶者2分の1、子2分の1です。さらに、子のFとGは、2分の1を均等に相続するので、それぞれ4分の1ずつとなります。

したがって、Dの相続における法定相続分は、Aが2分の1、Fが4分の1、Gが4分の1となります。

問10　解答 2　選択債権　難易度 D

1　誤　【第三者の選択権】

▶ 選択権はAに移転する。

債権の目的が数個の給付の中から選択によって定まるときに、その選択を第三者がすべき場合において、第三者が選択をすることができず、または選択をする意思を有しないときは、選択権は、債務者(引渡債務を負うA)に移転します。

2　正　【不能による選択債権の特定】

債権の目的である給付の中に不能のものがある場合において、その不能が選択権を有する者(A)の過失によるものであるときは、債権は、その残存するもの(乙)について存在することになります。

3　誤　【選択権の帰属】

▶ Aが選択権者となる。

債権の目的が数個の給付の中から選択によって定まるときは、その選択権は、債務者(引渡債務を負うA)に属します。

4　**誤**　【第三者の選択権】

▶ AまたはBのいずれかに対する意思表示でよい。

第三者が選択をすべき場合には、その選択は、債権者または債務者に対する意思表示によってすれば足りるので、AとBの両者に対して意思表示をする必要はありません。

問 11　解答 3　借地借家法(借地)　難易度 A

1　**正**　【定期借地権】

存続期間を50年以上として借地権を設定する場合においては、契約の更新および建物の築造による存続期間の延長がなく、ならびに建物買取請求をしないこととする旨を定めることができ、この場合においては、その特約は、公正証書による等書面(公正証書に限られない)または電磁的記録によってしなければならないとされています。

なお、専ら事業の用に供する建物の所有を目的として10年以上50年未満の存続期間を定めてする事業用定期借地権については、公正証書によって契約をしなければなりません。

一般定期借地権の場合は、利用目的(建物の種類)に制限がないよ〜

2　**正**　【一般定期借地権】

本問は、「居住の用に供する建物を所有することを目的」とするため、一般定期借地権となります。一般定期借地権の存続期間は50年以上でなければならないため、「期間を20年」と定めることはできません。

3　**誤**　【建物譲渡特約付借地権】

▶ 設定後「30年」以上を経過した日である。

借地権を消滅させるため、その設定後**30年以上**を経過した日に、借地上の建物を借地権設定者に相当の対価で譲渡する旨の特約を定めることができます(**建物譲渡特約付借地権**)。なお、この特約は書面で行う必要はありません(口頭でも可)。

4　**正**　【一時使用目的の借地権】

臨時設備の設置その他一時使用のために借地権を設定したことが明らかな場合に

は、借地権の存続期間、契約の更新、建物の再築による借地権の期間の延長などの借地借家法の規定は適用されません。

問 12　解答 2　借地借家法（借家）　難易度 A

1　**誤**　【賃貸人からの解約申入れ】

▶ 賃貸人からの申入れの場合は「3カ月」ではなく、「6カ月」である。

期間の定めのない賃貸借の場合、賃貸人から解約を申し入れるときは、**正当事由が必要**で、解約の申入日から**6カ月経過後**に賃貸借が終了します。なお、賃借人から解約を申し入れるときは、**正当事由は不要**で、解約の申入日から**3カ月経過後**に賃貸借が終了します。

2　**正**　【不動産の賃貸人たる地位の移転】

Bは甲建物の引渡しを受けており、対抗力を備えているため、甲建物の所有権がAからCに移転した場合、賃貸人たる地位もAからCに移転します。この場合にBがAに差し入れた敷金は、未払賃料債務があればこれに当然充当され、残額についてその権利義務関係が新賃貸人であるCに承継されます。

3　**誤**　【賃貸借の終了と転貸借】

▶ 建物の転貸借は、賃貸借終了の旨が通知された日から6カ月経過後に終了。

建物の転貸借がされている場合において、建物の賃貸借が期間の満了または解約の申入れによって終了するときは、建物の賃貸人は、建物の転借人にその旨の通知をしなければ、その終了を建物の転借人に対抗することができません。そして、建物の転貸借は、その通知がされた日から**6カ月経過後**に終了します。

4　**誤**　【定期建物賃貸借と期間の満了】

▶ 定期建物賃貸借は、賃貸借終了の旨が通知された日から6カ月経過後に終了。

定期建物賃貸借において、期間が1年以上である場合には、建物の賃貸人は、期間の満了の1年前から6カ月前までの間(通知期間)に建物の賃借人に対し期間の満了により建物の賃貸借が終了する旨の通知をしなければ、その終了を建物の賃借人に対抗することができません。ただし、建物の賃貸人が通知期間経過後に建物の賃借人に対しその旨の通知をした場合においては、その通知の日から**6カ月経過後**に賃貸借は終了します。なお、定期建物賃貸借は契約の更新がない賃貸借契約なので、契約を更新したものとみなされることはありません。

問 13　解答 4　区分所有法　難易度 A

1　**正**　【書面による決議】

区分所有者全員の承諾があれば、書面決議を行うことができますが、区分所有者が1人でも反対するときは、書面決議をすることができません。

2　**正**　【共用部分の変更行為】

共用部分の変更(その形状または効用の著しい変更を伴わないものを除く＝重大な変更)は、区分所有者および議決権の各**4分の3以上**の集会の決議で決しますが、規約で**区分所有者の定数**については**過半数**まで**減ずる**ことができます(議決権については減ずることはできません)。

3　**正**　【敷地利用権】

区分所有者は、原則として専有部分とそれに係る敷地利用権を分離して処分することはできません。

4　**誤**　【専有部分の床面積】

▶ 壁その他の区画の「内側線」で囲まれた部分の水平投影面積。

各共有者の共用部分の持分は、専有部分の床面積の割合で決まりますが、この専有部分の床面積は、**壁その他の区画の**内側線**で囲まれた部分の水平投影面積**をいいます。

問 14　解答 3　不動産登記法　難易度 B

1　**誤**　【所有権の抹消】

▶ 所有権の移転の登記があれば、登記名義人は単独で抹消登記を申請できない。

所有権の登記の抹消は、所有権の移転の登記がない場合に限り、所有権の登記名義人が単独で申請することができます。

2　**誤**　【登記申請の場合の代理権の不消滅】

▶ 登記申請の委任を受けた代理人の代理権は、本人が死亡しても消滅しない。

民法では、本人が死亡すると、代理人の代理権は消滅することとされていますが、**登記申請の代理人については、本人が死亡しても代理権は消滅しません。**

3　正　【単独申請】

相続または法人の合併による権利の移転の登記は、登記権利者が単独で申請することができます。

4　誤　【信託の登記】

▶ **信託の登記は、受託者が単独で申請することができる。**

信託の登記は、受託者が単独で申請することができます。なお、信託の登記の申請は、当該信託に係る権利の保存、設定、移転または変更の登記の申請と同時にしなければなりません。

問15　解答3　都市計画法　難易度 C

1　正　【地区計画】

地区計画については、都市計画に、地区施設(主として街区内の居住者等の利用に供される道路、公園や街区における防災上必要な機能を確保するための避難施設、避難路、雨水貯留浸透施設など)および地区整備計画(建築物等の整備ならびに土地の利用に関する計画)を定めるとともに、当該**地区計画の目標**ならびに当該区域の整備、開発および保全に関する方針を定めるよう努めるものとされています。

2　正　【地区計画】

地区計画については、都市計画に、地区計画等の種類、名称、位置および区域を定めるとともに、区域の**面積**その他の政令で定める事項を定めるよう努めるものとされています。

3　誤　【地区整備計画】

▶ **地区整備計画において本肢のような規定はない。**

地区整備計画において、区域区分の決定の有無を定めることができる旨の規定はありません。なお、都市計画区域については、都市計画に、当該都市計画区域の整備、開発および保全の方針を定め、区域区分の決定の有無および当該区域区分を定めるときはその方針を定めることとされています。

4　正　【地区整備計画】

地区整備計画においては、地区施設の配置および規模、建築物等の用途の制限、容積率の最高限度・最低限度、**建蔽率の最高限度**、敷地面積・建築面積の最低限度、壁面の位置の制限、建築物等の高さの最高限度・最低限度などを定めることができます。

市街化調整区域内において定められる地区整備計画については、容積率の最低限度、建築面積の最低限度および建築物等の高さの最低限度を定めることはできないよ！市街化調整区域なのに市街化を促進しちゃうからね。

問 16 解答 2 都市計画法（開発許可） 難易度 A

1 **誤** 【公益上必要な建築物を建築するための開発行為】

▶ 公益上必要な建築物に該当するので、開発許可不要。

都市公園法に規定する公園施設である建築物は公益上必要な建築物に該当するので、区域・規模にかかわらず、開発許可は不要です。

---

2 **正** 【市街化区域（3大都市圏の一定の区域）】

市街化区域においては、1,000㎡以上の開発行為については開発許可が必要ですが、首都圏整備法に規定する既成市街地または近郊整備地帯の区域内にある区域では、**500㎡以上**の開発行為については開発許可が必要となります。

---

3 **誤** 【開発許可】

▶ 準都市計画区域の場合、3,000㎡未満の開発行為は開発許可不要。

準都市計画区域内においては、**3,000㎡未満**の開発行為については、開発許可は不要です。

---

4 **誤** 【土地区画整理事業の施行として行う開発行為】

▶「〜事業の施行として行う開発行為」は、開発許可不要。

土地区画整理事業の施行として行う開発行為は、区域・規模にかかわらず、開発許可は不要です。

問 17 解答 4 建築基準法 難易度 C

1 **誤** 【ホルムアルデヒド発散建築材料】

▶ ホルムアルデヒド発散建築材料の使用が一切禁止されているわけではない。

第一種ホルムアルデヒド発散建築材料を居室の内装材・仕上げ材として使用することは禁止されていますが、第二種・第三種ホルムアルデヒド発散建築材料については、一定の制限が設けられたうえで、使用が認められています。

2　**誤**　【敷地内の通路】

▶ 幅員は「2m以上」ではなく、「1.5m以上」である。

4階建ての共同住宅の敷地内には、屋外に設ける避難階段および避難階に設けた出口から道または公園、広場その他の空地に通ずる幅員が**1.5m以上**の通路を設けなければなりません。なお、階数が3以下で延べ面積が200㎡未満の建築物の敷地内では、通路の幅員が90cmに緩和されます。

3　**誤**　【隣地境界線に接する外壁】

▶ 外壁は「防火構造」ではなく、「耐火構造」でなければない。

防火地域または準防火地域内にある建築物で、外壁が「防火構造」ではなく、「耐火構造」のものについては、その外壁を隣地境界線に接して設けることができます。

4　**正**　【検査済証の交付を受けるまでの建物物の使用制限】

木造で、階数が3以上の共同住宅を新築する場合は、原則として、検査済証の交付を受けるまでは建築物を使用してはなりませんが、特定行政庁が、**安全上、防火上および避難上支障がない**と認めたときは使用することができます。

問18　解答2　建築基準法　難易度C

1　**正**　【建蔽率の緩和】

準防火地域内にある**耐火建築物**（これと同等以上の延焼防止性能を有する建築物を含む）については、**10分の1**を加えた数値が建蔽率となります。また、街区の角にある敷地またはこれに準ずる敷地で**特定行政庁が指定**するものの内にある建築物についても、**10分の1**を加えた数値が建蔽率となるため、本肢では両方の要件を満たし、10分の2を加えた10分の8が建蔽率の限度となります。

2　**誤**　【市町村の条例にもとづく緩和】

▶ 集落地区計画の区域内については、条例で、用途制限を緩和できない。

市町村は、地区計画等の区域（地区整備計画等が定められている区域に限る）内において、建築物の敷地、構造、建築設備または用途に関する事項で当該地区計画等の内容として定められたものを、条例で、これらに関する制限として定めることができ、用途地域における用途の制限を補完し、地区計画等の区域の特性にふさわしい土地利用の増進等の目的を達成するため必要と認める場合においては、国土交通大臣の承認を得て、当該条例で、用途制限を緩和することができます。ただし、**集落地区計**

画の区域内については除外されており、用途制限を緩和することができません。

3　**正**　【居住環境向上用途誘導地区】

居住環境向上用途誘導地区内においては、公衆便所、巡査派出所その他これらに類する建築物で公益上必要な一定の建築物を除き、建築物の建蔽率は、居住環境向上用途誘導地区に関する都市計画において建築物の建蔽率の最高限度が定められたときは、当該最高限度以下でなければなりません。

4　**正**　【都市計画区域内においてごみ焼却場を新築する場合の制限】

都市計画区域内においては、卸売市場、火葬場またはと畜場、汚物処理場、ごみ焼却場その他政令で定める処理施設の用途に供する建築物は、都市計画においてその敷地の位置が決定しているものでなければ、新築し、または増築してはなりません。ただし、特定行政庁が都市計画審議会の議を経てその敷地の位置が都市計画上支障がないと認めて許可した場合などは新築等が可能となります。

問 19　解答 4　盛土規制法　難易度 A

1　**正**　【切土】

宅地造成等工事規制区域内において、切土であって、当該切土をする土地の面積が**500㎡を超える**とき、または、当該切土をした土地の部分に高さ**2mを超える**崖を生ずることとなる場合には、原則として、都道府県知事の許可を受けなければなりません。したがって、本肢においては、工事の許可は不要となります。

2　**正**　【許可証の交付または不許可の通知】

都道府県知事は、宅地造成等工事規制区域内において行われる宅地造成等に関する工事の許可の申請があった場合においては、遅滞なく、許可または不許可の処分をしなければならず、許可の処分をしたときは許可証を交付し、不許可の処分をしたときは文書をもってその旨を当該申請者に通知しなければなりません。

3　**正**　【技術的基準の強化】

都道府県知事は、その地方の気候、風土または地勢の特殊性により、盛土規制法の規定のみでは宅地造成等に伴う崖崩れまたは土砂の流出の防止の目的を達し難いと認める場合においては、都道府県の規則で、技術的基準を**強化**または必要な技術的基準を**付加**することができます。

4　**誤**　【造成宅地防災区域】

▶ 造成宅地防災区域は、宅地造成等工事規制区域「以外」の区域に指定される。

都道府県知事は、基本方針にもとづき、かつ、基礎調査の結果を踏まえ、必要があると認めるときは、関係市町村長の意見を聴いて、宅地造成または特定盛土等(宅地において行うものに限る)に伴う災害で相当数の居住者等に危害を生ずるものの発生のおそれが大きい一団の造成宅地(これに附帯する道路その他の土地を含み、**宅地造成等工事規制区域内の土地を除く**)の区域であって、政令で定める基準に該当するものを、造成宅地防災区域として指定することができます。

問20　解答3　土地区画整理法　難易度B

1　**正**　【換地処分の効果】

換地計画において参加組合員に対して与えるべきものとして定められた宅地は、換地処分の公告があった日の翌日において、当該宅地の所有者となるべきものとして換地計画において定められた参加組合員が取得します。

2　**正**　【換地照応の原則】

換地計画において換地を定める場合においては、換地および従前の宅地の位置、地積、土質、水利、利用状況、環境等が照応するように定めなければなりません。これを**換地照応の原則**といいます。

3　**誤**　【許可権者】

▶ 本肢の場合は都道府県知事等の許可が必要。

施行地区内において、土地区画整理事業の施行の障害となるおそれがある土地の形質の変更もしくは建築物その他の工作物の新築等を行おうとする者は、国土交通大臣が施行する場合は**国土交通大臣**の、その他の者が施行する場合は**都道府県知事**(一定の場合においては市長)の許可を受けなければなりません。

4　**正**　【役員の解任請求】

土地区画整理組合の組合員は、組合員の3分の1以上の連署をもって、その代表者から理由を記載した書面を組合に提出して、理事または監事の解任を請求することができます。

問21 解答3 農地法 難易度A

1 **正** 【3条許可が不要となる場合】

相続や遺産分割によって農地を取得する場合には、**3条許可は不要**となります。そして、この場合においては、遅滞なく、農地の存する市町村の**農業委員会**に届け出なければなりません。

2 **正** 【3条許可がない場合の効力】

3条許可を受けずに売買契約をした場合、その効力は生じません。

3 **誤** 【一時的な転用目的の権利移動】

▶ 一時的だとしても、5条許可を受ける必要がある。

砂利を採取するための農地の貸付は転用のための権利移動に該当します。一時的だとしても、5条許可を受ける必要があります。

4 **正** 【許可があったものとみなす場合】

国または都道府県等が農地を農地以外のものにするため、これらの土地について所有権を取得する場合は、都道府県知事等との協議が成立することをもって、5条許可があったものとみなされます。

問22 解答4 国土利用計画法 難易度A

1 **誤** 【事後届出の手続】

▶「3週間以内」ではなく、「2週間以内」である。

土地売買等の契約を締結した場合には、権利取得者は、その契約を締結した日から起算して**2週間以内**に、一定の事項を、当該土地が所在する市町村の長を経由して、都道府県知事に届け出なければなりません。

2 **誤** 【土地の利用目的に関する助言】

▶ 対価の額については助言できない。

都道府県知事は、事後届出があった場合において、その届出をした者に対し、その届出に係る土地に関する権利の移転または設定後における**土地の利用目的**について、当該土地を含む周辺の地域の適正かつ合理的な土地利用を図るために必要な助言をすることができます。

3　誤　【罰則】

▶ 罰則の適用はあるが、勧告はされない。

事後届出が必要な場合であるにもかかわらず、事後届出を行わなかった場合には、罰則(6カ月以下の懲役または100万円以下の罰金)が適用されます。なお、都道府県知事から届出を行うよう勧告されることはありません。

4　正　【事後届出】

事後届出が必要となる取引の面積は、都市計画区域外は10,000㎡以上です。したがって、Aから準都市計画区域内の10,000㎡の土地を取得したCは事後届出が必要となります。なお、当事者の一方または双方が国・地方公共団体・地方住宅供給公社等である場合には、事後届出を行う必要はありませんので、B市は事後届出を行う必要はありません。

問23　解答1　所得税　難易度D

1　正　【譲渡所得の金額】

譲渡所得の金額は、譲渡益(総収入金額から取得費と譲渡費用を控除した額)から譲渡所得の特別控除額(50万円)を控除して計算します。そして、譲渡益から譲渡所得の特別控除額を控除する場合には、まず、当該譲渡益のうち資産の譲渡でその資産の取得の日以後5年以内にされたものによる所得(短期譲渡所得)に係る部分の金額から控除し、次にそれ以外の譲渡による所得(長期譲渡所得)に係る部分の金額から控除します。

2　誤　【取得費】

▶ 取得費には、設備費および改良費の額が含まれる。

譲渡所得の金額の計算上控除する資産の取得費は、別段の定めがあるものを除き、その資産の取得に要した金額ならびに設備費および改良費の額の合計額とされます。

3　誤　【譲渡所得】

▶「不動産所得」ではなく、「譲渡所得」となる。

建物の所有を目的とする賃借権などの借地権の設定の対価として権利金を受け取った場合は、原則として不動産所得となります。ただし、建物もしくは構築物の全部の所有を目的とする借地権または地役権の設定である場合に、その対価として支払いを受ける権利金が、その土地の時価の10分の5に相当する金額を超えている場合は、譲渡所得として課税されます。

4　**誤**　【譲渡所得】

▶ **特別控除額を50万円、課税標準を2分の1とするのは総合課税の長期譲渡所得。**

土地・建物等や株式等を売却したときは、他の所得と区分して課税される**分離課税**となります。また、土地・建物等や株式等以外の資産を売却したときは、他の所得と合算して課税される**総合課税**となります。

譲渡所得の特別控除額(50万円)が適用されるのは、総合課税の場合です。したがって、土地や建物等の固定資産を譲渡した場合には、分離課税の対象となるため、特別控除額(50万円)の適用はありません。

また、総合課税の場合で、長期譲渡所得(所有期間が5年超の資産を売却したとき)に該当するときには、長期譲渡所得の金額はその2分の1が総合課税の対象になりますが、本肢の場合は所有期間が5年以内(短期譲渡所得)であるため、譲渡所得の金額を2分の1にする規定は適用されません。

問24　解答1　不動産取得税　難易度C

1　**正**　【不動産取得税の課税標準】

個人が自己の居住用に取得した既存住宅で、その床面積が50㎡以上240㎡以下等の一定の要件を満たす住宅を取得したときは、一定の額が課税標準から控除されます。平成9年4月1日以降に新築された住宅の場合の控除額は1,200万円です。

2　**誤**　【不動産の取得とみなされるもの】

▶ **「3年」ではなく、「6カ月(または1年)」である。**

新築家屋の場合、最初の使用または譲渡が行われた日に家屋の取得があったものとみなされます。この場合、家屋が新築された日から**6カ月**(宅建業者が売主の場合は1年)を経過しても最初の使用または譲渡が行われないときは、**6カ月**(または1年)を経過した日に家屋の取得があったものとみなされます。

3　**誤**　【不動産取得税の徴収・納期】

▶ **不動産取得税は普通徴収で、納期は都道府県によって異なる。**

不動産取得税の徴収は、普通徴収(納税者に納付書が交付され、それにもとづいて納税者が納税する方法)です。また、納期は、条例によって定めることとされているため、各都道府県によって異なります。

4　誤　【不動産取得税の標準税率】

▶ 不動産取得税の標準税率は4%で、4%を超える場合もありうる。

不動産取得税の標準税率は、100分の4(4%)とされています。標準税率とは、地方自治体が課税する場合に通常よるべき税率で、その財政上その他の必要があると認める場合においては、これによることを要しない税率をいいます。そのため4%を超えることもあります。

問25　解答3　不動産鑑定評価基準　難易度C

1　正　【調査範囲等条件】

不動産鑑定士の通常の調査の範囲では、対象不動産の価格への影響の程度を判断するための事実の確認が困難な特定の価格形成要因が存する場合、鑑定評価書の利用者の利益を害するおそれがないと判断されるときに限り、当該価格形成要因について調査の範囲に係る条件(調査範囲等条件)を設定することができます。

2　正　【再調達原価】

再調達原価とは、対象不動産を価格時点において再調達することを想定した場合において必要とされる適正な原価の総額をいい、建設資材、工法等の変遷により、対象不動産の再調達原価を求めることが困難な場合には、対象不動産と同等の有用性を持つものに置き換えて求めた原価(置換原価)を再調達原価とみなすものとされています。

3　誤　【事情補正】

▶ 本肢は「事情補正」の説明である。

取引事例等に係る取引等が特殊な事情を含み、これが当該取引事例等に係る価格等に影響を及ぼしている場合に、適切に補正することを**事情補正**といいます。時点修正は、取引事例等に係る取引等の時点が価格時点と異なることにより、その間に価格水準に変動があると認められる場合に、当該取引事例等の価格等を価格時点の価格等に修正することをいいます。

4　正　【鑑定評価によって求める賃料の種類】

不動産の鑑定評価によって求める賃料は、一般的には**正常賃料**または**継続賃料**ですが、鑑定評価の依頼目的に対応した条件により**限定賃料**を求めることができる場合があるため、依頼目的に対応した条件を踏まえてこれを適切に判断し、明確にすべきであるとされています。

不動産の鑑定評価によって求める賃料

❶ 正常賃料
正常価格と同一の市場概念の下において新たな賃貸借等の契約において成立するであろう経済価値を表示する適正な賃料(新規賃料)

❷ 限定賃料
限定価格と同一の市場概念の下において新たな賃貸借等の契約において成立するであろう経済価値を適正に表示する賃料(新規賃料)

❸ 継続賃料
不動産の賃貸借等の継続に係る特定の当事者間において成立するであろう経済価値を適正に表示する賃料

問 26 解答 2 重要事項の説明(35条書面) 難易度 A

1 誤 【重要事項の説明をする宅建士】

▶「専任」である必要はない。

重要事項の説明は、宅建士であればよく、**専任である必要はありません。**

2 正 【金銭の授受の目的】

建物の売買を売主として行う場合、売買代金以外に授受される金銭があるときは、当該金銭の額、授受の目的について説明しなければなりません。

ちなみに、建物の売買代金の額、支払時期・方法については、重要事項として説明する必要はないよ〜

3 誤 【移転登記の申請の時期】

▶「移転登記の申請の時期」は説明不要。

建物の売買を売主として行う場合、登記された権利の種類および内容は説明しなければなりませんが、**移転登記の申請の時期については説明する必要はありません。**

4 誤 【建物の引渡時期】

▶「建物の引渡時期」は説明不要。

建物の引渡時期は、37条書面(契約書面)の記載事項ですが、重要事項とはされていないので、説明する必要はありません。

問27　解答4　免許　難易度A

1　誤　【欠格事由(免許取消しから5年を経過)】

▶ 免許取消しの日から5年を経過→免許を受けることができる。

不正の手段により免許を受けた後、免許を取り消され、その取消しの日から5年を経過した場合には欠格事由に該当しません。したがって、Aは免許を受けることができます。

2　誤　【欠格事由(破産者)】

▶ 破産後に復権を得た→免許を受けることができる。

破産者であっても、復権を得た場合には欠格事由に該当しません(5年待たなくてもOK)。したがって、Bは免許を受けることができます。

3　誤　【欠格事由(控訴中)】

▶ 控訴中(まだ「刑に処せられた」わけではない)→免許を受けることができる。

禁錮以上の刑に処せられ、その刑の執行を終わり、または執行を受けることがなくなった日から5年を経過しない者は欠格事由に該当し、法人でその役員または政令で定める使用人のうち、この欠格事由に該当する者がいる場合は、その法人は免許を受けることができません。ただし、C社の役員Dは地方裁判所で懲役刑を言い渡された後に控訴しており、裁判が係属中なので(刑が確定していないので)、C社は免許を受けることができます。

4　正　【欠格事由(宅建業法違反)】

宅建業法に違反し、または暴力的な犯罪により罰金の刑に処せられ、その刑の執行を終わり、または執行を受けることがなくなった日から5年を経過しない者は欠格事由に該当し、法人でその役員または政令で定める使用人のうち、この欠格事由に該当する者がいる場合は、その法人は免許を受けることができません。E社の役員が宅建業法に違反したことにより罰金の刑に処せられ、5年を経過していないのであれば、E社は免許を受けることができません。

問28　解答4　宅建士資格登録　難易度A

1　誤　【登録の移転】

▶ 登録の移転は任意であり、登録している知事を経由して申請する。

登録の移転の申請は義務ではなく、任意です。また、登録の移転をしようとするときは、新たに従事することとなった事務所の所在地を管轄する都道府県知事(乙県知事)に対し、登録をしている都道府県知事(甲県知事)を経由して申請します。

2 **誤** 【登録の消除】

▶「情状が特に重いとき」に登録が消除される。

宅建士の登録を受けている者で宅建士証の交付を受けていないものが宅建士としてすべき事務を行い、**情状が特に重い場合**、当該登録をしている都道府県知事(甲県知事)は、当該登録を**消除しなければなりません**。

3 **誤** 【変更の登録】

▶ 専任であるかないかにかかわらず、変更の登録を申請しなければならない。

宅建業者の業務に従事する者にあっては、当該宅建業者の商号または名称および免許証番号が宅建士資格登録簿の登載事項ですので、専任であるかないかにかかわらず、これらの事項に変更があったときは、遅滞なく、登録をしている都道府県知事(甲県知事)に変更の登録を申請しなければなりません。

4 **正** 【宅建士になるまでの流れ】

試験に合格した者がその登録を受けようとするときは、登録申請書を当該試験を行った都道府県知事(甲県知事)に提出しなければなりません。

問29 解答4 事務所、案内所の規制 難易度A

1 **誤** 【従業者名簿】

▶ 従業者名簿は、最終の記載をした日から「10年間」保存しなければならない。

宅建業者は、**事務所ごと**に、**従業者名簿**を備えなければなりません。そして、名簿の保存期間は**最終の記載をした日から10年間**です。

2 **誤** 【標識の掲示】

▶ 申込み・契約をするしないにかかわらず、案内所等には標識の掲示が必要。

標識は、申込み・契約をしない案内所等にも掲示する必要があります。

3 **誤** 【報酬額の掲示】

▶ 報酬額は案内所等には掲示する必要はない。

報酬額は、事務所には掲示しなければなりませんが、案内所等には掲示する必要はありません。

4　**正**　【専任の宅建士の設置】

申込み・契約をする案内所等では、成年者である専任の宅建士を１人以上設置しなければなりませんが、申込み・契約をしない案内所等では、設置する必要はありません。

問 30　解答 2　広告に関する規制　難易度 A

ア　**正**　【将来の利用の制限について著しく事実に相違する表示】

宅建業者は、その業務に関して広告をするときは、その広告に係る宅地の**将来の利用の制限について著しく事実に相違する表示をしてはなりません。**

イ　**誤**　【依頼者からの依頼によらない広告の料金】

▶ 広告の料金は依頼がなければ受領できない。

宅建業者は、依頼者から広告の依頼があったときには、報酬とは別に広告料金を受領できますが、依頼者からの依頼なしに、宅建業者が広告を出したときは、その分の広告料金を受領することができません。

ウ　**誤**　【取引態様の別の明示】

▶ 広告をするたびに取引態様の別を明示しなければならない。

宅建業者は、宅地・建物の売買、交換または貸借に関する広告をするときに、取引態様の別を明示しなければなりません。したがって、複数の区画がある宅地の売買について、数回に分けて広告をするときは、広告をするたびに取引態様の別を明示しなければなりません。

エ　**正**　【広告の開始時期の制限】

建築確認が済んでいない建物の広告をすることはできません。なお、「建築確認の申請中」は、その旨を表示したとしても広告をすることはできません。

以上より、正しいものはアとエの2つ！だから答えは「2」！

問31 解答3 保証協会 難易度B

1 **正** 【担保の提供】

保証協会は、その社員である宅建業者が社員となる前に、当該社員と宅建業に関し取引をした者の有するその取引により生じた債権に関して、弁済業務保証金の還付による弁済が行われることにより弁済業務の円滑な運営に支障を生ずるおそれがあると認めるときは、当該社員に対し、担保の提供を求めることができます。

2 **正** 【苦情の解決】

保証協会は、宅建業者の相手方から社員の取り扱った宅建業に係る取引について解決の申出があった場合、苦情の解決について必要があると認めるときは、その社員に、文書もしくは口頭による説明を求め、または資料の提出を求めることができます。この場合、当該社員は、正当な理由がある場合でなければ、これを拒むことはできません。

3 **誤** 【還付充当金の納付】

▶「還付されたとき」ではなく、「通知を受けた日」から2週間以内に納付。

保証協会は、弁済業務保証金の還付があったときは、その還付に係る社員または社員であった者に対し、還付額に相当する額の還付充当金を保証協会に納付すべきことを通知しなければなりません。そして、その通知を受けた社員または社員であった者は、その**通知を受けた日から2週間以内**に、その通知された額の還付充当金を保証協会に納付しなければなりません。

4 **正** 【免許権者への報告】

保証協会は、新たに社員が加入し、または社員がその地位を失ったときは、直ちに、その旨を当該社員である宅建業者の免許権者に報告しなければなりません。

問32 解答1 宅建業の基本 難易度B

1 **正** 【宅地とは】

宅建業法に規定する宅地とは、❶建物の敷地に供せられる土地、❷用途地域内のその他の土地(道路、公園、河川その他政令で定める公共の用に供する施設の用に供せられているものを除く)をいいます。ソーラーパネルは建物ではないので、本肢の土地は❶に当たりません。また、用途地域外の土地であるため❷にも当たりません。したがって、本肢土地は宅地に当たらないため、当該土地の売買を媒介しようとする場合、免許は不要です。

2　**誤**　【宅建業とは】

▶ B社は業として宅地を分譲→免許が必要。

B社は業として宅地を分譲(売買)するため、免許が必要です。なお、土地区画整理事業の換地処分により土地を取得したからといって、例外とはなりません。

3　**誤**　【免許が不要な団体】

▶ 農業協同組合であっても免許が必要。

宅地の売却の代理は「取引」に該当します。また、農業協同組合は、免許が不要な団体(国、地方公共団体等)に該当しないので、宅地の売却の代理を業として行う農業協同組合Cは免許が必要です。

4　**誤**　【宅建業とは】

▶ 免許不要の団体であっても、その者を媒介して取引を行う場合は免許が必要。

国や地方公共団体等の免許が不要な団体が売主となるときでも、その売買についての媒介を業として行う場合(D社)は、免許が必要です。

問 33　解答 1　重要事項の説明(35条書面)　難易度 D

1　**正**　【水害ハザードマップ】

宅建業者が取引の対象となる宅地または建物が存する市町村に照会し、当該市町村が取引の対象となる宅地または建物の位置を含む水害ハザードマップの全部または一部を作成せず、または印刷物の配布もしくはホームページ等への掲載等をしていないことが確認された場合は、その照会をもって調査義務を果たしたことになり、提示すべき水害ハザードマップが存しない旨を重要事項説明書に記載し、その旨を重要事項説明のさいに説明することで足ります。

2　**誤**　【水害ハザードマップ】

▶ 洪水・内水・高潮のそれぞれについて提示が必要。

市町村が取引の対象となる宅地または建物の位置を含む洪水・内水・高潮の水害ハザードマップを作成している場合、そのすべての水害ハザードマップを提示しなければなりません。

3　**誤**　【水害ハザードマップ】

▶ 貸借の媒介の場合も水害ハザードマップの提示は必要。

水害ハザードマップの提示は、宅地・建物を問わず、また、すべての取引において必要になります。

4　**誤**　【水害ハザードマップ】

▶「添付」だけでは足りず、「説明」する義務を負う。

水害ハザードマップが作成されている場合には重要事項説明書に添付するだけでは足りず、取引の対象となる宅地または建物の水害ハザードマップ上の概ねの位置を示すことにより説明することとされています。

水害ハザードマップに記載されている内容の説明までは、宅建業者に義務付けられていないよ〜

問34　解答2　営業保証金　難易度A

1　**誤**　【供託をした旨の届出】

▶ 供託をした旨の届出は宅建業者が行う。

宅建業者は、営業保証金を供託したときは、その供託物受入れの記載のある供託書の写しを添付して、営業保証金を供託した旨をその免許権者(本肢では国土交通大臣)に届け出なければなりません。なお、宅建業者は、この届出をした後でなければ、事業を開始することはできません。

2　**正**　【営業保証金から弁済を受けることができる者】

宅建業者と宅建業に関し取引をした者が宅建業者である場合、その者は、取引の相手方である宅建業者が供託した営業保証金から弁済を受けることができません。

同様に、取引の相手方が保証協会の社員であった場合、宅建業者は、弁済業務保証金から弁済を受けることもできないよ!

3　**誤**　【営業保証金の供託】

▶ 営業保証金は、金銭と有価証券を併用して供託することができる。

営業保証金の供託は、金銭のみまたは有価証券のみに加え、金銭と有価証券を併用して行うこともできます。

弁済業務保証金分担金については、金銭のみで納付しなければならないよ〜

4　誤　【有価証券による営業保証金の供託】

▶ 国債は額面金額の100%、地方債は額面金額の90%である。

営業保証金は、金銭のほかに有価証券でも供託することができますが、有価証券の場合の評価額は次のようになります。

有価証券の場合の評価額

❶ 国債……………………………………………………額面金額の100%
❷ 地方債・政府保証債…………………………………額面金額の 90%
❸ それ以外の国土交通省令で定める有価証券………額面金額の 80%

問35　解答3　宅建士登録　難易度A

ア　正　【宅建士証の提出】

宅建士は、事務禁止処分を受けた場合、宅建士証をその交付を受けた都道府県知事(本肢では甲県知事)に速やかに提出しなければなりません。そして、提出しなかったときは、**10万円以下**の過料に処せられることがあります。

イ　正　【事務禁止期間を経過していない者】

事務禁止処分を受け、その禁止期間中に、自らの申請により登録が消除された者で、まだ事務禁止期間を経過していない者は、たとえ他の都道府県で試験に合格したとしても、登録を受けることはできません。

ウ　誤　【登録の移転】

▶ 住所を変更しただけでは、登録の移転の申請はできない。

登録の移転は、現在登録している都道府県知事が管轄している都道府県以外の都道府県に所在する事務所に勤務し、または勤務しようとするときに行うことができます。単に住所が変わっただけでは登録の移転はできません。

エ　正　【変更の登録】

登録を受けている宅建士の住所や本籍に変更があった場合には、遅滞なく、変更の登録の申請をしなければなりません。

以上より、正しいものはアとイとエの3つ！だから答えは「3」！

問36　解答1　重要事項の説明（35条書面）　難易度A

1　**説明しなければならない事項ではない**　【都市計画法にもとづく制限】

▶建物の貸借の媒介→都市計画法にもとづく制限について説明不要。

建物の貸借の場合には、都市計画法にもとづく制限は説明する必要はありません（土地の貸借や土地・建物の売買・交換の媒介の場合には説明する必要があります）。

2　**説明しなければならない事項である**　【石綿使用の調査の内容】

建物の貸借の場合には、当該建物について、石綿の使用の有無の調査の結果が記録されているときは、その内容について説明しなければなりません。

3　**説明しなければならない事項である**　【建物の設備の整備の状況】

建物の貸借の場合には、台所、浴室、便所その他の当該建物の設備の整備の状況について説明しなければなりません。

4　**説明しなければならない事項である**　【金銭の精算に関する事項】

宅地の貸借の場合には、敷金その他いかなる名義をもって授受されるかを問わず、契約終了時において精算することとされている金銭の精算に関する事項について説明しなければなりません（建物の貸借の場合にも説明する必要があります）。

問37　解答3　35条書面と契約書（37条書面）　難易度A

1　**誤**　【専有部分の用途その他の利用の制限に関する規約の定め】

▶ペットの飼育禁止→37条書面の記載事項ではない。

規約でペットの飼育が禁止されている場合は、専有部分の用途その他の利用の制限に関する規約の定めとして、35条書面にその旨を記載し、内容を説明しなければなりませんが、37条書面の記載事項ではありません。

2　**誤**　【支払金または預り金の保全措置】

▶支払金または預り金の保全措置→37条書面の記載事項ではない。

支払金または預り金を受領しようとする場合は、保全措置を講ずるかどうかおよびその措置を講ずる場合におけるその措置の概要について、35条書面にその旨を記載し、内容を説明しなければなりませんが、37条書面の記載事項ではありません。

支払金または預り金とは、いかなる名義をもって授受されるかを問わず、宅建業者の相手方等から宅建業者がその取引の対象となる宅地または建物に関し受領する金銭をいい、次のものを除く

❶ 受領する額が50万円未満のもの
❷ 保全措置が講ぜられている手付金等
❸ 売主または交換の当事者である宅建業者が登記以後に受領するもの
❹ 報酬

3　**正**　【売買代金以外に金銭の授受があるとき】

土地・建物の売買の媒介を行う場合、当該土地または建物の売買代金以外の金銭の授受に関する定めがあるときは、その額、当該金銭の授受の時期と目的を37条書面に記載しなければなりません(「金銭の額」と「当該金銭の授受の目的」は35条書面にも記載して、説明が必要です)。

4　**誤**　【宅建業とは】

▶「自ら貸借」は「取引」に該当しない→37条書面の交付は不要。

「自ら貸借」は、宅建業の「取引」に該当しないため、自ら貸主となる土地付建物の賃貸借契約においては、37条書面の交付は不要です。一方、自ら売主となる土地付建物の売買契約においては、37条書面を作成して、交付・提供しなければなりません。

問38　解答4　一般媒介契約　難易度A

媒介契約に関する規制は、相手方が宅建業者であるか否かにかかわらず、同様の規制が適用されます。

ア　**違反しない**　【一般媒介契約の有効期間】

一般媒介契約の有効期間には制限がありません。したがって、有効期間を6カ月とすることもできます。

イ　**違反しない**　【業務の処理状況の報告義務】

専任媒介契約においては、依頼者に対し、その専任媒介契約に係る業務の処理状況を2週間に1回以上(専属専任媒介契約の場合は1週間に1回以上)報告しなければなりま

せんが、一般媒介契約においては、宅建業者に定期的な報告が義務付けられていません。

ウ　**違反しない**　【指定流通機構への登録義務】

専任媒介契約においては、一定期間内に指定流通機構への登録を行うこと、また、登録後に登録を証する書面を交付（または、依頼者の承諾を得て登録を証する書面において記載されるべき事項を電磁的方法により提供）することがそれぞれ義務付けられていますが、一般媒介契約には、そもそも指定流通機構への登録義務がありません。

エ　**違反しない**　【貸借の媒介契約】

宅建法上の媒介契約の規制は、宅地・建物の売買・交換の媒介契約について定められたものなので、貸借についてはこの規制は及びません。したがって、本肢のように有効期間を定めないこともできます。

以上より、違反しないものはアとイとウとエの4つ！だから答えは「4」！

問39　解答 1　8種制限（クーリング・オフ制度）　難易度 B

1　**正**　【クーリング・オフを告げるときに交付する書面】

告知書面には、クーリング・オフによる買受けの申込みの撤回または売買契約の解除があった場合、宅建業者は、それに伴う損害賠償または違約金の支払いを請求できないことが記載されていなければなりません。

2　**誤**　【クーリング・オフを告げるときに交付する書面】

▶「建物の引渡しを受け」かつ「代金の全部を支払った場合」である。

告知書面には、クーリング・オフを告げられた日から起算して8日を経過する日までの間は、**宅地または建物の引渡しを受け**、**かつ**、**その代金の全部を支払った場合を除き**、書面により買受けの申込みの撤回または売買契約の解除を行うことができることが記載されていなければなりません。

3　**誤**　【クーリング・オフを告げるときに交付する書面】

▶「Aに到達した時点」ではなく、「書面を発した時」である。

告知書面には、クーリング・オフによる買受けの申込みの撤回または売買契約の解除は、買受けの申込みの撤回または売買契約の解除を行う旨を記載した書面を発した時に、効力を生ずることが記載されていなければなりません。

4　誤　【クーリング・オフを告げるときに交付する書面】

▶ 媒介を行う宅建業者の商号等は記載する必要がない。

告知書面には、売主である宅建業者Aの商号または名称および住所、免許証番号が記載されていなければなりませんが、媒介を行う宅建業者Bについての記載は必要ありません。

問40　解答3　その他の業務上の規制　難易度A

1　誤　【業務に関する帳簿】

▶ 業務に関する帳簿は「事務所ごと」に備える必要がある。

業務に関する帳簿は、宅建業に関し取引のあったつど、その年月日、その取引に係る宅地または建物の所在および面積その他国土交通省令で定める事項を記載し、**事務所ごと**(主たる事務所・従たる事務所)に備えなければなりません。したがって、案内所には備える必要はありませんが、支店には業務に関する帳簿を備えなければなりません。

2　誤　【取消しの制限】

▶ 行為能力の制限によっては取り消すことができない。

宅建業者(個人に限り、未成年者を除く)が宅建業の業務に関し行った行為は、行為能力の制限によっては取り消すことができません。

3　正　【標識の掲示】

宅建業者が一団の宅地建物の分譲をする場合における当該宅地または建物の所在する場所には、標識の掲示が必要です。

4　誤　【守秘義務】

▶ 正当な理由がある場合はOK。

宅建業者は、正当な理由がある場合でなければ、その業務上取り扱ったことについて知り得た秘密を他に漏らしてはなりません。税務署の職員から質問検査権の規定にもとづき質問を受けた場合は、正当な理由があるといえるため、それに回答することができます。

問 41　解答 1　契約書（37条書面）　難易度 A

ア　正　【37条書面への記名】

売主が宅建業者(A)である売買の媒介を宅建業者(B)が行った場合、AとBは双方とも買主に対して37条書面の交付（または電磁的方法による提供）義務を負います。したがって、A・Bともに、宅建士に記名をさせる必要があります。

イ　誤　【代金以外の金銭の授受に関する定め】

▶「代金以外の金銭の額」、「当該金銭の授受の時期」、「目的」の記載が必要。

手付金など代金以外の金銭の授受に関する定めがあるときは、その額ならびに当該金銭の授受の時期および目的を37条書面に記載しなければなりません。

ウ　誤　【37条書面の交付・提供】

▶ 相手方が宅建業者でも、37条書面を交付・提供しなければダメ。

相手方が宅建業者でも、37条書面の交付（または電磁的方法による提供）を省略することはできません。

エ　誤　【登記された権利の内容】

▶ 登記された権利の内容は37条書面の記載事項ではない。

登記された権利の内容は35条書面の記載事項ですが、37条書面の記載事項ではありません。

以上より、正しいものはアの1つ！だから答えは「1」！

問 42　解答 2　8種制限　難易度 A

1　誤　【所有権留保等の禁止】

▶「800万円」ではなく、「960万円」である。

割賦販売契約の場合、宅建業者は、原則として、物件の引渡しまでに登記の移転をしなければなりませんが、宅建業者が受け取った金額が代金の額の**10分の3以下（30%以下）**であるとき等は、登記の移転をしなくてもよくなります。

本肢の場合、代金の額（3,200万円）の30%が960万円なので、これを超える額の支払いを受けるまでに登記の移転をしなければなりません。

2　**正**　【手付金等の保全措置】

手付金等とは、契約締結後、物件の引渡前に支払われる金銭をいい、手付金のほか中間金も含まれます。そして、未完成物件の場合、手付金等の額が代金の**5%以下**(3,200万円×5%＝160万円)かつ**1,000万円以下**の場合には、保全措置は不要です。本肢では、手付金等の額が160万円(100万円＋60万円)であるため、保全措置を講ずることなく、手付金等を受領することができます。

3　**誤**　【損害賠償の予定額等の制限】

▶ 代金の20%(640万円)を超えていないので、本肢の特約は有効。

損害賠償の予定額または違約金を定める場合には、その合計額が代金の**20%**(本肢の場合は3,200万円×20%＝640万円)を超えてはいけません(超える場合は、20%を超える部分が無効となります)。本肢では、損害賠償の予定額(400万円)と違約金の額(240万円)の合算額が640万円であるため、本肢の特約は有効となります。

4　**誤**　【損害賠償の予定額を定めていない場合】

▶ 定めをしなかった場合には、売買代金の額の10分の2を超えてもよい。

売主が宅建業者で、買主が宅建業者以外の者である場合において、債務不履行を理由とする契約解除に伴う損害賠償額の予定を定めるときは、代金の**20%**を超える定めをすることができません。しかし、定めをしなかった場合には、実損額での請求(民法の規定)となるので、代金の20%(10分の2)を超えてもかまいません。

問43　解答4　その他の業務上の規制　難易度A

ア　**違反する**　【手付の分割払い】

宅建業者が手付を貸し付けたり、手付の後払い・手付の分割払いを認めること等信用の供与をすることによって契約の締結を誘引することは宅建業法に違反します。

イ　**違反する**　【必要な時間を与えることを拒むこと】

宅建業者が契約の締結の勧誘をするにさいして、正当な理由なく、当該契約を締結するかどうかを判断するために必要な時間を与えることを拒むことは宅建業法に違反します。

ウ　**違反する**　【勧誘前に告げるべき内容を告げないこと】

宅建業者が相手方に対し、勧誘に先立って当該宅建業者の**商号・名称、当該勧誘**

を行う者の氏名および**契約の締結について勧誘をする目的である旨**を告げずに勧誘を行うことは宅建業法に違反します。

エ　**違反する**　【預かり金等の返還拒否】

相手方が契約の申込みの撤回を行うにさいし、すでに受け取っている預り金(申込証拠金など)の返還を拒むことは宅建業法に違反します。

以上より、違反するものはアとイとウとエの4つ！だから答えは「4」！

問44　解答2　報酬　難易度B

1　**誤**　【貸借の場合の報酬限度額】

▶「11万円」ではなく、「22万円」が報酬限度額。

貸借の媒介の場合には、依頼者の双方から受け取ることのできる報酬の合計額は、借賃の1カ月分および消費税相当額を合わせた22万円が上限となります。また、居住用建物の貸借については、権利金の授受(返還されないものに限る)があっても、権利金の額を売買代金とみなして報酬限度額を計算することはできません。

2　**正**　【媒介と代理の場合の報酬限度額】

宅建業者Aが売主から代理の依頼を受け、また、買主からは媒介の依頼を受けた場合、売主からは基本公式の2倍の額(および消費税相当額)を、買主からは基本公式の額(および消費税相当額)を上限として報酬を受領することができますが、双方から受け取ることのできる報酬の合計限度額は、基本公式の2倍(および消費税相当額)でなければなりません。

①土地：1,000万円

②基本公式の額：1,000万円×3%＋6万円＝36万円

③報酬限度額：売主(代理) 36万円×2×1.1＝79万2,000円

買主(媒介) 36万円×1.1＝39万6,000円

したがって、買主から30万3,000円を受領した場合、売主からは48万9,000円(79万2,000円－30万3,000円)を上限として報酬を受領することができます。

3　**誤**　【空家等の特例が適用される場合の報酬限度額】

▶「44万円」ではなく、「35万2,000円」が報酬限度額。

空家等の売買・交換の媒介・代理の特例が適用されるためには、代金が400万円

以下（消費税抜き）でなければなりません。本肢の土地は300万円なので、この特例によって、売主から受け取る通常の報酬上限に現地調査等に要する費用を加算できます。

①土地：300万円

②基本公式の額：300万円×4%＋2万円＝14万円

③報酬限度額：14万円×1.1＝15万4,000円

ただし、基本公式の額に本肢の現地調査等の費用（6万円）を加算してしまうと、空地等の売買・交換の媒介・代理の特例によって売主から受領できる報酬限度額の**18万円**（消費税抜き）を超えてしまうため、売主から受領する報酬の限度額は、18万円および消費税相当額を合わせた19万8,000円となります。

したがって、本肢における依頼者双方から受け取れる報酬の上限は、合計で35万2,000円（15万4,000円＋19万8,000円）となります。

4　誤　【店舗兼住宅の貸借の場合の報酬限度額】

▶「11万円」ではなく、「22万円」が報酬限度額。

居住用建物とは、専ら居住の用に供する建物をいい、事務所、店舗その他居住以外の用途を兼ねるものは含まれません。したがって、本肢の店舗兼住宅は、居住用以外の建物となります。

居住用以外の建物の貸借については、報酬限度額（借賃の1カ月分および消費税相当額）以下であれば、貸主および借主からどのような割合で報酬を受け取ってもかまわないので、依頼者の一方から受け取ることのできる報酬限度額は、22万円となります。

問45　解答3　住宅瑕疵担保履行法　難易度A

1　誤　【買主が建設業者である場合】

▶買主が建設業者（宅建業者以外）→資力確保措置を講じる必要がある。

買主が宅建業者である場合には資力確保措置を講じる必要はありませんが、買主が建設業者であるときは、講じなければなりません。

2　誤　【住宅販売瑕疵担保責任保険契約】

▶「2年以上」ではダメ。「10年以上」でなければならない。

住宅販売瑕疵担保責任保険契約の有効期間は、新築住宅の引渡しを受けた時から**10年以上**でなければなりません。

3　**正**　【指定住宅紛争処理機関】

品確法に定める指定住宅紛争処理機関は、住宅瑕疵担保責任保険契約に係る新築住宅の売買契約に関する紛争の当事者の双方または一方からの申請により、当該紛争のあっせん、調停および仲裁(特別住宅紛争処理)の業務を行います。

4　**誤**　【担保責任を負わない旨の特約】

▶構造耐力上主要な部分等の瑕疵について担保責任を負わない定めは無効。

新築住宅の売買契約においては、宅建業者である売主は、宅建業者でない買主に引き渡した時から10年間、住宅の構造耐力上主要な部分等の瑕疵について担保責任を負い、これに反する特約で買主に不利なものは無効となります。したがって、本肢の特約にもとづいて資力確保措置を講じないとすることはできません。

問46　解答1　住宅金融支援機構法　難易度B

1　**誤**　【機構の業務】

▶「賃貸住宅」の購入に係る貸付債権は譲受けの対象としていない。

機構は、証券化支援事業(買取型)において、「賃貸住宅」の建設または購入に必要な資金の貸付けに係る金融機関の貸付債権については譲受けの対象としていません。

2　**正**　【資金貸付業務(土地の合理的利用に寄与する建築物の建設に必要な資金)】

機構は、市街地の土地の合理的な利用に寄与する一定の建築物(合理的土地利用建築物)の建設もしくは合理的土地利用建築物で人の居住の用その他その本来の用途に供したことのないものの購入に必要な資金の貸付を業務として行っています。

3　**正**　【機構の業務】

機構は、証券化支援事業(買取型)において、バリアフリー性、省エネルギー性、耐震性、耐久性・可変性に優れた住宅を取得する場合に、貸付金の利率を一定期間引き下げる制度(**優良住宅取得支援制度**)を実施しています(フラット35S)。

4　**正**　【償還期間の延長等の貸付条件の変更】

機構は、経済情勢の変動に伴い、住宅ローンの元利金の支払いが著しく困難となった場合に、償還期間の延長等の貸付条件の変更を行っています。

問 47　解答 2　景品表示法　難易度 A

1　誤　【畳数の表示】

▶ 畳1枚当たりの広さは 1.62㎡以上として用いなければならない。

住宅の居室等の広さを畳数で表示する場合においては、実際に敷かれている畳の数ではなく、畳1枚当たり1.62㎡（各室の壁心面積を畳数で除した数値）以上の広さがあるとして用いなければなりません。

2　正　【団地と駅との間の道路距離】

団地（一団の宅地または建物をいう）と駅その他の施設との間の道路距離または所要時間は、取引する区画のうちそれぞれの施設ごとにその施設から最も近い区画（マンションおよびアパートにあっては、その施設から最も近い建物の出入口）を起点として算出した数値とともに、その施設から最も遠い区画（マンションおよびアパートにあっては、その施設から最も遠い建物の出入口）を起点として算出した数値も表示することとされています。

3　誤　【現況と異なる表示】

▶ 現況と異なる表示をすることはできない。

宅地または建物のコンピュータグラフィックス、見取図、完成図、完成予想図は、その旨を明示して用いなければなりません。また、当該物件の周囲の状況について表示するときは、**現況に反する表示をしてはいけません。**

4　誤　【過去の販売価格を比較対照価格とする二重価格表示の要件】

▶ 値下げの日から「6カ月以内」の期間は表示することができる。

過去の販売価格を比較対照価格とする二重価格表示は、一定の要件をすべて満たす場合にすることができますが、二重価格表示をすることができる期間は、値下げの日から**6カ月以内**です。

問 48　解答 ―　統計

最新の統計データで学習してください。

問 49 解答 4 土地 難易度 A

1 **適当** 【森林】

森林は、木材資源としても重要で、洪水緩和や水資源貯留などの水源涵養機能を有しています。

2 **適当** 【火山麓】

活動度の高い火山の火山麓では、火山活動に伴う噴石、溶岩流、火砕流などの災害にも留意する必要があります。

3 **適当** 【破砕帯、崖錐】

破砕帯や崖錐は、どちらも不安定で軟弱な地盤のため、豪雨によって斜面崩壊や地すべりが発生することがあります。

4 **不適当** 【土石流】

▶ **堆積物の多い所は、土石流の危険がある。**

崖錐や小河川の出口で砂礫などの堆積物が多い所等は、豪雨などによって土石流が発生しやすく、危険な地形です。

問 50 解答 3 建物 難易度 A

1 **適当** 【鉄骨構造】

鉄骨構造は、主要構造の構造形式にトラス、ラーメン、アーチ等が用いられ、自重が小さく、靭性が大きいことから、大空間の建築や高層建築の骨組に適しています。なお、トラス式構造は、細長い部材を三角形に組み合わせた構成の構造、ラーメン構造は、柱とはりを組み合わせた直方体で構成する骨組み、アーチ式構造は、アーチ型の骨組みで、スポーツ施設のような大空間を構成するのに適している構造です。

2 **適当** 【鉄骨構造】

鉄骨構造の床は既製気泡コンクリート板、プレキャストコンクリート板等が用いられています。

3 **不適当** 【鉄骨構造】

▶ **加工性に優れており、住宅や店舗等の小規模な建物にも用いられる。**

鉄骨構造は耐火被覆や防錆処理を行う必要がありますが、加工性に優れており、住宅や店舗等の小規模な建物にも用いられています。

4　**適当**　【鉄骨構造】

鉄骨構造は、工場、体育館、倉庫等の単層で大空間の建物に利用されています。

No. 10

平成25年度（2013年度）
解答・解説

この年の合格基準点は33点でした

解答一覧

権利関係

問	1	2	3	4	5	6	7	8	9	10
解答	—	4	4	4	2	4	3	4	1	2

問	11	12	13	14
解答	4	3	1	3

法令上の制限

問	15	16	17	18	19	20	21	22
解答	2	3	4	3	1	1	4	2

税 その他

問	23	24	25
解答	3	4	3

宅建業法

問	26	27	28	29	30	31	32	33	34	35
解答	1	1	2	2	4	2	2	2	3	2

問	36	37	38	39	40	41	42	43	44	45
解答	3	1	2	1	3	2	2	4	1	4

その他

問	46	47	48	49	50
解答	1	3	—	4	4

日付　／　あなたの得点　点

メモ（復習すべき問題など）

問1 解答ー 民法の規定

法改正により削除

問2 解答4 未成年者 難易度C

1 誤 【権利能力】

▶ 乳児でも不動産を所有することができる。

人であれば、乳児でも権利能力（権利や義務の主体となることができる能力）があるため、不動産を所有することができます。

2 誤 【営業を許可された未成年者の、その営業に関する行為能力】

▶ 父母の同意は不要。

法定代理人から営業を許可された未成年者は、その営業に関して、法定代理人からの同意を得なくても、法律行為を行うことができます。

3 誤 【婚姻適齢と婚姻についての父母の同意】

▶ 婚姻に父母の同意は不要。

男性・女性を問わず、18歳になれば婚姻することができます。また、婚姻するにあたって、父母の同意は不要です。

4 正 【親権者の利益相反行為】

親権者が共同相続人である数人の子を代理して遺産分割協議をすることは、利益相反行為に該当します。そのため、親権者が共同相続人である数人の子を代理した遺産分割協議は、追認がなければ有効なものとはなりません。

本肢のような場合には、親権者は特別代理人を選任することを家庭裁判所に請求しなければならない〜

問3 解答4 相隣関係 難易度C

1 正 【公道に至るための他の土地の通行権】

他の土地に囲まれて公道に通じない土地の所有者は、公道に至るために、他の土地を通行する権利が認められます。ただし、通行の場所・方法は、必要かつ隣地への被害が最も少なくなるようにしなければなりません。

したがって、「自由に選んで通行できるわけではない」とする本肢は正しい！

2　正　【袋地所有者が他の土地を通行するための償金の支払いの要否】

甲土地が共有物分割によって公道に通じなくなった場合には、Aは公道に出るために、他の分割者の土地を通行することができます。そして、この場合において、通行のための償金を支払う必要はありません。

3　正　【土地を通行するための賃貸借契約】

「他人が所有している土地を通行するために当該土地の所有者と賃貸借契約を締結」しているので、Aは借りた土地を通行することができます。

4　誤　【地役権の時効取得のための要役地所有者による通路開設の要否】

▶ Aが開設した通路でないため、Aは通行地役権を取得することはできない。

Aが隣接地内の通路を開設した場合には、Aは時効によって通行地役権を取得することができますが、本肢において隣接地内に通路を開設したのは、隣接地の所有者であるため、Aは時効によって通行地役権を取得することはできません。

問4　解答4　留置権　難易度C

1　誤　【造作買取請求権】

▶ 造作買取請求権は「建物」について生じた債権ではない→建物の留置はできない。

造作買取請求権は、「造作」について生じた債権であって、「建物」について生じた債権ではありません。したがって、賃借人は賃貸人に対し、「造作買取代金の支払いを受けるまで建物を引き渡さない(留置する)」ということはできません。

2　誤　【不動産の二重譲渡】

▶ 損害賠償請求はできるが、不動産の留置はできない。

不動産の二重譲渡によって、第1の買主が所有権を取得できなくなった場合には、第1の買主は売主に対して債務不履行による損害賠償の請求をすることはできますが、不動産を留置することはできません。

3　誤　【有益費】

▶ 有益費の償還を受けるまで建物を明け渡さないとすることはできない。

建物の賃貸借契約が賃借人の債務不履行により解除された後に、賃借人が建物に関して有益費を支出した場合、賃借人は、「有益費の償還を受けるまで建物を明け渡さない(留置する)」とすることはできません。

4　**正**　【必要費】

建物の賃借人が「建物」に関して必要費を支出した場合、賃借人は、その必要費の償還を受けるまで「建物」を明け渡さないとする(留置する)ことはできますが、建物所有者ではない第三者が所有する「敷地」を留置することはできません。

問5　解答2　抵当権　難易度B

1　**誤**　【抵当権の性質】

▶ 被担保債権の弁済期が到来している必要がある。

抵当不動産に関して発生した賃料債権に対して物上代位しようとする場合でも、被担保債権の弁済期が到来している必要があります。

被担保債権の弁済期がきていないのに、「賃料債権、差し押さえるぜ」なんて、横暴な話だよ…

2　**正**　【抵当権の効力の及ぶ範囲】

抵当不動産が借地上の建物であった場合には、特段の事情がない限り、抵当権の効力は**建物のみならず借地権にも及びます**。

抵当権の効力が借地権には及ばなかったら、抵当権を実行して建物を買い受けた人は、建物は手に入るけど、その土地は使えない、ってことになっちゃうね…

3　**誤**　【抵当権者の妨害排除請求】

▶ 抵当権者が妨害排除請求をすることができる場合もある。

たとえば、抵当不動産を不法占拠する者がいて、それにより抵当不動産の価値が下がり、抵当権者の優先弁済権の行使が困難になるような状態の場合には、抵当権者は妨害排除請求をすることができます。

4　**誤**　【抵当権の順位】

▶ 抵当権の登記がされたあとでも順位の変更ができる。

抵当権の順位の変更は、登記した抵当権の順位を変更することなので、抵当権の登記がされたあとでも順位を変更できるのは当然のことです。

問6 解答4 抵当権、弁済 難易度 D

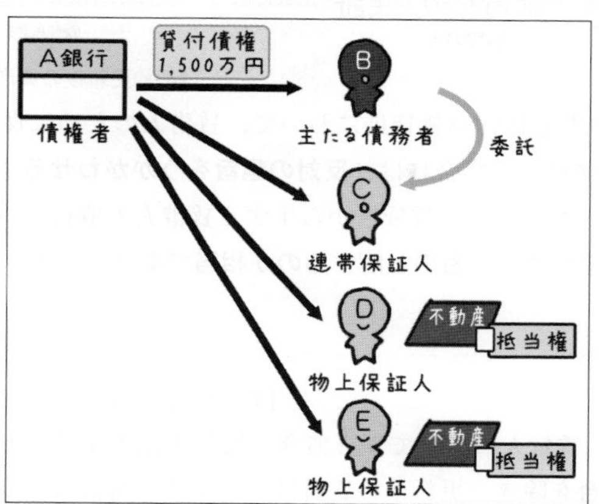

1 誤 【保証人と物上保証人間の弁済による代位の効力】

▶ **連帯保証人Cが回収できるのは1,000万円。**

連帯保証人Cの負担額は500万円(1,500万円÷3人)なので、回収できるのは1,000万円(1,500万円－500万円)となります。

---

2 誤 【保証人と物上保証人間の弁済による代位の効力】

▶ **物上保証人DがCに対して求償できる限度額は500万円。**

連帯保証人Cの負担額は500万円(1,500万円÷3人)なので、DはCに対して500万円を限度に求償することができます。

---

3 誤 【保証人の物上保証人から担保不動産を譲り受けた第三者に対する代位】

▶ **Cは第三者に対してA銀行に代位できる。**

第三者が買い受けたあとに、CがA銀行に対して債権全額を弁済した場合、Cは、当該第三者に対してA銀行に代位すること(抵当権を実行すること)ができます。

この第三者は抵当権がついていることがわかっていて、Dの物件を買ったのだから、その範囲において抵当権を実行されちゃっても文句を言わないでよね、、、ということ!

---

4 正 【物上保証人から担保不動産を譲り受けた第三者の保証人に対する求償権】

物上保証人Eから担保不動産を買い受けた第三者は、物上保証人とみなされます。

したがって、当該第三者がA銀行に対して債権全額を弁済したときは、Cに対して、弁済した額の一部（Cの負担額である500万円）を求償することができます。

問7　解答3　賃貸借の保証　難易度B

1　**正**　【契約更新後の賃借人の債務の保証範囲】

「期間の定めのある建物の賃貸借において、賃借人のために保証人が賃貸人との間で保証契約を締結した場合には、**反対の趣旨をうかがわせるような特段の事情のない限り**、保証人が更新後の賃貸借から生ずる賃借人の債務についても**保証の責めを負う趣旨で合意がされたものと解するのが相当**であり…」より正しいことがわかります。

2　**正**　【契約更新後の賃借人の債務の保証範囲と信義則】

「…保証人は、賃貸人において保証債務の履行を請求することが**信義則に反すると認められる場合を除き**、更新後の賃貸借から生ずる賃借人の債務についても**保証の責めを免れない**」より正しいことがわかります。

3　**誤**　【賃借人の損害賠償債務と保証人の責任】

「…**更新後の賃貸借から生ずる賃借人の債務についても保証の責めを免れない**というべきである」とあるので、更新後に賃借人が賃借している建物を故意または過失によって損傷させた場合の損害賠償債務には保証人の責任が及びます。

4　**正**　【契約更新後の賃借人の債務の保証範囲と信義則】

「…保証人は、賃貸人において保証債務の履行を請求することが**信義則に反すると認められる場合を除き**、更新後の賃貸借から生ずる賃借人の債務についても**保証の責めを免れない**」とあるので、「信義則に反すると認められる場合」には、保証人は更新後の賃借人の債務について保証の責任を負わないことがわかります。

問8　解答4　賃貸借等　難易度B

1　**誤**　【事務管理者が本人のために有益な費用を支出したとき】

▶ **事務管理により本人のために有益な費用を支払った→費用償還請求ができる。**

本肢のBが行った行為（倒壊しそうなA所有の建物や工作物に対する緊急措置）は、Aから頼まれて行ったものではありません。このように、それを行う義務はないけど、他人のためにその事務の管理をすることを**事務管理**といいます。事務管理を行った場合、本人のために有益な費用を支出したときは、管理者(B)は本人(A)に対して、その費用の償還請求をすることができます。

2　**誤**　【建物所有を目的とする借地人が、土地に石垣や擁壁の設置等をする場合】

▶ 常識の範囲内の変形加工の場合には、賃貸人の承諾がなくてもできる。

建物所有を目的とする借地人は、賃貸人の承諾がなくても、(常識の範囲内において)その土地に石垣や擁壁の設置、盛土や杭打ち等の変形加工をすることができます。

3　**誤**　【建物の賃貸人が必要な修繕義務を履行しない場合】

▶ 目的物の使用収益に関係なく賃料全額の支払を拒絶できるわけではない。

賃借物の一部が滅失その他の事由により使用収益をすることができなくなった場合に、それが賃借人の責めに帰することができない事由によるものであるときは、賃料は、その使用収益をすることができなくなった部分の割合に応じて、減額されます。

したがって、賃借人は、使用収益をすることができなくなった部分の割合に応じて、賃料の支払いを拒絶することができるにすぎません。

賃貸人がほんのちょっとの修繕をしないだけなのに、賃借人が「賃料全額を支払わないよ!」というのは、あまりにも横暴だよね!

4　**正**　【賃貸人が賃貸物の保存に必要な行為をしようとするとき】

建物の賃貸人が、建物に必要な修繕をする場合、借主は(修繕工事のために使用収益に支障が生じても)、それを拒むことはできません。

No. 10
33点
平成25年度

問9　解答 1　不法行為　難易度 B

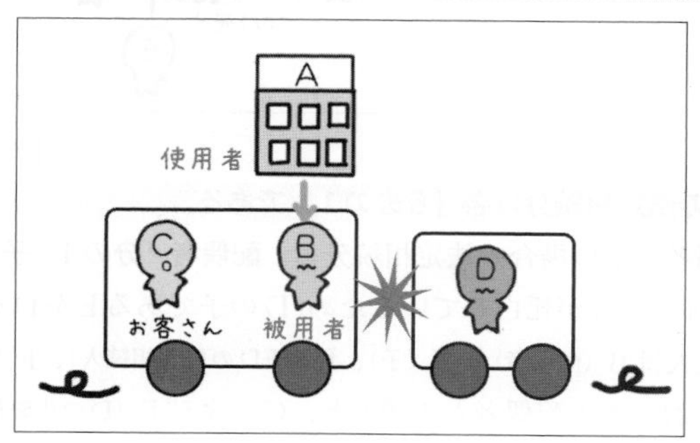

1　**正**　【求償権】

加害者であるBとDがCに対して損害賠償すべきところ、AがCに対して全額を賠償しているため、Aは、BとDの過失割合に従って、Dに対して求償することができます。

2　**誤**　【使用者の求償権】

▶ AはBに相当と認められる範囲内で求償することができる。

使用者責任により、AがDに損害の全額を賠償した場合、AはB（被用者）に対して、信義則上、相当と認められる範囲内で求償することができます。

3　**誤**　【損害賠償請求の相手方】

▶ CはDに対しても損害賠償を請求することができる。

Cは不法行為をおこしたBとDに対して損害賠償を請求することができます。また、BはAの被用者なので、CはAに対しても損害賠償を請求することができます。

4　**誤**　【損害賠償請求の相手方】

▶ DはBに対しても損害賠償を請求することができる。

Dは不法行為をおこしたBに対して損害賠償を請求することができます。また、BはAの被用者なので、DはAに対しても損害賠償を請求することができます。

問 10　解答 2　相続　難易度 D

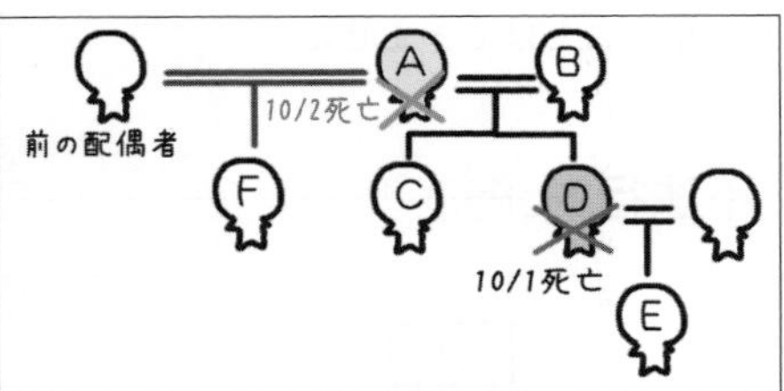

1　**誤**　【法定相続分と代襲相続】

▶ C、E、Fの法定相続分は各「6分の1」である。

相続人が配偶者と子の場合の法定相続分は、**配偶者2分の1、子2分の1**です。また、Aの死亡以前に子Dが死亡しているため、Dの子であるEがDを代襲します。したがって、相続人はB（配偶者）とC（子）、E（子Dの代襲相続人）、F（前の配偶者との子）となります。なお、前の配偶者との子Fと、CおよびE（Dの代襲相続人）の相続分は均等となります。

Bの法定相続分：$\frac{1}{2}$

C、E、Fの法定相続分：$\frac{1}{2} \times \frac{1}{3} = \frac{1}{6}$

2　**正**　【遺産分割方法の指定】

「遺産に属する特定の財産を（相続人の１人または数人に）相続させる」旨の遺言がされていた場合、特段の事情がない限り、遺産分割の方法が指定されたものとして、遺言どおりの相続となります。

本問のような遺言のことを特定財産承継遺言という～

3　**誤**　【遺言の効力】

▶ 本肢の遺言は特段の事情のない限り、効力を生じない。

遺産を特定の推定相続人に単独で相続させる旨の遺産分割の方法を指定する「相続させる」旨の遺言は、当該遺言により遺産を相続するものとされた推定相続人が遺言者の死亡以前に死亡した場合には、当該推定相続人の代襲者その他の者に遺産を相続させる旨の意思を有していたとみるべき特段の事情のない限り、その効力を生じません。したがって、Dが遺言者Aより先に死亡しているので、特段の事情のない限り、Eは法定相続分の限度で代襲相続することになります。

4　**誤**　【遺贈の効力】

▶ 相続人に対して遺贈をすることもできる。

相続人に対して遺贈をすることもできます。

問 11　解答 4　借地借家法（借家）　難易度 A

1　**誤**　【無断転貸と解除】

▶「Aに対する背信的行為」と認められない場合には、Aは賃貸借契約を解除できない。

Bの無断転貸が、Aに対する背信的行為と認めるに足らない特段の事情があるときは、Aは賃貸借契約を解除することができません。

2　**誤**　【債務不履行解除と転貸借】

▶ Bの債務不履行による解除→AはCに甲建物の明渡しを請求できる。

AB間の賃貸借契約が、B（賃借人）の債務不履行によって解除された場合には、BC

間の転貸借契約も終了します(AはCに対して甲建物の明渡しを請求することができます)。

3　誤　【期間の満了と転借人への通知】

▶ Cに対する「通知」&「6カ月経過」→AはCに甲建物の明渡しを請求できる。

AB間の賃貸借契約が期間の満了によって終了した場合、そのままではBC間の転貸借契約は終了しません。しかし、A(賃貸人)がCに終了の**通知**をし、**6カ月が経過**すれば転貸借契約が終了します(通知をして6カ月が経過すれば、AはCに対して甲建物の明渡しを請求することができます)。

4　正　【賃料の減額請求権】

賃料増減額請求権の規定は、定期建物賃貸借において、借賃の改定に係る特約がある場合には適用されません。したがって、賃料が不相当に高額となった場合でも、B(賃借人)はA(賃貸人)に対して賃料の減額請求をすることはできません。

問 12　解答 3　借地借家法(借地)　難易度 B

1　誤　【借地借家法の適用】

▶ ゴルフ場経営のための土地の賃借権は借地権に該当しない→借地借家法の適用なし。

借地権は建物の所有を目的とする地上権または土地の賃借権をいい、借地権については借地借家法が適用されます。本肢のゴルフ場経営のための土地の賃借権は、(ゴルフコースには建物がないため)借地権に該当せず、借地借家法の適用はありません。

2　誤　【借地契約の更新】

▶「正当事由」が必要。

借地上に建物が存在し、借地権者が更新を請求したときは、契約を更新したものとみなします。地主が更新を拒絶する場合には、**正当事由**をもって遅滞なく異議を述べる必要があります(正当事由がなければ更新を拒絶できません)。

3　正　【借地権の対抗力】

借地権を第三者に対抗するためには**❶借地権の登記**または**❷登記している建物の所有**(借地上に借地権者が登記している建物を所有していること)が必要となります。本肢では、一筆の土地には登記ある建物がありますが、他方の土地には登記ある建物がありませんので、他方の土地(登記ある建物がない土地)には対抗力がありません。

4　**誤**　【借地権の存続期間】

▶「築造された日から当然に20年間存続する」わけではない（「承諾」が必要）。

借地権の存続期間中に建物が滅失した場合、再築について借地権設定者の承諾がある場合には、借地権は**❶承諾日**と**❷建物の再築日**のうちいずれか早い日から**20年間**存続します。

問 13　解答 1　区分所有法　難易度 A

1　**誤**　【集会の議決権】

▶ 集会に出席して意見を述べることはできるが、議決権はない。

区分所有者の承諾を得て専有部分を占有する者は、会議の目的たる事項につき利害関係を有する場合には、集会に出席して意見を述べることができますが、**議決権はありません。**

2　**正**　【集会の議長】

規約に別段の定めがある場合や別段の決議をした場合を除いて、管理者が集会の議長となります。

3　**正**　【事務に関する報告】

管理者は、集会において、**毎年1回**一定の時期に、その事務に関する報告をしなければなりません。

4　**正**　【共用部分の帰属】

一部共用部分（一部の区分所有者だけが共用できる共用部分）は、これを共用すべき区分所有者の共有に属します（区分所有者全員の共有に属するのではありません）。

問 14　解答 3　不動産登記法　難易度 D

1　**正**　【一般承継人による申請】

所有権の登記名義人（または表題部所有者）が、表示に関する登記の申請人となることができる場合で、当該登記名義人（または表題部所有者）について、相続その他の一般承継があったときは、相続人その他の一般承継人は、当該表示に関する登記を申請することができます。

2　**正**　【共有物分割禁止の定めの登記】

共有物分割禁止の定めに係る権利の変更の登記の申請は、当該権利の共有者である全ての登記名義人が共同してしなければなりません。

3　**誤**　【所有権の保存の登記】

▶ 敷地権の登記名義人の承諾が必要。

区分建物の表題部所有者(分譲会社)から所有権を取得した者(マンションの購入者)は、所有権の保存登記を申請することができます。なお、敷地権付の区分建物の場合には、当該敷地権の登記名義人の承諾を得る必要があります。

4　**正**　【所有権に関する仮登記にもとづく本登記】

所有権に関する仮登記にもとづく本登記は、登記上の利害関係を有する第三者がある場合には、当該第三者の承諾があるときに限って、申請することができます。

問 15　解答 2　都市計画法　難易度 B

1　**正**　【都市計画事業の施行として行う行為】

都市計画施設の区域または市街地開発事業の施行区域内において建築物の建築をしようとする者は、原則として、都道府県知事等の許可を受けなければなりません。ただし、例外として以下の行為の場合には、許可は不要となります。

❶ 軽易な行為
❷ 非常災害のため必要な応急措置として行う行為
❸ **都市計画事業の施行として行う行為**　など

2　**誤**　【特定用途制限地域】

▶ 特定用途制限地域は、用途地域ではない。

特定用途制限地域は、**用途地域ではありません**。特定用途制限地域は、用途地域が定められていない土地の区域内において、良好な環境の形成または保持のために、当該地域の特性に応じて合理的な土地利用が行われるよう、制限すべき特定の建築物等の用途の概要を定める地域です。

3　**正**　【都市計画事業の認可の告示後の土地の形質の変更等にかかる知事の許可】

都市計画事業の認可の告示があった後は、当該事業地内において、当該都市計画事業の施行の障害となるおそれがある土地の形質の変更等を行おうとするときは、**都道府県知事等の許可**が必要です。

4　**正**　【開発整備促進区】

一定の条件に該当する土地の区域においては、開発整備促進区(劇場、店舗、飲食店など大規模な集客施設を建築することができる地区)を都市計画に定めることができます。

問 16　解答 3　都市計画法(開発許可)　難易度 A

1　**誤**　【開発行為とは】

▶ 特定工作物の建設の用に供する目的で行うものも開発行為である。

開発行為とは、主として❶**建築物の建築**または❷**特定工作物の建設の用**に供する目的で行う土地の区画形質の変更をいいます。

2　**誤**　【市街化調整区域において行う開発行為】

▶ 市街化調整区域の場合、開発許可が必要。

市街化調整区域の場合、**規模の大小にかかわらず**、開発許可が必要です。

3　**正**　【市街化区域において行う開発行為】

駅舎、図書館、公民館など、公益上必要な建築物を建築するための開発行為については、開発許可は不要ですが、本肢の「市町村が設置する医療法に規定する診療所」は公益上必要な建築物に該当しません。したがって、市街化区域で開発規模が**1,000㎡以上**の場合(本肢の場合)には、開発許可が必要です。

4　**誤**　【非常災害のため必要な応急措置として行う開発行為】

▶ 非常災害のため必要な応急措置として行う開発行為は開発許可不要。

非常災害のため必要な応急措置として行う開発行為については、開発許可は不要です。

問 17　解答 4　建築基準法　難易度 D

ア　**誤**　【居室の天井の高さ】

▶「一番低い部分までの高さ」ではなく、「その平均の高さ」が2.1m以上である。

居室の天井の高さは、**2.1m以上**でなければなりません。なお、一室で天井の高さの異なる部分がある場合、「室の床面から天井の一番低い部分までの高さ」ではなく、

「**その平均の高さ**」が**2.1m以上**でなければなりません。

イ　誤　【手すり壁、さくまたは金網の設置義務】

▶ 3階建てでも、1階のバルコニーには設ける必要はない。

2階以上のバルコニーには、安全上必要な高さが**1.1m以上**の手すり壁、さくまたは金網を設けなければなりません。

1階には設けなくてよいので、本肢の「各階の」という点が誤っている！

ウ　誤　【居室内において衛生上の支障を生ずるおそれがある物質】

▶ クロルピリホスもある。

ホルムアルデヒドのほか、クロルピリホスもあります。

エ　誤　【非常用の昇降機の設置義務】

▶「20m」ではなく、「31m」である。

高さが**31m**を超える建築物には、原則として非常用の昇降機を設けなければなりません。

以上より、すべて間違いの記述なので、解答は「4」〜！

問 18　解答 3　建築基準法　難易度 A

1　**正**　【接道義務】

地方公共団体は、特殊建築物や3階以上の建築物、延べ面積が**1,000㎡超**の建築物、その敷地が袋路状道路にのみ接する建築物で、延べ面積が150㎡を超えるもの（一戸建ての住宅を除く）などについて、**条例**で必要な接道義務の制限を**付加**することができます。

ちなみに、制限を「付加」することはできるけど、「緩和」することはできないんだな…

2　**正**　【建蔽率の適用除外】

建蔽率の限度が**10分の8**とされている地域内で、かつ、**防火地域内**にある**耐火建**

築物またはこれと同等以上の延焼防止性能を有する建築物については、建蔽率の制限は適用されません(建蔽率100%で建築物を建築できます)。

3　誤　【北側斜線制限】

▶ 第二種中高層住居専用地域内については北側斜線制限が適用される。

建築物の敷地が斜線制限の異なる複数の地域にまたがる場合、地域ごとに斜線制限が適用されるかを判定します。第一種・第二種中高層住居専用地域には、北側斜線制限が適用されるため、第二種中高層住居専用地域内にある建築物の部分については北側斜線制限が適用されます。

4　正　【用途制限】

建築物の敷地が2つの用途地域にまたがる場合は、**広いほう**(敷地の過半が属するほう)の用途制限が適用されます。したがって、本肢では、準住居地域の用途規制が適用されることになります。準住居地域では、作業場の床面積の合計が150㎡以下の自動車修理工場を建築することができます。

【用途地域内の用途制限】　●…建築できる　×…原則建築できない

建築物の用途＼用途地域		住居系								商業系		工業系		
		第一種低層住居専用	第二種低層住居専用	田園住居	第一種中高層住居専用	第二種中高層住居専用	第一種住居	第二種住居	準住居	近隣商業	商業	準工業	工業	工業専用
自動車関連	自動車修理工場	×	×	×	×	×	◎1	◎1	◎2	◎3	◎3	●	●	●
		作業場の床面積 ◎1…50㎡以下、◎2…150㎡以下、◎3…300㎡以下 原動機の制限あり												

No.10　33点　平成25年度

問19　解答1　盛土規制法　難易度A

1　誤　【資格を有する者の設計によらなければならない措置】

▶ 高さ5m以下の擁壁の場合には、一定の資格を有する者の設計でなくてよい。

❶高さ5m超の擁壁の設置に係る工事や❷盛土・切土をする土地の面積が1,500㎡超の土地における排水施設の設置については、一定の資格(政令で定める資格)を有する者の設計によらなければなりませんが、本肢は「高さ4mの擁壁の設置に係る工

事」なので、その必要はありません。

2　**正**　【切土】

宅地造成等工事規制区域内において、盛土または切土をする土地の面積が**500㎡**を超える場合には、原則として、都道府県知事の許可が必要です。

3　**正**　【盛土】

宅地造成等工事規制区域内において、盛土によって高さが**1m**を超える崖を生じる場合には、原則として、都道府県知事の許可が必要です。

4　**正**　【保全勧告】

都道府県知事は、宅地造成等工事規制区域内の土地について、宅地造成等に伴う災害の防止のため必要があると認める場合には、土地の**所有者**、**管理者**、**占有者**、**工事主**、**工事施行者**に対し、必要な措置を勧告することができます。

問20　解答1　土地区画整理法　難易度B

1　**正**　【換地処分の時期】

換地処分は、原則として換地計画に係る区域の**全部**について、**工事が完了した後**に、遅滞なく行うものですが、規準、規約、定款、施行規程に別段の定めがある場合は、工事の完了前でも換地処分を行うことができます。

2　**誤**　【換地処分の通知】

▶「公告」ではなく、「通知」である。

換地処分は、施行者が関係権利者に対して、換地計画において定められた関係事項を「公告」ではなく、「**通知**」して行います。

3　**誤**　【換地計画に保留地を定める場合】

▶個人施行の場合には、土地区画整理審議会の同意は不要。

公的施行の場合には、換地計画に保留地を定めようとする場合には、土地区画整理審議会の同意が必要ですが、個人施行の場合には、土地区画整理審議会の同意は不要です。

4　**誤**　【仮換地を指定するさいに必要な手続】

▶仮換地となるべき土地の所有者の同意も必要。

個人施行者が仮換地を指定しようとする場合、**従前の宅地の所有者等および仮換地となるべき土地の所有者等の同意**が必要です。

問 21　解答 4　農地法　難易度 B

1　誤　【農地の賃貸借】

▶ 登記がなくても引渡しがあればOK。

農地や採草放牧地の賃貸借については、登記がなくても**引渡し**があれば、その後、その農地の所有権を取得した第三者に、賃借権を対抗することができます。

2　誤　【農地とは】

▶ 現況が畑なら、農地法の適用を受ける。

現況が農地(畑)であれば、登記簿上の地目が雑種地であっても、農地法の適用を受ける農地に該当します。

3　誤　【許可があったとみなす場合】

▶ 本肢の場合には5条許可は不要。

国または都道府県等が農地を農地以外のものにするため、これらの土地について所有権を取得する場合は、都道府県知事等との協議が成立することをもって、5条許可があったものとみなされます。したがって、この場合には5条許可を受ける必要はありません。

4　正　【相続によって農地を取得した場合】

相続によって農地を取得した場合には、3条許可は不要ですが、本肢では、農地を住宅用地として転用するため、**4条許可**を受ける必要があります。

問 22　解答 2　その他の法令上の制限　難易度 A

1　誤　【地すべり等防止法】

▶「市町村長」ではなく、「都道府県知事」の許可が必要。

地すべり等防止法によれば、地すべり防止区域内において、地表水を放流し、または停滞させる行為をしようとする者は、一定の場合を除き、「市町村長」ではなく「**都道府県知事**」の許可を受けなければなりません。

2　**正**　【国土利用計画法】

当事者の一方が国や地方公共団体である場合には、事後届出は不要です。

3　**誤**　【土壌汚染対策法】

▶ 非常災害のために必要な応急措置として行う行為は届出は不要。

形質変更時要届出区域内において土地の形質の変更をしようとする者は、原則として、それに着手する日の14日前までに、一定事項を都道府県知事に届け出なければなりませんが、非常災害のために必要な応急措置として行う行為や通常の管理行為、軽易な行為等で一定のものなどについては、届出は不要です。

4　**誤**　【河川法】

▶「河川管理者と協議」ではなく、「河川管理者の許可」が必要。

河川法によれば、河川区域内の土地において工作物を新築・改築・除却しようとする者は、「河川管理者と協議」ではなく、「**河川管理者の許可**」が必要です。

問23　解答3　印紙税　難易度A

1　**誤**　【消印】

▶ 従業者の印章や署名で消印してもOK。

契約当事者の従業者の印章や署名で消印した場合でも、消印したことになります。

2　**誤**　【課税客体(媒介業者が保存する契約書)】

▶ Cが保存する契約書にも印紙税が課される。

課税文書について、それぞれに印紙税が課されます。したがって、Cが保存する契約書にも印紙税が課されます。

3　**正**　【同一の契約書に土地の譲渡契約と建物の建築請負契約を記載した場合】

同一の課税文書に、土地の譲渡契約(売買契約)と建物の建築請負契約が区分して記載されていた場合、原則として全体が売買**契約に係る文書**となりますが、金額が区分して記載されていた場合には、高い**ほう**の金額が記載金額となります。本肢では、土地の譲渡金額4,000万円<請負金額5,000万円なので、5,000万円が記載金額となります。

4　**誤**　【記載金額（消費税額が記載されている場合）】

▶ **消費税額が区分記載されている場合は消費税額は記載金額に含めない。**

契約書に消費税額が区分記載されている場合には、**消費税額は記載金額に含め**ません。

問24　解答4　固定資産税　難易度C

1　**誤**　【固定資産評価員】

▶ **国会議員や地方団体の議会の議員は固定資産評価員を兼ねることはできない。**

固定資産評価員は、国会議員および地方団体の議会の議員を兼ねることができません。

2　**誤**　【登記所から市町村長への通知】

▶ **「30日以内」ではなく、「10日以内」である。**

登記所は、土地または建物の表示に関する登記をしたときは、「30日以内」ではなく、「**10日以内**」に、その旨を当該土地または家屋の所在地の市町村長に通知しなければなりません。

3　**誤**　【小規模住宅用地の課税標準】

▶ **小規模住宅用地については「6分の1」。**

小規模住宅用地（住宅1戸あたり200㎡までの部分）については、その価格の**6分の1**が課税標準となります。なお、一般住宅用地については、その価格の**3分の1**が課税標準となります。

4　**正**　【滞納者の財産の差押え】

固定資産税に係る徴収金について滞納者が督促を受け、その督促状を発した日から起算して10日を経過した日までに、その督促に係る固定資産税の徴収金について完納しないときは、市町村の徴税吏員は、滞納者の財産を差し押さえなければなりません。

問25　解答3　地価公示法　難易度C

1　**誤**　【地価公示法の目的】

▶ **「周辺の土地の取引価格に関する情報」ではなく、「標準地の正常な価格」である。**

地価公示法は、都市およびその周辺の地域等において、標準地を選定し、「その周辺の土地の取引価格に関する情報」ではなく、「その(標準地の)**正常な価格**」を公示することにより、一般の土地の取引価格に対して指標を与え、および公共の利益となる事業の用に供する土地に対する適正な補償金の額の算定等に資し、もって適正な地価の形成に寄与することを目的とします。

---

2 **誤** 【標準地の選定】

▶ 土地の使用・収益を制限する権利が存する土地を選定することもできる。

標準地は、土地鑑定委員会が、自然的および社会的条件からみて類似の利用価値を有すると認められる地域において、土地の利用状況、環境等が通常と認められる一団の土地について選定します。

土地の使用または収益を制限する権利(地上権など)が付着した土地を標準地として選定することもできます。

---

3 **正** 【「公示価格を規準とする」とは】

「公示価格を規準とする」とは、対象土地の価格を求めるにさいして、当該対象土地とこれに類似する利用価値を有すると認められる1または2以上の標準地との位置、地積、環境等の土地の客観的価値に作用する諸要因についての比較を行ない、その結果にもとづき、**当該標準地の公示価格と当該対象土地の価格との間に均衡を保たせること**をいいます。

---

4 **誤** 【標準地の鑑定評価】

▶「いずれか」ではなく、「すべて」を勘案して行う。

標準地の鑑定評価は、**❶近傍類地の取引価格から算定される推定の価格、❷近傍類地の地代等から算定される推定の価格、❸同等の効用を有する土地の造成に要する推定の費用の額**を勘案して行います。

問 26 解答 1 欠格事由(宅建業者) 難易度 A

法人の役員または政令で定める使用人のうちに欠格事由に該当する者がいる場合、その法人は免許を受けることができません(免許が取り消されます)。

1 **正** 【道路交通法違反による罰金刑】

宅建業者(法人)の役員が宅建業法違反や暴力的な犯罪等によって罰金の刑に処せられた場合、その宅建業者の免許は取り消されますが、本肢の場合、「道路交通法違反による罰金刑」なので、A社の免許は取り消されません。

2　誤　【脅迫の罪による罰金刑】

▶ 政令で定める使用人が欠格事由に該当した場合、B社の免許は取り消される。

宅建業者(法人)の政令で定める使用人(支店の代表者)が、宅建業法違反や暴力的な犯罪等によって罰金の刑に処せられた場合、その法人の免許は取り消されます。

3　誤　【非常勤役員】

▶ 非常勤でも「役員」が欠格事由に該当すれば、C社の免許は取り消される。

非常勤でも「役員」なので、その者が宅建業法違反や暴力的な犯罪等によって罰金の刑に処せられた場合、その宅建業者(C社)の免許は取り消されます。

4　誤　【懲役】

▶ 執行猶予が付されてもD社の免許は取り消される。

「**懲役**」は欠格事由に該当します。したがって、本肢の場合は、執行猶予がついたとしても、D社の免許は取り消されます。

問 27　解答 1　営業保証金　難易度 A

1　正　【営業保証金の取戻し】

不正の手段によって免許を受けたことを理由に免許を取り消された場合でも、**6カ月以上の期間**を定めて公告したのち、営業保証金を取り戻すことができます。

2　誤　【信託会社の特例】

▶ 信託会社が国土交通大臣から免許取消処分を受けることはない。

信託会社は、国土交通大臣の免許を受けた宅建業者とみなされます。しかし、「みなされる」だけであって、実際に国土交通大臣から免許を受けたわけではないので、国土交通大臣から免許取消処分を受けることはありません。

3　誤　【営業保証金の保管替え】

▶「国債証券で供託しているとき」はダメ。

従前の本店最寄りの供託所に対して、保管替えの請求ができるのは、営業保証金を金銭のみで供託している場合です。**国債証券等の有価証券を供託しているときは、移転後の本店最寄りの供託所に供託したあと、従前の本店最寄りの供託所から営業保証金を取り戻します。**

4　**誤**　【営業保証金の追加供託】

▶「不足を生じた日から」ではなく、「不足の通知を受けた日から」である。

「供託額に不足を生じた日から2週間以内」ではなく、「供託額の**不足の通知を受けた日から2週間以内**」です。

問28　解答2　媒介契約　難易度A

ア　**誤**　【指定流通機構への通知事項】

▶ 売主および買主の氏名は通知不要。

本肢の場合、宅建業者は遅滞なく、**登録番号、取引価格、売買契約の成立した年月日**を指定流通機構に通知しなければなりませんが、売主および買主の氏名を通知する必要はありません。

イ　**正**　【宅建業者の意見陳述】

媒介契約書面には、売買すべき価額または評価額(媒介価格)を記載し、宅建業者が**媒介価格について意見を述べるときは、その根拠**を明らかにしなければなりません。

ウ　**正**　【専任媒介契約の有効期間の更新】

専任媒介契約の有効期間は3カ月以内で、依頼者からの申出があれば、更新をすることができますが、更新の場合も有効期間は3カ月を超えることはできません。

以上より、正しいものはイとウの2つ。だから答えは「2」!

問29　解答2　重要事項の説明(35条書面)等　難易度A

1　**誤**　【重要事項の説明義務を負う者】

▶ 買主に重要事項の説明義務はない。

重要事項の説明は、宅建業者が、宅建業者でない買主(売買の場合)や借主(貸借の場合)に対して行います。したがって、本肢のように買主が売主に重要事項の説明をする必要はありません。

2　**正**　【建物の貸借の場合】

建物の貸借の場合で、その建物の管理が委託されているときは、管理者の商号または名称、主たる事務所の所在地を説明しなければなりません。

3　誤　【区分所有建物の売買の場合】

▶ 滞納がある場合には、その旨も説明が必要。

当該一棟の建物の計画的な維持修繕のための費用の積立てを行う旨の規約の定め(案を含む)があるときは、修繕積立金の内容およびすでに積み立てられている額について、説明が必要です。また、滞納がある場合には、その旨も説明しなければなりません。

4　誤　【供託所等の説明】

▶ 相手方が宅建業者である場合は説明不要。

宅建業者は、契約が成立するまでに、供託所等に関する事項について説明しなければなりません。ただし、この説明は相手方が宅建業者である場合には必要ありません。

問30　解答4　重要事項の説明(35条書面)　難易度 B

1　誤　【買主が宅建業者である場合】

▶ 買主が宅建業者の場合、「説明」は省略できるが「交付・提供」は省略できない。

買主が宅建業者である場合、重要事項説明は原則として省略できますが、35条書面の交付・提供は省略できません。

2　誤　【宅建士証を提示しなかった場合】

▶「20万円以下の罰金」ではなく、「10万円以下の過料」である。

重要事項の説明をするときには、宅建士証の提示が必要です。提示しなかった場合には「20万円以下の罰金」ではなく、「**10万円以下の過料**」に処せられます。

3　誤　【耐震診断の内容】

▶ 昭和56年(1981年)5月31日以前に新築工事に着工した建物→説明が必要。

耐震診断の内容(昭和56年〈1981年〉6月1日以降に新築工事に着工した建物は除く)は、貸借の場合でも説明が必要です。

ちなみに、住宅性能評価を受けた新築住宅である旨については、貸借の場合には説明が不要です。

No. 10
33点
平成25年度

	売買・交換		貸　借	
	宅　地	建　物	宅　地	建　物
耐震診断の内容		●		●
住宅性能評価を受けた新築住宅		●		

4　**正**　【津波災害警戒区域内か否か】

そのとおりです。

	売買・交換		貸　借	
	宅　地	建　物	宅　地	建　物
津波災害警戒区域内か否か	●	●	●	●

問31　解答2　契約書（37条書面）の交付・提供　難易度A

ア　**誤**　【宅建業とは】

▶「自ら貸借」は「取引」に該当しない→37条書面の交付・提供は不要。

「自ら貸借」は、宅建業の「取引」に該当しないため、本肢の場合には、37条書面の交付・提供は不要です。

イ　**正**　【37条書面の交付・提供の相手方】

37条書面は契約の両当事者に対して交付・提供しなければなりません。

ウ　**正**　【天災その他不可抗力による損害の負担の定めがある場合】

天災その他不可抗力による損害の負担の定めがある場合には、その内容を記載した37条書面の交付・提供が必要です。

エ　**誤**　【相手方が宅建業者である場合】

▶相手方が宅建業者であっても37条書面を交付・提供しなければならない。

相手方が宅建業者であったとしても、37条書面の交付・提供を省略することはできません。

以上より、正しいものの組合せはイとウ。だから答えは「2」！

問32 解答2 広告に関する規制 難易度A

ア　**違反する**　【広告の開始時期の制限】

建築確認が済んでいない建物の広告をすることはできません。

イ　**違反しない**　【契約締結の時期の制限】

建築確認が済んでいない建物について、売買や交換の契約はできませんが、貸借の代理・媒介による賃貸借契約の締結は行うことができます。

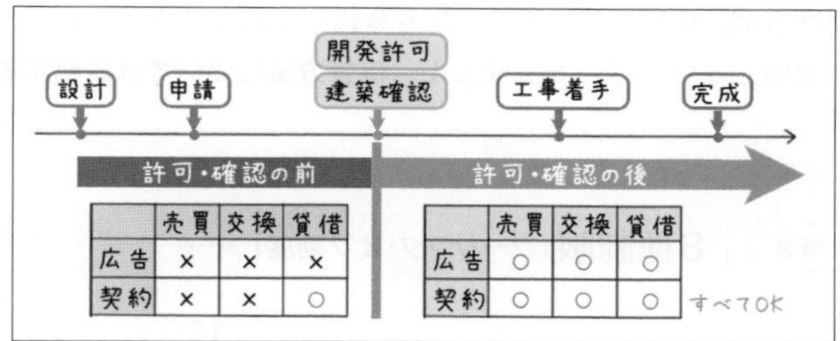

許可・確認の前

	売買	交換	貸借
広告	×	×	×
契約	×	×	○

許可・確認の後

	売買	交換	貸借
広告	○	○	○
契約	○	○	○

ウ　**違反しない**　【契約締結の時期の制限】

建築確認が済んだ建物については、広告・契約ともに行うことができます。

エ　**違反する**　【広告の開始時期の制限】

建築確認が済んでいない建物の広告をすることはできません。

以上より、違反しないものの組合せはイ、ウ。だから答えは「2」！

問33 解答2 重要事項の説明（35条書面） 難易度A

1　**誤**　【管理組合の総会の議決に関する事項】

▶ 管理組合の総会の議決権に関する事項→説明不要。

管理組合の総会の議決権に関する事項は、重要事項の説明事項ではありません。

2　**正**　【共用部分に関する規約の定め】

共用部分に関する規約の定めについては、規約が「案」の段階でも、説明が必要です。

3　**誤**　【建築基準法に規定する容積率および建蔽率に関する制限】

▶ 貸借の場合には、容積率・建蔽率の制限の説明は不要。

建物の貸借の場合には、容積率および建蔽率の制限は説明する必要はありません（売買・交換の場合には説明する必要があります）。

4　**誤**　【借賃以外に授受される金銭の定め】

▶「保管方法」の説明は不要。

代金、交換差金、借賃以外に授受される金銭の額および当該金銭の授受の目的については、説明しなければなりませんが、**保管方法については説明する必要はありません。**

問34　解答3　8種制限（クーリング・オフ制度）　難易度A

1　**誤**　【クーリング・オフができる場所】

▶ 喫茶店はクーリング・オフできる場所である。

買主が自ら申し出た場合の自宅や勤務先は、クーリング・オフができない場所ですが、買主が自ら申し出た場合でも、**喫茶店はクーリング・オフができる場所**です。したがって、クーリング・オフによって契約が解除された場合、A社は、すでに支払われている手付金および中間金を返還しなければなりません。

2　**誤**　【クーリング・オフができる期間】

▶ 翌週の月曜日までならクーリング・オフできる。

宅建業者からクーリング・オフについて書面で告げられた日から起算して**8日**を経過した場合、クーリング・オフができなくなります。本肢の場合、月曜日にクーリング・オフについて書面で告げられているので、翌週の月曜日までであれば、クーリング・オフができます。

1日目	2日目	3日目	4日目	5日目	6日目	7日目	8日目	9日目
月	火	水	木	金	土	日	月	火

←クーリング・オフできる→（1日目〜8日目）

3　**正**　【クーリング・オフができる場所】

宅建業者であるハウスメーカーがA社より宅地の売却について代理または媒介の依頼を受けていた場合には、ハウスメーカーの事務所はクーリング・オフができない場所となりますが、本肢のハウスメーカーはA社より宅地の売却について**代理ま**

たは媒介の依頼を受けていないため、Bはクーリング・オフをすることができます。

4　**誤**　【クーリング・オフができなくなる場合】

▶ 宅地の引渡しはまだ→クーリング・オフできる。

テント張りの案内所はクーリング・オフができる場所に該当します。また、買主が宅地・建物の引渡しを受け、かつ代金の全額を支払った場合には、クーリング・オフができなくなりますが、本肢の場合、買主Bは、代金全額を支払っていますが、宅地の引渡しは受けていないので、クーリング・オフによって契約を解除することができます。

問35　解答2　契約書（37条書面）の交付　難易度B

ア　**必ず記載すべき事項ではない**　【37条書面に必ず記載すべき事項】

保証人の氏名および住所は、37条書面に必ず記載すべき事項ではありません。

イ　**必ず記載すべき事項である**　【37条書面に必ず記載すべき事項】

建物の引渡しの時期は、37条書面に必ず記載すべき事項です。

ウ　**必ず記載すべき事項である**　【37条書面に必ず記載すべき事項】

借賃の額ならびにその支払いの時期および方法は、37条書面に必ず記載すべき事項です。

エ　**必ず記載すべき事項ではない**　【37条書面に必ず記載すべき事項】

媒介に関する報酬の額は、37条書面に必ず記載すべき事項ではありません。

オ　**必ず記載すべき事項ではない**　【37条書面に必ず記載すべき事項】

借賃以外の金銭の授受の方法は、37条書面の必ず記載すべき事項ではありません。

		売買交換	貸借
必ず記載する事項	❶ 当事者の**氏名**(法人の場合は名称)および住所	●	●
	❷ 宅地・建物を特定するのに必要な表示 (宅地…所在、地番等／建物…所在、種類、構造等)	●	●
	❸ 代金・交換差金・借賃の額、その支払時期、支払方法	●	●
	❹ 宅地・建物の**引渡時期**	●	●
	❺ **移転登記の申請の時期**	●	
	❻ 既存の建物の構造耐力上主要な部分等の状況について当事者の双方が確認した事項	●	

以上より、37条書面に必ず記載しなければならない事項の組合せはイとウ。
だから答えは「2」！

問36 解答3 重要事項の説明、契約書(37条書面)の交付 難易度A

1 **違反する** 【私道の負担に関する追加の重要事項説明】

宅地の売買の媒介の場合、私道負担があるときには、その内容を説明しなければなりません。

	売買・交換		貸　借	
	宅　地	建　物	宅　地	建　物
私道負担に関する事項	●	●	●	

2 **違反する** 【営業保証金を供託している供託所およびその所在地の説明】

供託所等の説明は、**契約が成立するまでに**しなければなりません。

3 **違反しない** 【宅建士ではない従業員に37条書面を交付させること】

37条書面の交付は宅建士でなくても行うことができます。

4 **違反する** 【一定の担保責任に関する特約】

宅地・建物の種類・品質に関して契約の内容に適合しない場合におけるその不適合を担保すべき責任についての定めがあるときは、その内容を37条書面に記載しなければなりません。宅建業者間の取引であったとしても記載の省略をすることはできません。

問 37 解答 1 報酬に関する制限 難易度 B

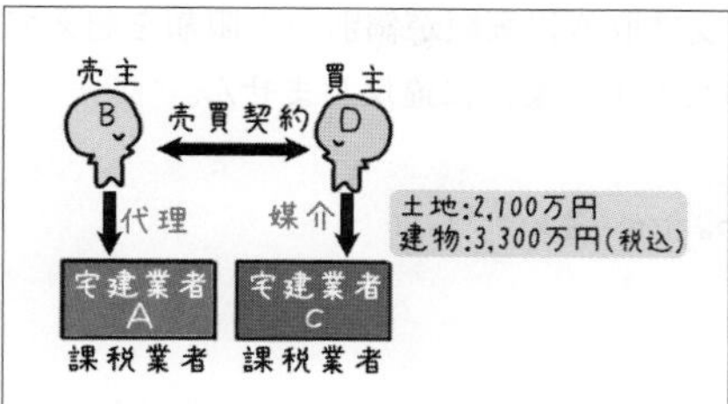

同一の取引において、複数の宅建業者が関与した場合、これらの宅建業者が受け取る報酬の合計額は、１つの宅建業者が関与した場合の報酬限度額以内でなければなりません。…ⓐ

また、各宅建業者が受領できる報酬額は、各宅建業者が受領できる報酬限度額以下でなければなりません。…ⓑ

	A社がBから受け取れる報酬限度額【代理】	C社がDから受け取れる報酬限度額【媒介】
① 土地＋建物(税抜き)	土地：2,100万円 建物(税抜き)：3,300万円÷1.1＝3,000万円 合計(税抜き)：2,100万円＋3,000万円＝5,100万円	
② 基本公式の額	5,100万円×**3**%＋**6**万円＝159万円	
③ 報酬限度額(税込み)	159万円×2×1.1 ＝**349万8,000円**	159万円×1.1 ＝**174万9,000円**

ただし！	同一の取引なので、A社とC社は合計で **349万8,000円** 以内でしか受け取れない…ⓐ
しかも！	C社の上限は **174万9,000円** となる…ⓑ

ア　**違反する**

A社とC社が受け取れる報酬の上限は**349万8,000円**です。A社が3,500,000円、C社が1,750,000円を受け取った場合、合計で5,250,000円を受け取ることになり、上限を超えてしまいます。

イ　**違反する**

A社とC社の報酬の合計が4,000,000円となり、上限**349万8,000円**を超えてしまいます。

ウ　**違反しない**

依頼者から依頼されて行った現地調査に要した費用(50,000円)については、報酬とは別に受け取ることができます。また、A社とC社の報酬の合計が3,489,000円(**349万8,000円**以下)で、A社およびC社の受け取る報酬額が個別の上限額を超えていないため、本肢のとおり報酬を受け取っても宅建業法に違反しません。

以上より、違反しないものはウの1つ。だから答えは「1」！

問38　解答2　8種制限　難易度 B

ア　**誤**　【買主に不利となる特約】

▶「雨漏り等の瑕疵に限定」→民法の規定よりも買主が不利→特約不可。

売主が宅建業者で、買主が宅建業者以外の人であるときは、売主が負う目的物の種類・品質に関して契約の内容に適合しない場合におけるその不適合を担保すべき責任について、原則として民法の規定より買主に不利な特約をすることはできません。

もっとも、民法で規定する「買主がその不適合を知った時から1年以内にその旨を売主に通知」という通知に関する期間制限の部分につき、売主が引渡しの時にその不適合を知り、または重大な過失によって知らなかった場合を除き、**引渡しの日から2年以上**の通知の期間を定めた特約をすることはできます。

本肢の特約は、責任を負う範囲を「引渡後2年以内に発見された雨漏り、シロアリの害、建物の構造耐力上主要な部分の瑕疵」に限定しており、民法の規定よりも買主に不利となり、かつ、例外にも該当しないので、することができません。

イ　**正**　【損害賠償の予定額に加え、違約金を定めた場合】

損害賠償の予定額または違約金を定める場合には、その合計額が代金の**20%**を超えてはいけません。本肢の場合、損害賠償の予定額と違約金の合計額が700万円で、代金の20%（3,500万円×20%=700万円)を超えていないため、当該特約をすることができます。

ウ　**誤**　【買主に不利となる特約】

▶民法の規定よりも買主が不利→特約不可。

宅建業法上、手付金は解約手付の性質を有します。解約手付が交付された場合、相手方が履行に着手するまでは、**買主は手付金を放棄**することによって、**売主は手付金の倍額を現実に提供**することによって、契約を解除することができます。本肢では「買主は…手付金及び中間金を放棄して…」とあるので、民法の規定よりも不利な特約となります。したがって、当該特約をすることはできません。

以上より、誤っているものはアとウの2つ！　だから答えは「2」！

問39　解答 1　保証協会　難易度 A

1　**正**　【苦情の解決】

保証協会は、社員の取り扱った宅建業に係る取引に関する苦情についての解決の申出およびその解決の結果について、社員に周知させなければなりません。

2　**誤**　【保証協会に加入したときの免許権者への報告】

▶ 免許権者への報告は「宅建業者」ではなく、「保証協会」が行う。

保証協会に加入したときの、免許権者への報告は「宅建業者」ではなく、「保証協会」が行います。

3　**誤**　【還付充当金の納付】

▶「主たる事務所の最寄りの供託所」ではなく、「保証協会」。

保証協会は、弁済業務保証金の還付があったときは、社員または社員であった者に対して「主たる事務所の最寄りの供託所」ではなく、「**保証協会に納付**」すべきことを通知しなければなりません。

4　**誤**　【弁済業務保証金分担金の納付】

▶「加入の日から2週間以内」ではなく、「加入しようとする日まで」に納付する。

新たに保証協会の社員として加入する者は、**加入しようとする日までに**弁済業務保証金分担金を保証協会に納付しなければなりません。

ちなみに、新たに事務所を設置したときは、設置した日から2週間以内に弁済業務保証金分担金を保証協会に納付しなければならない～。

No.10 33点 平成25年度

問 40 解答 3 8種制限（手付金等の保全措置） 難易度 A

1 誤 【未完成物件の場合】

▶ 未完成物件→指定保管機関による手付金等の保全措置は×。

未完成物件の場合には、指定保管機関（保証協会）による手付金等の保全措置を講じることはできません。

2 誤 【手付金等の保全措置を講じなければならない者】

▶ 保全措置を講じなければならないのはAのみ。

手付金等の保全措置を講じなければならないのは、売主であるAです。

3 正 【買主が宅建業者である場合】

「宅建業者自ら売主となる場合の8つの制限（8種制限）」は、**売主が宅建業者で買主が宅建業者以外の者**となる場合に適用されます。本肢の買主Eは宅建業者なので、8種制限は適用されません。したがって、保全措置を講じなくても手付金を受領することができます。

4 誤 【未完成物件の場合】

▶ 手付金等の額が代金の5%を超える→中間金を受け取る前に保全措置が必要。

手付金等とは、契約締結後、物件の引渡前に支払われる金銭をいい、手付金のほか中間金も含まれます。

未完成物件の場合、手付金等の額が代金の**5%以下**（4,000万円×5%=200万円以下）かつ**1,000万円以下**の場合には、保全措置は不要です。

本肢では、手付金等の額が300万円（100万円+200万円）で、200万円を超えるため、中間金を受領する前に保全措置を講じる必要があります。

問 41 解答 2 標識、帳簿、従業者証明書 難易度 A

1 誤 【帳簿の備付け】

▶ パソコンを用いる方法でもOK。

宅建業者は、事務所ごとに業務に関する帳簿を備え付けなければなりませんが、その帳簿はパソコンのハードディスクに記録する等の方法でも認められます。

2 正 【標識の掲示】

宅建業者は、事務所ごとに、公衆の見やすい場所に標識を掲示しなければなりませんが、**免許証については掲示する必要はありません。**

3　誤　【帳簿への記載】

▶「取引のあった月の翌月１日まで」ではなく、「取引があったつど」である。

宅建業者は、取引があったつど、帳簿に一定の事項を記載しなければなりません。

4　誤　【従業者証明書】

▶ 従業者証明書は携帯しなければならない。

宅建士証を携帯していたとしても、従業者証明書は携帯しなければなりません。

問 42　解答 2　監督処分（宅建士）　難易度 A

1　誤　【事務禁止処分】

▶ 乙県知事は指示処分も、事務禁止処分も行うことができる。

登録をしている都道府県以外の都道府県の知事でも、その都道府県内において宅建士が処分の対象となる行為を行った場合には、指示処分、事務禁止処分を行うことができます。

2　正　【登録消除処分】

登録消除処分は、**登録をしている都道府県知事のみ**が行うことができます。

3　誤　【登録消除処分】

▶ 登録消除処分は免許権者のみできる→甲県知事から登録を消除される。

事務禁止処分に違反したときは登録消除処分の対象となります。そして、登録消除処分は、登録をしている都道府県知事のみが行うことができるため、本肢の場合、Aは甲県知事から登録を消除されます。

4　誤　【指示処分】

▶ 乙県知事は指示処分も行うことができる。

登録をしている都道府県以外の都道府県の知事でも、その都道府県内において宅建士が処分の対象となる行為を行った場合には、指示処分、事務禁止処分を行うことができます。

問 43　解答 4　免許　難易度 A

1　誤　【免許換え】

▶ 国土交通大臣免許に換える必要はない。

都道府県知事免許を受けた宅建業者でも全国で宅建業を営むことができます。したがって、本肢の宅建業者は、国土交通大臣免許に換えることなく(甲県知事免許のまま)乙県所在の物件を取引することができます。

2　誤　【指示処分】

▶「宅建業者」ではなく、「乙県知事」が免許権者に通知する。

乙県知事が宅建業者(甲県知事免許)に対して指示処分・業務停止処分を行った場合、「宅建業者」ではなく、「**乙県知事**」が免許権者(甲県知事)に**通知**しなければなりません。

3　誤　【懲役刑に処せられ、刑の執行を終わった日から5年を経過していない場合】

▶ 政令使用人が欠格者→その法人は免許を受けることができない。

免許を受けようとする法人の役員または政令で定める使用人に、欠格者がいる場合、その法人は免許を受けることができません。本肢では、政令で定める使用人が欠格者に該当するため、当該法人は免許を受けることができません。

4　正　【宅建業に関し不正または不誠実な行為をするおそれが明らかな者】

宅建業に関し不正または不誠実な行為をするおそれが明らかな者は、宅建業法の規定に違反し、罰金の刑に処せられていなくても、免許を受けることができません。

問 44　解答 1　宅地建物取引士(登録)　難易度 A

ア　誤　【登録を受けている者】

▶ 破産者となった場合は「遅滞なく」ではなく、「その日から30日以内」である。

登録を受けている者は、登録を受けている事項に変更があったときは、**遅滞なく**、変更の登録を申請しなければなりません。また、破産者となった場合には、その旨の届出を、「遅滞なく」ではなく、「**その日から30日以内**」に登録をしている都道府県知事に届け出なければなりません。

イ　誤　【宅建士証の交付を受けようとする者】

▶「90日前から30日前まで」ではなく、「6カ月以内」である。

宅建士証の交付を受けようとする者は、原則として、都道府県知事が指定した講習を、交付の申請前**6カ月以内**に受講しなければなりません。

ウ　誤　【専任の宅建士】

▶ 専任の宅建士である必要はない。

35条書面や37条書面に記名する宅建士は、専任の宅建士である必要はありません。

エ　正　【宅建士証の提出】

宅建士は、事務禁止処分を受けた場合、宅建士証をその交付を受けた都道府県知事に速やかに提出しなければなりません。そして、提出しなかったときは**10万円以下の過料**に処せられることがあります。

以上より、正しいものはエの1つ！　だから答えは「1」！

問 45　解答 4　住宅瑕疵担保履行法　難易度 B

1　誤　【買主が建設業者である場合】

▶ 買主が建設業者（宅建業者以外）→資力確保措置を講じる必要がある。

買主が宅建業者である場合には資力確保措置を講じる必要はありませんが、買主が建設業者であるときは、講じなければなりません。

2　誤　【基準日に係る資力確保措置の状況の届出】

▶「基準日の翌日から50日を経過した日以後」である。

新築住宅を引き渡した宅建業者は、基準日（3月31日）ごとに、その基準日に係る資力確保措置の状況について、基準日から**3週間以内**に免許権者に**届け出**なければなりません。この届出をしなかった場合には、「当該基準日から3週間を経過した日以後」ではなく、「**基準日の翌日から50日を経過した日以後**」は、新たに自ら売主となる新築住宅の売買契約を締結することはできません。

3　誤　【供託所の所在地等の説明】

▶「新築住宅を引き渡すまで」ではなく「売買契約を締結するまで」である。

供託所の所在地等の説明は、「新築住宅を引き渡すまで」ではなく、「売買契約を締結する**まで**」に行われなければなりません。

4　**正**　【住宅販売瑕疵担保保証金の供託】

宅建業者が住宅販売瑕疵担保保証金を供託する場合、買主に引き渡した新築住宅について、毎年、基準日から3週間を経過するまでの間で、基準日前に10年間さかのぼって戸数を計算し、それに応じた住宅販売瑕疵担保保証金の供託が必要となりますが、この戸数の算定にあたって、床面積の合計が55㎡以下のものは、2戸を1戸と数えます。

問46　解答1　住宅金融支援機構法　難易度B

1　**誤**　【貸付債権の譲受けの対象】

▶ 本肢の貸付債権についても譲受けの対象としている。

住宅の建設・購入に付随する土地・借地権の取得に必要な資金の貸付けに係る貸付債権についても譲受けの対象としています。

2　**正**　【直接融資】

機構は、原則として直接融資は行っていませんが、災害関連等については、直接融資を行っています。

3　**正**　【団体信用生命保険業務】

機構は、団体信用生命保険業務を行っています。

4　**正**　【証券化支援事業(買取型)】

機構が証券化支援事業(買取型)により譲り受ける貸付債権は、**自らまたは親族が居住する住宅**を建設または購入する者に対する貸付けに係るものでなければなりません。

問47　解答3　景品表示法　難易度A

1　**誤**　【現況と異なる表示】

▶ 現況と異なる表示をすることはできない。

宅地または建物のコンピュータグラフィックス、見取図、完成図、完成予想図は、その旨を明示して用いなければなりません。また、当該物件の周囲の状況について表示するときは、**現況に反する表示をしてはいけません。**

2　**誤**　【地目】

▶ 現況の地目を「併記」する。

地目は登記簿に記載されているものを表示します。また、登記簿に記載されている地目と現況の地目が異なるときは、現況の地目を併記しなければなりません。

3　**正**　【管理費の表示】

管理費、共益費、修繕積立金については、一戸あたりの月額を表示しますが、住戸により金額が異なる場合で、すべての住戸の管理費、共益費、修繕積立金を示すことが困難であるときは、最低額と最高額のみで表示することができます。

4　**誤**　【新築とは】

▶ 入居があった場合には、「新築」と表示することはできない。

新築とは、**建築工事完了後1年未満であって、居住の用に供されたことがないもの**をいいます。本肢のように、完成後8カ月しか経過していなくても、入居があった場合には、新築と表示することはできません。

問48　解答 ー　統計

最新の統計データで学習してください。

問49　解答 4　土地　難易度 A

1　**適当**　【山地】

国土を山地と平地に大別すると、山地の占める比率は、国土面積の約75%です。

2　**適当**　【火山地】

火山地は、国土面積の約7%を占め、山林や原野のままの所も多く、水利に乏しい土地です。

3　**適当**　【台地・段丘】

台地・段丘は、国土面積の約12%で、**地盤も安定**し、**土地利用に適した土地**です。

4　**不適当**　【低地】

▶ 低地は災害危険度が「高い」土地である。

低地は、国土面積の約13%であり、洪水や地震による液状化などの災害危険度が高い土地です。

問 50 解答 4 建物 難易度 A

1 **適当** 【耐震構造】

耐震構造は、建物の柱、はり、耐震壁などで剛性を高め、地震に対して十分耐えられるようにした構造です。

2 **適当** 【免震構造】

免震構造は、建物の下部構造と上部構造との間に積層ゴムなどを設置し、揺れを減らす構造です。

3 **適当** 【制震構造】

制震構造は、制震ダンパーなどを設置し、揺れを制御する構造です。

4 **不適当** 【既存不適格建築物】

▶ 制震構造や免震構造によって耐震補強をする必要がある。

既存不適格建築物とは、法令の改正によって、基準に合わなくなった建築物のことをいいます。このような建築物についても、制震構造や免震構造によって耐震補強をする必要があります。

No. 11

平成24年度（2012年度）解答・解説

この年の合格基準点は**33**点でした

解答一覧

権利関係

問	1	2	3	4	5	6	7	8	9	10
解答	3	1	―	2	―	4	1	4	1	4

問	11	12	13	14
解答	4	3	2	2

法令上の制限

問	15	16	17	18	19	20	21	22
解答	1	1	3	2	3	4	2	4

税 その他

問	23	24	25
解答	2	1	4

宅建業法

問	26	27	28	29	30	31	32	33	34	35
解答	1	1	1	2	2	4	4	1	2	1

問	36	37	38	39	40	41	42	43	44	45
解答	4	2	3	4	3	3	3	3	4	2

その他

問	46	47	48	49	50
解答	3	2	―	3	1

日付　／　あなたの得点　点

メモ（復習すべき問題など）

問1　解答3　意思表示　難易度C

通謀虚偽表示の無効は善意の第三者に対抗することはできません。この第三者について、判例は「虚偽表示の当事者またはその一般承継人以外の者で、その表示の目的につき法律上の利害関係を有する者」としています。

1　**「第三者」に該当する**　【仮装譲渡された土地を差し押さえた者】

仮装譲渡された甲土地（虚偽表示の目的物）を差し押さえた債権者Cは、法律上の利害関係を有するので、第三者に該当します。

2　**「第三者」に該当する**　【転抵当権の設定を受けた債権者】

転抵当の設定を受けた債権者Cは、法律上の利害関係を有するので、第三者に該当します。

3　**「第三者」に該当しない**　【金銭を貸し付けた者】

Bに対して金銭を貸し付けたCは、甲土地について法律上の利害関係を有しているわけではないため、第三者には該当しません。

4　**「第三者」に該当する**　【仮装債権を譲り受けた者】

虚偽表示による金銭消費貸借契約によって生じた仮装債権を譲り受けたCは、法律上の利害関係を有するので、第三者に該当します。

問2　解答1　代理　難易度A

1　**誤**　【代理人の行為能力】

▶ 未成年者が任意代理人として締結した契約の効果は、本人に有効に帰属する。

制限行為能力者（未成年者など）でも任意代理人になることができます。したがって、**未成年者が代理人として締結した契約の効果は、本人に有効に帰属**します。

2　**正**　【法人による即時取得の成否の判断基準】

民法には、「取引行為によって、平穏に、かつ、公然と動産の占有を始めた者は、善意であり、かつ、過失がないときは、即時にその動産について行使する権利を取得する」と規定されています。そして、法人について、即時取得の善意・無過失の有無は、代表機関を基準に判断されますが、代表機関が代理人によって取引を行った場合には、当該代理人を基準に判断されます。

3　**正**　【双方代理が例外的に本人へ有効に効果帰属する場合】

双方代理（同一人が売主と買主の代理人になること）**は、原則として無権代理人がした行為**とみなされますが、**❶本人の許諾があるとき、❷債務の履行をするときは**有効な代理行為となります。

4　**正**　【法定代理人による復代理人の選任】

法定代理人は、いつでも（やむを得ない事由がなくとも）自由に復代理人を選任することができます。

問3　解答ー　民法の規定

法改正により削除

問4　解答2　無権代理　難易度A

1　**正**　【無権代理行為と本人の追認】

無権代理人(B)の行った売買契約を本人(A)が追認した場合、その効果は有効に本人(A)に帰属します。したがって、本肢のAC間の売買契約は有効となります。

2　**誤**　【無権代理と相続（本人死亡）】

▶ 無権代理人が本人を相続した場合、自らの無権代理行為の追認を拒絶できない。

無権代理人が本人を単独で相続した場合、無権代理人(B)は、自らの無権代理行為の追認を拒絶することができません。

3　**正**　【無権代理と相続（無権代理人死亡）】

本人が無権代理人を単独で相続した場合、本人(A)は無権代理人(B)の無権代理行為の追認を拒絶することができます。

4　**正**　【無権代理と相続（本人死亡による無権代理人と他の相続人との共同相続）】

無権代理人が他の相続人とともに本人を共同相続した場合は、共同相続人全員が追認しない限り、無権代理人の相続分についても有効になるわけではありません。

肢2は無権代理人が本人を単独で相続した場合、肢4は無権代理人が本人を共同で相続した場合。違いに注目！

No.11　33点　平成24年度

問5　解答 一　請負

法改正により削除

問6　解答 4　物権変動の対抗要件　難易度 B

1　**誤**　【取得時効と登記】

▶ 時効取得者(B)と時効完成前の第三者(C)は時効取得者(B)の勝ち！

時効取得者(B)は、時効完成前に所有権を取得した第三者(C)に対して、登記の有無に関係なく、所有権を主張することができます。

2　**誤**　【賃貸人たる地位の移転と登記】

▶ Eは登記を備えていなければ、Dに賃貸人であることを主張できない。

賃貸されている甲土地を購入した新所有者Eは、所有権移転登記を備えていなければ、賃借人Dに対して賃貸人たる地位の移転を主張することはできません。

3　**誤**　【二重譲渡の優劣】

▶ 二重譲渡の場合、先に登記をしたほう(F)が勝ち！

二重譲渡の場合、先に登記をしたほうが所有権を主張できます。したがって、Fが所有権移転登記を備えた場合、Gは、Fに対して自らが所有者であることを主張することはできません。

4　**正**　【背信的悪意者からの善意の譲受人】

Hは、背信的悪意者であるIに対しては、甲土地の所有権移転登記を備えていなくても所有権を主張することができますが、Iから譲り受けた善意のJに対しては所有権移転登記を備えていなければ所有権を主張することはできません。本問では、善意のJが所有権移転登記を備えているので、HはJに対しては、自らが所有者であることを主張することができません。

問7　解答 1　物上代位　難易度 D

1　**誤**　【抵当権にもとづく物上代位と一般債権者の優劣】

▶ Aの抵当権設定登記のほうが先だから、Aは物上代位することができる。

抵当権者の物上代位と一般債権者の差押えが競合した場合、両者の優劣は、**抵当権設定登記と一般債権者の差押えの送達の先後**によって決まります。本肢は、Bの一般債権者による差押えよりもAの抵当権設定登記のほうが先なので、Aは賃料債権に物上代位することができます。

2　**正**　【抵当権の実行と物上代位】

抵当権者は、抵当権を実行していても、抵当権が消滅するまでは、抵当不動産である建物(B所有の建物)の賃料債権に物上代位することができます。

3　**正**　【物上代位と火災保険契約にもとづく損害保険金請求権】

火災保険契約にもとづく損害保険金請求権も物上代位の対象となります。

4　**正**　【物上代位と転借人に対する賃料債権】

Aは、BのCに対する賃料債権については物上代位することができますが、CのDに対する転貸賃料債権については、原則として物上代位することはできません。

問8　解答4　債務不履行　難易度B

1　**正**　【契約締結前の説明義務違反】

債務不履行が生じるのは、**契約締結後**です。したがって、契約締結前に説明義務違反があって、Bが損害を被った場合でも、Aは債務不履行による賠償責任を負うことはありません(不法行為による賠償責任を負うことはあります)。

2　**正**　【金銭債務の特則】

金銭債務の不履行については、損害賠償の額は債務者が遅滞の責任を負った最初の時点における法定利率(**年3%**)によって計算します。なお、利率に定めがある場合(約定利率がある場合)で、約定利率がこの法定利率を超えるときは、損害賠償の額は**約定利率**によって計算します。

3　**正**　【履行不能、二重譲渡と登記】

二重譲渡の場合、先に登記をしたほうが所有権を主張できます。本肢の場合、Cが登記をしているため、Aは甲不動産を手に入れることができません(履行不能)。したがって、AはBに対して債務不履行(履行不能)にもとづく損害賠償請求をすることができます。

4　**誤**　【金銭債務の特則】

▶ Bは債務不履行となり、Aに対して遅延損害金の支払義務を負う。

金銭債務の場合、たとえ不可抗力であっても、債務不履行が成立します。そのため、Cからの入金がないことによって、返済期限が経過してしまった場合でも、Bは債務不履行に陥り、Aに対して遅延損害金の支払義務を負います。

問9　解答1　不法行為　難易度 B

1　**正**　【連帯債務】

被用者(B)の損害賠償債務と使用者(A)の損害賠償債務は別個の債務であるため、BのCに対する損害賠償義務が消滅時効にかかったとしても、AのCに対する損害賠償義務が当然に消滅するものではありません。

2　**誤**　【相続人の損害賠償請求権】

▶ AはCの相続人に対して慰謝料についての損害賠償責任を負う。

Cが即死であった場合でも、Cに損害賠償請求権が発生し、相続人がこれを承継するため、AはCの相続人に対して慰謝料についての損害賠償責任を負います。

3　**誤**　【使用者の求償権】

▶ A（使用者）は常にB（被用者）から「全額」を回収できるというわけではない。

Aの使用者責任が認められてCに対して損害を賠償した場合、AはB（被用者）に求償できますが、その額は「信義則上相当と認められる範囲内」となります。したがって、Bに資力があったとしても、Aは常に賠償した損害額の全額を回収できるというわけではありません。

4　**誤**　【被害者側の過失】

▶ C（被害者）が幼児であっても、過失相殺が考慮される。

たとえば、C（幼児）の保護者がCをしっかり見ていなかったため、Cが走り出し、道路に飛び出してきてしまった場合など、被害者側(幼児の親なども含む)に過失があれば過失相殺が考慮されます。

問 10　解答 4　相続　難易度 B

1　誤　【法定相続分】

▶ **法定相続分はAが２分の１、Fが２分の１である。**

Ｂが死亡した場合、相続人はＢの子であるＡと、Ｄの代襲相続人であるＦの２人となります。

この場合の法定相続分は**Ａが２分の１、Ｆが２分の１**となります。

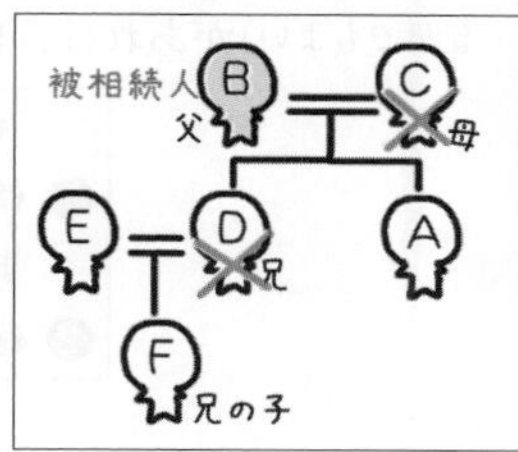

2　誤　【相続、共有】

▶ **Fは当然に甲建物の明渡しを請求することができるわけではない。**

ＡもＦも相続人であるため、甲建物はＡとＦの共有となります。各共有者は自己の持分に応じて共有物を使用することができます。そのため、Ａが甲建物を１人で占有しているからといって、Ｆは当然に甲建物の明渡しを請求することができるわけではありません。

3　誤　【相続人の範囲と順位】

▶ **相続人はB（父）のみである。**

Ａには配偶者もなく、第１順位の子もいないため、Ａが死亡した場合、第２順位の父Ｂ（直系尊属）のみが相続人となります。第２順位の直系尊属が相続人となった場合、第３順位の兄弟姉妹は相続人とならないため、Ｄの子であるＦは相続人となりません。

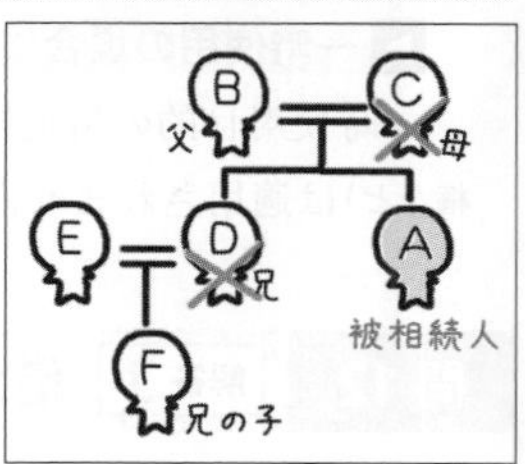

4　**正**　【遺留分】

兄弟姉妹には遺留分がありません。したがって、Ｆ（Ａの兄であるＤの代襲相続人）はＧに対して遺留分を主張することはできません。

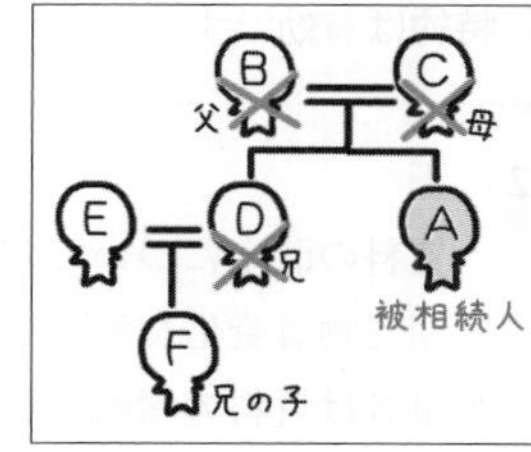

No. 11　33点　平成24年度

問 11　解答 4　借地借家法（借地）　難易度 A

1　**正**　【借地上の建物の登記】

借地権の登記がなくても、**借地上の建物について自己を所有者とした登記**（表示の登記でもよい）があれば、借地権を第三者に対抗できます。

> 借地権を第三者に対抗するための要件
> ❶ 借地権の登記
> または
> ❷ 借地上に自己名義で登記された建物の所有

2　**正**　【借地上の建物の滅失】

登記した建物が滅失してしまった場合、一定の内容を、その土地の見やすい場所に掲示すれば、滅失日から**2年**を経過するまでは、借地権を第三者に対抗できます。

3　**正**　【転借権の対抗力】

賃借人が対抗力のある建物を所有しているときは、土地の適法な転借人は、自ら対抗力を備えていなくても、賃借人の賃借権を援用して転借権を第三者に対抗することができます。

4　**誤**　【一時使用目的の借地権】

▶ 一時使用の場合には、建物買取請求権などはない。

一時使用目的の借地権には、一部の借地借家法の規定（存続期間、更新、**建物買取請求権**など）は適用されません。

問 12　解答 3　借地借家法（借家）　難易度 B

1　**正**　【造作買取請求権】

普通建物賃貸借契約でも、定期建物賃貸借契約でも、**造作買取請求権を排除する特約は有効**です。

2　**正**　【家賃の増減額請求権】

賃料の改定についての特約が定められていない場合、普通建物賃貸借契約でも、定期建物賃貸借契約でも、経済事情の変動により賃料が不相当となったときには、当事者は賃料の増減を請求することができます。

3　**誤**　【定期建物賃貸借（更新がない旨の特約）】

▶ 書面を「交付」して、「説明」しなければならない。

定期建物賃貸借契約の場合、建物の賃貸人はあらかじめ賃借人に対して「契約の更新がなく、期間満了で終了する」旨を記載した**書面**を**交付**して、**説明**しなければなりません。なお、建物の賃貸人は、当該書面の交付に代えて、政令で定めるところにより、建物の賃借人の承諾を得て、当該書面に記載されるべき事項を電磁的方法により提供することができます。

4　**正**　【定期建物賃貸借（中途解約できる旨の特約）】

期間の定めがある賃貸借契約では、中途解約できる旨の特約がなければ賃借人は契約で定めた期間（本問では2年間）は、当該建物を借りる義務があります。

もっとも、定期建物賃貸借契約では、床面積が**200㎡未満**の**居住用**建物の賃貸借においては、転勤等**やむを得ない事情**により、賃借人が建物を自己の生活の本拠として使用することが困難となった場合には、賃借人は期間の途中で解約を申し入れることができます。

問 13　解答 2　区分所有法　難易度 B

1　**正**　【共用部分の保存行為】

共用部分の保存行為は、各区分所有者が**単独**で行うことができます。

2　**誤**　【共用部分の変更行為】

▶ 定数は過半数まで減ずることができるが、議決権は減ずることはできない。

共用部分の変更（その形状または効用の著しい変更を伴わないものを除く＝重大な変更）は、区分所有者および議決権の**各4分の3以上**の集会の決議で決しますが、規約で**区分所有者の定数**については**過半数**まで減ずることができます（議決権については減ずることはできません）。

保存行為		→各区分所有者が単独で行うことができる
管理行為		→区分所有者および議決権の各過半数の集会決議で決める
変更行為	❶軽微な変更	→区分所有者および議決権の各過半数の集会決議で決める
	❷重大な変更	→区分所有者および議決権の各4分の3以上の集会決議で決める ☆区分所有者の定数は、規約で過半数まで減らすことができる

3　**正**　【管理者】

管理者は、その職務に関して区分所有者を代理します。したがって、管理者の行為の効果は、規約に別段の定めがない限り、各区分所有者に、共用部分の持分の割合に応じて帰属します。

4　**正**　【共用部分の費用負担】

共用部分に関する費用は、規約に別段の定めがない限り、各区分所有者がその持分に応じて負担します。

問 14　解答 2　不動産登記法　難易度 D

1　**正**　【登記申請の場合の代理権の不消滅】

民法では、本人が死亡すると、代理人の代理権は消滅することとされていますが、**登記申請の代理人については、本人が死亡しても代理権は消滅しません。**

2　**誤**　【地役権の登記】

▶ 要役地に所有権の登記がないとダメ。

要役地に所有権の登記がないときは、承役地に地役権の設定の登記をすることができません。

地役権は、自分の土地に都合がいいように、他人の土地を使わせてもらう権利。
この場合の利用する側の土地を要役地、利用される側の土地を承役地という！
右図のような土地で、Aさんが
「広い道路にすぐに出られるように、
Bさんの土地を通らせてもらえないかな？」
と思って、地役権（通行地役権）を
設定したとする…。
この場合の、Aさんの土地を要役地、
Bさんの土地を承役地というよ！

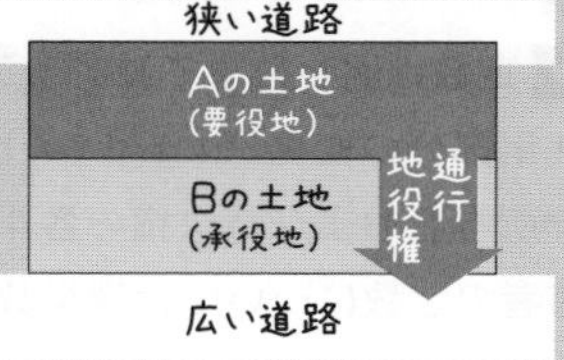

3　**正**　【建物の表題登記の申請】

区分建物である建物を新築した場合において、その所有者について相続その他の一般承継があったときは、相続人その他の一般承継人も、被承継人を表題部所有者とする当該建物についての表題登記を申請することができます。

4　**正**　【収用による登記】

権利に関する登記の申請は、原則として登記権利者と登記義務者が共同してしなければなりませんが、**不動産の収用による所有権の移転の登記は、起業者が単独で申請することができます。**

問 15　解答 1　国土利用計画法　難易度 A

1　**正**　【事後届出(届出書の記載)】

土地売買等の契約による権利取得者が事後届出を行う場合、届出書には対価の額を記載しますが、対価が金銭以外のものであるときは、その対価を、時価を基準として金銭に見積った額に換算して、届出書に記載することとされています。

2　**誤**　【市街化調整区域の場合】

▶ **市街化調整区域で5,000㎡未満→事後届出不要。**

市街化調整区域の場合、**5,000㎡以上**の土地について、土地売買等の契約を締結したときに事後届出が必要となります。本肢では、売買契約の合計面積が4,000㎡なので、事後届出を行う必要はありません。

3　**誤**　【当事者の一方が国、地方公共団体等である場合】

▶ **相手方が「E市」→事後届出不要。**

当事者の一方または双方が国、地方公共団体、地方住宅供給公社等である場合には、事後届出を行う必要はありません。

4　**誤**　【事後届出の期間】

▶ **「契約を締結した日から起算して2週間以内」である。**

停止条件付売買契約は、届出が必要な土地売買等の契約に該当します。また、市街化区域の場合、**2,000㎡以上**の土地について、土地売買等の契約を締結したときに事後届出が必要となります。そして事後届出は、**契約を締結した日**から起算して**2週間以内**に行わなければなりません(「購入資金を借り入れることができることに確定した日から起算して2週間以内」ではありません)。

問 16 解答 1 都市計画法 難易度 A

1 **正** 【応急措置として行う建築物の建築】

市街地開発事業等予定区域内において、建築物の建築等を行う場合には原則として都道府県知事等の許可が必要です。しかし、非常災害のため必要な応急措置として行う建築物の建築については許可は不要となります。

2 **誤** 【都市計画の決定等を提案できる者】

▶ それ以外の者でも提案できる。

ほかに、まちづくりの推進を図る活動を行うことを目的とする特定非営利活動法人(NPO)や都市再生機構、地方住宅供給公社なども都市計画の決定または変更の提案を行うことができます。

3 **誤** 【都市計画の決定手続】

▶ 知事の同意は不要。

市町村は、都市計画を決定しようとするときに、あらかじめ都道府県知事に協議しなければなりませんが、**知事の同意を得る必要はありません。**

4 **誤** 【地区計画等】

▶「行為に着手する日の30日前まで」である。

地区計画区域のうち地区整備計画が定められている区域内において、建築物の建築等を行おうとする者は、「当該行為の完了した日から30日以内」ではなく、**「行為に着手する日の30日前まで」**に一定事項(行為の種類、場所等)を市町村長に届け出なければなりません。

問 17 解答 3 都市計画法(開発許可) 難易度 A

ア **許可不要** 【市街化調整区域(図書館)】

図書館は公益上必要な建築物に該当するため、開発許可は不要です。

イ **許可必要** 【準都市計画区域(病院)】

病院は公益上必要な建築物に該当しません。そして、準都市計画区域においては、**3,000㎡以上**の開発行為については開発許可が必要です。

ウ　**許可必要**　【市街化区域（農林漁業用の建築物等）】

市街化区域内においては、農林漁業用の建築物等の例外はありません。したがって、**1,000㎡以上**の開発行為については開発許可が必要です。

以上より、開発許可が必要なのはイとウ。だから答えは「3」！

問 18　解答 2　建築基準法　難易度 A

1　**誤**　【現に存する建築物が改正後の建築基準法の規定に適合しなくなった場合】

▶ 本肢のような建築物は違反建築物に該当しない。

建築基準法の施行・改正時にすでに存在していた建築物については、建築基準法の施行・改正によって、規定に適合しない建築物（既存不適格建築物）となってしまった場合でも、それは違反建築物には該当しません。

2　**正**　【建築確認が必要となる建築物】

飲食店は**特殊建築物**に該当します。したがって、事務所から飲食店への用途変更をする場合で、その床面積が**200㎡超**の場合には、建築確認を受ける必要があります。

建築確認が必要となる建築物

適用区域		建築物の種類等	工事の種類		
			建築		大規模の・修繕・模様替え
			新築	増築 改築 移転	
全国	①	特殊建築物で、その用途部分の床面積が200㎡超のもの	○	○	○
	②	木造建築物で次のいずれかに該当するもの ・地階を含む階数が3以上 ・延べ面積が500㎡超 ・高さが13m超 ・軒の高さが9m超	○	○	○
	③	木造以外の建築物で次のいずれかに該当するもの（木造以外の大規模建築物） ・地階を含む階数が2以上 ・延べ面積が200㎡超	○	○	○
一定の区域		上記①～③以外の建築物	○	○	×

→ ・都市計画区域　・準都市計画区域　・準景観地区　・知事指定区域

特殊建築物
劇場、映画館、病院、ホテル・旅館、共同住宅、学校、図書館、百貨店、飲食店　など

覚え方
①とっくに（特殊建築物 200㎡超）②サンゴのとうさん、く（3階以上 500㎡超 13m超 9m超）③にに帰った（2階以上 200㎡超）

3　誤　【単体規定（換気）】

▶「25分の1以上」ではなく、「20分の1以上」である。

住宅の居室には、原則として、換気のための窓その他の開口部を設け、その換気に有効な部分の面積は、居室の床面積に対して「25分の1以上」ではなく、「**20分の1以上**」としなければなりません。

4　誤　【建築確認】

▶ 建築基準法以外の法律の規定に適合しているかについても審査の対象となる。

都市計画法等の建築基準法以外の法律の規定に適合しているかについても審査の対象となります。

問19　解答3　建築基準法　難易度A

1　誤　【建蔽率の緩和】

▶ 角地でも特定行政庁の指定がなければ、建蔽率の緩和はない。

特定行政庁の**指定がある角地**については、建蔽率の緩和（建蔽率がプラス**10分の1**となる）がありますが、角地でも特定行政庁の指定がなければ建蔽率の緩和はありません。

2　誤　【第一種低層住居専用地域等内の制限】

▶「12mまたは15m」ではなく「10mまたは12m」である。

第一種・第二種低層住居専用地域および田園住居地域内では、建築物の高さは、一定の場合を除き、**10m**または**12m**のうち、都市計画で定めた高さを超えてはならないとされています。

3　正　【敷地面積の最低限度】

用途地域に関する都市計画において建築物の敷地面積の最低限度を定める場合においては、その最低限度は**200㎡**を超えることはできません。

4　誤　【建築協定】

▶「変更」の場合は、土地所有者等の「全員」の合意が必要。

建築協定を「変更」するときは、土地の所有者等の**全員**の合意と特定行政庁の認可が必要です。なお、建築協定を「廃止」するときは、土地の所有者等の**過半数**の合意と特定行政庁の認可が必要です。

問20　解答4　盛土規制法　難易度 A

1　**正**　【工事完了の検査】

許可を受けた宅地造成または特定盛土等に関する工事が完了した場合には、都道府県知事**の検査**を申請しなければなりません。

2　**正**　【工事の施行に伴う災害を防止するため必要な条件】

都道府県知事は宅地造成等に関する工事について許可をするときは、工事の施行に伴う災害を防止するために必要な条件を付することができます。

3　**正**　【報告の徴取】

都道府県知事は、宅地造成等工事規制区域内における土地の所有者、管理者、占有者に対し、当該土地または当該土地において行われている工事の状況について、報告を求めることができます。

4　**誤**　【造成宅地防災区域】

▶ 造成宅地防災区域は、宅地造成等工事規制区域「以外」の区域に指定される。

都道府県知事は、基本方針にもとづき、かつ、基礎調査の結果を踏まえ、必要があると認めるときは、関係市町村長の意見を聴いて、宅地造成または特定盛土等(宅地において行うものに限る)に伴う災害で相当数の居住者等に危害を生ずるものの発生のおそれが大きい一団の造成宅地(これに附帯する道路その他の土地を含み、**宅地造成等工事規制区域内の土地を除く**)の区域であって政令で定める基準に該当するものを、造成宅地防災区域として指定することができます。

問21　解答2　土地区画整理法　難易度 B

1　**正**　【土地区画整理組合の解散】

土地区画整理組合は、総会の議決により解散しようとする場合において、その**解散**について、**認可権者(都道府県知事)の認可**を受けなければなりません。

2　**誤**　【土地区画整理事業の施行者】

▶ 施行区域外でも土地区画整理事業を施行することができる。

土地区画整理組合は、土地区画整理事業について都市計画に定められた**施行区域外**でも土地区画整理事業を施行することができます。

3　**正**　【保留地】

土地区画整理組合が施行する土地区画整理事業の換地計画において、土地区画整理事業の施行の費用に充てるため、一定の土地を換地として定めないで、保留地として定めることができます。

4　**正**　【土地区画整理組合の組合員】

土地区画整理組合が施行する土地区画整理事業において、施行地区内の宅地について所有権または借地権を有する者は、**すべてその組合の組合員となります**。

問22　解答4　農地法　難易度A

1　**正**　【現況主義】

現況が農地(現に耕作の目的に供されている土地)であれば、登記簿上の地目が山林であっても、農地法の適用を受ける農地に該当します。

2　**正**　【許可を受けずにした農地の売買契約の効力】

農地法3条や5条の許可が必要な農地の売買について、これらの許可を受けずにした売買契約の効力は生じません。したがって、その所有権は移転しません。

3　**正**　【農業委員会への届出】

農地を農地以外に転用する場合には、原則として**4条許可**を受ける必要がありますが、その農地が市街化区域内にあるときは、あらかじめ**農業委員会**に届出をすれば、4条許可は不要となります。

4　**誤**　【一時的な転用目的の権利移動】

▶ **一時的だとしても、5条許可を受ける必要がある。**

砂利を採取するための農地の貸付は転用のための権利移動に該当します。一時的だとしても、5条許可を受ける必要があります。

問23　解答2　所得税　難易度B

1　**誤**　【居住用財産の3,000万円の特別控除】

▶ **「居住用財産の3,000万円の特別控除」を適用することができる。**

「居住用財産の3,000万円の特別控除」は**所有期間にかかわらず**、適用することができます。

2　**正**　【特例の併用の可否】

「収用交換等の5,000万円の特別控除」と「軽減税率の特例」は**併用して適用**することができます。

3　**誤**　【居住用財産の軽減税率の特例】

▶ 譲渡時に居住していなくても、(3年以内なら)適用することができる。

「軽減税率の特例」は、居住しなくなった日から**3年**を経過する日の属する年の12月31日までに譲渡した場合には適用することができます。

4　**誤**　【居住用財産の3,000万円の特別控除】

▶ 孫に譲渡した場合には適用できない。

「居住用財産の3,000万円の特別控除」は、配偶者や直系血族(子、孫など)等に譲渡した場合には適用できません。

問24　解答1　不動産取得税　難易度B

1　**正**　【免税点】

課税標準額が以下の場合には、不動産取得税はかかりません(免税点)。

不動産取得税の免税点

土地		10万円未満
建物	新築・増改築	1戸につき23万円未満
	その他(中古住宅の売買など)	1戸につき12万円未満

2　**誤**　【新築住宅の課税標準の特例】

▶ 床面積が240㎡を超えているので、適用できない。

新築住宅の課税標準の特例(一定の要件を満たした新築住宅を取得した場合、課税標準額から1,200万円を控除できるという特例)を適用できるのは、床面積が**50㎡以上**(1戸建ではない賃貸住宅は40㎡)**240㎡以下**等の要件を満たした場合です。

3　**誤**　【宅地を取得した場合の課税標準の特例】

▶「4分の1」ではなく、「2分の1」である。

宅地を取得した場合の課税標準は、宅地の価格の**2分の1**となります。

No.11 33点 平成24年度

4　誤　【不動産の取得とみなされるもの】

▶「2年」ではなく、「6カ月」である。

家屋が新築された日から**6カ月**を経過しても、使用または譲渡が行われない場合は、当該家屋が新築された日から**6カ月**(宅建業者等が売り渡す場合は1年)を経過した日において家屋の取得がなされたものとみなします。

問25　解答4　不動産鑑定評価基準　難易度B

1　正　【不動産の価格を形成する要因】

不動産の鑑定評価を行うにあたって、不動産の価格を形成する要因を明確に把握し、その推移、動向、諸要因間の相互関係を十分に分析すること等が必要です。

2　正　【投機的取引と認められる事例】

不動産の鑑定評価における各手法の適用にあたって必要とされる事例は、鑑定評価の各手法に即応し、適切にして合理的な計画にもとづき、豊富に秩序正しく収集、選択されるべきです。したがって、**投機的取引と認められる事例は用いることができません。**

3　正　【取引事例比較法】

取引事例比較法では、時点修正が可能である等の要件をすべて満たした取引事例について、近隣地域または同一需給圏内の類似地域に存する不動産に係るもののうちから選択するものとしますが、必要やむを得ない場合は、**近隣地域の周辺の地域に存する不動産に係るもののうちから選択することができます。**

4　誤　【原価法】

▶耐用年数に基づく方法と観察減価法は、併用する。

原価法における減価修正の方法には、**耐用年数に基づく方法**と**観察減価法**の2つの方法があり、**この2つを**併用します。

問26　解答1　欠格事由(宅建業者)　難易度A

法人の役員のうちに欠格事由に該当する者がいる場合、その法人は免許を受けることができません。

1　**正**　【執行猶予期間が満了した者】

懲役(禁錮以上の刑)に処せられた者は、刑の執行が終わった日から5年間は免許を受けることができません。しかし、執行猶予がついた場合は、**執行猶予期間が経過すれば免許を受けることができます**(5年待たなくてもOK)。したがって、A社は免許を受けることができます。

2　**誤**　【現場助勢の罪による罰金刑】

▶ 刑の執行が終わった日から5年を経過していないと、B社は免許を受けられない。

暴力的な犯罪(現場助勢)により罰金の刑に処せられた者は、刑の執行が終わった日から5年間は免許を受けることができません。非常勤でも「役員」なので、B社は免許を受けることができません。

3　**誤**　【拘留】

▶「拘留」は欠格事由に該当しない→C社は免許を受けられる。

「暴行」は暴力的な犯罪ですが、拘留の刑なので(罰金の刑ではないので)、本肢の役員は欠格事由に該当しません。したがって、C社は免許を受けることができます。

4　**誤**　【科料】

▶「科料」は欠格事由に該当しない→D社は免許を受けられる。

「過失傷害による科料の刑」に処せられても、欠格事由には該当しません。したがって、D社は免許を受けることができます。

問27　解答1　免許　難易度A

1　**正**　【廃業等の届出】

免許を受けていた個人が**死亡**した場合、その**相続人**は、**死亡を知った日から30日以内**に、その旨を免許権者に届け出なければなりません。

2　**誤**　【宅建業とは(自ら貸借・転貸する行為)】

▶「自ら貸借」→Cは免許不要。

Cの行為は「自ら貸借」に該当するので、「取引」には該当しません。したがって、Cは免許は不要です。

3　**誤**　【宅建業とは(自ら貸借・転貸する行為)】

▶「転貸」→Fは免許不要。

「自ら貸借」には転貸の場合も含まれます。したがって、転貸を行うFも免許は不要です。

---

4 **誤** 【廃業等の届出】

▶ 廃業等の届出はG社(消滅した会社)の代表者が行う。

法人が合併により消滅した場合、廃業等の届出を行うのは、**消滅した会社**(G社)の**代表者であった者**です。

問28 解答1 広告に関する規制 難易度B

ア **誤** 【取引態様の明示義務(自ら貸借・転貸する場合)】

▶「転貸」→取引態様の明示義務なし。

自ら貸借(転貸も含む)の場合は、宅建業の「取引」に該当しないため、取引態様の明示義務はありません。

イ **正** 【建築確認を受けていない賃貸物件の広告】

たとえ媒介契約を締結していたとしても、建築確認を受けていない賃貸物件の広告をすることはできません。

ウ **誤** 【誇大広告等の禁止規定】

▶ 誇大広告等の禁止規定に違反する。

売買契約が成立した物件は、その後、販売することができないため、そのような物件の広告を掲載する行為は誇大広告等の禁止規定に違反します。

エ **誤** 【建築確認を受けていない新築分譲住宅】

▶ 建築確認を受けていない物件の広告はできない。

宅建業者は、建築確認を受けていない物件について広告することはできません。

以上より、正しいものはイの1つ。だから答えは「1」。

問29 解答2 媒介契約 難易度A

1 **正** 【指定流通機構】

宅建業者は、専任媒介契約を締結したときは、契約日から**7日以内**(専属専任媒介契約の場合は**5日以内**)に指定流通機構に一定事項を登録しなければなりません。そして、売買契約が成立したときは、遅滞なく、その旨を指定流通機構に通知しなければなりません。

指定流通機構への通知事項
❶ 登録番号
❷ 取引価格
❸ 契約が成立した年月日

2 **誤** 【媒介業務処理状況の報告】

▶ 電子メールで行ってもよい。

依頼者への業務処理状況の報告は、電子メールや口頭でも行うことができます。

3 **正** 【媒介契約書面の交付・提供】

宅建業者は土地・建物の売買または交換の媒介契約を締結した場合には、遅滞なく、媒介契約書面を作成し、依頼者に交付・提供しなければなりません。

4 **正** 【宅建業者が媒介価格について意見を述べるとき】

媒介契約書面には、売買すべき価額または評価額(媒介価格)を記載し、宅建業者が**媒介価格に意見を述べるときは、その根拠**を明らかにしなければなりません。

問30 解答2 重要事項の説明(35条書面) 難易度A

1 **誤** 【住宅性能評価を受けた新築住宅】

▶ 貸借の場合には、説明不要。

売買・交換の場合には、住宅性能評価を受けた新築住宅である旨の説明が必要ですが、貸借の場合には説明は不要です。

	売買・交換		貸借	
	宅地	建物	宅地	建物
住宅性能評価を受けた新築住宅		●		

2 **正** 【整備の見通しおよびその整備についての特別の負担に関する事項】

売買・交換・貸借を行う場合、飲用水・電気・ガスの供給施設、排水施設の整備の状況(**これらの施設が整備されていない場合においては、その整備の見通しおよびその整備についての特別の負担に関する事項**)を説明しなければなりません。

3　**誤**　【石綿の使用の有無の調査の結果が記録されているとき】

▶「記録の内容」の説明が必要。

石綿の使用の有無の調査の結果が記録されているときは、「記録の内容」を説明しなければなりません。

4　**誤**　【耐震診断】

▶ 宅建業者が耐震診断を実施する必要はない。

建物の売買の媒介を行う場合、当該建物(昭和56年〈1981年〉6月1日以降に新築の工事に着手したものを除く)が、一定の耐震診断を受けたものであるときは、その内容を説明しなければなりませんが、宅建業者が耐震診断を実施する必要はありません。

問31　解答4　契約書(37条書面)の交付·提供　難易度A

1　**違反しない**　【37条書面の交付・提供の相手方】

37条書面は売主と買主の両方に交付・提供しなければなりませんが、さらに買主の代理として関与したB社に交付・提供しても違反にはなりません。

2　**違反しない**　【手付金等の保全措置】

手付金等の保全措置の内容は、37条書面の記載事項ではありません。

3　**違反しない**　【建築工事完了前の建物の売買を媒介し、当該売買契約を成立させた場合】

37条書面には、当該建物を特定するために必要な表示を記載しなければなりませんが、この建物を特定するために必要な表示は、工事完了前の建物については、重要事項の説明において使用した図書を交付して行うものとされています。

4　**違反する**　【建物の引渡しの時期に関する定め】

建物の引渡しの時期は、37条書面の記載事項です(重要事項の説明において、すでに借主に伝達していたとしても記載を省略することはできません)。

問32　解答4　35条書面と37条書面　難易度B

1　**違反する**　【申込証拠金】

宅建業者は、相手方が契約の申込みを撤回するにあたって、すでに受領した預り金(申込証拠金)の返還を拒むことはできません。

2　**違反する**　【重要事項説明に先立って契約を締結し、37条書面を交付・提供すること】

重要事項の説明は、**契約が成立するまで**にしなければなりません。

3　**違反する**　【代金に関する金銭の貸借のあっせんの内容、貸借不成立時の措置】

「代金に関する金銭の貸借のあっせんの内容および当該あっせんに係る金銭の貸借が成立しないときの措置」は、重要事項説明書(35条書面)の記載事項です。したがって、あっせんの内容を重要事項説明書に記載しなかった場合、宅建業法の規定に違反します。

4　**違反しない**　【将来における交通整備の見通し等】

本肢のA社は「確定はしていないが…」という表現で新聞記事を示しながら報道の内容を説明している(断定していない)ため、断定的判断の提供には該当せず、宅建業法の規定に違反しません。

問33　解答1　営業保証金　難易度A

1　**正**　【地方債証券】

営業保証金は、金銭のほか有価証券でも供託することができますが、有価証券の場合の評価額は次のようになります。

有価証券の場合の評価額	
❶ 国債	額面金額の100%
❷ **地方債**・政府保証債	額面金額の90%
❸ それ以外の国土交通省令で定める有価証券	額面金額の80%

2　**誤**　【営業保証金の供託】

▶ 営業保証金は「本店最寄りの供託所」に供託する。

営業保証金は、「本店及び支店ごとにそれぞれ最寄りの供託所に」ではなく、「**本店最寄りの供託所に**」供託しなければなりません。

3　**誤**　【営業保証金の供託額】

▶ 供託すべき営業保証金は3,500万円である。

営業保証金の供託額は、**本店につき1,000万円、支店1カ所につき500万円**です。A社は本店と5つの支店を設置する予定なので、供託すべき営業保証金の合計額は3,500万円(1,000万円+500万円×5カ所)となります。

No.11　33点　平成24年度

4　**誤**　【供託所の説明】

▶「営業保証金の額」ではなく「営業保証金を供託した供託所とその所在地」。

宅建業者は、相手方(宅建業者に該当する者を除く)に対して、売買契約が成立するまでの間に、「営業保証金の額」ではなく、「**営業保証金を供託した供託所とその所在地**」を説明しなければなりません。

問34　解答2　手付　難易度A

ア　**違反する**　【中間金】

完成物件の場合、手付金等の額が代金の**10%以下**(2,000万円×10%=200万円以下)かつ**1,000万円以下**の場合には、保全措置は不要です。

本肢では、中間金100万円を受け取ると、手付金等の額が300万円(200万円+100万円)となるので、中間金を受け取る前に300万円の保全措置が必要です。

イ　**違反しない**　【申込証拠金】

手付金等とは、契約締結後、物件の引渡前に売主に支払われる金銭(で、代金に充当されるもの)をいいます。したがって、契約締結前に受領した申込証拠金10万円は、保全措置の必要な手付金等には該当しません。しかし、本件売買契約締結時に、当該申込証拠金を代金の一部としたので、この時点で10万円は手付金等に該当することになります。そして、手付金200万円を受領すると、合計210万円となり、保全措置が必要となります。本肢では、保全措置を講じたあとに手付金を受領しているので、宅建業法の規定に違反しません。

ウ　**違反する**　【手付について貸付けその他信用の供与をすること】

宅建業者は、その相手方に対して、手付について貸付けその他信用の供与をすることにより、契約の締結を誘引する行為をしてはいけません。

以上より、違反するものはアとウの2つ。だから答えは「2」。

問35 解答 1 報酬に関する制限 難易度 B

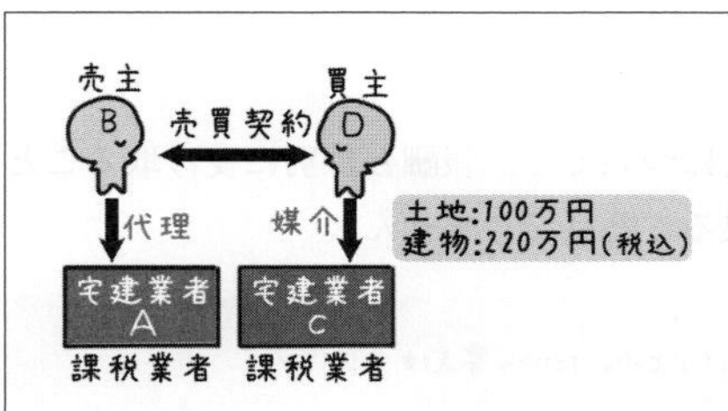

同一の取引において、複数の宅建業者が関与した場合、これらの宅建業者が受け取る報酬の合計額は、１つの宅建業者が関与した場合の報酬限度額以内でなければなりません。…ⓐ

また、各宅建業者が受領できる報酬額は、各宅建業者が受領できる報酬限度額以下でなければなりません。…ⓑ

	A社がBから受け取れる報酬限度額【代理】	C社がDから受け取れる報酬限度額【媒介】
① 土地＋建物(税抜き)	土地：100万円 建物(税抜き)：220万円÷1.1＝200万円 合計(税抜き)：100万円＋200万円＝300万円	
② 基本公式の額	300万円×4%＋2万円＝14万円	
③ 報酬限度額(税込み)	14万円×2×1.1 ＝30万8,000円	14万円×1.1 ＝15万4,000円

ただし！	同一の取引なので、A社とC社は合計で 30万8,000円 以内でしか受け取れない…ⓐ
しかも！	C社の上限は 15万4,000円 となる…ⓑ

ア　正

A社が、たとえば30万8,000円を受け取ってしまったら、C社は報酬を受け取れなくなります。

イ　正

A社とC社が受け取れる報酬の上限は30万8,000円で、C社は上限15万4,000円を受け取ることができます。したがって、C社が15万4,000円を受け取った場合、A社は上限15万4,000円(30万8,000円－15万4,000円)を受け取ることができます。

ウ　誤

A社とC社が受け取れる報酬の上限は30万8,000円です。そのため、A社が10万円を受け取った場合、残りの上限額は20万8,000円となりますが、C社の上限は**15万4,000円**なので、本肢の場合のC社が受け取れる報酬の上限額は15万4,000円となります。

エ **誤**

依頼者から依頼されて行った広告の料金については、報酬とは別に受け取ることができますが、依頼がない場合には受け取ることはできません。

以上より、正しいものの組み合わせはアとイ。だから答えは「1」〜。

問36 解答4 専任の宅建士の設置等 難易度 A

1 **誤** 【専任の宅建士の設置】

▶「30日以内」ではなく、「2週間以内」である。

専任の宅建士の数が不足する場合には、「30日以内」ではなく、「**2週間以内**」に補充しなければなりません。

---

2 **誤** 【専任の宅建士の設置】

▶「5人に1人以上」ではなく、「1人以上」である。

申込み・契約をする案内所等では、成年者である専任の宅建士を**1人以上**設置しなければなりません(「業務に従事する者の5人に1人以上」は事務所の場合です)。

---

3 **誤** 【宅建業者名簿の登載事項】

▶ 専任の宅建士の氏名は宅建業者名簿の登載事項→免許権者に届出必要。

事務所ごとにおかれる**専任の宅建士の氏名**は、宅建業者名簿の登載事項です。専任の宅建士Dが死亡した場合、専任の宅建士の氏名に変更が生じたことになるため、**30日以内**に免許権者に届け出る必要があります。

---

4 **正** 【宅建士に対する処分】

事務禁止処分は、免許権者のほか、宅建士が処分の対象となる行為を行った都道府県の知事も行うことができます。

問 37　解答 2　8種制限（クーリング・オフ制度）　難易度 A

1　誤　【モデルルームにおいて買受けの申込みをした場合】

▶ 買受けの申込みをした場所が「モデルルーム」→クーリング・オフできない。

モデルルームはクーリング・オフができない場所です。また、買受けの申込みをした場所がクーリング・オフができる場所に該当していたとしても、**❶物件の引渡し**を受け、かつ**❷代金の全額を支払った**場合にはクーリング・オフができなくなります。

2　正　【喫茶店において買受けの申込みをした場合】

喫茶店はクーリング・オフができる場所に該当します。そして、クーリング・オフができる期間は、宅建業者からクーリング・オフができる旨、方法を書面で告げられた日から起算して**8日間**です。本肢では、喫茶店で申込み・契約をしてから3日後に書面で告げているので、そこから8日間がクーリング・オフができる期間となります。したがって、「当該契約締結日から起算して10日目において、契約の解除をすることができる」という本肢の記述は正しいことになります。

3　誤　【ホテルのロビーにおいて買受けの申込みをした場合】

▶ クーリング・オフによる解除をしない旨の合意は不可→解除を拒めない。

クーリング・オフによる契約の解除をしない旨の合意は認められません。また、本肢では、ホテルのロビー（クーリング・オフができる場所）で買受けの申込みをしているので、Bは契約を解除することができます。

4　誤　【事務所において買受けの申込みをした場合】

▶ 買受けの申込みをした場所が「事務所」→クーリング・オフできない。

クーリング・オフができる場所かどうかは、**買受けの申込みをした場所**で判定します。本肢では、事務所で買受けの申込みをしており、事務所はクーリング・オフができない場所に該当します。したがって、本肢のBは契約の解除をすることができません。

問 38　解答 3　8種制限　難易度 A

ア　誤　【損害賠償の予定額】

▶ 買主は宅建業者→8種制限は適用されない→本肢の特約は可能。

8種制限は、**売主が宅建業者で買主が宅建業者以外の人**となる場合に適用されます。本肢の買主Bは宅建業者なので、8種制限は適用されません。したがって、損害賠償の予定額を1,000万円(代金3,000万円の20%を超える予定額)とする特約をすることができます。

イ　**誤**　【損害賠償の予定額に加え、違約金を定めた場合】

▶「すべて無効」ではなく、「超える部分が無効」となる。

損害賠償の予定または違約金を定める場合には、その合算額が代金の**20%**を超えてはいけません。本肢の場合、代金が3,000万円なので、損害賠償の予定額と違約金の合計額が600万円(3,000万円×20%)を超える特約を定めることはできません。なお、600万円を超える特約を定めた場合には、その超える分が無効となります(すべてが無効となるわけではありません)。

ウ　**誤**　【手付金等の保全措置】

▶手付金の額が300万円以下→保全措置不要。

完成物件の場合、手付金等の金額が代金の**10%以下**(3,000万円×10%＝300万円以下)かつ**1,000万円以下**の場合には、保全措置は不要です。本肢では、手付金の額が300万円(300万円以下)であるため、保全措置を講じなくても手付金を受領することができます。

以上より、誤っているものはアとイとウの3つ。だから答えは「3」〜。

問39　解答4　8種制限(担保責任の特約の制限)　難易度A

1　**違反しない**　【一定の担保責任を負う期間についての特約】

売買における担保責任の責任追及期間を定めなくてもなんら問題はありません。この場合には、民法の規定にしたがいます。

2　**違反しない**　【一定の担保責任を負わない旨の特約】

「宅建業者自ら売主となる場合の8つの制限(8種制限)」は、**売主が宅建業者で買主が宅建業者以外の人**となる場合に適用されます。本肢の買主Dは宅建業者なので、8種制限は適用されません。したがって、本肢の特約(買主が不利になる特約)を定めることができます。

3　**違反しない**　【一定の担保責任を負う期間についての特約】

民法の規定では、売主が種類・品質に関して契約の内容に適合しない目的物を買主に引き渡した場合、売主が引渡しの時にその不適合を知り、または重大な過失によって知らなかったときを除き、買主がその不適合を知った時から1年以内にその旨を売主に通知しなければ、その不適合を理由として、担保責任を追及することができなくなります。しかし、この「買主がその不適合を知った時から1年以内にその旨を売主に通知」という通知に関する期間制限の部分については、**引渡しの日から2年以上の通知期間**となる特約を定めることは、民法の規定より不利なものの、宅建業法により、8種制限が適用される場合でも例外的にできます（なお、売主が引渡しの時にその不適合を知り、または重大な過失によって知らなかった場合は期間制限を理由に責任を免れることはできません）。

したがって、本肢の特約を定めることができます。

4　**違反する**　【契約の解除をすることができない旨の特約】

民法の規定では、売買における担保責任について、買主は売主に対して損害賠償請求も契約の解除もできます。したがって、本肢の「契約の解除をすることはできない」旨の特約は、民法の規定よりも買主に不利となるため、無効となります。

問40　解答3　その他の業務上の規制等　難易度C

ア　**正**　【不当な履行遅延の禁止】

不当な履行遅延の禁止は、宅地・建物の❶**登記**、❷**引渡し**、❸**取引に係る対価の支払い**の3つが対象となっています。

イ　**誤**　【守秘義務】

▶ 個人情報取扱業者に該当しなくても、個人情報を漏らしてはダメ。

宅建業者は、個人情報取扱事業者に該当しない場合でも、業務上知りえた個人情報について、正当な理由なく、他に漏らしてはいけません。

ウ　**正**　【従業者名簿】

宅建業者は、**事務所**ごとに、**従業者名簿**を備えなければなりません。そして、名簿の保存期間は**最終の記載をした日から10年間**です。

エ　**正**　【帳簿の備付け】

宅建業者は、**事務所ごとに**、業務に関する**帳簿**を備えなければなりません。そして、帳簿の保存期間は**帳簿の閉鎖後5年間**（宅建業者が自ら売主となる新築住宅については10年間）です。

以上より、正しいものはアとウとエの3つ。だから答えは「3」〜。

問41　解答3　その他の業務上の規制等　難易度C

ア　**違反する**　【勧誘の目的】

宅建業者は、取引に係る契約の締結の勧誘をする場合、相手方等に対して、勧誘に先立って、宅建業者の商号または名称、勧誘を行う者の氏名、**契約の締結について勧誘をする目的である旨**を告げなければなりません。

イ　**違反する**　【断定的判断の提供の禁止】

故意かどうかにかかわらず、断定的判断の提供をした場合には、宅建業法の規定に違反します。

ウ　**違反しない**　【売買代金の引下げ】

「手付について貸付けその他信用の供与をすることにより契約の締結を誘引する行為」は宅建業法の規定に違反しますが、本肢の「売買代金を引き下げ（＝価格を値引きし）、契約の締結を誘引した」というのは、何ら問題はありません。

エ　**違反する**　【迷惑な勧誘】

「午後3時に訪問されるのは迷惑である」と言われていたにも関わらず、午後3時に訪問した場合、宅建業法の規定に違反します。

以上より、違反するものはア・イ・エの3つ。だから答えは「3」〜。

問42　解答3　案内所　難易度B

ア　誤　【標識の掲示】

▶マンションが所在する場所には売主(B社)の標識が必要。

現地(マンションが所在する場所)には、売主(B社)の標識が必要です。また、販売代理を行うA社が案内所を設けた場合、当該案内所にはA社の標識が必要です。

イ　誤　【案内所の届出】

▶A社が届出をする必要がある。

案内所を設置したA社が届出をする必要があります。

ウ　正　【専任の宅建士の設置】

案内所を設置したA社は、当該案内所に成年者である専任の宅建士を置く義務があります。

エ　正　【標識の掲示】

他の宅建業者(B社)が扱う建物の販売代理をA社が行う場合で、A社が案内所を設置したときは、その案内所にはA社の標識が必要となります。そして、その標識には、売主(B社)の商号または名称、免許証番号等を掲示する必要があります。

以上より、ウとエが正しいので、答えは「3」!

問43　解答3　保証協会　難易度A

1　正　【弁済業務保証金の供託】

保証協会は、弁済業務保証金分担金の納付を受けたときは、**1週間以内**に、その納付を受けた額に相当する弁済業務保証金を供託しなければなりません。

2　正　【弁済業務保証金の不足額の供託】

保証協会は、弁済業務保証金の還付があったときは、国土交通大臣から還付の通知を受けた日から**2週間以内**に、当該還付額に相当する額の弁済業務保証金を供託しなければなりません。

3　**誤**　【弁済業務保証金の還付額の範囲】

▶ **「納付した弁済業務保証金分担金の額に相当する額の範囲内」ではない。**

保証協会の社員との宅建業に関する取引により生じた債権を有する者(宅建業者を除く)は、「当該社員が納付した弁済業務保証金分担金の額に相当する額の範囲内」ではなく、「**当該社員が保証協会に加入していなかったとしたら、その者が供託しているはずの営業保証金の範囲内**」で、弁済を受ける権利を有します。

4　**正**　【弁済を受ける権利を行使しようとする場合】

弁済を受ける権利を行使しようとする者は、まずは保証協会の認証を受ける必要があります。

問 44　解答 4　監督処分(宅建業者)　難易度 B

1　**誤**　【指示処分をしようとするとき】

▶ **「弁明の機会を付与」ではなく、「聴聞」を行わなければならない。**

国土交通大臣または都道府県知事は、宅建業者に対して必要な指示をしようとするときは、**聴聞**を行わなければなりません(「行政手続法に規定する弁明の機会の付与」ではありません)。

2　**誤**　【指示処分の公告】

▶ **指示処分の場合は、公告は不要。**

業務停止処分と免許取消処分の場合には、その旨を公告しなければなりませんが、指示処分の場合には、公告する必要はありません。

3　**誤**　【宅建業者名簿への記載】

▶ **丙県知事が、丙県に備えられている宅建業者名簿に行う。**

乙県知事がB社(丙県知事免許)に対して業務停止処分をした場合の、その旨の宅建業者名簿への記載は、免許権者である丙県知事が、丙県に備えられている宅建業者名簿に行います。

4　**正**　【国土交通大臣が業務停止処分をしようとするときの協議】

国土交通大臣が、国土交通大臣免許の宅建業者に対して一定の監督処分をしようとするときは、あらかじめ**内閣総理大臣**に**協議**しなければなりません。

問45 解答2 住宅瑕疵担保履行法 難易度A

1 **誤** 【資力確保措置の状況に関する届出】

▶ 届出の期限は「基準日から3週間以内」である。

届出の期限は「当該住宅を引き渡した日から3週間以内」ではなく、「**基準日**(3月31日)**から3週間以内**」です。

---

2 **正** 【資力確保措置の状況に関する届出】

資力確保措置の状況について届出をしなかった場合には、**基準日の翌日から50日を経過した日以後**は、新たに自ら売主となる新築住宅の売買契約の締結はできません。

---

3 **誤** 【住宅販売瑕疵担保責任保険契約】

▶「5年間」ではダメ。「10年以上」でなければならない。

住宅販売瑕疵担保責任保険契約の有効期間は**10年以上**でなければなりません。

---

4 **誤** 【供託所の所在地等の説明】

▶ 供託所の所在地等の説明は「売買契約を締結するまで」に行う。

供託所の所在地等の説明は、「当該住宅の売買契約を締結した日から引渡しまで」ではなく、「**当該住宅の売買契約を締結するまで**」に行わなければなりません。

問46 解答3 住宅金融支援機構法 難易度B

1 **正** 【証券化支援事業(買取型)】

機構は、証券化支援事業(買取型)において、民間金融機関から買い取った住宅ローン債権を担保としてMBS(資産担保証券)を発行しています。

---

2 **正** 【民間金融機関の住宅ローン金利】

住宅ローン金利は各民間金融機関が独自に決定するので、**金融機関によって異なる場合があります。**

---

3 **誤** 【高齢者向け返済特例制度】

▶ 高齢者向け返済特例制度と証券化支援事業(買取型)は別ものである。

機構は、本肢にいう、高齢者向け返済特例制度を設けていますが、これは証券化支援事業(買取型)の話ではありません。

4　**正**　【中古住宅を購入するための貸付債権】

機構は、証券化支援事業(買取型)において、**中古住宅を購入するための貸付債権も買取りの対象としています。**

問 47　解答 2　景品表示法　難易度 B

1　**誤**　【取引態様】

▶「直販」と表示することはできない。

取引態様は、「売主」、「貸主」、「代理」または「媒介」(「仲介」)の別を、これらの用語を用いて表示しなければなりません。

2　**正**　【改装済みの中古住宅】

建物を改装したことを表示する場合は、改装の時期および改装の内容を明示しなければなりません。

3　**誤**　【生活関連施設】

▶ 工事中のものであっても一定の場合には、広告に表示することができる。

デパート、スーパーマーケット等の商業施設は、現に利用できるものを物件からの道路距離または徒歩所要時間を明示して表示しなければなりませんが、工事中である等その施設が将来確実に利用できると認められるものである場合には、**整備予定時期を明示して表示**することができます。

4　**誤**　【不整形画地】

▶ 不整形画地である旨を表示しなければならない。

土地の有効な利用が阻害される著しい不整形画地および区画の地盤面が2段以上に分かれている等の著しく特異な地勢の土地については、その旨を明示しなければなりません。

問 48　解答 一　統計

最新の統計データで学習してください。

問 49 解答 3 土地 難易度 A

1 **適当** 【台地】

台地は一般的に地盤が安定しており、水はけもよく、低地に比べて自然災害に対する安全度は**高い**といえます。

2 **適当** 【液状化現象(小さな池沼を埋め立てた所)】

液状化現象とは、地震のさいに、水分を多く含む砂地盤が振動によって液体状になる現象をいいます。台地や段丘上の浅い谷にみられる小さな池沼を埋め立てた所は水分を多く含んでいるため、液状化現象が生じる可能性があります。

3 **不適当** 【液状化現象(地下水位の深浅)】

▶ 液状化現象は地下水位が「浅い」ところで発生する。

液状化現象は、地下水位が**浅い**ところで発生します。本肢は「地下水位が深く…液状化する可能性が高い」としているので不適当です。

4 **適当** 【崖崩れ】

崖崩れは降雨や豪雨などで発生することが多いので、崖に近い住宅では梅雨や台風の時期には注意が必要です。

問 50 解答 1 建物 難易度 B

1 **不適当** 【鉄筋コンクリート構造の中性化】

▶ 鉄筋コンクリート構造の中性化は、耐久性や寿命に影響する。

鉄がさびるのは、鉄が(空気等に触れて)酸化するからです。コンクリートはアルカリ性なので、鉄筋コンクリート造では、コンクリートによって鉄筋がさびないように守られています。しかし、コンクリートが中性化する(アルカリ性から酸性に近づく)と、コンクリートによって守られている鉄筋がさびたり、腐食したりします。したがって、鉄筋コンクリート構造の中性化は、構造体の耐久性や寿命に影響を与えます。

2 **適当** 【木造建物の寿命】

木材は乾燥しているほうが強度が**大きく**なります。また、防虫対策をしていればシロアリ被害等を防ぐこともできます。したがって、木造建物の寿命は、木材の乾燥状態や防虫対策などの影響を受けます。

3　**適当**　【鉄筋コンクリート構造のかぶり厚さ】

鉄筋コンクリート構造のかぶり厚さとは、鉄筋の表面からこれを覆うコンクリート表面までの最短寸法をいいます。

4　**適当**　【鉄骨構造】

鉄骨構造は不燃構造ですが、火熱に遭うと耐力が減少するので、耐火構造にするためには、耐火材料で被覆する必要があります。

No. 12

平成26年度（2014年度）
解答・解説

この年の合格基準点は**32**点でした

解答一覧

権利関係

問	1	2	3	4	5	6	7	8	9	10
解答	—	2	3	4	—	2	2	1	4	3

問	11	12	13	14
解答	3	3	1	1

法令上の制限

問	15	16	17	18	19	20	21	22
解答	3	1	1	2	4	4	3	4

税 その他

問	23	24	25
解答	4	2	1

宅建業法

問	26	27	28	29	30	31	32	33	34	35
解答	1	2	3	2	2	3	3	3	4	3

問	36	37	38	39	40	41	42	43	44	45
解答	3	4	4	3	3	1	1	2	1	4

その他

問	46	47	48	49	50
解答	2	4	—	4	2

日付 ／　あなたの得点　点

メモ（復習すべき問題など）

問 1　解答 ー　民法総合

法改正により削除

問 2　解答 2　代理　難易度 C

ア　誤　【無権代理行為を本人が追認する場合の効力】

▶ **追認の効力は「契約の時にさかのぼって」生じる。**

無権代理人がした契約を本人が追認する場合、その契約の効力は、別段の意思表示がない限り、「追認をした時から将来に向かって」ではなく、**「契約の時にさかのぼって」**生じます。

イ　正　【表見代理規定の類推適用】

代理人が、本人の名において、代理権を与えられた範囲外の行為をした場合、相手方が本人自身の行為であると信じたことについて正当な理由があるときは、表見代理の規定を類推適用することができます。

ウ　正　【代理人の行為能力と代理権の消滅事由】

代理人は、行為能力者であることを要しませんが、代理人が後見開始の審判を受けたときは、代理権が消滅します。

制限行為能力者が他の制限行為能力者の法定代理人としてした行為は、一定の要件を満たしていれば、取り消すことができるよ～

エ　誤　【代理行為の瑕疵】

▶ **その事実の有無は「代理人」を基準とする。**

本肢のような場合には、民法上、その事実の有無は、原則として、**代理人**を基準として決します。

以上より、誤っているものはアとエの2つ。だから正解は「2」だね！

問3 解答3 権利の取得、消滅 難易度C

1 **誤** 【即時取得】

▶ 不動産には即時取得はない。

動産については、取引行為によって、平穏に、かつ、公然と動産の占有を始めた者は、善意無過失であれば、即時に所有権を取得することができますが、不動産については、このような規定はありません。

2 **誤** 【所有権の消滅時効】

▶ 所有権は消滅時効にかからない。

所有権は消滅時効にかかりません。したがって、国庫に帰属することもありません。

3 **正** 【売買の担保責任にもとづく損害賠償請求権の消滅時効の適用】

民法上、買主の売主に対する引き渡された目的物が種類または品質に関して契約の内容に適合しないものである場合における損害賠償請求権は、買主がその不適合を知った時から1年以内にその旨を善意無重過失の売主に通知しないときは、消滅しますが、この期間の制限とは別に、消滅時効の適用があり、引渡しを受けた時から時効が進行します。

ちなみに、原則として、債権については5年または10年間、債権または所有権以外の財産権については20年間行使しないときは消滅する～

4 **誤** 【所有権を時効取得する場合の所有の意思の要否】

▶ 所有の意思が認められない占有の場合には所有権の取得時効は成立しない。

20年間、**所有の意思をもって**、平穏に、かつ、公然と他人の物を占有した者は、所有権を取得します(取得時効)。したがって、たとえば、賃貸マンションの一室を借りている場合など、所有の意思が認められない占有については、所有権の取得時効は成立しません。本肢では「占有取得の原因たる事実のいかんにかかわらず、当該土地の所有権を取得する」とあるので、誤りです。

問4 解答4 抵当権、根抵当権 難易度D

1 **誤** 【被担保債権】

▶ 根抵当権の説明が誤り。

抵当権は、特定の債権を担保する担保物権であるため、抵当権を設定する場合には、被担保債権を特定しなければなりません。根抵当権は、一定の範囲に属する不特定の債権を極度額の限度で担保する担保物権です(「あらゆる範囲」の不特定の債権を被担保債権とすることはありません)。

2　誤　【対抗要件】

▶ 登記だけでOK。

抵当権も根抵当権も第三者に対抗する手段は**登記**です。登記に加えて、債務者の承諾は必要ありません。

3　誤　【主債務者に対する催告の要否】

▶ 抵当権も根抵当権も、物上保証人に催告の抗弁権はない。

AはCが負っている債務を担保するために自分の土地に抵当権や根抵当権を設定した人です。このような人を**物上保証人**といいます。**物上保証人には、催告の抗弁権がありません**(Bが抵当権を実行しようとする場合に、Aは「まずはCに催告して」と請求することができません)。したがって、抵当権においても、根抵当権においても、物上保証人は催告の抗弁権を有しないため、本肢の抵当権に関する記述は誤りです。

4　正　【順位の譲渡】

抵当権者は、同一の債務者(C)に対する他の債権者の利益のために抵当権の順位を譲渡することができます。一方、元本の確定前の根抵当権は、不特定の債権を担保しており、譲渡する額が不確定になるため、元本の確定前は、根抵当権の順位を譲渡することができません。

問5　解答一　債権譲渡

法改正により削除

問6　解答2　買主の救済(売主の担保責任)、不法行為、請負　難易度 B

1　誤　【担保責任と悪意の買主】

▶ C(買主)が悪意でも担保責任の追及可能。

引き渡された目的物が品質に関して契約の内容に適合しないものであることを買主(C)が知っていたことをもって、売主の担保責任を追及することができないことにはなりません。

2　正　【請負人の不法行為責任】

建物に基本的な安全性を損なう欠陥があった場合(例えば、買った物件が建て替えなければならないような建物であった場合)、買主(C)は、特段の事情がない限り、請負人(B)に対して不法行為にもとづく損害賠償を請求できます。

3　誤　【不法行為責任の存続期間】

▶「C(買主)が欠陥の存在に気付いてから1年以内」ではない。

不法行為にもとづく損害賠償を請求できる期間は、**❶被害者等が損害および加害者を知った時から3年間(人の生命または身体を害する不法行為の場合は5年間)**、または、**❷不法行為の時から20年間**です。「買主(C)が欠陥の存在に気付いてから1年以内」ではありません。

4　誤　【請負契約と解除】

▶ 完成建物(工作物)でも契約の解除は可能。

完成した建物その他土地の工作物であっても、引き渡した目的物が品質に関して契約の内容に適合しないものである場合、催告(催告の要否を含む)に関する要件を満たせば、原則として、注文者(A)は契約の解除をすることができます。

問7　解答2　賃貸借　難易度D

1　誤　【借地上の建物の賃貸】

▶ 借地上の建物の賃貸は借地の転貸ではない→Aは賃貸借契約を解除できない。

土地の賃借人が、借地上の自己所有の建物を「賃貸」しても、借地の転貸にあたらず、賃貸人(A)の承諾は不要です。したがって、Aは、借地の無断転貸を理由に賃貸借契約の解除をすることはできません。

2　正　【対抗力を有する賃借人の妨害排除請求権】

土地の賃借人(B)は、借地上の不法占拠者(C)に対して土地の所有者＝賃貸人(A)の有する所有権にもとづく妨害排除請求権を代位行使することができます。また、対抗力のある借地権者は不法占拠者に対して直接に妨害排除請求をすることができます。本肢のB(賃借人)は、自己名義で乙建物の保存登記をしているため、対抗力のある借地権を有しています。したがって、Bは自己の有する甲土地の賃借権にもとづく妨害排除請求をすることができます。

3　**誤**　【債務不履行による賃貸借契約の解除と転借人】

▶ 賃借人の債務不履行による解除→AはC（転借人）に解除を対抗することができる。

賃貸借契約が賃借人（B）の債務不履行で解除された場合、（転貸借について賃貸人（A）の承諾があったときでも）賃貸人（A）は転借人（C）に解除を対抗することができます。

4　**誤**　【賃料の後払いの原則】

▶「翌月分の支払い（前払い）」ではなく、「当月分の支払い（後払い）」である。

賃料の支払時期について特約がない場合、民法上、動産、建物および宅地については**毎月末**に支払わなければならない（後払い）とされています（当月末日までに、翌月分の賃料を支払わなければならないわけではありません＝前払いではありません）。

問8　解答 1　不法行為　難易度 B

1　**正**　【不法行為による損害賠償請求権の期間の起算点】

「被害者が損害を知った時」とは、「被害者が損害の発生を現実に認識した時」をいいます。

2　**誤**　【不法行為による損害賠償債務の不履行にもとづく遅延損害金債権】

▶「被害者が損害、加害者を知った時から原則3年間」または「不法行為の時から20年間」。

不法行為による損害賠償債務の不履行にもとづく遅延損害金債権は、不法行為による損害賠償請求権に含まれます。したがって、**被害者等が損害および加害者を知った時から3年**（**人の生命または身体を害する不法行為の場合は5年**）間行使しないときは、時効によって消滅します。また、**不法行為の時から20年間**行使しないときも時効によって消滅します。

3　**誤**　【不法占拠により日々発生する損害】

▶ 各損害を知ったときから別個に消滅時効が進行する。

不法占拠のような日々発生する損害については、日々発生する損害について被害者がその各損害を知った時から別個に消滅時効が進行します（加害行為が終わった時から一括して消滅時効が進行するわけではありません）。

4　**誤**　【民法724条2号の20年の期間の進行】

▶ 加害者が海外に在住している間も時効期間は進行する。

民法724条2号の20年の期間は、不法行為の時からの期間であり、加害者が海外に在住している期間などは関係ありません。

問 9　解答 4　後見人制度　難易度 D

1　**誤**　【成年被後見人が第三者との間で建物の贈与を受ける契約をした場合】

▶ **成年被後見人の法律行為は取り消すことができる。**

成年被後見人の法律行為は、(日用品の購入その他日常生活に関する行為を除いて)成年後見人が取り消すことができます。

2　**誤**　【成年後見人が成年被後見人が居住している建物を売却する場合】

▶ **「家庭裁判所の許可」が必要。**

成年後見人が、成年被後見人に代わって、成年被後見人が居住している建物や敷地について売却、賃貸、抵当権の設定などをする場合には、**家庭裁判所の許可**が必要です。

成年後見人が成年被後見人の住んでいる家を勝手に売ってしまったら、成年被後見人は住む家がなくなって困ってしまうからね…

3　**誤**　【後見開始の審判の請求】

▶ **未成年後見人は、後見開始の審判を請求することができる。**

未成年後見人は、後見開始の審判を請求することができます。

4　**正**　【後見人の選任】

成年後見人は家庭裁判所が選任しますが、未成年後見人については、未成年者に対して最後に親権を行う者が遺言で指定する場合などがあります。

問 10　解答 3　相続　難易度 C

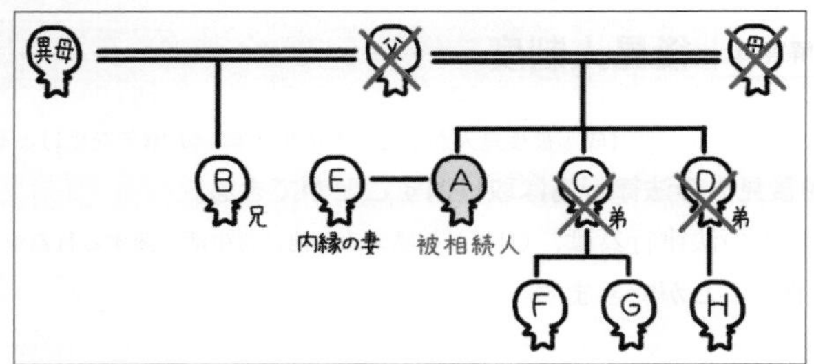

内縁の妻は相続人にはなれませんので、Eは相続人になりません。また、Aには子がいないため、次順位は両親(父母)になりますが、両親も死亡しているので、C・Dが生きていれば兄弟であるB、C、Dが相続することになります。なお、Bについては、父のみが同じである兄弟(半血兄弟)であるため、Bの相続分はCとD（全血兄弟)の半分となります。

したがって、Bの相続分の割合を1(●)とすると、CとDの割合はそれぞれ2(●●)となります。しかし、CとDはAより先に死亡しているため、Cの子F・Gと、Dの子Hが代襲相続することになります。そのため、本肢の相続人はB、F、G、Hの4人となり、各人の相続分はBが5分の1、Fが5分の1、Gが5分の1、Hが5分の2(肢3が正解)となります。

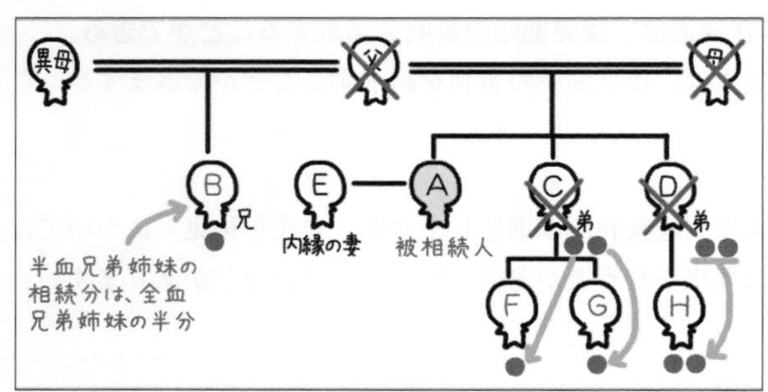

問 11　解答 3　民法の賃貸借と借地借家法　難易度 B

ケース①…建物の所有を目的とする土地の賃貸借(借地権)のため、借地借家法の適用があります。

ケース②…建物所有を目的とする土地の賃貸借ではないので、借地借家法の適用はなく、民法の賃貸借の規定にもとづいて考える必要があります。

1　**誤**　【借地借家法の適用と賃貸借の存続期間】

ケース①…×

借地権の存続期間は、**原則として30年**となりますが、**これより長い期間**(40年)**を定めたときは**(書面・電磁的記録による契約でなくても)**その期間**(40年)となります。

ケース②…○

民法における賃貸借の存続期間は、**最長50年**です。したがって、期間は40年となります。

2　**誤**　【借地借家法の適用と賃借権の対抗要件】

ケース①…○

甲土地の上に**登記がされている建物を所有**している場合には、土地について賃借権の登記がなくても、甲土地の賃借人であることを第三者に対抗できます。

ケース②…×

民法における賃貸借の場合、賃借権の登記をしていれば、その後に不動産を取得した第三者に対して賃借人であることを対抗することができます。本肢では、「第三者に対抗する方法はない」としているので誤りです。

3　**正**　【借地借家法の適用と解約の申入れ】

ケース①…○

借地借家法では、期間を定めない契約を締結しても、存続期間は**30年**になります。その存続期間中は、賃貸人が解約の申入れをしても合意がなければ契約は終了しません。

ケース②…○

民法では、期間の定めのない賃貸借の解約の申入れはいつでもでき、土地の賃貸借の場合は、解約の申入れの日から**1年**を経過することによって終了します。

4　**誤**　【賃貸借契約と中途解約】

ケース①…×　ケース②…×

借地借家法、民法ともに、賃貸借の期間を定めた場合であって、当事者が期間内に解約する権利を留保してないときは、賃貸人も賃借人も、その期間に拘束され、一方的に中途解約することはできません。

「期間内に解約する権利を留保する」とは、たとえば、1カ月前に解約の申入れができる旨を契約書に記載するなど、途中で解約する権利を残留・保持しておくことをいう!

問 12　解答 3　借地借家法（借家）　難易度 A

1　**正**　【定期建物賃貸借契約の成立】

定期建物賃貸借契約を締結するときは、公正証書「等」の書面（その内容を記録した電磁的記録によってされるものを含みます）によらなければなりません（公正証書に限られるわけではありません）。

2　**正**　【定期建物賃貸借契約と期間の定め】

建物賃貸借の期間を1年未満とする建物の賃貸借は、期間の定めがない建物の賃貸借とみなされますが、定期建物賃貸借契約では、その名のとおり、定まった期間の契約のため、期間の定めがない建物の賃貸借契約とはみなされません。

3　**誤**　【定期建物賃貸借契約と書面交付等】

▶ 契約書と別個独立の書面でなければダメ。

定期建物賃貸借契約を締結するには、建物の賃貸人は、あらかじめ、建物の賃借人に対し、建物の賃貸借は契約の更新がなく、期間の満了によって賃貸借が終了する旨を記載した書面を交付して説明しなければなりません。そして、この書面は、**契約書と別個独立の書面でなければなりません**。なお、この書面の交付に代えて、政令で定めるところにより、建物の賃借人の承諾を得て、当該書面に記載すべき事項を電磁的方法により提供することができます。

4　**正**　【定期建物賃貸借契約とその説明】

賃貸人が、定期建物賃貸借契約に係る賃貸借は契約の更新がなく、期間の満了によって終了することを説明しなかったときは、契約の更新がない旨の定めは無効となります。

問 13　解答 1　区分所有法　難易度 C

1　**誤**　【管理組合法人】

▶「区分所有者の数が30人以上」という要件はない。

区分所有者の団体は、区分所有者および議決権の各4分の3以上の多数による集会の決議で法人となる旨、その名称、事務所を定め、かつ、その主たる事務所の所在地において登記をすることによって管理組合法人となります。

2　**正**　【専有部分が数人の共有に属する場合の集会の通知】

専有部分が数人の共有に属するときは、集会の招集の通知は、議決権を行使すべき者(その者が定められていないときは、共有者のいずれか1人)にすれば足ります。

3　**正**　【滅失した共用部分についての区分所有者による復旧の可否】

建物の価格の2分の1以下に相当する部分が滅失した場合、原則として、各区分所有者は、滅失した共用部分および自己の専有部分を復旧することができます。ただし、共用部分については、復旧の工事に着手するまでに復旧決議、建替え決議または一括建替え決議があったときは、決議に拘束されて、復旧することができません(規約で別段の定めがある場合はこの限りではありません)。

4　**正**　【管理者に対する過料】

管理者が、規約の保管を怠った場合や、利害関係人からの請求に対して正当な理由がないのに規約の閲覧を拒んだ場合は、20万円以下の過料に処せられます。

問 14　解答 1　不動産登記法　難易度 B

1　**誤**　【登記原因証明情報】

▶「表示に関する登記」ではなく、「権利に関する登記」を申請する場合である。

登記原因を証する情報(登記原因証明情報)を提供しなければならないのは、「表示に関する登記」ではなく、「**権利に関する登記**」を申請する場合です。

2　**正**　【表題登記の申請】

新たに生じた土地または表題登記がない土地の所有権を取得した者は、その所有権の取得の日から**1月以内**に表題登記を申請しなければなりません。

3　**正**　【信託の登記の申請】

信託の登記の申請は、信託の対象となった不動産における所有権等の権利の保存、設定、移転または変更の登記と同時に申請しなければなりません。

4　**正**　【仮登記の申請】

権利に関する登記は、原則として登記権利者と登記義務者が共同で申請しなければなりませんが、例外として単独で申請できる場合があります。**仮登記の登記義務者の承諾があれば、仮登記の登記権利者が単独で申請できる**のもその例外の1つです。

問 15　解答 3　都市計画法　難易度 A

1　**正**　【地区計画】

地区計画は、都市計画区域内の用途地域が定められていない土地の区域でも、一定の場合には定めることができます。

2　**正**　【高度利用地区】

高度利用地区は、用途地域内の市街地における土地の合理的かつ健全な高度利用と都市機能の更新とを図るため定められる地区です。

3　**誤**　【市街地開発事業】

▶「準都市計画区域」には市街地開発事業を定めることはできない。

市街地開発事業は、**市街化区域または区域区分が定められていない都市計画区域内において**、一体的に開発し、または整備する必要がある土地の区域について定めることができます。**市街化調整区域**や**準都市計画区域**には定めることができません。

4　**正**　【高層住居誘導地区】

高層住居誘導地区は、**第一種住居地域**、**第二種住居地域**、**準住居地域**、**近隣商業地域**、**準工業地域**において定めることができます。

問 16　解答 1　都市計画法　難易度 A

ア　**必要**　【市街化調整区域(病院)】

「病院」は公益上必要な建築物に該当しないため、面積要件に該当した場合、開発許可を受ける必要があります(本肢の場合、市街化調整区域内であるため、面積にかかわらず、開発許可を受ける必要があります)。

また、**国や都道府県等が行う開発行為**については、原則として、国の機関または都道府県等と**都道府県知事との協議**が成立することによって開発許可があったものとみなされます(都市計画法第34条の2)。したがって、本肢の開発行為は「第34条の2の規定にもとづき協議する必要のある開発行為」に該当します。

イ　**必要**　【市街化区域(農林漁業用の建築物等)】

市街化区域内においては、農林漁業用の建築物等の例外(農林漁業用の建築物、**農林漁業を営む者の居住の用に供する建築物の建築の用に供する目的で行われる開発行為については開発許可が不要であるという例外**)はありません。したがって、**1,000㎡以上**の開発行為については開発許可が必要です。

ウ　**不要**　【都市計画区域（公民館）】

「公民館」は、公益上必要な建築物に該当するため、どの区域においても規模にかかわらず、開発許可は不要です。

以上より、必要なものの組合せはアとイ。だから正解は「1」だね！

問17　解答 1　建築基準法　難易度 B

1　**正**　【居室（採光）】

住宅の居室には、原則として採光のための窓その他の開口部を設けなければなりません。そして、その採光に有効な部分の面積は、住宅の居住のための居室の場合、**居室の床面積に対して、原則として、7分の1以上**です。

ただし、国土交通大臣が定める基準に従い、照明設備の設置、有効な採光方法の確保その他これらに準ずる措置が講じられているものにあっては、10分の1までの範囲内において国土交通大臣が別に定める割合となります。

2　**誤**　【建築確認が必要となる工事】

▶「建築物の移転」も建築確認が必要となる工事に含まれる。

建築確認が必要となる工事には、建築物の建築、大規模の修繕・模様替えがあります。そして、建築物の「建築」には、新築、増築、改築のほか、**移転**も含まれます。

3　**誤**　【避雷設備】

▶「高さ15m」ではなく、「高さ20m」である。

高さが20mを超える建築物には、有効な避雷設備を設けなければなりませんが、本肢の建築物の高さは15mなので、避雷設備を設ける必要はありません。

4　**誤**　【準防火地域において建築物の屋上に看板を設ける場合】

▶準防火地域内の場合には、本肢の制限はない。

防火地域内において、建築物の屋上に看板を設ける場合には、その主要な部分を不燃材料で造り、または覆わなければなりませんが、準防火地域内においてはこのような制限はありません。

問 18 解答 2 建築基準法 難易度 C

1 **正** 【工業地域内での店舗の用途に供する建築物の建築】

工業地域内では、原則として床面積の合計が10,000㎡を超える店舗を建築することはできません。

【用途地域内の用途制限】 ●…建築できる ×…原則建築できない

建築物の用途 ＼ 用途地域		住居系								商業系		工業系		
		第一種低層住居専用	第二種低層住居専用	田園住居	第一種中高層住居専用	第二種中高層住居専用	第一種住居	第二種住居	準住居	近隣商業	商業	準工業	工業	工業専用
店舗・飲食店	**一定の店舗・飲食店⑥（10,000㎡超）**	×	×	×	×	×	×	×	×	●	●	●	×	×

2 **誤** 【都市計画区域内において学校を新築する場合の制限】

▶ 学校を新築する場合には、この制限はない。

都市計画により、敷地の位置が決定しているものでなければ新築（または増築）することができないのは、卸売市場、火葬場またはと畜場、汚物処理場、ごみ焼却場などです。学校を新築する場合には、この制限はありません。

3 **正** 【特別用途地区内での用途制限の緩和】

特別用途地区内においては、**地方公共団体**は、その地区の指定の目的のために必要と認める場合においては、**国土交通大臣の承認**を得て、条例で、建築物の用途制限を緩和することができます。

ちなみに、建築物の用途制限を加重する場合には、国土交通大臣の承認は不要だよ。

4 **正** 【防火地域内にある耐火建築物の建蔽率】

建蔽率の限度が**10分の8**とされている地域**外**で、かつ、**防火地域内**にある**耐火建築物**またはこれと同等以上の延焼防止性能を有する建築物については、**10分の1**を加えた数値が建蔽率の限度となります。

問 19　解答 4　盛土規制法　難易度 B

1　**法改正により削除**

2　**正**　【監督処分】

都道府県知事は、宅地造成等工事規制区域内において行われる宅地造成等に関する工事の許可に付した条件に違反した者に対して、その許可を取り消すことができます。

3　**正**　【基礎調査のための測量・調査】

土地の占有者は、都道府県知事等が、基礎調査のために当該土地に立ち入って測量または調査を行う場合、正当な理由がない限り、立ち入りを拒み、または妨げてはいけません。

4　**誤**　【宅地造成等に関する工事の計画の変更】

▶「都道府県知事に届出」ではなく、「都道府県知事の許可」が必要。

宅地造成等に関する工事の許可を受けた者は、その許可を受けた工事の計画を変更するときには、原則として、**都道府県知事の許可**が必要となります。ただし、**軽微な変更については変更の届出**ですみます。

問 20　解答 4　土地区画整理法　難易度 B

1　**誤**　【換地計画】

▶「補償」は不要。

宅地の所有者の申出または同意があった場合は、換地計画において、その宅地の全部または一部について換地を定めないことができます。そのさい、当該宅地を使用・収益できる権利者があるときは、これらの者の同意を得なければなりません。

2　**誤**　【土地区画整理組合の換地計画についての認可】

▶「市町村長」ではなく、「都道府県知事」の認可が必要。

施行者は、施行地区内の宅地について換地処分を行うため、換地計画を定めなければなりません。この場合において、施行者が個人施行者、**土地区画整理組合**、区画整理会社、市町村または独立行政法人都市再生機構等であるときは、その換地計画について「市町村長」ではなく、**「都道府県知事」の認可**を受けなければなりません。

3　**誤**　【施行地区内の土地・建物に関する登記】

▶ 変動に係る登記がされるまでは原則としてほかの登記をすることはできない。

施行者は、換地処分があった旨の公告があった場合、施行地区内の土地および建物について変動に係る登記を申請しなければなりません。そして、この登記がされるまでは、原則として他の登記をすることはできません。したがって、「関係権利者は、換地処分があった旨の公告があった日以降いつでも…登記を行うことができる」とする本肢は誤りです。

4　**正**　【土地区画整理事業の施行により設置された公共施設の管理】

土地区画整理事業の施行により公共施設が設置された場合、その公共施設は、**換地処分があった旨の公告があった日の翌日**に、原則としてその公共施設が所在する市町村の管理に属します。

問21　解答3　農地法　難易度A

1　**誤**　【所有権移転仮登記をする場合】

▶ 仮登記の申請時においては農業委員会への届出は不要である。

停止条件付売買契約とは、条件(本肢の場合は農地法3条の許可を受けること)が成就したとき、所有権が移転するという契約です。3条許可をもって所有権移転となるため、「所有権移転登記」は行うことができませんが、登記の順位を確保するため、「仮登記」は行うことはできます。そして、仮登記を申請する時点では3条許可は不要(農業委員会への届出は不要)です。

2　**誤**　【競売により農地を取得する場合】

▶ 競売による場合でも3条許可が必要である。

市街化区域内の農地について、所有権を取得しようとする場合には、3条許可が必要です。競売による場合でも例外はありません。

3　**正**　【抵当権を設定する場合】

抵当権の設定は「権利移動」に該当しないため、本肢の場合、3条許可を受ける必要はありません。

4　**誤**　【現況主義】

▶ 現況が「農地」なら農地法の適用を受ける農地に該当する。

土地登記簿上の地目が「山林」であっても、現に農地として耕作している土地は、農地法の適用を受ける農地に該当します。

問 22 解答 4 その他の法令上の制限 難易度 C

1 **正** 【事後届出の手続】

「国土利用計画法第23条の届出」とは、事後届出のことをいいます。事後届出における届出事項には、❶**契約締結の年月日**、❷**土地の利用目的**、❸**対価の額**などがあります。

---

2 **正** 【森林法】

森林法によれば、保安林において立木を伐採しようとする者は、一定の場合を除き、**都道府県知事の許可**を受けなければなりません。

---

3 **正** 【海岸法】

海岸法によれば、海岸保全区域内において土地の掘削、盛土または切土を行おうとする者は、一定の場合を除き、**海岸管理者の許可**を受けなければなりません。

---

4 **誤** 【都市緑地法】

▶「公園管理者」ではなく、「都道府県知事等」の許可が必要。

都市緑地法によれば、特別緑地保全地区内において建築物の新築・改築・増築を行おうとする者は、一定の場合を除き、「公園管理者」ではなく、「**都道府県知事等**」の許可を受けなければなりません。

問 23 解答 4 登録免許税 難易度 C

1 **誤** 【住宅用家屋の敷地の用に供されている土地】

▶「土地」には適用されない。

住宅用家屋の軽減税率の特例は、「住宅用家屋の敷地の用に供されている**土地**」に係る所有権移転の登記には適用されません。

住宅用「家屋」について適用されるものだからね…

No. 12 32点 平成26年度

2　**誤**　【従業員の社宅の場合】

▶「従業員の社宅」には適用できない。

住宅用家屋の軽減税率の特例は、**個人が自己の居住用**として取得した家屋について適用することができます。本肢のように「従業員の社宅(従業員の居住用の家屋)」については、適用することができません。

3　**誤**　【再適用の可否】

▶ 要件を満たせば再度適用を受けることができる。

以前に、住宅用家屋の軽減税率の特例を受けたことがある者でも、要件を満たせば、新たに住宅用家屋を取得したときにも、この特例を適用することができます。

4　**正**　【面積要件】

住宅用家屋の軽減税率の特例の適用を受けるには、家屋の床面積が**50㎡以上**でなければなりません。

問 24　解答 2　不動産取得税　難易度 D

1　**誤**　【課税主体・徴収方法】

▶ 不動産取得税は「市町村」ではなく、「都道府県」が課税する。

不動産取得税は、不動産がある**都道府県**が課税します。なお、徴収は**普通徴収**の方法によって行われます。

2　**正**　【共有物の分割による不動産の取得】

共有物の分割によって不動産を取得した場合、不動産取得税は課税されません(ただし、分割前の持分を上回る部分の取得は除きます)。

3　**誤**　【納税義務者】

▶ 独立行政法人等でも不動産取得税が課されるものもある。

不動産の取得者が、国、地方公共団体等、一定の独立行政法人である場合には、不動産取得税は課税されませんが、それ以外の独立行政法人に対しては課税することができます。

4　**誤**　【相続による不動産の取得】

▶ 相続による取得→不動産取得税は課されない。

相続、法人の合併等によって不動産を取得した場合には、不動産取得税は課税されません。

問 25 解答 1 地価公示法 難易度 C

1 **正** 【一定の事項の官報での公示】

土地鑑定委員会は、標準地の単位面積あたりの正常な価格を公示する必要はありますが、標準地の価格の総額を公示する必要はありません。

---

2 **誤** 【標準地の選定】

▶ 土地の使用収益を制限する権利がある土地を標準地として選定することはできる。

土地の使用収益を制限する権利が存する土地を標準地として選定することもできます。この場合において、正常な価格を判定するときには、それらの権利がないものとして成立すると認められる価格(更地価格)で判定します。

---

3 **誤** 【不動産鑑定士の鑑定評価書の提出】

▶ このような規定はない。

標準地の鑑定評価を行った不動産鑑定士は、土地鑑定委員会に対し、鑑定評価額等を記載した鑑定評価書を提出しなければなりません。

---

4 **誤** 【鑑定評価】

▶「取引価格」「地代等」「土地造成の費用」の3つを勘案しなければならない。

不動産鑑定士は、鑑定評価を行うにあたって、❶近傍類地の取引価格から算定される推定の価格、❷近傍類地の地代等から算定される推定の価格、❸同等の効用を有する土地の造成に要する推定の費用の額の3つを勘案しなければなりません。

本肢は「❶を基本とし、必要に応じて❷および❸を勘案しなければならない」といっているので誤りだよ。

No. 12 32点 平成26年度

問 26 解答 1 宅建業の免許 難易度 B

ア **正** 【宅建業とは(自ら貸借・転貸する行為)】

Aの「自ら貸借」は宅建業における「取引」に該当しないため、Aは免許が不要です。また、Bの「転貸」も「自ら貸借」と同様となり、Bも免許が不要です。

イ　誤　【宅建業とは(マンションを分譲する場合)】

▶ Dの行為は宅建業に該当する→Dは免許が必要。

宅建業者に代理を依頼しても、Dが自己の所有するマンションを不特定多数の者に反復継続して分譲する行為である(＝宅建業に該当する)ため、Dは免許が必要です。

ウ　誤　【宅建業とは(転売目的で反復・継続して購入する場合)】

▶ 売主が国等であっても宅建業に該当すれば免許が必要。

売主が国その他宅建業法の適用がない者に限られているときでも、不特定多数の者と反復継続して取引をする行為である(＝宅建業に該当する)ため、Eは免許が必要です。

エ　誤　【宅建業とは(区画割りして、不特定多数の者に反復継続して売却する場合)】

▶ Fは免許が必要。

本肢のFは、「不特定多数の者」に「反復継続」して「自ら売買」をするため、免許が必要です。

以上より、正しいものはアだけ。だから答えは「1」だね!

問 27　解答 2　事務所、免許　難易度 B

1　誤　【事務所】

▶ 契約締結権限を有する使用人を置き、継続的に業務を行う場所→事務所に該当。

本店や支店のほか、契約締結権限を有する使用人を置き、継続的に業務を行う場所は、宅建業法に規定する事務所に該当します。

2　正　【免許を更新する場合の条件】

国土交通大臣または都道府県知事は、**免許に条件**を付すことができます。また、免許の更新にあたっても条件を付すことができます。

3　誤　【宅建業者が解散した場合の届出】

▶「法人を代表する役員であった者」ではなく、「清算人」が届け出る。

宅建業者(法人)が合併および破産手続開始の決定以外の理由で解散した場合、「法人を代表する役員であった者」ではなく、「清算人」は、解散の日から**30日以内**に免許権者にその旨を届け出なければなりません。

4　誤　【無免許営業(広告の禁止)】

▶ 免許申請中＝免許がない状態→広告をしてはダメ。

免許を受けない者は、宅建業を営む旨の表示をし、または宅建業を営む目的で、広告をすることはできません。

問 28　解答 3　事務所、案内所等　難易度 A

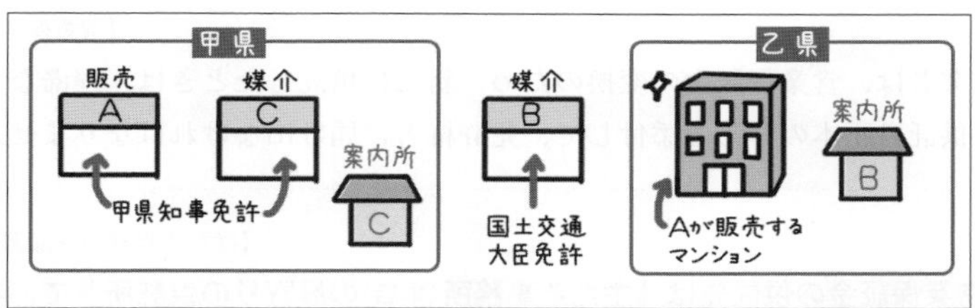

1　正　【案内所等の届出】

申込み・契約をする案内所等を設ける場合には、業務を開始する**10日前**までに、**免許権者**と**案内所等の所在地を管轄する**都道府県知事の両方に届出が必要です。

B(国土交通大臣免許)は、乙県内に案内所を設けるため、免許権者である国土交通大臣と乙県知事に届出が必要となります。また、C(甲県知事免許)は、甲県内に案内所を設けるため、甲県知事に届出が必要となります。

2　正　【案内所等の届出、標識の掲示】

Aは案内所を設けていないため、案内所等の届出(50条2項に定める届出)は必要ありません。一方で、現地(マンションの所在地)には、販売者であるAの標識を掲示する必要があります。

3　誤　【専任の宅建士の設置】

▶ 申込み・契約をする案内所等→専任の宅建士の数は1人以上。

申込み・契約をする案内所等では、成年者である専任の宅建士を**1人以上**設置しなければなりません(「業務に従事する者の数5人に対して1人以上」は事務所の場合です)。

4　正　【専任の宅建士の設置】

申込み・契約をする案内所等では、成年者である専任の宅建士を**1人以上**設置すればよいので、Aが専任の宅建士を設置すれば、Cは専任の宅建士を設置する必要はありません。

問 29　解答 2　営業保証金　難易度 A

1　**誤**　【営業保証金の供託時期】

▶「免許取得」→「供託」→「届出」→「事業開始」の順番である。

宅建業を営もうとする者は、免許を取得したあと、営業保証金を供託し、その旨を届け出たあとでなければ事業を開始することができません。

2　**正**　【営業保証金の変換】

宅建業者は、営業保証金の変換のため、新たに供託したときは、遅滞なく、その旨を、供託書正本の写しを添付して、免許権者に届け出なければなりません。

3　**誤**　【従たる事務所を設置した場合】

▶ 営業保証金の供託先は「主たる事務所(本店)の最寄りの供託所」である。

従たる事務所(支店)を新たに設置した場合の営業保証金の供託先は、「従たる事務所の最寄りの供託所」ではなく、「**主たる事務所(本店)の最寄りの供託所**」です。

4　**誤**　【保管替え】

▶ 有価証券で供託している場合は、保管替えの請求はできない。

有価証券のみまたは金銭と有価証券で営業保証金を供託している場合、保管替えの請求をすることはできません。この場合、移転後の主たる事務所の最寄りの供託所に供託したあと、従来の主たる事務所の最寄りの供託所から営業保証金を取り戻します。

保管替えの請求ができるのは、金銭のみで供託している場合だよ。

問 30　解答 2　広告に関する規制　難易度 A

1　**誤**　【建築確認を受ける前の広告】

▶ 売買契約の場合は、必要な確認を受けたあとでなければ契約も広告もできない。

宅建業者は、未完成物件の売買や交換について、必要な**許可や確認を受けたあと**でなければ、契約も広告もできません。

2　**正**　【実際のものよりも著しく優良であると人を誤認させる表示】

宅建業者が誇大広告を行った場合、その広告をした物件について売買が成立しなかったときであっても、宅建業法違反となり、監督処分および罰則の対象となります。

3　**誤**　【取引態様の明示義務】

▶ 注文を受けたときには改めて取引態様の別を明示しなければならない。

宅建業者は、宅建業に関する広告をするさいに取引態様の別を明示しなければなりません。また、この場合においても、注文を受けたときには改めて取引態様の別を明示しなければなりません。

4　**誤**　【数回に分けて広告をするとき】

▶ 最初だけではダメ。広告ごとに取引態様の別の明示が必要。

宅建業者が一団の宅地の販売について、数回に分けて広告するときは、広告ごとに取引態様の別を明示しなければなりません。

問31　解答3　8種制限　難易度B

ア　**誤**　【一定の担保責任の特約の制限】

▶ 通知につき「引渡しの日から2年以上」(一定の例外除く)とする特約ならOK。

8種制限が適用される宅建業者自ら売主となる宅地・建物の売買契約において、その目的物が種類・品質に関して契約の内容に適合しない場合におけるその不適合を担保すべき責任について、民法で規定する「買主がその不適合を知った時から1年以内にその旨を売主に通知」という通知に関する期間制限の部分につき、**引渡しの日から2年以上の通知期間**となる特約を定めることは、宅建業法により、例外的にできます(ただし、売主が引渡しの時にその不適合を知り、または重大な過失によって知らなかった場合はできません)。

したがって、本肢の特約は有効です。

イ　**誤**　【他人物売買】

▶ 甲市とまだ取得契約を締結していない→Bと土地売買契約の締結はできない。

宅建業法では原則として他人物売買は禁止されています。例外として、現在の所有者(甲市)との間で、宅建業者(A)が物件を取得する契約を締結している場合には、買主(B)と売買契約を締結することができますが、本肢ではまだ甲市と取得契約を締結していません。したがって、Aは、当該土地についてBと売買契約の締結をすることはできません。

「払下げ」とは、国や地方公共団体等の土地を、法人や個人が購入することをいいます。

ウ　誤　【手付放棄による契約の解除】

▶ **本肢の特約は買主に不利→特約は無効→Bは手付放棄による解約ができる。**

手付が交付された場合、宅建業法では、解約手付が交付されたものとされます。解約手付が交付された場合には、**相手方が履行に着手するまで**は、手付の放棄(買主から解除する場合)または手付の倍額を現実に提供(売主から解除する場合)することによって、契約を解除することができ、これについて、**買主に不利な特約を定めた場合、その特約は無効**となります。

本肢の「手付放棄による契約の解除は、契約締結後30日以内に限る」旨は買主に不利な特約であるため、特約は無効となり、Aが契約の履行に着手していなければ、Bは手付を放棄して契約を解除することができます。

以上より、誤っているものはア、イ、ウの3つ。だから答えは「3」！

問32　解答3　媒介契約　難易度A

ア　誤　【指定流通機構に登録しないこと】

▶ **依頼者からの申出があったとしても、指定流通機構に登録しないとダメ。**

専任媒介契約の場合、依頼者から「登録しないでほしい」旨の申出があったとしても、契約日から**7日以内**に指定流通機構に登録しなければ、宅建業法違反となります。

イ　誤　【媒介契約書面の交付・提供を省略すること】

▶ **Bが宅建業者でも媒介契約書の交付・提供は省略できない。**

買主が宅建業者である場合、8種制限は適用されませんが、媒介契約書面の交付・提供は8種制限ではありません。したがって、取引の相手方が宅建業者であったとしても、媒介契約書面の交付・提供を省略することはできません。

ウ　誤　【専任媒介契約の更新】

▶ **自動更新は不可。**

専任媒介契約の有効期間が終了したあとに、依頼者(B)からの申出があれば、契約を更新することはできますが、**自動更新はできません**。

エ　正　【明示義務に違反した場合の措置】

一般媒介契約において、重ねて依頼する他の宅建業者を明示する義務がある場合、明示義務に違反した場合の措置について媒介契約書に記載しなければなりません。

以上より、誤っているものはア、イ、ウの3つ。だから答えは「3」！

問33　解答3　8種制限(手付金等の保全措置)　難易度A

1　**違反しない**　【業者間の取引】

「手付金等の保全措置」は8種制限の1つです。8種制限は、**売主が宅建業者で買主が宅建業者以外の者**となる場合に適用されます。本肢の買主Bは宅建業者なので、8種制限は適用されません。したがって、保全措置を講じずに手付金等を受領することができます。

2　**違反しない**　【手付金として受領できる額】

8種制限では、手付の額は代金の**20%**を超えることはできないとしています。本肢の手付金1,000万円は代金の**20%**(5,000万円×20%＝1,000万円)を超えていないため、手付の額の制限に違反していません。

また、手付金1,000万円は代金の**5%**(5,000万円×5%＝250万円)を超えていますが、手付金を受領する前に保全措置を講じているので、なんら問題はありません。

3　**違反する**　【保全措置を講じる必要がある金額】

未完成物件の場合、手付金等の額が代金の**5%以下**(5,000万円×5%＝250万円以下)かつ**1,000万円以下**の場合には保全措置は不要です。本肢では、手付金100万円と中間金500万円を合計すると、600万円(250万円超)となるので、中間金を受領する前に**600万円の保全措置**を講じていなければなりません。

4　**違反しない**　【買主に所有権移転の登記がなされたとき】

宅建業者は、保全措置を講じたあとでなければ一定額を超える手付金等を受領することはできませんが、**買主(E)への所有権移転登記が完了したときには、保全措置を講ずることなく、手付金等を受領することができます。**

問34　解答4　重要事項の説明(35条書面)　難易度B

1　**誤**　【耐震診断】

▶ **宅建業者が自ら耐震診断を実施する必要はない。**

宅建業者が建物の売買の媒介を行う場合、耐震診断を受けた建物であるときは、その耐震診断の内容を説明しなければなりませんが、当該記録の内容がない場合、宅建業者が自ら耐震診断を実施する必要はありません。

2　**誤**　【防護施設区域、津波災害警戒区域】

▶ **津波防護施設区域→貸借では説明不要。津波災害警戒区域→貸借でも説明必要。**

宅地や建物が**津波防護施設区域**に位置しているときは、宅地や建物の売買・交換、宅地の貸借を行う場合にその旨を説明しなければなりませんが、**建物の貸借の場合には、その旨を説明する必要はありません。**

「津波防護施設区域に、津波防護施設以外の施設または工作物を新築等するときには許可が必要だよ」というルールがある！
だから、津波防護施設区域内に位置する宅地・建物を売買・交換する場合には、その旨を説明しなければならない！

一方、宅地や建物が**津波災害警戒区域**に位置しているときは、宅地や建物の売買・交換・貸借を行う場合、その旨を説明しなければなりません(**建物の貸借の場合でも、建物が津波災害警戒区域内にあるときはその旨を説明しなければなりません**)。

3　**誤**　【特定住宅瑕疵担保責任の履行の確保等】

▶ **保証保険契約を締結するときも、その措置の概要を説明する必要がある。**

宅建業者が建物の売買の媒介を行う場合、住宅販売瑕疵担保保証金の供託を行うときだけでなく、建物の瑕疵を担保すべき責任の履行に関し保証保険契約の締結を行うときも、その措置の概要を説明する必要があります。

4　**正**　【区分所有権の目的である建物の貸借の媒介を行う場合】

宅建業者が区分所有権の目的である建物(マンションなど)の貸借の媒介を行う場合、

専有部分の用途その他の利用の制限に関する規約の定めがあるときは、その内容を説明する必要があります。しかし、1棟の建物またはその敷地の専用使用権に関する規約の定めについては、(貸借の場合には)説明する必要はありません。

問35 解答3 重要事項の説明(35条書面) 難易度A

1 **正** 【35条書面の交付場所】

重要事項を説明する場所については規定がないので、買主の自宅で35条書面を交付して説明することができます。

電磁的方法により35条書面を提供することもできるし、IT重説もできるよ〜。

2 **正** 【抵当権が設定されている場合】

当該物件に登記された権利の種類・内容は重要事項として説明しなければなりません。そのため、**契約日までに抵当権の登記が抹消される予定であっても、当該抵当権の内容について説明しなければなりません。**

3 **誤** 【宅建士証の有効期間が満了している場合】

▶ 宅建士証の有効期間が満了していたら記名も説明もできない。

35条書面の記名と宅建業者でない相手方への説明は宅建士が行わなければなりません。したがって、宅建士証の有効期間が満了している場合には、35条書面の記名も、相手方に対する説明も行うことはできません。

4 **正** 【土地の割賦販売の媒介を行う場合】

宅建業者は、土地または建物の割賦販売を行う場合、宅建業者でない相手方に対して、**❶現金販売価格、❷割賦販売価格、❸宅地または建物の引渡しまでに支払う金銭の額および賦払金**などについて、説明しなければなりません。

No.12 32点 平成26年度

問36 解答3 重要事項の説明(35条書面) 難易度A

1 **違反する** 【重要事項の説明をする者】

相手方が宅建業者でない場合に行う重要事項説明は、宅建士が行わなければなりません。

2　**違反する**　【重要事項の説明の省略】

重要事項は、契約締結前に35条書面を交付・提供して宅建士が説明しなければなりません（相手方が宅建業者である場合は原則として説明は省略できます）。また、重要事項として説明すべき事項は、たとえ内容が重複するものであったとしても、説明を省略することはできません。

3　**違反しない**　【重要事項の説明をする者】

重要事項説明は、宅建士が行えばよく、当該物件の担当である宅建士が行う必要はありません。本肢では、担当者とは別の宅建士が記名をし、宅建士証を提示した上で重要事項の説明をしているため、なんら問題はありません。

4　**違反する**　【重要事項の説明の省略】

重要事項は、契約締結前に35条書面を交付・提供して、宅建士が説明しなければなりません（相手方が宅建業者である場合は原則として説明は省略できます）。また、**重要事項説明書を契約書と兼ねることはできません。**

問37　解答4　報酬に関する制限　難易度B

ア　**誤**　【依頼者からの依頼にもとづくことなく広告をした場合】

▶ 依頼者からの依頼にもとづかない広告の料金→請求できない。

依頼者からの依頼にもとづいて行った広告の料金については、報酬とは別にその額を請求することができますが、依頼者からの依頼にもとづかずに行った広告の料金については請求することができません。

イ　**誤**　【1つの取引に複数の宅建業者がかかわった場合】

▶ 合計277万2,000円を超える報酬額は受け取れない。

同一の取引において、複数の宅建業者が関与した場合、これらの宅建業者が受け取る報酬の合計額は、1つの宅建業者が関与した場合の報酬限度額以内でなければなりません。…ⓐ

また、各宅建業者が受領できる報酬限度額は以下でなければなりません。…ⓑ

	Aが売主から受け取れる報酬限度額【代理】	Bが買主から受け取れる報酬限度額【媒介】
① 土地（税抜き）	土地：4,000万円	

② 基本公式 の額	4,000万円×**3**%＋**6**万円＝126万円	
③ 報酬限度額(税込み)	126万円×2×1.1 ＝**277万2,000円**	126万円×1.1 ＝**138万6,000円**

ただし！	同一の取引なので、AとBは合計で **277万2,000円** 以内でしか受け取れない…ⓐ
しかも！	Bの上限は **138万6,000円** となる…ⓑ

本肢は、「Aは売主から277万2,000円、Bは買主から138万6,000円の報酬をそれぞれ受けることができる」としている(合計すると277万2,000円を超える)ため、誤りです。

ウ　誤　【依頼者の承諾を得ている場合】

▶ 承諾があったとしても、依頼者の双方から受け取る合計額は1カ月分の借賃。

貸借の媒介において、依頼者の双方から受け取る報酬の合計額は、**1カ月分**の借賃(プラス消費税相当額)となります。依頼者からの承諾を得ていた場合でも、依頼者の双方から受け取る報酬の合計額は1カ月分の借賃(プラス消費税相当額)を超えることはできません。

以上より、正しいものはナシ！　だから答えは「4」！

問38　解答4　8種制限(クーリング・オフ制度)　難易度 A

1　誤　【宅地の引渡しを受け、かつ、その代金の全額を支払ったとき】

▶ 引渡しを受けた&代金の全額を支払った→B(買主)はクーリング・オフできない。

買主が**❶宅地・建物の引渡しを受け**、かつ、**❷代金の全額を支払った場合**には、買主はクーリング・オフによる契約の解除をすることができなくなります。本肢のA(売主)は、代金の全額の支払いを受け、かつ、宅地をB(買主)に引き渡しているので、AはBからのクーリング・オフによる契約の解除を拒むことができます。

2　誤　【喫茶店で買受けの申込みをし、契約を締結した場合】

▶ 買主が指定した喫茶店→クーリング・オフできる場所である。

買主が指定した場合でも、喫茶店はクーリング・オフができる場所に該当します。また、宅建業者からクーリング・オフができる旨、方法を書面で告げられた日から起算して**8日**を経過した場合、買主はクーリング・オフをすることができなくなりますが、本肢のA（売主）はクーリング・オフについて何も告げていないので、B（買主）からのクーリング・オフによる契約の解除を拒むことはできません。

3　**誤**　【テント張りの案内所で買受けの申込みをし、事務所で契約を締結した場合】

▶ 仮設テント張りの案内所→クーリング・オフできる場所である。

クーリング・オフができる場所かどうかは、買受けの申込みをした場所で判断します。本肢では、仮設テント張りの案内所で買受けの申込みをしていますが、仮設テント張りの案内所はクーリング・オフができる場所に該当します。したがって、BはAからクーリング・オフができる旨、方法を書面で告げられた日から起算して**8日**を経過していなければ、契約を解除することができます。

4　**正**　【申込者に有利な特約】

申込みの撤回等について、申込者等（買主）に不利な特約は無効となりますが、本肢の「クーリング・オフによる契約の解除ができる期間を14日間」とする旨は、申込者等（買主）に有利な特約です。したがって、この特約は有効であり、Bは、契約の締結の日（クーリング・オフについて書面で告げられた日）から10日後であっても契約の解除をすることができます。

問39　解答3　保証協会　難易度A

1　**誤**　【還付充当金の納付】

▶ 社員の地位を失った日から一定期間以内に供託しても、社員の地位は回復しない。

宅建業者が社員の地位を失った場合、その地位を失った日から**1週間以内**に営業保証金を供託しないと、宅建業を営むことができなくなります。なお、「社員の地位を失った日から2週間以内に弁済業務保証金を供託すれば、その地位を回復する」という規定はありません。

2　**誤**　【弁済業務保証金の供託】

▶ 納付を受けた日から「2週間以内」ではなく、「1週間以内」である。

保証協会は、社員である宅建業者から弁済業務保証金分担金の納付を受けたときは、その納付を受けた日から**1週間以内**に、その納付を受けた額に相当する額の弁済業務保証金を供託しなければなりません。

3　正　【弁済業務保証金の還付】

保証協会は、弁済業務保証金の還付があったときは、社員または社員であった者に対して、当該還付額に相当する額の還付充当金を保証協会に納付すべきことを通知しなければなりません。

4　誤　【弁済業務保証金について弁済を受ける権利を有する者】

▶ **保証協会の社員になる前に取引した者も弁済業務保証金の還付を受けられる。**

宅建業者が保証協会の社員になる前に、当該宅建業者と宅建業に関する取引をした者(宅建業者に該当する者を除く)も弁済業務保証金の還付を受けることができます。

問40　解答3　契約書(37条書面)の交付・提供　難易度 B

ア　正　【一定の担保責任の履行に関して講ずべき保証保険契約の締結その他の措置】

当該宅地・建物(本肢では住宅)の種類・品質に関して契約の内容に適合しない場合におけるその不適合を担保すべき責任または当該責任の履行に関して講ずべき保証保険契約の締結その他の措置についての定めがあるときは、当該措置について37条書面に記載しなければなりません。

イ　誤　【37条書面の内容の説明】

▶ **37条書面は説明する必要はない。**

37条書面の記名は宅建士が行わなければなりませんが、37条書面については、説明義務はありません。

ウ　正　【宅地の引渡しの時期】

宅地の引渡時期は37条書面の記載事項です。また、37条書面は買主が宅建業者であったとしても、交付・提供を省略することはできません。

エ　正　【租税その他の公課の負担】

当該建物に係る租税公課の負担に関する定めがあるときは、その内容を37条書面に記載しなければなりません。

以上より、正しいものはア、ウ、エの3つ。だから答えは「3」！

No.12 32点 平成26年度

問 41　解答 1　その他の業務上の規制等　難易度 B

1 **正**　【標識の掲示】

専任の宅建士を置くべき案内所以外（申込み・契約をしない案内所）には、クーリング・オフ制度の適用がある旨を表示した標識を掲示する必要があります。

2 **誤**　【勧誘を継続すること】

▶ 相手方が「いらない」といっているのに、別の者が勧誘した→宅建業法違反。

相手方が当該契約を締結しない旨の意思を表示したにもかかわらず、当該勧誘を継続することは宅建業法に違反します。

3 **誤**　【不当な履行遅延】

▶ 報酬の支払いを拒む行為は不当な履行遅延ではない→宅建業法に違反しない。

宅建業法では、宅建業者が業務に関してなすべき宅地・建物の登記、引渡し、対価の支払いを不当に遅延する行為（不当な履行遅延）を禁止していますが、本肢の「媒介を依頼した他の宅建業者へ報酬を支払うことを拒む行為」は、不当な遅延行為に該当しません。

なお、「不当な履行遅延の禁止」は8種制限ではないため、宅建業者間の取引における宅地・建物の登記、引渡し、対価の支払いにも適用されます。

4 **誤**　【従業者名簿】

▶ 退職した従業者に関する事項も従業者名簿に記載される。

従業者が退職した場合、従業者名簿に退職年月日が記載されます。また、従業者名簿は最終の記載をした日から**10年間**、保存しなければならないため、退職した従業者に関する事項も従業者名簿に記載されています。

問 42　解答 1　契約書（37条書面）の交付・提供　難易度 B

ア **誤**　【宅建士による37条書面への記名の省略】

▶ Aも宅建士による37条書面への記名をする必要がある。

売主が宅建業者（A）である売買の媒介を宅建業者（B）が行った場合、AとBは双方とも買主に対して契約書（37条書面）の交付・提供義務を負います。したがって、Aも宅建士による37条書面への記名をする必要があります。

イ　誤　【宅建士による37条書面への記名の省略】

▶ 公正証書による定期賃貸借契約の場合でも、37条書面に宅建士の記名が必要。

事業用宅地の定期賃貸借契約を公正証書によって行った場合でも、37条書面には宅建士の記名が必要です。

ウ　正　【契約の解除に関する定め】

契約の解除の定めがある場合には、37条書面にその内容を記載しなければなりません。

以上より、誤っているものの組合せはアとイ。だから答えは「1」！

問43　解答2　その他の業務上の規制　難易度A

1　**違反する**　【手付について貸付けその他信用の供与をすること】

手付金の後払いや分割払いを認めることによって、契約の締結を誘引することは禁止されています。

2　**違反しない**　【契約締結の勧誘】

相手方に事前の連絡をしなくても、勧誘に先立って、業者名、自己の氏名、契約締結の勧誘が目的である旨を告げた上で勧誘することは宅建業法に違反しません。

3　**違反する**　【勧誘を継続すること】

相手方が当該契約を締結しない旨の意思を表示したにもかかわらず、当該勧誘を継続することは宅建業法に違反します。

4　**違反する**　【断定的判断の提供の禁止】

契約の締結の勧誘にさいし、利益が生じることが確実であると誤解させるような断定的判断の提供をすることは宅建業法に違反します。

過失(従業員の思い込み)で行ったことでもアウト！

問 44　解答 1　監督処分　難易度 B

ア　正　【業務停止処分】

業務停止処分は、免許権者(甲県知事)のほか、宅建業者が処分の対象となる行為を行った都道府県の知事(乙県知事)も行うことができます。

イ　正　【指示処分】

指示処分は、免許権者(甲県知事)のほか、宅建業者が処分の対象となる行為を行った都道府県の知事(乙県知事)も行うことができます。

ウ　正　【事務所の所在地を確知できない旨の公告】

国土交通大臣または都道府県知事は、その免許を受けた宅建業者の事務所の所在地を確知できないときは、官報等で公告し、公告の日から**30日**を経過しても宅建業者から申出がない場合には、免許を取り消すことができます。

エ　誤　【免許取消処分】

▶業務停止処分に違反→免許権者(国土交通大臣)は免許を取り消さなければならない。

宅建業者が業務停止処分に違反した場合、免許権者はその免許を取り消さなければなりません。本肢の場合、免許権者である国土交通大臣はDの免許を取り消さなければなりません。

以上より、誤っているものはエの1つ。だから答えは「1」!

問 45　解答 4　住宅瑕疵担保履行法　難易度 A

1　誤　【基準日に係る資力確保措置の状況の届出】

▶「当該基準日から起算」ではなく、「当該基準日の翌日から起算」が正しい。

新築住宅を引き渡した宅建業者は、**基準日**(毎年3月31日)**ごと**に、保証金(住宅販売瑕疵担保保証金)の供託および保険契約(住宅販売瑕疵担保責任保険契約)の締結の状況について免許権者に届け出なければなりません。この届出をしなかった場合、「当該基準日から起算して50日」ではなく、「**当該基準日の翌日から起算して50日**」を経過した日以後、新たに自ら売主となる新築住宅の売買契約を締結することはできません。

2　**誤**　【新築住宅の売買の媒介をする場合】

▶「自ら売主」でなければ、資力確保措置を講じる必要はない。

資力確保措置が義務付けられるのは、宅建業者が自ら売主となって新築住宅を販売する場合です。新築住宅の売買の「媒介」をする場合には、資力確保措置を講じる必要はありません。

3　**誤**　【住宅販売瑕疵担保責任保険契約】

▶ 保険料を支払うのは、「売主である宅建業者」である。

住宅販売瑕疵担保責任保険契約の保険料を支払うのは、「新築住宅の買主」ではなく、「**売主である宅建業者**」です。

4　**正**　【供託所の所在地等の説明】

新築住宅の売主である宅建業者は、売買契約を締結するまでに、買主に対して、住宅販売瑕疵担保保証金を供託している供託所の所在地や表示等を、書面を交付して説明しなければなりません。また、原則として、書面を交付して説明しますが、買主の承諾を得た場合は、書面の交付に代えて、電磁的方法により提供することができます。

問46　解答 2　住宅金融支援機構法　難易度 C

1　**正**　【資金貸付業務(地震に対する安全性向上のための住宅改良資金)】

機構は、災害予防代替建築物の建設・購入等に必要な資金、災害予防関連工事に必要な資金、**地震に対する安全性の向上を主たる目的とする住宅の改良に必要な資金の貸付け**を行っています。

2　**誤**　【証券化支援事業(買取型)】

▶ 住宅の改良に必要な資金の貸付けに係る貸付債権は譲受けの対象としていない。

機構は、証券化支援事業(買取型)において、**住宅の建設または購入に必要な資金の貸付債権**について譲受けの対象としていますが、住宅の改良(住宅の購入に付随する改良工事を除く。)に必要な資金の貸付けに係る貸付債権については譲受けの対象としていません。

3　**正**　【資金貸付業務(高齢者に適した住宅にするための資金)】

機構は、高齢者の家庭に適した良好な居住性能および居住環境を有する住宅とすることを主たる目的とする住宅の改良（高齢者が自ら居住する住宅に限る）に必要な資金の貸付けを業務として行っています。

4　**正**　【資金貸付業務（土地の合理的利用に寄与する建築物の建設に必要な資金）】

機構は、合理的土地利用建築物の建設もしくは合理的土地利用建築物で人の居住の用その他その本来の用途に供したことのないものの購入に必要な資金の貸付けを業務として行っています。

問47　解答4　景品表示法　難易度A

1　**誤**　【居室】

▶ 居室の規定に適合していない部屋→広さがあっても「居室」と表示できない。

採光および換気のための窓その他の開口部の面積の当該室の床面積に対する割合が建築基準法第28条の規定に適合していないため、同法において居室と認められない納戸その他の部分については、その旨を「納戸」等と表示しなければなりません。

2　**誤**　【修繕積立金の額】

▶「最低額と最高額」のみで表示することができる。

修繕積立金については、1戸あたりの月額を表示しなければなりません。ただし、住戸により金額が異なる場合で、すべての住宅の修繕積立金を示すことが困難であるときは、「全住戸の平均額」ではなく、「**最低額と最高額**」のみで表示することができます。

3　**誤**　【私道負担部分】

▶ 私道負担部分の面積も表示しなければならない。

私道負担部分が含まれている新築住宅を販売するさいの広告には、私道負担部分の面積も表示する必要があります。

4　**正**　【建築工事に着手した時期、中断していた期間】

建築工事に着手したあとに、工事を相当の期間にわたり中断していた新築住宅または新築分譲マンションについては、建築工事に**着手した時期**および**中断していた期間**を明瞭に表示しなければなりません。

問 48 解答 ― 統計

最新の統計データで学習してください。

問 49 解答 4 土地 難易度 A

1 **適当** 【旧河道】

旧河道はもともと河川であった場所(現在は水は流れていない場所)なので、地震や洪水などによる災害を受ける危険度が高い所です。

2 **適当** 【液状化現象(地下水位の深浅)】

地盤の液状化は、地盤の条件と地震の揺れ方により、発生することがあります。

3 **適当** 【沿岸地域】

沿岸地域は、津波や高潮などの被害を受けやすく、宅地の標高や避難経路を把握しておくことが必要です。

4 **不適当** 【台地や丘陵の縁辺部】

▶ 台地や丘陵の縁辺部は崖崩れに対する危険度は高い。

台地や丘陵は一般的には水はけがよく、地盤が安定していますが、その縁辺部は、豪雨などによる崖崩れを起こすことが多く、安全とはいえません。

台地や丘陵はちょっと小高くなっている土地。その縁は崖崩れに対して安全とはいえないよね…

問 50 解答 2 建物 難易度 D

1 **適当** 【鉄筋コンクリート構造】

コンクリートにひび割れがあると、そこから雨水等が浸入し、鉄筋の腐食を誘発します。

2 **不適当** 【モルタル】

▶ モルタルは水+セメント+砂(細骨材)。

モルタルとは、水、セメント、**砂**(細骨材)を練り混ぜて作る建築材料です。

3　**適当**　【骨材】

骨材とは、砂や砂利をいいます。また、主に5㎜以下の細かい粒の砂は**細骨材**、それ以上の大きな砂利等は**粗骨材**と呼ばれています。

4　**適当**　【コンクリート】

コンクリートとは、水、セメント、砂や砂利を混練したものをいいます。

No. 13

平成27年度（2015年度）解答・解説

この年の合格基準点は31点でした

解答一覧

権利関係

問	1	2	3	4	5	6	7	8	9	10
解答	ー	2	4	3	3	2	2	1	ー	4

問	11	12	13	14
解答	4	1	1	4

法令上の制限

問	15	16	17	18	19	20	21	22
解答	4	1	3	2	2	4	1	4

税その他

問	23	24	25
解答	3	4	1

宅建業法

問	26	27	28	29	30	31	32	33	34	35
解答	1	4	4	2	3	2	2	3	3	4

問	36	37	38	39	40	41	42	43	44	45
解答	1	3	2	3	4	1	3	2	2	4

その他

問	46	47	48	49	50
解答	3	3	ー	3	1

日付　／　あなたの得点　点

メモ（復習すべき問題など）

問1　解答ー　民法総合

法改正により削除

問2　解答2　意思表示　難易度B

1　**正**　【虚偽表示の第三者】

相手方と通じて行った虚偽の意思表示は無効ですが、この無効は**善意の第三者**に対抗することはできません。なお、「第三者」とは、虚偽の意思表示の当事者またはその一般承継人以外の者であって、その表示の目的につき**法律上利害関係を有するに至った者**をいいます。

そして、この「第三者」は善意であればよく、**登記**を備える必要はありません。したがって、Cが登記を備えていなくても、AはAB間の売買契約の無効をCに主張することができません。

2　**誤**　【虚偽表示の第三者】

▶ Cは「第三者」に該当しない→AはAB間の売買契約の無効をCに主張できる。

Cは、Bとの間で乙建物の賃貸借契約を締結しただけで、仮装譲渡された甲土地については法律上の利害関係はありません。そのため、Cは「第三者」に該当しません。したがって、AはAB間の売買契約の無効をCに主張することができます。

3　**正**　【虚偽表示の第三者】

甲土地を差し押さえたC（差押債権者）は、「法律上利害関係を有するに至った者」なので、「第三者」に該当します。したがって、AはAB間の売買契約の無効を善意のC（第三者）に主張することができません。

4　**正**　【虚偽表示の第三者】

悪意のCから甲土地を譲り受けた善意のDは、虚偽表示の善意の「第三者」に該当します。したがって、AはAB間の売買契約の無効をDに主張することができません。

問3　解答4　賃貸借と使用貸借　難易度C

1　**正**　【死亡による契約の終了の有無】

借主が**死亡**した場合、賃貸借契約は終了しませんが、使用貸借契約は終了します。

2　**正**　【必要費負担の有無】

借主は賃貸借契約では、**必要費**の償還を請求できますが、使用貸借契約では、通常の**必要費**を負担しなければなりません。

3　**正**　【諾成契約】

賃貸借契約も、使用貸借契約も、当事者の合意のみで成立する**諾成契約**です。なお、これに対して、手付契約のように、物の引渡しを必要とする契約のことを**要物契約**といいます。

4　**誤**　【担保責任の有無】

▶ 使用貸借の場合、貸主は担保責任を負う場合もある。

賃貸借契約の場合は、賃貸人(A)は賃借人(B)に対して担保責任を負います。

使用貸借契約の場合は、貸主(A)は借主(B)に対して担保責任を負いますが、使用貸借契約の貸主の引渡義務については、軽減規定があります。本肢は「②(使用貸借契約)では担保責任を負わない」としているので誤りです。

問4　解答3　時効　難易度A

1　**誤**　【所有の意思】

▶ Bは賃料を支払っている→所有の意思がない→取得時効は完成しない。

20年間、所有の意思をもって、平穏かつ公然に他人のものを占有すれば、その所有権を取得することができますが、本肢のBは賃料を払い続けているので、所有の意思があるとはいえません。したがって、取得時効が完成することはありません。

2　**誤**　【占有の承継】

▶ 父とBの占有期間は合計20年→Bは甲土地を時効取得できる。

占有が承継された場合、占有者の承継人(B)は、❶**自己の占有のみを主張する**か、❷**自己の占有に前主の占有をあわせて主張する**か、いずれかを選択することができます。

本肢は、父が11年間、Bが9年間(合計20年間)、所有の意思をもって平穏かつ公然に占有しているので、Bは時効によって甲土地の所有権を取得することができます。

3　**正**　【時効完成前の第三者】

Bの取得時効の完成前に、AからCへ所有権移転登記が行われています。したがって、(Bからみて) Cは**時効完成前の第三者**ということになります。

時効完成前の第三者に対しては、登記を備えていなくても所有権を主張できるため、BはCに対し、登記がなくても甲土地の所有者であることを主張することができます。

反対に時効完成後の第三者に対しては、登記を備える必要があるよ。

4　**誤**　【農地の時効取得】

▶ 農地でも、農地法の許可なしに賃借権の時効取得ができる。

甲土地が農地の場合であっても、農地法の許可なしに、賃借権を時効取得することができます。

問5　解答3　占有　難易度 B

1　**誤**　【占有】

▶ 本肢の状態であれば、「占有している」といえる。

甲建物の隣家に居住し、甲建物の裏口を常に監視して第三者の侵入を制止できる状態であれば、甲建物に錠をかけてその鍵を所持していなくても、甲建物を占有しているといえます。

2　**誤**　【占有の態様等に関する推定】

▶ Cはこの推定規定を根拠としてBからの明渡しを拒否できない。

占有者が占有物について行使する権利は、適法に有するものと推定されます。

Aさんが占有している物は、Aさんに本権があると推定される、ということです。

ただし、この推定規定は賃借権の設定(賃貸人に対する関係)等には及びません。したがって、乙土地上の建物に居住しているCは、この推定規定を根拠としてBからの明渡しを拒否することはできません。

3　**正**　【占有保持の訴え】

占有を代理している者も、**占有保持の訴え**を提起することができます。

4　**誤**　【占有回収の訴え】

▶ 特定承継人が侵奪の事実を知っているときは、特定承継人に対して提起できる。

占有者が占有を奪われたときは、占有回収の訴えを提起することができます。占有回収の訴えは、占有を侵奪した特定承継人に対しては、その**特定承継人が侵奪の事実を知っていたとき**に提起することができます（当然に提起できるわけではありません）。

問6　解答2　抵当権　難易度 A

1　**正**　【抵当権の効力の及ぶ範囲】

賃借地上の建物が抵当権の目的となっているときは、原則として、敷地の賃借権にも抵当権の効力が及びます。

2　**誤**　【抵当権消滅請求】

▶ 債務を連帯保証した者も抵当権消滅請求をすることはできない。

抵当不動産の被担保債権の**主債務者**も、その債務について**連帯保証をした者**も、抵当権消滅請求をすることはできません。

3　**正**　【代価弁済】

抵当不動産を買い受けた第三者が、抵当権者の請求に応じてその代価を抵当権者に弁済したときは、抵当権はその第三者のために消滅します。

4　**正**　【一括競売】

土地に抵当権が設定された後に抵当地に建物が築造されたときは、抵当権者は土地とともに建物を競売することができます。しかし、その優先権は**土地の代価についてのみ**行使することができます。

抵当権が設定されているのは、あくまでも「土地」だけだから…。

問7 解答2 抵当権 難易度D

抵当権の処分がされる前の各人の配当額は次のとおりです。

	債権額	配当額
B（一番抵当権）：	2,000万円	2,000万円
C（二番抵当権）：	2,400万円	2,400万円
D（三番抵当権）：	4,000万円	1,000万円*
E（抵当権なし）：	2,000万円	0円

甲土地の競売による売却代金5,400万円

＊5,400万円－2,000万円－2,400万円

1　**正**　【抵当権の譲渡】

抵当権の譲渡とは、抵当権者が同一の債務者に対する他の債権者（抵当権を有していない債権者：E）の利益のために、その抵当権を譲渡することをいいます。

BがEの利益のために抵当権を譲渡した場合、Bの配当額の範囲内でEが優先弁済を受けることができます。したがって、Bが受けるはずであった配当額2,000万円をEが受けることになり、各人の配当額は以下のようになります。

Bの配当額：0円
Cの配当額：2,400万円
Dの配当額：1,000万円（5,400万円－2,000万円－2,400万円）
Eの配当額：2,000万円（Bが受けるはずであった配当額）

2　**誤**　【抵当権の順位の譲渡】

▶ Bの受ける配当額は0円である。

抵当権の順位の譲渡とは、抵当権者が、同一の債務者に対する他の債権者（後順位の抵当権者）の利益のために、その抵当権の順位を譲渡することをいいます。

BがDの利益のために抵当権の順位を譲渡した場合、BとDの配当額の合計3,000万円（2,000万円＋1,000万円）から、まずDが自分の債権額について配当を受け、残りをBが受けます。Dの債権額は4,000万円であるため、Dが3,000万円の配当を受け、Bが受ける配当は0円となります。

Bの配当額：0円
Cの配当額：2,400万円
Dの配当額：3,000万円
Eの配当額：0円

3　**正**　【抵当権の放棄】

抵当権の放棄とは、抵当権者が、同一の債務者に対する他の債権者（抵当権を有していない債権者：E）の利益のために、その抵当権を放棄することをいいます。

BがEの利益のために抵当権を放棄した場合、BとEは同順位となります。この場合、Bの配当額（2,000万円）をBとEの債権額の割合（B：2,000万円、E：2,000万円）で配分した額がBとEの受ける配当となります。

Bの配当額：1,000万円（2,000万円×$\frac{2,000万円}{2,000万円+2,000万円}$）

Cの配当額：2,400万円

Dの配当額：1,000万円

Eの配当額：1,000万円（2,000万円×$\frac{2,000万円}{2,000万円+2,000万円}$）

4　**正**　【抵当権の順位の放棄】

抵当権の順位の放棄とは、抵当権者が、同一の債務者に対する他の債権者（後順位の抵当権者）の利益のために、その抵当権の順位を放棄することをいいます。

BがDの利益のために抵当権の順位の放棄を行うと、BとDは同順位となります。この場合、BとDの配当額の合計3,000万円（2,000万円+1,000万円）をBとDの債権額の割合（B：2,000万円、D：4,000万円）で配分した額がBとDの受ける配当となります。

Bの配当額：1,000万円（3,000万円×$\frac{2,000万円}{2,000万円+4,000万円}$）

Cの配当額：2,400万円

Dの配当額：2,000万円（3,000万円×$\frac{4,000万円}{2,000万円+4,000万円}$）

Eの配当額：0円

問8　解答1　同時履行の抗弁権　難易度C

ア　**誤**　【建物明渡債務と敷金返還債務の関係】

▶ 目的物を明け渡したあとでなければ、敷金を返してもらえない。

賃貸借契約が終了する場合には、賃借人は、目的物を明け渡したあとでなければ、賃貸人に対して敷金の返還を請求できません。つまり、賃貸人の敷金返還債務と賃借人の明渡債務は、賃借人の明渡債務が先履行であるため、これらは同時履行の関係に立ちません。

イ　**誤**　【代金返還債務と目的物返還債務の関係】

▶ 売主の代金返還債務と買主の目的物返還債務は同時履行の関係に立つ。

当事者の一方が契約を解除したときは、各当事者は相手方に対して原状回復義務を負います。したがって、マンションの売買契約が債務不履行を理由に解除された場合、売主の代金返還債務と買主の目的物返還債務は、同時履行の関係に立ちます。

ウ　正　【売買代金支払債務と登記協力義務の関係】

判例では、不動産の売買契約に基づく買主の売買代金支払債務と売主の所有権移転登記に協力する債務は、同時履行の関係に立つとしています。

以上より、正しいものはウの1つ。だから答えは「1」～。

問9　解答ー　転貸借

法改正により削除

問10　解答4　相続　難易度D

ア　誤　【自筆証書遺言】

▶変更した旨の付記、署名も必要。

自筆証書中の加除その他の変更は、遺言者が、その場所を指示し、これを変更した旨を付記して特にこれに署名し、かつ、その変更の場所に印を押さなければ、その効力を生じません。

イ　誤　【自筆証書遺言】

▶自署と離れた箇所に押印でもOK。

自署と離れた箇所に押印があっても、押印の要件として有効となることがあります。

判例では、「遺言者が、遺言書本文の自署名下には押印をせず、遺言書本文を入れた封筒の封じ目に押印した場合でも、自筆証書遺言の押印の要件に欠けるところはない」としている…。

ウ　誤　【遺言執行者がいる場合の相続財産の処分】

▶少なくとも悪意の第三者(相続人の債権者を除く)に対する関係では無効。

遺言執行者がある場合、相続人は相続財産の処分等をすることができません(ただし、相続人の債権者(相続債権者を含む)が権利を行使する場合を除きます)。

この規定に違反した処分行為は、無効ですが、善意の**第三者に対抗することができません**。たとえば、善意の第三者は売買の目的物の所有権を取得するというように、善意の第三者に対する関係では有効として扱われます。

以上より、正しいものはなし！ だから答えは「4」！

問 11　解答 4　借地借家法（借家）　難易度 B

1　誤　【更新】

▶ 期間については「定めがないもの」となる。

期間の定めがある場合の賃貸借契約について、期間満了の**1年前**から**6カ月前**までの間に、相手方に対し、更新しない旨の通知をしなかったときは、**従前の契約と同一の条件で契約を更新したものとみなされます**が、**期間については**定めがない**もの**となります。

2　誤　【賃貸人からの解約申入れ】

▶ 賃貸人からの申入れの場合は、「3カ月」ではなく、「6カ月」経過後である。

建物の賃貸人(A)から解約を申し入れた場合は、正当事由があると認められるときには、解約の申入日から6カ月経過後に賃貸借契約が終了します。

なお、賃借人(B)から解約を申し入れた場合には、解約の申入日から3カ月経過後に賃貸借契約が終了するよ。

3　誤　【二重賃貸の対抗要件】

▶ Bが先に対抗要件を備えている→Bの勝ち！→CはBに対抗できない。

賃借権が二重に設定された場合、先に対抗要件を備えたほうが優先します。したがって、AがBに建物を引き渡したとき(Bが対抗要件を備えたとき)は、Cは、甲建物の賃借権をBに対抗することができません。

4　正　【造作買取請求権】

建物の賃貸人の同意を得て取り付けた造作がある場合、賃借人は契約の終了時に賃貸人に対して、造作を時価で買い取ることを請求することができます。しかし、賃貸借契約が賃借人の債務不履行によって解除された場合(AB間の賃貸借契約がBの**賃料不払い**を理由として解除された場合)には、賃借人に造作買取請求権はありません。

問 12　解答 1　借地借家法（借家）　難易度 B

1　**正**　【借家契約の対抗要件】

建物賃貸借の対抗力等の規定に反する特約で建物の賃借人に不利なものは、普通借家契約、定期借家契約ともに**無効**となります。

2　**誤**　【賃料に関する特約】

▶ **普通借家契約、定期借家契約ともに有効。**

一定期間、建物の賃料を増額しない旨の特約は、普通借家契約、定期借家契約ともに**有効**です。

3　**誤**　【造作買取請求権】

▶ **普通借家契約、定期借家契約ともに有効。**

造作買取請求権に関する規定は任意規定なので、造作買取請求権を行使することができない旨の特約は、普通借家契約、定期借家契約ともに**有効**です。

4　**誤**　【中途解約】

▶ **普通借家契約では有効、定期借家契約では建物賃借人に不利なものは無効。**

賃貸借の期間を定めた場合、原則として、賃貸人も賃借人も中途解約することはできません。したがって、賃貸人も賃借人も契約期間中の中途解約をすることができない旨の規定は、普通借家契約においては**有効**です。

一方、定期借家契約においては、「賃貸借の対象となる床面積が200㎡未満の、居住の用に供するための定期借家契約においては、転勤、療養、親族の介護その他のやむを得ない事情により、賃借人が建物を自己の生活の本拠として使用することが困難となったときは、賃借人は、解約の申入れをすることができる」という規定があります。そして、この規定に反する特約で、建物の賃借人に不利なものは**無効**となります。

問 13　解答 1　区分所有法　難易度 A

1　**正**　【集会の議長】

管理者が選任されていない場合、規約に別段の定めがある場合および別段の決議をした場合を除いて、**集会を招集した区分所有者の１人**が議長となります。

2 誤 【集会の招集通知】

▶ 集会の招集通知は、少なくとも「2週間前」ではなく、「1週間前」に発する。

集会の招集の通知は、会日より少なくとも「2週間前」ではなく、「1週間前」に発しなければなりませんが、この期間は規約で伸縮することができます。

3 誤 【集会の議事録】

▶「1人」ではなく、「2人」である。

集会の議事録が書面で作成されているときは、議長および集会に出席した区分所有者の**2人**がこれに署名しなければなりません。

4 誤 【管理者】

▶ 管理者の任期の定めはない。

区分所有者は、規約に別段の定めがない限り集会の決議によって、管理者を選任することができます。この場合、**任期**はありません。

問 14 解答 4 不動産登記法 難易度 D

1 正 【登記事項証明書の交付の請求】

誰でも(手数料を支払えば)登記事項証明書の交付を請求することができます。したがって、登記事項証明書の交付の請求は、**利害関係を有することを明らかにすることなく**、することができます。

2 正 【登記簿の附属書類の閲覧の請求】

誰でも(手数料を支払えば)登記簿の附属書類のうち図面の閲覧を請求することができます。しかし、土地所在図、地積測量図、地役権図面、建物図面、各階平面図**以外**の登記簿の附属書類の閲覧の請求は、**請求人が登記を申請した者ではない場合、正当な理由があるときに、正当な理由があると認められる部分に限ります。**

3 正 【登記事項証明書の交付の請求】

登記事項証明書の交付の請求は、請求情報を電子情報処理組織を使用して登記所に提供する方法(インターネットを利用してオンラインで申請する方法)によりすることができます。

4　**誤**　【筆界特定書の写しの交付の請求】

▶ 筆界特定書の写しは、請求人が利害関係を有する部分に限らず、請求できる。

筆界とは、表題登記のある一筆の土地とこれに隣接する他の土地との間において、当該一筆の土地が登記された時に2以上の点およびこれらを結ぶ直線をいい、この筆界の現地における位置を特定することを筆界特定といいます。

そして、筆界特定書の写しは、誰でも（手数料を支払えば）交付の請求をすることができます。したがって、筆界特定書の写しの交付の請求は、請求人が利害関係を有する部分に限らず、することができます。

問 15　解答 4　都市計画法　難易度 C

1　**誤**　【変更の許可】

▶ 開発規模の面積を開発許可が必要な規模未満に縮小→許可不要。

開発許可を受けた者が開発許可申請書に記載した内容を変更しようとするときは、原則として都道府県知事の許可を受けなければなりませんが、開発区域の規模を、**開発許可が必要な規模未満にする場合には、都道府県知事の許可は**不要となります。

市街化区域の場合、1,000㎡未満の開発行為については、開発許可が不要なので、本肢の「開発区域の規模を100㎡に縮小しようとする場合」には、都道府県知事の許可は不要です。

2　**誤**　【予定建築物の建築】

▶「予定建築物の建築」なら、知事への届出は不要。

開発許可を受けた開発区域内の土地において、工事完了の公告があったあとは、原則として予定建築物**以外**の建築物を建築することはできませんが、予定建築物を建築する場合には都道府県知事への届出は不要です。

3　**誤**　【開発区域内に土地所有権を有する者のうち、開発行為に同意しない者】

▶ 開発許可に同意していない土地所有者等は、知事の許可なしに建築できる。

開発許可を受けた開発区域内では、工事完了の公告があるまでは、原則として建築物の建築はできません。ただし、以下の場合には、工事完了の公告前でも建築物の建築等ができます。

工事完了の公告前でも建築物の建築等ができる場合

❶ 工事のための仮設建築物の建築または特定工作物を建設するとき

❷ 都道府県知事が支障がないと認めたとき

❸ **開発行為に同意していない土地所有者等が、その権利の行使として建築物を建築するとき**

したがって、当該開発区域内に土地所有権を有する者で、当該開発行為に同意をしていない者が、その権利の行使として建築物を建築する場合は、(**都道府県知事が支障がないと認めたときでなくても**)当該建築物を建築することができます。

---

4 **正** 【開発区域以外の区域内における建築の制限】

開発許可を受けた区域**以外**の区域でも、**市街化調整区域内**に建築物を建築するときは、原則として、**都道府県知事の許可が必要**です。ただし、**仮設建築物の新築**など、一定の場合には**都道府県知事の許可は不要**です。

問 16 解答 1 都市計画法 難易度 C

1 **正** 【開発整備促進区】

開発整備促進区とは、劇場、店舗、飲食店その他これらに類する用途に供する大規模な建築物の整備による商業その他の業務の利便の増進を図るため、一体的かつ総合的な市街地の開発整備を実施すべき区域をいいます。

開発整備促進区は、以下の土地の区域における地区計画に定めることができます。

❶ 現に土地の利用状況が著しく変化しつつあり、または著しく変化することが確実であると見込まれる土地の区域であること。

❷ 特定大規模建築物の整備による商業その他の業務の利便の増進を図るため、適正な配置および規模の公共施設を整備する必要がある土地の区域であること。

❸ 当該区域内において特定大規模建築物の整備による商業その他の業務の利便の増進を図ることが、当該都市の機能の増進に貢献することとなる土地の区域であること。

❹ **第二種住居地域**、準住居地域もしくは工業地域が定められている土地の区域または用途地域が定められていない土地の区域(市街化調整区域を除く)であること。

したがって、「第二種住居地域における地区計画については、…開発整備促進区を都市計画に定めることができる」とする本肢は正しいことになります。

---

2 **誤** 【準都市計画区域】

▶ 準都市計画区域には、区域区分を定めることはできない。

準都市計画区域については、都市計画に、❶用途地域、❷特別用途地区、❸特定用途制限地域、❹高度地区、❺景観地区、❻風致地区、❼緑地保全地域、❽伝統的建造物群保存地区を定めることができますが、**区域区分を定めることはできません。**

3　誤　【工業専用地域】

▶「工業専用地域は風致地区に隣接してはならない」という規定はない。

工業専用地域は、工業の利便を増進するために定める地域ですが、「風致地区に隣接してはならない」という規定はありません。

4　誤　【都市計画の決定者】

▶「市町村」ではなく、「都道府県」が定めた都市計画が優先する。

市町村が定めた都市計画が、都道府県が定めた都市計画と抵触するときは、その限りにおいて、**都道府県が定めた都市計画が優先**します。

問 17　解答 3　建築基準法　難易度 A

1　正　【建築確認が必要となる建築物】

防火地域および準防火地域外で、建築物を増築・改築・移転しようとする場合、その増築・改築・移転の床面積合計が**10㎡以下**であれば、建築確認は不要です。

防火地域および準防火地域内で、建築物を増築・改築・移転しようとする場合は、その増築・改築・移転の床面積合計が10㎡以下であったとしても、建築確認は必要だよ。

2　正　【建築確認が必要となる建築物】

次のいずれかに該当する木造建築物を新築・増築・改築・移転しようとするときは建築確認が必要です。

❶ 地階を含む階数が3以上
❷ 延べ面積が500㎡超
❸ 高さが13m超
❹ 軒の高さが9m超

3　誤　【建築確認が必要となる建築物】

▶ 床面積が200㎡超→建築確認が必要。

特殊建築物以外の建築物（事務所など）から特殊建築物（ホテルなど）に用途変更する場合、その用途に供する部分の床面積が**200㎡超**であるときは、建築確認が必要です。

4　**正**　【建築確認が必要となる建築物】

映画館は特殊建築物に該当します。特殊建築物で、用途部分の床面積が**200㎡超**であるものの増築・改築・移転をしようとする場合、建築確認が必要です。

問 18　解答 2　建築基準法　難易度 A

1　**正**　【容積率の特例】

建築物の容積率の算定の基礎となる延べ面積には、次の❶から❸までの建築物の部分の床面積は算入しないものとされています。

❶政令で定める昇降機の昇降路の部分

❷共同住宅・老人ホーム等の共用の廊下・階段の用に供する部分

❸住宅・老人ホーム等に設ける機械室その他これに類する建築物の部分（給湯設備等の建築設備を設置するためのものであって、市街地の環境を害するおそれがないものとして国土交通省令で定める基準に適合するものに限る）で、特定行政庁が交通上、安全上、防火上および衛生上支障がないと認めるもの

2　**誤**　【建蔽率の異なる地域にまたがって建築物の敷地がある場合】

▶ 建蔽率は「…合計の2分の1」ではなく、「加重平均」で計算する。

建蔽率の異なる地域にまたがって建築物の敷地がある場合は、建蔽率は**加重平均**で計算します。

3　**正**　【道路内の建築制限】

地盤面下に設ける建築物については、道路内に建築することができます。

4　**正**　【建築協定】

建築協定の目的となっている建築物に関する基準が、建築物の借主の権限に係る場合においては、当該建築物の借主は、土地の所有者等とみなします。

問 19　解答 2　盛土規制法　難易度 B

1　**正**　【保全勧告】

都道府県知事は、宅地造成等工事規制区域内の土地について、宅地造成等に伴う

災害の防止のため必要があると認めるときは、土地の所有**者**、管理**者**、占有**者**、工**事主**、**工事施行者**に対し、必要な措置(擁壁・排水施設の設置や改造など)をとることを勧告することができます。

---

2 **誤** 【工事等の届出】

▶「改めて都道府県知事の許可」は不要。

宅地造成等工事規制区域の指定のさい、その区域内で宅地造成等に関する工事を行っている工事主は、宅地造成等工事規制区域の指定があった日から**21日以内**に当該工事について届出が必要ですが、当該工事について、「改めて都道府県知事の許可」を受ける必要はありません。

---

3 **正** 【変更の許可】

宅地造成等に関する工事の許可を受けた者は、その許可を受けた工事の計画を変更するときには、原則として、**都道府県知事の許可**が必要となりますが、工事主や設計者、工事施行者の氏名・名称または住所の変更など、**軽微な変更の場合**には変更の届出ですみます。

---

4 **正** 【切土】

宅地造成等工事規制区域内において、切土であって、当該切土をする土地の面積が**500㎡を超える**とき、または、当該切土をした土地の部分に高さ**2mを超える**崖を生ずることとなる場合には、原則として、都道府県知事の許可を受けなければなりません。したがって、本肢においては、工事の許可は不要となります。

問20 解答4 土地区画整理法 難易度B

1 **正** 【仮換地の指定】

仮換地の指定は、その**仮換地の所有者**と**従前の宅地の所有者**に対して、仮換地の**位置・地積、仮換地の指定の効力発生の日**を通知して行います。

---

2 **正** 【換地処分の効果(地役権)】

施行地区内の宅地内に存する地役権は、換地処分の公告があった日の翌日以降も従前の宅地上に存します。ただし、事業の施行により行使する利益がなくなった地役権は、換地処分の公告があった日が終了した時に消滅します。

3　正　【換地処分の効果(保留地)】

換地計画において定められた保留地は、**換地処分の**公告があった日の翌日に施行者が取得します。

4　誤　【土地区画整理事業の施行により生じた公共施設の用に供する土地の帰属】

▶ 必ずしも市町村に帰属するわけではない。

換地処分があった旨の公告があった日の翌日に「公共施設」を管理するのは、原則として市町村ですが、土地区画整理事業の施行により生じた公共施設の用に供する「土地」は、**換地処分があった旨の**公告があった日の翌日において、その公共施設を管理する者の管理に属します。したがって、必ずしも市町村に帰属するわけではありません。

問21　解答1　国土利用計画法　難易度A

1　正　【許可・届出が不要な場合】

都市計画区域外の場合、10,000㎡**以上**の土地について、土地売買等の契約を締結したとき、事後届出が必要となりますが、**相続による取得**は、対価の授受がなく、また契約ではありません。したがって、届出が必要な「土地売買等の契約」に該当しないため、事後届出をする必要はありません。

2　誤　【事後届出の義務がある者】

▶ 事後届出は権利取得者である「B」が行う。

市街化区域の場合、2,000㎡**以上**の土地について、土地売買等の契約を締結したとき、事後届出が必要となりますが、事後届出の義務があるのは、**権利取得者であるBで、Aには事後届出の義務はありません。**

3　誤　【許可・届出が不要な場合】

▶ 農地法3条1項の許可を受けた場合は、事後届出は不要。

市街化調整区域の場合、5,000㎡**以上**の土地について、土地売買等の契約を締結したとき、事後届出が必要となりますが、農地法3条1項の許可を要する場合には、事後届出をする必要はありません。

4　誤　【許可・届出が不要な場合】

▶ 甲土地:届出が必要な面積未満。乙土地:対価の授受なし→事後届出不要。

乙土地については、対価の授受を伴っていないので、土地売買等の契約に該当しません。したがって、甲土地の面積のみで判断しますが、甲土地の面積は1,500㎡(2,000㎡未満)であるため、事後届出をする必要はありません。

問22 解答4 農地法 難易度A

1 誤 【市街化区域の特例】

▶ **3条(権利移動)の場合には、市街化区域の特例はない。**

市街化区域内の農地を転用(4条)または転用目的で取得(5条)する場合には、あらかじめ農業委員会に届け出れば4条許可または5条許可は不要ですが、権利移動の場合(本肢の場合)には、3条許可が必要です。

3条には、市街化区域の特例はないよ。

2 誤 【市街化区域の特例】

▶ **市街化区域「外」の転用→4条許可が必要。**

市街化区域内の農地を転用する場合には、あらかじめ農業委員会に届け出れば4条許可は不要ですが、市街化区域外の農地を転用する場合(本肢の場合)には、4条許可が必要です。

3 誤 【市街化区域の特例】

▶ **市街化区域「外」の転用→4条許可が必要。**

市街化区域外の農地を転用(自己の居住用の住宅を建設するために転用)する場合には、4条許可が必要です。

4 正 【抵当権にもとづいて競売により第三者が農地を取得する場合】

抵当権の設定は権利移動に該当しないため、**抵当権の設定時には3条許可は不要**ですが、抵当権が実行され、(競売により)**第三者が当該農地を取得する場合には、3条許可または5条許可が必要**となります。

問23 解答3 住宅取得等資金の贈与税の非課税 難易度C

1 誤 【家屋の贈与を受けた場合】

▶ **「資金」の贈与なら適用可。「家屋」の贈与は適用不可。**

「直系尊属から住宅取得等資金の贈与を受けた場合の贈与税の非課税」は、**18歳以上**で、贈与を受けた年の合計所得金額が**2,000万円**(**家屋の規模が40㎡以上50㎡未満の場合は1,000万円**)**以下**の人が、直系尊属(父母、祖父母など)から、一定の住宅を取得するための**「資金」**の贈与を受けるなど、一定の要件を満たした場合には、住宅取得等資金のうち一定額が非課税になるという制度です。

「資金」の贈与を受けた場合にはこの特例の適用を受けることができますが、「家屋」の贈与を受けた場合にはこの特例の適用を受けることはできません。

2　**誤**　【国外に家屋を新築した場合】

▶ 国外に家屋を新築した場合は、適用不可。

日本国外に住宅用の家屋を新築した場合には、この特例の適用を受けることはできません。

3　**正**　【贈与者が60歳未満である場合】

贈与者である直系尊属については**年齢制限がない**ので、60歳未満の直系尊属からの贈与であってもこの特例を適用することができます。

4　**誤**　【受贈者の所得要件】

▶ 受贈者の合計所得金額は「2,000万円(1,000万円)以下」でなければならない。

受贈者は、**18歳以上**(贈与年の1月1日時点で18歳以上)で、贈与を受けた年の合計所得金額が**2,000万円**(**家屋の規模が40㎡以上50㎡未満の場合は1,000万円**)**以下**でなければ、この特例の適用を受けることはできません。

問24　解答 4　固定資産税　難易度 B

1　**誤**　【納税義務者】

▶ 各年度の初日の属する年の1月1日時点で判定。

固定資産税の納税義務者は、賦課期日(その年の1月1日)現在、固定資産課税台帳に所有者として登録されている者です。したがって、令和6年1月15日に新築された家屋の所有者は、令和6年度分の固定資産税が課されることはなく、令和7年度から納税義務者となります。

2　**誤**　【税率】

▶ 標準税率は「1.4%」だが、これを超えてもよい。

固定資産税の標準税率は1.4%で、これをベースに、市町村で税率を決めることができます。

3　誤　【区分所有家屋の土地に対して課される固定資産税】

▶ 各区分所有者が「連帯して」納付義務を負うわけではない。

区分所有家屋の土地に対して課される固定資産税については、全体の税額を各区分所有者の敷地の持分割合などによって按分した額が、各区分所有者が納付すべき税額となります。

4　正　【免税点】

土地の場合、課税標準額が**30万円未満**のときには、固定資産税はかかりません。なお、家屋の場合は、課税標準額が**20万円未満**のときには、固定資産税はかかりません。ただし、財政上その他特別の必要がある場合には、それぞれの金額に満たないときでも固定資産税を課すことができます。

問25　解答1　地価公示法　難易度B

1　誤　【公示区域とは】

▶ 都市計画区域外の区域を公示区域とすることもできる。

公示区域とは、都市計画区域**その他の区域**で、土地取引が相当程度見込まれるものとして国土交通省令で定める区域をいいます。したがって、**都市計画区域外の区域を公示区域とすることもできます。**

2　正　【正常な価格とは】

正常な価格とは、土地について、自由な取引が行われるとした場合におけるその取引において通常成立すると認められる価格をいいます。なお、この「取引」からは、**農地、採草放牧地、森林の取引は除きますが、農地、採草放牧地、森林以外のものとするための取引**は含まれます。したがって、この「取引」には、住宅地とするための森林の取引も含まれます。

3　正　【鑑定評価】

土地鑑定委員会は、公示区域内の標準地について、毎年1回、**2人以上の不動産鑑定士**の鑑定評価を求め、その結果を審査し、必要な調整を行って、一定の基準日における当該標準地の**単位面積あたりの正常な価格を判定**し、これを**公示**します。

4　正　【公示事項】

土地鑑定委員会は、標準地の単位面積あたりの正常な価格を判定したときは、一定の事項(標準地の所在の郡・市・区・町村、字、地番、標準地の地積、**形状**など)を公示しなければなりません。

問26　解答1　宅建業法の基本　難易度A

ア　正　【宅地とは】

「法第2条第1号に規定する宅地」とは、**❶建物の敷地に供せられる土地**、**❷用途地域内の土地**(道路、公園、河川その他政令で定める公共の用に供する施設の用に供せられているものを除く)をいいます。

本肢の「工業専用地域」は用途地域なので、建物が建っていない土地(建築資材置き場の用に供されている土地)でも「宅地」に該当します。

イ　誤　【宅建業とは】

▶ 貸借の媒介は「取引」&「不特定多数の人」に「反復継続的」→免許必要。

貸借の媒介は、宅建業法における「取引」に該当します。また、不特定多数の人に対して反復継続的に取引をすることになるので、宅建業の免許が必要です。

ウ　誤　【宅地とは】

▶ 倉庫は「建物」→現在建物が建っている土地→「宅地」に該当する。

現在、建物が建っている土地は「宅地」に該当します。

エ　誤　【宅建業とは】

▶ 貸借の媒介は免許が必要。

管理業務は「取引」に該当しませんが、本肢は管理業務とあわせて貸借の媒介を行うため、宅建業の免許が必要です。

以上より、正しいものはアだけ。だから答えは「1」だね!

問 27　解答 4　免許　難易度 B

1　**正**　【聴聞公示日60日以内に役員であった者】

宅建業者が、不正による免許取得を理由とする免許取消しに係る**聴聞の公示がされた日から処分がなされるまでの間**に、**相当の理由**なく合併により消滅した場合、その聴聞の公示の日前**60日以内**に、消滅した法人の役員であった者は、法人の消滅の日から**5年間**は免許を受けることができません。

2　**正**　【政令使用人が欠格者に該当する場合】

政令で定める使用人Dは、執行猶予期間中は欠格者であるため、Dの執行猶予期間が満了していなければ、E社は免許を受けることはできません。

3　**正**　【営業に関し成年者と同一の行為能力を有しない未成年者の場合】

営業に関し成年者と同一の行為能力を有しない未成年者について、欠格事由に該当するかどうかは、その法定代理人で判断します。

本肢の法定代理人Gは背任罪で罰金の刑に処せられているので、欠格者に該当します。したがって、その**刑の執行が終わった日から5年**を経過していなければ、Fは免許を受けることはできません。

4　**誤**　【役員が暴力団員に該当する場合】

▶ 欠格者であるIが退任→H社は新たに免許を受けることができる。

欠格者であるIが退任することにより、H社は欠格者ではなくなるため、免許を受けることができます。なお、宅建業者が、一定の理由(❶不正の手段により免許を取得した、❷業務停止処分に該当する行為をし、情状が特に重い、❸業務停止処分に違反した)で免許取消処分を受けた場合には、免許取消しの日から**5年**を経過しないと免許を受けることができません。本肢のH社は、取締役Iが指定暴力団員等に該当することを理由に、免許を取り消されていますが、❶～❸の理由で免許が取り消されているわけではないため、H社は5年経過しなくても、免許を受けることができます。

問 28　解答 4　媒介契約　難易度 B

ア　**誤**　【媒介契約書の説明義務】

▶ 媒介契約書については、宅建士が内容を説明する必要はない。

媒介契約書は、売買・交換に関する媒介契約を締結したあと、宅建業者が記名押印して依頼者に交付しなければなりませんが、宅建士が内容を説明する必要はありません。なお、書面の交付に代えて、依頼者の承諾を得て、媒介契約書面の記載事項を、電磁的方法であって宅建業者の記名押印に代わる一定の措置を講じたうえで提供することができます。

イ　誤　【指定流通機構の登録事項】

▶ 依頼人の「氏名」は指定流通機構の登録事項ではない。

指定流通機構に登録する内容は次のとおりです。

指定流通機構に登録する内容

❶ 宅地・建物の所在、規模、形質、売買すべき価額（交換の場合は評価額）
❷ 宅地・建物に係る都市計画法その他の法令にもとづく制限で主要なもの
❸ 専属専任媒介契約の場合は、その旨

依頼人の氏名や住所については、指定流通機構の登録事項ではありません。

ウ　誤　【媒介契約書の交付・提供】

▶ 貸借の媒介の場合には媒介契約書の交付は不要。

宅地・建物の売買・交換の媒介の場合には、媒介契約書を交付（または電磁的方法により提供）しなければなりませんが、**貸借の媒介の場合には媒介契約書の交付は不要**です。

以上より、正しい記述はなし！だから答えは「4」だね！

問29　解答2　重要事項の説明（35条書面）　難易度A

1　誤　【重要事項の説明および交付・提供の相手】

▶ 重要事項の説明は「売主」に対しては行う必要がない。

重要事項の説明は、宅建業者が宅建業者でない買主（売買の場合）や借主（貸借の場合）に対して行います。**売主や貸主に説明する必要はありません。**

2　正　【重要事項の説明および交付・提供の場所】

重要事項の説明場所のきまりはありません。

3　誤　【重要事項の説明および交付・提供の相手】

▶ 代理を依頼した者に対して重要事項の説明をする必要がある。

No.13 31点 平成27年度

宅建業者が代理人として売買契約を締結し、建物の購入を行う場合、代理を依頼した者(買主。宅建業者に該当する者を除く)に対して重要事項の説明をする必要があります。

4　誤　【重要事項の説明および書面等に記名する宅建士】

▶「専任」である必要はない。

重要事項の説明および35条書面の記名は、いずれも宅建士であればよく、**専任である必要はありません。**

問30　解答3　媒介契約　難易度A

ア　**違反する**　【媒介契約書の作成】

相手方が宅建業者であっても、媒介契約書を作成する必要があります。

イ　**違反する**　【指定流通機構への登録】

専任媒介契約の場合には、指定流通機構への登録義務があり、この登録をしない旨の特約を定めることはできません。

ウ　**違反する**　【指定流通機構への登録】

専任媒介契約の場合、契約日から**7日以内**(休業日を除く)に、指定流通機構に一定事項を登録しなければなりません。

エ　**違反しない**　【業務処理状況の報告】

専任媒介契約の場合、依頼者に対し、**2週間に1回以上**(**専属専任媒介契約の場合は1週間に1回以上**)、業務報告をしなければなりません。本肢では、毎週金曜日に報告(1週間に1回報告)をすることになるので、宅建業法に違反しません。

以上より、違反するものはア、イ、ウの3つ。だから答えは「3」！

問31　解答2　重要事項の説明(35条書面)　難易度C

ア　**違反する**　【道路斜線制限に関する事項】

宅地の貸借の媒介において、当該宅地が都市計画法の第一種低層住居専用地域内にあり、道路斜線制限があるときには、その概要を説明しなければなりません。

イ　**違反する**　【新住宅市街地開発法にもとづく事項】

建物の貸借の媒介において、当該建物が新住宅市街地開発事業により造成された宅地上にあり、新住宅市街地開発法32条1項にもとづく建物の使用および収益を目的とする権利の設定または移転について都道府県知事の承認を要する旨の制限があるときは、その概要を説明しなければなりません。

ウ　**違反しない**　【準防火地域内の建物の構造の制限に関する事項】

建物の貸借の媒介の場合、準防火地域内の建物の構造に係る制限については、説明する必要はありません。

以上より、違反するものはア、イの2つ。だから答えは「2」！

問32　解答 2　重要事項の説明（35条書面）　難易度 A

1　**誤**　【預り金保全措置の概要】

▶ 預り金の額が「50万円未満」なら、措置の概要の説明は不要。

宅建業者は、預り金等を受領しようとする場合には、保全措置を講ずるかどうか、その措置を講ずる場合におけるその措置の概要を説明しなければなりませんが、受領しようとする預り金について保全措置を講ずる場合において、預り金の額が「売買代金額の100分の10以下」ではなく、「**50万円未満**」である場合には、措置の概要を説明する必要はありません。

2　**正**　【定期借地権を設定する旨】

宅地の貸借の媒介を行う場合、当該宅地に定期借地権を設定しようとするときは、その旨を説明しなければなりません。

3　**誤**　【消費生活用製品安全法による保守点検に関する事項】

▶ 重要事項ではないため、説明は不要。

消費生活用製品安全法に関する特定保守製品の保守点検に関する事項は重要事項ではないので、説明する必要はありません。

4　**誤**　【建物貸借の契約更新に関する事項】

▶「契約の更新に関する事項」も説明が必要。

建物の貸借の媒介を行う場合、契約期間のほか、契約の更新に関する事項も説明する必要があります。

ちなみに、「契約の更新」は37条書面に記載すべき事項ではないよ。

問33 解答3 報酬の制限 難易度A

ア **違反する** 【複数の業者がかかわる場合】

同一の取引において、複数の宅建業者が関与した場合、これらの宅建業者が受け取る報酬の合計額は、1つの宅建業者が関与した場合の報酬限度額以内でなければなりません。…ⓐ

また、各宅建業者が受領できる報酬限度額以下でなければなりません。…ⓑ

	Aが売主から受け取れる報酬限度額【代理】	Bが買主から受け取れる報酬限度額【媒介】
① 土地＋建物(税抜き)	3,000万円	
② 基本公式の額	3,000万円×**3**%＋**6**万円＝96万円	
③ 報酬限度額(税込み)	96万円×2×1.1 ＝**211万2,000円**	96万円×1.1 ＝**105万6,000円**

ただし！	同一の取引なので、AとBは合計で**211万2,000円**以内でしか受け取れない…ⓐ
しかも！	Bの上限は**105万6,000円**となる…ⓑ

本肢では、「Aは売主から211万2,000円を、Bは買主から105万6,000円を報酬として受領した」とある(合計すると211万2,000円を超える)ため、宅建業法に違反します。

イ **違反しない** 【権利金を売買代金とみなす場合】

貸借の媒介において、依頼者の双方から受け取れる報酬の合計額は、**1カ月分**の借賃(プラス消費税相当額)となります。ただし、居住用建物以外の賃貸借契約において、権利金の授受がある場合、権利金を売買代金とみなして報酬額を計算することができます。本肢の場合、権利金を売買代金とみなして報酬額を計算すると、報酬限度額は23万1,000円となります。

報酬限度額：(500万円×3%＋6万円)×1.1＝23万1,000円

本肢では、貸主と借主から23万1,000円ずつ受領しており、限度額以下であるため、宅建業法に違反しません。

ウ　**違反する**　【貸借の媒介(居住用)における報酬の制限】

貸借の媒介において、依頼者の双方から受け取れる報酬の合計額は、**1カ月分**の借賃(プラス消費税相当額)となります。

報酬限度額：10万円×1.1＝11万円

本肢では貸主と借主から合計13万5,000円を受領しているので、宅建業法に違反します。

以上より、違反するものの組み合わせはアとウ！　だから答えは「3」！

問34　解答3　8種制限　難易度A

1　**誤**　【他人物売買】

▶「一定の条件が付されている場合」は他人物売買は不可。

宅建業者が自ら売主となって、宅建業者以外の買主と宅地・建物の売買契約を締結する場合、原則として他人物売買は禁止されています。例外として、現在の所有者(C)との間で、宅建業者(A)が物件を取得する契約を締結している場合には、売買契約を締結することができますが、その**取得する契約は停止条件付契約であってはなりません**。本肢の「当該建物を取得する契約の効力の発生に一定の条件が付されている」場合も、売買契約を締結することはできません。

2　**法改正により削除**

3　**正**　【クーリング・オフ制度が適用されない場合】

喫茶店はクーリング・オフができる場所に該当します。なお、クーリング・オフができる旨、その方法について書面で告げられた日から**8日を経過**した場合や、買主が**宅地・建物の引渡しを受け、かつ、代金の全額を支払った場合**には、クーリング・オフができなくなりますが、本肢の場合、クーリング・オフの通知があった時点では、買主は代金の全額を支払っていないため、Aは契約の解除を拒むことはできません。

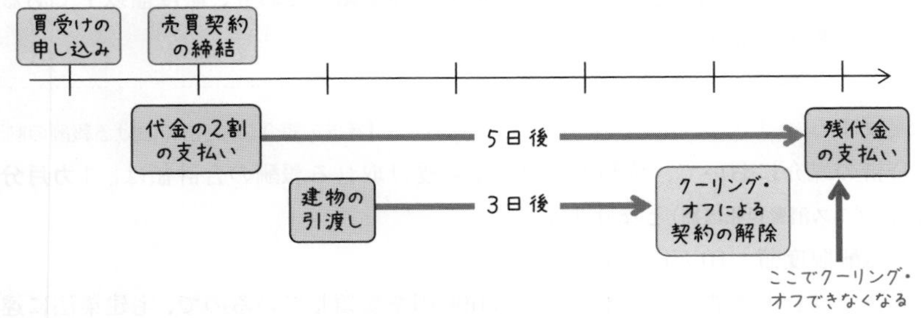

4　誤　【クーリング・オフにより解除された場合の損害賠償請求】

▶ AはBに対して損害賠償請求をすることはできない。

クーリング・オフによる契約の解除については、売主(A)から買主(B)に対して損害賠償請求をすることはできません。

問35　解答4　業務上の規制　難易度 B

1　誤　【宅建士の誠実義務】

▶ 宅建士についても宅建業者の誠実義務と同様の規定がある。

「宅建業者は、取引の関係者に対し、信義を旨とし、誠実にその業務を行わなければならない」という規定があります。また、「宅建士は、公正かつ誠実に宅建業法に定める事務を行うとともに、宅建業に関連する業務に従事する者との連携に努めなければならない」という規定があります。つまり、宅建士についても、宅建業者の誠実義務と同様の規定があります。

2　誤　【宅建士の信用失墜行為の禁止】

▶「宅建業の業務に従事するとき」に限定されない。

「宅建士は、宅建士の信用や品位を害するような行為をしてはならない」という信用失墜行為の禁止の規定がありますが、これは「宅建業の業務に従事するとき」に限定されるものではありません。

3　誤　【宅建士の業務処理の原則】

▶ 本肢のような規定はない。

「宅建士は、宅建業を営む事務所において、専ら宅建業に従事し、これに専念しなければならない」という規定はありません。

4　**正**　【宅建業者の従業者教育義務および宅建士の知識・能力の維持向上義務】

「宅建業者は、その従業者に対し、その業務を適正に実施させるため、必要な教育を行うよう努めなければならない」という規定があります。また、「宅建士は、宅地または建物の取引に係る事務に必要な知識および能力の維持向上に努めなければならない」という規定もあります。

問36　解答 1　8種制限　難易度 A

ア　**誤**　【損害賠償の予定額の制限】

▶「特約全体」ではなく、「その超える部分」が無効となる。

損害賠償の予定額または違約金を定める場合には、その合算額が代金の**20%**を超えてはいけません。

本問の場合の上限：2,400万円×20%＝480万円

本肢では、損害賠償の予定額が480万円で、違約金の額が240万円なので、上限を超えます。この場合には、「特約全体」ではなく、「**その超える部分**」が無効となります。

イ　**誤**　【手付金の額の制限】

▶ あらかじめBの承諾があってもダメ。

あらかじめBの承諾を受けていたとしても、Aは代金の20%を超える手付金を受け取ることはできません。

ウ　**正**　【手付金等の保全措置(未完成物件)】

未完成物件の場合、手付金等の額が代金の**5%以下**(2,400万円×5%＝120万円以下)かつ**1,000万円以下**の場合には、保全措置は不要です。

以上より、正しいものはウの1つ。　だから答えは「1」！

問37　解答 3　広告開始、契約締結時期の制限　難易度 A

1　**誤**　【契約締結の時期の制限】

▶ 建築確認が済んでいなくても、「貸借」の場合は賃貸借契約を締結できる。

建築確認が済んでいない建物について、売買や交換の契約はできませんが、貸借

の媒介は行うことができます。

2　誤　【広告の開始時期の制限】

▶ 建築確認が済んでいなければ、広告はできない。

建築確認が済んでいない建物の広告をすることはできません。

「建築確認の申請中」ではダメだし、広告にその表示をしていてもダメ！

3　正　【広告の開始時期の制限】

建築確認が済んでいない建物については、売買、交換、貸借のいずれの場合も広告を行うことはできません。

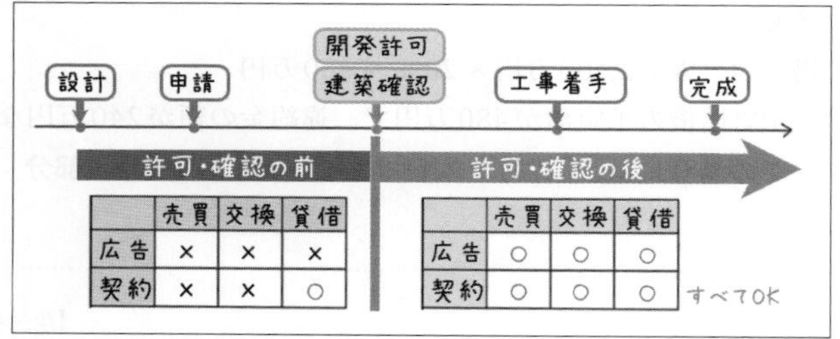

許可・確認の前	売買	交換	貸借
広告	×	×	×
契約	×	×	○

許可・確認の後	売買	交換	貸借
広告	○	○	○
契約	○	○	○

4　誤　【契約締結の時期の制限】

▶ 特約を付けても、建築確認が済んでいなければ、売買契約を締結できない。

建築確認を受けることを停止条件とする特約を付けても、建築確認が済んでいない建物について、売買契約を締結することはできません。

問38　解答2　契約書（37条書面）　難易度B

ア　正　【一定の担保責任の履行確保措置】

当該宅地・建物の種類・品質に関して契約の内容に適合しない場合におけるその不適合を担保すべき責任または当該責任の履行に関して講ずべき保証保険契約の締結その他の措置についての定めがあるときは、その内容を37条書面に記載しなければなりません。また、**37条書面は売主と買主の両方に交付または電磁的方法により提供しなければなりません。**

イ　**誤**　【引渡しの時期、移転登記の申請時期】

▶「引渡しの時期」と「移転登記の申請の時期」の両方を記載しなければならない。

引渡しの時期と**移転登記の申請の時期**の両方を37条書面に記載しなければなりません。なお、売主および買主が宅建業者であっても、37条書面を交付または電磁的方法により提供しなければなりません(本肢の後半の記述は正しい)。

ウ　**誤**　【「自ら貸借」の場合】

▶「自ら貸借」→37条書面の作成・交付義務はない。

「自ら貸借」の場合には、宅建業法は適用されないので、37条書面の作成および交付・提供義務はありません。

エ　**正**　【租税公課の負担に関する定め】

当該宅地に係る租税公課の負担に関する定めがあるときは、その内容を37条書面に記載しなければなりません。また、売主が宅建業者であっても、37条書面を交付または電磁的方法により提供しなければなりません。

以上より、正しいものはアとエの2つ。だから答えは「2」!

問39　解答3　8種制限　難易度A

1　**誤**　【クーリング・オフ】

▶クーリング・オフの効果は契約解除の「書面を発した」ときに生じる。

クーリング・オフの効果は、契約解除の**書面を発したとき**に生じます。また、クーリング・オフができる旨、その方法について書面で告げられた日から**8日を経過**した場合には、クーリング・オフができなくなりますが、本肢では、買主Bはクーリング・オフができる旨、その方法について書面で告げられた日から7日目に契約解除の書面を発しているので、契約の解除をすることができます。

2　**誤**　【一定の担保責任の特約の制限】

▶目的物の種類・品質に関する契約不適合を担保すべき責任を負わない旨の特約は不可。

建物を短期使用後に取り壊す予定であったとしても、目的物の種類・品質に関して契約の内容に適合しない場合におけるその不適合を担保すべき責任を負わない旨の特約を定めることはできません。

3　**正**　【損害賠償額の予定の制限】

「宅建業者が自ら売主となる場合の８つの制限(8種制限)」は、**売主が宅建業者で買主が宅建業者以外の者となる場合に適用**されます。本肢の買主Ｄは宅建業者なので、８種制限は適用されません。したがって、本肢の特約を定めることができます。

4　**誤**　【一定の担保責任の特約の制限】

▶ 通知の期間につき「契約を締結した日」から２年→ダメ。

宅建業法上、宅建業者である売主が宅建業者でない買主に対して負う目的物の種類・品質に関して契約の内容に適合しない場合におけるその不適合を担保すべき責任について、特約で、民法で規定する「買主がその不適合を知った時から１年以内にその旨を売主に通知」という通知に関する期間制限の部分につき、**引渡しの日から２年以上の通知期間**を定めたときは、その特約は有効となります(ただし、売主が引渡しの時にその不適合を知り、または重大な過失によって知らなかった場合は有効になりません)。本肢では、宅地の引渡しが売買契約締結の１カ月後で、かつ、当該売買契約を「締結した日」から２年以内に通知したときとしているため、この特約を定めることはできません。

問40　解答４　8種制限(手付金等の保全措置)　難易度 C

ア　**誤**　【手付の性質】

▶ 買主は手付の放棄で解除可能→「売買代金の１割を支払えば」とする特約は無効。

宅建業者が自ら売主となる売買契約における手付金は解約手付とみなされます。そのため、相手方が履行に着手するまでは、**買主は手付を放棄**することによって、**売主は手付の倍額を現実に提供**することによって、契約を解除することができます。

したがって、「売買代金の１割を支払うことで契約を解除することができる」とする特約は、買主に不利な特約であるため、無効となります。

イ　**誤**　【手付金等の保全措置】

▶ 手付金を受け取るまでに保険証券を交付しなければならない。

保険証券の交付は、手付金を受け取る前にしなければなりません。

ウ　**誤**　【手付金等の保全措置】

▶ 手付金＋中間金が代金の5%を超える→中間金の受領前に保全措置が必要。

未完成物件の場合、手付金等の額が代金の**5%以下**(3,000万円×5%＝150万円以下)

かつ1,000**万円以下**の場合には保全措置は不要です。本肢では、手付金150万円と中間金150万円を合計すると、300万円(150万円超)となるので、**中間金を受領する前に保全措置を講じなければなりません**。

なお、完成物件か未完成物件かは、**契約締結時**の状況で判断します。本肢では、契約締結時は未完成物件であったので、中間金を受け取るときに完成物件であったとしても、未完成物件として判定します。

以上より、正しいものはなし! だから答えは「4」!

問 41 解答 1 業務に関する禁止事項 難易度 B

ア 違反する 【断定的判断の提供の禁止】

宅地・建物の将来の環境や交通などの利便について、誤解させるべき断定的判断の提供をすることは宅建業法に違反します。

「絶対ありません」という文言は宅建業法に違反する!

イ 違反する 【断定的判断の提供の禁止】

契約の締結の勧誘にさいし、利益が生じることが確実であると誤解させるような断定的判断の提供をすることは宅建業法に違反します。

ウ 違反しない 【手付貸与等の禁止】

宅建業者が手付の貸与等を行うことは宅建業法に違反しますが、手付金の借入れについて銀行等をあっせんすることは宅建業法に違反しません。

エ 違反する 【預り金等返還拒否の禁止】

相手方が契約の申込みの撤回を行うのにさいし、すでに受け取っている預り金(申込証拠金など)の返還を拒むことは宅建業法に違反します。

以上より、違反しないものはウの1つ。だから答えは「1」!

問 42 解答 3 営業保証金、保証協会 難易度 A

1　**誤**　【営業保証金の供託、弁済業務保証金分担金の納付】

▶ 弁済業務保証金分担金は「金銭のみ」で納付しなければならない。

営業保証金の供託は**金銭または有価証券**で行うことができますが、保証協会に納付すべき弁済業務保証金分担金については**金銭のみ**で納付しなければなりません。

2　**誤**　【営業保証金・弁済業務保証金の取戻し】

▶ 弁済業務保証金の取戻しの場合は公告不要。

一部の事務所を廃止した場合、**営業保証金**を取り戻すときには6カ月以上の期間を定めて**公告が必要**ですが、**弁済業務保証金**を取り戻すときには**公告は不要**です(ただちに取り戻すことができます)。

3　**正**　【営業保証金の供託額、弁済業務保証金分担金の納付額】

営業保証金の供託額は、本店につき**1,000万円**、支店1カ所につき**500万円**です。したがって、Aは営業保証金として2,500万円を供託しなければなりません。

Aが供託する営業保証金：1,000万円＋500万円×3カ所＝2,500万円

一方、弁済業務保証金分担金の納付額は本店につき**60万円**、支店1カ所につき**30万円**です。したがって、Bは弁済業務保証金分担金として150万円を納付しなければなりません。

Bが納付する弁済業務保証金分担金：60万円＋30万円×3カ所＝150万円

4　**誤**　【営業保証金、弁済業務保証金の還付】

▶ 弁済業務保証金の場合の説明が誤っている。

営業保証金を供託している場合の還付額は、その宅建業者(A)が供託している営業保証金の額が上限となります。また、弁済業務保証金分担金を納付している場合の還付額は、その宅建業者(B)が保証協会の社員でなかったとしたら、その者が供託しているはずの営業保証金の額が上限となります。

問 43 解答 2 監督処分 難易度 B

1　**正**　【指示処分】

本肢の行為は宅建業法に違反する行為であり、指示処分の対象となります。指示処分は、免許権者(甲県知事)のほか、宅建業者が処分の対象となる行為を行った都道府県の知事(乙県知事)も行うことができます。

2　**誤**　【業務停止処分】

▶ 免許権者でも、業務地の知事でもない「甲県知事」からは業務停止処分は受けない。

業務停止処分は、免許権者(国土交通大臣)のほか、宅建業者が処分の対象となる行為を行った都道府県の知事(乙県知事)も行うことができますが、本肢は「甲県知事から業務停止の処分を受けることがある」となっているので、誤りの記述です。

3　**正**　【必要的免許取消処分】

業務停止処分で情状が特に重いときは、必要的免許取消処分(必ず免許を取り消さなければならないもの)となります。

4　**正**　【行政指導】

国土交通大臣または都道府県知事は、宅建業者に対して、必要な指導、助言、勧告を行うことができます。また、報告を受けることもできます。

問44　解答2　案内所、標識　難易度A

1　**誤**　【標識の掲示】

▶ 案内所を設置するのは「B」→標識の設置義務があるのは「B」。

案内所を設置するのはBなので、Bが当該案内所に標識を掲げる義務を負います。

2　**正**　【標識の掲示】

標識は申込み・契約をするかどうかにかかわらず、掲示しなければなりません。

3　**誤**　【専任の宅建士の設置】

▶ 案内所を設置するのは「C」→届出、専任の宅建士の設置義務があるのは「C」。

案内所を設置するのはCなので、Cが届出を行い、Cが専任の宅建士を置かなければなりません。

4　**誤**　【案内所等の届出】

▶ 免許権者は「甲県知事」、案内所は「甲県内」→「乙県知事」への届出は不要。

申込み・契約をする案内所を設置する場合には、**免許権者**と、**案内所の所在地を管轄する都道府県知事**の両方に、業務を開始する日の**10日前**までに届出をしなければなりません。本肢では、免許権者は甲県知事です。また、甲県内に案内所を設置するので、案内所の所在地を管轄する都道府県知事も甲県知事です。したがって、申込み・契約をする案内所を設置する場合には、Aは甲県知事のみに届出をします。

また、申込み・契約をしない案内所を設置する場合には届出が不要となるため、いずれの場合でも、「乙県知事」に届け出る必要はありません。

問45　解答4　住宅瑕疵担保履行法　難易度A

1　**誤**　【資力確保措置が義務付けられる者】

▶買主が「宅建業者」→資力確保措置は不要。

資力確保措置が義務付けられるのは、**宅建業者が自ら売主**となって、**宅建業者以外の買主**に対して、新築住宅を販売する場合です。本肢の買主は宅建業者であるため、資力確保措置を講ずる必要はありません。

2　**誤**　【供託所の所在地等の説明】

▶「住宅の引渡しまで」ではなく、「売買契約を締結するまで」である。

新築住宅の売主である宅建業者は、「住宅の引渡しまで」ではなく、「**売買契約を締結するまで**」に、買主に対して、住宅販売瑕疵担保保証金を供託している供託所の所在地や表示等を、書面を交付して説明しなければなりません。また、原則として、書面を交付して説明しますが、買主の承諾を得た場合は、書面の交付に代えて、電磁的方法により提供することができます。

3　**誤**　【資力確保措置の状況に関する届出等】

▶「基準日以後」ではなく、「基準日の翌日から50日を経過した日以後」である。

新築住宅を引き渡した宅建業者は、**基準日ごと**(**毎年3月31日**)に、資力確保措置の状況について免許権者に届け出なければなりません。この届出をしなかった場合、「当該基準日以後」ではなく、「**当該基準日の翌日から起算して50日を経過した日以後**」、新たに自ら売主となる新築住宅の売買契約を締結することはできません。

4　**正**　【住宅瑕疵担保履行法とは】

住宅販売瑕疵担保責任保険契約を締結している宅建業者は、当該保険に係る新築住宅に、構造耐力上主要な部分および雨水の浸入を防止する部分の瑕疵(構造耐力または雨水の浸入に影響のないものを除く)がある場合に、特定住宅販売瑕疵担保責任の履行によって生じた損害について保険金を請求することができます。

問 46 解答 3 住宅金融支援機構法 難易度 B

1 **正** 【死亡時一括償還制度】

機構は、高齢者が自ら居住する住宅に対して行うバリアフリー工事または耐震改修工事に係る貸付けについて、死亡時一括償還制度を設けています。

2 **正** 【機構が譲り受ける貸付債権】

機構が債権譲受けによって譲り受ける貸付債権は、原則として、毎月払いの元金均等または元利均等の方法によって償還されるものでなければなりません。

3 **誤** 【回収業務の委託】

▶ 機構は金融機関に対して、回収業務を委託することができる。

機構は、金融機関に対して、譲り受けた貸付債権に係る元金および利息の回収その他回収に関する業務を委託することができます。

4 **正** 【災害等にともなう貸付金の元金返済据置期間の設定】

機構は、災害により住宅が滅失した場合における、その住宅に代わるべき住宅の建設または購入に係る貸付金について、一定の元金返済の据置期間を設けることができます。

問 47 解答 3 景品表示法 難易度 A

1 **誤** 【不当表示】

▶ 完売していないのに、「完売」と表示してはダメ。

実際に売れていない物件があるにもかかわらず、「完売」と表示することは不当表示に該当します。

2 **誤** 【住宅ローン】

▶「金融機関」も表示する必要がある。

住宅ローンについては、❶**金融機関の名称・商号**（または都市銀行、地方銀行、信用金庫等の種類）、❷**借入金の利率および利息を徴する方法または返済例**を明示しなければなりません。

融資限度額については、表示は不要！

No. 13 31点 平成27年度

3　**正**　【特定事項の明示義務】

道路法の道路予定区域または都市計画法の都市計画施設の区域に係る土地については、その旨を明示しなければなりません。

4　**誤**　【新発売の定義】

▶ 人が居住していた建物だから「新築」ではない→「新発売」と表示してはダメ。

新発売とは、新たに造成された宅地、新築の住宅または一棟リノベーションマンションについて、一般消費者に対し、初めて購入の申込みの勧誘を行うことをいいます。

まず、新築とは、**建築工事完了後1年未満であって、居住の用に供されたことがないもの**をいうので、本肢では、新築とはいえません。

次に、一棟リノベーションマンションとは、共同住宅等の１棟の建物全体(内装、外装を含む)を改装・改修し、マンションとして住戸ごとに取引するものであって、工事完了前のもの、もしくは工事完了後１年未満のもので、かつ、工事完了後居住の用に供されていないものをいいます。本肢では、１棟の建物全体を改装・改修するものか、工事完了後１年未満のものか定かではないため、必ずしも、一棟リノベーションマンションであるとはいえません。

そのため、必ずしも「新発売」と表示して広告を出すことはできません。

問48　解答－　統計

最新の統計データで学習してください。

問49　解答3　土地　難易度A

1　**適当**　【低地】

我が国の低地は、ここ数千年の間に形成され、湿地や旧河道であった若い軟弱な地盤の地域がほとんどであるため、注意が必要です。

2　**適当**　【低地(臨海部)】

臨海部の低地は、洪水、高潮、津波などの被害を受けやすいため、住宅地として利用するには、十分な防災対策と注意が必要です。

3　**不適当**　【台地上の池沼埋立地盤】

▶ **台地でも「池沼を埋めたところ」は安全ではない。**

台地は一般的に水はけがよく、地盤が安定しているため、住宅地として適していますが、台地上の池沼を埋め立てたところでは、地盤沈下や地盤の液状化が生じる可能性があるので、注意が必要です。

4　**適当**　【丘陵・山麓に広がる住宅地】

都市周辺の丘陵や山麓に広がった住宅地は、土砂災害が起こる場合があるので、注意が必要です。

問 50　解答 1　建物　難易度 A

1　**不適当**　【木造】

▶ **木造は湿気に「弱い」。**

木造は**湿気に**弱いため、地盤面からの基礎の立上がりを十分にとる必要があります。

2　**適当**　【基礎の種類】

基礎には、**直接基礎**（基礎の底面で建物を支える方法）や**杭基礎**（浅い基礎では建物を支えることができない地盤の場合などに、杭を深く打ち込んで建物を支える構造）などがあります。

3　**適当**　【杭基礎の種類】

杭基礎には、木杭、既製コンクリート杭、鋼杭などがあります。

4　**適当**　【上部構造と基礎構造】

建物は**上部構造**（建物本体）と**基礎構造**（上部構造を支持する役割を負うもの）からなります。